I0883033

L'ESPRIT CRITIQUE
DANS L'ANTIQUITÉ

L'ESPRIT CRITIQUE DANS L'ANTIQUITÉ

I

Critique et licence dans la Grèce antique

Deuxième tirage

PARIS

LES BELLES LETTRES

2023

www.lesbelleslettres.com

Retrouvez les Belles Lettres
sur Facebook et Twitter

*Tous droits de traduction, de reproduction et d'adaptation
réservés pour tous les pays*

*© 2023, Société d'édition Les Belles Lettres
95 boulevard Raspail 75006 Paris*

Premier tirage 2019

ISBN : 978-2-251-44937-1

Remerciements

Bernard Collette-Dučić, Marc-Antoine Gavray et Jean-Marc Narbonne

Ce volume s'inscrit dans le cadre du projet de recherche *Raison et Révélation : l'Héritage Critique de l'Antiquité* – financé par le Conseil de Recherches en Sciences Humaines du Canada (subvention Partenariat 2014-2021), sous la direction de Jean-Marc Narbonne.

Il correspond au Thème 1 de ce grand projet septennal, qui en compte au total 3. Dans son ensemble, cette recherche débouchera sur trois publications interconnectées chez le présent éditeur :

L'esprit critique dans l'Antiquité, tome 1 : Critique et licence dans la Grèce antique

L'esprit critique dans l'Antiquité, tome 2 : La naissance de la théologie comme « science » (actes du colloque de Paris en 2019)

L'esprit critique dans l'Antiquité, tome 3 : Renouveau culturel et postures critiques à l'époque impériale et dans l'Antiquité tardive (actes du colloque de Québec prévu en 2021)

Nous tenons à remercier sincèrement le CRSH ainsi que les partenaires internationaux qui ont cru en la valeur de cette recherche. Deux réunions ont permis aux différents auteurs du présent volume de se rencontrer et d'échanger en vue de la publication finale : la première, un workshop tenu à l'Université de Liège du 2 au 4 mars 2016, organisée par Marc-Antoine Gavray et financée par le Fonds National de la Recherche Scientifique belge ; la seconde, un colloque tenu à São Paulo du 3 au 5 novembre 2016, organisée par Mauricio Marsola et Marco Zingano, avec l'aide financière de plusieurs fonds brésiliens (FAPEPS, CAPES, UNIFESP et USP) et canadien (CRSH). Nous remercions les organisateurs pour leur dévouement et les organismes subventionnaires pour leur aide précieuse. Outre les auteurs eux-mêmes, qui ont su être à l'écoute de nos demandes, nous voudrions aussi remercier tout particulièrement Monique Coste-Peret, qui nous a aidés dans la révision des textes.

Avant-propos
Considérations générales sur l'esprit critique grec

Jean-Marc Narbonne

« Pour répéter, pour imiter, pour se fier, il suffit de se laisser aller ; *c'est la critique qui exige un effort.* »

Henri Bergson,
Les deux sources de la morale et de la religion

« [...] je me demande si on ne peut pas envisager la modernité plutôt comme une attitude que comme une période de l'histoire. Par attitude, je veux dire un mode de relation à l'égard de l'actualité ; un choix volontaire qui est fait par certains ; enfin, une manière de penser et de sentir, une manière aussi d'agir et de se conduire qui, tout à la fois, marque une appartenance et se présente comme une tâche. Un peu, sans doute, comme ce que les Grecs appelaient un "éthos". Et par conséquent, plutôt que de vouloir distinguer la "période moderne" des époques "pré" ou "postmoderne", je crois qu'il vaudrait mieux chercher comment l'attitude de modernité, depuis qu'elle s'est formée, s'est trouvée en lutte avec des attitudes de "contre-modernité". »

Michel Foucault,
Qu'est-ce que les Lumières ?

La naissance de l'esprit critique en Grèce ancienne

L'esprit critique, le fait d'user de sa raison non seulement pour questionner le monde objectif tout autour, mais pour remettre en question ce qui est légué par la tradition et la culture environnantes, constitue l'un des traits les plus distinctifs de la civilisation grecque. Même un auteur aussi modéré qu'Aristote, écrivant ses *Politiques*, pouvait déclarer : « Or ce que tout le monde recherche, de manière générale, ce n'est pas ce qui est ancestral, mais ce qui est bon »[1]. Ce partage opéré entre ce qui est simplement *transmis* – lequel n'est pas nécessairement digne d'être poursuivi ou ce qu'il y a de meilleur, même s'il peut l'être parfois – et ce qui est en soi *véritablement bon et souhaitable* – qu'il s'agit de trouver et de justifier –, ce partage donc, tient une place absolument fondamentale dans la structuration de la pensée grecque, un rôle qu'on pourrait qualifier d'*architectonique.*

Questionner le reçu, voilà l'attitude *critico-sceptique* fondamentale dont on retrouve les paramètres initiaux chez les auteurs parmi les plus reculés de l'histoire hellène. C'est le cas chez Anaximandre par exemple, qui prit ses distances par rapport à l'enseignement de Thalès son prédécesseur et professa non pas ce qu'on lui avait transmis mais ce qu'il croyait légitime, et qui conçut, apparemment en toute liberté, que l'homme « au commencement ressemblait à un poisson », et que « des mondes illimités naissent et se corrompent en ce dont ils sont nés »[2] ; ou encore Xénophane de Colophon, qui ne craignit point non seulement de critiquer l'anthropomorphisme religieux – « Peau noire et nez camus : ainsi les Éthiopiens représentent leurs dieux, cependant que les Thraces leur donnent des yeux pers et des cheveux de feu »[3] –, mais de prononcer que l'homme ne connaît rien avec certitude, que tout finalement n'est qu'*opinion*, scellant ainsi une fois pour toutes le rapport fondamentalement *problématique* et *questionnant* – *critique* donc – des Grecs au monde : « Non, jamais il n'y eut, jamais il n'y aura, un homme possédant la connaissance claire de ce

1. Aristote, *Politiques*, II, 8, 1269 a 3-4.
2. Anaximandre, A 11 et A 14 D.-K. Les traductions des Présocratiques sont tirées de DUMONT, J.-P. (dir.), *Les Présocratiques,* Paris, Gallimard, 1988.
3. Xénophane, B 16 D.-K.

qui touche aux dieux et de toutes les choses dont je parle à présent. Même si par hasard il se trouvait qu'il dît l'exacte vérité, lui-même ne saurait en prendre conscience : car tout n'est qu'opinion »[4]. Le même type d'arguments va réapparaître par exemple chez Héraclite, qui lui aussi fait état des difficultés conduisant à la connaissance – « Les chercheurs d'or remuent beaucoup de terre, et trouvent peu »[5] – ; lui qui se méfie également de la tradition passivement reçue – « Il ne faut pas se comporter comme les enfants de leurs parents, c'est-à-dire plus simplement : selon la coutume reçue »[6] –, et lui encore qui se représentera à sa propre façon le monde, fait ni d'eau (Thalès) ni d'infini (Anaximandre), mais d'un « feu éternel s'allumant en mesure et s'éteignant en mesure »[7]. Même type de propos à nouveau chez Démocrite, qui nous prévient que « nous ne saisissons pas ce qu'est ou n'est pas la réalité de chaque chose » ; qu' « en réalité, nous ne savons rien : car la vérité est au fond du puits », qui prétend comme Socrate : « je ne sais qu'une seule chose, c'est que je ne sais rien », et qui justement parce qu'il mesure combien le savoir est, sinon complètement impossible, du moins fort difficile, avouait qu' « il aimerait mieux trouver une seule certitude plutôt que de devenir roi des Perses »[8].

Les Grecs se révèlent donc de bien des manières *sceptiques*, sceptiques non pas au sens simplement moderne de celui qui doute, mais au sens originel du terme grec, à savoir de celui qui *met en doute*, c'est-à-dire qui *examine, soupèse et tente de juger* de l'état des choses ou des phénomènes. En ce sens, on peut dire que toute la pensée grecque est sceptique, c'est-à-dire investigatrice : elle met à l'épreuve les sens et la raison impliqués dans les processus de connaissance. C'est pourquoi Socrate pouvait énoncer lui aussi – la formule est restée célèbre – qu'une « vie sans examen ne mérite pas d'être vécue »[9], et pourquoi également la fameuse question du *critère (kritêrion) du vrai*, devait naître et enflammer toux ceux qui, dans le sillage de Platon (*Théétète*, 178 b) et d'Aristote (*Mét.*, 1063 a 3), disputeront de la nature du savoir à l'époque hellénistique (épicuriens, stoïciens et sceptiques).

---

4. Xénophane, B 29 D.-K.
5. Héraclite, B 22 D.-K.
6. Héraclite, B 74 D.-K.
7. Héraclite, B 30 D.-K.
8. Démocrite, B 10 D.-K. ; B 117 D.-K. ; B 304 D.-K. et B 118 D.-K.
9. Platon, *Apologie de Socrate*, 38 a.

> « L'essor de la philosophie et de la science en Grèce ancienne, notait par exemple G.E.R. Lloyd, constitue un tournant qui n'a pas d'équivalent dans l'histoire de la pensée [...]. Le matériel comparatif montre que ce qui est exceptionnel, c'est d'abord et avant tout le développement d'un *scepticisme généralisé, et d'une enquête critique* portant sur des problèmes fondamentaux[10]. »

Le constat de Lloyd sur ce point rejoint d'ailleurs celui de maints autres penseurs, dont K. Popper, selon qui aussi la tradition grecque serait « l'inspiratrice majeure de la culture occidentale qui est la nôtre aujourd'hui : je pense, précisait-il, à l'idée de liberté, à la découverte de la démocratie et au tour *d'esprit critique, rationnel* qui a fini par déboucher sur les sciences modernes de la nature »[11]. Dans le même sens, J. Barnes soulignera le *modèle argumentatif* des enquêtes philosophiques menées en Grèce, et cela dès l'époque des présocratiques :

> « Les larges et audacieuses théories qu'ils avancèrent furent présentées non comme des proclamations *ex cathedra* bonnes à croire pour le fidèle et à ignorer pour l'impie, mais comme les conclusions d'arguments, comme des propositions raisonnées propres à être contemplées et débattues par des hommes raisonnables. Et en soutenant que les présocratiques furent les pères de la pensée rationnelle, je soutiens seulement qu'ils furent les premiers hommes à subordonner consciemment l'énoncé à l'argumentation et le dogme à la logique[12]. »

Le regard *critico-sceptique* sur les choses, ce que j'ai proposé d'appeler ailleurs l'*éthos-critique* grec[13], vaut évidemment tout autant pour les enquêtes menées sur le monde sensible et les réalités naturelles que pour celles qui relèvent des *affaires humaines*[14]. Lloyd avait fait observer

---

10. Lloyd, G.E.R., *Magie, raison et expérience*, Paris, Flammarion, 1990, p. 272.

11. Popper, K., *À la recherche d'un monde meilleur*, Paris, Les Belles Lettres, [1984], 2011, p. 163.

12. Barnes, J., *The Presocratic Philosophers,* London, Routledge & Keagan Paul, 1982, p. 5 (je traduis).

13. Narbonne, J.-M., *Antiquité critique et modernité. Essai sur le rôle de la pensée critique en occident*, Paris, Les Belles Lettres, 2016, p. 85 sq.

14. Sur ce plan, la réflexion poursuivie par les sophistes demeure évidemment fondamentale, et tout particulièrement celle de Protagoras avec qui « pour la première fois, un philosophe enquête sur la réalité humaine afin de la comprendre non plus à partir de l'image des dieux ou d'une description de la nature, mais en s'interrogeant sur la manière dont le monde est

qu'en Grèce, « l'étendue des positions antithétiques qui se sont trouvées sérieusement défendues en physique, en cosmologie, en médecine et en épistémologie, est extraordinaire »[15]. C'est sans nul doute vrai. Mais il faut ajouter qu'en morale, en esthétique, en théologie et en politique, le même phénomène s'observe, la même variabilité fondamentale règne et, dans certains cas, a prévalu jusqu'à la fin de l'Antiquité. L'ouverture aux autres cultures, la capacité à relativiser ses propres points de vue sur les choses, y compris eu égard aux croyances religieuses, y étaient absolument remarquables[16].

S'agissant notamment des dieux, Hérodote énoncera tout bonnement : « sur ce sujet, à mon avis, les hommes n'en savent pas plus les uns que les autres »[17], et, eu égard aux coutumes, le même Hérodote observera encore :

> « si l'on propose à tous les hommes de choisir, entre les coutumes qui existent, celles qui sont les plus belles, chacun désignera celles de son pays – tant chacun juge ses propres coutumes supérieures à toutes les autres [...]. Voilà bien la force de la coutume, et Pindare a raison, à mon avis, de la nommer dans ses vers "la reine du monde"[18]. »

Le lien paraît évident ici avec le point de vue critique de Xénophane évoqué plus haut sur les dieux, estimés noirs ou blonds, selon les peuples noirs ou blonds qui leur vouent un culte[19]. On trouve déjà quelque chose de l'œil neutre de l'ethnologue chez Hérodote, et le polythéisme antique lui-même, comme c'est connu depuis fort longtemps[20], favorisait d'emblée

---

déterminé par l'homme » (cf. GAVRAY, M.-A., *Platon, héritier de Protagoras. Dialogue sur les fondements de la démocratie*, Paris, Vrin, 2017, p. 29).

15. LLOYD, G.E.R., « Democracy, Philosophy, and Science in Ancient Greece », dans Dunn, J. (dir.), *Democracy. The Unfinished Journey. 508 BC to AD 1993*, Oxford, Oxford University Press, 1992, p. 46 (je traduis).

16. Sur ce point, voir entre autres SZLEZÁK, Th.A., *Was Europa den Griechen verdankt?*, Tübingen, UTB, 2010, chapitre 7 « La découverte du relativisme », p. 153-172.

17. Hérodote, *L'Enquête*, II, 3 (trad. A. Barguet).

18. Hérodote, III, 38.

19. Sur l'impulsion « rationnelle » à la source de la construction théologique xénophanienne, voir BARNES, J., *The Presocratic Philosophers*, 1982, p. 94 sq.

20. Ainsi par exemple Montesquieu, *Le temple de Gnide. Grandeur et décadence des Romains*, t. II, 1876, p. 369 : « Voilà d'où était né cet esprit de tolérance et de douceur qui régnait dans le monde païen : on n'avait garde de se persécuter et de se déchirer les uns les autres ; toutes les religions, toutes les théologies, y étaient également bonnes : les hérésies,

ce rapport pluriel et flexible aux diverses formes de cultes et aux différentes divinités. Comme le soulignait récemment encore un historien de la religion grecque, « le fait est que, dans les cultures polythéistes, les dieux d'autrui ont été perçus, non comme une menace à l'encontre de la vérité unique de son dieu spécifique, mais comme une possibilité, ou même comme une ressource »[21]. Analyse semblable par exemple chez T. Withmarsh, qui remarquait : « Le polythéisme ancien – le culte de plusieurs dieux – est fondamentalement différent dans son genre du monothéisme moderne (islam, judaïsme, chrétienté). Il n'y avait aucun désir ou tentative d'imposer une orthodoxie théologique »[22]. Or c'est aussi vers une conclusion similaire que s'acheminent, dans le présent ouvrage, P. Bonnechere et V. Pirenne-Delforge, quand ils écrivent : « La critique et la variation des points de vue [...] sont inhérentes au polythéisme » (p. 000).

Cette ouverture toute particulière aux spéculations libres, qu'elle intervienne dans l'ordre religieux ou autrement, se voit amplement confirmée par l'histoire même de la philosophie. Songeons-y un instant : de Xénophane à Héraclite, Protagoras, Platon, Aristote, Zénon, Épicure ou Plotin, *pas un seul penseur qui ait entretenu la même conception de la nature ou du divin.* Le dieu d'Aristote, conçu comme un Premier moteur dans sa *Métaphysique* par exemple, est une figure de la divinité telle qu'Homère et Hésiode n'en avaient même jamais eu l'idée ! On pourrait dire la même chose des dieux inter-cosmiques d'Épicure ou de l'Âme automotrice platonicienne !

On remarquera au passage que ces spéculations diverses purent être menées – pour l'essentiel d'entre-elles dans l'Athènes démocratique – sans que leurs auteurs en fussent aucunement inquiétés. Certes, Athènes ne fut pas parfaite et il y eut dans son histoire des cas parfois d'abus[23], mais toutes

---

les guerres et les disputes de religion y étaient inconnues ; pourvu qu'on allât adorer au temple, chaque citoyen était grand pontife dans sa famille ».

21. BETTINI, M., *Éloge du polythéisme. Ce que peuvent nous apprendre les religions antiques,* Paris, Les Belles Lettres, 2016, p. 100.

22. WHITMARSH, T., *Battling the Gods. Atheism in the Ancient World*, New York, Knopf, 2015, p. 20 (je traduis).

23. Je ne puis m'étendre ici sur l'histoire très particulière – en vérité unique – du procès de Socrate dont on s'est si souvent servi pour accabler la démocratie athénienne, oubliant le fait que l'exception n'est pas la règle, et que c'est bien d'Athènes et d'aucune autre cité antique – surtout pas de Sparte que Platon prisait tant – que jaillirent les plus grandes œuvres artistiques, scientifiques, philosophiques et poétiques. Sur le cas Socrate, voir la salutaire

nos sources confirment qu'elle fut incomparablement plus permissive ou tolérante que les autres cités antiques connues. Combien de jours Socrate aurait-il survécu à Sparte[24] ? Dans ces conditions, ne conviendrait-il pas d'affirmer d'Athènes ce que Churchill – dans cette phrase restée célèbre – avait lui-même déclaré à propos de la démocratie : « le pire des régimes politiques, à l'exception de tous les autres » ? Ne devrions-nous pas, à sa suite, proclamer nous-mêmes : « Athènes, la plus intolérante des cités, à l'exception de toutes les autres[25] » ?

Le lien intime prévalant entre *attitude critique* et *régime démocratique*, la parenté intellectuelle, en d'autres termes, régnant entre Thalès le philosophe d'un côté, et Solon le réformateur politique et instigateur de la

---

réévaluation proposée il y a peu par Paulin Ismard, *L'Événement Socrate*, Paris, Flammarion, 2013. Cf. aussi, dans une perspective similaire, HANSEN, M.H., *The Trial of Sokrates – from the Athenian Point of View*, Copenhagen, Det Kongelige Danske Videnskabernes Selskab, 1995, ou encore le résumé très clair de la question socratique (p. 231-232) proposé par WALLACE, R.W., « The Power to Speak – and not to Listen – in Ancient Athens », dans Sluiter, I., Rosen, R.M. (dir.), *Free Speech in Classical Antiquity*, Leiden – Boston, Brill, 2004, p. 221-232.

24. Comment ne pas s'accorder sur ce point avec M.I. Finley quand il observait : « Par une étrange ironie, Platon et Xénophon (et quelques historiens modernes) ont idéalisé Sparte au détriment d'Athènes. Sparte était par excellence en Grèce la société fermée. À Sparte, Socrate n'aurait pas pu commencer à enseigner — il n'aurait pas pu commencer à penser » (*On a perdu la guerre de Troie*, Paris, Les Belles Lettres, 1990, p. 79).

25. Cette formulation « churchillienne » de la situation athénienne me vient de George Grote qui dans son incomparable *Plato and the Other Companions of Sokrates* (London, Murray, [1865], 1888[2]), vol. III, notait : « On ne peut nier que les Athéniens aient été intolérants : mais ils étaient moins intolérants qu'aucun de leurs contemporains. Nulle part ailleurs qu'à Athènes, Socrate n'aurait pu continuer jusqu'à l'âge de soixante-dix ans à parler librement sur la place publique à l'encontre des idées reçues de l'orthodoxie politique et religieuse. Il y avait davantage de franc-parler (*parrhêsia*) à Athènes que dans toute autre région du monde contemporain » (p. 277). Dans son *Traité sur la tolérance* (1763), Voltaire ne signalait-il pas déjà : « [Socrate], c'est le seul que les Grecs avaient fait mourir pour ses opinions [...]. L'exemple de Socrate est au fond le plus terrible argument qu'on puisse alléguer contre l'intolérance » (cf. chap. VII : « Si l'intolérance a été connue des Grecs ») ? La découverte du fait que ce sont bien les amitiés politiques douteuses de Socrate et sa *misodêmia* (haine de la démocratie) qui sont à l'origine de l'affaire remonte en fait à Nicolas Fréret. Il suffit d'avoir consulté une fois dans sa vie ses *Observations sur les causes et sur quelques circonstances de la condamnation de Socrate* (lues en 1736) pour s'extraire du mythe socratique. Si besoin était, le dossier rassemblé sur ce point par Mario Montuori (*De Socrate iuste damnato. The Rise of the Socratic Problem in the Eighteenth Century,* Amsterdam, J.C. Gieben, 1981), achèvera le travail.

démocratie de l'autre, ont du reste été remarqués depuis fort longtemps[26]. Pour résumer la chose, disons que rien ne vaut une assemblée véritablement délibérative (ce que ne fut jamais l'assemblée lacédémonienne, où le droit de proposition, comme le signale Aristote, n'existait point[27]), là où les idées se trouvent de fait *avancées, examinées, débattues, voire rejetées puis remplacées* par d'autres, rien ne vaut ce genre de tribunes pour exercer l'attention critique et s'attacher à la teneur des arguments, bref pour développer cette vigilance bien particulière qu'il s'agit également d'adopter dans les enquêtes de type philosophique ou scientifique.

C'est en effet le même esprit, pour ainsi dire *aux aguets*, qui se trouve sollicité de part et d'autre dans ce qu'il est convenu d'appeler une *culture de l'agôn*, c'est-à-dire une culture où règne la concurrence et la compétition entre les idées (cf. ici même, l'étude de E. Bouchard). Comme le fait à nouveau observer Lloyd, que je citais plus haut, « ce qui caractérise la Grèce ancienne, ce ne sont pas seulement des changements intellectuels très exceptionnels : c'est aussi, à certains égards, *une situation politique exceptionnelle ;* et il semble qu'entre les deux phénomènes, il y ait une corrélation »[28]. En effet, de cette situation politique bien particulière – il s'agit toujours du phénomène de l'autogouvernementalité – découle, toujours selon Lloyd, quatre éléments fondamentaux : « la possibilité d'innovations radicales ; l'accès largement ouvert au forum du débat ; l'habitude de soumettre les choses à l'examen ; enfin le sentiment qu'il faut justifier – ou rendre compte – et la préférence donnée, ce faisant, aux

26. J'ai développé ce thème plus longuement dans *Antiquité critique et modernité* (2016, p. 87 sq.), en référence à Johann Jakob Brucker qui parlait déjà, par opposition à une sagesse aux mains des prêtres, d' « une forme de gouvernement sous lequel chacun pouvait penser, dire et apprendre ce qu'il voulait » (*Kurtze Fragen aus der philosophischen Historie*, I, Ulm, 1731, p. 223, cité d'après BLUMENBERG, H., *La Légitimité des temps modernes*, Paris, Gallimard, 1988, p. 459-460).

27. Cf. *Politiques,* II, 10, 1272 a 10-12. Sur quoi, RUZÉ, FR., CHRISTIEN, J., *Sparte. Histoire, mythes, géographie*, Paris, Armand Colin, [2007], 2017², p. 57, où on note que le corps de l'assemblée « est souverain mais son initiative est bridée puisqu'il débat uniquement sur les propositions qui lui sont présentées » ; voir encore RUZÉ, Fr., « Le Conseil et l'Assemblée dans la grande *rhêtra* de Sparte », *Revue des études grecques*, 104, 1991, p. 15-30 [repris dans RUZÉ, Fr., Eunomia. *À la recherche de l'équité*, édité par D. Gondicas, Paris, De Boccard, 2003, p. 125-137].

28. LLOYD, G.E.R., *Magie, raison et expérience*, 1990, p. 265.

méthodes rationnelles »[29]. De son côté, toujours pour rendre compte de ce trait de culture tout à fait particulier, J. Ober parle de l'« exceptionnalisme démocratique de la Grèce antique »[30].

L'éveil démocratique

Il est extrêmement difficile d'expliquer pourquoi, comment et à la faveur de quels facteurs exactement l'expérience démocratique a pu voir le jour en Grèce ancienne[31]. Certains traits, certes, se détachent de l'ensemble des faits et constituent autant d'éléments ou de facteurs propices à son apparition[32], mais sans qu'on puisse toujours les relier en une trame articulée et en tirer

---

29. LLOYD, G.E.R., *Magie, raison et expérience*, 1990, p. 265.

30. OBER, J., *L'Énigme grecque. Histoire d'un miracle économique et démocratique (VIe-IIIe siècle avant J.-C.)*, Paris, La Découverte, 2017, p. 411.

31. Sur la question du caractère plus ou moins unique de cette découverte, cf. M. Hansen (dans A.-Ch. Hernandez (dir.), *Démocratie athénienne, démocratie moderne : tradition et influences. Neuf exposés suivis de discussions*, Vandœuvres – Genève, 2009, p. XI-XXXVIII), qui rappelle que même si des traces de proto-démocraties seraient potentiellement décelables en Assyrie antique (à Assur, par exemple) et en quelques cités-états néo-babyloniennes (notamment à Mari, sur quoi voir : FLEMMING, D.E., *Democracy's Ancient Ancestors. Mari and Early Collective Governance*, Cambridge, Cambridge University Press, 2004), il demeure que « dans la période antique, une pure démocratie n'a pas (encore) été découverte à l'extérieur du monde occidental » (p. XIII, n. 7).

32. Sur ce point, je renvoie à la tentative de reconstitution détaillée proposée par Chr. Meier dans *La Naissance du politique* [originalement, *Die Entstehung des Politischen bei den Griechen*, 1980], Paris, Gallimard, 1995, p. 44 sq., qui mentionne entre autres facteurs : la géomorphologie morcelée du bassin égéen, la faiblesse des monarchies locales, les échanges commerciaux intenses et les entreprises de colonisation induisant de nombreux mouvements de population, le rôle des hoplites comme classe sociale intermédiaire dans l'affaire, etc. Comme le souligne ce dernier, et sans bien sûr prétendre fournir le fin mot de cette histoire, on peut retenir que « contrairement aux civilisations antérieures ou indépendantes de la leur, on observe [en Grèce] une très large dispersion initiale du pouvoir qui perdure longtemps et se consolide, au point qu'elle ne peut être par la suite effacée par les monarchies » (p. 68). C'est dans ce terreau spécialement fertile que la démocratie, de manière progressive, aurait pris racine. Sur cette question passionnante, voir encore la synthèse due à RAAFLAUB, K.A., WALLACE, R.W., « "People's Power" and Egalitarian Trends in Archaic Greece », dans Raaflaub, K.A, Ober J., Wallace, R.W. (dir.), *Origins of Democracy in Ancient Greece*, Berkeley – Los Angeles – London, University of California Press, 2007, p. 22-48.

ce qu'on pourrait appeler une *explication* en bonne et due forme[33]. On n'ignore pas non plus que l'élaboration plus précise ensuite des règles et des procédures nécessaires à la consolidation d'une telle démocratie, fut en elle-même complexe et délicate[34]. Comme l'a très finement formulé Meier, « les Grecs ignoraient tout de la possibilité d'une démocratie avant de la réaliser eux-mêmes. Car, avant eux, il n'y avait pas eu de Grecs »[35] ! Il fallut donc, et cela très concrètement, inventer au fur et à mesure, avancer par essais et erreurs pour trouver enfin les mécanismes et les lois propres à réguler cette concertation collective en pleine parturition.

Néanmoins, pour autant qu'à la faveur de certaines circonstances, un autogouvernement citoyen se trouva une première fois réalisé, pour autant que ce seuil fût une fois franchi, il n'était plus possible de l'effacer de la mémoire humaine ni évidemment d'en nier l'existence ou tout au moins la possibilité. Parlant de la Grèce et de tout ce qui tourne autour d'elle, de tout ce qu'elle a rendu possible (science libre, philosophie, etc.), Ernest Renan jadis avait évoqué le caractère singulier de ce phénomène civilisationnel, quelque chose, disait-il, « dont l'effet durera éternellement »[36],

33. Dernier scénario en lice, celui de J. Ober faisant l'hypothèse que « la gravité, la durée et le moment où est survenu l'effondrement du début de l'âge du fer en Grèce, auxquels il faut ajouter la géographie, se sont combinés pour ouvrir la voie à une variante particulière d'un type de cité-État relativement fréquent [en Grèce antique] : un autogouvernement citoyen [...] ». Mais comme l'auteur le souligne lui-même, « on ne peut pas, dans l'état actuel de nos connaissances, [en] retracer l'émergence » (*L'énigme grecque*, 2017, p. 199).
34. Philosophiquement parlant, la réflexion démocratique trouve son point de départ chez Protagoras, qu'on peut dès lors considérer comme son premier théoricien. Ainsi que le souligne GAVRAY, M.-A., *Platon, héritier de Protagoras*, 2017, p. 262 : « Protagoras soutient une vision résolument démocratique du monde, qui laisse de côté les principes aristocratiques et pense des formes alternatives du savoir et de la politique ».
35. *Introduction à l'anthropologie politique de l'Antiquité classique*, Paris, Presses Universitaires de France, 1984, p. 7.
36. Je cite d'après Gallica : *Prière sur l'Acropole*, par Ernest Renan ; compositions de H. Bellery-Desfontaines ; gravées par Eugène Froment, 1899. « Or, voici qu'à côté du miracle juif venait se placer pour moi le miracle grec, une chose qui n'a existé qu'une fois, qui ne s'était jamais vue, qui ne se reverra plus, mais dont l'effet durera éternellement [...] Je savais bien, avant mon voyage, que la Grèce avait créé la science, la philosophie, la civilisation, mais l'échelle me manquait ». (p. 11-12). Que Renan ait pu parler de « miracle grec » ne l'empêchait pas de ne pas croire au miracle, comme le soulignait VIDAL-NAQUET, P., *La Démocratie grecque vue d'ailleurs. Essai d'historiographie ancienne et moderne*, Paris, Flammarion, 1990 [cf. chapitre X, « Renan et le miracle grec », p. 256]. Sur cette

un événement absolument mémorable donc, et dont l'onde de choc devait se propager jusqu'à nous malgré tous les obstacles.

Renan ne songeait sans doute pas au ressort démocratique dans cette affaire, mais on peut arguer que tout, ou presque, tourne autour de cette expérience démocratique originelle[37]. En effet, en même temps qu'ils questionnèrent le pouvoir constitué, les Grecs furent amenés à remettre en cause la loi, à interroger les traditions anciennes – d'où le fameux débat entre ce qui ressortit à la nature et ce qui relève de la loi, l'opposition *nature/loi* (*phusis/nomos*), si prégnante dans nombre de discours philosophiques et politiques –, à concevoir dès lors et à instaurer de nouveaux liens entre les uns et les autres dans la cité, à repenser le rapport même des citoyens à leur territoire nouvellement divisé, comme ce fut le cas avec la révolution démocratique de Clisthène en 508. Bref, pour parler comme Vernant, tout fut désormais mis *au milieu* (*es to meson*)[38] en tant qu'objet de débats, de démonstrations concurrentes et de théorisations diverses. En d'autres termes, la pensée critique était née ou plutôt était en train de naître, voyait le jour étape par étape et se consolidait progressivement.

En définitive, il appert que liberté de pensée, liberté de parole et démocratisation sont des phénomènes largement solidaires. La constatation de cela, établie dans le détail par Lloyd comme on l'a vu, s'avère en vérité ancienne. On pourrait à cet égard rappeler un texte de Polybe auquel Foucault se réfère[39], et qui résume la chose en peu de mots : « On ne saurait, écrivait Polybe, trouver un régime et surtout un choix

---

question, voir encore GERNET, L., *Les Grecs sans miracle*, textes [1903-1960] réunis et présentés par R. Di Donato, Paris, La Découverte – Maspero, 1983.

37. Sur le lien entre innovation conceptuelle et révolution politique, voir les études rassemblées dans GOLDHILL, S., OSBORNE, R. (dir.), *Rethinking Revolutions through Ancient Greece*, Cambridge, Cambridge University Press, 2006, où on peut lire que « toute la construction de la "civilisation occidentale" dépend de la révolution grecque. Indépendamment du fait que le terme révolution ait été utilisé [par eux] ou non, que les anciens Grecs aient développé de manière fondamentale différentes formes de pensée et d'action – nouvelles formes politiques, nouveaux genres littéraires, nouveaux modes de représentation visuelle, nouvelles formes d'analyse logique – constitue la revendication de base de l'humanisme occidental » (OSBORNE, S., « Introduction », p. 1).

38. VERNANT, J.-P., *Les Origines de la pensée grecque*, Paris, Presses Universitaires de France, 1992[5], p. 42.

39. FOUCAULT, M., *Le Gouvernement de soi et des autres. Cours du Collège de France (1982-1983)*, Paris, 2008, p. 70, n. 2 ; p. 155, n. 1.

préférentiel pour l'égalité de parole (*isêgoria*), le franc-parler (*parrhêsia*), en un mot pour la démocratie véritable, plus pur que celui qui existe chez les Achéens »[40]. Le remarquable de la déclaration de Polybe réside dans le rapport étroit qu'elle établit entre l'*isêgoria*, soit l'égalité de parole, la *parrhêsia*, c'est-à-dire le franc-parler ou le tout-dire, et la démocratie véritable, entendue comme le lieu d'émergence naturel de ces deux phénomènes. Le lien intrinsèque unissant la vie libre à un gouvernement de type populaire se trouve confirmé par Aristote lui-même qui, dans un passage célèbre des *Politiques*, mentionne ce qu'il appelle les deux signes (*semeion*) essentiels de la démocratie :

> « Le principe de base de la démocratie c'est la liberté (c'est, en effet, ce qu'on a coutume de dire, parce que c'est seulement dans une telle constitution que les citoyens ont la liberté en partage) ; c'est à cela que tend, dit-on, toute démocratie. Et l'une des formes de la liberté c'est d'être tour à tour gouverné et gouvernant [...]. Tel est donc un signe de la liberté que tous les partisans de la démocratie posent comme définition de cette constitution.
>
> Un autre signe distinctif [de la démocratie] c'est le fait de vivre comme on veut (τὸ ζῆν ὡς βούλεταί τις), car, disent-t-ils, tel est l'effet de la liberté, étant donné que la servitude est de vivre comme on ne veut pas. Voilà donc la seconde définition de la démocratie[41]. »

Ici encore, vie démocratique et vie libre marchent ostensiblement de concert. La chose va si loin que Démosthène, le grand orateur grec du IVe siècle, put remarquer : « Partout le franc-parler est tellement à vos yeux le privilège de quiconque respire l'air d'Athènes, que vous l'avez étendu même aux étrangers, même aux esclaves : oui, on voit ici l'esclave plus libre dans son langage que le citoyen dans d'autres républiques »[42]. La liberté de parole se trouve donc naturellement assortie au mode de vie démocratique. Dit autrement, on est si libre à Athènes qu'on peut même y vanter Sparte, tandis qu'à Sparte, on ne peut vanter que Sparte, comme le formulait avec son brio habituel le même Démosthène : « cela [dit-il], n'est pas permis chez les Lacédémoniens ; je veux dire l'éloge des institutions d'Athènes ou de tout autre peuple. Loin de là, il faut s'attacher

40. Polybe, *Histoires*, II, 38, 6 (je traduis).
41. *Politiques*, VI, 2, 1317 a 40-b 14 (trad. P. Pellegrin modifiée).
42. *Philippiques*, III, 3.

à la forme de gouvernement établie chez eux, ne vanter qu'elle et ne rien faire que pour elle »[43]. Comme le concluait de son côté Foucault, « pour qu'il y ait démocratie, il faut qu'il y ait *parrhêsia ;* pour qu'il y ait *parrhêsia*, il faut qu'il y ait démocratie. On a là une circularité essentielle [...] »[44]. En conséquence de cela, il faut insister sur le fait qu'avant l'Europe moderne, les Grecs ont cultivé à leur façon – d'une manière qu'on pourrait dire *séminale* – cet élément critique dont parlera Foucault, à savoir « l'art de n'être pas tellement gouverné »[45], dans la mesure où ils ont, les premiers, réfléchis à une *limitation intrinsèque* du pouvoir public et instauré, thématisé même, la distinction fondamentale du *koinon* et de l'*idion*, à savoir du commun et du privé, virtuellement absente à Sparte[46].

43. *Contre Leptine*, 106.

44. FOUCAULT, M., *Le Gouvernement de soi et des autres*, 2008, p. 183.

45. FOUCAULT, M., *Qu'est-ce que la critique ?* suivi de *La Culture de soi*, Paris, Vrin, 2015, p. 37.

46. Sur cette question fondamentale de l'opposition public/privé, je renvoie à HANSEN, M.H., *Was Athens a Democracy. Popular Rule, Liberty and Equality in Ancient and Modern Political Thought*, Copenhagen, The Royal Danish Academy of Science and Letters, 1989, qui note : « Sparte avait une éducation publique, une régulation publique du mariage et de la vie familiale, des restrictions publiques sur la production et les échanges. La fusion complète de l'État spartiate avec la société spartiate cadre bien avec le fait que Sparte [et Hansen se montre alors ironique] est la seule cité ou presque qui trouvait grâce aux yeux des philosophes » (p. 18). Or la situation d'Athènes, signale-t-il (p. 19), était largement différente : « Des choses comme l'éducation, l'industrie, l'agriculture et les échanges ne constituaient pas des enjeux civiques mais étaient pour la plupart laissées aux initiatives privées. La régulation par la loi y était minimale » (p. 9). Sur la distinction public/privé, voir encore du même auteur, *Polis et Cité-État* (Paris, Les Belles Lettres, 2001, p. 125-135), et ici même les réflexions de I. Jordović, rappelant lui aussi qu'Athènes « fut la première cité à introduire une claire séparation entre les sphères privée et publique, au niveau pratique comme au niveau théorique » (p. 311). La fusion maximale de l'individu dans l'État est en revanche une revendication répétée chez Platon, par exemple en *République* (IV, 423 d ; V, 462 a-e ; 464 b) et en *Lois*, XII, 942 a : « Que personne [...], que ce soit dans les occupations sérieuses ou dans les jeux, ne laisse son âme prendre l'habitude d'agir seule et sans contrôle » (comparer 636 d-e ; 664 a ; 738 c ; 739 c-d). Sur l'attrait platonicien pour l'unité de l'État, ses périls et ses contestations dans l'histoire, voir NARBONNE, J.-M., « La Naissance de l'antiplatonisme politique moderne : De Pauw et Condorcet », dans Narbonne, J.-M., Boulad-Ayoub, J. (dir.), *Reflets modernes de la démocratie athénienne*, Québec, Presses de l'Université Laval, 2017, p. 1-24.

De la démocratie antique aux démocraties modernes : l'idée d'un *continuum idéologique*

Si le cœur de l'expérience occidentale consiste en son expérimentation originelle de la liberté de pensée et de la libre parole, liées toutes deux comme on l'a vu à l'émergence de l'autogouvernementalité, alors les sources vives de l'Occident sont non seulement primitivement, mais sans doute aussi primordialement, antiques et grecques.

C'est la thèse que je voudrais défendre brièvement maintenant : l'idée d'une Grèce démocratique et critique comme source primordiale de la tradition occidentale, mais en même temps comme point de ralliement possible des traditions tout à la fois judaïque, chrétienne, islamique et autres. Les trois traditions monothéistes, il faut le rappeler, ont aussi en commun la Grèce antique en héritage. Même si leur rapport à l'hellénisme n'est pas partout le même, se révélant parfois plus immédiat (christianisme), parfois plus lointain et en tout cas différent dans son genre et son approche (judaïsme, islam), il y a là un dénominateur commun à mettre en valeur, un idéal de communauté tout à la fois ouvert et critique à promouvoir, un foyer commun *ad extra* susceptible de tempérer leurs différences réciproques.

C'est la raison pour laquelle j'avance l'idée d'une sorte de *continuum idéologique* entre la Grèce et nous. Mon propos implique entre autres :

1) *l'existence au minimum d'une ressemblance, d'une parenté ou d'une espèce de continuité entre l'esprit démocratique d'origine et l'open society moderne.* La liberté chérie par les athéniens, c'est un peu le type de liberté que nous encensons de notre côté aujourd'hui. Sur ce point, très brièvement, je reprendrais la réflexion du grand spécialiste de la démocratie grecque qu'est Mogens Hansen. À ceux qui nient l'existence d'une telle parenté entre les Grecs et nous, ce dernier posait simplement la question suivante : « Si les Athéniens n'avaient aucune notion de la liberté individuelle, comment se fait-il qu'elle apparaisse comme un idéal dans les sources qui vantent la démocratie ? […] Si les Athéniens n'avaient aucune idée de la liberté individuelle, c'est pour moi un mystère, note-t-il encore, de constater qu'ils sont capables de la décrire dans des mots et des phrases qui sont si proches de ceux utilisés par les champions

modernes de la liberté [...] »[47]. On peut comparer à ces remarques les propos naguère d'un Benjamin Constant qui, dans un essai resté justement célèbre, remarquait lui aussi : « De tous les États anciens, Athènes est celui qui a le plus ressemblé aux modernes. Athènes [...] était de toutes les républiques grecques la plus commerçante, aussi accordait-elle à ses citoyens infiniment plus de liberté individuelle que Rome et que Sparte [...] ; le commerce avait fait disparaître des Athéniens plusieurs des différences qui distinguent les peuples anciens des peuples modernes ». Et Constant d'ajouter : « on sera frappé de leur amour excessif pour l'indépendance individuelle »[48]. La liberté antique n'était en rien parfaite, tant s'en faut, et elle n'était pas fondée non plus sur l'idée de *droits de l'homme*, mais il s'est trouvé là une sorte de *germe*, comme le suggérera Castoriadis[49], quelque chose comme l'essor premier de ce qui se développera et se perfectionnera ensuite, les prémisses véritables, selon mon hypothèse, de la liberté moderne.

2) *l'existence d'une sorte de tolérance religieuse commune*. On sait que l'idée de la tolérance religieuse constitue un acquis moderne obtenu de haute lutte suite à de terribles guerres de religion. Certes, il n'y avait pas de concept de tolérance religieuse à proprement parler chez les Grecs, mais cela pour la simple raison qu'ils n'en avaient guère besoin, le polythéisme antique se trouvant prémuni d'avance de l'exclusivisme et du fanatisme religieux[50]. La variabilité des points vue est coextensive au polythéisme antique, comme on l'a déjà fait remarquer. Il y a surtout, comme l'observe notamment Meier, la dimension politique de l'affaire : « Politiquement, signale ce dernier, ce qui est le plus frappant avec la religion grecque *est ce*

---

47. Cf. Hansen, M.H., « Ancient Democratic Eleutheria and Modern Liberal Democrats' Conception of Freedom », dans Hernandez, A.-Ch. (dir.), *Démocratie athénienne, démocratie moderne*, 2009, p. 338-339.

48. Constant, B., *De la liberté des anciens comparée à celle des modernes*, discours prononcé à l'Athénée royal de Paris en 1819, dans *Écrits politiques*. Textes choisis, présentés et annotés par Marcel Gauchet, Paris, Gallimard, 1997, p. 595, 600 et 601.

49. Cf. Castoriadis, C., *Ce qui fait la Grèce. 1. D'Homère à Héraclite*, Paris, Seuil, 2004, p. 40. Renan résumait ainsi la chose : « Ce qu'il nous faut en fait de mœurs, c'est la Grèce, moins l'esclavage », *L'avenir de la science*, dans Renan, E., *Œuvres complètes*, édité par H. Psichari, Paris, Calmann-Lévy, 1947-1961, t. III, p. 1098.

50. Sur quoi, les réflexions à nouveau de Bettini, M., *Éloge du polythéisme. Ce que peuvent nous apprendre les religions antiques*, dans l' « Appendice I. Tolérance et intolérance religieuses dans le monde antique », 2016, p. 181-191.

qu'elle n'était pas. Les aristocraties grecques ne l'utilisèrent pas comme un instrument de pouvoir. Pour être plus précis, les aristocrates grecs n'ont pas organisé et contrôlé l'accès aux dieux, et plus spécifiquement la découverte et l'interprétation du vouloir divin, de telle manière qu'il aurait été possible de développer sur cette base une autorité cléricale et ultimement politique »[51]. On lit d'ailleurs une explication similaire chez J. Ober : « Mais, à la grande différence des autres sociétés prémodernes, les prêtres des cultes grecs n'ont pas réussi à s'appuyer sur leur pouvoir religieux pour obtenir une position sociale privilégiée ou un quelconque pouvoir politique »[52]. Le caractère ouvert, non autoritaire et relativement apolitique du sacré polythéiste a été relevé par nombre de spécialistes de l'Antiquité, ainsi encore Kerferd, qui rappelait : « la religion grecque n'a jamais été, en aucune façon, une entité unitaire […] ; rien ne ressembla jamais, ni de près ni de loin, à ce que nous pourrions qualifier de système ecclésiastique organisé, pas même à l'intérieur de l'une ou l'autre des cités États. Aucun texte ne fit jamais autorité, à la manière de la Bible ou du Coran, de même qu'il n'y eut jamais un credo unique, ou même plusieurs »[53]. La religion grecque relève donc davantage de l'*orthopraxie*, pratique attendue des cultes, que de l'*orthodoxie*, à savoir de la croyance juste. Bref, par des moyens différents, on peut dire que la tolérance religieuse moderne renoue avec l'absence ou le peu d'intransigeance du polythéisme grec, c'est là le point principal à retenir.

3) *le rattachement historique concret des révélations monothéistes (et plus particulièrement du christianisme) à la tradition grecque.* Il est clair que le christianisme, né d'emblée en culture hellénisée, est indissociable de la culture grecque au sein de laquelle il a vu le jour, s'est épanoui et a trouvé le langage, les concepts et les éléments réflexifs mêmes de sa représentation de lui-même. En ce sens, l'Europe – ou disons la tradition occidentale maintenant élargie – n'est pas le simple fruit du christianisme mais de l'esprit grec, plus exactement d'un christianisme initialement hellénisé au sein duquel, dans la longue durée, l'élément universaliste et critique grec, non parfois sans résistances[54], a fini par s'imposer par-delà le christianisme

51. MEIER, Chr., *A Culture of Freedom. Ancient Greece and the Origins of Europe*, Oxford, Oxford University Press, 2011², p. 110 (je traduis).

52. OBER, J., *L'Énigme grecque*, 2017, p. 206.

53. KERFERD, G.B., *Le Mouvement sophistique*, Paris, Vrin, [1981], 1999, p. 5.

54. Cf. MORTLEY, S., *Les Chrétiens et la culture*, Paris, Les Belles lettres, 2016, p. 25, qui retient que « l'Antiquité chrétienne fut constamment traversée par deux tentations : celle

initial – lequel a sans doute lui aussi contribué au phénomène en y adjoignant son propre universalisme. Or le judaïsme et l'islam possèdent aussi des sources grecques[55], et l'ouverture au monde, le questionnement critique, sont des possibilités quoi qu'il en soit ouvertes à toutes les cultures et à tous les peuples, indépendamment du monothéisme lui-même. Sur ce point, encore une fois, je reprendrais volontiers l'image de Castoriadis : la Grèce est un « germe », non pas un modèle idéal ou un paradigme parfait, mais une *semence* dont on peut et devrait exploiter plus avant les ressources émancipatrices. L'attitude critique qui s'y déploie peut être reprise et étendue à d'autres cultures, s'il est vrai que les valeurs de liberté qu'elle implique intéressent tous les hommes en tant qu'hommes, s'il est vrai que l'égalité, comme l'exprimait Constant, correspond à une aspiration naturelle chez chacun[56]. Dans ces conditions, pourquoi ne pas élargir la perspective ? S'il est vrai que c'est en Grèce antique, comme y insistait Husserl, « qu'est apparue *une attitude d'un genre nouveau* à l'égard du monde environnant », et qu'« il en est résulté l'irruption d'*un type absolument nouveau* de créations spirituelles »[57], la chose concerne l'humanité tout entière et non pas seulement telle ou telle civilisation particulière.

---

de tourner le dos à la culture grecque [...] ; celle, au contraire, [...] d'en prendre tout ce qui peut contribuer à la formation intellectuelle et au savoir ».

55. Pour le judaïsme, le phénomène s'observe évidemment dès Philon d'Alexandrie (cf. entre autres ALEXANDRE, M., « La Culture grecque servante de la foi. De Philon d'Alexandrie aux Pères grecs », dans Perrot, A. (dir.), *Les Chrétiens et l'hellénisme. Identités religieuses et culture grecque dans l'Antiquité tardive,* Paris, Éditions Rue d'Ulm, 2012, p. 31-59. Sur le prolongement de la pensée grecque dans l'Islam – plus particulièrement sous l'influence néoplatonicienne –, voir les synthèses très instructives de DE LIBERA, A., *La Philosophie au Moyen Âge*, Paris, Presses Universitaires de France, 2004 ; ADAMSON, P., *Philosophy in the Islamic World: a Very Short Introduction*, Oxford, Oxford University Press, 2015 ; MARENBON, J., *Medieval Philosophy: An Historical and Philosophical Introduction*, Digital edition, Routledge, London, 2014. Comme le souligne ce dernier, le néoplatonisme « a eu une influence incalculable sur la pensée des trois traditions religieuses – chrétienté, islam, judaïsme – dans le millénaire qui suivit et plus longtemps encore » (p. 2).

56. « L'égalité est une idée-mère, qui n'a jamais été tout à fait expulsée du cœur de l'homme. Il a mêlé cette idée à tout », *De la force du gouvernement actuel de la France et de la nécessité de s'y rallier*, 1796, p. 95.

57. HUSSERL, E., *La Crise de l'humanité européenne et la philosophie,* trad. P. Ricœur, Paris, Aubier, 1977, p. 35-36.

La critique : le mot et la chose

C'est entendu, pourrait-on observer, en Grèce antique et spécialement en régime démocratique athénien, une certaine culture critique prit incontestablement naissance et se propagea pendant plusieurs siècles, ce qu'on peut désigner comme un *ethos-critique* dont les manifestations furent nombreuses et variées et dont le langage lui-même, à travers les notions d'*examen*, d'*enquête*, de *réfutation*, de *suspension* du jugement (la fameuse *epochê*), de *kriterion*, etc., nous signale l'ampleur incomparable. Sans doute, ajoutera-t-on, aucune culture passée ne nous offre une telle gamme de points de vue argumentés et divergents sur les choses, ce dont nous avons tiré une bonne part de nos lumières, comme l'écrivait par exemple Cornelius De Pauw en 1788, dans ses fameuses *Recherches philosophiques sur les Grecs* : « les Grecs portèrent à un tel degré la culture des arts & des sciences, que nos regards aiment toujours à se diriger vers ce point du globe, qui fut pour nous la source de la lumière »[58]. Mais s'agit-il là de l'« esprit critique » au sens où nous l'entendons nous-mêmes depuis l'époque moderne, au sens d'un Kant proclamant : « la liberté de penser signifie aussi que la raison ne se soumette à aucune autre loi qu'à *celle qu'elle se donne à elle-même ?* »[59].

Premier élément de réponse : on peut évidemment faire de la prose sans s'en apercevoir, comme Molière nous l'a appris depuis longtemps, et donc adopter toutes sortes de positionnements critiques sans s'en référer comme tel à la dénomination d'« *esprit critique* », à la manière d'un J. G. Buhle qui, au XVIIIe siècle, prononcera : « Notre siècle, plus que les précédents, mérite l'éloge d'avoir étudié, élucidé et éclairé avec *esprit critique* ; c'est pourquoi quelques-uns l'ont à juste titre surnommé le siècle critique »[60].

La *facture critique* ou le *pli critique* de la culture grecque considérée dans son ensemble[61], est un phénomène civilisationnel dont la singularité a

---

58. Cornelius De Pauw, *Recherches philosophiques sur les Grecs* (2 tomes, Paris – Berlin, Onfroy – Georges Jacques Decker, 1788), t. I, p. iv.

59. *Que signifie s'orienter dans la pensée*, VIII, 145.

60. *Grundzüge einer allgemeinen Encyclopädie der Wissenschaften*, Lengo, 1790, cité d'après KOSELLECK, R., *Le Règne de la critique*, Paris, Éditions de Minuit, 1979, p. 164.

61. La précision « considérée dans son ensemble » est évidemment ici fondamentale. Aucune civilisation ne peut reposer uniquement *sur l'exercice critique*, et le monde grec n'y fait pas exception. Tout au long de son histoire, bien des éléments traditionnels et de tous

été relevée par de nombreux historiens, philosophes et littéraires : la réalité du fait lui-même n'apparaît guère niable. Or, de la même façon qu'on fait référence à la « religion » grecque à partir d'un terme qui ne fait pas partie du vocabulaire des Grecs, lesquels parlent plutôt des « choses sacrées » (*ta hiera*) ou encore du « culte de la divinité » (*thrêskeia*, mais le terme est tardif, comme le rappellent ici même Bonnechere et Pirenne-Delforge) ; de la même façon qu'on parle de la « sexualité » des Grecs à l'aide d'un terme absent chez eux (qui consacrent plutôt à Aphrodite : *aphrodisiazô* (verbe) « avoir des relations sexuelles » ; *aphrodisiakos* (adjectif) « qui a trait aux relations sexuelles », etc.), il peut s'avérer légitime de parler d'*esprit critique* ou d'*attitude critique* – c'est d'ailleurs ce qu'on a fait depuis des siècles – alors même que ces expressions ne sont pas calquées sur des formules équivalentes dans leur langue.

Néanmoins, il semble qu'on puisse retrouver dans la culture antique non seulement quelque chose de l'esprit critique moderne lui-même, mais d'une manière pour ainsi dire anticipée, un peu de sa formulation même, l'emploi du mot « critique », plus exactement de l'adjectif *kritikos* (« capable de juger », « capable de discerner ») pour signifier non pas simplement une pratique littéraire ou philologique, *mais une attitude fondamentale de l'esprit*, telle qu'on la trouvera décrite dans l'*Encyclopédie* chez un Marmontel par exemple, qui notait :

> Le second point de vue de la critique [*i.e.* après l'usage répandu du mot « critique » concernant la « critique littéraire »], est de la considérer comme *un examen éclairé & un jugement équitable des productions humaines*. Comme l'histoire sainte est révélée, il seroit impie de la soûmettre à l'examen de la raison [...]. Dans l'histoire profane, donner plus ou moins d'autorité aux faits, suivant leur degré de possibilité, de vraisemblance, de célébrité, & suivant le poids des témoignages qui les confirment : examiner le caractère & la situation des historiens ; s'ils ont été libres de dire la vérité, à portée de la connoître, en état de l'approfondir, sans intérêt de la déguiser [...]. Les mœurs, le naturel des peuples, leurs intérêts respectifs, leurs richesses & leurs forces domestiques,

---

ordres – civiques, religieux, culturels, etc. – s'y sont maintenus à travers le changement. Au demeurant, les Hellènes n'ont pas non plus le *monopole de la critique*, des bouleversements et des remises en question s'observant aussi dans d'autres aires culturelles. Simplement, en lien avec l'« exceptionnalisme démocratique » auquel on a fait allusion, l'ampleur du phénomène en Grèce – surtout aux ve et IVe siècles avant notre ère – et les développements théoriques auxquels il a donné lieu apparaissent indubitablement hors du commun.

leurs ressources étrangères, leur éducation, leurs lois, leurs préjugés & leurs principes ; leur politique au-dedans, leur discipline au-dehors [...][62]. »

De manière générale, on peut dire que les démarches intellectuelles caractérisant l'esprit critique font référence à des choses comme l'*analyse*, le *doute*, l'*appréciation*, le *discernement*, l'*évaluation*, le *jugement*, la *réflexion*, etc. Or ce sont précisément ces attitudes ou pratiques que revendique Lucien de Samosate, au IIe siècle de notre ère, dans un texte percutant et malheureusement trop peu connu aujourd'hui : *Hermotimos ou les sectes.*

Rappelons en quelques mots le contexte général de l'essai en question. Un personnage, nommé « Hermotimos », s'astreint à une discipline de fer afin de maîtriser la philosophie et de parvenir enfin au bonheur escompté. Il se trouve que son choix s'est porté sur le stoïcisme. Lykinos (prête-nom de Lucien dans l'essai), lui fait voir qu'on ne peut choisir une philosophie particulière avant de les maîtriser toutes, l'embûche étant qu'une vie humaine entière ne peut justement pas suffire à une telle tâche. La multiplicité des doctrines philosophiques, qui toutes prétendent au vrai, empêche par conséquent tout choix réellement légitime et fondé. Alors quoi, la situation se trouverait-elle sans issue ? Nullement, et c'est à partir de là que Lucien, prêtant sa voix à la « Raison » personnifiée elle-même, va désormais prendre la parole et expliquer à Hermotimos ce qu'il convient de faire dans ces circonstances. Plutôt que de parcourir sans fin toutes les doctrines l'une après l'autre, argue-t-il, la seule voie envisageable ou le seul procédé probant consiste à développer une véritable *méthode de critique et d'examen* des données. Il écrit :

> « LYKINOS : [La Raison] te dit qu'il ne suffit pas de tout voir et de passer par toutes les sectes pour être à même de choisir la meilleure, mais qu'il te manque encore la chose la plus importante. HERMOTIMOS : Laquelle ? LYKINOS : Une *préparation à la critique et à l'examen* (κριτικῆς τινος... καὶ ἐξεταστικῆς παρασκευῆς), mon étonnant ami, un *esprit pénétrant* (νοῦ ὀξέος), un *jugement juste et impartial* (διανοίας ἀκριβοῦς καὶ ἀδεκάστου), tel qu'il le faut pour se prononcer en des matières si importantes, autrement on aurait tout vu inutilement. Il faut donc, ajoute la Raison, consacrer aussi à l'acquisition de ces qualités un temps considérable, se mettre tout devant les yeux et ne faire son choix qu'après des délais, des lenteurs, des examens répétés (πολλάκις ἐπισκοποῦντα), sans

62. Cf. L'*Encyclopédie*, art. « critique », vol. IV, p. 490-491.

considérer chez celui qui parle ni l'âge, ni l'extérieur, ni la renommée de sagesse, mais imiter les Aréopagites qui jugent dans la nuit et les ténèbres, afin de ne pas faire attention aux personnes qui parlent, mais à ce qu'elles disent[63]. »

La seule solution aux déboires d'Hermotimos consiste donc non pas à acquérir *davantage et toujours davantage de savoir*, mais à entretenir ou à cultiver *un autre rapport au savoir*, fondé cette fois non plus sur le cumul mais sur un certain usage critique de la raison. Lucien revient d'ailleurs un peu plus loin sur cette fonction centrale du *discernement* pour éviter d'être cette sorte de « sot savant » que raillera Molière[64] :

> LYKINOS : Or *discerner* (διακρῖναι) ceux qui savent et les distinguer de ceux qui ne savent pas mais prétendent savoir, ne te semble-t-il pas une tâche très difficile ? HERMOTIMOS : Si fait. LYKINOS : Tu devras donc, si tu veux connaître le meilleur des stoïciens, aller les trouver, sinon tous, du moins la plupart d'entre eux, les *sonder* (πειραθῆναι), prendre pour maître le meilleur, après t'être exercé au préalable à bien choisir et avoir acquis la *faculté propre à juger [puissance... critique]* (*κριτικὴν...* δύναμιν) de telles matières, de peur de choisir par mégarde le pire. Vois aussi combien il te faut de temps pour cela. Je ne t'en ai pas parlé à dessein, craignant que tu te fâches. Cependant c'est la chose la plus importante et la plus indispensable en ces matières, qui sont obscures et sujettes au doute ; *c'est pour toi le seul espoir crédible et solide d'aller à la vérité et de la découvrir* (καὶ μόνη σοι αὕτη πιστὴ καὶ βέβαιος ἐλπὶς ἐπὶ τὴν ἀλήθειάν τε καὶ εὕρεσιν αὐτῆς). Tu n'en as aucun autre que d'être à même de *juger et de séparer* (τὸ κρίνειν δύνασθαι καὶ χωρίζειν) la vérité du mensonge, et de distinguer, comme les essayeurs d'argent, ce qui est pur et de bon aloi de ce qui est falsifié[65].

L'extrait a ceci de remarquable qu'il place *un certain usage de la raison* au sommet absolu de toute chose. Rien ne peut nous conduire à la vérité, rien ne peut nous donner espoir d'arriver à un résultat quelconque, que cette *faculté (critique) de jugement ou de discernement* : « ni l'âge, ni l'extérieur, ni la renommée de sagesse », avons-nous lu au paragraphe § 64, ne peuvent

---

63. *Hermotimos ou les sectes*, § 64, dans *Lucien de Samosate, Œuvres complètes*, traduction É. Chambry, révisée et annotée par A. Billault et É. Marquis, Paris, Robert Laffont, 2015 (traduction légèrement modifiée).
64. « Un sot savant est sot plus qu'un sot ignorant. » *Les Femmes savantes*, IV, 2 (v. 1295).
65. *Hermotimos*, § 68.

nous guider dans cette entreprise. La conclusion à laquelle Lucien parvient ici se retrouve aussi dans certains autres de ses textes, par exemple dans *Les amis du mensonge ou l'incrédule*, dont l'énoncé final se lit ainsi : « nous avons contre ces poisons un puissant antidote : c'est la vérité et la juste raison appliquée à tout. Si nous en usons, aucun de ces vains et ridicules mensonges ne troublera notre tranquillité »[66]. On se trouve ici, semble-t-il, tout proche de l'esprit de Kant lui-même lorsqu'il prévenait de ne pas dénier « à la raison ce qui en fait le souverain bien sur la terre, à savoir le privilège d'être l'ultime pierre de touche de la vérité »[67].

La *préparation à la critique et à l'examen* préconisée par Lucien recèle ceci de singulier qu'elle se dispense de tout point d'appui *extérieur à elle-même*. Aucune doctrine particulière ne trouve grâce à ses yeux, et le satiriste prend soin de préciser plus loin que l'exemple du stoïcisme est ici parfaitement contingent, que le résultat n'eût aucunement varié s'il se fut arrêté sur une autre secte philosophique, celle par exemple de Platon ou d'Aristote. Aucune instance divine non plus, il faut le signaler, ne vient appuyer ou garantir les propos ici de la Raison dont le schéma reste essentiellement anthropologique ou endogène. L'examen attentif auquel nous sommes conviés ne nous est pas non plus relayé, comme cela se voyait chez Socrate, par une inspiration divine, un démon quelconque : c'est la Raison (ὁ λόγος) personnifiée seule qui s'exprime et qui est à elle-même, semble-t-il, sa propre caution.

Bien sûr, l'espoir qu'elle suscite sera en bout de course déçu puisque Lucien en reviendra au terme de son essai à sa posture sceptique initiale, selon laquelle tous les savoirs ultimement font défaut, seul comptant la pratique concrète des vertus[68]. Pour autant, dans l'ordre des connaissances, rien ne surpasse cette méthode critique d'examen dictée par la Raison décidément souveraine.

Dans toute l'Antiquité, nul peut-être, n'était allé aussi loin sur le chemin de ce qui deviendra l'*esprit critique moderne*.

---

66. *Les amis du mensonge ou l'incrédule*, § 34, dans *Lucien de Samosate, Œuvres complètes*, 2015, p. 485.
67. *Que signifie s'orienter dans la pensée*, VIII, 146.
68. « La vertu consiste dans l'action, je veux dire dans la pratique de la justice, de la sagesse, du courage » (*Hermotimos*, § 79).

Introduction

Bernard Collette-Dučić et Marc-Antoine Gavray

S'il est difficile de déterminer les traits essentiels d'un peuple et d'une culture sans tomber dans des raccourcis et simplifications souvent dommageables, l'exercice devient franchement périlleux quand il s'agit de la Grèce ancienne, laquelle n'a cessé d'être source de fascination et objet d'éloges difficiles à surpasser – ce fameux « miracle » grec dont parlait Ernest Renan. Dans cet ouvrage, nous avons voulu aborder deux caractéristiques qui, si elles ne peuvent évidemment rendre justice à la complexité de la culture grecque dans l'Antiquité, apparaissent malgré tout avoir joué un rôle clé à l'intérieur de celle-ci : la pensée critique et la licence.

Loin d'être cantonnées aux marges de la société grecque, ces deux caractéristiques prennent leurs sources dans les strates les plus profondes de la culture hellénique, en particulier son rapport au religieux et sa dimension agonale, lesquels sont examinés dans la première partie de ce volume, intitulée « Religion et critique du religieux ». Comme le rappellent Pierre Bonnechere et Vinciane Pirenne-Delforge (désormais *B-PD*) dans le chapitre qu'ils consacrent au polythéisme antique, « dans la Grèce antique, la religion n'est pas une catégorie de pensée bien circonscrite… Elle est partout, diffuse, présente dans bien des aspects de la vie, à des degrés divers, dans la politique, l'art, la médecine, la philosophie » (p. 58). Contre l'idée, encore prégnante de nos jours, selon laquelle la religion grecque aurait de moins en moins participé à l'élaboration de la culture hellénique à mesure que s'imposait la « rationalité » des philosophes et autres « penseurs des Lumières » grecs, *B-PD* montrent que la critique des mythes poétiques et religieux est en réalité, à bien des niveaux, « inhérente au système » polythéiste des Grecs, un système caractérisé par une *plasticité* considérable, sans pour autant être illimitée : les attributs conférés aux dieux, variables et parfois contradictoires en apparence, sont l'expression d'une manière de penser qui cherche à rendre compte de la complexité de la société grecque et du monde qui l'entoure. Par ailleurs, l'inséparabilité entre religion et politique en Grèce antique, qui se manifeste, entre autres choses, par « l'étroite imbrication de la légalité et de la pureté » (p. 79), ne doit pas nous mener à nous représenter la « religion de la *polis* » comme « un ensemble dogmatique de rites et de croyances que l'État obligeait les citoyens à respecter » (p. 86). C'est que la cité n'a pas le monopole dans les rapports entre les hommes et les dieux (*B-PD* rappellent à cet égard l'importance des démarches individuelles). En outre, dans le cas des nombreuses cités démocratiques, l'assemblée est « une émanation directe des citoyens, non une force politique externe qui les contraindrait » (p. 85). Dans un système polythéiste aussi ouvert, concluent *B-PD*, et dans un mode de pensée où la représentation du divin s'exprime de façon relativement libre, « aucun contrôle centralisé n'aurait été possible, ni envisageable, ni crédible » (p. 87).

Dans le chapitre qu'elle consacre au mode agonal de la pensée grecque, Elsa Bouchard (désormais *EB*) montre à quel point la pensée critique et la licence nécessaire au bon développement de celle-ci sont intimement liées à l'esprit de compétition des Grecs. Sur le plan conceptuel, écrit-elle, « l'*agôn* peut être défini comme une propension à créer des rapprochements entre des options qui se prêtent, sous un regard critique, à l'épreuve de la comparaison » (p. 101). L'esprit « agonal » est présent de manière transversale dans la culture hellénique, que ce soit au niveau des compétitions sportives (*agôn* athlétique), en temps de guerre (*agôn* martial), ou encore au tribunal (*agôn* juridique). Quant à la compétition intellectuelle ou sapientale, elle est loin d'être l'apanage des philosophes ou sophistes. *EB* montre à ce sujet l'importance cardinale d'Hésiode qui, dans les *Travaux*, n'hésite pas à procéder à une auto-réfutation, donnant par là-même l'exemple de la « démarche critique qui sera celle des futurs auteurs d'antilogies » (p. 108). Enfin, revenant sur un aspect important du polythéisme grec, sa *plasticité*, elle montre, au moyen de l'exemple de Phérécyde de Syros et de sa relecture critique de la théogonie hésiodique, comment sa démarche étymologique, que l'on retrouve à l'œuvre tant chez les poètes que chez les savants, « constitue un terrain privilégié de compétition, théorique ou idéologique » (p. 119).

Parmi les premiers penseurs à avoir remis en cause la conception traditionnelle des dieux, Xénophane fait généralement figure de pionnier, voire de père fondateur. Plusieurs fragments le présentent comme un pourfendeur des représentations anthropomorphiques et immorales des dieux, mais aussi comme l'auteur d'une théologie nouvelle, strictement rationnelle. Dans le chapitre qu'il lui consacre, Simon Fortier (désormais *SF*) nous invite à reconsidérer de manière critique cette interprétation d'un Xénophane « *Aufklärer* » avant l'heure, en montrant à quel point la figure de Xénophane n'a cessé, depuis l'Antiquité, d'être idéalisée et réappropriée (par les sceptiques, les Chrétiens, les penseurs des Lumières, etc.) au point d'obscurcir durablement les raisons véritables qui sous-tendent sa conception du divin. En examinant le contexte « métasympotique » des citations, *SF* propose d'autres interprétations possibles, notamment celle selon laquelle Xénophane ne se prononcerait pas tant sur la validité intrinsèque des propos tenus sur les dieux par les poètes que sur la convenance (l'utilité) de ceux-ci dans le contexte des banquets. Il reste malgré tout indéniable, selon *SF*, qu'il existe une critique du religieux dans les vers de Xénophane, critique qui témoigne « d'une sorte de liberté de pensée ambiante » (p. 141) propre à la société de son époque. Toutefois, conclut-il, il importe de ne pas surdéterminer cette critique et de ne pas imposer à la pensée de Xénophane un modèle (celui, en particulier, des Lumières modernes) qui ne convient tout simplement pas à la société grecque archaïque dans laquelle il vécut.

Si la licence interprétative en matière religieuse se laisse déjà voir dans les théogonies des poètes (chez Phérécyde notamment, selon *EB*) et dans la poésie métasympotique d'un Xénophane (en gardant toutefois à l'esprit les mises en garde de *SF*), c'est bien chez les philosophes, explique Sylvain Delcomminette (désormais *SD*), que l'usage du concept de dieu implique pour la première fois « une critique radicale de la représentation traditionnelle des dieux » (p. 143). Chez Platon, Aristote, Épicure et les stoïciens, philosophes sur lesquels se concentre le chapitre de *SD*, le concept de dieu passe de concept d'*objet* (renvoyant à certaines entités dont le statut divin est d'emblée présupposé) à un concept *opératoire* où se cristallise un certain idéal philosophique (éthique ou théorique) et qui permet de circonscrire le domaine du divin indépendamment de la pensée religieuse ambiante. Ainsi en va-t-il, par exemple, de Platon, qui, dans l'*Apologie*, fait de la réfutation (*elenchos*) la seule pratique vraiment conforme à la piété ou encore, dans la *République*, légifère sur l'idée de dieu en affirmant que les dieux ne peuvent ni tromper, ni être cause de maux. Même la condamnation de l'athéisme, dans les *Lois*, s'avère n'être ultimement qu'une attaque contre une conception naturaliste et matérialiste de la nature. Au final, le concept de dieu est, avant toutes choses, un *outil* qui permet à chaque philosophe de proposer aux hommes une voie d'émancipation morale en faisant de dieu un idéal de perfection à imiter.

Si les philosophes antiques ont élaboré une critique radicale de la conception traditionnelle des dieux, ce n'est donc pas pour en nier l'existence, mais plutôt pour en redéfinir la notion. Comme le note Jean-Baptiste Gourinat (désormais *JBG*) dans le chapitre qu'il consacre à l'athéisme antique, « la plupart des philosophes croient à l'existence des dieux mais ils ont une manière si particulière d'y croire qu'il est normal que les esprits conventionnellement pieux les aient considérés comme impies ou athées » (p. 188). Dans l'antiquité, explique *JBG*, les notions d'athéisme, d'agnosticisme et d'impiété sont relativement bien délimitées. Au sens strict, l'athée est celui qui nie l'existence des dieux, tandis que l'agnostique reconnaît son ignorance quant aux dieux (leur nature, voire leur existence). Quant à la notion d'impiété, que Platon examine dans le livre X des *Lois*, bien qu'elle englobe la négation de l'existence des dieux, elle concerne plus directement les cas où l'on attribue aux dieux des caractéristiques erronées, comme le fait de ne pas se préoccuper des hommes ou d'être susceptibles d'être corrompus par des prières ou des sacrifices. Dans les faits cependant, ces notions apparaissent assez poreuses. La raison en est, selon *JBG*, que l'athéisme dans l'antiquité est d'abord et avant tout *une accusation*, en particulier à l'encontre des philosophes. Ce n'est pas un hasard, explique-t-il, si la première mention conservée du terme *atheos* surgit dans un récit du procès de Socrate : parce que ce dernier a développé une notion de dieu différente de la piété conventionnelle, Mélétos l'accuse non seulement d'être impie, mais aussi d'être athée. Quant à Protagoras, sa position ouvertement agnostique n'a pas empêché son nom de figurer dans des listes d'athées. Enfin, l'accusation d'athéisme a été portée contre certains penseurs ayant adopté une approche matérialiste et anthropologique du phénomène religieux (Prodicos, par exemple). Mais là aussi, *JBG* montre que rien ne prouve que ces penseurs furent réellement athées. En conclusion, dans la mesure où la plupart de ces accusations manquent de bonne foi, la réserve semble être de mise face à l'existence d'un athéisme profond à Athènes.

La deuxième partie de cet ouvrage, intitulée « Savoir, paradoxes et scepticisme », examine plus directement le rapport critique au savoir et à la raison, ainsi que la licence qu'autorise la reconnaissance d'une différence essentielle entre savoir humain et savoir divin. C'est ce dernier point qu'aborde le chapitre de Louis-André Dorion (désormais *LAD*). Celui-ci montre que, tant chez Xénophon que chez Platon et Aristote, le savoir (*sophia*) est tenu pour quelque chose d'essentiellement divin, ce qui *a priori* pourrait entraîner l'idée que le savoir humain, de son côté, est non seulement irrémédiablement inférieur au savoir véritable, mais aussi que l'homme ne devrait en aucune manière chercher à outrepasser les bornes rigides du savoir propre à sa condition. *LAD* montre que Xénophon est le seul à vouloir maintenir à tout prix un espace infranchissable entre le savoir humain (essentiellement technique) et le savoir divin, ce dernier conservant jalousement en son sein, pour ainsi dire, les connaissances les plus importantes, en particulier la connaissance du futur. Au contraire, d'après l'interprétation de *LAD*, chez Platon déjà (après l'*Apologie de Socrate* en tout cas) et plus encore chez Aristote (qui soutient que la divinité n'est pas « envieuse » et qu'il ne faut pas écouter ceux qui conseillent de penser « humain » et « mortel », parce que telle est la condition de l'homme), l'opposition entre savoir humain et savoir divin devient le moteur d'une quête émancipatrice où la recherche du savoir véritable apparaît comme la manière privilégiée de réaliser la divinisation de l'homme.

La rationalité critique des philosophes Grecs a pris des formes diverses. Dans le chapitre qu'il consacre à cette question, David Sedley (désormais *DS*) examine l'importance des paradoxes et autres énigmes à la fois comme instruments d'une critique des opinions humaines et comme sources de production de nouveaux savoirs. En effet, en son sens étymologique, un paradoxe n'est pas un paralogisme (un raisonnement contraire au bon fonctionnement de la raison), mais bien un argument qui va à contre-courant de l'opinion établie et constitue, ce faisant, une critique de celle-ci.

C'est ainsi que les stoïciens présentaient les paradoxes socratiques (par exemple, que seul le sage est riche, car il n'a besoin de rien de ce qu'il ne possède pas), arguments qu'ils associaient à la figure de Socrate et qui mettaient à mal les idées reçues concernant, notamment, la richesse, mais également la liberté, le pouvoir politique, etc. Bien avant Socrate cependant, les philosophes ont usé de formulations énigmatiques, voire volontairement obscures, pour rendre compte de la réalité des choses, comme le fameux apophtegme d'Héraclite affirmant qu'il est impossible de traverser deux fois le même fleuve. Même si certains paradoxes ont pu être utilisés de manière éristique et sophistique, *DS* montre l'importance qu'ils ont eue dans le développement de certaines théories philosophiques majeures, notamment chez Platon. C'est le cas par exemple du paradoxe concernant l'impossibilité du non-être, lequel semble au départ réduit au statut de sophisme (dans l'*Euthydème*) avant de forcer progressivement Platon à développer une réflexion originale permettant de rendre compte de la possibilité du faux. Un autre paradoxe (concernant l'impossibilité de l'apprentissage, dans le *Ménon*) trouvera sa solution au travers de l'élaboration de la théorie de la réminiscence. Loin d'être de simples jeux futiles de la pensée, conclut *DS*, les énigmes sophistiques ont contribué, peut-être mieux que n'importe quoi d'autre, à maintenir en vie « le sens d'étonnement et de fascination » qui est l'origine véritable de la philosophie (p. 236).

Il n'est pas possible de parler de pensée critique sans introduire le scepticisme antique, lequel illustre le mieux la nécessité, pour la raison elle-même, de remettre en question ses propres prétentions, notamment en termes de connaissance et de constitution d'un savoir positif. Notre volume examine l'apport critique des deux grands courants sceptiques de l'antiquité que furent le scepticisme académique (de l'Académie à l'époque hellénistique) et le néo-pyrrhonisme. Dans le chapitre consacré au premier de ces courants, Mauro Bonazzi (désormais *MB*) explique en quoi le soi-disant tournant sceptique de l'Académie fondée par Platon trouve en réalité ses germes dans les dialogues mêmes de Platon. S'il est vrai que les premiers sceptiques (Arcésilas et Carnéade) affirmaient que l'on ne peut absolument rien savoir, allant plus loin encore que la profession d'ignorance du Socrate de Platon, les développements qui se poursuivirent dans l'Académie, notamment ceux de son ultime scholarque (Philon de Larisse), démontrent une affinité évidente avec la pensée de Platon, en particulier l'intérêt de ce dernier pour les questions méthodologiques et le refus de tenir toute conclusion pour définitive. *MB* montre ainsi comment, en cherchant à interpréter la pensée des premiers scholarques sceptiques de l'Académie (qui n'ont rien écrit), Philon est arrivé à l'idée que le sage sceptique est celui qui reste en permanence conscient des limites de la raison humaine et de la nécessité de ne jamais arrêter la recherche (*skepsis*, en grec). Même en reconnaissant la possibilité d'approuver (*probare*) certaines opinions (y compris certaines thèses philosophiques), Philon conserva l'idée, chère au scepticisme, que tout ce que l'homme tient pour vrai est *a priori* susceptible d'être remis en question. En effet, l'opinion était, pour lui, le résultat d'un assentiment provisoire donné dans la conscience même de ce caractère provisoire.

Dans le chapitre qu'il consacre au néo-pyrrhonisme, Stéphane Marchand (désormais *SM*) s'interroge sur la légitimité d'associer scepticisme et rationalisme critique, cette dernière expression renvoyant à une certaine confiance dans l'établissement d'un savoir positif au moyen de la puissance critique de la raison. Si l'idée de critique se retrouve bien au sein des deux mouvements, il existe toutefois une différence de taille qui pourrait faire douter du bien-fondé d'une telle association : alors que, dans le cas du rationalisme critique, la critique précède la constitution du savoir et est même une condition nécessaire à celle-ci, dans le cas du scepticisme néo-pyrrhonien, la nécessité de la critique (qui rend possible l'*epochê* ou suspension du jugement) se produit après le constat d'échec de la quête du savoir. En fait, explique *SM*, si l'on devait s'en tenir au caractère propre du scepticisme néo-pyrrhonien – la faculté d'opposer des raisonnements de même force afin de provoquer la suspension du jugement –, on devrait plutôt conclure que le scepticisme est un mouvement anti-rationaliste, en ce qu'il voit dans la quête rationaliste de la vérité et le dogmatisme qu'elle entraîne une véritable maladie de l'âme. Toutefois, ajoute *SM*, le scepticisme néo-pyrrhonien, contrairement à l'épicurisme, ne rejette pas la culture (*paideia*) scientifique. Il se sert au contraire de celle-ci (d'une manière non-dogmatique, c'est-à-dire sans rien croire des connaissances qu'il utilise) pour alimenter la critique thérapeutique qu'il opère contre la maladie du jugement. C'est en ce second sens, lequel montre que le scepticisme n'est pas un anti-intellectualisme, que le scepticisme néo-pyrrhonien peut être malgré tout rapproché du rationalisme critique.

La troisième partie de cet ouvrage, intitulée « Critique sociale et politique », examine l'une des critiques les plus importantes à l'œuvre dans la Grèce antique, celle du *nomos* (loi, coutume, usage). Elle débute par un chapitre de Ivan Jordović (désormais *IJ*) dont le but est de fournir un premier aperçu historique et sociologique des systèmes politiques de la Grèce ancienne, en partant de la notion clé d'égalité. *IJ* examine l'influence qu'une telle notion a exercée sur le développement de la liberté (à Athènes) et de la contrainte (à Sparte). Après avoir expliqué qu'un certain égalitarisme faisait partie intégrante de la *polis* grecque, *IJ* montre comment deux interprétations différentes de l'idée d'égalité ont mené à la production de systèmes politiques opposés. Ainsi, dans le cas de la démocratie athénienne, l'égalité y est comprise comme strictement quantitative (une égalité des inégaux), tandis qu'à Sparte, elle se présente comme essentiellement qualitative (les Spartiates sont des *homoioi*, des « semblables » ou « pairs »). *IJ* note cependant une certaine perméabilité entre les deux systèmes, puisque même les régimes oligarchiques acceptaient une égalité de type quantitatif, non pas cependant entre les différentes classes sociales, mais au sein même de l'aristocratie dominante. Une autre caractéristique apparemment commune aux deux régimes est l'importance de la loi. Toutefois, alors qu'en démocratie la loi a pour fonction de protéger et de renforcer le pouvoir du peuple (le *dêmos*), à Sparte, en revanche, elle est considérée comme un véritable despote auquel les Spartiates doivent se soumettre. Enfin, tandis que la démocratie limite le champ de la loi et de l'égalité que celle-ci assure à la sphère politique et publique, laissant ainsi se dégager une sphère distincte, privée, où les inégalités sociales se développent, à Sparte, au contraire, l'origine divine et mythique de la loi a permis le maintien de l'union des sphères politique et sociale. En conclusion, *IJ* montre que, si la liberté s'est développée à Athènes tant au niveau politique que social (ce dernier domaine n'étant que peu régulé par la loi), à Sparte, en revanche, le despotisme de la loi et l'absence de réelle séparation entre domaines privé et public ont favorisé l'émergence d'un régime marqué par une très grande contrainte.

La critique du *nomos*, que l'on observe dès le ve siècle av. J.-C., prend plusieurs formes. Au départ, elle n'est pas tant une critique visant à rejeter la loi qu'un examen critique des processus d'institution et de justification (éthique et politique) des normes. Telle est, en substance, l'interprétation défendue par Marc-Antoine Gavray (désormais *MAG*) dans le chapitre qu'il consacre à la critique sophistique du *nomos*. Protagoras, explique-t-il, s'est appliqué à mettre en évidence les conditions fondamentales de la cité (le respect de soi et d'autrui ainsi que l'acceptation des lois et normes rendant la vie en commun possible) et l'importance d'une éventuelle réforme (limitée cependant) des lois permettant la prise en compte de l'évolution de ce qui apparaît utile à la cité. Décrit comme un défenseur de la démocratie par Platon, Protagoras souligna aussi la nécessité d'une véritable intégration des lois et du juste par un processus d'apprentissage continu et collectif. Même si l'examen du *nomos* par certains sophistes suppose de faire intervenir un autre terme, celui de nature (*phusis*), le but poursuivi n'était pas de dévaloriser le premier au profit du second mais plutôt, explique *MAG*, « de prendre acte d'un écart pour définir des principes d'action adéquats – qu'ils concernent l'individu ou la cité » (p. 323). C'est le cas d'Antiphon qui, en se servant de l'opposition entre une nature indifférenciée et des lois humaines qui introduisent des différences arbitraires, dénonce un problème provoqué par le positivisme protagoréen, à savoir l'absence de justification du critère d'utilité servant à l'institution (et à la réforme) des lois par les hommes. Sans pour autant adopter la voie du jusnaturalisme, Antiphon semble avoir prôné une voie moyenne où la politique des hommes suppose un développement et une prise en compte des connaissances de la nature. D'autres sophistes, cependant, semblent au contraire avoir cherché à renforcer la position juspositiviste de Protagoras, en montrant que l'origine des lois s'inscrit, pour ainsi dire, dans une nécessité naturelle, étant donné que l'institution de la loi et de la cité que celle-ci fonde répond aux besoins des hommes d'échapper aux souffrances et maladies propres à l'état de nature.

Bien que Platon se soit élevé contre l'immoralisme qu'il voyait chez certains sophistes, il est intéressant de noter qu'il a lui-même adopté, en partie, la critique sophistique du *nomos*. C'est là l'interprétation défendue par Dimitri El Murr (désormais *DEM*) dans le chapitre qu'il consacre aux rapports entre Platon et Thrasymaque. En effet, au cœur de l'analyse critique que ce dernier fait, dans la *République*, des différents régimes politiques existants, il y a la volonté de faire « tomber les masques » (p. 352) et de montrer que le processus d'institution et de justification des lois par les hommes, processus par lequel elles reçoivent la caution de la justice, est en réalité un instrument utilisé par les divers pouvoirs dominants pour servir leur propre intérêt, et cela au détriment de celui des gouvernés. Or, explique *DEM*, telle est aussi l'analyse de Platon dans la *République* et les *Lois*. Là où la position de Platon diffère, et où l'on peut parler d'une « critique (platonicienne) de la critique (sophistique) », c'est dans son refus des conséquences prescriptives que Thrasymaque tire de cette première analyse, lequel conclut qu'il est naturel pour le plus fort (le gouvernant) de rechercher l'injustice (l'asservissement du plus faible). Pour Platon, aucun des régimes politiques existants (démocratie, oligarchie, tyrannie, etc.) ne constitue une *politeia* véritable de sorte que leur analyse, même critique, ne peut à elle seule servir de base à une théorie prescriptive concernant la vie heureuse. C'est pour cette raison que, dans la *République*, il s'emploie à élaborer un système politique digne de ce nom, dans lequel les rapports entre gouvernés et gouvernants ne sont plus ceux de domination et d'asservissement, et où le *nomos* a pour unique but la promotion du bien commun.

Avec l'apparition du cynisme, il n'est plus simplement question d'une analyse critique du *nomos*, mais d'un rejet radical de celui-ci, le *nomos* étant compris comme un système de valeurs erroné car basé sur la *doxa* (l'opinion commune). Les cyniques opposent à la conventionalité des lois et aux manières de vivre qu'elles imposent aux hommes une vie « *kata phusin* », conforme à la nature. La vie cynique, explique Suzanne Husson (désormais *SH*) dans le chapitre qu'elle consacre à cette question, est d'abord et avant tout « une critique *en action* des pratiques sociales ordinaires et des représentations anthropologiques et morales qui les fondent » (p. 367, nous soulignons). Cette critique en acte suppose une remise en question de toutes les différences issues de la convention, à commencer par les différences territoriales. Ainsi, la vie cynique peut tout aussi bien se réaliser à la campagne qu'en ville. Dans ce dernier cas cependant, l'idéal cynique d'une vie autarcique est confronté à des difficultés d'un genre particulier : l'absence de ressources naturelles et le droit de propriété. En s'appuyant sur le corpus (apocryphe) des lettres cyniques, *SH* montre que si « le personnage public du cynique respectait le droit de propriété » (p. 373), il en contestait cependant la légitimité au niveau théorique. La mendicité du cynique, par exemple, est une manière de mettre en scène une critique publique de la rareté artificielle que produisent les cités. Après avoir examiné le rejet cynique de la cellule familiale (le cynique ne reconnaît pas la différence entre espace privé et espace public) et le retrait cynique du religieux (le cynique n'a pas besoin du secours des dieux), *SH* conclut que, si le cynique a dû adapter sa vie *kata phusin* en fonction des contextes extérieurs (notamment celui de la vie urbaine), ce fut toujours « un compromis sans compromission » (p. 389) et l'occasion pour lui de souligner le caractère accidentel, non naturel, des lois fondamentales qui gouvernent la vie des hommes en société.

Malgré sa parenté avec le cynisme, la Stoa va chercher à refonder le concept de *nomos* en le ramenant à celui de *phusis* et ainsi ressouder la fracture entre ces deux notions. Ainsi que l'explique Emmanuele Vimercati (désormais *EV*), les trois premiers scholarques (Zénon, Cléanthe et Chrysippe), malgré la diversité de leurs positions, « se sont accordés sur des questions essentielles relatives à l'ordre cosmique, la nature des vivants et la tendance sociale des êtres humains » (p. 394). Même si Zénon a écrit sa *Politeia* « sur la queue du chien », c'est-à-dire sans doute sous l'influence du cynisme, les fragments que l'on possède de cette œuvre montrent, selon *EV*, qu'il prônait un véritable engagement du sage dans la vie politique, à la différence donc de l'attitude cynique. Parce que la nature universelle n'est pas autre chose que la raison divine partout à l'œuvre, la physique (ou étude de la nature) devient, pour les stoïciens, la science fondatrice de l'éthique et de l'agir humain. *EV* souligne à ce sujet l'importance de la doctrine de l'*oikeiôsis* (appropriation à soi-même et aux autres), laquelle permet aux stoïciens de montrer que l'impulsion sociale des hommes trouve un fondement dans la nature même de l'homme. Or, c'est de cette impulsion même, explique *EV*, que « résulte la fondation du concept de justice » (p. 404). Le cosmopolitisme stoïcien, déjà défendu par Zénon dans sa *Politeia*, induit cependant une distance entre la cité cosmique (dont les citoyens sont des sages) et les petites cités humaines (imparfaites, voire corrompues), dont les premiers stoïciens semblent s'être peu souciés. Ce n'est qu'à partir du IIe siècle avant notre ère, selon *EV*, que la Stoa a développé une pensée politique au sens traditionnel du terme et réfléchi sur le type de régime politique (peut-être un mélange de démocratie, de monarchie et d'aristocratie) à mettre en œuvre au niveau des cités humaines.

Quant à la quatrième et dernière partie de cet ouvrage, intitulée « Licence politique et licence artistique », elle étudie plus directement l'idée de licence dans la société grecque, au niveau politique et dans les arts. Dans le chapitre qu'il consacre à la conception démocratique de la liberté, Bernard Collette-Dučić (désormais *BCD*) examine la postérité philosophique de cette conception et montre l'importance qu'elle conserva dans la tradition socratique (Platon et le stoïcisme). En effet, si la définition démocratique de la liberté comme « licence ou droit (*exousia*) de faire ce que l'on veut » a été critiquée par des orateurs (Isocrate) ou des philosophes (Aristote) au motif qu'elle favoriserait une vie anarchique (refus de l'autorité) et intempérante (recherche de désirs toujours plus grands) rendant ultimement impossible le respect des lois et de la constitution, elle a aussi été défendue, non sans une précision importante, par Platon et les stoïciens. *BCD* montre que, pour Platon, le problème ne réside pas dans la définition démocratique de la liberté en tant que telle, mais bien dans le fait que la démocratie tient la liberté pour ce qu'il y a de plus hautement désirable (le souverain bien). Or seul le savoir rend libre, selon Platon, de sorte que c'est par l'intermédiaire de la philosophie que l'on peut devenir libre et ainsi gagner « le droit de faire ce que l'on veut ». De même, les stoïciens soutiendront que « seul le sage est libre ». Dans la Stoa, la définition démocratique de la liberté va obtenir le statut de préconception naturelle (*antilêpsis*) servant de base à une compréhension savante (*ennoia*) de la liberté définie comme *exousia autopragias* ou « droit légal de décision dans le domaine d'action qui nous est propre » (p. 430). Enfin, *BCD* montre le lien existant entre la définition démocratique de la liberté et la notion d'*autexousion*, notion qui jouera un rôle clé dans les théories philosophiques et religieuses de la liberté à partir des Iᵉʳ et IIᵉ siècles de notre ère.

La question de la licence démocratique fait l'objet d'une étude plus circonstanciée par Sophie Aubert-Baillot (désormais *SAB*), qui examine la nature et le sens de la *parrhêsia* (franc-parler, liberté de parole) à l'époque classique et hellénistique. Cette notion, dont *SAB* montre qu'elle a, à l'origine, le statut d'un droit des citoyens conféré par le régime démocratique, a d'emblée eu un sens moral ambigu : d'un côté, elle semble représenter le privilège de l'homme libre et éduqué (Euripide), d'un autre, elle est dénoncée (notamment par Aristophane) comme une liberté de dire n'importe quoi mise au service de l'intérêt personnel plutôt que de la cité. Cette ambivalence se maintient chez les orateurs attiques du IVᵉ siècle av. J.-C., où la *parrhêsia* renvoie tantôt à un acte doté d'une « force critique » qui, parce qu'il peut provoquer la colère ou la haine des auditeurs, « nécessite du courage de la part de celui qui l'emploie » (p. 449), tantôt à une flatterie qui se dissimule sous les dehors de la franchise. Chez les philosophes,

SAB montre que Platon évite d'associer trop directement la *parrhêsia* à Socrate, lequel semble plutôt préférer la voie de la dissimulation et de l'ironie pour faire entendre ce qu'il pense. Les cyniques, au contraire, adoptent résolument le franc-parler, dont ils font un instrument féroce de leur critique des valeurs conventionnelles de la société (notamment la pudeur). Avec la disparition de la démocratie, le sens politique de la *parrhêsia* cède progressivement la place au sens moral. Chez Épicure et la tradition épicurienne, elle renvoie à une autocritique collective qui, sous la conduite d'un maître plein de discernement, vise « à procurer aux fautifs un bienfait grâce à cette correction » (p. 453). Enfin, dans la Stoa, elle se voit éclipsée au profit d'une notion proprement stoïcienne : la « parole sans détour », dont *SAB* suggère qu'elle a pu se développer en partie sous l'influence du théâtre comique.

Dans le domaine poétique, Aristote est le philosophe à qui l'on doit d'avoir jeté les bases d'une liberté artistique totale, celle-là même que revendiquera, explicitement cette fois, Lucien de Samosate (parlant d' « *akratos hê eleutheria* »), quatre siècles plus tard. Telle est l'interprétation que défend Jean-Marc Narbonne (désormais *JMN*) dans l'essai qu'il présente sur la *Poétique* d'Aristote. Selon lui, les indications du Stagirite concernant la « rectitude » (*orthotês*) poétique, notamment celles incluant dans le champ poétique les sortes de choses qui « semblent être » ou qui « doivent être », ouvrent l'horizon de la création artistique et préparent la voie à la notion, pourtant beaucoup plus tardive, d' « art pour l'art ». Selon *JMN*, la rectitude poétique telle qu'Aristote la conçoit est le résultat d'une « *dénivellation poétique* ou *artistique* » (p. 475), visant à montrer, contre Platon, que l'art poétique n'est pas au même niveau que les autres arts et ne devrait pas être jugé selon les mêmes critères. Ainsi, par exemple, Aristote explique qu'il est justifié qu'un artiste représente une chose impossible, s'il atteint par là la fin propre de l'art. « Exiger la même exactitude dans l'exercice de l'art que dans les techniques ordinaires », écrit *JMN*, « relèverait de l'inculture, ce serait ruiner l'idée de l'art en soi, l'idée, avant la lettre, de l'art pour l'art (*ars gratia artis*), dont la finalité est endogène » (p. 475). En ouvrant le champ de création poétique à l'impossible et à l'irrationnel, Aristote reconnaît à l'art sa spécificité, celle de la fiction. Certes, concède *JMN*, Aristote est resté « relativement conservateur dans son analyse plus spécialement de la tragédie, à laquelle il ne prête pas une licence infinie » (p. 477).

Reste, conclut-il, qu'Aristote a fourni à la fiction l'essentiel des arguments nécessaires à son essor.

Dans l'antiquité, le domaine de la comédie est, sans conteste, un domaine de prédilection pour l'expression de la critique et de la licence. Dans le chapitre qu'elle consacre à la comédie ancienne, Ghislaine Jay-Robert (désormais *GJR*) rappelle le témoignage de Dion Chrysostome selon lequel « les Athéniens avaient l'habitude de s'entendre critiquer et, par Zeus, c'est justement pour se faire injurier qu'ils se réunissaient au théâtre » (p. 488). D'où vient la si grande licence des poètes comiques ? Selon *GJR*, il n'existe pas une réponse unique à cette question. S'il est vrai que le lien étroit existant entre la comédie et les rites de fertilité (en particulier, les rites dionysiaques) peut expliquer la liberté de ton et l'usage de l'*aischrologia* des poètes comiques, elle ne permet pas de comprendre, en revanche, les critiques de type social et politique que l'on observe chez Aristophane notamment, ni les tentatives législatives (rares cependant) de censurer la satyre comique. On ne peut donc ignorer, selon elle, le cadre politique et démocratique athénien, lequel permettait aux auteurs de comédies de se prévaloir du droit de *parrhêsia* ou liberté de parole, un droit dont il n'est toutefois pas facile de définir les limites exactes. Concernant la dimension critique de la comédie, *GJR* montre comment elle s'appuie sur un idéal de justice distributive où il s'agit de rendre à chacun ce qui lui est dû en fonction de ses mérites – de ses qualités morales –, ce qu'elle illustre au moyen des vers suivants, tirés des *Acharniens* d'Aristophane : « injurier les canailles n'a rien de blâmable ; c'est un hommage rendu aux honnêtes gens, pour qui raisonne bien » (p. 502). Enfin, l'usage de la raillerie (*skômma*), qui permet un déclassement social, voire ontologique (de dieu à homme et d'homme à bête) des personnages ou institutions visés, doit se comprendre dans le cadre plus large de la « culture de la honte » de la société grecque.

L'enquête se poursuit dans le dernier chapitre, où Dmitri Nikulin (désormais *DN*) remonte aux origines du genre afin de mieux comprendre son évolution globale, de l'ancienne comédie à la comédie nouvelle. La comédie naît dans l'invective, l'iambe et le mime, dans des célébrations collectives. Mais elle naît surtout dans un cadre qui l'associe d'emblée à la philosophie. Elle fera en effet ses choux gras des philosophes (*DN* pense au Socrate des *Nuées* d'Aristophane), et rapidement les philosophes, Platon et Aristote, la réduiront à un spectacle de personnages mauvais en proie au ridicule et, pour cette raison, en feront un genre inférieur à la tragédie. Certes, comme celle-ci, elle possède une dimension cathartique, qui touche à des fonctions que les philosophes jugent inférieures. Mais sa *catharsis* conduit à apprécier la vie dans ses manifestations les plus exubérantes. En un siècle, la comédie évolue vers une forme nouvelle qui, selon *DN*, est loin de constituer une dégradation du genre – contrairement à une idée aujourd'hui répandue. En même temps qu'elle abandonne le chœur, la comédie nouvelle multiplie les personnages qui, en dépit des stéréotypes auxquels ils correspondent, deviennent de plus en plus humains. Elle opte aussi pour des sujets du quotidien, comme en attestent les pièces de Ménandre (fin du IVe siècle av. J.-C.) qui nous sont parvenues en lambeaux. Et c'est ce genre nouveau qui sera repris et adapté à Rome, par Plaute et Térence. Les personnages sortent alors définitivement du grotesque et de la vulgarité propres à l'ancienne comédie pour devenir des individus plus fragiles, plus mondains, plus inscrits dans la vie d'une famille que de la cité, ce qui ouvre le champ, selon *DN*, à une vive critique sociale et politique de la vie romaine.

Table des auteurs

Sophie Aubert-Baillot est maître de conférences en langue et littérature latines à l'Université Grenoble Alpes. Elle a publié de nombreux articles sur la philosophie hellénistique et romaine, la rhétorique ancienne et Cicéron. Elle a édité en 2014 un ouvrage collectif sur le *Brutus* (Brill) et publiera prochainement sa thèse sur la rhétorique stoïcienne en Grèce et à Rome (Brill). Elle travaille actuellement sur le bilinguisme et la philosophie dans la correspondance cicéronienne ainsi que sur la philosophie des non-philosophes sous l'Empire.

Mauro Bonazzi enseigne l'histoire de la philosophie antique à l'Université d'Utrecht et à l'Université de Milan. Spécialiste de la tradition platonicienne, on mentionnera, parmi ses dernières publications : *À la recherche des Idées. Platonisme et philosophie hellénistique d'Antiochus à Plotin* (Vrin, 2015) ; *Il Platonismo* (Einaudi, 2015) ; *Atene, la città inquieta* (Einaudi, 2017) ; *Processo a Socrate* (Laterza, 2018). Il termine actuellement l'écriture d'un livre sur la sophistique (à paraître aux Cambridge University Press).

Pierre Bonnechere (Université d'Uppsala, Prof. affil. au Département d'histoire ancienne et d'Archéologie ; Université de Montréal) est spécialiste de religion et mentalités anciennes. Il a publié abondamment sur le sacrifice et les oracles grecs (*Trophonios de Lébadée*, Brill, 2003), et travaille actuellement sur trois grands projets : (1) une synthèse sur la divination grecque, qui vise à redonner à la révélation la place centrale qu'elle occupait en Grèce, tout en mettant l'accent sur l'abondante documentation épigraphique qui permet, enfin, de faire justice des *topoi* de la littérature. (2) Pour ce faire, il dirige la réédition en ligne des lamelles de l'oracle de Dodone (Dodona Online, 2017-2022). (3) Enfin, il s'intéresse à un thème central dans les représentations grecques, – le vortex – omniprésent dans la littérature et l'art mais jusqu'ici délaissé.

Elsa Bouchard est professeur de langue et littérature grecques à l'Université de Montréal. Ses recherches portent sur la théorie poétique, la réception ancienne des poètes et la pratique étymologique en Grèce ancienne. Elle est l'auteur de *Du Lycée au Musée : Théorie poétique et critique littéraire à l'époque hellénistique* (Presses Universitaires Paris-Sorbonne, 2016) et de plusieurs articles dont « La critique comparative et le corpus tragique grec » (*Phoenix*, 2016), « Aphrodite *philommêdês* in the *Theogony* » (*JHS*, 2015) et « The meaning of βλαβερόν in the *Poetics* » (*GRBS*, 2010).

Bernard Collette-Dučić est professeur de philosophie ancienne à l'Université Laval. Il est l'auteur de *Plotin et l'ordonnancement de l'Être* (Vrin, 2007) et éditeur (avec S. Delcomminette) de *Unité et origine des vertus dans la philosophie ancienne* (Ousia, 2014). Il a récemment publié « Les principes physiques stoïciens à la lumière de leurs critiques antiques » (dans M.-A. Gavray et A. Michalewski (éds.), *Les Principes cosmologiques du platonisme*, Brill, 2017) et « Honte et retenue dans la Stoa » (*Revue de philosophie ancienne*, 2018). Il prépare actuellement une monographie (*The Stoic Conception of Providence*, Routledge) et une traduction (du *De fato* d'Alexandre d'Aphrodise).

Sylvain Delcomminette est professeur de philosophie ancienne à l'Université libre de Bruxelles. Il est notamment l'auteur de *L'Inventivité dialectique dans le* Politique *de Platon* (Ousia, 2000), *Le* Philèbe *de Platon. Introduction à l'agathologie platonicienne* (Brill, 2006) et *Aristote et la nécessité* (Vrin, 2018). Outre Platon et Aristote, ses recherches portent également sur le stoïcisme, le néoplatonisme et la réception de la philosophie ancienne dans la pensée moderne et contemporaine.

Louis-André Dorion est professeur titulaire au Département de philosophie de l'Université de Montréal, où il enseigne la philosophie ancienne depuis 1991. Il a publié de nombreuses études sur la dialectique et la notion d'*elenchos* (« réfutation »), mais la plupart de ses travaux portent sur Socrate (*Socrate*, PUF, 2004 ; *L'Autre Socrate. Études sur les écrits socratiques de Xénophon*, Les Belles Lettres, 2013) et les dialogues socratiques de Platon (*Lachès/Euthyphron* et *Lysis/Charmide*, GF Flammarion, 1997 et 2004) et de Xénophon (*Mémorables*, Les Belles Lettres, 2000-2011, 3 vol.). Il travaille présentement à la traduction du *Hiéron* pour la Collection des Universités de France et à un ouvrage sur l'idéal d'autarcie chez Socrate et les Cyniques.

Dimitri El Murr est professeur au Département de philosophie de l'École Normale Supérieure, Université Paris Sciences Lettres, et membre du Centre Jean Pépin (UMR 8230 CNRS). Ses recherches portent sur l'histoire de la philosophie antique, notamment sur Socrate, Platon et la réception du platonisme politique dans l'Antiquité et au-delà. Parmi ses publications : *L'Amitié* (GF-Flammarion, 2001, nouv. éd. corrigée 2018) ; *Aglaïa. Autour de Platon.* Mélanges offerts à Monique Dixsaut (avec A. Brancacci et D.P. Taormina, Vrin, 2010) ; *La Mesure du savoir. Études sur le* Théétète (Vrin, 2013) ; *The Platonic Art of Philosophy* (avec G. Boys-Stones et Ch. Gill, Cambridge University Press, 2013). Son dernier livre s'intitule *Savoir et Gouverner. Essai sur la science politique platonicienne* (Vrin, 2014).

Simon Fortier est chercheur postdoctoral à l'Université de Liège. En plus de son intérêt pour la théologie des premiers penseurs grecs, ses recherches se concentrent sur le néoplatonisme tardif, en particulier la pensée de Proclus. Il a publié « L'Inspiration divine de Platon selon Proclus » (*Revue de philosophie ancienne*, 2015) et, plus récemment, « The Far-Wanderer: Proclus on the Transmigration of the Soul » (*The Classical Quarterly*, 2018).

Marc-Antoine Gavray est chercheur qualifié au FRS-FNRS et enseigne l'histoire de la philosophie de l'antiquité à l'Université de Liège. Ses recherches portent principalement sur les sophistes, Platon et la tradition platonicienne tardive, domaines dans lesquels il a publié : *Simplicius,* *lecteur du* Sophiste (Klincksieck, 2007) et *Platon, héritier de Protagoras. Dialogue sur les fondements de la démocratie* (Vrin, 2017), et co-dirigé plusieurs ouvrags collectifs. Il prépare actuellement une traduction commentée des *Hippias* de Platon, ainsi que des Commentaires néoplatoniciens sur le *Phédon* (avec Pieter d'Hoine).

Jean-Baptiste Gourinat est directeur de recherches au CNRS et directeur du Centre Léon Robin (CNRS/Sorbonne Université). Il est spécialiste de philosophie antique, en particulier de l'histoire du stoïcisme et de la dialectique antique. Auteur de plusieurs ouvrages sur le stoïcisme, il a aussi publié une traduction commentée du traité 20 de Plotin (Vrin, 2016) et co-dirigé avec Juliette Lemaire un ouvrage collectif sur *Logique et dialectique dans l'Antiquité* (Vrin, 2016). Il travaille actuellement à l'édition Budé de Marc Aurèle entreprise par Pierre Hadot.

Ancienne élève de l'École Normale Supérieure de Fontenay Saint Cloud, **Suzanne Husson** est maître de conférences à Lettres Sorbonne Université (Paris IV), membre du Centre de recherches pour la pensée antique Léon Robin (UMR 8061), ainsi que du LABEX Resmed, ses domaines de recherche sont l'histoire du cynisme et du stoïcisme anciens, et plus généralement l'histoire de l'idée de nature, d'autarcie ainsi que du rapport à la religion dans la philosophie antique. Elle travaille actuellement à une traduction commentée du traité *Les magiciens démasqués (Contre les oracles*) d'Oenomaus de Gadara et a notamment publié : *Une cité en quête de la nature. La République de Diogène le* cynique (Vrin, 2011).

Ghislaine Jay-Robert est professeur de langue et littérature grecques à l'Université de Perpignan *Via Domitia*, membre du Centre de Recherches sur les Sociétés et Environnements en Méditerranées (CRESEM – EA 7397) et Doyenne de la Faculté des Lettres et Sciences Humaines de cette université. Spécialiste d'Aristophane (*L'Invention comique. Enquête sur la poétique d'Aristophane*, 2009), elle a dirigé un recueil sur *Vision et regard dans la comédie antique* (*Cahiers des Études Anciennes*, 2014) et travaille aujourd'hui sur la façon dont le poète comique utilise et façonne les cinq sens dans son théâtre.

Ivan Jordović est professeur d'histoire de l'antiquité et directeur du département d'Histoire de l'Université de Novi Sad. Il est l'auteur, entre autres, de *Platon et les racines démocratiques de l'homme tyrannique* (en serbe : *Platon i demokratski koreni tiranskog čovek*, САНУ, 2015) ; « The Origins of Philolaconism, Aristocratic Identity and Democracy in Fifth-Century BC Athens », *Classica et Mediaevalia*, 65, 2015, p. 127-154 et « *Bios praktikos* and *bios theōrētikos* in Plato's *Gorgias* », dans Chr. Moore and A. Stavru (eds.), *Socrates and the Socratic Dialogue* (Brill, 2017), p. 369-385. Il vient de co-éditer (avec U. Walter) un livre sur l'opposition intellectuelle à la démocratie athénienne : *Feindbild und Vorbild. Die athenische Demokratie und ihre intellektuellen Gegner* (De Gruyter, 2018).

Stéphane Marchand est maître de conférences à l'Université Paris 1 Panthéon-Sorbonne et membre de SPHERE (UMR 7219). Il est l'auteur, entre autres, de *Le scepticisme* (Vrin, 2018) ; avec P. Ponchon (trad.), *Gorgias* de Platon, suivi de l'*Éloge d'Hélène* de Gorgias (Les Belles Lettres, 2016) ; « Augustine and Skepticism » (dans D. Machuca et B. Reed (éd.), *Skepticism: From Antiquity to the Present*, London, Bloosmbury, 2018) ; « Sextus Empiricus, Scepticisme et Philosophie de la vie quotidienne » (*Philosophie Antique*, 2015). Après s'être concentré sur la tradition pyrrhonienne, il continue ses recherches sur l'histoire du scepticisme, en particulier l'histoire de la Nouvelle Académie, et la relation entre le scepticisme pyrrhonien et l'empirisme médical.

Jean-Marc Narbonne, professeur de philosophie antique à l'Université Laval (Québec), est titulaire de la *Chaire de recherche du Canada en Antiquité Critique et Modernité Émergente* (ACME, 2015-2022), directeur du projet Partenariat international de recherche *Raison et Révélation : l'Héritage Critique de l'Antiquité* (2014-2021), directeur du projet d'édition des *Œuvres complètes* de Plotin aux éditions Les Belles Lettres, ainsi que directeur de la Collection *Zêtêsis* aux Presses de l'Université Laval. Il est l'auteur de nombreux ouvrages, dont entre autres *Antiquité Critique et Modernité. Essai sur le rôle de la pensée critique en Occident* (Les Belles Lettres, 2016) ; Plotin, *Œuvres complètes*, t. I, 1, Introduction générale, *Traité 1 : Sur le Beau*, Introduction, traduction et notes par J.-M. Narbonne, texte grec établi par L. Ferroni (Les Belles Lettres,

2012) ; *Plotinus in Dialogue with the Gnostics* (Brill, 2011) ; *Lévinas et l'héritage grec* (Vrin, 2004) ; *Hénologie, ontologie et Ereignis (Plotin – Proclus – Heidegger)* (Les Belles Lettres, 2001).

Dmitri Nikulin est professeur de philosophie et doyen de la Faculté de philosophie à The New School for Social Research (New York). Il est l'auteur de *Matter, Imagination and Geometry. Ontology, Natural Philosophy and Mathematics in Plotinus, Proclus and Descartes* (Ashgate, 2002) ; *Dialectic and Dialogue* (Stanford University Press, 2010) ; *Comedy, Seriously* (Palgrave Macmillan, 2014) et *The Concept of History* (Bloomsbury, 2017). Il prépare actuellement deux nouveaux ouvrages : *Neoplatonism in Late Antiquity* (Oxford University Press) et *Critique of Bored Reason* (Columbia University Press).

Vinciane Pirenne-Delforge est professeure au Collège de France et à l'Université de Liège. Ses principaux champs d'investigation sont la religion grecque antique – notamment la représentation des dieux et les procédures rituelles –, le fonctionnement des systèmes polythéistes dans les cultures anciennes, ainsi que l'historiographie des religions. Elle a publié plusieurs livres et de nombreux articles sur ces questions, dont les ouvrages *Retour à la source. Pausanias et la religion grecque* et, en collaboration avec G. Pironti, *L'Héra de Zeus. Ennemie intime, épouse définitive*.

David Sedley est Emeritus Laurence Professor of Ancient Philosophy à l'Université de Cambridge et Life Fellow du Christ's College (Cambridge). Ses livres comprennent (avec A.A. Long) *The Hellenistic Philosophers* (2 vols., 1987) ; *Lucretius and the Transformation of Greek Wisdom* (1998) ; *Plato's Cratylus* (2003) ; *The Midwife of Platonism: Text and Subtext in Plato's Theaetetus* (2004) ; *Creationism and its Critics in Antiquity* (2007) ; et (comme éditeur) *The Philosophy of Antiochus* (2012). Ses recherches actuelles portent sur le *Phédon* de Platon, la théologie philosophique ancienne, l'histoire de l'Académie platonicienne, et l'édition de papyri philosophiques.

Emmanuele Vimercati est professeur d'histoire de la philosophie antique et doyen de la Faculté de philosophie de la Pontificia Università

Lateranense (Rome). Ses recherches portent sur les traditions philosophiques stoïcienne et platonicienne et sur la pensée politique à l'âge classique et hellénistique. Parmi ses publications les plus importantes, citons *Il Mediostoicismo di Panezio* (Vita e Pensiero, 2004) ; *Medioplatonici, Opere, frammenti, testimonianze* (Bompiani, 2015) ; *Cicéron et les atomistes*, dans S. Franchet d'Espérey et C. Lévy (dir.), *Les Présocratiques à Rome* (PU Paris-Sorbonne, 2018), p. 57-84 ; « Panaetius on Self-Knowledge and Moral Responsibility », dans P. Destrée, R. Salles et M. Zingano (dir.), *What is up to us? Studies on Agency and Responsibility in Ancient Philosophy* (Academia Verlag, 2015), p. 151-168.

Première partie

Religion et approche critique du religieux

Réflexions sur la religion grecque antique : comment appréhender le polythéisme ?

Pierre Bonnechere (Université de Montréal)
Vinciane Pirenne-Delforge (Collège de France)

Au seuil d'un travail collectif sur la « rationalité » antique, une mise au point s'impose sur les représentations grecques constituant le cadre de cette rationalité, et où la religion tient une place aussi fondamentale que difficile à appréhender. Les certitudes qui paraissaient avoir été acquises à ce sujet ont été sérieusement ébranlées au cours des trois dernières décennies de recherche. Cette mise au point est d'autant plus nécessaire que les chercheurs travaillant en dehors du champ de la religion, mais sur des thèmes qui la croisent en chemin, comme la politique, la société ou la littérature, ont besoin d'un temps d'adaptation un peu plus long, et continuent de travailler parfois en mobilisant d'anciens paradigmes en partie dépassés[1].

---

1. Nous aimerions remercier les responsables du Projet *Raison et Révélation : l'héritage critique de l'Antiquité* de nous avoir invités à écrire ce chapitre préliminaire. Merci aussi aux éditeurs de ce volume pour leur bienveillante patience, à Gabriela Cursaru (Université de Montréal), lectrice et critique attentive, et à Jean-Michel Roessli (Concordia University, Montréal).

Dans la Grèce antique, la religion n'est pas une catégorie de pensée bien circonscrite comme elle l'est dans la culture occidentale depuis deux siècles. Elle est partout, diffuse, présente dans bien des aspects de la vie, à des degrés divers, dans la politique, l'art, la médecine, la philosophie. C'est tellement vrai que les Grecs, pourtant si prompts à l'abstraction – la justice (*to dikaion*), la bonne fortune (*agathê tychê*), les saisons (*ai Hôrai*), la beauté (*to kal(l)on*) – n'ont jamais englobé sous un seul terme l'idée de ce que nous appelons religion. Il n'en existe pas d'équivalent strict en grec ancien, avant le recours tardif au mot *thrêskeia* qui désigne encore « la religion » en grec moderne.

L'image traditionnelle de la religion grecque : une religion erronée, inaboutie, ritualiste…

La religion grecque a longtemps pâti de l'image où l'ont souvent figée la plupart des érudits et des historiens, de la Renaissance à la fin du XXe siècle, et que nous avons tenté de synthétiser dans les quelques paragraphes qui suivent, en frôlant sciemment la caricature, et sans l'assortir de renvois bibliographiques. Dans un second temps, grâce à l'apport des recherches les plus récentes, nous aimerions montrer comment et pourquoi la religion grecque doit être abordée sous un angle différent.

(1) La religion grecque a très tôt souffert de la comparaison avec la religion chrétienne, devenue universelle, et face à laquelle toutes les autres religions furent considérées comme autant d'erreurs à pourfendre. Cette tendance s'affirme avec l'interdiction des cultes « païens » sous Théodose en 393 de l'ère commune, et culmine avec la fermeture de l'école philosophique d'Athènes en 529 par Justinien, conséquences d'un christianisme devenu progressivement dominant et qui s'impose entre le IVe et le VIe siècles, au terme d'une évolution qui va du *Protreptique* de Clément d'Alexandrie à l'*Erreur des religions profanes* de Firmicus Maternus, en passant par la *Réfutation de toutes les hérésies,* mise sous le nom d'Hippolyte de Rome. Cette orientation qui, apologétique en ses débuts, restera classique dans les milieux chrétiens, assortit immanquablement la vision des religions antiques de l'idée de manque, d'inaccomplissement, d'échec, voire de dévoiement diabolique à éradiquer.

(2) Alors qu'elle portait des fruits remarquables dans tant de domaines, la civilisation grecque n'aurait pu, dans ses conceptions religieuses, dépasser un stade assez primitif. Grâce à la philosophie, qui depuis l'époque archaïque avait montré la voie, puis aiguillonnée par le christianisme, la religion grecque aurait entamé, mais sur le tard seulement, une métamorphose d'ailleurs inachevée vers le monothéisme. Cette conception, très souvent téléologique, marque encore le positivisme d'un Auguste Comte pour qui l'humanité, en son état théologique, serait passée du fétichisme au polythéisme puis au monothéisme, et bien sûr l'évolutionnisme anthropologique d'un James Frazer. Malgré l'érosion progressive d'une lecture théologique et apologétique du monde, depuis l'époque des Lumières au moins, la religion grecque a longtemps conservé son statut de religion approximative, naïve, faite de rites étranges et de mythes avant tout « littéraires » et, comme tels, dépourvus de valeur religieuse.

(3) La religion grecque aurait dès lors de moins en moins participé à l'élaboration de la culture grecque, à mesure que la rationalité gagnait en fermeté et en subtilité. La politique, entre autres, s'en serait rapidement émancipée, dès le début du ve siècle, lorsque Thémistocle, à Athènes, avait osé remettre en question l'oracle delphique, et proposer une interprétation de son cru qui devait l'emporter sur l'ambiguïté divine (Hérodote, VII, 140-146). Les « élites » éduquées, gagnées au rationalisme, et pleinement conscientes des insuffisances de la religion, auraient été plus éclairées que les masses facilement abusées.

(4) L'idéologie foncièrement politique – au sens d'imbriquée dans la *polis* – des périodes archaïque et classique aurait été tout entière orientée vers la collectivité (« tous pour la cité »), et aurait étouffé, pour ainsi dire, toute possibilité d'expression religieuse individuelle. Cet idéal aurait implosé avec la prétendue fin des cités en 338 à Chéronée, sous les coups de Philippe II de Macédoine, ou à la mort d'Alexandre en 323. L'individualisme aurait alors connu un essor sans précédent, face aux rites traditionnels et officiels qui n'auraient été maintenus que de façade. Privée de toute révélation et aussi d'intériorisation émotionnelle, la religion grecque – comme la religion romaine d'ailleurs – aurait alors cessé, dans son ritualisme froid, de rencontrer les attentes des gens, lesquels se seraient ouverts à d'autres formes de relation au divin prétendument offertes par les cultes à mystères, les cultes orientaux ou même des cultes thérapeutiques tels ceux d'Asclépios. Un exemple de ce type de relation davantage

« personnelle » et émotionnelle avec le divin serait offert par l'investissement affectif d'un Aelius Aristide dans le culte du divin médecin. Le christianisme aurait finalement triomphé dans cette longue conjoncture d'insatisfaction devant les formes civiques de la piété.

(5) La philosophie aurait joué un grand rôle dans ce processus d'émancipation et d'individualisation. Grâce à sa critique « rationnelle », et notamment sa critique du religieux polythéiste et ritualiste, elle aurait œuvré à sortir la Grèce d'une certaine forme d'obscurantisme. Ce constat reste partagé par un certain nombre de spécialistes de la philosophie antique. Ainsi peut-on encore lire, dans un ouvrage paru dans une collection « grand public » française et maintes fois réédité, que Pythagore de Samos aurait été responsable d'une « mutation unique qui, il y a vingt-cinq siècles, fit basculer la Grèce d'un mode de pensée religieux à un mode de pensée rationnel »[2].

Une autre dynamique pour l'étude de la religion grecque

Ce modèle n'en est pas moins biaisé, sinon faux. L'émergence, en Grèce, d'une pensée philosophique[3], voire « scientifique » – qui n'est pas vraiment l'équivalent de la science moderne, fondée sur l'expérience – ne s'est pour ainsi dire jamais soldée par un rejet de la religion, pas même parmi ceux que l'on appellera, pour faire bref, les « intellectuels », et encore moins dans le système civique. L'affranchissement du religieux par la raison demeure une caractéristique de l'esprit des Lumières, puis d'une longue lutte entre libres penseurs et Église aux XIXe et XXe siècles. Même dans notre société gagnée à la rationalité scientifique, les postures religieuses sont surprenantes de diversité selon le niveau d'éducation, la personnalité et les idéologies – dominantes et/ou subversives –, comme

2. MATTEI, J.-F., *Pythagore et les Pythagoriciens*, Paris, Presses Universitaires de France, [1983], 2013[4], p. 7, qui cite l'*Histoire de la philosophie* de Hegel.

3. Ajoutons que les « intellectuels » grecs recevaient des dénominations diverses, ainsi que l'atteste le flou terminologique qui en vient à désigner Homère et Hésiode, d'un côté, et Parménide ou Empédocle de l'autre, entre *poietai/malloi – philomuthoi/philosophoi – phusikoi/phusiologoi – theologoi*, lacunes dénoncées *a posteriori* par Aristote (*Poétique*, 1, 1447 b 17-20 ; *Métaphysique*, A, 2, 982 b 16 ; A, 7, 989 a 10 ; B, 4, 1000 a 9).

sont fulgurants les retours de balancier, ainsi qu'en témoigne la vitalité fanatique de certains chrétiens fondamentalistes aux États-Unis.

Pour brutal qu'il puisse paraître, ce tableau de la vision longtemps partagée de la religion grecque a l'avantage de faire ressortir les principales lignes de force d'une perspective trop schématique, qui s'est heureusement transformée et enrichie au cours des trente dernières années. Dans les limites d'un article forcément bref, avec toutes les simplifications que cela implique, tâchons de la déconstruire pour dresser un état des lieux plus conforme aux représentations grecques que nous pensons pouvoir appréhender aujourd'hui[4].

Une religion à prendre au sérieux

L'idée d'un progrès religieux de l'humanité aboutissant au christianisme n'a plus cours, même si elle a eu la vie dure. Il n'en reste pas moins que l'idée de la supériorité morale du monothéisme sur le polythéisme continue de se glisser subrepticement dans les travaux de chercheurs peu suspects *a priori* de véhiculer une vision téléologique de l'histoire des communautés humaines[5].

---

4. Plusieurs livres majeurs qui ont récemment fait le tour de la question nous serviront de guides : PARKER, R., *On Greek Religion*, Ithaca – London, Cornell University Press, 2011, et VERSNEL, H.S., *Coping with the Gods. Wayward Readings in Greek Theology*, Leiden – Boston, Brill, 2011. Cf. nos comptes rendus respectifs : BONNECHERE, P., « Comment aborder le système religieux des Grecs ? », *Kernos*, 25, 2012, p. 304-317 (Parker et Versnel) ; PIRENNE-DELFORGE, V., *Bryn Mawr Classical Review* 2012.03.06 (Parker) et *Mnemosyne*, 66, 2013, p. 348-352 (Versnel). Les « monstres sacrés » par rapport auxquels les travaux récents sont amenés à se positionner sont bien sûr : BURKERT, W., *La Religion grecque à l'époque archaïque et classique*, trad. et mise à jour bibliographique par P. Bonnechere, Paris, Picard, 2011 (d'après *Griechische Religion der archaischen und klassischen Epoche*, Stuttgart, « Die Religionen der Menschheit, 15 », [1977], 2011[2]) et VERNANT, J.-P., « La Société des dieux », dans *Mythe et société en Grèce ancienne*, Paris, Maspero, 1974 (repris dans *Œuvres*, Paris, Seuil, 2007, p. 693-706) ; DETIENNE, M., VERNANT, J.-P., *Les Ruses de l'intelligence. La mètis des Grecs*, Paris, Flammarion, 1974 [avec une mise en perspective de DETIENNE, M., « Expérimenter dans le champ des polythéismes », *Kernos*, 10, 1997, p. 57-72 (repris dans *Comparer l'incomparable*, Paris, Seuil, 2001, p. 81-104)] ; VERNANT, J.-P., *Mythe et Religion en Grèce ancienne*, Paris, Maspero, 1990 (repris dans *Œuvres*, Paris, Seuil, 2007, p. 827-870).

5. Voir, par exemple, ASSMANN, J., *Le Prix du monothéisme*, Paris, Flammarion, [original allemand, 2003], 2007.

La religion grecque, polythéiste, est le produit contingent de la société grecque, dont elle a épousé les évolutions, les mutations et dont elle a peu ou prou rencontré les aspirations pendant un millénaire, si nous prenons comme point de départ l'apparition des premières œuvres écrites conservées. Un tel constat s'impose aujourd'hui à quiconque étudie cet ensemble de représentations et de pratiques dans lequel les communautés et les individus ont investi une énergie et des moyens dont on ne peut négliger l'ampleur sous peine de ne rien comprendre à ce qui relève aussi, et peut-être surtout, d'une certaine vision du monde. La prendre au sérieux et sans jugement de valeur est une exigence préalable à tout effort d'élucidation.

Le polythéisme grec : un système résolument pluriel

Tous les polythéismes antiques sont des ensembles fluides et protéiformes de rites, d'institutions et de représentations qui se traduisent dans un grand nombre de productions culturelles. Comme on l'oublie parfois, l'étiquette de « Grèce antique » ne désigne pas une réalité politique unifiée, mais bien une communauté culturelle fondée sur la langue et les coutumes, auxquelles Hérodote ajoutera le sang, les sanctuaires et les sacrifices partagés. Cette affirmation n'implique pas plus d'unité « ethnique » à proprement parler que d'unité « religieuse » comme telle[6]. Dans le propos d'Hérodote, les sanctuaires et sacrifices partagés renvoient aux lieux sacrés fréquentés par tous les Grecs, comme Olympie ou Delphes, mais n'impliquent pas l'existence d'un système conceptuellement intégré et partagé dans le rite à l'échelle de toutes les cités. Dans la Grèce des cités – on en compte un bon millier à la période classique –, chaque communauté civique a ses dieux et ses héros, qu'elle honore selon des rituels plus ou moins spécifiques en un calendrier donné, mais susceptible de s'adapter aux contingences comme, par exemple, l'accueil de dieux étrangers dans le panthéon local[7]. D'autres groupes de sociabilité, à des niveaux différents de celui de la

6. Hérodote, VIII, 144. Cf. la mise au point de PARKER, R., *Cleomenes on the Acropolis*. An Inaugural Lecture Delivered before the University of Oxford on 12 May 1997, Oxford, Oxford University Press, 1998.

7. Par exemple, PARKER, R., *Athenian Religion. A History*, Oxford, Oxford University Press, 1996 et *On Greek Religion*, 2011, p. 273-277. Cf. WILGAUX, J., « Inclusion/exclusion dans le monde grec », *Thesaurus cultus et rituum antiquorum* (*ThesCRA*), VIII, 2012,

cité, et qui vont du village aux associations privées, ont aussi leurs dieux et leurs héros, parfois même leur calendrier. À cela s'ajoutent les rituels de l'*oikos*, la maisonnée, qui reste une cellule de base très importante des communautés grecques. La pluralité est donc le maître-mot du polythéisme grec, non seulement parce que le monde supra-humain compte un grand nombre de dieux, mais aussi parce que les différents niveaux de la vie des communautés impliquent à chaque fois une configuration spécifique, que ce soit par le choix des entités honorées ou par la manière de les honorer. Ce que nous appelons « religion grecque », ou pour le dire mieux, « religion panhellénique », de tous les Grecs, serait le plus petit dénominateur commun à toutes ces configurations et représentations religieuses particulières, à la fois une réalité de terrain – plutôt vague dans l'Antiquité – et pour nous un outil de travail commode mais dont il faut être conscient des limites. Que ce soit dans les discours ou les pratiques, les différents niveaux de la vie religieuse présentent néanmoins ce que l'on pourrait appeler « un air de famille » qui fait que parler de religion grecque conserve une réelle légitimité : douée de sa propre logique, certes éloignée de la logique d'un monothéisme, la multiplicité ne débouche pas pour autant sur un éclatement chaotique.

De la figure complexe des dieux

Dans chaque panthéon (que ce soit une configuration narrative panhellénique comme l'*Iliade* d'Homère et la *Théogonie* d'Hésiode, ou l'ensemble des cultes d'une cité), chaque dieu, chaque déesse, jouit d'un pouvoir délimité, de champs et de modes d'action précis, qui ne doivent pas, idéalement, empiéter sur ceux des autres. Dans les représentations qu'ils se donnent de leurs dieux, les Grecs se reconnaissent un chef, Zeus, dont la puissance est terrifiante même s'il ne la laisse que rarement éclater. Son pouvoir indiscuté repose sur un ordre implicitement admis par tous et qui assure la stabilité du cosmos. Chaque figure divine est une puissance aux morphismes variables[8] et remplit des rôles de prédilection. Toutefois,

p. 282-291 ; ANDERSON, R., « New Gods », dans Eidinow, E., Kindt, J. (dir.), *The Oxford Handbook of Ancient Greek Religion*, Oxford, Oxford University Press, 2015, p. 309-323.

8. PIRONTI, G., « Des dieux et des déesses : le genre en question dans la représentation du divin en Grèce ancienne », dans Boehringer, S., Sebillottte Cuchet, V. (dir.), *Des femmes*

le profil d'une divinité n'est pas aussi figé que ne le laissent entendre les manuels de mythologie en alignant des portraits canoniques du type « Aphrodite, déesse de l'amour » ou « Arès, dieu de la guerre ». Si tel était le cas, nous serions dans l'incapacité de comprendre l'Aphrodite *Areia* de Sparte, qui est bel et bien « l'Aphrodite d'Arès »[9]. L'attribution d'une telle épiclèse ne fait pas de la déesse une figure divine qui n'aurait plus rien à voir avec l'Aphrodite qui protège les mariages à Athènes ou même à Sparte. Au contraire, il s'agit de comprendre – et c'est le défi sans doute le plus difficile et le plus stimulant de l'étude du polythéisme grec – comment celle que les Grecs appellent Aphrodite peut *à la fois* intervenir dans le champ de la guerre et dans celui du mariage[10]. Et une telle interrogation vaut pour tous les dieux, surtout quand leur nom est largement partagé à l'échelle panhellénique et reçoit – polythéisme oblige – des qualifications spécifiques à l'échelle locale – c'est ce que nous appelons des *épiclèses*. Comme l'écrivait déjà Louis Gernet en 1932, un dieu est « un système de notions » qui ne peut être appréhendé de façon statique et rigide[11]. « Tour à tour et sans cesser d'être la même, la notion peut se contracter ou se dilater. Sous les mêmes vocables, les dieux sont à la fois les *numina* particuliers et locaux dont la tradition civique commande le respect, et les personnages lointains qui sont évoqués par l'imagination artistique »[12]. Nous ne parlerions plus forcément de « l'imagination artistique » pour désigner les traditions narratives et les représentations figurées, mais l'on peut encore pleinement souscrire à cette idée d'une contraction et d'une dilatation des figures supra-humaines honorées par les Grecs. Si, derrière le nom d'Athéna ou celui de Zeus, il n'y avait pas quelque chose de stable qui traverse les diverses manifestations locales de leurs cultes ou les différents récits qui les mettent en scène, alors le

---

en action. L'individu et la fonction en Grèce antique, Paris, EHESS, 2013, p. 155-167, spéc. p. 156-158. Cf. en arrière-plan de la notion l'étude de VERNANT, J.-P., « Corps obscur, corps éclatant », dans Malamoud, Ch., Vernant, J.-P. (dir.), *Corps des dieux*, Paris, Gallimard, [1986], 2003, p. 19-58, spéc. p. 46-47, 51 (repris dans *Œuvres*, Paris, Seuil, 2007, p. 1307-1331).

9. Pausanias, III, 17, 5.

10. PIRONTI, G., *Entre ciel et guerre. Figures d'Aphrodite en Grèce ancienne*, Liège, Presses Universitaires de Liège, 2007, p. 265-268, *et passim*.

11. GERNET, L., BOULANGER, A., *Le Génie grec dans la religion*, Paris, Albin Michel, [1932], 1970, p. 222.

12. GERNET, L., BOULANGER, A., *Le Génie grec dans la religion*, 1970, p. 230.

polythéisme serait un chaos indescriptible dont on comprendrait mal qu'il ait pu résister pendant mille ans, ainsi que nous l'évoquions plus haut.

Les dieux et le divin

Si chaque figure divine était, comme on l'a vu, une puissance aux morphismes variables, d'autres expressions du divin s'ajoutaient aussi aux figures individualisées. Tel dieu pouvait être appelé *daimôn* (qui désignait parfois *aussi* une entité de nature ontologique intermédiaire), et l'on pouvait invoquer « le dieu » (*ho theos*) quand, quelques lignes auparavant, on avait parlé « des dieux » (*oi theoi*). « Le divin », *to theion* était aussi une manière de désigner le monde des dieux, sans qu'il faille pour autant y voir une quelconque propension à l'unité de type monothéiste[13]. La tension entre l'expression du divin au singulier et le pluriel des dieux singuliers manifestait la conscience de la difficulté à saisir l'altérité de la dimension supra-humaine du cosmos et le caractère toujours imparfait de l'expression humaine du divin. Dans la célèbre prière à Zeus de l'*Agamemnon* d'Eschyle (160-175), le chœur parle de « Zeus, qui qu'il soit, s'il lui plaît d'être appelé ainsi », montrant par-là les limites de la capacité des humains à mettre des mots sur ce qui les dépasse[14].

Quand le besoin s'en fait sentir (et non dans l'absolu), le Grec peut, *temporairement*, accorder à tel ou tel dieu une forme de toute-puissance dans un domaine bien circonscrit[15]. Et il est clair que l'expression rituelle

---

13. VERNANT, J.-P., « Aspects de la personne dans la religion grecque », dans *Mythe et pensée chez les Grecs*, Paris, Maspero, 1965, p. 355-370 (repris dans *Œuvres*, Paris, Seuil, 2007, p. 561-574). Cf. PIRENNE-DELFORGE, V., SCHEID, J., « Vernant, les dieux et les rites : héritages et controverses », dans Albert-Llorca, M., Belayche, N., Bonnet, C. (dir.), *Puissances divines à l'épreuve du comparatisme. Constructions, variations et réseaux relationnels*, Turnhout, Brepols, 2017, p. 33-52. Voir aussi VERSNEL, H.S., *Coping with the Gods*, 2011, p. 268-280.

14. Cf. les résonances que l'on trouve chez Euripide à propos de Zeus dans la bouche d'Hécube (*Troyennes*, 884-888), à propos de Dionysos dans celle de Penthée (*Bacchantes*, 219-220). Le fragment 480 dans l'édition de Nauck est contesté par François Jouan et Herman van Looy dans leur édition des fragments de la *Mélanippe philosophe* (*Euripide*. Tome VIII, 2e partie : *Fragments. Bellérophon-Protésilas*, Paris, 2000, p. 353-355, 376). Cf. VERSNEL, H.S., *Coping with the Gods*, 2011, p. 49-60, pour d'autres exemples encore.

15. Sur ce point, voir déjà les réflexions pertinentes de NILSSON, M.P., *A History of Ancient Greek Religion*, Oxford, Oxford University Press, [1925], 1952², p. 145-156.

de cette toute-puissance temporaire a pu évoluer et aboutir à des formules du type *heis Dionysos*, « un est Dionysos », ou *heis Sarapis*, « un est Sarapis », voire à l'usage des épiclèses superlatives du type *Hypsistos*, « le plus haut », ou *Megistos*, « le plus grand », mais sans qu'il faille voir, là non plus, l'indice ou la preuve d'un irrépressible mouvement vers le monothéisme[16]. Il s'agit, comme souvent, d'une différence de degré mais non de nature dans l'expression rituelle de l'appel à un dieu dans une circonstance donnée. En cela, le *mégathéisme* – pour reprendre un terme forgé par Angelos Chaniotis[17] – est l'exaltation rituelle *temporaire* d'un dieu qui n'en élimine pas pour autant tous les autres.

D'autres catégories du monde supra-humain : abstractions, héros et daimones

Les Grecs se représentaient le monde comme investi par toute une série de puissances susceptibles de les affecter dans les diverses dimensions de leur existence. Or, à côté des divinités proprement dites, certains de ces « affects » relevaient d' « abstractions » que l'on a déjà eu l'occasion d'évoquer. L'intuition, voire la conviction, qu'une puissance divine est à l'œuvre dans la manière de ressentir une émotion ou d'interagir avec d'autres humains conduit à lui donner un nom. Ainsi, la force potentiellement dévastatrice du désir est le dieu Éros, ou plutôt, si l'on veut tenter de « parler grec », Éros est la puissance divine qui « des dieux et des humains dompte l'esprit et le sage vouloir » (Hésiode) ; Peithô est la puissance de persuasion d'un discours, qu'il soit amoureux, politique ou autre ; Thémis est la justice immanente à laquelle se rapportent les dits oraculaires et les normes de conduite ; et l'on pourrait multiplier les exemples : Éris, la discorde et Homonoia, la concorde, Pothos, le désir et Kairos, le moment favorable, etc.[18] Là encore, la prétendue « rationalisation » progressive de

16. Sur ces dossiers, voir les réflexions de VERSNEL, H.S., *Coping with the gods*, 2011, p. 280-304. Cf. aussi BELAYCHE, N., « *Hypsistos :* une voie de l'exaltation des dieux dans le polythéisme gréco-romain », *Archiv für Religionsgeschichte*, 7, 2005, p. 34-55.

17. CHANIOTIS, A., « Megatheism. The Search for the Almighty God and the Competition between Cults », dans Mitchell, S., van Nuffelen, P. (dir.), *One God. Pagan Monotheism in the Roman Empire*, Cambridge, Cambridge University Press, 2010, p. 208-233.

18. Sur ces divinités, voir entre autres AELLEN, Chr., *À la recherche de l'ordre cosmique. Forme et fonction des personnifications dans la céramique italiote*, 2 vol., Zürich, Akanthus

la religion grecque a conduit à voir dans ces « abstractions divinisées » la trace de la raison en marche[19]. Or, s'il faut reconnaître que les cultes à de telles entités sont surtout attestés à partir du IVe siècle av. J.-C., ces figures sont communes dans le plus ancien état de notre documentation, à savoir les poèmes homériques et hésiodiques. Sauf à fantasmer sur l'évolution « rationnelle » dont ces auteurs archaïques seraient déjà les témoins, en regard d'un passé d'autant plus facilement imaginable qu'il n'est pas documenté, les divinités « abstraites » ne sont abstraites que dans notre propre représentation du monde.

Les héros, dans les traditions narratives, sont souvent des fils de dieux et de mortelles ou de divinités secondaires, dont quelques-uns sont censés avoir gagné l'immortalité après leur mort. Une tombe peut être le point central de leur influence, géographiquement plus réduite que celle des dieux, à l'exception notable d'Asclépios et d'Héraclès, désormais immortels. Toutefois, à leur échelle, les rites dont on les honore, ainsi que leur puissance, ne semblent en rien inférieurs à ceux des dieux. Cela vaut également pour d'autres héros que les communautés locales honoraient par dizaines, de manière générique (« les héros et les héroïnes ») ou spécifique avec un nom propre. Ancrées dans une ascendance pleinement humaine, ces figures souvent très locales étaient censées avoir conservé un pouvoir d'agir au sein de leur communauté après leur mort. Selon leur plus ou moins grand degré de proximité avec un tombeau, les rituels qui leur étaient destinés se rapprochaient de ceux réservés à des morts ou à des dieux[20].

Verlag, 1994 ; THÉRIAULT, G., *Le culte d'Homonoia dans les cités grecques*, Lyon – Sainte-Foy (Québec), Maison de l'Orient méditerranéen – Éditions du Sphinx, 1996 ; RUDHARDT, J., *Thémis et les Hôrai. Recherche sur les divinités grecques de la justice et de la paix*, Genève, Librairie Droz, 1999 ; STAFFORD, E., *Worshipping Virtues. Personification and the Divine in Ancient Greece*, London, Duckworth and The Classical Press of Wales, 2000 ; BORG, B., *Der Logos des Mythos. Allegorien und Personifikationen in der frühen griechischen Kunst*, München, Fink, 2002.

19. Par exemple : HUMPHREYS, S.C., « Dynamics of the Greek "Breakthrough": the Dialogue between Philosophy and Religion », dans Humphreys, S.C. (dir.), *The Strangeness of the Gods: Historical Perspectives on the Interpretation of Athenian Religion*, Oxford, Oxford University Press, 2004, p. 50-76.

20. Par exemple PIRENNE-DELFORGE, V., SUÁREZ DE LA TORRE, E., « Introduction thématique », dans Pirenne-Delforge, V., Suárez de la Torre, E. (dir.), *Héros et héroïnes dans les mythes et les cultes grecs*, Liège, Presses Universitaires de Liège, 2001, p. IX-XXIII ;

Quant aux *daimones*, parfois identifiés à des « demi-dieux », quand ils ne sont pas simplement synonymes des *theoi*, Platon va les placer à un échelon ontologique médian entre l'humain et le divin[21]. Déjà chez Hésiode, c'est « vêtus de brume » que les *daimones* vont de par le monde pour assister les dieux[22]. Mais en contexte rituel, leur lien avec le culte traditionnel est difficile à saisir, une difficulté d'interprétation liée au caractère éclaté de nos sources. Les morts communs, enfin, ne sont pas non plus sans influence, et ils finiront par être appelés « héros » dans le courant de l'époque hellénistique[23].

Le polythéisme : l'abîme banalisé du choix

En se penchant sur un tel ensemble polythéiste, il s'avère évidemment impossible d'intégrer ou de juxtaposer toutes les données dans un tableau exhaustif et « logique » (selon nos catégories), tant les configurations particulières construisent des ensembles complexes et adaptés à une situation, plus ou moins transitoire ou plus ou moins pérenne selon les cas. Parfois s'opposent des données qui nous paraissent contradictoires, voire irréductibles, mais qui font partie intégrante d'un système aussi ouvert. Même la *Théogonie* d'Hésiode, pour importante qu'elle fût, n'a jamais été unique : combien de théogonies ultérieures et de systèmes cosmogoniques n'ont-ils pas été élaborés par des « mages-philosophes », tel Épiménide, ou d'autres

---

Ekroth, G., *The Sacrificial Rituals of Greek Hero-Cults*, Liège, Presses Universitaires de Liège, 2002 ; Ekroth, G., « Heroes – Living or Dead ? », dans Eidinow, E., Kindt, J. (dir.), *The Oxford Handbook of Greek Ancient religion*, 2015, p. 383-396.

21. Platon, *Apologie*, 28 a ; *République*, III, 392 a ; IV, 427 b ; *Lois*, IV, 717 b, etc. Cf. Motte, A., « La Catégorie platonicienne du héros », dans Pirenne-Delforge, V., Suárez de la Torre, E. (dir.), *Héros et héroïnes dans les mythes et les cultes grecs*, Liège, Presses Universitaires de Liège, 2001, p. 81, n. 8. Synthèse commode chez Sfameni Gasparro, G., « Daimonic Power », dans Eidinow, E., Kindt, J. (dir.), *The Oxford Handbook of Greek Ancient Religion*, 2015, p. 413-427.

22. Hésiode, *Travaux*, 121-126.

23. Graf, F., *Nordionische Kulte, Religionsgeschichtliche und epigraphische Untersuchungen zu den Kulten von Chios, Erythrai, Klazomenai und Phokaia*, Rom, Schweizerisches Institut in Rom, 1985, p. 127-135 ; Jones, C.P., *New Heroes in Antiquity: From Achilles to Antinoos*, Cambridge (MA) – London, Harvard University Press, 2010, p. 48-65.

auteurs comme Phérécyde et Acousilaos, ou encore par les Présocratiques et les « Orphiques » que l'on voit poindre dans le Papyrus de Derveni[24] ?

La pluralité divine et la plasticité du système, à tous les niveaux, impliquent d'opérer des choix. Dans les cités dont le calendrier des fêtes est connu, même imparfaitement, et plus particulièrement des cités importantes, comme Érythrées[25], il est impossible, même au plus pieux des quidams qui mène une vie active, d'honorer tous les dieux de la *polis*, et peut-être même de les connaître tous. La cité, qui établit des listes précises de sacerdoces et de sacrifices, les honore tous autant que possible, au nom de tous les citoyens. Mais pour les membres de la communauté eux-mêmes, cette situation conduit à poser des choix personnels et vitaux, qui impliquent que bien des dieux seront laissés de côté. Xénophon, dans l'*Anabase*, découvre un jour quel dieu il a négligé, dont le courroux le poursuit encore[26]. C'est d'ailleurs une question souvent posée aux oracles, pour éviter les déconvenues, et l'explication sans faille d'une mauvaise fortune. Nombre de mythes font allusion à un fléau surgi de l'oubli d'un sacrifice[27]. Cette prise de conscience du choix nécessaire, mais pertinent aux yeux de celui qui choisit, est capitale, pour réduire par exemple l'antinomie trop souvent évoquée entre les cultes civiques, en libre accès mais « obligatoires », et les mystères qui auraient requis l'adhésion expresse et éclairée des participants. Cette distinction perd ici sa raison d'être, et nous y reviendrons plus loin.

Pour comprendre le polythéisme grec, il faut donc prêter attention aux différents contextes où le contact est établi avec le monde supra-humain – par exemple dans les rituels – et aux divers cadres d'expression de ce

24. Sur les cosmogonies, voir les pages toujours stimulantes de BURKERT, W., « The Logic of Cosmogony », dans Buxton, R. (dir.), *From Myth to Reason? Studies in the Development of Greek Thought*, Oxford, Oxford University Press, 1999, p. 87-107. Plus récemment et dans une autre perspective, voir LÓPEZ-RUIZ, C., *When the Gods Were Born: Greek Cosmogonies and the Near East*, Cambridge (MA) – London, Harvard University Press, 2010.

25. *I.Erythrai*, 201 (*LSAM* 25 – 300/260 av. J.-C.). Sur ce calendrier et les nombreux cultes qu'il atteste, voir GRAF, F., *Nordionische Kulte*, 1985, p. 149-155 ; PARKER, R., *On Greek Religion*, 2011, p. 98-102.

26. Xénophon, *Anabase*, VII, 8, 3-5.

27. C'est ainsi que le sanglier de Calydon ravageait le territoire du royaume d'Œnée, qui avait négligé Artémis lors de l'offrande des prémices : Homère, *Iliade*, IX, 533-545.

monde supérieur si complexe – par exemple dans une œuvre épique[28], une tragédie ou un hymne –, au risque d'attribuer à un contexte spécifique, qui n'est jamais que relatif, une valeur absolue. De la même manière, toute réflexion fondée sur une opposition du type « olympien / chthonien », « public / privé », « intellectuel / populaire » fige en des catégories discutables des données qui refusent obstinément de se laisser enfermer dans ce type de schémas binaires[29].

Polythéisme et « mythes »

Comme on l'a souligné déjà, le monde supra-humain est bien moins un objet de connaissance que d'interaction car les dieux sont là et ils requièrent des honneurs adéquats. Les traditions narratives qui mettent les dieux en scène ne forment pas un corps de doctrines figé, mais un langage spécifique qui rend compte de cette représentation du monde où les différentes sphères du cosmos interagissent[30]. Même Platon, pourtant sévèrement critique à l'égard des histoires de nourrices qui ne rendaient pas justice, selon lui, à la majesté divine, dut recourir à ce type de récit dans certains de ses dialogues, prouvant par-là la porosité des frontières entre deux types de discours que nous, modernes, séparons avec grand soin[31].

Après avoir pendant des siècles été désignées comme autant de « fables », les traditions narratives de l'antiquité ont reçu le nom de « mythes » sous l'impulsion de l'érudition allemande du début du XIXe siècle qui a conduit

---

28. Cf. PIRONTI, G., BONNET, C. (dir.), *Les dieux d'Homère. Polythéisme et poésie en Grèce ancienne*, Liège, Presses Universitaires de Liège, 2017.

29. Sur ces diverses polarités, voir les réflexions suivantes : HÄGG, R., ALROTH, B. (dir.), *Greek Sacrificial Ritual, Olympian and Chthonian,* Stockholm, Åströms Förlag, 2005 ; DASEN, V., PIÉRART, M. (dir.), Ἰδίᾳ καὶ δημοσίᾳ. *Les cadres « privés » et « publics » de la religion grecque antique*, Liège, Presses Universitaires de Liège, 2005 ; PIRENNE-DELFORGE, V., « La notion de "populaire" est-elle applicable au polythéisme grec ? », dans Bobas, C., Evangelidis, C., Milioni, T., Muller, A. (dir.), *Croyances populaires. Rites et représentations en Méditerranée orientale.* Actes du Colloque de Lille (2-4 décembre 2004), Athènes, Université Nationale et Capodistriene, 2008, p. 17-27.

30. Sur ce point, voir PIRENNE-DELFORGE, V., PIRONTI, G., « What is Ancient Greek Religion? Many vs. One », dans Eidinow, E., Kindt, J. (dir.), *The Oxford Handbook of Greek Ancient Religion*, 2015, p. 39-47.

31. BRISSON, L., *Platon, les mots et les mythes*, Paris, Maspero, 1982, p. 144-151 et *Introduction à la philosophie du mythe. 1. Sauver les mythes*, Paris, Vrin, [1996], 2005², p. 25-42.

à les prendre au sérieux[32]. Des interprétations diverses de ces récits ont été livrées par les différentes sciences humaines (linguistique, psychologie, sociologie, anthropologie…) désormais installées dans des cadres universitaires. Sans entrer dans le détail d'une historiographie bien connue, disons que les traditions narratives mettant en scène des dieux et des héros, et conventionnellement désignées par le terme de « mythes », sont autant de manières d'exprimer la complexité du monde et des sociétés qui l'habitent. Même si ces récits nous sont parvenus sous une forme souvent fragmentée et extraits de leur contexte d'énonciation, leur compréhension passe par une réflexion en profondeur sur ces contextes – ce que Claude Calame appelle justement la « pragmatique » des mythes[33]. De tels contextes étaient pour une large part l'accomplissement de rituels – sans qu'il faille subordonner le mythe au rite, ou inversement – mais aussi la sociabilité au sens large[34].

Le mythe ainsi entendu est une forme d'expression fluide, adaptable en fonction du contrôle de l'auditoire qui le reçoit. Car, pas plus que le polythéisme n'est un système pluriel chaotique, les mythes ne sont des productions totalement à la merci de l'inventivité de celui qui les énonce. De même, la valeur de « vérité » de ce type de récit ne relève pas d'une vérité qui serait absolue. C'est le contexte de l'énonciation, les objectifs poursuivis par le discours et l'autorité de celui qui le porte qui sont les étalons de mesure de l'adhésion qu'on peut lui manifester[35]. Une nouvelle fois, la question du *choix* est fondamentale, de même que l'ouverture généreuse à la création, et au dialogue entre diverses versions d'une même histoire, qui est le propre de l'*agôn*, de cette émulation de concours, de

---

32. Sur ce parcours, voir GRAF, F., *Greek Mythology. An Introduction*, Baltimore, The Johns Hopkins University Press, [original allemand, 1985], 1993.

33. Voir son dernier livre sur la question : *Qu'est-ce que la mythologie grecque ?*, Paris, Gallimard, 2015.

34. Sur mythe et rite, voir VERSNEL, H.S., « What is Sauce for the Goose is Sauce for the Gander: Myth and Ritual, Old and New », dans *Inconsistencies in Greek & Roman Religion 2. Transition & Reversal in Myth & Ritual*, Leiden, Brill, 1993, p. 15-88. Sur la sociabilité, voir BUXTON, R., *La Grèce de l'imaginaire. Les contextes de la mythologie*, Paris, La Découverte, [original anglais, 1994] 1996, p. 33-69.

35. Cf. PIRENNE-DELFORGE, V., « Under which Conditions Did the Greeks "Believe" in Their Myths? The Religious Criteria of Adherence », dans Walde, Chr., Dill, U. (dir.), *Antike Mythen. Medien, Transformationen, Konstruktionen*. Festschriften für Fritz Graf, Berlin, Walter de Gruyter, 2009, p. 38-54.

disputatio, tellement caractéristique du monde grec, dont il sera question plus loin dans le chapitre d'Elsa Bouchard.

Plusieurs critiques de ces traditions et de leurs contradictions se sont fait jour dès l'antiquité. Pythagore, dit-on, stigmatisait Homère et Hésiode pour leurs discours scandaleux sur les dieux et prétendait les avoir vus punis comme de grands criminels dans le Tartare ; les mêmes critiques s'appliquaient aux récits de la tradition orphique[36]. On a évoqué plus haut la position ambigüe de Platon à cet égard. De même, les auteurs tragiques s'interrogeaient sur les paradoxes de l'attitude des dieux, tandis que les auteurs comiques les tournaient en dérision. Soit l'exemple de Zeus. En tant que « père des dieux et des hommes », il est censé avoir engendré nombre d'ancêtres des grandes lignées, ce qui entre dans la vision du monde des *aristoi*. En tant que maître du cosmos, il s'est uni à Thémis, la Justice immanente, union qui exprime son statut de garant de la morale et de la justice. Les deux facettes sont contradictoires à nos yeux, mais les Grecs les considéraient distinctement en fonction de l'objectif poursuivi. Quant aux querelles de ménage qui secouent le couple formé par Zeus et Héra dans l'épopée, elles ont sans doute pu faire sourire un auditoire qui pouvait se reconnaître dans la vision anthropomorphe de ses dieux, mais cette seule interprétation ne rend pas justice à la complexité des données. Les colères d'Héra devant les infidélités de son époux ne se résument pas à la jalousie d'une épouse bafouée : les interventions de la déesse sont constitutives de la souveraineté de Zeus. C'est la complicité d'Héra, elle aussi fille de Cronos, sœur, épouse et reine, qui permet d'assurer la stabilité du pouvoir de Zeus en surveillant étroitement l'accès aux portes de l'Olympe et en conférant à son règne le dynamisme nécessaire à sa pérennité[37].

Le millénaire qui a vu fleurir les cultes grecs doit nous conduire à prendre également au sérieux les récits dont la vitalité s'est étendue sur le même laps de temps. Car la critique des mythes, à bien des niveaux, est inhérente au système et n'a pas conduit à leur disparition avant que le christianisme, par la transformation de leurs protagonistes en faux dieux ou en démons, n'ouvre la voie à leur fossilisation dans le registre de la pure

36. Pythagore *apud* Hieronymos de Rhodes *apud* Diogène Laërce, P 40 L.-M. ; Orphiques : Isocrate, *Busiris [XI]*, 38-40.

37. Sur ces questions, voir Pirenne-Delforge, V., Pironti, G., *L'Héra de Zeus. Ennemie intime, épouse définitive*, Paris, Les Belles Lettres, 2016.

érudition ou de l'allégorie. La vitalité et la plasticité des mythes, d'un bout à l'autre de l'Antiquité grecque, s'inscrivent en faux contre toute tentative de considérer « l'esprit grec » sur le chemin linéaire du progrès qui l'aurait fait passer d'une pensée mythique à une pensée logique, du *mythos* au *logos*[38].

Révélation, ritualisme, théologie(s), croyance(s)

Dans un inédit publié à titre posthume en 2008, Jean Rudhardt écrivait que, « à des degrés divers, la religion [grecque] recouvre la totalité de l'expérience humaine »[39]. Le maître de Genève, décédé en 2003 et que nous tenons pour un des plus fins analystes des représentations grecques, avait consacré un chapitre de l'ouvrage qu'il avait alors en chantier à « la religion envisagée comme une tradition »[40]. Il y faisait grand cas des *nomoi*, *nomaia*, *nomima*, *nomizomena* et autres *patria*, en prenant pour guide les auteurs de l'époque classique. Les Grecs désignent ainsi la tradition, et donc les conduites et usages à respecter dans tous les registres, les interdits, et ce envers les dieux et les hommes, dans le monde grec ou chez les peuples étrangers comme en Thrace ou en Perse. Plus les *nomoi* sont anciens, plus ils sont contraignants. *Semna kai hagia kai archaia*[41], les *nomima* sont les garants tant de l'équilibre cosmique que de la vie sociale et donc aussi politique, et ils peuvent être conçus comme un don des dieux dont la cité est dépositaire.

---

38. Voir surtout BUXTON, R. (dir.), *From Myth to Reason? Studies in the Development of Greek Thought*, Oxford, Oxford University Press, 1999. Le rapport des philosophes présocratiques aux dieux n'est pas moins sujet à réévaluation : VESPERINI, P., « De Thalès à Anaxagore : les Ioniens à l'école des dieux », *Kernos*, 30, 2017, p. 37-66. Comme nous le fait aimablement remarquer Jean-Michel Roessli, même dans les interprétations chrétiennes, les mythes gréco-romains ne perdent pas leur plasticité. C'est même elle qui assure leur survie et leur exploitation dans le discours chrétien. Toutefois, dans ce nouveau cadre, le statut des protagonistes des mythes a profondément changé.
39. RUDHARDT, J., « Essai sur la religion grecque », dans *Opera Inedita. Essai sur la religion grecque & Recherches sur les Hymnes orphiques*, édités par Ph. Borgeaud & V. Pirenne-Delforge, Liège, Presses Universitaires de Liège, 2008, p. 33-156, spéc. p. 68.
40. *Ibid.*, p. 49-68.
41. [Démosthène], *Contre Néaira*, 78 (en dépit du contexte juridique qui, en l'espèce, a tendance à magnifier les *nomima* pour démoniser la conduite de Néaira). Cf. Hésiode, fr. 322 M.-W. ; Platon, *Lois*, 793 b.

Sans être conçues comme les fruits d'une révélation historiquement déterminée, certaines traditions « helléniques » ont pu être vues comme des présents ancestraux accordés aux cités par les dieux[42]. Il est dès lors interdit d'y toucher, et si on le fait, c'est *a minima*. Les auteurs grecs sont unanimes sur ce point, Isocrate, Lysias ou Platon au premier chef[43]. D'autres indices vont en ce sens : la déesse Isis, dans certaines arétalogies, est dépeinte comme la dispensatrice universelle de tous les biens matériels, culturels, eschatologiques. Loin d'être une invention hellénistique, cette conception se place dans la droite ligne de la tradition la plus ancienne. Ainsi Déméter a révélé aux Grecs les secrets du blé et de l'agriculture, Dionysos ceux du vin, Athéna leur a appris la ruse et la technique, Prométhée leur a confié le feu. Le tribunal athénien de l'Aréopage est la conséquence, chez Eschyle, d'un jugement historique pour acquitter Oreste… et le poète le plus admiré dans l'évocation de la fondation divine des rites (parfois étranges), qu'on nomme « archéologie religieuse », n'est autre qu'Euripide, le poète tragique dont on a pu faire, selon le point de vue adopté, un sophiste, un esprit religieux ou un agnostique, voire un athée[44]. La poésie, enfin, est le fruit d'une inspiration, comme la danse et la musique. Ce que nous appelons la culture grecque, en fin de compte, est un don des dieux. Certains de ces dons divins sont relégués dans les brumes des temps primordiaux, mais leurs effets se poursuivent à la période historique.

La notion de révélation n'est donc pas étrangère à la religion grecque, mais il ne s'agit pas d'un texte révélé « une fois pour toutes » et prétendument fermé. À l'instar des autres domaines où le polythéisme révèle sa pluralité et sa fluidité, il existe divers canaux, divers lieux et des occasions tout aussi diverses où *une* révélation divine – et non *la* révélation – est

---

42. Jean Rudhardt (« Essai sur la religion grecque », 2008, p. 56-57) fait le lien avec *nemô*, qui signifie, en contexte théogonique, « distribuer », « attribuer en partage », une remarque qui joue dans le sens d'un don divin aux hommes lors de la distribution primordiale des *timai*.
43. Isocrate, *Aréopagitique*, 27-30 ; Lysias, *Contre Nicomachos [XXX]*, 17-21 ; Platon, *Lois*, 738 b-d (voir *infra*). En général, le Platon des *Lois* est peu cité en cette matière, parce qu'il y défend des vues justement très traditionnelles !
44. À nos yeux, Euripide représente au mieux l'intellectuel *qui vit le polythéisme de l'intérieur* et se trouve confronté (mais pas au sens tragique) à la variété des voies d'accès au divin. Il peut suivre la tradition, la critiquer, la déclarer sans solution, mais il nous semble vain de le ranger dans une catégorie précise qui sera forcément anachronique.

spontanément offerte ou rituellement construite. Lycurgue de Sparte, dans la réélaboration assez tardive (et philosophique) de l'image originelle de sa cité, rédige une constitution complète et idéale qu'il soumet à l'oracle d'Apollon, lequel à son tour, par la voix de la pythie, la déclare parfaite. Par ailleurs, la tradition qui convoquait la pythie pour consacrer Socrate au pinacle de la sagesse est tout sauf une exception, et encore moins une nouveauté platonicienne[45]. Ces historiettes *post eventum* reflètent, en la magnifiant, la réalité pratique des questions civiques adressées aux oracles : dans les inscriptions conservées, la *polis* pose au dieu une question respectueuse de la tradition et l'oracle, lui-même fervent défenseur de la piété traditionnelle (la volonté divine), répond par l'affirmative, c'est-à-dire qu'il ratifie ainsi une coutume conforme à celles que les dieux étaient censés avoir avalisées à l'origine[46].

Après cette clarification sur la notion de « révélation », qu'en est-il de l'intériorisation de la pratique, de la « croyance », et du ritualisme ? D'emblée nous pourrions dire que la documentation grecque, de quelque type que ce soit, manifeste l'importance de la relation au divin, dans ses aspects les plus élémentaires de la recherche d'une faveur comme dans l'appréhension la plus élaborée d'une relation de réciprocité entre hommes et dieux autour des notions d'hommage et de bienfait, voire de *philia* réciproque[47].

---

45. Lycurgue : Plutarque, *Vie de Lycurgue*, 42 (cf. aussi *ibid.*, 6-7) ; Socrate : Platon, *Apologie*, 21 a-c (23 a, 28 e-29 a, 30 a) ; Xénophon, *Apologie*, 14 (voir FONTENROSE, J., *The Delphic Oracle*, Berkeley, University of California Press, 1978, Catalogue, H3). Enfin la sagesse de Pythagore passait pour être de même nature que celle révélée dans les sanctuaires oraculaires (Aristippos, 4 A 150 Giannantoni). Les déclarations d'Aristée de Proconnèse sont confirmées par la pythie (Hérodote, IV, 15, 3), Socrate se dit devin (Platon, *Phèdre*, 242 c) et Pindare prophète (fr. 150 Maehler ; voir aussi *Péans*, VI, 51-56 Maehler : instruit par les Muses, Pindare chante à Delphes pour Loxias). Voir aussi Platon, *Ion*, 533 c-536 b (les poètes passent pour directement inspirés par les dieux).

46. BONNECHERE, P., « The Religious Management of the *Polis*: Oracles and Political Decision-Making », dans Beck, H. (dir.), *A Companion to Ancient Greek Government*, Malden, Wiley-Blackwell, 2013, p. 366-381.

47. Sur la *philia* des hommes à l'égard des dieux, proche de celle que les enfants vouent à leurs parents, voir Aristote, *Éthique à Nicomaque*, VIII, 1162 a 4-9.

La dimension rituelle qui fonde la réciprocité entre hommes et dieux est essentielle en contexte grec[48]. En ce qui concerne l'éventuelle intériorisation de la pratique rituelle, les documents s'avèrent très délicats à jauger, ce qui rend impossible toute approche en mode « émique ». Sommes-nous pour autant autorisés à en postuler l'existence ou à la nier ? Comme souvent dans la lecture de cultures éteintes, le risque de projeter nos propres catégories sur des données auxquelles elles sont inadaptées n'est pas mince et nous en avons dénoncé plusieurs exemples. Jean-Pierre Vernant déjà avait souligné la difficulté de parler de « religion personnelle » au sens, précisément, d'un rapport intériorisé avec un dieu en contexte grec[49]. Tout en prenant acte des déterminismes à l'œuvre dès que l'on mobilise ce type de considérations, il convient toutefois de nuancer le « tout au rituel » qui a longtemps marqué l'exploration des religions antiques en conférant aux acteurs une sorte de distance par rapport aux gestes posés, la fameuse « froideur » du ritualisme[50]. Des études récentes, sur les émotions, d'une part, sur la pureté et les purifications, d'autre part, ont permis d'explorer les ressorts de l'affectif dans l'accomplissement des démarches rituelles en général, et non plus seulement dans le contexte des cultes dits à mystères[51]. Ainsi, le débat est actuellement ouvert sur l'intériorisation de la pureté

48. Sur cet aspect fondamental, voir notamment AZOULAY, V., *Xénophon et les grâces du pouvoir. De la* charis *au charisme*, Paris, Publications de la Sorbonne, 2004 ; PARKER, R., « Pleasing Thighs: Reciprocity in Greek Religion », dans Gill, Chr., Postlethwaite, N., Seaford, R. (dir.), *Reciprocity in Ancient Greece*, Oxford, Oxford University Press, 1998, p. 105-125.

49. Cf. *supra*, note 13.

50. Déjà contesté par VERNANT, J.-P., *Mythe et religion*, 1990, p. 30-40.

51. CHANIOTIS, A., « Dynamics of Emotions and Dynamics of Rituals. Do Emotions Change Ritual Norms? », dans Brosius, Chr., Hüsken, U. (dir.), *Ritual Matters: Dynamic Dimension in Practice*, London, Routledge, 2010, p. 208-233 ; CHANIOTIS, A., « Emotional Community through Ritual: Initiates, Citizens, and Pilgrims as Emotional Communities in the Greek World », dans Chaniotis, A. (dir.), *Ritual Dynamics in the Ancient Mediterranean: Agency, Emotion, Gender, Representation*, Stuttgart, Franz Steiner Verlag, 2011, p. 263-290 ; CHANIOTIS, A. (dir.), *Unveiling Emotions. Sources and Methods for the Study of Emotions in the Greek World*, Stuttgart, Franz Steiner Verlag, 2012 ; BORGEAUD, Ph., *Exercices d'histoire des religions. Comparaison, rites, mythes et émotions*, textes réunis par D. Barbu et Ph. Matthey, Leiden, Brill, 2016, p. 226-253 ; PETROVIC, A., PETROVIC, I., *Inner Purity & Pollution in Greek Religion*, vol. I: *Early Greek Religion*, Oxford, Oxford University Press, 2016 ; vol. II, Oxford (en préparation, sur ces concepts dans les règlements religieux).

et des valeurs morales qui guident la conduite, entre l'interprétation qui fait prévaloir une évolution lente et progressive, et celle qui identifie les traces d'une exigence de « pureté intérieure » dès la période archaïque[52]. Mais là où les fidèles des religions révélées monothéistes sont d'abord vus comme des « croyants », les Grecs sont avant tout les acteurs d'une démarche collectivement fondée par la tradition à laquelle ils accordent plein crédit. Cette tradition – plus ou moins ancienne selon les cas – est constitutive d'une série de représentations que l'on pourrait aisément qualifier de « croyances » si le mot n'était chargé des connotations inhérentes à tout *credo*, dont l'essence même est à l'opposé du polythéisme. Notre vocabulaire, saturé de présupposés dogmatiques étrangers à la pensée grecque, pose un curieux dilemme. Parler de croyances en Grèce risque par anachronisme d'altérer l'appréhension du polythéisme grec et toute la plasticité qui le caractérise. Ne pas en parler mène à l'autre excès qui consiste à refuser aux Grecs toute intériorisation de la pratique religieuse, voire à affirmer « qu'ils ne croyaient pas à leurs dieux »[53]. De la même manière, l'usage du terme de « théologie » ne pose aucun problème s'il est entendu au sens le plus littéral de « discours sur le divin ou sur les dieux ». Les représentations que les Grecs ont développées, tant dans des récits que par des hymnes ou dans la ritualité même des gestes du culte sont autant de « théologies ». Mais du singulier déterminé (*la* théologie) au pluriel indéterminé (*des* théologies) se dessine tout l'écart qui se marque entre « le discours raisonné sur la foi » des traditions monothéistes (pour faire bref) et le chatoiement des représentations en milieu polythéiste. La multiplication des points de vue est une manière cumulative et non dogmatique de rendre compte de la complexité du monde dans sa relation à la sphère supra-humaine[54].

---

52. PARKER, R., *Miasma: Purity and Pollution in Ancient Greece*, Oxford, Oxford University Press, 1983, p. 322-327 ; CHANIOTIS, A., « Greek Ritual Purity: From Automatisms to Moral Distinctions », dans Rösch, P., Simon, U. (dir.), *How Purity is Made*, Wiesbaden, Harrassowitz Verlag, 2012, p. 123-139 ; PETROVIC, A., PETROVIC, I., *Inner Purity & Pollution in Greek Religion*, 2016.
53. Pour paraphraser le titre de l'article de GIORDANO, M., « As Socrates Shows, the Athenians Did Not Believe in Gods », *Numen*, 52, 2005, p. 325-355, sévèrement critiqué par VERSNEL, H.S., *Coping with the Gods*, 2011, p. 539-559.
54. Un bel exemple est donné par les *Questions grecques* ou *romaines* de Plutarque où chaque interrogation donne lieu à une succession de possibilités formulées comme autant de nouvelles questions non exclusives les unes des autres : SCHEID, J., « I. Rituels et exégèses :

La religion et la cité, la religion dans la cité[55]

Bien des lois athéniennes gravées sur pierre s'ouvrent sur une invocation aux dieux, *theoi*, et à la bonne fortune, *agathê tychê*, mais cet appel, souvent gravé en grands caractères, est généralement négligé par l'histoire institutionnelle, politique ou juridique. Les *Lois* de Platon s'ouvrent pourtant sur le constat que les *nomoi* sont établis par un dieu[56], et un règlement relatif à la pureté à Lindos dit encore très explicitement, vers 200-230 ap. J.-C. : ἀπὸ τῶν παρανόμων οὐδέποτε καθαρός (« des choses accomplies à l'encontre des lois, on n'est jamais pur »)[57].

En contexte grec, religion et politique sont coextensives. Les magistrats athéniens entament toujours leur mandat par un serment, un des rares rituels religieux, oral et relationnel, qui puisse obliger un homme vis-à-vis des dieux[58], et qui est loin d'être une formalité innocente, puisque la

---

Les *Questions romaines* de Plutarque », *Annuaire de l'École pratique des hautes études. Section des sciences religieuses*, 99, 1990-1991, p. 273-278. Voir aussi PRESCENDI, F., « Des étiologies pluridimensionnelles : observations sur les *Fastes* d'Ovide », *Revue de l'histoire des religions*, 219, 2002, p. 142-159.

55. Cette section a fait l'objet d'une première approche dans BONNECHERE, P., « The Religious Management of the *Polis* », 2013, p. 366-381.

56. *Lois*, 624 a-625 a, 738 b-d, 828 a ; aussi *République*, 427 b-c.

57. *LSS* 91, l. 19. Sur ces questions et la bibliographie, voir BONNECHERE, P., « Pureté, justice, piété et leurs contraires : l'apport des sources oraculaires », dans Carbon, J.-M., Peels, S. (dir.), *Purity and Purification in the Ancient Greek World. Texts, Rituals, and Norms*, Liège, Presses Universitaires de Liège, 2018, p. 49-91. Voir aussi BELAYCHE, N., « Les Dieux "nomothètes" : oracles et prescriptions religieuses à l'époque romaine impériale », *Revue de l'histoire des religions*, 224, 2007, p. 171-191 ; ROSENBERGER, V., *Griechische Orakel. Eine Kulturgeschichte*, Darmstadt, Wissenschaftliche Buchgesellschaft, 2001, p. 100-126 ; SUÁREZ DE LA TORRE, E., « Oracle et norme religieuse en Grèce ancienne », dans Brulé, P. (dir.), *La norme en matière religieuse en Grèce ancienne*, Liège, Presses Universitaires de Liège, 2009, p. 107-124.

58. Hésiode déjà range Ὅρκος parmi les redoutables enfants de la Nuit, avec les Moires, les Kères et les autres puissances funestes (*Théogonie*, 231 ; *Travaux*, 219). Voir GRAF, F., « Eid », *Thesaurus cultus et rituum antiquorum* (*ThesCRA*), III, 2005, p. 237-246 ; SOMMERSTEIN, A.H., FLETCHER, J. (dir.), Horkos. *The Oath in Greek Society*, Liverpool, Liverpool University Press, 2007 ; SOMMERSTEIN, A.H., TORRANCE, I.C. (dir.), *Oaths and Swearing in Ancient Greece*, Berlin – Boston, Walter de Gruyter, 2014. Aussi BLONDÉ, F., MULLER, A., MULLIEZ, D., POPLIN, F., « Un rituel d'engagement à Thassos : archéologie et textes », *Kernos*, 18, 2005, p. 476-479.

punition du parjure se clôt par l'anéantissement de sa lignée, laquelle est très clairement préfigurée dans la symbolique du sacrifice juratoire. Les mêmes magistrats terminent leur mandat par une reddition de comptes, comme les prêtres, qui proviennent de familles aristocratiques ou sont pour certains élus comme des magistrats, souvent pour un an, voire tirés au sort ou choisis après adjudication[59]. Lors des Thargélies, la cité connaît une lustration générale, avec boucs émissaires humains, ce qui relève de cette même volonté qu'affiche Athènes de maîtriser les affaires de sang versé[60] – dont les procès se tiennent dans un sanctuaire – ou les impiétés majeures, telle la mutilation des Hermès en 415 av. J.-C. Ces souillures catastrophiques, susceptibles de ruiner la cité tout entière, sont donc cataloguées au rang des *délits publics* graves, une idée qu'on trouve depuis Hésiode montrant Zeus qui punit la *polis* complaisante à l'égard des fauteurs de troubles. On retrouve l'idée presque inchangée dans une question publique posée à l'oracle de Dodone (IVe-IIIe siècles) : « Est-ce à cause de l'*akarthartia* de quelqu'un que le dieu envoie le mauvais temps ? »[61].

L'étroite imbrication de la légalité et de la pureté, et de leurs contraires, l'illégalité et l'impureté, est profonde dès l'époque classique. Selon Xénophon, Lycurgue, ayant reçu le feu vert oraculaire pour sa constitution modèle, établit qu'il n'était « pas seulement illégal, mais aussi contraire aux usages préconisés par les dieux, de désobéir à des lois consacrées par l'oracle » (οὐ μόνον ἄνομον ἀλλὰ καὶ ἀνόσιον θεὶς τὸ πυθοχρήστοις νόμοις μὴ πείθεσθαι)[62]. *Anomos* rime donc ici avec *anhosios*[63], qui définit tout comportement déplacé envers les dieux et les hommes.

59. Georgoudi, S., Pirenne, V., « Personnel de culte : monde grec », dans *Thesaurus cultus et rituum antiquorum* (*ThesCRA*), V, 2005, p. 1-65 ; Connelly, J.B., *Portrait of a Priestess: Women and Ritual in Ancient Greece*, Princeton, Princeton University Press, 2007 ; Stavrianopoulou, E., « Norms of Public Behaviour Towards Greek Priests », dans Brulé, P. (dir.), *La Norme en matière religieuse en Grèce ancienne*, Liège, Presses Universitaires de Liège, 2008, p. 213-229.

60. Au moins depuis le fameux « droit draconien ».

61. Lhôte, É., *Les lamelles oraculaires de Dodone*, Genève, Librairie Droz, 2006 ; sur ἀκαθαρτία, voir Parker, R., *Miasma*, 1983, p. 214.

62. *Constitution des Lacédémoniens*, 8, 5 ; aussi *Mémorables*, IV, 4 (en IV, 4, 19, les lois non écrites sont prescrites par les dieux) ; voir aussi Platon, *Lois*, 632 d (cf. Polyen, I, 16 1) et 696 a. Encore Aélius Aristide, *Panathénaïque*, XIII, 192.

63. Voir Chaniotis, A., « Greek Ritual Purity », 2012, p. 123-139 ; Petrovic, A., Petrovic, I., *Inner Purity & Pollution*, vol. II (en préparation) ; Peels, S., Hosios. *A Semantic Study of*

À Athènes, les activités religieuses hors de la famille sont partagées entre deux grands pôles : d'un côté la sphère publique, de l'autre les associations et groupes de sociabilité « privés », aux nombreuses activités[64], et toujours constitués autour d'un culte commun. Ces structures « privées » jouent un rôle capital dans l'intégration politique et identitaire à la *polis*, car certaines interviennent à différents échelons des structures « publiques ». Les *genê* sont de vieilles familles détentrices de privilèges religieux, comme la prêtrise de certains cultes publics : les Eumolpides fournissent aux mystères d'Éleusis l'hiérophante ainsi que le héraut, et les Kérykes le dadouque[65]. L'accès des jeunes hommes à la citoyenneté de même que la légitimation des mariages légaux et donc des enfants légitimes et futur(e)s citoyen(ne)s sont un devoir éminemment politique de la phratrie, un regroupement de plusieurs familles autour d'un Zeus Phratrios et d'une Athéna Phratria[66]. Le culte des morts est du ressort des familles, mais de nombreuses lois en restreignent les proportions et débordements potentiels. L'État patronne, à Athènes, la fête annuelle des *Genesia* et

Greek Piety, Leiden – Boston, 2016. Dans l'épigraphie, ce lien est plus tardif (par exemple Euromos : *SGOst* 1, 01.17.01, ca. 100 ap. J.-C.).

64. Aleshire, S.B., Lambert, S.D. « The Attic "Gene" and the Athenian Religious Reform of 21 BC », dans Richardson, J.H., Santangelo, F. (dir.), *Priests and State in the Roman World*, Stuttgart, Franz Steiner Verlag, 2011, p. 553-575 ; Arnaoutoglou, I., Thusias heneka kai sounousias. *Private Religious Associations in Hellenistic Athens*, Athens, Academy of Athens, 2003 ; Jones, N.F., *The Associations of Classical Athens: the Response to Democracy*, New York – Oxford, Oxford University Press, 1999 ; Lambert, St., *The Phratries of Attica*, Ann Arbor, 1993.

65. Blok, J., Lambert, S., « The Appointment of Priests in Attic "Gene" », *Zeitschrift für Papyrologie und Epigraphik*, 169, 2009, p. 95-121 (aussi Rasmussen, A.H., « A Note on the Appointment of Priests in Attic "Gene" », *Zeitschrift für Papyrologie und Epigraphik*, 176, 2011, p. 120-125) ; Lambert, S., « Two Documents of Attic "Gene" », *Horos*, 14-16, 2000-2003, p. 77-82 ; Lambert, S., « *IG* II² 2345, *Thiasoi* of Herakles and the Salaminioi Again », *Zeitschrift für Papyrologie und Epigraphik*, 125, 1999, p. 93-130.

66. Parker, R., *Polytheism and Society at Athens*, Oxford, Oxford University Press, 2005, p. 9-78. Voir aussi : Zeus Phratrios et Athéna Phratria (Athènes, cf. Platon, *Euthydème*, 302 d ; *LSCG*, 19 ; *LSS* 10 [ve-ive siècles av. J.-C.] ; Paiania, cf. *SEG*, 3, 121 [ive siècle av. J.-C.]) ; Zeus Phratrios (Cos, iiie siècle av. J.-C. *IG* XII 4, 1221 ; Gortyne, iiie siècle av. J.-C., cf. *IC*, IV, 174) ; Athènes (calendrier cultuel des Salaminiens, 362 av. J.-C., cf. *SEG*, 21, 527 ; *CGRN* 84) ; et même Poséidon Phratrios (associé à Apollon et à Zeus Patrôios [!]), dans le serment des Labyades (Delphes, *CID*, 1, 9 B).

les cérémonies du souvenir pour les morts au champ d'honneur[67]. Certaines associations de thiasotes ou d'orgéons, privées mais reconnues par la cité, regroupent les citoyens et d'autres résidents autour d'une divinité, parfois étrangère comme Bendis[68].

La *polis* – ou ses composantes comme les dèmes en Attique – gère les sanctuaires et leur entretien, contrôle leurs ressources, privées comme publiques, ainsi que leurs finances, et veille à faire fructifier l'argent des dieux en accordant des prêts dont elle doit garantir le remboursement[69]. Toute modification mineure aux *hiera*, ou encore aux coutumes, est du ressort de l'assemblée du peuple, ainsi que l'introduction de nouvelles divinités et bien sûr les (rares) accusations d'impiété. L'ordre du jour de deux des quatre assemblées mensuelles d'Athènes s'ouvre expressément sur le soin aux dieux[70].

La *polis* assume les rituels des divinités de la cité par l'entremise de ses magistrats « politiques », surtout le *basileus*, assistés de spécialistes : l'année athénienne d'époque classique est émaillée de plus de 100 fêtes, modestes ou éclatantes. Elles permettent aux (futurs) citoyens de forger ou d'affirmer leur conscience civique *par l'expérience commune de ce qui a trait aux dieux*[71]. Enfin, les principales festivités civiques manifestent

67. Georgoudi, S., « Commémoration et célébration des morts dans les cités grecques : les rites annuels », dans Gignoux, Ph. (dir.), *La commémoration*, Leuven – Paris, Peeters, 1998, p. 73-89.

68. Garland, R., *Introducing New Gods: The Politics of Athenian Religion*, Ithaca, Cornell University Press, 1992, p. 111-114 ; Parker, R., *On Greek Religion*, 2011, p. 273-277.

69. Migeotte, L., « L'Apport des inscriptions à l'étude des finances publiques et sacrées des cités grecques », dans Martínez Fernández, Á. (dir.), *Estudios de epigrafía griega*, La Laguna, Servicio de Publicaciones de la Universidad de La Laguna, 2009, p. 251-260 ; Migeotte, L., « L'Endettement des cités grecques dans l'antiquité », dans Andreau, J., Béaur, G., Grenier, J.-Y. (dir.), *La Dette publique dans l'histoire*, Paris, Comité pour l'histoire économique et financière de la France, 2006, p. 115-128 ; Migeotte, L., « Les Ressources financières des cités et des sanctuaires grecs : questions de terminologie et de classement », *Revue de philologie, de littérature et d'histoire anciennes*, 82, 2008, p. 321-331.

70. Eschine, *Contre Timarque [I]*, 23. Cf. Brulé, P., « Hiéra et Hosia. Affaires divines et affaires humaines dans le travail législatif des assemblées », dans Jaillard, D., Nihan, Chr. (dir.), *Writing Laws in Antiquity / L'Écriture du droit dans l'Antiquité*, Wiesbaden, Harrassowitz Verlag, 2017, p. 100-116.

71. Parker, R., *Polytheism and Society at Athens*, 2005, p. 155-383. Voir aussi les articles de Chaniotis cités n. 51.

le rôle et la puissance de tous les groupes constitutifs de la cité dans son ensemble. Lors de certaines fêtes, la cité convie la population à de grands sacrifices, et procède à la distribution des parts de viande entre citoyens, dans une commensalité générale[72]. C'est une façon, pour la *polis*, et quel que soit le régime en place, de se montrer sous son plus beau jour et d'afficher sa munificence tout en se conciliant les divinités protectrices, elles aussi soucieuses de leurs prérogatives et attentives au respect des *patria*. De cette communication, les étrangers, les métèques et les esclaves peuvent être, à des degrés divers, exclus ou acteurs. Les grandes fêtes, aux origines souvent bigarrées, forment en outre un miroir qui peut servir à positionner la cité face aux autres *poleis*.

La politique internationale n'échappe pas au religieux : l'affaire de l'*orgas* sacrée, en 352/1 av. J.-C., illustre bien l'implication de l'État dans les problèmes des dieux, les interférences entre « public » et « privé », et les relations interétatiques[73]. Un différend éclate entre Athéniens et Mégariens qui auraient cultivé des terres interdites dans un domaine relevant d'Éleusis. Dans la procédure mise en place pour régler le bornage des terres, interviennent un collège de quinze citoyens, la haute organisation publique (archontes, stratèges, *boulê*, aréopage), l'organisation religieuse spécifique (familles éleusiniennes) et l'administration locale (péripolarques, démarques). L'oracle de Delphes, enfin, supra-régional, est consulté sur la question de la mise en culture des terrains consacrés. Dans les traités, les divinités de chaque cité sont invoquées dans des serments, parfois prêtés lors des fêtes civiques. Les alliés et les colonies participent aux fêtes publiques. Aux sanctuaires panhelléniques qui organisent les célèbres concours garantis par une trêve des dieux, les cités chargent une délégation officielle d'accomplir les rites requis en leur nom, et y célèbrent leurs victoires, agonales ou militaires, signes de la faveur divine[74].

---

72. Schmitt-Pantel, P., *La Cité au banquet. Histoire des repas publics dans les cités grecques*, Roma, École Française de Rome, 1992 ; Rosivach, V., *The System of Public Sacrifice in Fourth-Century Athens*, Atlanta (GA), Scholars Press, 1994.
73. Rhodes, P.J., Osborne, R., *Greek Historical Inscriptions. 404-323 BC*, Oxford, Oxford University Press, 2003. En dernier lieu Bonnechere, P., « Oracles et grande politique en Grèce ancienne. Le cas de l'*orgas* sacrée et de la consultation de Delphes en 352/351 avant J.-C. », *Mètis*, 10, 2012, p. 263-288 et 11, 2013, p. 289-302.
74. Parker, R., *Polytheism and Society at Athens*, 2005, p. 78-88.

La politique intérieure et extérieure ne peut se concevoir sans mantique, non plus que la conduite pratique de la guerre, qui implique des sacrifices divinatoires avant tout mouvement de troupes, et la prise en compte de certains prodiges. Quand, à Sparte, un roi ajourne une campagne militaire après un foudroiement doublé d'un sacrifice défavorable, on mesure le respect de l'avertissement divin. À Athènes, toute assemblée s'ouvre sur un sacrifice mantique et au IIe siècle av. J.-C. encore, le *manteion* de Delphes statue toujours sur l'élection de certains magistrats[75]. Ce lien entre la politique et la religion dans ce que nous lui trouvons de plus irrationnel a longtemps posé problème aux interprètes modernes. C'est pourquoi une conviction diffuse prévaut généralement, bien qu'on s'en défende, qui tente de dissocier tout pouvoir décisionnel de la sphère religieuse pour le maintenir au strict plan politique[76]. Pourtant, la divination est loin d'être marginale dans la vie des États grecs, les chresmologues influencent les décisions, et même les auteurs qui évitent le merveilleux, comme Thucydide et Polybe, y font directement allusion, sans oublier une myriade d'oracles gravés sur pierre et sur plomb.

Dès lors, la seule façon d'intégrer ce qui apparaît aux lecteurs modernes comme tant de contradictions est de coupler la manipulation de la divination par les États et par les politiciens « rationalistes » à la crédulité des « masses »[77]. Cet assujettissement des oracles aux puissances dominantes, quelle que fût sa forme, a longtemps permis de considérer comme authentiques la plupart des oracles littéraires, en dépit d'évidents problèmes de méthode historique : ainsi l'expédition de Sicile, pour laquelle Thucydide ne cite pas d'oracle, est-elle célèbre pour trois oracles à l'époque impériale,

---

75. Xénophon, *Helléniques*, IV, 7, 7 ; *IG* II^2 892, 954a, 955 ; GAUTHIER, Ph., « La Date de l'élection des magistrats athéniens et l'oracle de Delphes », *Comptes rendus de l'Académie des Inscriptions et Belles-Lettres,* 1998, p. 63-75.

76. Par exemple MARTIN, G., « The Gods in the Athenian Assembly », dans Eidinow, E., Kindt, J., Osborne, R. (dir.), *Theologies of Ancient Greek Religion*, Cambridge, Cambridge University Press, 2016, p. 299 (où on présente les dieux « à la périphérie » de l'assemblée), en quelque sorte dans la droite ligne de NILSSON, M.P., *Cults, Myths, Oracles, and Politics in Ancient Greece*, Lund, Gleerup, 1951, ou de PARKE, H.W., WORMELL, D.E.W., *The Delphic Oracle*, vol. I-II, Oxford, Blackwell, 1956 (par exemple II, p. 209-210).

77. BONNECHERE, P., « Oracles and Greek Mentalities: The Mantic Confirmations of Mantic Revelations », dans Dijkstra, J., Kroesen, J., Kuiper, Y. (dir.), *Myths, Martyrs, and Modernity.* Studies in the History of Religions in Honour of Jan N. Bremmer, Leiden, Brill, 2010, p. 115-133.

de toute évidence ajoutés au fil de la tradition. Pétris de merveilleux – la seule bataille de Leuctres « aurait été annoncée » par une quinzaine de présages –, ces oracles présentaient pourtant un contraste saisissant avec les prescriptions banales (y compris pour les consultations des cités) transmises par les inscriptions de Dodone, Didymes, Claros, Delphes et quantité de petits oracles comme celui de Trophonios[78]. Affirmer qu'il y a manipulation systématique, c'est simplement projeter notre propre incrédulité sur les Grecs, et méconnaître, par exemple, le profond attachement de presque tous les philosophes à la mantique. C'est aussi se tromper sur le sens du mot « rationalisme » : si les dieux acceptent de révéler quelques bribes de leurs plans aux hommes, il est *rationnel* de leur poser des questions. Pour nous qui ne croyons pas en toutes ces divinités, le même comportement est *irrationnel*. Il est sain de rappeler, de temps à autre, que l'étude des religions impose d'adopter un théisme méthodologique et un agnosticisme épistémologique[79].

L'implication de la *polis* dans le culte et, dès lors, dans l'organisation du contact avec les dieux implique naturellement une conduite religieuse en phase avec l'idéal civique. Celui-ci, comme les mythes, l'iconographie et le programme iconographique qui le sous-tendent, est toujours en évolution[80], si bien que la religion, foncièrement traditionaliste, n'est pas figée pour autant[81]. Étant donné l'ampleur des réseaux internes et externes qui façonnent peu à peu la religion dans le monde grec, les cités

---

78. Thucydide, II, 47 ; Pausanias, VIII, 11, 12 (Dodone) ; Plutarque, *Vie de Nicias*, 13, 1-4 (et *Sur les oracles de la Pythie*, 403 B) (Delphes et Siwa). Voir TUPLIN, C., « The Leuctra Campaign: Some Outstanding Problems », *Klio*, 69, 1987, p. 72-107.

79. WILLAIME, J.-P., « La Religion, un lien social articulé au don », *La revue du MAUSS*, 22, 2003/2, p. 258.

80. CALAME, CL., *Thésée et l'imaginaire athénien*, Paris, La Découverte, 2018[3] ; HÖLSCHER, T., « Images and Political Identity: the Case of Athens », dans Boedeker, D., Raaflaub, K. (dir.), *Democracy, Empire and the Arts in Fifth-Century Athens*, Cambridge (MA), Harvard University Press,1998, p. 153-183.

81. JAMESON, M., « Religion in the Athenian Democracy », dans Morris, I., Raaflaub, K. (dir.), *Democracy 2500?*, Dubuque (Iowa), Kendall/Hunt Pub. Co., 1997, p. 171-195 (repris dans JAMESON, M., *Cults and Rites in Ancient Greece: Essays on Religion and Society*, Cambridge, Cambridge University Press, 2014, p. 232-269) ; MIKALSON, J., *New Aspects of Religion in Ancient Athens: Honors, Authorities, Esthetics, and Society*, Leiden – Boston, Brill, 2016 ; PARKER, R., *On Greek Religion*, 2011, p. 40-63 ; RUDHARDT, J., « Essai sur la religion grecque », 2008, p. 49-99.

ne disposent sûrement pas, à proprement parler, d'un monopole sur les communications ou le commerce avec le divin : que dire sinon des offrandes, prières, enquêtes oraculaires, traditions narratives, sacrifices et démarches individuelles, sans oublier les pratiques dites « magiques » ? En fait, par l'intermédiaire de l'assemblée, des magistrats et des prêtres (qui sont des citoyens eux-mêmes), la *polis* s'assure simplement du respect des *patria*, lesquels fixent le cadre général des comportements, tant à l'échelle communautaire que sur le plan individuel. Qu'il soit clair que l'assemblée athénienne est l'émanation directe des citoyens, et non une force politique externe qui les contraindrait. L'*ekklesia*, dépositaire des affaires « sacrées », s'assure régulièrement auprès de ses membres de ce que le mode de gouvernement n'est pas contraire à l'intérêt des dieux et de la cité[82]. Certes l'assemblée populaire est un lieu d'influence, et les luttes politiques y sont tendues entre les *aristoi*, les familles sacerdotales, le conseil qui prépare les dossiers, les démagogues et autres sycophantes, les chresmologues et les devins, etc., mais le religieux est partie prenante dans ces rapports de force.

Ce serait une grossière erreur, dès lors, de considérer la religion de la *polis* comme un ensemble dogmatique de rites et de croyances que l'État obligeait les citoyens à respecter. D'abord, dans cet État, qu'on nous dépeint comme foncièrement politique et politico-centré, *la participation à la vie politique n'était absolument pas obligatoire*, puisqu'une assemblée habituelle à Athènes, de 3000 à 6000 membres, ne représente au mieux qu'une fraction assez réduite des citoyens admissibles à l'*ekklesia*. En revanche, la participation à la vie religieuse s'imposait d'elle-même, tout citoyen étant *de facto* acteur des valeurs « politiques » et « religieuses », en fonction des *patria* qu'il avait appris à respecter dès l'enfance. Tout acte collectif gagnait en retour une bienveillance divine accrue, et chaque membre de la communauté en avait conscience. Ceci était particulièrement vrai dans les fêtes publiques, par exemple les Dionysies athéniennes, cadre des concours de tragédie et de comédie qui attiraient les foules. Mais ne pouvait-on pas tout autant prier chez soi pour un sujet qui intéressait la cité (imaginons : les récoltes), ou sacrifier dans une association privée ? Tout dépend de la manière dont nous voulons combler les lacunes de la

---

82. Voir BONNECHERE, P., « "Gouverner en toute sécurité". L'oracle de Dodone et l'*Athenaiôn Politeia*, 43, 4 », *Zeitschrift für Papyrologie und Epigraphik*, 89, 2014, p. 83-86.

documentation. Ce qui est sûr, c'est qu'aucun des bâtiments prévus pour les rituels religieux ne pouvait contenir toute la population d'Athènes, pas même les seuls citoyens et leur famille proche, ou encore la seule population civique de l'*astu* : ni le théâtre de Dionysos, ni l'Acropole, ni le grand *telesterion* d'Éleusis (dont la superficie totalisait pourtant, au bas mot, 2500 mètres carrés[83]). De même, le *pompéion* au Céramique d'Athènes, point de départ des processions vers l'Acropole ou vers Éleusis, était vers 400 av. J.-C. une cour de seulement 45 × 17 mètres, flanquée de portiques[84]. De quoi faire réfléchir au concept et à l'échelle de la « religion de la *polis* », tout autant qu'aux implications englobantes et aux interventions invasives qu'on a parfois voulu lui prêter[85].

Le refus de s'impliquer dans la vie religieuse de la *polis* ne devenait problématique que s'il était perçu comme impie et provocateur, et risquait, en offensant les dieux, d'attenter à la sécurité de la cité dans son ensemble. En soi, on pouvait tout dire ou penser sur les dieux et l'État tant que cela se conformait à l'esprit de la tradition, et aux conventions sociales de son énonciation : on peut *a priori* tout dire, mais pas nécessairement en n'importe quelle occasion ou dans n'importe quel contexte. Les rares procès d'impiété, qui pour la plupart pourraient avoir été inventés *post eventum*, ont pu résulter soit de la piété blessée de quelques Grecs plus pointilleux et enclins à voir le danger partout, soit encore de la complicité involontaire du système judiciaire athénien, très favorable à l'accusation, pour masquer de basses besognes politiques sous les traits de l'impiété[86].

---

83. En comptant trois personnes par mètre carré, et sans retrancher les espaces occupés par des colonnes, la scène, les corridors, etc., le bâtiment accueillait 7500 personnes quand l'Attique était peuplée de 500 000 habitants, par excès ou par défaut, et quand les étrangers parlant grec étaient également admis.

84. Voir KNELL, H., *Athen im 4. Jahrhundert v. Chr. Eine Stadt verändert ihr Gesicht. Archäologisch-kulturgeschichtliche Betrachtungen*, Darmstadt, Wissenschaftliche Buchgesellschaft, 2000, p. 47-54.

85. Ce qui est sûr, c'est que les qualificatifs actuels pour désigner cette religion (civique, au double sens de « religion de la cité » et de « morale ») : politique, sociale, poliade, étatique, officielle, publique ou patriotique, sont autant de pièges à éviter (BRULÉ, P., « Religion », dans Brulé, P., Descat, R. [dir.], *Le Monde grec aux temps classiques. 2. Le IVe siècle*, Paris, Presses Universitaires de France, 2004, p. 420-435).

86. En général, voir TODD, S.C., *The Shape of Athenian Law*, Oxford, Oxford University Press, 1993, p. 307-315. Aussi, par exemple LENFANT, D., « Protagoras et son procès d'impiété : peut-on soutenir une thèse et son contraire ? », *Ktèma*, 27, 2002, p. 135-154 ;

Mais dans un système polythéiste aussi ouvert, et dans un mode de pensée où la représentation du divin est globalement assez librement exprimée, aucun contrôle centralisé n'aurait été possible, ni envisageable, ni crédible.

Un cas d'espèce intéressant est fourni par les groupements dits pythagoriciens et orphiques, souvent présentés par les spécialistes de la religion grecque comme marginaux, voire déviants, sinon anti-civiques, même si ces qualificatifs ne semblent d'aucun secours pour comprendre comment le monde grec les considérait. Ils n'ont jamais été inquiétés, à l'exception d'une persécution des pythagoriciens de Grande Grèce dont on ignore les raisons. En fait, l'interprétation « déviante » qui en est donnée provient essentiellement d'une diatribe de Platon (lequel, rappelons-le, se méfie d'Homère en personne), annoncée chez Euripide, mais l'essentiel de leurs croyances procède en fait du fond grec traditionnel[87]. Certes, ils semblent hostiles au sacrifice sanglant, mais certains philosophes le sont aussi, comme Théophraste, et personne ne les traite jamais de déviants. De plus, le superstitieux des *Caractères* (16) du même Théophraste, dans son zèle intempestif à respecter les *patria*, renouvelle *tous les mois* son initiation aux mystères orphiques : loin d'être un incivique, il illustre au contraire, et à la perfection, la variété potentielle des comportements religieux, au carrefour des innombrables avenues polythéistes que nous avons mises en lumière plus haut.

Crise de la cité, déclin de la religion de la *polis* et montée de l'individualisme hellénistique : de quoi parle-t-on ?

Adoptant un point de vue diachronique sur la religion grecque, nombre d'études au XXe siècle ont placé à la charnière entre la période classique et la période hellénistique le basculement d'une religion tout entière centrée sur la cité et le collectif vers une religion davantage fondée sur des démarches individuelles et caractérisée par une perte de confiance

---

RUDHARDT, J., « La définition du délit d'impiété d'après la législation attique », *Museum Helveticum*, 17, 1960, p. 87-105.

87. Voir par exemple EDMONDS III, R., *Redefining Ancient Orphism: a Study in Greek Religion*, Cambridge, Cambridge University Press, 2013. Certes polémique, l'ouvrage a le grand mérite de remettre en cause le paradigme de « l'exception orphique », trop souvent tenu pour une vérité intangible.

dans les dieux traditionnels au profit de dieux « nouveaux ». Ces derniers pouvaient être des figures guérisseuses, comme Asclépios, des « personnifications » comme *Homonoia*, la Concorde, *Tychè*, la Destinée, ou encore des divinités dites « orientales » comme Isis ou la Déesse syrienne. Qu'une cité de cette époque, par ailleurs, en vienne à magnifier, voire refonder ses fêtes poliades, on l'explique aussitôt, non par la piété, mais par un conservatisme religieux qui tente de contrebalancer de nouvelles tendances[88].

En dépit des traits rapides sous lesquels nous l'avons esquissée, une telle présentation donne le ton de la grille de lecture qui a été longtemps appliquée à la religion de ces deux périodes chronologiques (d'ailleurs très arbitrairement définies). Or, cette lecture est fondée sur l'idée discutable selon laquelle la religion grecque d'époque classique était entièrement civique, sans aucun espace pour les démarches individuelles. Il s'agit d'une vision sclérosée et sans nuance de ce que Christiane Sourvinou-Inwood a appelé la *polis-religion* et où les démarches individuelles étaient bel et bien prises en compte[89]. Certes, l'arrière-plan communautaire est essentiel

---

88. Bon état de la question chez DESHOURS, N., *L'Été indien de la religion grecque. Études sur les cultes civiques dans le monde égéen à l'époque hellénistique tardive*, Bordeaux, Ausonius, 2011, p. 13-25. Pour l'approche traditionnelle, voir par exemple FESTUGIÈRE, A.-J., « Le Fait religieux à l'époque hellénistique », dans *Études de religion grecque et hellénistique*, Paris, Vrin, [1945], 1972, p. 114-128, ou Martin P. Nilsson qui insistait sur le déclin maximal de la période hellénistique, avec ses terribles « orgies » du culte voué à des individus (*Geschichte der griechischen Religion*, vol. II², München, C.H. Beck, 1961, p. 153). La monographie de PAUL, S., *Cultes et sanctuaires de l'île de Cos*, Liège, Presses Universitaires de Liège, 2013, essentiellement fondée sur une documentation hellénistique, atteste combien la vie religieuse de la *polis* est vivante en ces périodes de prétendu déclin (cf. p. 371-373).

89. SOURVINOU-INWOOD, Chr., « What Is *Polis* Religion? », dans Buxton, R. (dir.), *Oxford Readings in Greek Religion*, Oxford, Oxford University Press, [1988], 2000, p. 13-37, suivi de SOURVINOU-INWOOD, Chr., « Further aspects of *polis* religion », *ibidem*, p. 38-55. Le débat est loin d'être clos : ALESHIRE, S.B., « Towards a Definition of "State Cult" for Ancient Athens », dans Hägg, R. (dir.), *Ancient Greek Cult Practice from Epigraphical Evidence*, Stockholm, Åströms Förlag, 1994, p. 9-16 ; BREMMER, J., « *Manteis*, Magic, Mystery Cults, and Mythography: Messy Margins of *Polis* Religion? », *Kernos*, 23, 2010, p. 13-35 ; BURKERT, W., « Greek *Poleis* and Civic Cults. Some Further Thoughts », dans Hansen, M.H., Raaflaub, K. (dir.), *Studies in the Ancient Greek* Polis, Stuttgart, Franz Steiner Verlag, 1995, p. 201-210 ; GARLAND, R., « Religious Authority in Archaic and Classical Athens », *The Annual of the British School in Athens*, 79, 1984, p. 75-123 ; KINDT, J., « Polis Religion. A Critical Appreciation », *Kernos*, 22, 2009, p. 9-34 ; OSBORNE, R., « The Religious Contexts of Ancient Political Thought », dans Balot, R.K. (dir.), *A Companion to*

pour comprendre le système religieux des cités classiques, mais la « religion de la *polis* » n'a rien de particulièrement directif, en ce qu'elle suit une tradition rodée et séculaire, et dont les institutions de la cité ne font qu'assurer le cadre afin d'éviter les dérives potentielles, avec des mesures de coercition réduites. La religiosité « privée », individuelle est simplement l'autre face de la même médaille avec tous les rites de la vie quotidienne, dont Hésiode faisait déjà état dans *Les Travaux et les Jours*. Néanmoins, s'il faut nuancer la vision d'une « religion de la *polis* » exclusivement publique et communautaire, il faut se garder de confondre les démarches individuelles qui sont documentées par centaines dans nos sources et une quelconque « religion personnelle » évoquée plus haut. Même les pratiques dites « magiques » ne peuvent entrer dans cette catégorie de « religion personnelle », dans la mesure où, selon que des incantations, par exemple, seront prononcées à titre individuel ou collectif, la qualification de la pratique par les anciens pourra varier. L'arrière-plan reste largement partagé par tous les acteurs à tous les niveaux de la pratique.

Sans vouloir, ni pouvoir, se livrer à des statistiques, la religion dite « privée », « vécue », jouait un rôle essentiel dans la vie des gens, même si les sources anciennes – historiens, antiquaires, philosophes, et sources figurées – qui informent des *hiera*, le plus souvent indirectement, privilégient avant tout leurs aspects publics. À titre d'exemple, avant la publication des nouvelles lamelles de Dodone en 2013, on restait persuadé, sur la base de sources littéraires avant tout, que les oracles avaient un rôle politique et public à 90 %. Aujourd'hui, grâce à la publication de nouveaux textes épigraphiques, ce rapport s'est totalement inversé, avec 98-99 % de questions privées pour 1-2 % de questions publiques (au sens très large et sans qu'aucune ne concerne la guerre), et ce avec une constance admirable depuis les premières lamelles conservées à la fin du VIe siècle jusqu'à la période hellénistique[90]. Nous ne ferons pas l'erreur d'appliquer

Greek and Roman Political Thought, Malden, Wiley-Blackwell, 2009, p. 118-130 ; PARKER, R., *On Greek Religion*, 2011, p. 40-63.

90. DAKARIS, S., VOKOTOPOULOU, I., CHRISTIDIS, A.-F., *Τὰ χρηστήρια ἐλάσματα τῆς Δωδώνης τῶν ἀνασκαφῶν Δ. Εὐαγγελίδη*, Athènes, 2013. Pour les statistiques préliminaires, voir DUVAL, N., *La divination par les sorts dans le monde oriental méditerranéen du IIe au VIe siècle après J.-C. : étude comparative des* sortes Homericae, sortes Astrampsychi *et tables d'astragalomancie en Asie mineure*, PhD Université de Montréal, 2016, p. 145-172 (https://papyrus.bib.umontreal.ca/xmlui/handle/1866/16019, site consulté le 16 octobre 2017)

le même ratio à la vie religieuse de tous les jours, puisque le rythme des fêtes publiques y est presque harassant, mais ce remarquable échantillon de près de 1500 textes utilisables a désormais considérablement relativisé les choses.

La vision presque « collectiviste » de la *polis* et de son système religieux est également tributaire de l'idée, tôt forgée dans l'imaginaire scientifique occidental, de l'apogée de la Grèce « du miracle » sous Périclès, et de son corrélat immédiat, le déclin inexorable qui s'ensuit après la mort du grand homme en 429 av. J.-C. Réduire les huit siècles d'histoire grecque à la pentékontaétie relève d'une étrange myopie, et plus encore quand on veut réduire toute la Grèce à Athènes, à sa démocratie et à son évolution spécifique. Du côté des débuts de la cité, si nous considérons l'appareil de pouvoir centralisé très restreint encore à l'époque archaïque, et la puissance des familles que seul Clisthène, lui-même un *aristos*, commence à brider peu avant 500 av. J.-C., la fenêtre chronologique pour l'apparition d'une nouvelle religiosité tout entière centrée sur la *polis* serait extrêmement limitée : de l'affermissement de la démocratie (soit 490-480 av. J.-C.) à l'époque de Périclès. D'autant que la religion civique, selon cette même grille de lecture, subirait plusieurs assauts à partir de 440 av. J.-C. Le premier coup aurait été porté par les sophistes d'Athènes, dont beaucoup d'ailleurs ne sont pas athéniens, c'est-à-dire qu'ils ont été formés à l'esprit critique dans tout le reste du monde grec – une constatation qui ruine, si besoin en était, la réduction de la Grèce à la seule Athènes[91]. Le second coup de boutoir serait la Guerre du Péloponnèse, dont Alcibiade, l'élève des sophistes, serait le modèle hybristique et individualiste. La défaite et ses conséquences, sans parler de l'épidémie de « peste », laissent « la Grèce » dans un étrange malaise qui aurait entraîné la perte de confiance

---

et BONNECHERE, P. « Oracles and Politics in Ancient Greece, in regard to the New Lamellae of Dodona: A Needed Palinode », dans Soueref, K. (dir.), *Dodona, the Oracle of Sounds*. Acts of the Conference Held in the Acropolis Museum, September 18th, 2016 (sous presse).

91. Par exemple BURKERT, W., *La Religion grecque*, 2011, p. 409-416 : « La Crise : sophistes et athées » ; GARLAND, R., *Religion and the Greeks*, London, Bristol Classical Press, 1994, p. 97-102. Certains avis sont bien plus nuancés : PARKER, R., *Athenian Religion*, 1996, p. 199-217 (chap. 10 : « The Trial of Socrates : And a Religious Crisis? ») ; PRADEAU, J.-F. (dir.), *Les Sophistes*, vol. I-II, Paris, GF-Flammarion, 2009, p. 7-36, ou BRISSON, L., « Les Sophistes », dans Canto-Sperber, M. (dir.), *Philosophie grecque*, Paris, Presses Universitaires de France, 1998[2], p. 89-120.

dans les dieux traditionnels, et qui culmine dans le procès de Socrate. À partir de là, la religion civique entre dans un long sursis, très long en fait, plus d'un demi-siècle d'étiolement et de gangrène, pour péricliter, en même temps que le système politique dont elle était solidaire, la *polis* libre, en 338 av. J.-C. ou en 323, à la mort d'Alexandre[92].

Comme l'a judicieusement remarqué Pierre Brulé[93], si la religion athénienne s'étiole après la défaite, comment expliquer que la religion civique des Spartiates, de leurs alliés et finalement de toute la Grèce liguée contre Athènes ne sorte pas renforcée dans la victoire ? Comment rendre compte du fait que la religion de la *polis*, celle du ve siècle, entre en crise dès 440 av. J.-C. ? Et comment justifier que la plupart des documents qui permettent de retracer cette religion de la cité datent du IVe siècle et du début de l'ère hellénistique, à un moment où elle est réputée moribonde[94] ? Comment, ajouterons-nous, mettre entre parenthèses les Présocratiques, puisqu'ils ont de haute date tenu des propos à ce point critiques sur la représentation des dieux que les chrétiens n'auront qu'à les resservir tels quels (mais en les décontextualisant) dans leur argumentation apologétique ? Comment enfin expliquer, dans une époque prétendument individualiste, la véritable prolifération des *associations* religieuses ? La critique et la variation des points de vue, rappelons-le, sont inhérentes au polythéisme, mais elles ne sont jamais suffisantes pour en saper le principe, comme elles le seraient dans un système fermé sur lui-même. Le polythéisme *est* variation.

Dans cette perspective d'une évolution dramatique de la religion grecque, le problème de la théodicée risque d'être traité de façon simpliste. Si l'on prétend qu'à un moment donné les Grecs auraient perdu confiance en leurs dieux, et en auraient importé de nouveaux, quel problème ce type

92. La *Religion grecque* de Burkert [éditions en allemand, 1977 et 2011^2] ne va pas au-delà de Platon et Philippe d'Oponte : ce n'est pas une critique, mais il est significatif que les études s'arrêtent le plus souvent à 300 av. J.-C. Apogée et déclin centrés sur Périclès : par exemple LÉVÊQUE, P., « Religion et culture », dans Briant, P., Levêque, P., *et al.* (dir.), *Le Monde grec aux temps classiques*, vol. I : *Le ve siècle*, Paris, Presses Universitaires de France, 1995, p. 377-383.

93. Sa superbe synthèse sur la religion à l'époque classique, surtout remarquable pour les difficultés méthodologiques qu'elle évoque, est passée inaperçue parce qu'incluse dans une synthèse générale sur le IVe siècle grec (« Religion », 2004).

94. « Religion », p. 440-452.

d'initiative aurait-il réglé ? Ces nouveaux dieux, même si on se serait plu à les penser plus doux, plus attentionnés, plus proches, sont confrontés au même problème du mal qui frappe les bons autant que les mauvais. D'une part, force est de constater que les panthéons à partir de la fin du IVe n'ont pas connu de déliquescence ni d'importation massive de nouveaux dieux ou de nouveaux rituels par rapport au Ve siècle. On remarque simplement certaines évolutions – souvent endossées par un oracle –, mais en soi rien qui ne suive l'évolution d'une tradition depuis toujours ouverte. D'autre part, quand on croit que les dieux existent et interagissent avec les hommes, la meilleure manière de rendre compte d'une catastrophe est d'en rechercher la cause dans une punition à grande échelle, une inconduite impardonnable par exemple, cette fameuse « soupape » hésiodique, sans doute héritée de la nuit des temps. Si la ville d'Héliké a été engloutie par Poséidon sous le niveau de la mer en 373 av. J.-C., c'est, entre autres étiologies avancées, parce que ses habitants avaient massacré des suppliants à l'autel[95]. La théodicée reste un angle mort dans toute religion, qu'aucun philosophe ni sophiste n'a jamais pu résoudre non plus, en dehors de raisonnements peu consolants, comme les délais de la justice divine, tout aussi injustes dans leur principe puisque le dieu finit par faire payer des innocents pour les coupables[96].

La lecture d'une « évolution » radicale est dès lors à combattre car elle méconnaît les ressorts fondamentaux d'un système polythéiste, d'une part, et, d'autre part, elle reste associée à l'idée que la cité grecque serait morte à Chéronée. Sans doute l'idéal civique va-t-il se modifier mais, tout au long du IIIe siècle encore, les cités, toujours régies par leurs constitutions ancestrales, ont espéré recouvrer leur entière liberté. Thèbes, rasée en 335 av. J.-C., est rapidement reconstruite, même si elle ne retrouvera jamais son ancien lustre. Athènes regagne à plusieurs reprises une liberté, partielle ou totale, par exemple dans sa lutte contre Antigone Gonatas lors de la guerre chrémonidéenne (entre 270 et 260 av. J.-C.). La liberté des cités grecques n'arrête pas d'être promise, avec quelque réussite, par

---

95. Élien, *Histoire des animaux*, XI, 17 ; voir aussi Diodore, XV, 48-49 ; Pausanias, VII, 24, 5-7 ; 12 ; Strabon, VIII, 7, 2.

96. Gagné, R., « La Catabase aérienne de Thespésios : le statut du récit », dans Bonnechere, P., Cursaru, G. (dir.), « *Katábasis* dans la tradition littéraire et religieuse de la Grèce ancienne », *Les Études classiques*, 83, 2015, p. 313-323.

toutes les puissances qui tentent de s'imposer en Grèce ou d'y réduire leurs adversaires, jusqu'à Flamininus lui-même. Cette liberté « perdue », par ailleurs, n'est pas neuve en Grèce, dans la mesure où aux époques antérieures, bien des cités se trouvaient également sous l'influence directe de grandes *poleis* ou de *koina* qui exerçaient sur elles un ascendant similaire. Si une nouvelle société de plus en plus marquée par l'évergétisme ne se met en place en Grèce qu'entre le milieu du IIe siècle av. J.-C. et l'époque antonine, on constate dans tout le monde grec, sur la base d'une riche documentation épigraphique, le maintien plutôt ferme de la tradition religieuse. Mais les cultes et rites s'adaptent aux nouvelles réalités : ainsi voit-on fleurir par exemple les *sôtêria*, ces fêtes relatives au salut et ses défenseurs attitrés – les rois –, ou s'affirmer la volonté d'accroître une visibilité panhellénique, ou encore le besoin de renforcer son identité civique[97].

Le changement fondamental, à l'époque hellénistique, outre l'expansion directe du cadre culturel au-delà du Levant, c'est l'apparition d'un degré supérieur de grande politique internationale qui réduit les villes au rang de puissances régionales et locales. Mais à l'exception des cités rebelles et soumises qui se voient imposer une garnison macédonienne, les *poleis* gardent souvent leur armée et parfois leur flotte militaire pour assurer leur sécurité immédiate, ainsi que toutes leurs institutions et leurs coutumes, ce qui permet aux plus puissantes de conserver leur rôle antérieur, exception faite de leurs prérogatives militaires souveraines : le roi est souvent loin et il a d'autres préoccupations.

---

97. Ces questions ont été renouvelées par GAUTHIER, Ph., « Les Cités hellénistiques : épigraphie et histoire des institutions et des régimes politiques », dans *Actes du 8e congrès international d'épigraphie grecque et latine, Athènes, 1982*, vol. I, Athènes, 1984, p. 82-107, puis par HABICHT, Chr., *Athènes hellénistique*, trad. M. Knoepfler-Buchet et D. Knoepfler, Paris, Les Belles Lettres, [original allemand, 1994], 2000, et MIKALSON, J., *Religion in Hellenistic Athens*, Berkeley, University of California Press, 1998 (plus récemment, du même auteur : MIKALSON, J., « Greek Religion: Continuity and Change in the Hellenistic Period », dans Bugh, G.R. [dir.], *The Cambridge Companion to the Hellenistic World*, Cambridge, Cambridge University Press, 2006, p. 208-222). DESHOURS, N., *L'Été indien de la religion grecque*, 2011 (*passim*), a bien montré cette continuité religieuse en évolution constante, non seulement pour Athènes mais pour toutes les villes du monde grec qui ont laissé assez de textes (ses tableaux, p. 29-83, sont éclairants). Voir aussi WIEMER, H.-U., « Hellenistic Cities. The End of Democracy? », dans Beck, H., *A Companion to the Ancient Greek Government*, Malden, Wiley-Blackwell, 2013, p. 54-69.

L'individualisme ne peut donc être le fruit d'une sorte de banqueroute du système puisque la vision longtemps canonique de ce système s'avère erronée. En fait, les individus sont bien présents sur la scène de l'histoire dès l'époque archaïque : ne connaît-on pas, par exemple, le nom des philosophes, des poètes et des politiciens des VIe et Ve siècles, ou celui des œcistes à haute époque, voire celui de certains sculpteurs, potiers et peintres ? Comment en irait-il autrement dans une société de l'*agôn* ? Dans l'iconographie, la collectivité (même mythique) en tant que telle n'est pour ainsi dire jamais figurée, à l'inverse des héros bien typés, toujours représentés dans des contextes parfaitement individualisés. Si certains traits individuels se trouvent indiscutablement exacerbés à l'époque hellénistique, ils étaient sans doute en partie présents auparavant, mais les sources qui les auraient mentionnés ont disparu (un Pline par exemple y a abondamment puisé), ou n'ont jamais été mises par écrit. Dès que nous avons les *Histoires* d'Hérodote, nous connaissons des noms. On a fait grand cas aussi du culte des souverains, une autre prétendue nouveauté radicale ; mais en comparant avec brio l'hymne à Démétrios Poliorcète et les *Oiseaux* d'Aristophane, une pièce datée de la fin du Ve siècle, Henk Versnel a récemment montré combien la divinisation, certes nouvelle après l'irruption de la monarchie macédonienne, s'inscrivait dans la tradition grecque[98].

Que dire maintenant des prétendues influences orientales, cette réponse toute faite face à nos ignorances, comme dans le cas desdites « religions orientales » de la fin de l'Antiquité qui auraient préparé le christianisme ? On a longtemps cru que, comme d'autres cultes importés à l'époque hellénistique, les mystères avaient été importés du Proche-Orient. Et qu'ils étaient une réponse à la religion traditionnelle par trop ritualiste de l'époque classique, incapable de faire vibrer dans le cœur des Grecs la fibre d'une « croyance authentique »[99]. Or les mystères, on le sait aujourd'hui, ne sont pas venus d'Orient : ils fleurissaient à l'époque

98. VERSNEL, H.S., *Coping with the Gods*, 2011, p. 439-492. Voir aussi CHANIOTIS, A., « The Divinity of Hellenistic Rulers », dans Erskine, A. (dir.), *A Companion to the Hellenistic World*, Malden, 2003, p. 431-445 et CANEVA, S., *From Alexander to the* Theoi Adelphoi*: Foundation and Legitimation of a Dynasty*, Leuven, Peeters, 2016, p. 25-28 et 113-121.

99. Voir entre autres l'introduction de CUMONT, F., *Les Religions orientales dans le paganisme romain*, édité par C. Bonnet & F. Van Haeperen, Torino, Nino Aragno Editore,

archaïque, y compris à l'échelon très local, et faisaient partie intégrante du paysage de la religion grecque[100]. L'apport « oriental » n'a donc pas pu convoyer de renouveau, tout simplement parce que la Grèce n'en avait pas besoin. L'accueil de certains cultes, comme ceux de la famille isiaque, s'inscrit dans l'évolution naturelle du polythéisme toujours prêt à élargir ses horizons divins, à s'adapter à la société et au monde qui évoluent, et pas seulement à partir de la fin du ve siècle[101]. Avec l'élargissement direct des limites géographiques, le monde grec a été mis en contact immédiat avec une pléthore de nouveaux cultes, mais très peu d'entre eux, au bout du compte, s'installèrent dans l'œcoumène méditerranéen, et non sans passer par une hellénisation préalable.

Pour revenir un instant aux représentations religieuses des Grecs : les « cultes privés » sont présentés souvent comme une échappatoire à l'ennui de la religion « officielle » dépourvue de dimension affective, chaude, émotionnelle, eschatologique et individuelle. Mais ne reconnaîtrait-on pas là plutôt, outre l'influence d'un certain protestantisme libéral, le trait typique d'un libéralisme, plus que jamais d'actualité, hostile à l'État par essence sclérosé, froid, étouffant, inefficace, mais très favorable à « l'initiative privée » par essence novatrice et porteuse d'avenir ?

Jusqu'à présent, en raisonnant par l'absurde, le fil conducteur serait celui-ci : pour pallier une faillite qui n'a pas eu lieu (et qui aurait consacré un siècle de crise ou de déclin après quelques décennies de succès), on importe d'Orient des cultes que les chercheurs ne trouvent plus nulle part, pour instiller en l'homme des sentiments plus profonds, qui jusque-là lui auraient fait défaut. Et comment affirmer que les Grecs du ve siècle ne connaissaient pas d'émotion ou de profondeur dans leurs pensées et comportements religieux ? Parce que la chute du système civique en est la preuve. La boucle est bouclée.

[1929], 2006, Aussi MOTTE, A., PIRENNE, V., « Du bon usage de la notion de syncrétisme », *Kernos*, 7, 1994, p. 11-27.

100. Voir la synthèse de BURKERT, W., *Les cultes à mystères dans l'Antiquité*, Paris, Les Belles Lettres, [original anglais, 1987], 2003. Sur les mystères et l'absence de catégorie ancienne à leur propos, voir aussi BELAYCHE, N., MASSA, F. (dir.), « Les "mystères" : questionner une catégorie », *Mètis*, 14, 2016, p. 5-132.

101. Nous n'avons aucune raison de croire que les cultes étrangers ne furent pas introduits en Grèce historique dès le début de l'époque archaïque : après tout, Mèter et Pan ne sont pas des exceptions.

Or, dans chaque *polis*, certaines grandes fêtes sont la remémoration rituelle de faits mythiques originels, une *mimêsis* où l'on s'efforce de ressentir ce que les divinités avaient autrefois vécu, une *mimêsis* qui ne relève pas seulement de la stricte observance de rites. Ces fêtes pouvaient impliquer des abstinences, des deuils, des danses enlevées ou policées, des attitudes qui nous paraissent étranges (aischrologie, « obscénités », etc.), et toujours une forte tension entre deux points focaux, une grande tristesse au départ et une grande réjouissance à la fin (disparition / lamentation / apothéose, fin heureuse / tragique, épiphanie du dieu) : tel est par exemple à Athènes le scénario des Thesmophories (qui confère un rôle spécifique aux femmes au sein de la religion « civique », gérée par la *polis*, donc par les hommes), des Pyanepsies / Oschophories, des Anthestéries, des Adonies, des Thargélies ou, à Sparte, des *Karneia*[102]. À Éleusis, il fallait vivre la terreur de Déméter privée de Coré, jeûner avec elle, ressentir son désarroi, sortir de la prostration par le rire et la danse, pour enfin se réjouir des retrouvailles finales. Walter Burkert a très justement souligné que nous avons perdu, et irrémédiablement, tout l'aspect sensoriel de ces célébrations[103]. Elles commençaient souvent au petit jour pour se poursuivre parfois dans la nuit à la lueur des torches, au son d'instruments comme l'*aulos* ou les *tympana*, qui par leur ton et leurs vibrations indiquent toujours la présence divine. Elles étaient emplies des parfums consumés, du chatoiement des couleurs et du brouhaha du charivari, de cris, de pleurs, de rires, de fatigue et de conditionnement interne, qui pouvaient déboucher sur des transes inopinées ou désirées, même si leur nombre était, comme partout, relativement limité : « Nombreux sont les porteurs de thyrse, rares sont les Bacchants »[104].

Ces fêtes, avec leur dimension *vécue*, sont en outre un puissant marqueur socio-politique : elles permettent l'affirmation des élites dans les cadres civiques, la confirmation des institutions, l'affirmation des *patria* et la participation de toute la société aux réjouissances religieuses (qui pouvaient être marquées par un relatif relâchement des normes de comportement,

102. Cet aspect est bien mis en évidence par BURKERT, W., *Religion grecque*, 2011², p. 305-365, et suivi par PARKER, R., *On Greek Religion*, 2011, p. 171-223.

103. Sur ces questions, voir le projet *Synaesthesia. Expérience du divin et polysensorialité dans les mondes anciens*, dirigé par Adeline Grand-Clément à l'Université de Toulouse – Jean Jaurès (https://synaesthes.hypotheses.org/, consulté le 30 octobre 2017).

104. Platon, *Phédon*, 69 c.

comme le montrent les pièces de Ménandre). La formation de la jeunesse aux traditions locales, par le biais des cultes spécifiques aux jeunes gens en âge de devenir adultes, est capitale, et très souvent assortie de rites de remémoration plutôt tristes et inquiétants, en accord avec des mythes parfois terribles : il est étrange qu'on se plaise à dire encore que la signification de ces rites s'était peu à peu perdue… à l'époque hellénistique ; la célébration, jusque sous l'empire, des rites du *devenir civique* de la communauté n'est pas un atavisme vide de sens, et les étiologies qui se perpétuent, intactes ou métamorphosées, montrent que la réalité du passage à l'âge adulte demeurait significative, vivace et traditionnelle (quand on y réfléchit bien, n'est-ce pas une évidence ?).

Les oppositions entre « religion de la *polis* » et les autres formes de religion, prétendument « populaire », « individuelle » ou « personnelle », apparaissent inadéquates : chaque culte local un peu haut en couleur est susceptible, et de longue date, de rencontrer les attentes de n'importe quel Grec à la recherche d'une communication avec les dieux. Sappho entretient, dans sa poésie, une relation très intime avec Aphrodite. Quantité d'aspects « populaires » rejoignent les énoncés philosophiques, comme de dire, par exemple, que l'âme est un souffle. Comme souvent, la distinction entre différents types de comportements religieux ne tient pas compte de ce qu'ils puisent à un arrière-plan partagé que diverses personnes vont actualiser différemment, en fonction de leur sensibilité, de leur éducation et bien entendu, d'un contexte donné.

* *
*

Il est donc temps de revoir une série de grilles de lecture qui, soutenues par quantité d'*a priori*, ont longtemps malmené les données en leur appliquant des interprétations inadéquates, et dont la force d'inertie se révèle être aujourd'hui un obstacle à la compréhension fine du polythéisme grec.

Le mode agonal dans la pensée grecque

Elsa Bouchard (Université de Montréal)

Introduction

L'esprit de compétition est un aspect emblématique de la culture de la Grèce ancienne. De fait, une documentation abondante atteste l'omniprésence, dans l'ensemble du monde grec, d'institutions locales et panhelléniques impliquées dans l'organisation de concours où se mesuraient les meilleurs athlètes, poètes et artistes de l'heure. On ne saurait exagérer l'importance, tant du point de vue religieux que politique, de ces compétitions[1]. La date traditionnelle des premiers Jeux Olympiques (776 av. J.-C.), le plus important de ces événements, se situe au tout début de la période archaïque, un moment crucial dans l'histoire du développement de la culture grecque.

1. Sur l'imbrication des aspects rituels et politiques des concours, voir Lévêque, P., « Approche ethno-historique des concours grecs », *Klio*, 64, 1982, p. 5-20. Gouldner, A.W., *Enter Plato: Classical Greece and the Origins of Social Theory*, London, Routledge and Kegan Paul, 1965, p. 41-77, propose une interprétation sociologique faisant de plusieurs aspects centraux de la culture grecque (tels le « pessimisme », le rejet de l'*hybris* ou la pédérastie) des conséquences de l'esprit agonal.

Les hellénistes se sont surtout intéressés à la dimension socio-éthique des compétitions, les expliquant par la volonté de l'élite citoyenne de mettre en avant sa valeur supérieure (*aretê*), c'est-à-dire par la quête aristocratique de distinction entre les pairs qui restera opératoire jusque dans la cité classique démocratique[2]. Or, au-delà de sa portée sociologique, la culture de la compétition, que j'appellerai « esprit agonal », se retrouve tout aussi bien dans les formes de la réflexion religieuse et philosophique des Grecs. Ce sont précisément les modes de pensée analogues aux institutions des concours, et qui, en l'occurrence, s'avèrent relativement imperméables à l'idéologie du prestige, que je tenterai d'esquisser ici[3]. Ce bref parcours, qui me conduira d'Homère à Platon, vise à suggérer la continuité, plutôt que la rupture, de l'esprit agonal à travers les époques, les genres littéraires et la diversité des discours – poétiques, scientifiques, philosophiques – qu'illustrent nos sources. En outre, il m'importera d'insister sur l'idée suivante : non seulement la composante agonale est omniprésente dans la pensée grecque, mais elle est aussi indissociablement liée au contexte religieux de la Grèce ancienne[4].

---

2. Les premières études de l'*agôn* grec ont mis l'accent sur l'idéologie de l'élite, voir notamment BURCKHARDT, J., *Histoire de la civilisation grecque*, traduit de l'allemand par Fr. Mugler, Vevey, Éditions de l'Aire, [1898–1902], 2001-2002, vol. IV, p. 115-155 ; cf. DUPLOUY, A., *Le Prestige des élites : recherches sur les modes de reconnaissance sociale en Grèce entre les Xe et Ve siècles avant J.-C*, Paris, Les Belles Lettres, 2006, p. 271-287. Plusieurs études récentes insistent au contraire sur les liens entre *agôn* et libre expression démocratique, par exemple SANDYWELL, B., « The Agonistic Ethic and the Spirit of Inquiry: on the Greek Origins of Theorizing », dans Kusch, M. (dir.), *The Sociology of Philosophical Knowledge*, Dordrecht, Kluwer Academic Publishers, 2000, p. 112-114. Dans la présente étude, je considérerai l'*agôn* comme une réalité caractéristique de la pensée grecque en général, et indépendemment des bouleversements politiques qui ont secoué le monde grec à travers son histoire.
3. Sur l'aspect intellectuel de l'*agôn* en Grèce, voir : GOULDNER, A.W., *Enter Plato*, 1965, p. 64-74 ; SANDYWELL, B., « The Agonistic Ethic and the Spirit of Inquiry », 2000 ; HAWHEE, D., « Agonism and Aretê », *Philosophy and Rhetoric*, 35, 2002, p. 185-207. Dans un ouvrage récent, BARKER, E.T.E., *Entering the Agon: Dissent and Authority in Homer, Historiography and Tragedy*, Oxford, Oxford University Press, 2009, explore les représentations du débat dans la littérature épique, tragique et historiographique comme un témoignage de la tension entre autorité et dissidence qui anime la culture politique des Grecs.
4. Cette association entre *agôn* et religion est négligée dans plusieurs études qui s'emploient au contraire à faire de l'*agôn* une force hostile à la tradition, religieuse ou autre. C'est le cas par exemple chez GOULDNER, A.W., *Enter Plato*, 1965, p. 65 (« *[T]he contest system is a spur to rationality. [...] By instigating men to win under any conditions, it leads them to*

Dans l'usage courant, à l'époque classique, *agôn* désigne en particulier une compétition (organisée ou informelle), un procès, ou encore une discussion à bâtons rompus entre les personnages d'une œuvre littéraire. Le sens premier, étymologique, du terme est disputé, mais il est hors de doute qu'il dérive de la racine indo-européenne donnant le verbe *agein*, qui signifie « conduire, diriger, mettre en mouvement ». Le suffixe *–on*, quant à lui, dénote fréquemment la notion de lieu. De plus, le contexte des occurrences les plus anciennes du terme suggère qu'il s'agit d'abord d'un lieu consacré à la tenue d'une compétition, rassemblant en un même point compétiteurs, spectateurs et prix du concours[5]. L'*agôn* constitue donc un point de rencontre entre des antagonistes, auxquels s'ajoutent le plus souvent des arbitres et un public. Sa fonction essentielle n'est pas d'engendrer des vainqueurs et des perdants, du moins pas d'une façon définitive dont l'effet serait de mettre fin au processus agonal : toute victoire (ou défaite) est en effet temporaire, puisque le titre de champion est perpétuellement remis en jeu[6]. Sur le plan conceptuel, l'*agôn* peut être défini comme une propension à créer des rapprochements entre des options adverses qui se prêtent, sous un regard critique, à l'épreuve de la comparaison. Cette épreuve, quelle qu'en soit l'issue, représente un événement qui est en soi productif. La connotation fondamentale de rassemblement dans le terme *agôn* est une raison supplémentaire de l'adopter dans le cadre qui nous occupe : la pluralité des points de vue, l'absence de dogme monolithique,

---

evaluate methods and strategies primarily with an eye to their efficiency, ignoring the claims of established morality »). Le portrait que Goulder donne des Grecs, et plus particulièrement des Athéniens, comme un peuple froidement rationnel, peu attaché à son passé et indifférent aux objets matériels, est une construction tout aussi invraisemblable qu'imaginaire. Pour une étude d'ensemble de la religion grecque et du polythéisme antique, voir le chapitre de P. Bonnechere et V. Pirenne-Delforge dans le présent volume.

5. Ellsworth, J.D., « The Meaning of ἀγών in Epic Diction », *Emerita*, 49, 1981, p. 97-104, montre que dans ses premières occurrences, *agôn* signifie précisément « assemblée avec compétitions ». Sur l'étymologie et la formation du mot, voir Scanlon, T.F., « The Vocabulary of Competition: *agon* and *aethlos* », *Arete: the Journal of Sport Literature*, 1, 1983, p. 148-154.

6. Dans un essai de jeunesse, Nietzsche présente l'*agôn* comme « la plus noble et la plus fondamentale des idées grecques », qui élimine paradoxalement la désirabilité de la victoire : Nietzsche, F., « La joute chez Homère », dans *La Philosophie à l'époque tragique des Grecs*, trad. de l'allemand par J.-L. Backès, M. Haar et M. B. de Launay, Paris, Gallimard, [1872], 1990, p. 204.

sont la conséquence de cette tendance incessante à produire des rencontres sous le mode de l'*agôn*[7].

Les poètes

Dès les débuts de la littérature grecque, dans les poèmes d'Homère, le fonds narratif, dont l'origine se perd dans la nuit des siècles obscurs, repose sur le conflit et la confrontation. L'*Iliade* est le récit d'un épisode pivot de la monumentale Guerre de Troie, un épisode provoqué par la querelle entre Achille et Agamemnon qui débouchera sur un duel crucial entre Achille et Hector, le tout sous le regard ambivalent des dieux. Le poème contient aussi la première représentation connue d'une compétition athlétique : il s'agit des jeux tenus à l'occasion des funérailles de Patrocle, auxquels participent, avec un esprit plus ou moins sportif, les principaux champions de l'armée achéenne[8]. C'est le héros du poème, Achille, endeuillé de la perte de son compagnon, qui honore sa mémoire en instaurant ces jeux qu'il arbitre lui-même, faisant en cela preuve d'une sagesse et d'une impartialité qui contrastent vigoureusement avec l'impétuosité habituelle du personnage[9].

Loin d'être anecdotique, l'épisode des Jeux intervient à un moment-clé de l'intrigue. L'attribution des prix en fonction du mérite des athlètes constitue une nouvelle forme « économique », un mode d'échange qui remplace

7. La tendance agonale est aussi conceptuellement productive sur un autre plan – que je n'ai pas l'espace pour discuter dans ce chapitre –, celui de la distinction des genres (littéraires ou autres) : l'*agôn* encourage l'identification des catégories respectives dont relèvent les participants, car la compétition n'a de sens que si elle oppose des concurrents *comparables* (du point de vue du niveau mais aussi du secteur d'activité). Cet aspect heuristique de l'esprit agonal est peu étudié, mais voir ROTSTEIN, A., « Μουσικοὶ ἀγῶνες and the Conceptualization of Genre in Ancient Greece », *Classical Antiquity*, 31, 2012, p. 92-127 et BOUCHARD, E., « La critique comparative et le corpus tragique grec », *Phoenix*, 70, 2016, p. 1-22. L'étude séminale de FOCKE, F., « Synkrisis », *Hermes*, 58, 1923, p. 327-368, suggérait une relation opposée, soit l'idée que la critique comparative (*synkrisis*) à laquelle s'adonnent les Grecs est un *effet* de la normalisation générique (voir surtout p. 366-368).

8. *Il.*, XXIII, 257-897.

9. Cf. DICKIE, M., « Fair and Foul Play in the Funeral Games in the *Iliad* », *Journal of Sport History*, 11, 1984, p. 8-17 : « *This is a wiser and more dispassionate Achilles than the Achilles who had engaged in an unedifying mud-slinging match with Agamemnon* » (p. 13).

avantageusement le système déficient antérieur, lequel, en permettant à Agamemnon d'abuser de son pouvoir, avait mené à la crise. Ce modèle économique mis en place par les jeux est révélateur des idéaux fondateurs de la cité archaïque émergente, laquelle s'oriente progressivement vers l'utilisation d'un système d'échange standardisé et l'établissement d'instances juridiques chargées de rendre les jugements qui concernent la communauté[10]. Du point de vue psychologique, le poète suggère aussi l'aspect consolateur des jeux, lesquels tempèrent la violence du deuil des individus et produisent un effet rassembleur sur la communauté, ébranlée dans son intégrité depuis le début du poème. À l'instar des jeux funéraires pour Patrocle, les traditions mythique et historique offrent des exemples nombreux de situations de tension sociale résolues par la mise en place d'une institution qui fournit un cadre, doté de véritables règles, à l'esprit de compétition[11]. La violence même de la compétition, son potentiel de chaos, semblent commander d'eux-mêmes l'intervention d'un arbitre, voire l'établissement d'un système qui impose une forme d'ordre là où règne initialement l'arbitraire.

À côté de l'*agôn* martial et de l'*agôn* athlétique, l'*agôn* juridique – ou du moins une forme primitive de celui-ci – trouve aussi sa place dans l'*Iliade*, à l'intérieur d'une scène qui agit comme une sorte de mise en abîme du récit principal. Sur le bouclier fabriqué par Héphaïstos pour Achille figure, entre autres décorations, une cité harmonieuse où des noces sont célébrées en même temps qu'un conflit (νεῖκος) entre deux hommes est arbitré par un groupe de citoyens sur la place publique (εἰν ἀγορῇ)[12]. Ce passage du poème a été abondamment discuté par les historiens du droit grec, qui s'opposent sur les détails de son interprétation[13]. Il est clair toutefois que ce proto-procès se déroule au cœur de la cité, qu'il attire une

10. Sur l'importance des Jeux, tant dans la structure de l'*Iliade* que comme indice historique du développement de la cité archaïque, voir l'excellent essai de Brown, B., « Homer, Funeral Contests and the Origins of the Greek City », dans Phillips, D., Pritchard, D. (dir.), *Sport and Festival in the Ancient Greek World*, Swansea, Classical Press of Wales, 2003, p. 123-162.

11. Un exemple célèbre, magnifiquement traité par Eschyle à la fin de l'*Orestie*, est la résolution du conflit entre Oreste et sa famille d'une part, les divinités « anciennes » et les nouvelles divinités poliades d'autre part, par l'établissement du tribunal de l'Aréopage.

12. *Il.*, XVIII, 490-508.

13. Sur les problèmes posés par ce passage, voir Wolff, H.J., « The Origin of Judicial Litigation among the Greeks », *Traditio*, 4, 1946, p. 34-49.

foule serrée, et qu'un groupe particulier, composé de vieillards, y assume une certaine autorité. Mais le plus étonnant reste la conclusion du passage, où il est question d'un prix de deux talents – une somme considérable – destiné à « celui d'entre eux qui prononcerait le jugement le plus droit » (δίκην ἰθύντατα). L'*agôn* de nature juridique entre les deux adversaires se double d'un autre *agôn*, de nature sapientiale cette fois, entre les individus chargés de l'arbitrer. Ce dédoublement témoigne de la valeur accordée au processus agonal et à ceux qui en maîtrisent l'exercice.

L'*Iliade* n'est pas seulement le récit d'une guerre entre des peuples, c'est aussi la mise en scène d'un dérangement de l'ordre établi par les dieux qui ne peut que mener au choc et à la confrontation, desquels les dieux eux-mêmes ne sont pas épargnés. Car dans la mentalité religieuse du poète et de son auditoire, les dieux ne sont pas étrangers au conflit, loin s'en faut. Dans un épisode spectaculaire, le poète va jusqu'à mettre en scène une véritable Théomachie (« bataille des dieux »), opposant d'un côté les dieux qui protègent Troie, de l'autre, ceux qui défendent la cause de l'armée grecque[14]. Non seulement le panthéon de l'*Iliade* est désuni par les partis pris opposés de ses membres, mais certains d'entre eux sont animés d'une contradiction interne, penchant tantôt pour le côté troyen, tantôt pour le côté grec. Le plus ambivalent d'entre eux n'est nul autre que Zeus, dont la faveur changeante est le moteur principal du balancier qui provoque les succès et les échecs des uns et des autres narrés au cours du poème. Zeus honore sa dette envers Thétis en même temps que la valeur d'Achille, mais son respect va tout autant au héros troyen Hector ; qui plus est, il ne peut compromettre l'accomplissement du destin qui veut la chute de Troie et donc la victoire grecque. Le conflit, l'irrésolution, caractérisent de part en part la position du maître des dieux.

Dans la tradition ancienne, Homère était considéré comme « le poète de la guerre ». Ce portrait, réducteur à certains égards, s'appuie au premier chef sur l'*Iliade*, un récit qui se déroule exclusivement dans un cadre martial. Mais le contenu de l'*Odyssée*, moins austère et plus folklorique, n'en repose pas moins sur la structure de la quête héroïque qui est essentiellement conflictuelle. L'*Odyssée* narre le retour d'Ulysse, vétéran de la guerre de Troie, notamment ses victoires sur ses adversaires successifs (humains et monstres, dieux et déesses, prétendants). Le triomphe sanglant

14. *Il.*, XX, 23-155 et XXI, 385-519.

que se réserve Ulysse sera précédé d'une compétition de tir à l'arc avec les prétendants, comme pour offrir au héros la chance de réaffirmer sa supériorité réelle, contredite en apparence par l'humilité de son costume de mendiant. Ici, comme dans l'*Iliade*, la geste héroïque se double d'une opposition entre des figures divines dont les aspirations et les gestes posés pour les combler sont irréconciliables : d'une part Athéna, indéfectible alliée d'Ulysse, qui lui doit son retour et sa victoire sur les prétendants ; d'autre part Poséidon, ennemi farouche du héros dont la rancune tenace ne devra s'effacer que devant la décision irrévocable de Zeus. Ce n'est là d'ailleurs qu'un parmi d'autres exemples de duels entre Athéna et Poséidon dans la tradition mythologique[15].

Le portrait homérique des dieux s'accorde avec un aspect fondamental du polythéisme grec : le monde divin doit être pensé comme une réalité fondamentalement multiple, marquée par le conflit interne et la dissidence, et qui ne doit sa relative stabilité qu'à des efforts soutenus pour l'entretenir. Les forces qu'incarnent les dieux, bien qu'elles opèrent en directions souvent opposées, possèdent toutes leur légitimité propre, sans pour autant que cela ne suscite de dilemmes insolubles. Mais il est bien un aspect par lequel les dieux des Grecs surmontent, ne serait-ce que par antithèse, leur disparités irréductibles : c'est dans son opposition nette avec le règne de l'être humain que réside la seule véritable unité du monde divin – une conception qui trouvera son expression la plus explicite chez Hésiode[16].

---

15. L'un des plus importants est le concours auquel ils se livrent pour la possession de l'Attique, et dont l'issue, si elle semble être en faveur d'Athéna, implique néanmoins la « présence » de Poséidon sur l'Acropole athénienne – l'Éreichtheion étant dédié à tous les deux. Selon PARKER, R., « Myths of Early Athens », dans Bremmer, J. (dir.), *Interpretations of Greek Mythology*, London, Croom Helm, 1987, p. 187-214, dans les mythes racontant des disputes divines pour un territoire, la victoire de l'un et la défaite de l'autre n'impliquent pas un choix exclusif d'une divinité patronne : « *The loser too is commonly worshipped by the community in question, but he is not just their second most important god. [...] There is an implicit connection between the terrifying powers of the god, and his anger at defeat ; the myth explains the uncomfortable presence within the state of a dangerous god* » (p. 199).
16. Bien sûr, Homère suggère déjà cette opposition fondamentale en juxtaposant des scènes qui créent des contrastes significatifs entre le destin tragique des hommes et les querelles inoffensives des dieux : voir BURKERT, W., « Das Lied von Ares und Aphrodite. Zum Verhältnis von *Odyssee* und *Ilias* », *Rheinisches Museum für Philologie*, 103, 1960, p. 139-140.

Le thème de la théomachie prend des proportions cosmiques dans la *Théogonie* d'Hésiode, un poème racontant l'origine du monde et les premières étapes de son développement. Ce n'est qu'au terme d'une série de ruses et de combats opposant les dieux sur plusieurs générations que s'établira enfin le règne de Zeus, dont la permanence est assurée par l'ajout d'un troisième terme à l'arsenal binaire traditionnel force/ruse : la Loi dans tout ce qu'elle a d'auguste et de nécessaire, et que les Grecs désignent du nom de Thémis[17]. C'est à Zeus, dorénavant, que les dieux confieront la responsabilité d'arbitrer les litiges qui ne manqueront pas de se produire et d'assurer ainsi le fonctionnement d'un monde sans cesse soumis à des forces opposées. Plusieurs conflits divins sont ainsi mis en scène dans les *Hymnes homériques*, un ensemble de poèmes dont certains remontent à la période archaïque. Du point de vue de la chronologie mythique, les *Hymnes* se situent à mi-chemin entre le cosmos émergent de la *Théogonie* et le monde relativement achevé des épopées homériques, où dieux et hommes sont irrémédiablement séparés[18]. Les plus développés de ces poèmes racontent des moments de la geste divine marqués par des luttes de pouvoir et des débalancements répétés du fragile équilibre divin en cours d'instauration[19].

L'autre poème conservé d'Hésiode, *Les Travaux et les Jours*, transporte le conflit dans le monde humain et fait le constat de ses effets positifs et négatifs. Le poème commence avec une réflexion sur la nature d'*eris* (la discorde), dans le cadre dramatique d'un conflit juridique entre l'auteur et son frère. Tout juste après l'invocation à la Muse, Hésiode y va d'une étonnante rétractation par laquelle il rejette implicitement la nature d'Eris telle qu'il l'avait présentée dans la *Théogonie* : « Il n'y a pas, tout

17. Ce terme fait partie des plus difficiles à traduire du vocabulaire éthico-religieux grec. Pour RUDHARDT, J., *Thémis et les Hôrai*, Genève, Librairie Droz, 1999, p. 56, Thémis se définit comme « l'exigence qui conduit à la découverte d'une règle et à son observation ».
18. Cf. CLAY, J.S., *The Politics of Olympus: Form and Meaning in the Major Homeric Hymns*, Princeton, Princeton University Press, 1989, p. 11-16.
19. L'*Hymne à Hermès* en particulier met en avant la valeur du conflit à travers le dieu qu'il célèbre, Hermès étant une figure intimement liée à la compétition tant dans le mythe que le culte, cf. ALLAN, A.L., « From *agōnistēs* to *agōnios*: Hermes, Chaos and Conflict in Competitive Games and Festivals », dans Bell, S., Davies, G. (dir.), *Games and Festivals in Classical Antiquity*, Oxford, Archaeopress, 2004, p. 45-54. Sur la place d'Hermès au gymnase, voir SCANLON, T.F., « *Gymnikê Paideia*: Greek Athletics and the Construction of Culture », *The Classical Bulletin*, 74, 1998, p. 145-147.

compte fait (ἄρα), qu'une seule *eris*... » (*Op.*, 11)[20]. Dans la *Théogonie*, Eris apparaissait parmi la descendance inquiétante de la Nuit aux côtés d'autres personnifications du mal et devenait elle-même mère de réalités funestes. Le projet anthropologique d'Hésiode dans les *Travaux* commande une nouvelle vision sur le plan théologique : Eris est démultipliée en un doublet d'elle-même, une sorte de sœur jumelle consacrée au bien de l'humanité plutôt qu'à sa destruction. Cette bonne Eris, dit Hésiode, se manifeste par l'effort que suscite l'émulation des individus admirables. À la valorisation homérique des vertus martiales et athlétiques, réservées à une élite de héros de noble lignage, se substitue une apologie du travail, nouvelle voie vers une vie réussie accessible à tout un chacun. Le désir de se distinguer – la *philotimia*, qui exprime la vertu typiquement aristocratique de l'ambition – est toujours objet d'éloge. Mais chez Hésiode, on assiste à une extension des modes de la distinction, qui ne se porte plus exclusivement vers la suprématie guerrière ou politique : « le potier rivalise avec le potier, le charpentier avec le charpentier, le mendiant avec le mendiant, l'aède avec l'aède » (*Op.*, 25-26). Les occupations les plus humbles sont animées par la force d'Eris, et ce d'une manière qui peut être productive et bénéfique.

Ce n'est pas là le seul amendement qu'apporte Hésiode au portrait sombre et grandiose de l'histoire du monde racontée dans la *Théogonie*. On ne peut manquer de remarquer les autres innovations propres aux *Travaux* concernant, notamment, les races humaines et le rôle joué par Pandôra. En tant que premier auteur grec à qui l'on puisse attribuer avec une certitude raisonnable la paternité de deux poèmes distincts, Hésiode constitue un exemple à la fois accompli et précoce du phénomène d'adaptation du mythe omniprésent dans les sources anciennes : la multiformité du mythe se manifeste ici à l'intérieur du corpus d'un seul et même auteur. Déjà chez Hésiode, et comme ce sera toujours le cas chez Platon, le récit mythique est un outil heuristique qui favorise et accompagne la réflexion, mais qui ne la contraint en rien. Si, du point de vue théologique qui était celui du premier poème, une *eris* unique suffisait à rendre compte des

---

20. Sur l'importance de ce vers, et sur le sens à donner ici à la particule ἄρα, voir MOST, Gl.W., « Hesiod and the Textualization of Personal Temporality », dans Arrighetti, G., Montanari, F. (dir.), *La componente autobiografica nella poesia greca e latina fra realtà e artificio letterario*, Pisa, Giardini, 1993, p. 73-92 (p. 77-79).

conflits ayant contribué à passer des secousses primordiales à la stabilité cosmique, cela n'est plus le cas lorsque l'accent est porté sur le mode de vie humain, dont on ne peut rendre compte qu'en posant l'existence d'une autre *eris*, entièrement différente. Pour mener à bien l'argument central des *Travaux*, Hésiode n'hésite donc pas, dès l'introduction de ce nouveau poème, à se lancer dans la première auto-réfutation de la littérature grecque[21], donnant l'exemple de la démarche critique qui sera celle des futurs auteurs d'antilogies.

Mais Hésiode, ou du moins la persona dont on entend la voix dans les *Travaux*, sait aussi se mesurer à d'autres. Dans l'une des quelques sections « auto-biographiques » du poème, il raconte son voyage en Eubée lors duquel il a remporté un concours de poésie tenu dans le cadre des funérailles d'un souverain (*Op.*, 650-659). Ce moment fort de son existence, il le souligne en consacrant aux Muses le prix obtenu au concours, signe que les divinités du chant agréent le mode agonal dans lequel le poète pratique son art. Pour Hésiode, les Muses elles-mêmes ne sont pas dépourvues de fierté et de combativité : en témoigne le ton moqueur et supérieur qu'elles adoptent envers l'apprenti-poète lors de sa rencontre initiatique avec elles rapportée dans le proème de la *Théogonie* (22-34).

À cheval entre les époques archaïque et classique, les productions des soi-disant « lyriques » élèvent explicitement l'*agôn* au rang d'une valeur à la fois esthétique et morale, dont ils se réclament fièrement. Les poèmes iambiques d'un Archiloque incarnent une véritable poétique du conflit, laquelle dépasse le plaisir de l'insulte pour constituer un mode d'expression du blâme à portée politique aussi bien que morale. Mais dans le corpus des poètes grecs, nul n'incarne mieux l'esprit agonal que Pindare, chantre des vainqueurs aux grands Jeux panhelléniques. Ses épinicies (« chants de victoire ») célèbrent simultanément les efforts et la victoire de l'athlète et ceux du poète lui-même, dont l'entreprise compétitive s'assimile imperceptiblement à celle du vainqueur célébré. Dans ses poèmes, Pindare déploie lui-même cette vigueur qui anime les participants des compétitions qu'il célèbre : le poète veut se montrer à la hauteur des succès de ses clients. Non pas que sa démarche soit tout entière consacrée à susciter la générosité de ses riches « patrons » au détriment de ses

---

21. Sur la démarche auto-réfutative et « évolutive » d'Hésiode entre ses deux poèmes, voir Most, Gl.W., « Hesiod and the Textualization of Personal Temporality », 1993.

« rivaux », comme on l'a souvent suggéré. Plus qu'à ses concurrents de métier, Pindare s'en prend aux représentants d'une idéologie qu'il juge désuète. Le terrain où se joue cette confrontation, c'est celui du mythe, compris au sens le plus général de récit traditionnel. Les versions antérieures des récits traditionnels, tout canoniques que puissent être leurs auteurs, n'auront jamais force de loi théologique. La geste héroïque et divine peut à loisir être réécrite. Ainsi, clame Pindare, le récit du repas où Déméter aurait goûté de la chair humaine, fût-ce par inadvertance, est non seulement faux mais aussi sacrilège (*Ol.*, I, 36-52). En contestant ainsi en toute liberté des versions concurrentes du mythe consacrées par la tradition, Pindare adopte la même attitude ouverte qu'Hésiode, qui n'avait pas hésité à modifier son propre récit quand la nécessité s'en était présentée.

Les deux genres dramatiques qui représentent l'apogée de la littérature classique, la tragédie et la comédie, installent l'*agôn* en pleine lumière sur la scène théâtrale. Le terme *agôn* y acquiert même un sens spécifique à l'analyse littéraire, désignant, dans la structure régulière de la pièce, une section consacrée à la confrontation verbale entre les personnages. Dans la comédie non moins que dans la tragédie, ceux-ci s'affrontent sur des questions qui dépassent leur situation individuelle pour embrasser le sort de la cité en entier : la légitimité de la guerre ou de la tyrannie, l'éducation de la jeunesse, ou encore le traitement réservé aux ennemis politiques font l'objet de débats enflammés qui ne mènent pas forcément à des réponses claires, mais qui bousculent vigoureusement les fondements idéologiques sur lesquels repose la cité.

Les penseurs

Les premiers représentants de ce qu'on appelle volontiers la « rationalité » grecque participent du même mode de pensée agonal que celui qui s'exprime dans le discours mythique, ou traditionnel, des poètes. Parmi ces représentants, j'inclus non seulement les premiers philosophes, mais aussi nombre d'autres figures ayant pris part à des entreprises intellectuelles comparables, notamment sous la bannière méthodologique d'*historia* (ou *historiê*), qu'on pourrait traduire par « enquête critique ». C'est le cas d'Hérodote et de plusieurs auteurs de traités du corpus hippocratique, dont les intérêts recoupent fréquemment ceux des « philosophes » au sens strict[22].

De la fin de l'époque archaïque jusqu'à Aristote, l'idée de conflit acquiert une portée physique et métaphysique dans les théories inédites qu'élaborent les premiers penseurs qu'on regroupe conventionnellement sous le nom de « présocratiques ». Il est en effet frappant de constater l'omniprésence de l'idée de polarité dans ces systèmes, c'est-à-dire la tendance à expliquer la constitution du monde en termes d'éléments opposés – par exemple le chaud et le froid, le sec et l'humide, la gauche et la droite[23]. La polarisation caractérise autant les systèmes qui concernent la nature, comme dans la science et la médecine ioniennes, que ceux qui portent sur des réalités abstraites ou mathématiques, comme chez les Éléates ou les Pythagoriciens. Parménide, qui oppose l'être et le non-être en contraignant son lecteur à prendre un parti exclusif pour l'une ou l'autre des branches de l'alternative, s'avère le plus radical des penseurs de cette « nouvelle » rationalité. Héraclite ira jusqu'à faire de Polemos, le conflit, un principe universel[24], tandis qu'Empédocle expliquera la nature du changement par la rivalité entre Amour et Haine. Loin d'être le produit d'une sécularisation de la pensée ou d'un rejet de la tradition religieuse, la philosophie naissante élargit les frontières du monde divin et confirme le statut primordial du conflit en son sein.

De plus, au même moment où la production dramatique athénienne bat son plein, on voit apparaître un nouveau mode de réflexion et d'expression qui est tout aussi marqué par l'opposition : l'antilogie, que l'on retrouve autant dans les exercices formels d'un Protagoras ou d'un Antiphon que sous la forme plus sophistiquée, et esthétiquement recherchée, du discours rhétorique. Traditionnellement situé entre les « présocratiques » et Platon dans les manuels d'histoire de la philosophie, le mouvement sophistique[25]

22. Sur l'impossibilité de catégoriser fermement les représentants de plusieurs disciplines – philosophie, sciences naturelles, mathématique, histoire, médecine… – avant Platon, voir notamment les mises en garde de LLOYD, G.E.R., « Le Pluralisme de la vie intellectuelle avant Platon », trad. de l'anglais par A. Laks, dans Laks, A., Louguet, C. (dir.), *Qu'est-ce que la philosophie présocratique ?*, Paris, Presses Universitaires du Septentrion, 2002, p. 39-53.

23. Cf. LLOYD, G.E.R., *Polarity and Analogy: Two Types of Argumentation in Early Greek Thought*, Cambridge, Cambridge University Press, 1966, p. 15-64.

24. Héraclite, B 80 et B 53 D.-K.

25. Sur ce mouvement, voir le chapitre de M.-A. Gavray dans le présent ouvrage.

comprend un ensemble hétérogène de figures intellectuelles qui ont contribué, chacune à leur façon, à fixer le mode agonal dans la sphère du raisonnement et de l'échange verbal. Protagoras se rendit célèbre par ses *Antilogies*[26], un ensemble de discours défendant tour à tour des positions opposées, et par son rejet radical d'une vérité unique[27]. Gorgias recréa la compétition entre l'être et le non-être parménidiens pour y donner une issue opposée, et prit le contre-pied de la tradition mythique en produisant un *Éloge d'Hélène*[28]. Si d'aucuns ont voulu réduire les œuvres des sophistes à des fantaisies puériles, il faut plutôt y voir une démarche intellectuelle cohérente marquée par une reconnaissance de la valeur de l'*agôn*, consacré comme forme privilégiée du raisonnement[29]. Les historiographes sont les héritiers immédiats du mode de réflexion et d'expression des sophistes. On en trouve un exemple magistral chez Thucydide, dont le récit de la longue guerre qui déchira les Grecs au cours du ve siècle av. J.-C. est parsemé de discours contradictoires, le plus souvent livrés en diptyques, que l'historien attribue (fictivement) à ses protagonistes.

L'œuvre de Platon, premier corpus philosophique substantiel que nous ait livré la Grèce, reflète par sa variété les divers courants qui ont animé la réflexion religieuse et philosophique depuis Hésiode. Les dialogues, avec leur mise en scène de personnages s'adonnant à des discussions vigoureuses, sont les héritiers incontestables de cette longue tradition littéraire qui s'abreuve de l'esprit agonal. En témoigne l'omniprésence du vocabulaire de l'*agôn* pour exprimer la mise à l'épreuve des idées avancées par la foule des interlocuteurs qui montent sur la scène du théâtre platonicien. Au premier plan apparaissent les termes juridiques, constamment convoqués dans ce tribunal des idées qu'est la discussion socratique[30] ; mais l'image de la lutte et, plus généralement, de la compétition athlétique imprègne tout autant l'œuvre platonicienne, métaphorisant les arguments

26. Protagoras, A 1 D.-K.

27. Protagoras, B 1 D.-K. : « L'homme est la mesure de toutes choses, de celles qui sont en tant qu'elles sont, de celles qui ne sont pas en tant qu'elles ne sont pas ».

28. Gorgias, B 3 et B 11 D.-K.

29. Sur la continuité du mode agonal entre la poésie traditionnelle et les sophistes et sur la légitimité reconnue par tous à la malléabilité du mythe, voir GRIFFITH, M., « Contest and Contradiction in Early Greek Poetry », dans Griffith, M. et Mastronarde, D.J. (dir.), *Cabinet of the Muses*, Atlanta, Scholars Press, 1990, p. 185-207.

30. Par ex., *Théétète*, 170 d ; *Phèdre*, 260 e-261 a.

serrés des sophistes comme les avancées lentes et ardues de la dialectique socratique[31]. Au-delà du vocabulaire, la démarche même des dialogues, qui procèdent par essais et erreurs, avancées et retours en arrière, propositions et réfutations, repose essentiellement sur le principe de la confrontation et de la mise à l'épreuve. Nulle assertion dogmatique n'en est à l'abri, pas même la fameuse hypothèse des formes intelligibles, souvent présentée comme « la théorie platonicienne » par excellence : après les assertions confiantes des dialogues de la maturité, les dialogues tardifs remettront sur la sellette les versions les plus fragiles, et les aspects les plus paradoxaux, de cette hypothèse[32].

L'écriture de Platon démontre clairement l'aspect cumulatif de l'*agôn*, qui a pour effet d'absorber les discours concurrents plutôt que de les éliminer. La variété extrême des dialogues platoniciens, tant du point de vue du fond que de la forme, peut être considérée comme une manifestation typique d'une écriture agonale. La polyvalence des compétences affichée par le personnage de Socrate dans ces dialogues s'explique de la même façon. Certains passages ont souvent été pointés comme des exemples particulièrement clairs de l'« agonisme » socratique : l'exégèse de Simonide dans le *Protagoras*, le premier discours de Socrate dans le *Phèdre* et surtout la longue section étymologique du *Cratyle*[33]. De fait,

31. Voir par exemple *Euthydème*, 277 c-d ; *Philèbe*, 22 c-23 a ; ainsi que PENDER, E.E., « Plato's Moving *Logos* », *Proceedings of the Cambridge Philological Society*, 45, 1999, p. 76-83. LESHER, J.H., « Parmenides' Critique of Thinking. The *poluderis elenchos* of Fragment 7 », *Oxford Studies in Ancient Philosophy*, 2, 1984, p. 1-30 met en lumière les antécédents athlétiques du terme *elenchos* utilisé par Parménide, puis Platon. L'étude de Lesher est complétée par DORION, L.-A., « La Subversion de l'*elenchos* juridique dans l'*Apologie de Socrate* », *Revue philosophique de Louvain*, 88, 1990, p. 311-344, qui examine la transition du sens juridique au sens philosophique du même terme.

32. L'objectif de ces dialogues n'est visiblement pas de rejeter l'hypothèse de base, mais de la soumettre à l'épreuve. Platon est évidemment conscient de la difficulté conceptuelle de la théorie des Formes, et par conséquent du risque élevé qu'elle soit mécomprise ou mésinterprétée. Sur la critique des Formes dans le *Parménide*, voir récemment EL MURR, D., « Les Formes sans l'âme : *Parménide*, 131 a-133 a est-il une critique de la participation ? », *Antiquorum Philosophia*, 4, 2010, p. 137-160, qui suggère que les apories du début du dialogue n'en sont que dans le contexte d'une compréhension inadéquate du concept de participation.

33. Voir BARNEY, R., « *Socrates agonistes*: the Case of the *Cratylus* Etymologies », *Oxford Studies in Ancient Philosophy*, 16, 1998, p. 63-98. Pour des exemples de dialogue critique entre Platon et la tradition poétique faisant intervenir l'outil étymologique, voir notamment :

la spéculation étymologique, en particulier lorsqu'elle s'applique aux noms divins, apparaît comme une stratégie privilégiée chez Platon dans les contextes où le nouveau discours philosophique entre en résonance, et parfois dissonance, avec la religion traditionnelle[34]. Or, ce type de spéculation avait animé de tout temps le discours des poètes, avec lequel Platon s'inscrit précisément en faux[35] ; le présupposé de la valeur intrinsèque des noms divins – et plus généralement, de la valeur heuristique des mots – est commun, là même où les fins spéculatives diffèrent. Enfin, on peut interpréter comme relevant de la même attitude agonale les nombreux récits mythiques adaptés ou improvisés par les personnages platoniciens, qui se proposent comme des solutions additionnelles, non exclusives, aux problèmes discutés en mode dialectique dans les mêmes dialogues. Le caractère à la fois traditionnel et plastique du mythe explique aisément l'attrait dont il était pourvu aux yeux des philosophes, à l'affût de toutes les ressources disponibles pour traduire une pensée continuellement en évolution : des premières cosmogonies aux scénarios eschatologiques de Platon, en passant par les fables éthico-politiques des sophistes, les « mythes philosophiques », ce produit d'une pensée vigoureuse qui se confronte réflexivement à sa propre tradition, ne sont pas les moindres des productions intellectuelles des Grecs.

MONTRASIO, F., « Le Etimologie del nome di Apollo nel *Cratilo* », *Rivista di storia della filosofia*, 43, 1988, p. 227-259 ; WOHLFAHRT, P., « L'Etimologia del nome Hades nel *Cratilo* », *Rivista di storia della filosofia*, 45, 1990, p. 5-35 ; REGALI, M., « Esiodo nel *Timeo* di Platone: il nome del demiurgo », dans Tulli, M. (dir.), *L'autore pensoso*, Pisa, Istituti Editoriali e Poligrafici Internazionali, 2011, p. 135-155.

34. Sur cette question, voir le chapitre de S. Delcomminette dans le présent ouvrage.

35. Sur l'usage de l'étymologie chez les poètes, voir par exemple : FUOCHI, M., « Etimologie nei tragici greci », *Studi italiani di filologia classica*, 6, 1898, p. 273-318 ; WOODHEAD, W.D., *Etymologizing in Greek Literature from Homer to Philo Judaeus*, Toronto, 1928 ; RISCH, E., « Namensdeutungen und Worterklärungen bei den ältesten griechischen Dichtern », dans *Eumusia.* Festgabe für E. Howald, Erlenbach-Zürich, E. Rentsch, 1947, p. 72-91 ; ARNOULD, D., « Les Noms des dieux dans la *Théogonie* d'Hésiode : étymologies et jeux de mots », *Revue des études grecques*, 122, 2009, p. 1-14 ; BOUCHARD, E., « Aphrodite *philommêdês* in the *Theogony* », *Journal of Hellenic Studies*, 135, 2015, p. 8-18.

Phérécyde de Syros

C'est d'ailleurs par un bref aperçu d'un tel mythe que j'aimerais conclure ce chapitre, et offrir, en guise d'illustration des généralités qui précèdent, ce que j'appellerais « une étude de cas ». Phérécyde de Syros est un personnage négligé de l'histoire de la philosophie[36]. Ni tout à fait philosophe, ni tout à fait théologien ou poète, Phérécyde tombe en quelque sorte entre deux (ou trois) chaises[37]. Or, outre l'intérêt intrinsèque que présente ce personnage, Phérécyde illustre à merveille l'enchevêtrement de la pensée polythéiste et de l'attitude agonale, le tout au profit d'un révisionnisme philosophique (ou proto-philosophique) de la tradition mythique qui repose sur l'étymologie, arme de prédilection tant chez les poètes que les penseurs grecs.

Plusieurs témoignages rapportent que Phérécyde fut le premier auteur grec à utiliser une forme prosaïque. Or, l'ouvrage qui lui est attribué porte sur un sujet habituellement considéré comme relevant fermement du « mytho-poétique » : il s'agit en effet d'une théogonie, c'est-à-dire d'un récit du début du monde qui est simultanément une généalogie divine. Cette *Théogonie* place Phérécyde dans la lignée d'Hésiode, auteur d'une version souvent considérée canonique de ce type de récit. Mais l'ouvrage de Phérécyde est également désigné sous le titre de *Théocrasie*, qu'on peut traduire par « Mélange des dieux »[38]. Ce dernier titre, beaucoup moins conventionnel, suggère une œuvre de nature inédite, entre théologie « traditionnelle » et traité de philosophie naturelle tel qu'on en attribue à

36. Sur Phérécyde, voir WEST, M.L., *Early Greek Philosophy and the Orient*, Oxford, Clarendon Press, 1971, p. 1-75 ; SCHIBLI, H.S., *Pherekydes of Syros*, Oxford, Clarendon Press, 1990 ; GRANGER, H., « The Theologian Pherecydes of Syros and the Early Days of Natural Philosophy », *Harvard Studies in Classical Philology*, 103, 2007, p. 135-163.

37. Voir déjà le jugement d'Aristote sur le caractère « mixte » de la pensée de Phérécyde (*Mét.*, N, 4, 1091 b 8). MARTIN, R., « The Seven Sages as Performers of Wisdom », dans Dougherty, C. et Kurke, L. (dir.), *Cultural Poetics in Archaic Greece: Cult, Performance, Politics*, Oxford, Oxford University Press, 1993, p. 108-128, discute de la diversité et de la nature agonale des activités des Sept Sages, au nombre desquels Phérécyde est compté dans plusieurs listes anciennes (voir surtout p. 119-120).

38. Les divers titres sont rapportés dans la *Souda*, *s.v.* Φερεδύδης (= Phérécyde, A 2 D.-K).

plusieurs présocratiques[39]. De fait, dans cette *Théocrasie*, les dieux jouent à la fois le rôle d'éléments naturels et de personnages dotés, comme ceux du mythe et de la religion, de traits anthropomorphiques.

Diogène Laërce rapporte ainsi les premières lignes de l'ouvrage : « Zas et Chronos furent de tout temps, ainsi que Chthoniê ; mais Chthoniê prit le nom de Gê lorsque Zas lui offrit la terre en présent d'honneur »[40]. Apparemment dépourvu de prologue ou d'invocation à la divinité à la mode « archaïque », le livre de Phérécyde entre d'emblée dans le vif du sujet, en faisant le postulat de l'existence éternelle de trois divinités non créées. Cette triade primordiale, constituée de deux divinités masculines et une divinité féminine, est énoncée sous une forme légèrement asymétrique : « Zas et Chronos existaient de tout temps, *et aussi Chthoniê* ». Cette configuration reflète possiblement les attentes du lecteur, familier avec les deux premiers noms – du moins sous leur forme habituelle, Zeus et Cronos – mais pas avec le troisième[41]. D'un point de vue pragmatique, cette disposition pourrait véhiculer le message suivant : « Zeus et Cronos – que vous connaissez, mais dont les vrais noms sont Zas et Chronos – ne sont pas engendrés – comme l'affirme Hésiode –, mais sont en fait éternels ; de plus, il y avait dès l'origine une troisième divinité non engendrée – dont vous n'avez jamais entendu parler – du nom de Chthoniê ». Évidemment, Chthoniê rappelle indirectement la Gaïa d'Hésiode ; les deux noms évoquent la terre, mais Chthoniê plus spécifiquement le monde sous-terrain. De plus, la deuxième partie de la phrase annonce que Chthoniê changera de nom à un moment subséquent du récit, pour adopter un nom ressemblant certes davantage à celui de la Gaïa traditionnelle, mais néanmoins encore distinct : Gê. Ce changement de nom, qui coïncide avec le présent donné par Zas, est indubitablement un moment important du récit, puisqu'il est mentionné dès la première phrase du livre.

Ce que l'on sait de la suite de l'ouvrage de Phérécyde peut se résumer ainsi. La première étape de la cosmogonie est l'engendrement, à partir de la semence de Chronos, de trois éléments : le feu, le souffle et l'eau.

39. La notion de mélange (*krasis*) est particulièrement fréquente dans les théories des premiers physiciens, tels Anaxagore et Empédocle.

40. Phérécyde, B 1 D.-K.

41. Pour une interprétation différente de la structure asymétrique de cette phrase, voir GRANGER, H., « The Theologian Pherecydes of Syros and the Early Days of Natural Philosophy », 2007, p. 141.

Du mélange de ces éléments résulte la naissance d'une autre génération de dieux. Puis, à un moment indéterminé du récit, Chronos affronte une divinité serpentine appelée Ophionée. Ophionée est défait et tombe dans Ogênos (nouvelle variation sur un nom traditionnel, Okeanos). Finalement, un mariage est célébré entre Zas et Chthoniê, à l'occasion duquel le marié tisse et brode une robe pour Chthoniê, qui à ce moment prend le nom de Gê. Sur cette robe sont représentés « la terre (γῆ), Ogênos et les demeures d'Ogênos »[42].

Du point de vue narratif, plusieurs éléments de la cosmogonie de Phérécyde rappellent le récit hésiodique ainsi que d'autres cosmologies anciennes d'origine proche-orientale, par exemple la naissance de divinités sur plusieurs générations, le mariage divin et la théomachie. Les spécialistes se sont depuis longtemps intéressés à ces composantes traditionnelles du récit, qu'ils reconstruisent en faisant appel à des données comparatives tirées non seulement d'Hésiode mais aussi de récits de création babyloniens, hittites, égyptiens, etc. Mais ce type de reconstruction est problématique en raison de la posture de Phérécyde, qui mélange tradition et innovation : son récit comporte des éléments traditionnels (mariage divin, théomachie), mais sous des formes inédites, tandis que d'autres éléments typiques de ces récits, comme le mythe de succession, en sont absents.

Un aspect en particulier de cette œuvre retiendra ici mon attention, celui des noms portés par les personnages principaux du récit de Phérécyde : Zas, Chronos et Chthoniê. Ces noms constituent un des éléments les plus caractéristiques de Phérécyde, qui évite sciemment les noms traditionnels. Or, non seulement les divinités arborent ces noms dont on ne peut manquer de remarquer l'étrangeté, mais il apparaît que la dénomination constitue en soi un événement cosmologique, comme le suggère la référence au changement de nom de Chthoniê. Dans ces circonstances, il est justifié de croire que le choix de ces noms n'est pas qu'une simple extravagance mais possède une valeur programmatique. Je me contenterai ici de quelques suggestions sur la valeur possible de ces noms et de remarques générales sur la démarche étymologisante de Phérécyde.

Les noms Zas et Chronos apparaissent respectivement comme des variations de Zeus et Cronos, tandis que Chthoniê-Gê se substitue au

42. Phérécyde, B 2 D.-K.

nom sémantiquement voisin de Gaïa. Des noms choisis par Phérécyde, seul Chronos, homonyme du mot signifiant « temps » (χρόνος), possède un sens immédiatement transparent. Mais les noms ne sont pas seuls à changer : les acteurs du récit de Phérécyde jouent aussi des rôles incompatibles avec ceux de leurs homologues chez Hésiode. Alors que le Cronos traditionnel, figure dominante de la génération des Titans, est l'exemple canonique d'un dieu féroce mais ultimement vaincu, déclassé et synonyme d'une époque révolue, le Chronos de Phérécyde existe de tout temps ; de plus, il est vainqueur dans la théomachie qui l'oppose au monstre Ophionée, ce qui le place du côté des puissances de la justice et de l'ordre. Ces différences sont tout aussi fondamentales que le changement de nom de Cronos à Chronos est significatif : par la simple substitution de khi à kappa, le personnage de Phérécyde acquiert un nom d'une indéniable portée philosophique. L'homonymie de Χρόνος et χρόνος, si elle ne suffit pas à conclure que le Chronos de Phérécyde *est* le temps[43], l'associe du moins étroitement à cette réalité abstraite, réduisant considérablement l'homologie apparente de Chronos avec Cronos, le tyran hésiodique.

La signification du nom Ζάς (génitif Ζαντός) voulue par Phérécyde est beaucoup moins claire, mais le mot ressemble certes à une forme participiale ; et le verbe ζῆν, qui signifie « vivre », est le candidat le moins invraisemblable que l'on puisse associer à cette forme. À l'instar de Cronos/Chronos, l'éternité de Zas, par contraste avec le Zeus engendré d'Hésiode, constitue possiblement la raison de ce décalage onomastique suggérant une « vie » éternelle. De plus, les mots grecs se terminant en -ευς étant toujours masculins, le nominatif Zas constitue une forme moins univoquement masculine que Zeus. Or, le Zas de Phérécyde, autant qu'on en puisse juger, s'abstient des exploits guerriers dans lesquels s'illustre Zeus dans la *Théogonie*, et s'adonne à des activités de tissage et de broderie dans lesquelles on ne saurait imaginer son homologue. On peut donc dire, tout au plus, que cet aspect androgyne du dieu est cohérent avec la suppression de la désinence univoquement masculine du nom Zeus.

43. Vernant (« Aspects mythiques de la mémoire », dans *Mythe et pensée chez les Grecs*, Paris, Maspero, 1965, p. 127) conclut un peu rapidement que chez Phérécyde, « le temps, *Chronos*, est divinisé et placé à l'origine même du cosmos » et assume « le rôle d'un principe d'unité transcendant tous les contraires ».

Le cas de Chthoniê est particulièrement intéressant. Contrairement aux personnages précédents, Chthoniê est sémantiquement, mais non lexicalement, liée à son homologue hésiodique Gaïa ; de plus, elle subit au cours du récit un changement de nom complet, un événement d'importance certaine puisqu'il en est question dans la toute première phrase du livre. Alors que Chthoniê évoque le monde sous-terrain, le nom Gê, qu'elle acquiert au moment de son mariage, désigne plus proprement la région terrestre, que son nouvel époux lui offre d'ailleurs en guise de présent honorifique. La paronomase étymologique du passage, qui rapproche le nom de Gê non seulement de la terre (γῆ) et de la transformation (ἐγένετο) mais aussi du présent (γέρας)[44], est tout à fait typique de la pratique ancienne de l'étymologie, qui se plaît dans la surabondance des rapprochements étymologiques : la multiplicité des étymologies, dans le cas des noms divins, est le corollaire logique de la complexité interne des divinités, jamais réductibles à un champ d'action unique, du polythéisme grec. Par ailleurs, cette paronomase suggère que la nouvelle appellation correspond à une promotion ontologique. La ressemblance entre cette figure complexe et la Gaïa d'Hésiode s'avère donc superficielle, tandis que les différences apparaissent en pleine lumière. Dans la *Théogonie*, Gaïa ne subit aucune transformation substantielle, étant plutôt statique, « assise solide et éternelle » (*Th.*, 117) ; de plus, elle possède la capacité d'engendrer des êtres, parfois monstrueux, par elle-même, et prend une part active aux divers complots menant à la succession des dynastes. Chthoniê-Gê possède au contraire tous les traits d'une jeune fille nubile et docile, ce qui invite d'ailleurs une comparaison avec Corê-Perséphone : à l'instar de cette dernière, Chthoniê-Gê occupe un espace variable, tantôt souterrain et tantôt terrestre, en fonction de la volonté de la divinité suprême (Zeus dans le mythe traditionnel, Zas chez Phérécyde). Ce nom dédoublé reflète ainsi les rapports ambigus qu'entretient la divinité de Phérécyde avec ses modèles traditionnels.

44. La paronomase est accentuée par le voisinage immédiat des mots concernés : Χθονίηι δὲ ὄνομα ἐγένετο Γῆ, ἐπειδὴ αὐτῆι Ζὰς γῆν γέρας διδοῖ.

Conclusion

La démarche étymologique, tant chez les poètes que chez les savants, constitue un terrain privilégié de compétition, théorique ou idéologique : non seulement la proposition d'étymologies concurrentes permet de promouvoir des valeurs ou des interprétations particulières du réel, mais la possibilité même de prolifération, chez un même auteur, d'étymologies multiples, démontre la valeur heuristique d'un tel outil. Phérécyde, à la suite d'Hésiode et en amont de Platon, use de l'étymologie à des fins non seulement interprétatives, mais aussi spéculatives. En dépit de l'incertitude des hypothèses précédentes sur la signification exacte des noms divins dans l'œuvre de Phérécyde, le fait que ces noms possèdent une valeur à la fois théologique et polémique est, quant à lui, indéniable. Les fragments de son œuvre, bien que rares et brefs, témoignent ainsi de la richesse et de la diversité de la spéculation philosophico-religieuse à haute époque, illustrant, dans l'audace même de ses innovations onomastiques, un mode de pensée et d'expression marqué par la dimension agonale propre au contexte polythéiste. Loin de s'en tenir à ce qu'on considère erronément comme le « canon » hésiodique, son récit propose une version radicalement différente de la nature et l'origine des choses, qui joue pourtant sur les codes théogoniques traditionnels en faisant un usage inventif d'un outil puissant, celui du langage. Seul un contexte dépourvu de la nécessité de se soumettre à une quelconque autorité, religieuse ou intellectuelle, pouvait permettre une telle réappropriation de noms traditionnels coïncidant avec une réinvention du récit primordial. En cela, Phérécyde préfigure la démarche critique de la tradition philosophique postérieure.

Il s'avère ainsi que religion et rationalité grecques ne sont pas aussi opposées qu'une certaine historiographie moderne a voulu le faire croire ; et c'est dans la pensée agonale, il me semble, que l'on trouve la clé de cette heureuse alliance entre tradition et innovation qui caractérise la pensée religieuse et philosophique des Grecs. Tout *agôn* implique la présence d'adversaires, lesquels impliquent à leur tour une forme de multiplicité : nulle confrontation, nul esprit critique là où règnent l'unité et le consensus. Or le polythéisme grec offre d'emblée un modèle de réalité plurielle, un exemple de cohabitation plus ou moins sereine entre des forces opposées mais également légitimes. L'*agôn*, dans toutes ses dimensions, se présente ainsi comme une attitude privilégiée tant sur le plan moral qu'intellectuel, car elle peut se réclamer de l'exemple de la divinité.

Xénophane de Colophon et l'approche critique du religieux

Simon Fortier (Université de Liège)

Introduction

Xénophane de Colophon (actif vers 530 av. J.-C.) est généralement décrit non seulement comme un des initiateurs de ce que l'on pourrait appeler « l'approche critique du religieux » chez les Grecs, mais aussi comme l'auteur de l'une des attaques les plus radicales de toute l'Antiquité contre la religion « populaire »[1]. Cette attaque serait menée sur de multiples fronts. D'un côté, il critiquerait les représentations immorales des dieux chez les poètes épiques, comme en témoignent les vers suivants :

1. Cette description de Xénophane est aussi répandue dans les ouvrages de vulgarisation (par exemple, LESHER, J.H., « Xenophanes », dans Zalta, E.N. (dir), *The Stanford Encyclopedia of Philosophy* (éd. Automne 2014), URL = https://plato.stanford.edu/archives/fall2014/entries/xenophanes/) que dans la littérature scientifique (par exemple, HALFWASSEN, J., « Der Gott des Xenophanes: Überlegungen über Ursprung und Struktur eines philosophischen Monotheismus », *Archiv für Religionsgeschichte*, 10, 2008, p. 282).

> « Et Homère et Hésiode ont attribué aux dieux
> Tout ce qui chez les hommes est objet d'opprobre et de blâme :
> Voler, commettre l'adultère et se tromper les uns les autres. » (Xénophane, B 11 D.-K. = D 8 L.-M.)[2]

D'un autre côté, il mettrait en cause les représentations anthropomorphiques des dieux :

> « Mais les mortels pensent que les dieux sont nés,
> Et ont les mêmes vêtements, voix et aspect qu'eux. » (Xénophane, B 14 D.-K. = D 12 L.-M.)

> « Les Éthiopiens [disent que leurs dieux ont] le nez camus et la peau noire
> Et les Thraces qu'ils ont les yeux bleus et les cheveux roux. » (Xénophane, B 16 D.-K. = D 13 L.-M.)

> « Mais si les bœufs, [les chevaux] ou les lions avaient des mains
> Ou pouvaient comme les hommes dessiner de leurs mains et façonner,
> Les chevaux dessineraient aussi des formes de dieux
> Semblables à des chevaux et les bœufs à des bœufs, et donneraient à leur corps
> Le même aspect que celui que chacun d'eux possède. » (Xénophane, B 15 D.-K. = D 14 L.-M.)

Finalement, il romprait totalement avec les théologies de son époque en introduisant une nouvelle conception du divin, à savoir :

> « Un dieu, le plus grand parmi les dieux et les hommes,
> En rien semblable aux mortels ni quant à son aspect ni quant à sa pensée. » (Xénophane, B 23 D.-K. = D 16 L.-M.)

La prééminence de cette interprétation du projet de Xénophane fait que l'on prend souvent position sur la nature de son approche critique du religieux sans s'interroger sur les termes du débat. Or Xénophane est-il réellement à l'origine de cette approche critique ou bien celle-ci est-elle

2. Voir aussi Xénophane, B 12 D.-K. (= D 9 L.-M.), qui fait une assertion identique. Sauf indication contraire, toutes les traductions de Xénophane sont tirées de LAKS, A., MOST, Gl.W., *Les Débuts de la philosophie. Des premiers penseurs grecs à Socrate*, Paris, Fayard, 2016 (désormais « L.-M. »).

plutôt un paradigme étranger au monde archaïque[3], projeté rétrospectivement sur Xénophane par ses interprètes ? Avant tout débat sur la portée critique des vers de Xénophane, c'est cette difficulté qu'il s'agit d'abord et avant tout d'élucider. Pour ce faire, dans un premier temps, j'examinerai les origines et le développement de l'interprétation qui tient Xénophane pour l'instigateur de l'approche critique du religieux chez les Grecs, puis, dans un second temps, je ferai valoir plusieurs raisons de remettre ce paradigme en cause, avant de proposer une interpétation alternative.

Xénophane chez les anciens : sceptique et protochrétien

À l'instar de plusieurs auteurs de la Grèce archaïque, Xénophane était déjà au IVe siècle av. J.-C. une figure presque légendaire. Platon, par exemple, faisait de lui le fondateur de l'école éléatique (*Sophiste*, 242 d 5), et sa réputation de railleur et satiriste était telle que l'on pouvait lui attribuer toutes sortes de saillies et d'apophtegmes, comme celui-ci :

> « Xénophane disait que ceux qui affirment que les dieux sont nés sont aussi impies que ceux qui disent qu'ils meurent; car dans l'un et l'autre cas il résulte que les dieux n'existent pas à un certain moment. » (Xénophane, A 12 D.-K. = P 16 L.-M.)

C'est son goût pour la moquerie qui lui valut d'être adopté par la tradition sceptique. Dans un monde aveuglé par « la vanité (*tuphos*) », Xénophane avait au moins la qualité de « ne pas être trop vain (*upatuphos*) », explique le sceptique Timon de Phlionte (env. 320-230 av. J.-C.), sans pour autant être complètement « dépourvu de vanité (*atuphos*) », à la différence de Pyrrhon (Xénophane, A 35 D.-K. = R 16 L.-M.). Sa « censure des tromperies d'Homère » était pour Timon la preuve que Xénophane avait une part de sceptique en lui, suffisamment pour être son interlocuteur dans ses *Railleries* (*Silloi*), une grande satire de tous les philosophes dogmatiques (Xénophane, R 15 L.-M.). Pourtant, selon

---

3. Dans le cadre de cette étude, je considère la culture grecque archaïque depuis les poèmes homériques jusqu'aux derniers des poètes lyriques canoniques, Pindare et Bacchylide. Toutefois, certains auteurs de l'époque classique pourraient également être qualifiés « d'archaïsants », comme Hérodote.

Timon, en proposant sa propre conception du divin, Xénophane a sombré dans le dogmatisme, chose dont il aurait dû se lamenter (Xénophane, A 35 D.-K. = R 16 L.-M.).

Ainsi inscrit dans la tradition sceptique, Xénophane a été cité avec approbation par Sextus Empiricus (actif vers 190 ap. J.-C.)[4], qui a même préservé l'échantillon de sa censure d'Homère cité ci-dessus. En plus de sa critique d'Homère, Sextus a également approuvé le fait que Xénophane « selon certains... a déclaré que toutes choses sont non appréhensibles (*akatalepta*) » (Sextus Empiricus, *Contre les Professeurs*, VII, 49), ce qui en fait, rétrospectivement, un adversaire des philosophes « dogmatiques » qu'étaient les stoïciens[5]. C'est du moins le sens qu'il donne aux vers suivants :

> « Et ainsi pas un homme n'a su ni ne saura
> Quelle chose est claire, s'agissant des dieux et de tout ce que je dis sur toutes les choses
> Car même s'il se trouvait au mieux dire quelque chose d'accompli,
> Lui-même pourtant ne sait pas : mais sur toutes choses se construit l'opinion. » (Xénophane, B 34 D.-K. = D 49 L.-M.)

Néanmoins, à l'instar de Timon, Sextus jugeait que Xénophane n'était pas complètement dépourvu de vanité, simplement qu'il n'était « pas trop vain ». C'est que, tout comme son prédécesseur, Sextus ne pouvait pas ignorer le portrait, brossé par la tradition péripatéticienne, d'un Xénophane éléatisé qui « affirmait dogmatiquement, contre les conceptions des autres hommes, que le tout est un » (Xénophane, R 21a L.-M.).

Tandis que Sextus débattait du scepticisme de Xénophane, Clément d'Alexandrie (*ca.* 150-220 ap. J.-C.), Père de l'Église et auteur des volumineux *Stromates* ou *Miscellanées*, dressait une longue liste d'idées qui, selon lui, avaient été plagiées des Hébreux par les Grecs. Selon lui, de nombreux auteurs païens auraient, par exemple, « paraphrasé » (Clément, *Stromates*, V, 14, 108, 4) le prophète Isaïe sur la vanité des idoles, notamment Xénophane, et c'est comme preuve de cette influence isaïenne sur

---

4. Sur Sextus Empiricus et le pyrrhonisme en général, voir le chapitre de St. Marchand dans ce volume.

5. Sur cette notion et la critique du dogmatisme, voir le chapitre de M. Bonazzi dans ce volume.

le poète que Clément (et seulement Clément[6]) rapporte à ses lecteurs les vers « anti-anthropomorphiques » cités ci-dessus. Selon Clément, ces vers de Xénophane ne représenteraient rien moins qu'un rejet de la religion grecque «populaire» et la reconnaissance du fait qu'il n'existe qu'un seul dieu. Xénophane aurait donc fait partie d'un grand courant «hébraïque» au sein de l'*intelligentsia* grecque prônant une conception de la divinité en porte-à-faux avec celle de la religion de son temps. Il n'aurait donc pas simplement été un critique désintéressé, mais un polémiste et un théologien révolutionnaire.

L'idée que la pensée grecque dépendait de l'Ancien Testament ne survivra pas à l'avènement de la philologie moderne. Cependant, l'autre aspect de l'appréciation clémentine de Xénophane, à savoir que sa pensée représentait une rupture fondamentale avec l'esprit de son temps, formera la base du portrait moderne de Xénophane comme un phare de l'esprit critique dans une époque de ténèbres.

Xénophane l'*Aufklärer*

En discutant de l'anthropomorphisme dans l'Antiquité, Voltaire cite cette traduction très libre, voire cette imitation, de Xénophane :

> « Grand Dieu, quoique l'on fasse, et quoique l'on ose feindre,
> On ne peut te comprendre, et moins encore te peindre.
> Chacun figure en toi ses attributs divers,
> Les oiseaux te feraient voltiger dans les airs,
> Les bœufs te prêteraient des cornes menaçantes,
> Les lions t'armeraient de leurs dents déchirantes,
> Les chevaux dans les champs te feraient galoper[7]. »

---

6. Même si le consensus général des savants maintient leur authenticité, il faut cependant admettre que ces vers si manifestement provocateurs ne se trouvent que chez Clément. Une source dont les intentions sont aussi claires que ses scrupules historico-critiques sont douteux doit susciter au moins quelque interrogation de la part du lecteur. Sur ce sujet, voir surtout EDWARDS, M.J., « Xenophanes Christianus? », *Greek, Roman, and Byzantine Studies*, 32, 1991, p. 219-228.

7. VOLTAIRE, «Emblème», dans Cronk, N., Mervaud, Chr. (dir.), *Œuvres complètes de Voltaire*, t. 41 : *Questions sur l'Encyclopédie, par des amateurs (V): Église-Fraude*, Oxford,

Ces vers, « dignes de toute notre attention », sont pour Voltaire la preuve « que ce n'est pas d'aujourd'hui que les hommes ont fait Dieu à leur image »[8]. Pour lui, comme pour les autres philosophes des Lumières, Xénophane faisait partie des « premiers philosophes » qui « eussent humanisé » les Grecs qui, jusqu'à ce moment, vivaient dans « la plus crasse barbarie »[9]. De manière générale, on peut dire que les Lumières retrouvaient en Xénophane « l'esprit philosophique » par lequel ils se caractérisaient eux-mêmes[10] et voyaient dans son apparente critique de « l'idolâtrie »[11] d'Homère, d'Hésiode et des Grecs en général une préfiguration de leur propre critique de « tous les préjugés dont la société étoit infectée »[12]. Les Lumières voyaient donc en Xénophane leur propre reflet : le membre d'une *intelligentsia* éclairée qui critiquait les excès irrationnels de la religion populaire et plaidait pour une forme de déisme rationnel.

Ce portrait d'un Xénophane *Aufklärer* de la Grèce archaïque, dont « la pensée… se définit avant tout par l'opposition aux idées de son temps »[13] et qui « *anticipated and strongly represented all the main ideas of the European Enlightenment* »[14], trouve encore un écho important aujourd'hui. Même si le rapprochement avec les Lumières n'est pas toujours fait de manière explicite, tous les traitements de Xénophane qui tiennent pour acquis qu'il a soutenu certains « dogmes »[15] révolutionnaires (par exemple,

---

Oxford University Press, 2010, p. 69-70. L'imitation est, selon toute vraisemblance, de Voltaire lui-même.

8. VOLTAIRE, « Emblème », dans *Œuvres complètes de Voltaire*, t. 41, 2010, p. 70.

9. BAYLE, P., *Réponse aux questions d'un provincial*, Rotterdam, 1704-7, t. 2, p. 329. Sur le traitement de Xénophane à l'époque des Lumières en général, voir ISRAEL, J., *Enlightenment Contested*, Oxford, Oxford University Press, 2006, p. 436-444.

10. VOLTAIRE, « Gens de lettres », dans Vercruysse, J. (dir), *Œuvres complètes de Voltaire*, t. 33 : *Œuvres alphabétiques (I)*, Oxford, Oxford University Press, 1987, p. 122.

11. BOUREAU-DESLANDES, A.-F., *Histoire critique de la philosophie*, dans le *Corpus d'œuvres de philosophie en langue française*, t. 1, Dijon, Association Corpus/EUD, 2009, p. 474-475.

12. VOLTAIRE, « Gens de lettres », dans *Œuvres alphabétiques (I)*, t. 33, 1987, p. 122.

13. BABUT, D., *La Religion des philosophes grecs : de Thalès aux stoïciens*, Paris, Presses universitaires de France, 1974, p. 439-440.

14. POPPER, K., *The World of Parmenides: Essays on the Presocratic Enlightement*, London – New York, Routledge, 1998, p. 35.

15. BARNES, J., *The Presocratic Philosophers*, London, Routledge, 1982, p. 85. Les « sept dogmes » énumérés par Barnes, « *whose ascription to Xenophanes is secured by actual*

que le dieu ne devrait pas être conçu de manière anthropomorphique, qu'il doit être pensé comme moralement parfait, etc.) en sont tributaires.

Le rapprochement entre la culture de la Grèce archaïque, notamment dans le domaine religieux, et l'esprit critique, rationaliste, des Lumières modernes ne va toutefois pas sans difficultés. Comment expliquer que les pratiques religieuses traditionnelles et les croyances[16] « irrationnelles » qui les soutenaient se perpétuaient et jouissaient de la participation de toute la société, y compris des poètes et des philosophes ? Comment expliquer, par exemple, un dilemme comme celui du sceptique académique Gaius Cotta :

> « La première question qui se pose dans une recherche ayant pour objet la nature des dieux est de savoir s'ils existent ou non. Il est difficile de nier leur existence. Oui, dans une assemblée publique, mais, dans un entretien comme celui que nous avons, rien n'est plus facile. Moi qui suis pontife et qui crois qu'il faut conserver pieusement les cérémonies religieuses et tout le culte national, je voudrais avoir, en ce qui concerne ce premier point, mieux qu'une opinion, je voudrais parvenir à la connaissance vraie. Bien des choses me viennent à l'esprit qui me troublent et me portent à penser par moments qu'il n'y a pas de dieux. » (Cicéron, *De la nature des dieux*, I, 61, trad. Ch. Appuhn)

Il est intéressant de noter que les Lumières, pour leur part, attribuaient une certaine dose d'hypocrisie pratique aux intellectuels grecs et romains, qui, comme le décrit Gibbon, auraient participé à la religion traditionnelle pour préserver les apparences sans pour autant partager les croyances populaires :

> « *In their writings and conversation the philosophers of antiquity asserted the independent dignity of reason ; but they resigned their actions to the commands of law and of custom. Viewing with a smile of pity and indulgence the various*

---

fragments from his poems », ont presque acquis le statut de dogmes dans les études sur Xénophane.

16. Pour une critique de la thèse, encore répandue, qui soutient qu'il faut éviter de parler des « croyances » à l'égard de la religion grecque, voir, entre autres, VERSNEL, H.S., *Coping with the Gods. Wayward Readings in Greek Theology*, Leiden – Boston, Brill, 2011, p. 539-559 ; PARKER, R., *On Greek Religion*, Ithaca – London, Cornell University Press, 2011, p. 1-39 ; HARRISON, Th., « Belief vs. Practice », dans Eidinow, E., Kindt, J. (dir.), *The Oxford Handbook of Ancient Greek Religion*, Oxford, Oxford University Press, 2015, p. 21-28.

errors of the vulgar, they diligently practised the ceremonies of their fathers, devoutly frequented the temples of the gods ; and, sometimes condescending to act a part on the theatre of superstition, they concealed the sentiments of an Atheist under the sacerdotal robes. Reasoners of such a temper were scarcely inclined to wrangle about their respective modes of faith or of worship. It was indifferent to them what shape the folly of the multitude might choose to assume ; and they approached, with the same inward contempt and the same external reverence, the altars of the Libyan, the Olympian, or the Capitoline Jupiter[17]. »

Cette explication soulève cependant une difficulté de taille, à savoir que l'incrédulité de certains intellectuels à l'égard des dieux de la religion populaire ne s'exprimait pas uniquement dans des ouvrages philosophiques à destination d'un public restreint, mais se manifestait aussi très souvent dans la poésie destinée au grand public.

Comme nous l'avons déjà mentionné, Xénophane est, selon Clément, loin d'être le seul à avoir suivi le prophète Isaïe dans sa condamnation de l'idolâtrie païenne. Clément mentionne aussi Xénophon, Cléanthe et Antisthène, le disciple de Socrate, qui semble également avoir polémiqué contre le paganisme en disant que « dieu ne ressemble à personne, donc personne ne peut le connaître à travers une image » (Antisthène, fr. 40a Decleva Caizzi). Pourtant, immédiatement après les vers de Xénophane, Clément cite non pas des extraits de proses philosophiques, mais les vers d'un autre poète lyrique, Bacchylide :

> « Ceux-ci [c'est-à-dire les dieux] ne connaissent pas le joug
> D'indignes maladies ; ils n'en sont pas atteints,
> N'ayant aucune ressemblance avec les hommes. »
> (Bacchylide, fr. 1 (32) Irigoin, trad. Duchemin et Bardollet)

Pris littéralement, ces vers semblent dépasser ceux de Xénophane dans la radicalité de leur critique. Tandis que les fragments de ce dernier mettent en évidence la relativité des descriptions anthropomorphiques et affirment l'existence d'un seul dieu totalement non anthropomorphe, les vers de Bacchylide affirment carrément la fausseté de l'anthropomorphisme par rapport à tous les dieux.

---

17. Gibbon, E., *The Decline and Fall of the Roman Empire*, t. 1, New York, Alfred J. Knopf, 1993, p. 37.

S'il avait eu accès aux textes de Bacchylide dont nous disposons aujourd'hui, Clément lui aurait sans doute attribué, comme il le fait avec Xénophane, non seulement une polémique contre la religion de son époque, mais aussi une théologie positive modelée sur celle des Hébreux. Comme le grand dieu de Xénophane, le Zeus de Bacchylide est le «roi du tonnerre régnant sur tout» (Bacchylide, *Dithyrambes*, III, 66) et le «père suprême» (*Épinicie*, V, 199), dont la volonté semble se confondre avec la destinée même (*Épinicie*, III, 25 ; *Dithyrambes*, III, 24).

Pour les habitués des abrégés de l'histoire de la philosophie antique, il n'est pas surprenant de voir les opinions de Xénophane partagées par des philosophes postérieurs tels qu'Antisthène et Cléanthe. Les voir à l'œuvre dans la poésie de Bacchylide, en revanche, peut être plus déroutant. Cependant, comme de nombreuses citations trouvées par Clément en témoignent, Bacchylide est loin d'être le seul poète à avoir chanté des dieux dépourvus de l'anthropomorphisme homérique et à avoir élevé l'un d'entre eux au-dessus de tous les autres. Même s'ils sont parfois dépeints comme envieux ou trompeurs, les dieux qui apparaissent dans notre échantillon de la poésie lyrique sont en général dépourvus des immoralités les plus grossières. Ils sont aussi généralement éclipsés par la figure de Zeus, père cosmique vraisemblablement omniscient et omnipotent.

Le scepticisme apparent de Xénophane au sujet de la connaissance humaine et de notre capacité à connaître les dieux trouve également un écho chez d'autres poètes. Pour Théognis, par exemple, «nous, les humains, avons des croyances vaines, ne connaissant rien» (Théognis, *Poèmes Élégiaques*, 141), tandis que Pindare interroge :

> « Qu'espères-tu que la sagesse soit, si un homme
> N'en possède jamais qu'un peu plus qu'un autre ?
> Car il lui est impossible
> De découvrir les desseins des dieux par une pensée humaine :
> Il est né d'une mère mortelle. » (Pindare, fr. 61 Maehler, trad. Laks-Most)

On le voit, même si les vers de Xénophane sur le sujet sont les plus remarquables qui nous soient parvenus, ils reflètent un sentiment généralisé chez les poètes à propos des limites de la connaissance humaine.

On pourrait être tenté de penser que certains poèmes lyriques, en particulier ceux qui contiennent des idées non conventionnelles, étaient réservés à un monde privé d'aristocrates éclairés, à l'instar des ouvrages libertins au Grand Siècle. Toutefois, notre distinction moderne entre le privé et le public peut difficilement s'appliquer à la Grèce archaïque[18]. Par exemple, on peut qualifier un banquet archaïque de « privé » au sens où il réunit un nombre restreint d'individus, mais pas au sens où ce qui s'y passe relève de la sphère privée plutôt que de la sphère publique. Dans la cité archaïque, où le corps civique se composait d'aristocrates, un banquet chez un particulier était un espace « public » où chacun jouait son rôle social autant qu'à l'agora. Il n'y a donc pas de raison de croire que certaines choses pouvaient se dire dans l'un, mais pas dans l'autre[19]. En outre, un banquet au palais d'un tyran comme Hiéron de Syracuse, le mécène de nombreux grands poètes, Xénophane inclus, était peut-être une occasion que nous n'hésiterions pas aujourd'hui à qualifier de publique[20]. Enfin, il ne faut pas oublier que les poètes lyriques savaient qu'ils avaient pour public l'ensemble du monde grec[21] et que leurs poèmes, bien qu'ils fussent composés pour une occasion spécifique, étaient susceptibles d'autres représentations, dans des contextes différents[22].

L'hypothèse formulée par les Lumières que les idées eclairées des poètes et philosophes ne circulaient qu'au sein d'une élite culturelle ne peut donc pas s'appliquer à la Grèce archaïque. Les paroles d'un Xénophane ou d'un Bacchylide jouissaient certainement d'une diffusion au-delà de ce que cette hypothèse présuppose. Pourtant, le nombre d'auditeurs exposés à ces idées n'empêcha pas qu'on continue à écouter les aèdes d'Homère, à rendre un culte aux statues des dieux et à participer aux divers aspects de la religion traditionnelle qui impliquaient une représentation anthropomorphique des dieux.

---

18. Voir surtout SCHMITT-PANTEL, P., « Sacrificial Meal and Symposion: Two Models of Civic Institutions in the Archaic City? », dans Murray, O. (dir.), *Sympotica: A Symposium on the Symposion*, Oxford, Oxford University Press, 1990, p. 20-21 et 24-25 ; DE POLIGNAC, F., SCHMITT-PANTEL, P., « Public et privé en Grèce ancienne : lieux, conduites, pratiques : introduction », *Ktèma*, 23, 1998, p. 5-13.

19. CLAY, J.S., « Pindar's Sympotic "Epinicia" », *Quaderni Urbinati di Cultura Classica*, New Series, 62, 2, 1999, p. 25-34.

20. VETTA, M., « Convivialità pubblica e poesia per simposio in Grecia », *Quaderni Urbinati di Cultura Classica*, New Series, 54, 3, 1996, p. 197-209.

21. On n'a qu'à regarder la diversité géographique des *laudandi* d'un Pindare ou d'un Bacchylide.

22. BUDELMANN, F., « Introducing Greek Lyric », dans Budelmann, F. (dir.), *The Cambridge Companion to Greek Lyric*, Cambridge, Cambridge University Press, 2009, p. 11.

L'hypothèse d'une hypocrisie des classes intellectuelles étant donc difficile à confirmer, la seule option restante pour qui croit en une identité étroite entre les idées des Grecs de l'époque archaïque et celles des Lumières modernes serait de soutenir que Xénophane et d'autres penseurs de son temps n'ont fait que jeter les bases d'une critique du religieux, critique qui ne trouva son expression parfaite qu'avec l'*Aufklärung* du XVIIIe siècle. Une telle interprétation, cependant, est elle aussi problématique, puisqu'elle obligerait à revenir à un modèle de développement de la conscience religieuse tel que l'a défendu Fontenelle[23], modèle tenant les Grecs de l'époque archaïque pour des penseurs moins critiques, voire moins rationnels, que leurs lointains descendants.

En réalité, le rapprochement entre Xénophane et les Lumières modernes est d'entrée de jeu une entreprise périlleuse, ne fût-ce qu'en raison des vastes différences contextuelles qui les séparent, en particulier sur le plan religieux[24]. Mais tout en admettant que la pensée de Xénophane diffère de celle des Lumières modernes, ne pourrait-on pas néanmoins tenir le poète pour un *Aufklärer*, dans la mesure où il partage avec les Lumières le même «*éthos-critique*»[25], c'est-à-dire le même penchant pour « la recherche détachée – l'absence de pression religieuse y contribuant – du meilleur argument ou de la meilleure explication »[26] ? Pour répondre à cette question, il faut d'abord examiner de plus près les vers de Xénophane eux-mêmes dans leur contexte.

La mise en question de « Xénophane l'*Aufklärer* » : le contexte de la critique xénophanienne

Faute d'un mot plus précis, les Lumières utilisaient « idolâtrie » comme un terme fourre-tout pour englober toutes formes d'assimilation erronées des choses terrestes au divin (par exemple l'anthropomorphisme,

23. Voir Bernard FONTENELLE, *De l'origine des fables*.
24. Sur le contexte religieux de l'époque où vécut Xénophane et sa différence par rapport à celui de l'Europe moderne, voir le chapitre de Pierre Bonnechere et de Vinciane Pirenne dans ce volume.
25. NARBONNE, J.-M., *Antiquité critique et modernité. Essai sur le rôle de la pensée critique en Occident*, Paris, Les Belles Lettres, 2016, p. 85.
26. NARBONNE, J.-M., *Antiquité critique et modernité*, 2016, p. 80.

l'anthropopathisme, le zoomorphisme et l'idolâtrie proprement dite). Prise au sens large, la critique de l'idolâtrie est pour eux l'une des manifestations les plus élémentaires de la critique rationaliste de la religion et c'est elle qu'ils ont vu à l'œuvre dans les vers de Xénophane relatifs à l'anthropomorphisme d'Homère et d'Hésiode.

Les mises en garde contre les mensonges des poètes et de la poésie en général n'étaient guère exceptionnelles à l'époque archaïque. Les Muses de la *Théogonie* rappellent au lecteur qu'elles savent « conter des mensonges tout pareils aux réalités » (Hésiode, *Théogonie*, 27-28), tandis que Solon déclare que « les aèdes disent beaucoup de mensonges » (Solon, fr. 29 West). Pindare aussi nous met en garde contre « les mythes trompeurs, décorés de mensonges multiformes », et sur le fait que la poésie « a su prêter aux faits les plus incroyables l'apparence de la réalité » (Pindare, *Olympiques*, I, 29-31). Les poètes et, par extension, leurs auditeurs, n'avaient donc aucune illusion sur les prétentions à la vérité divinement révélées des récits poétiques. Mais même si la mise en doute de la véracité des récits d'autres poètes était monnaie courante, on donne en général un statut particulier aux vers de Xénophane qui critiquent Homère et Hésiode, dans la mesure où ils accuseraient d'autres poètes non pas simplement d'avoir menti, mais d'avoir défendu une vision idolâtre des dieux.

Déterminer la portée réelle de quelques vers conservés sans aucun indice concernant leur contexte textuel est une entreprise pour le moins hasardeuse. Il y a pourtant des vers « critiques » de Xénophane qui nous sont parvenus dans leur contexte originel. On trouve chez Athénée ces vers qui, s'ils ne constituent pas un poème complet, forment au moins un extrait assez substantiel pour donner l'impression et la cohérence d'un poème entier :

> « (1) Car à présent le sol est propre ainsi que les mains de tous les convives, et les coupes. L'un ceint les fronts de couronnes tressées, une autre offre de l'huile parfumée dans une coupe ; un cratère est là plein de délices ; un autre vin est à disposition, qui dit qu'il ne fera jamais défaut, doux, dans les vases, exhalant un parfum de fleur. Au milieu, l'encens fait monter son parfum sacré, et il y a de l'eau, fraîche, douce et pure. Auprès sont placées des miches de pain blond et une table somptueuse chargée de fromage et de miel épais ; un autel, au centre, est entièrement couvert de fleurs ; et le chant et le festin, de toutes parts, emplissent la maison. (2) Il faut tout d'abord célébrer le dieu avec des hommes d'humeur enjouée par de pieux récits et des paroles pures, après avoir versé des libations et fait la prière d'être en mesure d'agir justement –

car en vérité ce sont des choses bienséantes, non des actes violents ; il faut ensuite boire tant qu'on en est capable et que l'on peut rentrer chez soi sans la conduite d'un esclave, à moins qu'on soit trop âgé. Et il faut louer l'homme qui, après la boisson, fait entendre des nobles paroles, pour que l'on se souvienne de l'excellence et que l'on y aspire. *Il ne faut pas raconter les combats des Titans, ni ceux des Géants ou des Centaures, fabrications des générations précédentes (plastmata tōn proterōn), ni les violentes séditions : il n'y a rien là d'utile ; mais il faut toujours avoir des dieux un soin honnête.* » (Xénophane, B 1 D.-K. = D 59 L.-M., trad. L. Reibaud modifée)

Selon une lecture assez répandue chez les commentateurs contemporains, l'intérêt principal de ce poème réside dans les lignes 21-23 (en italiques ci-dessus), dans lesquelles on trouverait des « parallèles étroits »[27] avec la critique platonicienne de la poésie dans le deuxième livre de la *République*. En lisant ces vers en parallèle à ceux préservés par Sextus, cette lecture conclut que Xénophane est ici en train de censurer catégoriquement certains mythes traditionnels, comme ceux portant sur les combats des dieux olympiens contre les Titans et les Géants, parce qu'il croit que ceux-ci ne reflètent pas la vraie nature des dieux. Autrement dit, il rejetterait ces mythes traditionnels parce qu'ils sont pour lui une forme d' « idolâtrie ».

Ce poème est non seulement le plus long que nous possédions de Xénophane, mais aussi de la poésie dite « métasympotique », par quoi on entend les poèmes sur le banquet qui semblent destinés à être interprétés par le poète-chanteur durant un banquet. On peut le diviser en deux sections, la première étant une description de la mise en scène, la seconde une série d'aperçus des comportements convenables dans cette situation. Ce poème n'est certainement pas le seul à offrir de tels aperçus. La construction du verbe « il faut (*chrê*) » suivi de l'infinitif est très répandue dans les poèmes métasympotiques de l'époque archaïque. Par exemple, selon Phocylide de Milet, « il faut que ceux qui sont assis à un banquet où l'on porte les coupes à la ronde boivent le vin en causant agréablement »

27. LESHER, J.H., *Xenophanes: Fragments*, Toronto, University of Toronto Press, 1992, p. 53. Pour des appréciations semblables, voir entre autres BROADIE, S., « Rational Theology », dans Long, A.A. (dir.), *The Cambridge Companion to Early Greek Philosophy*, Cambridge, Cambridge University Press, 1999, p. 210 ; GREGORY, A., *The Presocratics and the Supernatural*, London, Bloomsbury, 2013, p. 102.

(Phocylide, fr. 14 Diehl). Xénophane lui-même a également chanté à un autre moment que

> « Auprès du feu, il faut parler ainsi, pendant l'hiver, quand on est allongé sur une couche moelleuse, rassasié, à boire un doux vin et à manger des pois chiches : "Qui es-tu et d'où viens-tu ? Quel est ton âge, mon cher ? Quel âge avais-tu quand le Mède est venu ?" » (Xénophane, B 22 D.-K. = D 54 L.-M.)

Dans le long poème transmis par Athénée, Xénophane assume donc un rôle bien défini, celui du poète-chanteur au banquet qui est censé être à la fois une source de sagesse symposiaque et un *arbiter elegantiarum*. Dans ce rôle, il prononce les cinq exhortations suivantes :

1. Il faut d'abord que des hommes d'humeur enjouée *célèbrent* le dieu par de pieux récits et des paroles pures, après avoir versé des libations et fait le vœu d'être en mesure d'agir justement – car, en vérité, ce sont des choses bienséantes, non des actes violents.
2. Il faut ensuite *boire* tant qu'on en est capable et que l'on puisse rentrer chez soi sans la conduite d'un esclave, à moins d'être trop âgé.
3. Il faut *louer* l'homme qui, après la boisson, fait entendre de nobles paroles, pour que l'on se souvienne de l'excellence et que l'on y aspire.
4. Il ne faut pas *raconter* les combats des Titans, ni ceux des Géants ou des Centaures, fabrications des générations précédentes, ni les violentes séditions : il n'y a rien là d'utile.
5. Il faut toujours *avoir un soin honnête* des dieux.

Les deux premières remarques exhortent le convive à adopter un comportement décent qui évite la démesure. La troisième et la quatrième, en revanche, concernent le sujet des discours que l'on doit prononcer. Les convives sont encouragés à prononcer de « nobles paroles » qui incitent à l'excellence et à ne raconter ni les combats « des Titans, ni ceux des Géants ou des Centaures », ni les « violentes séditions ».

On trouve un parallèle intéressant de la quatrième exhortation, celle qui est censée contenir une critique théologique importante, chez un autre poète-chanteur, Anacréon :

> « Je n'aime pas celui qui, lorsqu'il boit du vin près du plein cratère,
> Dit les querelles et la guerre douloureuse,
> Mais celui qui, les dons brillants des Muses et ceux d'Aphrodite
> Mêlant, songe à l'aimable plaisir. » (Anacréon, *Élégie*, 2, trad. G. Lambin)

En comparant ces deux passages, on commence à soupçonner que l'intérêt principal de Xénophane ne porte peut-être pas tant sur les Titans, les Géants ou les Centaures en tant que tels, mais plutôt sur ce qu'ils représentent[28]. Ces trois types d'êtres querelleurs étaient les paradigmes de l'*hubris* (mentionnée plus haut dans le poème) et de la *stasis* civique (mentionnée immédiatement après), même dans le contexte spécifique du banquet. Il suffit de penser au banquet des Lapithes[29], où les Centaures, sous l'effet du vin, tentèrent d'enlever la mariée, ce qui provoqua une bataille terrible entre eux et les hommes. Comme Anacréon, Xénophane met en garde les convives quant à la *malséance* des histoires de batailles et de querelles dans le contexte du banquet, car ces récits pourraient, en vérité, inspirer les convives et rapidement faire dégénérer la soirée en bagarre.

Mais que faire alors de cette allusion de Xénophane aux « fabrications (*plasmata*) des générations précédentes » ? En présupposant, comme on le fait souvent, qu'il veut accuser les mythologues d' « idolâtrie », il est certes facile de donner au mot « fabrication (*plasma*) » plus ou moins le sens de « mensonge (*pseudos*) ». Cependant, il n'est pas du tout évident que *plasma* ait ici un sens péjoratif. Xénophane pourrait très bien parler de la malséance d'un récit en fonction d'un contexte donné sans pour autant le qualifier catégoriquement de mensonge. De plus, dans la mesure où il s'agit de la première occurrence de ce mot dans nos sources, il serait sans doute plus prudent de lui attribuer un sens plus neutre, c.-à-d. le sens de « ce qui est façonné ».

L'insistance de Xénophane et d'Anacréon sur la retenue appropriée au banquet fait écho aux tentatives de légiférer, durant l'époque archaïque, sur le comportement des convives lors d'un banquet. En Grande Grèce, d'après les lois que Zaleucos aurait données aux Locriens vers le milieu du VIIe siècle, la consommation de vin non dilué était punie de la peine de mort (Athénée, *Les Deipnosophistes*, X, 429 A). En Grèce continentale, la législation de Pittacos de Mytilène stipulait que les crimes commis en état

28. Andrew Ford (*The Origins of Criticism: Literary Culture and Poetic Theory in Classical Greece*, Princeton, Princeton University Press, 2003, p. 53-66) propose une lecture similaire de ce poème, mais arrive à partir de là à des conclusions très ambitieuses concernant la nature orale de la poésie archaïque. Pour une critique des conclusions de Ford, voir HALLIWELL, S., « From Functionalism to Formalism. Or Did the Greeks Invent Literary Criticism? », *Arion*, 10, 3, 2003, p. 111-125.

29. Sur ce mythe, voir surtout Ovide, *Métamorphoses*, XII, 210 *sq.*

d'ivresse devaient être punis plus sévèrement que ceux des délinquants sobres (Aristote, *Pol.*, 1274 b 19 *sq.*).

Malgré ces tentatives, les débordements ont sans doute continué. L'excès est même encouragé par certains poètes, tels qu'Alcée :

> « Buvons ! Pourquoi attendre les lampes ? Il n'y a plus qu'un doigt de jour. Apporte, ami, les grandes coupes ouvragées : le fils de Sémélé et de Zeus a donné aux hommes le vin pour qu'il leur fasse oublier leurs soucis. Mélange un cyathe d'eau et deux de vin, remplis les coupes, (et à ras bord) ; qu'une coupe chasse l'autre. » (Alcée, fr. 346 Liberman, trad. G. Liberman)

> « Il ne faut pas abandonner notre cœur à nos malheurs, car nous n'arriverons à rien en étant affligés, Bycchis : le meilleur remède est de faire venir du vin et de s'enivrer. » (Alcée, fr. 335 Liberman, trad. G. Liberman)

> « J'ai entendu, le printemps fleuri venant... mélangez un cratère de ce vin suave comme miel, le plus vite possible » (Alcée, fr. 367 Liberman, trad. G. Liberman)

Alcée va également à l'encontre des conseils de Xénophane et d'Anacréon en parlant des conflits civils dans ses chansons de banquet, comme dans les vers suivants, où il fête la mort du tyran Myrsile, ennemi de sa faction politique :

> « Maintenant, il faut que chacun s'enivre et boive par force, puisque voilà Myrsile mort. » (Alcée, fr. 332 Liberman, trad. G. Liberman)

Le discours de modération et de retenue de Xénophane et Anacréon semble s'opposer, non pas à Homère, Hésiode et leurs aèdes, mais à un autre type de discours métasympotique, celui qui prend pour sujet les conflits et parfois encourage la démesure chez les convives. En ce sens, Xénophane ne paraît pas nous dire que ces discours sont mauvais (« mensongers ») selon des critères théologiques abstraits, mais plutôt qu'ils sont simplement « inutiles » (voire nuisibles) dans le contexte du banquet. Ce qui est surtout « utile » dans ce contexte est d'avoir toujours pour les dieux un soin honnête, une dernière exhortation qui fait écho à la première.

Replacée dans son contexte, la critique des lignes 21-23 du poème de Xénophane semble davantage concerner la convenance d'un poème à une situation donnée que les implications théologiques de son contenu.

Or, cette conclusion ne va pas sans soulever des questions importantes concernant les vers cités par Sextus et Clément, dans lesquels Xénophane semble accuser Homère et Hésiode d'anthropopathisme. Se pourrait-il que ces vers, dans leur contexte originel, fassent plutôt référence à l'inconvenance, dans certaines situations, des portraits des dieux dressés par les poètes épiques ? Les mêmes questions se posent également pour les vers concernant les descriptions anthropomorphiques des dieux. Doit-on, avec Clément et les Lumières, partir du principe qu'ils constituent une tentative, de la part de Xénophane, de miner la religion traditionnelle au profit d'une théologie nouvelle, celle d' « un dieu, plus grand parmi les dieux et les hommes » ? Ou bien, étant donné l'absence de toute indication concernant leur contexte textuel, ne devrait-on pas se montrer plus prudent ? À tout le moins, il semble désormais établi que le rejet de « l'idolâtrie » n'est pas la seule interprétation possible de la critique que Xénophane faisait de la représentation du divin par des poètes rivaux.

Une alternative au Xénophane « *Aufklärer* » : la culture des perspectives

Le portrait qui prête à Xénophane la critique de la religion des Lumières, on l'a dit, ne va pas sans difficulté. Pour le dépasser, il faut être prêt à abandonner la vision dichotomique des Lumières qui oppose sans autre façon une approche critique et une approche crédule du religieux.

Une des principales conséquences de la prédominance de « Xénophane l'*Aufklärer* » est que le débat savant le plus acharné à son sujet au vingtième siècle ne s'est pas vraiment penché sur la nature de ses critiques, seulement sur sa soi-disant « théologie positive ». Que faire, en effet, d'un Xénophane qui parle d' « *un dieu*, le plus grand parmi *les dieux* et les hommes », qui dit qu' « il faut tout d'abord célébrer *le dieu* », mais aussi qu' « il faut toujours avoir *des dieux* un soin honnête » ? Était-il le partisan d'un monothéisme radical, d'un polythéisme traditionnel ou même d'un hénothéisme[30] ? Après avoir survolé les nombreuses tentatives insatisfaisantes de ranger Xénophane dans l'un ou l'autre camp, H.S. Versnel

30. C'est-à-dire un système théologique dans lequel un dieu est considéré comme suprême ou supérieur aux autres.

propose une autre possibilité. Selon lui, les difficultés que nous avons à attribuer à Xénophane une pensée théologique cohérente pourraient venir du fait qu'il aurait adhéré à plusieurs théologies différentes en même temps[31].

Selon Versnel, ce qui importe n'est pas de résoudre les apparentes contradictions observées dans la pensée théologique de Xénophane, mais plutôt de constater que nous n'avons aucune preuve que Xénophane lui-même ait cherché à les résoudre. Si des représentations opposées du divin peuvent coexister au sein d'une culture à la même époque, peut-être peuvent-elles aussi coexister dans l'esprit d'un seul individu. Autrement dit,

> « *in the field of natural philosophy Xenophanes devised a radically new conception of god, yet did not even contemplate taking an equally radical leave from the cultic — and, one might even assume partly also from the mythical — conception of the (traditional) gods, who had always been and continued to be indispensable and essential materials for the construction of the (religious) symbolic universe of the polis*[32]. »

La façon la plus raisonnable, selon Versnel, de résoudre les débats incessants autour de la « théologie positive » de Xénophane serait d'admettre qu'il maintenait en même temps deux perspectives sur le divin qui étaient, selon nos critères habituels, fondamentalement incohérentes, voire contradictoires. Mais cette sorte d'« incohérence », non seulement par rapport aux questions théologiques, mais aussi par rapport aux questions morales et philosophiques en général, n'est guère confinée à Xénophane. Elle est en effet un trait caractéristique de la pensée archaïque et archaïsante, d'Homère à Hérodote, qui se traduit concrètement dans l'usage des *gnomai*, des maximes ou proverbes, et de la *parataxis*, ou la diction agglutinative[33]. Or, concernant les « grandes questions », on trouve souvent chez les auteurs archaïques non pas des thèses claires et nettes, mais des

31. Versnel, H. S., *Coping with the Gods*, 2011, p. 257.
32. Versnel, H. S., *Coping with the Gods*, 2011, p. 258.
33. Versnel, H. S., *Coping with the Gods*, 2011, p. 229.

proverbes différents, voire contradictoires, agglutinés les uns aux autres sans thème central apparent[34].

On peut faire le même constat concernant la question de l'anthropomorphisme à l'époque archaïque. Quelle est la vraie différence entre les hommes et les dieux ? Les auteurs archaïques sont ambigus. Les dieux sont décrits à la fois comme nos semblables et comme autres que nous :

> « Les hommes mortels et les dieux furent nés ensemble. » (Hésiode, *Les Travaux et les jours*, 108)

> « Il y a la race des hommes, il y a la race des Dieux. À la même mère nous devons de respirer, les uns comme les autres ; mais nous sommes séparés par toute la distance du pouvoir qui nous est attribué. L'humanité n'est que néant, et le ciel d'airain, résidence des Dieux, demeure immuable. Cependant nous avons quelque rapport avec les immortels par la sublimité de l'esprit et aussi par notre être physique, quoique nous ignorions quelle voie le destin a tracée pour notre course, jour et nuit. » (Pindare, *Néméennes*, VI, 1, trad. A. Puech)

> « Immortels mortels, mortels immortels, vivant la mort de ceux-ci, mourant la vie de ceux-là. » (Héraclite, B 62 D.-K. = D 70 L.-M., trad. Laks-Most)

Même dans l'*Iliade*, où l'anthropomorphisme des dieux est poussé à l'extrême, cette ambiguïté est présente. Dans la même scène où Diomède blesse Aphrodite, qui fuit en saignant l'*ichor*, Apollon avertit le guerrier de ne pas

> « égaler tes desseins aux dieux : ce seront toujours deux races distinctes que celle des dieux immortels et celle des humains qui marchent sur la terre. » (Homère, *Iliade*, V, 440-442, trad. P. Mazon)

34. Par exemple, sur la question de la « justice » divine, on trouve dans un même passage chez des auteurs comme Homère (par ex. *Iliade*, XIX, 86-96), Solon (par ex. fr. 13 West) ou Hérodote de multiples réponses divergentes (Versnel, H. S., *Coping with the Gods*, 2011, p. 163-212). Ainsi dans les récits de la leçon de Solon à Crésus et de la chute du roi (Hérodote, *Histoires*, I, 32-34 ; 86-91), Hérodote donne au moins quatre explications différentes pour la chute du tyran, telles que le destin ou la chance, l'intervention arbitraire des dieux, la jalousie des dieux ou encore la punition divine des fautes humaines. Hérodote, en effet, comme Homère, Solon et d'autres, semble moins préoccupé par l'idée de présenter des conclusions définitives sur la théodicée que de démontrer sa familiarité avec les multiples perspectives que l'on pouvait avoir sur celle-ci.

On trouve ici la juxtaposition de deux perspectives très différentes : un homme peut blesser un dieu au combat, mais entre les hommes et les dieux il y a un fossé infranchissable. Bacchylide aussi, malgré les vers cités plus haut, invoque les traits traditionnels, et hautement anthropomorphiques, des dieux : il chante innocemment Artémis « aux bras blancs » (*Épinicie*, V, 99) et la « blonde Pallas » (*Épinicie*, V, 92), ainsi que la jalousie et la tromperie des dieux.

Peut-on dire, sur la base des quatre citations fournies par Clément, que Xénophane fait exception et présente une vision du divin épurée de tout anthropomorphisme ? Si oui, il faut admettre que c'est un anti-anthropomorphisme encore immature, puisqu'au lieu de nous amener sur la voie de la théologie négative que suppose logiquement un dieu « en *rien* semblable aux mortels ni quant à son aspect ni quant à sa pensée », Xénophane nous dit de son dieu que « tout entier il voit, tout entier il pense, et tout entier il entend » (Xénophane, B 24 D.-K. = D 17 L.-M.), « *all very anthropoid qualities of an apparently male deity* »[35]. Mais, selon la vision dichotomique qui oppose approche critique et approche crédule du religieux, une telle incohérence théologique chez Xénophane, comme chez ses contemporains, serait le signe d'un manque d'esprit critique, voire de crédulité.

Toutefois, si on laisse de côté une telle vision, une autre possibilité s'ouvre à nous. On pourrait en effet entendre ce manque de cohérence comme le signe d'une autre vision du monde, qui n'implique pas un relativisme délibéré, mais la capacité d'accepter de multiples perspectives, souvent contradictoires, sur le même objet[36]. Munis de cette capacité, Xénophane et Bacchylide auraient pu critiquer l'anthropomorphisme et en même temps participer pleinement à la religion de leur époque. Anthro-

---

35. VERSNEL, H. S., *Coping with the Gods*, 2011, p. 381.

36. Comme le dit sans ménagement le titre de l'article de PERRY, B.E., « The Early Greek Capacity for Viewing Things Separately », *Transactions and Proceedings of the American Philological Association*, 68, 1937, p. 403-427. De nombreux auteurs modernes ont souligné ce fait chez les Grecs. On se contentera de mentionner ici SNELL, B., *Die Entdeckung des Geistes. Studien zur Entstehung des europaischen Denkensbei den Griechen*, Gottingen, Vandenhoeck & Ruprecht, 1975[4] ; OUDEMANS, Th.C.W., LARDINOIS, A.P.M.H., *Tragic Ambiguity. Anthropology, Philosophy and Sophocles' Antigone,* Leiden, Brill, 1987 ; PADEL, R., *In and Out of the Mind: Greek Images of the Tragic Self,* Princeton, Princeton University Press, 1992 ; COULOUBARITSIS, L., *Aux origines de la philosophie européenne*, De Boeck, Bruxelles, 1994.

pomorphisme et anti-anthropomorphisme ne seraient pas deux options mutuellement exclusives, l'une crédule et l'autre critique, mais plutôt deux perspectives *complémentaires* sur le divin.

Conclusion

Le paradigme d'un Xénophane « *Aufklärer* », initiateur chez les Grecs d'une approche critique du religieux semblable à celle des Lumières modernes, ne va pas sans des conséquences difficilement acceptables. Il nous oblige non seulement à faire fi des limites, bien réelles, de notre connaissance du poète, du fait de l'état fragmentaire de son « corpus », mais aussi à choisir entre la Scylla d'un Xénophane membre d'une élite culturelle hypocrite et le Charybde d'un Xénophane tout simplement moins rationnel que nous.

Il y a manifestement une critique chez Xénophane, comme chez d'autres poètes-penseurs de l'époque archaïque, qui touche souvent au domaine de ce que nous qualifierions de religieux. Cela n'a en soi rien de très étonnant, étant donné l'omniprésence de la religion dans la vie d'un Grec de cette époque. L'existence d'une telle critique témoigne, en elle-même, de l'absence de dogmatisme et d'orthodoxie rigide à l'époque archaïque, ou, pour le dire autrement, d'une sorte de liberté de pensée ambiante. Elle indique également le souci de trouver la meilleure façon de parler du divin, peut-être pas en général (ce qui soulèverait le spectre du dogmatisme), mais au moins dans un contexte particulier. Cependant, présenter Xénophane comme un *Aufklärer* ou comme un partisan d'une approche critique du religieux, termes lourds de connotations modernes, semble obscurcir plutôt qu'éclairer la vraie complexité que l'on trouve dans ses vers et dans la culture en laquelle ceux-ci s'enracinent. Parler d'une capacité à penser le divin d'une manière plurielle me paraît en revanche plus adapté à rendre compte de la richesse et des ambiguïtés des fragments de son œuvre qui nous sont parvenus.

Le dieu des philosophes

Sylvain Delcomminette (Université Libre de Bruxelles)

Introduction

Dans le cadre d'une étude de la naissance de la pensée critique en Grèce ancienne, la confrontation des philosophes à la religion est évidemment une question cruciale. La philosophie n'a-t-elle pas directement hérité d'un certain nombre de concepts de la religion ? Et si tel est le cas, cela ne manifeste-t-il pas une certaine dépendance de la première relativement à la seconde ? Je voudrais montrer ici qu'il n'en est rien, en me concentrant sur le concept de dieu (*theos*). Je ne m'attacherai toutefois pas aux penseurs ayant affiché une attitude ouvertement agnostique[1], voire athée[2], mais bien à des philosophes qui ont conféré au concept de dieu une place décisive dans leur pensée. J'essaierai de montrer que leur usage de ce concept implique par lui-même une critique radicale de la représentation traditionnelle des dieux et manifeste une grande liberté à l'égard de la

1. Au premier rang desquels Protagoras, qui déclare dans son célèbre fragment B 4 D.-K. : « À propos des dieux, je n'ai rien à dire, ni s'ils sont, ni s'ils ne sont pas, ni quelle est leur forme ; car de nombreux obstacles m'empêchent de le savoir : leur obscurité et la brièveté de la vie de l'homme. »
2. Sur l'athéisme antique, voir la contribution de Jean-Baptiste Gourinat au présent volume.

religion de leur temps. Lorsque la philosophie se l'approprie, le concept de dieu change radicalement de nature : il cesse d'être un concept *d'objet*, qui désigne immédiatement certaines entités dont le statut divin est d'emblée présupposé, pour devenir un concept *opératoire*, c'est-à-dire un concept qui cristallise certaines caractéristiques et exigences à partir desquelles seulement pourra se déterminer le type d'entité correspondant. Dans tous les cas que nous allons évoquer, ce concept signifiera avant tout un *idéal philosophique*, que celui-ci soit éthique ou théorique ; mais dans la mesure où cet idéal varie selon chaque philosophie, le concept de dieu y prendra également des figures très diverses.

On pourrait sans doute faire remonter cette appropriation libre et critique du concept de dieu par la philosophie au moins à Xénophane, qui d'une part reproche à la théologie homérique et hésiodique son caractère immoral (B 11-12 D.-K.), anthropocentrique (B 14-15 D.-K.) et ethnocentrique (B 16 D.-K.) et d'autre part élabore une conception nouvelle d'un dieu suprême, parfait et non-anthropomorphe (B 23-26 D.-K.)[3]. Je me focaliserai toutefois ici sur Platon, Aristote, Épicure et les Stoïciens, dont le traitement proprement philosophique du concept de dieu me paraît analogue, tout en débouchant bien entendu sur des philosophies radicalement différentes et parfois violemment antagonistes[4].

Platon

À première vue, les divinités traditionnelles sont omniprésentes dans l'œuvre de Platon. Certains ont soutenu que cela montrait leur importance philosophique[5], ce qui s'expliquerait par le fait que « dans le contexte qui est le sien, aux sources de la démarche philosophique, il […] est impossible [à Platon] d'opérer une séparation radicale entre la philosophie et la tradition religieuse transmise par le mythe et s'exprimant dans le

---

3. Voir toutefois la perspective différente sur Xénophane développée dans ce recueil par Simon Fortier.

4. Pour un aperçu plus complet de la question, voir BABUT, D., *La Religion des philosophes grecs, de Thalès aux Stoïciens*, Paris, Presses universitaires de France, 1974.

5. Voir récemment LEFKA, A., *« Tout est plein de dieux ». Les Divinités traditionnelles dans l'œuvre de Platon*, Paris, L'Harmattan, 2013.

rite »[6]. Je pense que c'est tout le contraire : si Platon ne cesse effectivement d'invoquer les dieux traditionnels, il le fait avec une liberté et une indépendance qui montrent qu'il ne se sent lié par aucune croyance préalable. Mais il faut prendre garde à ne pas se laisser tromper par les effets du procédé naguère étudié par Auguste Diès sous la dénomination de « transposition platonicienne »[7] : certes, Platon mobilise sans cesse le langage de la religion et de la mythologie traditionnelles, ainsi que celui des mystères, mais cela ne signifie en aucun cas qu'il s'y soumet ; tout en conservant leur valeur affective, il leur confère un sens radicalement nouveau, qui trouve sa source dans la philosophie elle-même.

Cette attitude très libre par rapport à la religion traditionnelle se manifeste dès l'*Apologie de Socrate*. Face à l'accusation de ne pas croire aux dieux de la cité et d'introduire de nouvelles divinités, comment procède Socrate ? Il commence par faire dire à Mélétos qu'il accuse en fait Socrate d'être totalement athée (26 c-d) – ce qui est pour le moins aventureux au vu de la formulation de l'acte d'accusation –, puis lui fait remarquer que dans ce cas, il se contredit en soutenant par ailleurs qu'il introduit de nouvelles divinités sous la forme de son fameux démon (26 e-28 a). Bref, Socrate opère une réfutation (*elenchos*) dans les règles en cherchant à montrer que la plainte de Mélétos se contredit elle-même. On peut estimer qu'il s'agit là d'une manière habile de contourner le fond de l'accusation sans jamais y répondre directement. Et pour cause : tel que le présente Platon, il est difficilement niable que Socrate introduit bel et bien, davantage encore qu'une nouvelle divinité, une nouvelle *conception* de la divinité, radicalement opposée aux représentations traditionnelles des dieux. D'ailleurs, toute la suite de l'*Apologie* vise à montrer que la véritable piété consiste pour Socrate à pratiquer l'*elenchos*, car c'est seulement de cette manière qu'il peut être fidèle à la mission que lui a confiée Apollon, par l'intermédiaire d'un oracle que seul le Socrate platonicien pouvait interpréter comme il l'interprète.

Rappelons brièvement cet épisode fameux (*Apologie*, 21 a *sq.*). Socrate raconte qu'un jour, son ami Chéréphon, s'étant rendu à Delphes, osa demander à l'oracle d'Apollon s'il y avait quelqu'un de plus sage

---

6. L. Brisson, Préface à Lefka, A., « *Tout est plein de dieux* », 2013, p. 9.
7. Diès, A., « La Transposition platonicienne », dans *Autour de Platon. Essais de critique et d'histoire. II : Les dialogues – Esquisses doctrinales*, Paris, Beauchesne, 1927, p. 400-449.

(σοφώτερος) que Socrate ; et la Pythie répondit que personne n'était plus sage. Socrate fut très troublé de cette révélation, dans la mesure où il était bien conscient de n'être nullement sage. Mais Socrate savait également que les dieux ne pouvaient mentir, et décida dès lors de chercher à comprendre le sens caché de l'oracle. Pour ce faire, il alla trouver ceux qui passaient pour les plus sages aux yeux de ses concitoyens, en commençant par les hommes politiques, et se mit à les interroger et à les soumettre à l'examen dans le but avoué de réfuter (cf. ἐλέγξων, 21 c 1) la réponse de l'oracle en montrant qu'il y avait plus sage que lui. Mais c'est tout le contraire qui se produisit : en effet, il se rendit bien vite compte qu'il pouvait facilement réfuter les réponses que ces prétendus savants offraient à son examen, de sorte que ces gens n'en savaient en réalité nullement plus que lui, tout en étant persuadés du contraire. Socrate renouvela alors l'expérience avec des poètes puis avec des artisans, et il aboutit à une conclusion identique : même dans le cas où, comme les artisans, ces hommes connaissaient des choses que lui-même ignorait, en ce qui concerne les choses les plus importantes, celles qui concernent la question « comment dois-je vivre ? », tous se trouvaient dans le même état d'ignorance. L'ignorance de ses interlocuteurs, toutefois, se redouble en ce qu'elle n'est pas consciente d'elle-même, tandis que Socrate, pour sa part, sait qu'il ne sait pas. C'est en cela, conclut-il, qu'il est plus sage que tous les autres, de sorte que le dieu avait raison de le déclarer tel – même si la sagesse qui lui appartient est seulement une sagesse humaine et non une sagesse divine[8].

De prime abord, il pourrait sembler qu'en situant son activité sous l'égide d'Apollon, par l'intermédiaire, qui plus est, d'une institution aussi bien ancrée dans la vie civique que l'oracle de Delphes, Socrate cherche à lui conférer une légitimité en l'insérant dans le cadre de la religion traditionnelle. Après tout, Socrate ne poursuit-il pas en se déclarant au service du dieu pour manifester l'ignorance de ces faux sages (23 b) ? À y regarder de plus près, toutefois, la situation est beaucoup plus complexe. Tout d'abord, Socrate commence par affirmer comme une évidence que les dieux ne peuvent mentir. Or cela est loin d'aller de soi dans la religion grecque, où les dieux manient le mensonge avec une grande dextérité

8. Pour une analyse plus approfondie de cet épisode et de la distinction entre sagesse (ou savoir) humaine et divine, voir le chapitre de Louis-André Dorion dans ce volume.

– ce qui attirera précisément les foudres de Platon dans la *République*. D'emblée, donc, Socrate se fonde sur une conception de dieu qui s'éloigne de la représentation traditionnelle. Ensuite, ce postulat ne l'empêche pas de former le projet de réfuter l'oracle, et donc Apollon lui-même. Bien sûr, la mise en œuvre de ce projet le conduira bien plutôt à réfuter les autres hommes, et ainsi à manifester le caractère irréfutable de l'oracle (ἀνέλεγκτος, 22 a 8) ; mais qu'il ait pu le former montre que la seule autorité à laquelle il accepte de se soumettre est celle de la raison ou de l'intelligence (cf. *Criton*, 46 b), qui doit accorder sa caution aux paroles divines elles-mêmes. Enfin, c'est la piété elle-même qui se voit redéfinie dans le processus : pour Socrate, être pieux, ce n'est plus s'adonner scrupuleusement aux cultes de la cité, mais bien plutôt « vivre en philosophant et en procédant à l'examen de [lui]-même et des autres », puisque telle est la place que lui a assignée le dieu (28 e) ; et ce sont ses accusateurs qui sont impies en voulant l'en empêcher[9]. Dès l'*Apologie*, donc, la véritable piété devient la vie philosophique en tant que pratique de la dialectique, ce qui explique qu'elle puisse tantôt être incluse dans la liste des vertus cardinales (par exemple en *Protagoras*, 330 b et *Lachès*, 199 d) tantôt en être omise (en particulier en *République*, IV, 427 e), dans la mesure où elle fait d'une certaine manière double emploi avec la sagesse (*sophia*) et la pensée (*phronèsis*).

La remise en question de la conception traditionnelle des dieux est explicite dès l'*Euthyphron* (*cf.* 6 a-c), mais c'est évidemment dans la *République* qu'elle se déploie dans toute son ampleur. Comme on le sait, dans le cadre de sa critique générale de l'éducation traditionnelle à Athènes, Socrate s'attaque notamment à la représentation des dieux véhiculée par les mythes, et en particulier par Homère (*République*, II, 376 e-383 c). Il énonce alors deux « lois » (*nomoi*), également appelées « modèles » (*tupoi*), concernant les dieux : 1) étant parfaitement bon, dieu n'est pas la cause de toutes choses, mais seulement des biens (380 c) ; 2) étant parfaitement véridiques, les dieux ne trompent pas les hommes, que ce soit en paroles ou en actes (383 a). D'où viennent ces *tupoi* ? Certainement pas de la religion traditionnelle, qui au contraire va subir une critique radicale sur leur base. Il s'agit au contraire de présupposés

---

9. Sur la piété socratique, voir l'article classique de VLASTOS, G., « Socratic Piety », trad. fr. Dalimier, C., dans *Socrate, Ironie et philosophie morale*, Paris, Aubier, 1991, p. 219-247.

purement platoniciens, consistant à faire désigner par le terme *theos* l'idéal suprême de la philosophie : ce qui est parfaitement bon, parfaitement vrai, inaccessible à l'altération et à la corruption. Un tel passage témoigne dès lors de la souveraineté de la philosophie, qui légifère sur les questions divines elles-mêmes – ici dans un but essentiellement politique. Quant aux mythes qui mettent les dieux en scène, ils sont tantôt condamnés comme de pures « histoires de vieilles femmes », tantôt réinterprétés à partir d'un principe extérieur à la tradition qui en modifie complètement le sens[10]. Certes, le philosophe hérite de la tradition, mais il la subvertit radicalement en la soumettant à ses propres critères.

On objectera peut-être que Platon n'en est pas moins un fervent critique de l'athéisme, qu'il condamne durement dans le livre X des *Lois*, où il va jusqu'à proposer la peine de mort à l'encontre des athées irréductibles. Sans pouvoir m'attarder ici sur ce texte essentiel[11], je me contenterai des remarques suivantes. Quelles sont les cibles explicites de l'Étranger d'Athènes ? Ce sont ceux qui pensent, soit que les dieux n'existent pas, soit qu'ils existent mais n'ont aucun souci des hommes, soit qu'ils sont faciles à fléchir et se laissent influencer par les sacrifices et les prières (885 b). Notons déjà que le troisième groupe inclurait en réalité une bonne partie de la population prétendument pieuse selon les critères traditionnels, qui recevaient la caution de la religion civique de l'époque. Mais très rapidement, il s'avère que la véritable cible de l'Athénien, ce sont les physiologues matérialistes, qui traitent le feu, l'eau, la terre et l'air comme les premiers éléments de toutes choses en leur réservant le nom de « nature » (*phusis*) et font de l'âme un produit secondaire (cf. 891 c). À tel point que tout l'enjeu de la démonstration qui suit, présentée comme concernant « la véritable essence des dieux », est de montrer que la *phusis* véritable est bien plutôt l'âme (cf. 891 e-892 c). La suite précisera que ce n'est pas toute âme, mais l'âme bonne, celle qui suit l'intelligence, qui prend soin du monde dans son ensemble et constitue la véritable divinité (897 c, 898 c-899 d). On voit ainsi comment la question de l'athéisme se transforme en une question purement philosophique, à savoir celle de

10. Voir en particulier *Politique*, 269 b-c, dialogue dans lequel cette réinterprétation est d'ailleurs présentée comme un simple « jeu » (παιδιά, 268 e).

11. Pour une étude plus approfondie, voir la contribution de Jean-Baptiste Gourinat à ce recueil.

l'essence même de la divinité, et par voie de conséquence de la *phusis*. Dans les *Lois*, c'est donc à nouveau la philosophie qui légifère sur les dieux et sur la religion, et ce dans une optique avant tout morale (cf. 907 c) : en aucun cas elle ne s'y soumet.

Bien sûr, le contraste entre cette liberté avec laquelle le philosophe traite des questions divines et religieuses et le caractère contraignant des lois, y compris des lois religieuses, qu'il institue au sein de la cité qu'il organise, que ce soit dans la *République* ou dans les *Lois*, est saisissant. Mais il n'y a là aucune contradiction, car il s'agit de deux plans différents : le plan *dialectique*, sur lequel le philosophe ne doit soumettre son intelligence à aucune réglementation externe (cf. *Lois*, IX, 875 c-d), et le plan *politique*, censé transmettre les bienfaits de la philosophie aux non-philosophes, et où doit avant tout se réaliser l'*ordre* ; or dans ce cadre, Platon considère que la réglementation religieuse est non seulement utile, mais indispensable si l'on souhaite éviter le chaos, et ce précisément parce que tout le monde ne peut pas devenir philosophe. Une fois réformée par la philosophie, la religion devient donc un instrument politique du philosophe.

Qu'est-ce en définitive que dieu pour Platon ? Comme le fait remarquer Gerd Van Riel[12], deux grandes tendances divisent les interprètes sur ce point. Selon la première, que Van Riel nomme « cosmologique », les dieux de Platon seraient des forces personnifiées responsables de l'ordre du monde sensible ; dans ce cadre, le dieu suprême de Platon serait le Démiurge du *Timée*, dieu artisan (*dèmiourgos*) du monde dans lequel nous vivons. Selon la seconde, qu'il nomme « métaphysique », ils correspondraient plutôt aux Idées platoniciennes, le dieu suprême de Platon étant alors identifié à l'Idée du bien de la *République*. Van Riel lui-même opte pour une variante de l'interprétation cosmologique, selon laquelle les dieux seraient des âmes douées d'intelligence qui, loin de s'identifier aux Idées, leur seraient subordonnées en tant qu'elles doivent se régler sur elles pour réaliser l'ordre du monde sensible. Si je suis tout à fait d'accord avec Van Riel pour distinguer ces deux approches possibles de la théologie de Platon, afin d'éviter par exemple d'identifier l'Idée du bien de la *République* au Démiurge du *Timée*, ou plus généralement de conférer aux Idées une efficacité cosmologique immédiate, je ne pense pas qu'il soit nécessaire d'opter pour l'une au détriment de l'autre. Il est certain que les dieux sont

12. Van Riel, G., *Plato's Gods*, Farnham, Ashgate, 2013, p. 2.

souvent conçus comme des âmes intelligentes par Platon[13] – nous venons de le voir dans les *Lois* – ; mais, bien qu'on affirme parfois le contraire, on peut également trouver des passages où les Idées sont non seulement qualifiées de divines, mais identifiées à des dieux[14]. Y a-t-il là une incohérence ? À mes yeux, cette conclusion ne s'impose pas, à condition de comprendre que chez Platon, le concept de dieu a pour principale fonction non pas de désigner un certain type d'entité, mais bien plutôt d'indiquer un *idéal de perfection immuable*, conformément aux « modèles » introduits dans la *République*. Un tel idéal peut prendre des formes diverses dans des contextes et des dialogues différents, selon que ceux-ci privilégient une approche « cosmologique » ou une approche « métaphysique » (je dirais plutôt « dialectique ») ; mais il remplit toujours la même fonction, adaptée aux contraintes propres à la perspective en question. Le concept de dieu devient ainsi entre les mains du philosophe un *outil* qui revêt un contenu différent selon la perspective adoptée.

Cela n'implique en aucun cas que le concept de dieu perde ainsi de sa consistance ni de son importance. Au contraire, en tant qu'idéal de perfection, dieu devient un modèle à imiter, selon le célèbre mot d'ordre du *Théétète* :

> « Cela montre quel effort s'impose : d'ici-bas vers là-haut s'évader au plus vite. L'évasion, c'est de s'assimiler à dieu (ὁμοίωσις θεῷ) dans la mesure du possible (ὁμοίωσις θεῷ κατὰ τὸ δυνατόν) : or on s'assimile en devenant juste et pieux avec la pensée (μετὰ φρονήσεως). (...) Dieu n'est, sous aucun rapport et d'aucune façon, injuste : il est, au contraire, suprêmement juste, et rien ne lui ressemble plus que celui de nous qui, à son exemple, est devenu le plus juste possible. » (176 a-c, trad. A. Diès légèrement modifiée)

13. Notons toutefois que dans le *Phèdre*, Socrate décrit plutôt dieu comme « un vivant immortel qui a une âme et un corps naturellement unis pour une durée éternelle » (ἀθάνατόν τι ζῷον, ἔχον μὲν ψυχήν, ἔχον δὲ σῶμα, τὸν ἀεὶ δὲ χρόνον ξυμπεφυκότα, 246 c-d) ; mais il précise que nous nous forgeons (πλάττομεν) cette conception de dieu « sans les voir ni les concevoir suffisamment » (οὔτε ἰδόντες οὔτε ἱκανῶς νοήσαντες) (246 c-d).

14. Ainsi, dans le *Phédon*, lorsque Socrate affiche son espoir que la mort, c'est-à-dire la séparation de l'âme et du corps, le fera rejoindre des dieux qui sont des maîtres parfaitement bons (63 c, 81 a), il est clair qu'il vise les Idées (cf. 67 a-b, 79 d, 80 b). De même, lorsque Timée dit que ce monde est une « image engendrée des dieux éternels » (τῶν ἀιδίων θεῶν γεγονὸς ἄγαλμα, *Timée*, 37 c 6-7) et ajoute que ce modèle est un vivant éternel (ζῷον ἀίδιον, d 1), les dieux éternels en question ne peuvent être que les Idées contenues dans le « vivant en soi » (cf. 30 c-d).

Dans son article fondamental sur l'assimilation à dieu, David Sedley souligne que dans ce texte, l'étalon de la justice n'est pas l'Idée de la justice, mais dieu[15]. Je ne suis pas certain que le contraste soit si fort, cependant. D'une part, comme je viens de le signaler, on trouve chez Platon des contextes où les Idées sont clairement assimilées à des dieux. De ce point de vue, on peut considérer que ce passage du *Théétète* est strictement parallèle à celui de *République*, VI, 500 b-d, où le philosophe est décrit comme ordonnant son âme en imitant et en s'assimilant le plus possible (μιμεῖσθαι τε καὶ ὅτι μάλιστα ἀφομοιοῦσθαι, 500 c 6) à des réalités (certes ici seulement qualifiées de « divines ») qui ne commettent pas d'injustices les unes envers les autres, à savoir les Idées, ce qui le rend lui-même « aussi divin qu'il est possible à un homme » (θεῖος εἰς τὸ δυνατὸν ἀνθρώπῳ, 500 d 2). Et d'autre part, même si l'on pense que le dieu dont il est question dans le passage du *Théétète* doit plutôt être conçu comme une âme intelligente (selon la perspective « cosmologique »), c'est précisément en raison de son intelligence qu'il est parfaitement juste ; or être intelligent, pour Platon, cela signifie penser pleinement les Idées elles-mêmes, notamment l'Idée de la justice, et se régler sur elles. De cette manière aussi, donc, s'assimiler à dieu, c'est de toute façon activer son intelligence en pensant les Idées, bref pratiquer la dialectique aussi parfaitement que possible. Or l'intelligence est pour Platon ce qui est divin en nous. Dès lors, pratiquer la dialectique, c'est prendre soin de notre élément divin (cf. *Tim.*, 90 b-c), c'est-à-dire en définitive nous montrer réellement pieux. On rejoint ainsi par une autre voie la définition socratique de la piété par la vie philosophique, que nous avons vue à l'œuvre dès l'*Apologie de Socrate*.

Aristote

La situation me paraît similaire en ce qui concerne Aristote. Dans son ouvrage *Aristote et la théologie des vivants immortels*, R. Bodéüs soutient au contraire, en rupture déclarée avec l'interprétation dominante, qu'Aristote demeurerait fondamentalement fidèle à la conception des dieux

15. SEDLEY, D., « The Ideal of Godlikeness », dans Fine, G. (dir.), *Plato 2: Ethics, Politics, Religion, and the Soul*, Oxford, Oxford University Press, 1999, p. 312.

de la religion polythéiste, dont il transférerait « métaphoriquement » les caractéristiques à ses principes ultimes – sans aucun souci d'élaborer une « théologie philosophique »[16]. Pour ce faire, Bodéüs s'appuie essentiellement sur les traités éthiques et politiques d'Aristote, où celui-ci fait parfois appel aux croyances de son temps pour illustrer son propos. Si une telle méthode présente l'avantage d'attirer l'attention sur des textes souvent négligés, elle me paraît contestable dès lors qu'il s'agit de nier le projet aristotélicien d'élaborer une théologie spéculative, car il est clair que ce n'est pas dans ces traités qu'un tel projet est appelé à se déployer. Bien plus, ces traités s'adressent à un auditoire relativement large, composé d'« hommes de bien » qui ne sont pas nécessairement philosophes mais souhaitent renforcer la vertu implantée en eux par l'habitude en la faisant bénéficier du regard aiguisé de la philosophie (cf. *Éthique à Nicomaque*, I, 1, 1094 b 27-1095 a 11 ; 2, 1095 b 4-8). Dans un tel contexte, il est tout à fait pertinent de faire appel aux croyances communes de l'époque, sans que cela implique nécessairement une adhésion d'Aristote à la littéralité de celles-ci. Si l'ambition d'élaborer une théologie proprement philosophique existe chez Aristote, elle ne peut être cherchée que dans la *Métaphysique*, qui nomme explicitement en une occasion la « science recherchée » dans ce traité « <philosophie> théologique » (θεολογική, *Métaphysique*, E, 1, 1026 a 19). Certes, Bodéüs a raison d'insister, après d'autres, sur le fait que cette expression n'est pas synonyme de *theologia*, qui chez Aristote désigne, non sans une nuance péjorative, le discours des poètes sur les dieux traditionnels (*Météorologiques*, II, 1, 353 a 34-35 ; voir également les occurrences de *theologoi* et du verbe *theologein* en *Métaphysique*, A, 3, 983 b 29 ; B, 4, 1000 a 9 ; Λ, 6, 1071 b 27 ; 10, 1075 b 26 ; N, 4, 1091 a 34) ; il n'en reste pas moins que le choix par Aristote de décrire la science qu'il est en train d'élaborer au moyen d'une telle expression doit avoir des motifs plus profonds que ceux quasi métaphoriques admis par Bodéüs. Il est vrai que les raisons avancées dans le livre E demeurent obscures – j'y reviendrai –, et que du divin, il ne semble pratiquement plus être question dans la suite de la *Métaphysique* jusqu'à la fin du livre Λ ; mais précisément, dans ce dernier livre va s'opérer une redéfinition du concept de dieu, qui permettra de comprendre rétrospectivement que toute

16. Bodéüs, R., *Aristote et la théologie des vivants immortels*, St-Laurent – Paris, Bellarmin – Les Belles Lettres, 1992.

la recherche précédente était *déjà* théologique, en ce qu'elle traitait du divin en un nouveau sens.

On désigne parfois le livre Λ comme le livre « théologique » de la *Métaphysique*, ce qui est excessif, car cette caractérisation se focalise sur ses cinq derniers chapitres au détriment des cinq premiers. L'objectif général de ce livre est plutôt de déterminer si et en quel(s) sens il existe des principes communs à toutes les *ousiai*[17] sensibles. Au terme du chapitre 5, Aristote dégage deux sens en lesquels ces principes ne sont pas identiques – l'identité numérique et l'identité générique – et trois sens en lesquels ils le sont – l'identité par analogie, l'identité « relativement à un principe unique » (*pros hen*) et l'identité d'un principe de mouvement commun à tout l'univers. C'est à ce dernier sens, le seul qui n'ait pas encore été exploré dans les livres précédents, qu'il se consacre à partir du chapitre 6. Il commence par montrer qu'*il y a* une telle cause, premier moteur immobile présupposé par l'éternité du mouvement dans l'univers (6, 1071 b 3-7, 1072 a 26), puis explique *comment il meut*, à savoir en tant que bien suprême et donc objet de désir par excellence (7, 1072 a 26-b 13), avant de préciser davantage *ce qu'il est* (1072 b 13-30). C'est ce dernier moment qui m'intéresse ici, puisque c'est seulement à ce niveau qu'Aristote va lui conférer la dénomination de « dieu ».

Commençons par citer ce texte très dense :

> « C'est donc d'un tel principe que dépendent le ciel et la nature. Son mode de vie (διαγωγή) est tel que le meilleur que nous <pouvons vivre> pendant un court laps de temps. En effet, lui est toujours ainsi (mais pour nous, c'est impossible), puisque son acte est également plaisir (...). Et l'intellection par elle-même est <intellection> du meilleur par soi, et celle qui l'est le plus l'est de celui qui l'est le plus. Et l'intelligence se pense elle-même par une saisie de l'intelligible : en effet, elle devient intelligible en touchant et en pensant, de sorte que c'est la même chose que l'intelligence et l'intelligible. En effet, ce qui reçoit l'intelligible et l'*ousia* est intelligence, et elle est en acte en le possédant, de sorte que c'est celui-ci [*sc.* l'intelligible], plus que celui-là [*sc.* ce qui le

17. Le terme *ousia* est généralement traduit par « substance » chez Aristote. Cette traduction historiquement connotée est problématique, pour des raisons qu'il n'est ni possible ni utile de développer ici, et aucune alternative n'est pleinement satisfaisante. Je me permettrai dès lors de conserver le terme grec translittéré, qui présente l'avantage de ne pas préjuger de son interprétation.

reçoit], que l'intelligence semble avoir de divin, et la contemplation (ἡ θεωρία) est ce qu'il y a de plus plaisant et de meilleur. Si donc dieu a toujours cette condition parfaite, comme nous parfois, c'est admirable ; mais si c'est une condition meilleure, c'est encore plus admirable. Or il en est bien ainsi. Et certes, la vie lui appartient : car l'acte d'une intelligence est vie, et cet acte, c'est lui : est acte sa vie qui est par elle-même la meilleure et éternelle. Nous affirmons dès lors que dieu est un vivant éternel et le meilleur (φαμὲν δὴ τὸν θεὸν εἶναι ζῷον ἀΐδιον ἄριστον), de sorte que vie et durée continue et éternelle appartiennent à dieu : car c'est cela, dieu (τοῦτο γὰρ ὁ θεός). » (1072 b 13-30)

Il y aurait beaucoup à dire sur ce texte célèbre, mais ce qui m'intéresse avant tout dans le contexte actuel, c'est sa conclusion : *car c'est cela, dieu*. Celle-ci montre en effet que nous assistons ici à une redéfinition radicale du concept de dieu[18]. D'après ce texte, dieu, ce n'est *rien d'autre* que la pensée éternellement en acte, qui est en même temps la vie la meilleure, et donc le désirable premier. Difficile d'être plus éloigné des dieux civiques ou homériques : il est clair que nous avons ici affaire à un concept purement philosophique de dieu, en ce sens que le mot « dieu » est simplement utilisé par Aristote pour désigner le principe ultime de sa philosophie, dont la nature a été dégagée par toute l'argumentation qui précède, et dont nous verrons qu'il est également un idéal éthique. Et

18. R. Bodéüs cherche à diminuer l'importance de ce texte en soutenant qu'à la ligne b 28, le δέ des manuscrits doit être maintenu (*Aristote et la théologie des vivants immortels*, 1992, p. 44-45) contre la correction δή éditée par Ross et Jaeger sur base de Themistius et de Bonitz (que j'ai adoptée ci-dessus), de sorte que cette ligne signifierait plutôt « Nous disons d'ailleurs que le dieu est un vivant éternel parfait » (cf. p. 46). Même s'il a raison, toutefois, je ne pense pas que cela implique qu'Aristote, loin de tirer ses propres conclusions sur l'essence de dieu, se contenterait d'en appeler à ce qui est ordinairement dit de dieu : outre que je ne vois aucune raison de considérer que le sujet de φαμέν serait les Grecs en général plutôt qu'Aristote lui-même, les mots essentiels me paraissent être les quatre derniers de l'extrait, τοῦτο γὰρ ὁ θεός, qui ne sont pas discutés par Bodéüs, mais dont le γάρ me semble largement compenser l'éventuelle absence de δή précédente. D'ailleurs, ce n'est pas cette ligne qui introduit la dénomination de dieu pour désigner le principe en question, puisqu'on la trouve déjà à la ligne b 25, où dieu est caractérisé par son état de contemplation parfaite et éternelle ; et à la ligne b 27, Aristote identifiait déjà ce dieu (ἐκεῖνος) à l'acte de l'intelligence – ce qui, dans les deux cas, n'a plus grand-chose à voir avec les dieux homériques. La correction (minime) δή permet de mieux suivre le fil des idées dans ce passage, où Aristote a dû *argumenter* pour montrer que son dieu était bien *vivant*, et ce de manière continue et éternelle.

c'est *à partir de ce concept* qu'Aristote en vient ensuite à justifier dans une certaine mesure les croyances traditionnelles sur les dieux, en considérant que celles-ci contiennent un noyau de vérité que sa philosophie permet de retrouver, mais qui a été recouvert sous un habillage mythique « afin de persuader la foule et à l'usage des lois et de l'intérêt commun » (8, 1074 b 4-5)[19]. Ce qui est frappant dans cette démarche, c'est une nouvelle fois la liberté et la souveraineté avec lesquelles le philosophe se pose en juge des croyances populaires, quelle que soit l'antiquité dont elles puissent se prévaloir : celles-ci n'ont de valeur que pour autant qu'elles soient confirmées par la philosophie, qui ce faisant leur confère également une signification radicalement nouvelle.

Or si dieu est acte pur, cela implique que la part d'acte présente en chaque chose peut être considérée comme divine. Tel est à mes yeux le sens de la première partie de l'ultime chapitre du livre Λ – qui devait sans doute conclure la *Métaphysique* dans son ensemble –, où Aristote soutient que « la nature du tout » possède le bien suprême *à la fois* comme quelque chose de séparé (le dieu dont il vient d'être question) *et* comme son ordre, qui résulte du fait que toutes les choses tendent vers ce bien suprême et, ce faisant, s'auto-organisent en accomplissant leur propre nature (1075 a 11-23). Cette nature propre à chaque chose, c'est son *eidos* – sa forme ou sa spécificité, qui est également son essence, ce qui fait qu'elle est ce qu'elle est. Comme l'ont établi les livres précédents de la *Métaphysique*, en particulier H et Θ, l'*eidos* de tout composé peut être interprété comme son acte, de sorte que c'est en réalisant le plus parfaitement celui-ci que chaque chose se rapproche autant que possible de dieu comme acte pur. On peut aller plus loin : dans la *Physique*, Aristote fait de l'essence et de la forme le moteur immobile de chaque chose, qui la meut à titre de fin (cf. II, 7, 198 b 1-4). On comprend dès lors que l'*eidos* puisse être considéré comme la part divine de tout être, ce qui explique que dans les *Parties des animaux* (I, 5, 644 b 22-645 a 23), Aristote puisse reprendre à son compte la réplique d'Héraclite « les dieux sont aussi dans

---

19. Certes, les « *ousiai* premières » dont Aristote parle dans ce passage (1074 a 38-b 14) sont plutôt les sphères célestes, mais leur caractère divin se fonde lui-même dans leur intelligence en acte qui les meut à titre de cause finale, et repose donc sur le concept de dieu mis au jour dans le passage précédent (sur les aspects cosmologiques de la « théologie » aristotélicienne, voir en particulier MENN, S., « Aristotle's Theology », dans Shields, C. (dir.), *The Oxford Handbook of Aristotle*, Oxford, Oxford University Press, 2012, p. 422-464).

la cuisine » pour justifier l'étude des animaux les plus répugnants : en tant qu'êtres naturels, ceux-ci ont également une part de divin, à savoir leur *eidos* qui fait d'eux ce qu'ils sont, et qui à ce titre doit particulièrement retenir l'attention du biologiste.

À mon sens, c'est également ce qui explique que la « science recherchée » dans la *Métaphysique* puisse être désignée comme « science théologique » sans pour autant renoncer à son universalité. Dans le livre E, Aristote justifie cette appellation en disant que cette science étudie des causes qui sont séparées et immobiles, qui sont causes « pour celles des choses divines qui sont apparentes » (τοῖς φανεροῖς τῶν θείων, 1026 a 18), et que « si le divin est quelque part, il est dans une telle nature » (εἴ που τὸ θεῖον ὑπάρχει, ἐν τῇ τοιαύτῃ φύσει ὑπάρχει, a 20-21). On comprend généralement que, par l'expression « celles des choses divines qui sont apparentes », Aristote vise les astres et que les causes de ceux-ci correspondent aux intelligences des sphères qui en sont les moteurs immobiles ; de sorte que l'objet de la philosophie ici qualifiée de « théologique » se réduirait aux moteurs immobiles étudiés dans les derniers chapitres du livre Λ. Cette interprétation me paraît cependant trop restrictive. Notons tout d'abord que, dans tout ce passage, Aristote ne parle pas de dieu ou des dieux, mais du divin (τὸ θεῖον) ou des choses divines. Or, s'il mentionne « celles des choses divines qui sont apparentes », c'est qu'il existe également des choses divines qui ne sont pas apparentes. Ce sont précisément celles-ci, en tant que causes de celles-là, qui font à proprement parler l'objet de la science théologique. Certes, une telle description s'applique parfaitement aux intelligences des sphères ; mais en réalité, elle pourrait également valoir pour l'*eidos* de n'importe quel composé, qui comme nous venons de le voir correspond à la part divine de cet être. Et de fait, l'*eidos* d'un composé peut être considéré comme séparé (certes seulement τῷ λόγῳ, H, 1, 1042 a 29, mais rien n'interdit de comprendre cette expression de cette manière dans le contexte de E, 1) et immobile (cf. B, 4, 999 b 4-16 ; Z, 8, 1033 a 24-b 19 ; Λ, 3, 1069 b 35-1070 a 4). On peut dès lors considérer que l'argument d'Aristote est le suivant : toutes les causes sont éternelles, mais en particulier celles qui sont séparées et immobiles, c'est-à-dire les *eidè*, car elles sont même causes de celles des choses divines qui sont apparentes, de sorte qu'elles doivent elles-mêmes être divines, et font donc l'objet de la science théologique. Dire que cette science étudie les causes de celles des choses divines qui sont apparentes peut donc tout à fait signifier qu'elle étudie l'*eidos* en tant que tel, ce que fait effectivement une grande partie de la *Métaphysique*. Une telle interprétation n'implique d'ailleurs pas de renoncer à l'idée selon laquelle l'objet de cette science serait constitué par les premiers moteurs immobiles, puisque nous avons vu qu'Aristote considère que tout *eidos* est le moteur immobile de ce à quoi il appartient[20].

Cette conception nouvelle de dieu et du divin a également une portée éthique, en fournissant l'*idéal* que l'homme doit poursuivre, à savoir cultiver la part de divin en lui – son *eidos*, c'est-à-dire ce qui le rend véritablement homme, qui en l'occurrence n'est autre que l'intelligence. Dans l'*Éthique à Nicomaque*, Aristote présente la vie théorétique comme une vie divine plutôt qu'humaine, en tant qu'elle se consacre à l'activité de l'intelligence, « ce qu'il y a de divin en nous » ; et il poursuit en réfutant les poètes qui nous enjoignent à nous contenter de « penser ce qui est mortel » et en nous encourageant au contraire à nous « immortaliser (ἀθανατίζειν) autant que possible », dans un écho clair (quoique voilé) à l'idéal platonicien de l'assimilation à dieu (X, 7, 1177 b 26-1178 a 2)[21] ; et dans l'*Éthique à Eudème*, il va plus loin encore, en présentant la *theôria* comme le véritable « service de dieu » (τὸν θεὸν θεραπεύειν) (VIII, 3, 1249 b 6-23). Comme l'a fait remarquer Christopher Rowe[22], Aristote retrouve ici la définition socratique de la piété : on ne peut mieux servir dieu ou la divinité en général qu'en développant la part divine en nous, c'est-à-dire en pratiquant la philosophie autant et aussi bien que possible. Si de larges pans de cette pratique diffèrent chez Platon et chez Aristote, le mouvement général de réappropriation et de transformation de notions issues de la religion traditionnelle au profit de la philosophie est similaire.

---

20. À ma connaissance, le premier commentateur moderne à avoir proposé l'interprétation ici défendue est Kobusch, T., « Metaphysik. II: Aristoteles », dans Gründer, K. (dir.), *Historisches Wörterbuch der Philosophie*, vol. 5, Basel, Schwabe, 1984, col. 1191-1194.
21. Sur cet écho platonicien, voir Sedley, D., « The Ideal of Godlikeness », 1999, p. 325-326.
22. Rowe, Chr., « Socrates and his Gods », dans Harte, V., Lane, M. (dir.), Politeia *in Greek and Roman Philosophy*, Cambridge, Cambridge University Press, 2013, p. 313-328. Sur la piété aristotélicienne, voir également Broadie, S., « Aristotelian Piety », *Phronesis*, 48, 2003, p. 54-70.

Épicure

Épicure a souvent été traité d'athée, mais il s'est toujours défendu contre cette accusation, considérant lui-même Prodicos, Diagoras et Critias – trois athées notoires dans l'antiquité – comme des « fous » et les comparant à « des gens en plein délire bachique » (Philodème, *De la piété*, I, 19, 519-536 = 87 Usener = 23 H L.-S.). Comme il l'explique au début de sa *Lettre à Ménécée* (123-124), l'existence des dieux est selon lui évidente (ἐναργής), et leur nature est adéquatement décrite dans la notion commune (ἡ κοινὴ νόησις) ou préconception (πρόληψις) qui porte sur eux et est partagée par tous les peuples – prénotion qui, d'après Cicéron, est même innée (cf. *insitas... vel potius innatas cognitiones*, *De la nature des dieux*, I, 44 = 23 E 2 L.-S.). En effet, selon la méthodologie épicurienne, toute notion de ce type, naturelle et universelle, est nécessairement vraie et peut servir de critère de vérité pour d'autres jugements. On pourrait croire qu'un tel type d'argumentation conduit à défendre la conception traditionnelle des dieux, mais il n'en est rien : en effet, selon Épicure, la notion commune de dieu ne contient que deux éléments : la béatitude (μακαριότης) et l'impérissabilité (ἀφθαρσία), qui formeraient l'unique noyau commun à toutes les conceptions des dieux propres à chaque peuple. C'est dès lors à l'aune de ces deux éléments, élevés au rang de *critères*, que tous les autres traits généralement attribués aux dieux doivent être jugés, afin de rejeter ceux qui seraient incompatibles avec eux – en particulier l'idée que les dieux interviendraient dans les affaires humaines, qui contredirait leur béatitude. On voit ainsi une nouvelle fois comment la philosophie, au nom d'une méthodologie qui lui est propre, se permet de rejeter sans ménagement les croyances populaires et de promouvoir une conception nouvelle (bien qu'elle prétende à la plus haute antiquité) de dieu, à partir de laquelle elle redéfinit également la piété et l'impiété, à tel point que ce sont à présent les tenants de ces croyances qui se voient qualifiés d'impies : « L'impie n'est pas celui qui rejette les dieux de la foule, mais celui qui attache aux dieux les opinions de la foule à leur sujet » (*Lettre à Ménécée*, 123). La démarche d'Épicure est ici tout à fait analogue à celle de Platon et d'Aristote, même si elle aboutit à une conception de dieu radicalement différente.

Qu'en est-il de cette conception ? Pour répondre à cette question, nous sommes obligés de nous référer à des sources postérieures à Épicure lui-même, qui sont malheureusement lacunaires et parfois contradictoires. Selon les textes privilégiés, deux interprétations très différentes ont été proposées. La première, qualifiée de « réaliste », considère que les dieux d'Épicure sont des composés atomiques anthropomorphes qui vivent dans les « inter-mondes » (les espaces vides situés entre les mondes en nombre infini) et transmettent continûment leurs simulacres (pellicules atomiques superficielles projetées par tous les composés atomiques en raison du mouvement incessant et très rapide des atomes qui les constituent), nous contraignant ainsi à les appréhender, notamment pendant notre sommeil. Cette interprétation pose toutefois une série de problèmes. En particulier, comment des composés atomiques pourraient-ils être impérissables dans le cadre du système d'Épicure, selon lequel tout composé est au contraire appelé à se dissoudre (*Lettre à Hérodote*, 73) ? Et comment les simulacres des dieux traversent-ils les mondes pour nous atteindre à partir des « inter-mondes » ? Bien plus, comment Cicéron pourrait-il affirmer que notre préconception des dieux est « innée » dans ces conditions ? Et comment justifier le caractère anthropomorphe des dieux ainsi conçus ? D'après le témoignage de Cicéron, aussi bien la nature que la raison nous indiquent que les dieux doivent avoir une forme humaine : 1) la nature, parce que c'est la seule forme sous laquelle les hommes des différents peuples se représentent les dieux ; 2) la raison, parce que a) les dieux ne peuvent avoir que la forme la plus belle, qui est celle de l'homme, et que b) ils sont suprêmement heureux, or le bonheur suppose la vertu, qui suppose la raison, qui ne peut elle-même se trouver que dans une forme humaine (*De la nature des dieux*, I, 46-48). Une telle justification paraît particulièrement faible dans le cadre de cette interprétation : d'abord, Cicéron ou sa source semble faire peu de cas des divinités non-anthropomorphes qui existent bel et bien dans certaines religions (les divinités égyptiennes, par exemple), et ensuite, même si l'on admet que la forme humaine est la plus belle et la seule capable de vertu *dans notre monde*, on voit mal pourquoi cela devrait également valoir selon les Épicuriens non seulement dans tous les mondes possibles (existants, ayant existé ou appelés à exister), mais aussi dans ces fameux « inter-mondes » où les conditions de vie (si la vie y est réellement possible) devraient être très différentes de celles que nous connaissons.

Différentes réponses ont été apportées à ces questions. La plus radicale d'entre elles consiste à proposer une interprétation alternative de la théologie épicurienne. Cette interprétation, qualifiée d'« idéaliste », s'est développée dès le dix-neuvième siècle et a été réaffirmée avec force par A. Long et D. Sedley dans leur ouvrage fondamental *The Hellenistic Philosophers*[23]. Selon cette dernière, les dieux d'Épicure seraient plutôt des constructions mentales, c'est-à-dire des concepts, naturellement produits par notre prédisposition innée à nous figurer l'idéal moral de la vie bonne et suprêmement heureuse à partir des simulacres présents en permanence dans l'air environnant. Comme l'explique Cicéron, dans un texte il est vrai assez obscur (*De la nature des dieux*, I, 49), c'est par un processus de « transfert » que nous nous forgeons la préconception de dieu en nous fondant sur des simulacres trop subtils pour être saisis par les sens, mais qui frappent néanmoins notre esprit. Ces simulacres sont également ceux qui fournissent la matière de l'imagination et du rêve, comme le suggère Lucrèce (*De la nature des choses*, IV, 722-822) ; or, selon ce dernier, la principale source du rêve est à chercher dans le désir (962-1036). Tous les hommes aspirant par nature au bonheur, il est naturel qu'ils concentrent leur esprit sur ceux de ces simulacres qui leur permettent de se forger une image idéalisée de leur propre bonheur, image qui correspond à la préconception naturelle et innée – parce que résultant d'une prédisposition de l'être humain en tant que tel – de dieu. Dans ce contexte, le caractère anthropomorphe des dieux ne fait plus aucune difficulté. Quant à leur existence, elle doit se comprendre au sens d'une existence conceptuelle, et non au sens d'une existence biologique et spatiale – d'où le fait que Cicéron leur attribue « non pas un corps mais un quasi-corps, non pas du sang mais du quasi-sang » (*De la nature des dieux*, I, 49). Si telle était la position d'Épicure, on peut comprendre qu'il ait été traité d'athée, mais également que lui-même se soit formellement défendu contre cette

---

23. LONG, A., SEDLEY, D., *The Hellenistic Philosophers*, Cambridge, Cambridge University Press, 1987, vol. 1, p. 139-149 ; trad. fr. Brunschwig, J., Pellegrin, P., *Les Philosophes hellénistiques*, Paris, GF-Flammarion, 2001, vol. 1, p. 278-297. C'est essentiellement sur cette version, avec les compléments que lui apporte SEDLEY, D., « Epicurus' Theological Innatism », dans Fish, J., Sanders, K. (dir.), *Epicurus and the Epicurean Tradition*, Cambridge, Cambridge University Press, 2011, p. 29-52, que je m'appuie ici. Cette interprétation a toutefois été critiquée, notamment par MANSFELD, J., « Aspects of Epicurean Theology », *Mnemosyne*, 46, 2, 1993, p. 172-210 et, en dernier lieu, par KONSTAN, D., « Epicurus and the Gods », dans Fish, J., Sanders, K. (dir.), *Epicurus and the Epicurean Tradition*, 2011, p. 53-71.

accusation, car il assigne au contraire à dieu une place fondamentale dans son système.

En effet, l'un des avantages de cette seconde interprétation est de montrer que ce n'est pas seulement la conception négative de dieu – le refus du providentialisme et de l'interventionnisme divin – qui joue un rôle dans la philosophie épicurienne, mais également cette nouvelle conception positive, à titre d'*idéal moral*. Et de fait, aussi bien la *Lettre à Ménécée* que les recueils des *Maximes capitales* et des *Sentences vaticanes* s'ouvrent sur le concept de dieu, ce qui atteste de son importance en éthique. En effet, l'incorruptibilité et le bonheur parfait des dieux représentent l'accomplissement ultime du sage épicurien, invulnérable aux coups de la fortune :

> « Pratique ces choses [les enseignements éthiques d'Épicure] et tout ce qui leur est apparenté, par rapport à toi-même pendant le jour, et par rapport à ce qui est semblable à toi pendant la nuit, et tu ne seras jamais troublé, ni éveillé ni dans tes rêves, mais tu vivras comme un dieu parmi les hommes. Car il n'est pas du tout comme un animal mortel, l'homme qui vit au milieu des biens immortels. » (*Lettre à Ménécée*, 135 = 23 J L.-S., trad. Brunschwig-Pellegrin)

Le sage épicurien devient ainsi « tel un dieu parmi les hommes », et c'est bien de cette manière qu'Épicure lui-même était présenté par ses disciples, notamment dans le célèbre éloge que lui consacre Lucrèce (« ce fut un dieu, oui, un dieu », *deus ille fuit, deus* : *De la nature des choses*, V, 8). On peut considérer qu'il s'agit là d'une variation épicurienne sur le thème platonicien de l'assimilation à dieu[24]. Aussi éloignées que soient leurs philosophies, tout indique donc que nous retrouvons chez Épicure la même démarche que chez Platon et chez Aristote : utiliser le nom de « dieu » pour désigner l'idéal suprême selon leur philosophie, fût-ce en net contraste avec ce que la tradition appelait ainsi.

---

24. Sur ce point, voir ERLER, M., « Epicurus as *deus mortalis* : *Homoiosis theoi* and Epicurean self-cultivation », dans Frede, D., Laks, A. (dir.), *Traditions of Theology. Studies in Hellenistic Theology, its Background and aftermath*, Leiden, Brill, 2002, p. 159-181.

Les Stoïciens

Selon Cicéron, les Stoïciens partent eux aussi du consensus sur l'existence des dieux, dont les hommes de toutes les nations posséderaient « une notion innée et pour ainsi dire gravée dans l'esprit » (*innatum... et in animo quasi insculptum*), bien que les attributs qu'ils leur confèrent puissent varier (*De la nature des dieux*, II, 12-13 = 54 C 1 L.-S.). Les Stoïciens sont toutefois en désaccord avec Épicure quant au contenu de cette notion : selon eux, en effet, « la préconception et la notion de Dieu ne le montrent pas seulement immortel et bienheureux, mais aussi aimant les hommes, plein de sollicitude et de serviabilité pour eux » (Plutarque, *Des notions communes contre les stoïciens*, 1075 E = *SVF*, II, 1126 = 54 K L.-S., trad. Brunschwig-Pellegrin). Paradoxalement, c'est le trait qu'Épicure rejetait le plus radicalement de la préconception de dieu, à savoir le caractère providentiel, qui constitue pour les Stoïciens son noyau le plus profond. Étant donné cette divergence radicale, on comprend que ceux-ci n'en soient pas restés là et aient cherché à *argumenter* en faveur de cette conception providentialiste de dieu. C'est de cette manière que l'on peut comprendre la suite du texte de Cicéron (*De la nature des dieux*, II, 13-15 = 54 C 2-6 L.-S.), qui nous présente quatre explications remontant à Cléanthe (le successeur du fondateur de l'école, Zénon de Kition) de la manière dont cette notion de dieu se serait formée en nous – la prescience des événements futurs, la grandeur des bienfaits que nous recevons de la nature, la peur produite par les phénomènes météorologiques terrifiants, la régularité et la beauté des mouvements célestes. Ces explications montrent que qualifier la notion de dieu d'« innée » ne signifie pas plus pour les Stoïciens que pour les Épicuriens qu'elle se trouverait en nous dès notre naissance, mais plutôt que nous avons une prédisposition naturelle à la former à partir des phénomènes qui nous entourent. Mais à la différence de celle d'Épicure, les explications de cette formation alléguées par Cléanthe pointent toutes en direction d'une conception providentialiste (ou en tout cas, en ce qui concerne la deuxième, interventionniste) de la divinité.

Les Stoïciens allaient plus loin : ils offraient une véritable batterie d'arguments que Sextus Empiricus (*Contre les Dogmatiques*, IX) présente comme visant à prouver l'existence de dieu (ou des dieux), parmi lesquels on a pu trouver les linéaments de la plupart de ceux qui seront postérieurement exploités par la théologie rationnelle : argument *e consensu omnium*, argument *e gradibus entium*, argument téléologique, argument ontologique, *via eminentiae*, *via analogiae*[25]... Il peut sembler étonnant que de tels arguments soient requis alors que l'existence des dieux est censée appartenir à leur préconception partagée par tous les hommes. Selon M. Schofield[26], il faudrait comprendre que ces arguments visent moins à prouver l'existence de dieu comme telle qu'à nous montrer *quelle entité* correspond à cette notion dans le monde, et ce de manière à renforcer aussi bien notre conviction en cette notion que notre compréhension de ce qu'elle signifie. Autrement dit, l'objectif de ces arguments serait de nous faire passer de la simple évidence d'une préconception à l'articulation d'une véritable *science* (*epistèmè*) de dieu, c'est-à-dire à l'élaboration d'une théologie au sens strict.

Un aperçu de cette théologie nous est fourni dans le passage suivant :

> « Dieu est un vivant immortel, rationnel, parfait ou bien (un être) intelligent vivant dans la béatitude, ne pouvant recevoir en lui rien de mauvais, exerçant une providence sur le monde et sur les êtres qui sont dans le monde. Il n'a cependant pas une forme humaine. Il est le démiurge de l'univers et pour ainsi dire le Père de toutes choses, à la fois de façon générale et dans la partie de lui-même qui pénètre à travers toutes choses et qui reçoit des appellations multiples selon les puissances qu'il (y) déploie. On le dit en effet *Dia* (Δία), parce que toutes choses existent à cause de lui (διά), on l'appelle *Zeus* (Ζῆνα) pour autant qu'il est la cause de la vie (ζῆν) ou qu'il pénètre la vie de part en part, *Athéna* à cause de l'extension de sa partie directrice dans l'éther, *Héra* (Ἥρα) à cause de son extension dans l'air (ἀέρα), *Héphaistos* à cause de son extension dans le feu artisan, *Poséidon* à cause de son extension dans l'humide, *Démétèr* à cause de son extension dans la terre. On lui a donné de façon similaire les autres appellations en s'attachant à l'une ou l'autre de ses propriétés. » (Diogène Laërce, VII, 147 = *SVF*, II, 1021, trad. R. Goulet)

25. Ces arguments sont étudiés par Dragona-Monachou, M., *The Stoic Arguments for the Existence and Providence of the Gods*, Athens, National and Capodistrian University of Athens, 1976, et par Meijer, P.A., *Stoic Theology. Proofs for the Existence of the Cosmic God and of the Traditional Gods*, Delft, Eburon, 2007.

26. Schofield, M., « Preconception, argument, and god », dans Schofield, M., Burnyeat, M., Barnes, J. (dir.), *Doubt and Dogmatism. Studies in Hellenistic Epistemology*, Oxford, Clarendon Press, 1980, p. 298-305.

Partant de la préconception de dieu comme vivant immortel parfaitement heureux, rationnel, bon et providentiel, ce passage commence par nier l'anthropomorphisme pour identifier dieu au « Démiurge de l'univers ». Il y a là une claire allusion au *Timée* de Platon. Mais alors que dans le contexte mythique du *Timée*, le dieu artisan est présenté comme extérieur à l'univers qu'il produit, les Stoïciens le conçoivent comme une force immanente qui pénètre la matière dans son intégralité et l'organise de l'intérieur, réglant le cours du monde jusque dans ses moindres détails. Il correspond à l'un des deux principes fondamentaux de la physique stoïcienne, le principe actif, également identifié à la raison (*logos*) ou au destin (*heimarmenè*), l'autre principe – passif – étant la « substance sans qualité » (*apoios ousia*), c'est-à-dire la matière. Ce principe actif prend également la forme d'un feu artiste et d'un souffle chaud (*pneuma*) qui structure de manière immanente toutes les choses qui peuplent le monde, que ce soient les pierres, les plantes ou les animaux, dans lesquels il se manifeste respectivement comme cohésion (*hexis*), nature (*phusis*) et âme (*psukhè*). Ainsi, dieu comme principe actif se trouve à la fois dans le monde pris comme un tout et dans chacune des choses individuelles qui le composent. C'est la raison pour laquelle le stoïcisme est souvent qualifié de *panthéisme*, puisqu'il revient à identifier dieu (*theos*) à la structure rationnelle du tout (*pan*)[27], voire au tout lui-même – en un sens un peu différent, en effet, certains Stoïciens identifient également dieu au monde, et non simplement au principe actif qui l'organise de manière immanente (cf. Cicéron, *De la nature des dieux*, I, 39 = *SVF*, II, 1077 = 54 B L.-S.). Comme le montre le texte de Diogène, c'est dans ce cadre que les Stoïciens intégraient les dieux traditionnels, réinterprétés comme différents aspects de leur divinité immanente.

Une nouvelle fois, la philosophie affirme donc sa souveraineté à l'égard de la religion traditionnelle. Par certains aspects, les Stoïciens sont assurément plus conservateurs d'un point de vue religieux que les philosophes étudiés jusqu'ici, notamment par l'usage de la méthode allégorique qui

27. Plus précisément, les Stoïciens désignent le *cosmos* comme totalité organisée par le terme ὅλον, réservant le terme πᾶν au tout constitué de cette totalité et du vide qui l'entoure : cf. Sextus Empiricus, *Contre les Dogmatiques*, IX, 332 = *SVF*, II, 524 = 44 A L.-S. C'est seulement au *holon* que dieu est identifié, mais cela suffit à justifier l'appellation de « panthéisme ».

leur permet de réinterpréter certains mythes dans le sens de leur philosophie[28] et par les justifications qu'ils s'efforcent d'apporter à la divination et à certains cultes ; mais comme l'a bien montré K. Algra[29], leur attitude doit plutôt être caractérisée comme une réappropriation sélective et critique fondée sur la préconception de dieu telle qu'elle est dégagée et systématisée par la philosophie. Il s'agit donc bien chez eux également de remplacer une conception religieuse par une conception proprement philosophique de dieu, à l'aune de laquelle seulement certains phénomènes religieux peuvent acquérir une certaine légitimité.

Or comme nous l'avons vu, les Stoïciens conçoivent dieu comme un être suprêmement bon et rationnel. En tant que tel, il représente également un idéal éthique, ce que l'on peut également comprendre en se souvenant du précepte stoïcien fondamental selon lequel il faut vivre en conformité avec la nature ou avec la raison, puisque celles-ci s'identifient en définitive à dieu (cf. Diogène Laërce, VII, 87-89 = 63 C L.-S.). On comprend dès lors que Sénèque puisse reprendre à son compte le mot d'ordre platonicien de l'assimilation à dieu (cf. *Lettres*, 92, 3 = 63 F L.-S.). Cette assimilation est d'ailleurs poussée très loin, puisque Chrysippe (le successeur de Cléanthe et le penseur le plus prolifique de l'école) va jusqu'à affirmer que le sage égale Zeus lui-même en vertu et en bonheur (Plutarque, *Des notions communes*, 1076 A-C). Cela pourrait donner l'impression que les Stoïciens ont abandonné la prudence de Platon et d'Aristote, qui tempéraient leur recommandation de s'assimiler à dieu de la précision « dans la mesure du possible ». Il convient toutefois d'insister sur le fait que le sage stoïcien est lui-même un idéal quasiment inaccessible, que seul Socrate (et éventuellement Diogène de Sinope) aurait approché. Il n'est dès lors pas certain que les Stoïciens soient plus optimistes sur la possibilité d'accomplir parfaitement cette assimilation, encore que selon Cicéron, Chrysippe affirmait que dieu est non seulement le principe actif dans le

28. Sur cette question actuellement controversée, voir les contributions récentes de GOULET, R., « La Méthode allégorique chez les Stoïciens », dans Romeyer-Dherbey, G., Gourinat, J.-B. (dir.), *Les Stoïciens*, Paris, Vrin, 2005, p. 93-119 et GOURINAT, J.-B., « *Explicatio fabularum* : La place de l'allégorèse dans l'interprétation stoïcienne de la mythologie », dans Dahan, G., Goulet, R. (dir.), *Allégorie des poètes, allégorie des philosophes*, Paris, Vrin, 2005, p. 9-34.

29. ALGRA, K., « Stoic Philosophical Theology and Graeco-Roman Religion », dans Salles, R. (dir.), *God and Cosmos in Stoicism*, Oxford, Oxford University Press, 2009, p. 224-251.

monde et le monde lui-même, mais également « jusqu'à ces hommes qui ont atteint l'immortalité » (*De la nature des dieux*, I, 39 = *SVF*, II, 1077 = 54 B L.-S.). Il faut sans doute comprendre qu'en devenant parfaitement rationnel, le sage en vient à s'identifier purement et simplement au principe actif en lui, principe qui, après sa mort, peut apparemment subsister hors du corps, au moins jusqu'à l'*ekpurôsis*, cet embrasement du monde qui marque l'accomplissement parfait de l'organisation de la matière par le feu artiste – avant l'avènement d'un nouveau cycle.

Conclusion

J'ai cherché à montrer comment l'appropriation du concept de dieu par les philosophes implique par elle-même une critique et une grande liberté à l'égard de la tradition. Certes, les concepts platonicien, aristotélicien, épicurien et stoïcien de dieu sont très différents. Mais tous résultent d'une démarche semblable, proprement philosophique : donner le nom de « dieu » à ce qui se manifeste comme l'idéal suprême, aussi bien d'un point de vue théorique que d'un point de vue pratique. C'est en ce sens qu'on peut qualifier ce concept d'« opératoire » : il indique avant tout une *tâche* que chaque philosophe accomplit différemment, selon les exigences propres de sa pensée. Bref, il s'agit d'un concept proprement philosophique, qui n'a plus avec son origine religieuse qu'un rapport de descendance n'impliquant aucune subordination. Par nature et dès son origine, la philosophie affirme son indépendance à l'égard de la religion, quand elle ne lui impose pas sa souveraineté.

L'athéisme antique, entre accusation et réalité

Jean-Baptiste Gourinat
(Centre Léon Robin, CNRS, Sorbonne Université)

« Y a-t-il eu des athées dans la Grèce classique ? »[1] Si l'on en croit Platon dans le livre X des *Lois*, l'impiété a envahi Athènes de jeunes gens persuadés par les savants que les dieux n'existaient pas[2]. Et si l'on en croit les listes d'athées dressées à l'époque hellénistique, l'athéisme, quoique sans doute marginal, a bien existé dans l'Athènes classique et hellénistique[3].

1. Telle est la question posée par Sedley, D., « The Atheist Underground », dans Harte, V., Lane, M. (dir.), *Politeia in Greek and Roman Philosophy*, Cambridge, Cambridge University Press, 2013, p. 329, à laquelle il répond par l'affirmative.

2. Platon, *Lois*, X, 889 e-890 b.

3. Les principales listes d'athées sont celles de Philodème, *De la piété*, I, 19, 519-542 Obbink, qui remonte à une liste établie par Épicure au livre XII de son traité *Sur la nature* ; Cicéron, *De la nature des dieux*, I, 2 ; I, 63 ; I, 117-118 ; Diogène d'Œnoanda, fr. 16, col. I-III Smith ; Plutarque, *De la superstition*, 13, 171 B-C ; [Plutarque], *Opinions des philosophes*, I, 7, 880 C-F ; Galien, *De l'utilité des parties du corps*, XII, 6 (IV 21 Kühn) ; Sextus Empiricus, *Contre les Dogmatiques*, IX, 51-59 ; *Esquisses pyrrhoniennes*, III, 218. Voir le tableau en annexe du présent chapitre et l'étude de M. Winiarczyk (« Wer Galt im Altertum als Atheist? », *Philologus*, 128, 1984, p. 157-183), qui contient, p. 159-181, une liste de 68 noms répertoriés comme « athées » ou « impies » dans l'Antiquité. D. Sedley (« The Atheist Underground », 2013, p. 330) et J. Mansfeld (« Aspects of Epicurean Theology »,

À vrai dire, on a longtemps pensé que l'athéisme était une invention moderne, qui n'était possible qu'avec les Lumières, en réaction contre la religion catholique, préparée par la Réforme et favorisée par l'avènement de la science moderne. Pour pouvoir être athée, il faudrait réunir trois conditions : une religion constituée contre laquelle se déclarer ; un développement suffisant des sciences qui permette de rendre compte des phénomènes naturels sans avoir besoin d'interventions divines pour expliquer la réalité, comme ce sera le cas à l'époque des Lumières ; enfin la capacité à expliquer la religion et la formation de la notion de Dieu comme des projections de l'esprit humain, comme le fera Feuerbach à propos du christianisme. Or, à l'exception d'une religion constituée comme la religion chrétienne, toutes les conditions sont réunies dans l'Athènes du ve s. pour qu'une telle forme d'athéisme apparaisse : comme le souligne D. Sedley, l'émergence de l'athéisme à Athènes « requérait la coïncidence de deux innovations indépendantes », une physique matérialiste susceptible de rendre compte de la nature et de la cosmologie sans faire appel à une causalité divine, et une anthropologie capable de rendre compte de l'apparition de la religion et de la croyance dans les dieux[4]. Et ce sont les penseurs qui soutiennent de telles thèses matérialistes ou anthropologiques qui vont bientôt se trouver accusés d'athéisme, comme Épicure ou Prodicos. Mais même le premier aspect n'est pas vraiment absent non plus : il existe des temples, un clergé, et la loi est prête à défendre la cité contre la menace que constitue l'impiété[5], de sorte que les mesures prises contre l'impiété sont à la fois une conséquence de l'apparition de l'impiété et un facteur aggravant de l'apparition de l'athéisme. Il est curieux que dans les *Lois*

Mnemosyne 46, 2, 1993, p. 187-188) soutiennent que la liste d'Épicure remonterait à une liste proto-doxographique établie par Théophraste. Winiarczyk (« Der erste Atheistenkatalog des Kleitomachos », *Philologus*, 120, 1976, p. 32-46) souligne l'importance du catalogue d'athées établi plus tardivement par l'académicien Clitomaque.

4. SEDLEY, D., « The Atheist Underground », 2013, p. 347.

5. Le fameux décret de Diopithe contre l'impiété date probablement des années 430, soit le dernier quart du ve s. Sur ce décret, voir notamment WHITMARSH, T., *Battling the Gods: Atheism in the Ancient World*, London, Faber & Faber, 2016, p. 117-120 et p. 260-261, n. 4-7. Le texte du décret est reproduit par Plutarque, *Périclès*, 32, 1-2 : il condamnait « ceux qui pensaient qu'il n'y avait pas de dieux (τοὺς τὰ θεῖα μὴ νομίζοντας) ou qui délivraient un enseignement sur les phénomènes célestes ». Des doutes ont été soulevés par DOVER, K., « The Freedom of the Intellectual in Greek Society », *Talanta*, 7, 1976, p. 24-54, sur l'authenticité du décret de Diopithe, mais ses réserves ne font pas l'unanimité.

l'Étranger d'Athènes soutienne que de telles lois contre l'impiété n'existent pas à Athènes et qu'elles n'empêchent pas les publications impies[6]. Ce n'est pas un hasard si la première mention conservée du terme ἄθεος dans la langue grecque au sens d'« athée » apparaît dans un récit du procès de Socrate en impiété[7] : c'est la loi qui décide qu'un tel est impie ou ne l'est pas. Lucien Febvre avait fait remarquer que si l'athéisme est absent au Moyen-Âge, c'est en raison d'un « blocage mental » : la vie quotidienne, le rythme de l'année, les événements majeurs de la vie (la naissance, le mariage et la mort), le paysage dominé par les églises rendent impossible de ne pas sentir partout le poids de la religion et de s'en abstraire[8]. À bien des égards, la vie dans la cité antique n'est guère différente quant à cet enracinement dans la religion et le sentiment du divin, et le même « blocage mental » pouvait en résulter[9]. La croyance dans les dieux est une norme mentale si bien « enracinée » dans les esprits qu'elle est souvent une de celles qui est évoquée dans le cadre des arguments du *consensus omnium*[10] et des notions « innées ». Il n'en reste pas moins que l'Athènes du ve siècle, qui n'est pas soumise à un récit de la création et de l'histoire du monde aussi contraignant que la Bible, et qui commence à développer des explications alternatives dans le domaine de la cosmogonie et de la naissance de la civilisation et de la religion, connaît les conditions favorables pour l'apparition de formes anciennes d'athéisme. Et l'argument du *consensus omnium*, parce qu'il repose sur un argument anthropologique, se retourne contre lui-même : arguer que nous avons tous une notion des dieux conduit à expliquer comment nous formons cette notion, et cette explication conduit à remettre en cause l'existence de l'objet de cette notion, car, contrairement à la notion d'un homme ou d'un cheval, ce n'est pas en voyant des dieux que les Grecs ont formé la notion des dieux, même si les récits homériques sont pleins de telles apparitions. Mais

6. Platon, *Lois*, X, 886 b.
7. Platon, *Apologie de Socrate*, 26 c. Il y a évidemment là aussi un signe des temps, comme le souligne SEDLEY, D., « The Atheist Underground », 2013, p. 347.
8. FEBVRE, L., *Le Problème de l'incroyance au XVIe siècle : la religion de Rabelais*, Paris, Albin Michel, 1942, cité par Bremmer, J.N., « Atheism in Antiquity », dans Martin, M. (dir.), *The Cambridge Companion to Atheism*, Cambridge, Cambridge University Press, 2007, p. 11.
9. BREMMER, J.N., « Atheism in Antiquity », 2007, p. 11.
10. Voir Sextus Empiricus, *Contre les Dogmatiques*, IX, 60-62.

jamais ou presque les dieux grecs n'apparaissent aux mortels dans toute leur splendeur divine : ils apparaissent sous forme humaine ou animale.

Longtemps ignoré, l'athéisme antique a connu un regain d'intérêt avec les travaux pionniers de Marek Winiarwczyk dans les années 1970-1990[11], puis avec ceux plus récents de Jan Bremmer, David Sedley ou Tim Whitmarsh[12]. Dans son livre récent, T. Whitmarsh soutient que l'athéisme « est au moins aussi ancien » que le monothéisme juif et il date l'apparition de l'athéisme grec de la charnière des VIe et Ve s.[13] avec les écrits de Xénophane de Colophon. C'est ensuite dans le Ve s. athénien que se développent les premières positions franchement athées, dénoncées comme telles au livre X des *Lois* de Platon. La trace que l'on trouve d'écrits athées dans les *Lois* est, selon Sedley, la trace d'un fort courant athée « souterrain », qui n'a pu s'exprimer à visage découvert en raison des risques de procès pour impiété et de condamnation à mort. Cela peut expliquer selon lui pourquoi certains de ces écrits sulfureux, comme le fameux fragment dit « de Sisyphe » ou du *Sisyphe*, ont été attribués aussi bien à Critias qu'à Euripide[14] : son auteur avait dû l'écrire dans la clandestinité[15] et c'est pourquoi il a été attribué à l'un ou à l'autre[16].

Mais qu'est-ce que l'athéisme dans l'Antiquité ? Il est en un sens très facile à délimiter, et en un autre sens très difficile à distinguer des notions voisines que sont l'impiété et l'agnosticisme. Pour reprendre la caractéri-

11. WINIARCZYK, M., « Der erste Atheistenkatalog des Kleitomachos », 1976 ; « Wer Galt im Altertum als Atheist? » ; « Methodisches zum antiken Atheismus », *Rheinisches Museum*, 133, 1990, p. 1-15 ; « Wer Galt im Altertum als Atheist? 2. Teil », *Philologus*, 136, 1992, p. 306-310.

12. BREMMER, J.N., « Atheism in Antiquity », 2007 ; Sedley, D., « The Atheist Underground », 2013 ; WHITMARSH, T., *Battling the Gods*, 2016. Voir aussi DORIVAL, G., PRALON, D. (dir.), *Nier les dieux, nier Dieu*, Aix-en-Provence, Presses de l'Université de Provence, 2000.

13. WHITMARSH, T., *Battling the Gods*, 2016, p. 7.

14. Sur le *Sisyphe*, voir WHITMARSH, T., « Atheist Aesthetics: The Sisyphus Fragment, Poetics, and the Creativity of Drama », *Cambridge Classical Journal*, 60, 2014, p. 109-124. Les avis sont partagés sur le fait que le nom de Sisyphe soit seulement le nom du personnage qui s'exprime dans le fragment ou le titre de l'ouvrage auquel ce fragment appartenait : voir SEDLEY, D., « The Atheist Underground », 2013, p. 331, n. 11.

15. [Plutarque], *Plac.*, I, 7, 880 E, dit qu'Euripide « laissa entrevoir son opinion » « sans se déclarer ouvertement » « par crainte de l'Aréopage ». Sur Euripide et l'athéisme, voir notamment SASSI, M.M., « L'Art subtil d'Euripide de critiquer les dieux sur la scène », *Philosophie Antique*, 18, 2018, p. 169-192.

16. C'est l'hypothèse de SEDLEY, D., « The Atheist Underground », 2013, p. 336.

sation du livre X des *Lois* de Platon, il y a trois formes d'impiété : (1) la croyance que les dieux n'existent pas ; (2) celle qu'ils ne se préoccupent pas des hommes ; (3) celle qu'on peut les fléchir par des prières et des sacrifices[17]. La troisième forme d'impiété est paradoxale, puisque beaucoup de personnes très pieuses pensent que l'on peut et qu'on l'on doit fléchir les dieux par des sacrifices et la deuxième et la troisième forme d'impiété paraissent relativement incompatibles : ceux qui pensent que les dieux se préoccupent de nous pensent aussi souvent que l'on peut fléchir les dieux par nos prières et nos sacrifices. L'athéisme au sens strict correspond à la première forme d'impiété : c'est la croyance que les dieux n'existent pas. Le terme « athéisme » (ἀθεότης) est rarement employé dans les textes que nous connaissons et il est encore plus rarement défini. On en trouve une description et une définition dans le traité *Sur la superstition* de Plutarque :

> ἡ μὲν ἀθεότης κρίσις οὖσα φαύλη τοῦ μηδὲν εἶναι μακάριον καὶ ἄφθαρτον εἰς ἀπάθειάν τινα δοκεῖ τῇ ἀπιστίᾳ τοῦ θείου περιφέρειν, καὶ τέλος ἐστὶν αὐτῇ τοῦ μὴ νομίζειν θεοὺς τὸ μὴ φοβεῖσθαι.
>
> « L'athéisme, qui est le jugement sans valeur qu'il n'existe rien de bienheureux et d'incorruptible, semble nous réduire à une espèce d'insensibilité par l'incrédulité dans le divin et sa fin est de ne pas croire aux dieux (μὴ νομίζειν θεοὺς) et de ne pas les craindre. » (Plutarque, *De la superstition* 2, 165 B)

L'athéisme est ici opposé à la passion qu'est la superstition et c'est pourquoi il est décrit comme une ἀπάθεια. Il est clairement défini comme la croyance qu'il n'existe rien de divin et dont la fin est de ne pas honorer les dieux et de ne pas les craindre, contrairement à la superstition, qui est une crainte pathologique de la divinité. C'est déjà par la croyance qu'il n'existe pas de dieu que le terme « athée » est défini dans le plus ancien texte conservé à l'attester, l'*Apologie de Socrate* de Platon[18]. Et c'est encore ainsi que les athées sont décrits par Sextus Empiricus, qui est pratiquement le seul auteur à définir ce qu'on appelle un athée au sens strict du terme[19] :

---

17. Platon, *Lois*, X, 885 b 3-9.
18. Platon, *Apologie de Socrate*, 26 c.
19. Mais Sextus ne cite aucun texte où un « athée » le dit explicitement. Sur ce sens strict du terme « athéisme », voir les remarques de SEDLEY, D., « The Atheist Underground », 2013, p. 329, n. 1.

« Que les dieux n'existent pas (μὴ εἶναι) est ce que disent ceux que l'on appelle les athées. » (Sextus Empiricus, *Contre les Dogmatiques*, IX, 51)

On présente souvent la distinction que fait Philodème dans le *De Pietate* entre trois types d'incroyance à l'égard des dieux comme une « classification des différentes espèces de l'athéisme »[20]. Cette classification distingue trois positions :

1) « ceux qui disent ignorer si les dieux existent ou ce qu'ils sont » (*P. Herc.* 1428, col. 15, 1-4 Henrichs)

2) « ceux qui déclarent explicitement que les dieux n'existent pas » (τοὺς διαρρήδην ὅτι οὐκ εἰσὶν ἀποφαινομένους) (col. 15, 4-6)

3) « ceux dont il est clair qu'ils les ont supprimés » (φανεροὺς ὄντας ὡα ἀνήιρουν) sans le dire explicitement (col. 15, 6-8).

Mais, à vrai dire, sous réserve d'une nouvelle lecture du texte, le terme « athée » ou le terme « athéisme » n'apparaissent pas dans ce contexte et c'est le terme « impiété » qui est employé (col. 15, 20-21). L'assimilation de l'agnosticisme décrit dans la première position et celle de l'athéisme ne semble pas avoir été faite explicitement par les auteurs anciens, et il semble qu'à chaque fois que l'athéisme est caractérisé au sens strict, il l'est comme la position qui affirme ouvertement que les dieux n'existent pas.

De fait, il y a très peu de penseurs dans l'Antiquité qui ont déclaré explicitement que les dieux n'existent pas. À peine une demi-douzaine de personnes sont considérées comme franchement athées, et parmi celles-ci beaucoup sont douteuses. Les plus connus sont Diagoras, surnommé l'Athée, ou Théodore de Cyrène, lui aussi surnommé l'Athée, et ce sont les deux seuls penseurs de l'Antiquité à être surnommés « l'Athée ». Les autres penseurs à qui une profession d'inexistence des dieux est attribuée plus ou moins explicitement sont Bion de Borysthène[21], Critias, Damis, Évhémère, Prodicos et, dans certains cas, Protagoras. À ces athées plus ou moins déclarés, les listes connues ajoutent volontiers ceux qui furent soupçonnés ou accusés d'athéisme en raison de leurs opinions ou de leurs écrits, notamment Euripide, Épicure, Hippon et Anaxagore. Il faut

20. Ainsi Obbink, D., *Philodemus, On Piety. Part 1, Critical Text with Commentary*, Oxford, Oxford University Press, 1996, p. 1-2 ; voir Bremmer, J.N., « Atheism in Antiquity », 2007, p. 12.

21. Sur l'athéisme de Bion, voir Husson, S., « Les Athéismes de Bion de Borysthène », *Philosophie Antique*, 18, 2018, p. 193-215.

manifestement retirer de cette liste le stoïcien Persée qui y est parfois inclus[22]. En principe, il est assez facile de distinguer ces athées déclarés des agnostiques qui déclarent ne pas savoir si les dieux existent on n'existent pas. Mais, en pratique, dans les listes d'« athées », on trouve presque toujours Protagoras, qui déclare : « À propos des dieux, je ne puis dire s'ils existent ou s'ils n'existent pas »[23]. Cette déclaration est souvent considérée comme étant simplement une déclaration d'agnosticisme et plus rarement comme une déclaration d'athéisme[24], mais cela ne l'empêche pas de figurer dans la plupart des listes d'athées. C'est par exemple ce que fait Diogène d'Œnoanda, qui considère Protagoras comme un athée. Et Sextus aussi, tout en citant la formule de Protagoras, le range parmi les athées[25]. La frontière entre un athée et un agnostique paraît dans ces conditions poreuse, et l'on peut douter du bien-fondé de l'inclusion dans cette liste de penseurs comme Prodicos[26] ou Épicure. On peut voir cette porosité chez Galien, qui lui aussi reprend la position de Protagoras, selon laquelle il ne sait pas quelle forme ont les dieux, mais se déclare néanmoins sûr de leur existence :

> « Si l'univers est inengendré ou s'il est né, s'il y a quelque chose au-delà de lui à l'extérieur ou bien rien, je prétends l'ignorer, et parce que je prétends être ignorant sur ces questions, il est évident que je le suis aussi au sujet du démiurge de toutes choses dans le monde : de quelle nature il peut être, s'il est incorporel, s'il est corporel, et bien davantage en quel lieu il réside. Et donc au sujet des dieux également, je déclare être dans l'incertitude (ἀπορεῖν), comme le disait Protagoras, ou être encore ignorant de leur substance. Mais j'affirme savoir qu'ils existent grâce à leurs œuvres. [...] Le Dieu qui est chez moi à Pergame a montré sa puissance et sa providence en beaucoup d'occasions et en particulier un jour en me soignant. En mer, pour les Dioscures, je peux

22. Voir Vassallo, Chr., « Persaeus on Prodicus on the Gods' Existence and Nature », *Philosophie Antique*, 18, 2018, p. 153-168, et *infra*.

23. Sextus Empiricus, *Contre les Dogmatiques*, IX, 56.

24. C'est le cas parmi les contemporains de T. Whitmarsh dans son livre sur l'athéisme. Sur l'athéisme de Protagoras, voir la mise au point de Corradi, M., « L'Aporie de Protagoras sur les dieux : le *Peri theôn* et sa tradition », *Philosophie Antique*, 18, 2018, p. 71-104.

25. Sextus Empiricus, *Contre les Dogmatiques*, IX, 55-56.

26. Voir Kouloumentas, S., « Prodicus on the Rize of Civilization. Religion, Agriculture and Cultural Heroes », *Philosophie Antique*, 18, 2018, p. 127-152, et Vassallo, Chr., « Persaeus on Prodicus », 2018.

faire l'expérience (*peira*) non seulement de leur providence mais aussi de leur puissance. » (Galien, *De propriis Placitis,* § 2, p. 172, 31-173, 8, Boudon-Millot & Pietrobelli, traduction légèrement modifiée)

La position de Galien a été à juste titre qualifiée d'« agnostique »[27]. De fait, l'épistémologie de Galien tient une position étonnamment équilibrée entre un relatif agnosticisme philosophique, qui se rapproche parfois du probabilisme carnéadien, et une confiance pratique dans la science, dont la fiabilité repose à ses yeux sur deux paradigmes complémentaires, la médecine et les mathématiques. En matière de croyance en l'existence des dieux, sa position tient un équilibre tout aussi étonnant entre une espèce de « foi du charbonnier », comme on disait naguère, qui inclut même la reconnaissance de dieux aux fonctions clairement identifiées, tel l'Asclépios guérisseur de Pergame et les Dioscures de la religion latine, et un véritable scepticisme quant aux spéculations philosophiques sur les dieux. Dans la position de Galien, il y a une partie positive, qui consiste à affirmer que les dieux existent. Il soutient que, s'il est pris dans une tempête et qu'il prie les Dioscures, il voit leur efficacité dans le fait que le bateau est sauvé de la tempête. Selon lui, il n'est pas possible de connaître la nature des dieux, mais il est possible d'être certain de leur existence en voyant les résultats de leur action. Dans la manière dont il récupère et fait sienne la position de Protagoras, se manifeste tout l'inverse de l'interprétation athée de ce penseur : sa position devient compatible avec une croyance sincère et simple dans les dieux de la cité, tout en exprimant un réel scepticisme sur les limites de nos connaissances philosophiques sur les dieux. La façon dont Protagoras est tiré à hue et à dia, récupéré dans un sens ou dans l'autre montre clairement le peu de fiabilité que l'on peut placer dans les témoignages sur son athéisme. Il est possible que sa position agnostique soit le masque d'un réel athéisme, mais il est également possible que les classifications qui le rangent dans le camp des athées déforment sa position.

La frontière entre athéisme et agnosticisme est réelle, mais elle est fluctuante dans bien des cas, et même certaines formes d'agnosticisme peuvent comporter une part de foi. Inversement, la plupart des critiques athées de

27. Voir Pietrobelli, A., « Galien agnostique : un texte caviardé par la tradition », *Revue des Études Grecques*, 126, 2013, p. 103-135.

la religion traditionnelle ne sont pas non plus des critiques athéistes, car si elles ne reconnaissent pas l'existence des dieux traditionnels, elles reconnaissent bien cependant qu'il y a une forme de divinité. Même Aristote se trouve accusé d'athéisme par Atticus parce qu'il nie la providence et « ôte aux dieux toute action sur nous »[28]. Le problème de déterminer ce qu'est vraiment un athée est donc réel, d'autant qu'à l'inverse, puisque l'on constate que très peu osent proclamer explicitement qu'ils ne croient pas à l'existence des dieux, on peut défendre la thèse que beaucoup d'athées avancent masqués sans se déclarer tels. Dire que les dieux traditionnels n'existent pas mais qu'il y a une certaine forme de divinité, est-ce ou non être athée ? C'est par exemple la raison pour laquelle Épicure est souvent accusé d'athéisme, parce que ses dieux sont si particuliers que, au regard de ce que la plupart des gens considèrent comme des dieux, il est bien un athée. Tout cela rend extrêmement difficile de délimiter ce qu'est un athée. Le problème vient sans doute du fait que l'athéisme est une accusation : c'est quelque chose dont on accuse notamment beaucoup de philosophes, dont les philosophes s'accusent entre eux et dont éventuellement on se défend.

L'apparition de la notion d'athéisme dans le corpus platonicien

À l'origine, le terme ἄθεος ne signifie pas celui qui ne croit pas à l'existence des dieux, mais celui qui est abandonné par les dieux[29]. À un moment qui semble tourner autour de l'époque classique et autour des procès d'impiété, pour autant qu'ils aient eu lieu[30], les accusés se défendent d'être

28. Eusèbe, *Préparation évangélique*, XV, 5, 13-14. Voir les autres références sur l'impiété d'Aristote rassemblées par WINIARCZYK, « Der erste Atheistenkatalog des Kleitomachos », 1984, p. 161.

29. Voir WHITMARSH, T., *Battling the Gods*, 2016, p. 116.

30. Sur les procès en impiété, voir notamment WHITMARSH, T., *Battling the Gods*, 2016, p. 115-124 ; MANSFELD, J., « The Chronology of Anaxagoras' Athenian Period and the Date of His Trial. Part II. The Plot against Pericles and His Associates », *Mnemosyne*, 33, 1980, p. 17-95 ; SEDLEY, D., « The Atheist Underground », 2013, p. 335. Des doutes ont été soulevés par K. Dover (« The Freedom of the Intellectual in Greek Society », 1976), tant sur les procès que sur le décret de Diopithe, mais ces réserves ne sont pas suivies dans les autres publications citées dans la présente note. En dehors du procès de Socrate, dont personne ne doute qu'il ait eu lieu, Protagoras est le plus célèbre accusé d'impiété : son livre aurait été brûlé et Protagoras n'aurait échappé à la sentence de mort à laquelle

« athées » dans un sens nouveau, qui signifie à la fois « impie » et « athée » au sens strict. C'est précisément dans le témoignage de Platon sur le seul procès d'impiété dont aucun historien ne doute qu'il ait eu lieu, à savoir le procès de Socrate, que l'on trouve la première occurrence conservée du terme ἄθεος dans le sens d' « athée » au sens strict, et c'est précisément Socrate qui se défend d'être athée en répondant aux accusations de Mélétos :

> « Il y a une chose que je ne comprends pas bien : dis-tu que j'enseigne que je crois à l'existence de certains dieux (διδάσκειν με νομίζειν εἶναί τινας θεούς), – en ce cas, croyant moi-même à des dieux, je ne suis en aucune façon un athée (καὶ αὐτὸς ἄρα νομίζω εἶναι θεοὺς καὶ οὐκ εἰμὶ τὸ παράπαν ἄθεος), et à cet égard je suis hors de cause – et prétends-tu seulement que mes dieux ne sont pas ceux de la cité, que ce sont d'autres dieux, et est-ce de cela que tu me fais grief ? Ou bien soutiens-tu que je ne crois à aucun dieu et que j'enseigne à ne pas y croire (οὔτε αὐτὸν νομίζειν θεοὺς τούς τε ἄλλους ταῦτα διδάσκειν) ? – Oui, voilà ce que je soutiens : c'est que tu ne crois pas du tout aux dieux (ὡς τὸ παράπαν οὐ νομίζεις θεούς). » (Platon, *Apologie de Socrate*, 26 b-c, trad. Rivaud modifiée)

Dans ce texte, on voit très bien que l'accusation d'athéisme, dont Socrate se défend, est celle de ne croire à aucun dieu. Il se défend précisément d'être un athée en affirmant qu'il reconnaît l'existence de certains dieux. C'est tout l'argument dialectique contre Mélétos, qui, selon Socrate, se contredit en l'accusant à la fois de ne pas croire aux dieux et d'introduire de nouveaux dieux. La vérité est manifestement entre les deux : Socrate ne croit pas aux dieux de la cité, mais il en introduit de nouveaux. Selon ses propres critères, il n'est pas athée, mais selon les critères de la cité, sa position peut apparaître comme athée : dire que l'on ne croit pas à des dieux qui sont les dieux reconnus par la cité et qui sont ceux que tout le

---

il avait été condamné qu'en s'enfuyant. Les récits les mieux documentés impliquent les deux hommes surnommés l'Athée, Théodore de Cyrène et Diagoras, ainsi qu'Anaxagore. Socrate, Protagoras, Anaxagore, Théodore de Cyrène et Diagoras auraient tous été condamnés. D'autres affaires plus douteuses impliquent des procès contre Eschyle, Euripide, Diogène d'Apollonie, Démétrios de Phalère, Stilpon de Mégare, et même Aristote et Théophraste. Stilpon aurait été condamné à l'exil pour un audacieux sophisme qui ne semble pas receler de réel athéisme : « "N'est-il pas vrai que l'Athéna de Zeus est un dieu ?" – Oui. "Mais celle-là n'est pas de Zeus, elle est de Phidias". – Oui. "Elle n'est donc pas un dieu." » (Diogène Laërce, II, 116).

monde vénère, mais que l'on croit au contraire à d'autres dieux est une position qui peut apparaître comme athée. Mais Mélétos accuse de toute façon Socrate d'être radicalement athée et de ne croire à aucun dieu. Il poursuit en expliquant que Socrate « affirme que le soleil est une pierre et que la lune est une terre » (26 d), et Socrate se défend de cette accusation en disant qu'elle vaut contre Anaxagore :

> « Mais c'est Anaxagore que tu crois accuser, mon cher Mélétos ! En vérité, estimes-tu si peu ces juges, les crois-tu assez illettrés pour ignorer que ce sont les livres d'Anaxagore de Clazomènes qui sont pleins de ces théories ? Et ce serait auprès de moi que les jeunes gens viendraient s'en instruire, (e) alors qu'ils peuvent acheter ces livres dans l'orchestre, pour une drachme tout au plus, et ensuite se moquer de Socrate, s'il donnait pour siennes ces idées ; d'autant plus qu'elles ne sont pas ordinaires. » (26 d-e, trad. Rivaud)

Ce dont se défend Socrate, c'est de ne pas être un athée à la manière d'Anaxagore. Or il semble que ce dernier ait fait l'objet d'un procès en impiété. Il n'est donc pas indifférent que Socrate évoque ici de manière allusive ce précédent. Affirmer que « le soleil est une pierre et que la lune est une terre » est évidemment ce qu'Anaxagore soutient et ce dont Socrate se défend.

Or c'est cette version de l'impiété que Platon condamne dans les *Lois*. Dans le livre X, il dit qu'il existe actuellement beaucoup d'athées à Athènes tandis que, à Sparte, il existe une constitution excellente qui empêche d'écrire n'importe quoi sur les dieux, tandis qu'aucune loi ne l'interdit à Athènes. Les écrits « impies » résumés par l'Athénien sont des cosmologies de type présocratique. Un petit peu plus loin, les impies sont manifestement ceux qui disent que le soleil est une pierre et que la lune est une terre, soit exactement l'accusation contre Anaxagore, mais qui avait été portée contre Socrate :

> « Quand toi et moi donnons les preuves de l'existence des dieux, et mettons en avant celles mêmes dont nous venons de parler, que le soleil et la lune et les astres et la terre sont des dieux et des choses divines, les esprits que ces sages ont retournés nous répliqueront que ce ne sont là que de la terre et des pierres, totalement incapables de se soucier des affaires humaines, (e) dorées qu'elles sont, tant bien que mal, au feu des discours, jusqu'à devenir persuasives. » (Platon, *Lois,* X, 886 d-e)

Le texte de l'*Apologie* comme celui des *Lois* soutiennent que les écrits d'Anaxagore sont très faciles à se procurer – on peut les acheter pour une drachme, tous les citoyens qui jugent Socrate sont censés les avoir lus, et les jeunes gens corrompus par les sages à Athènes les connaissent par cœur. De façon assez étonnante, on voit Platon dans les *Lois* donner raison sur le fond aux accusations d'impiété contre Socrate, non pas évidemment avec l'idée que Socrate a lui-même défendu la thèse impie qu'il attribue à Anaxagore dans l'*Apologie*, mais avec celle que ceux qui soutiennent de telles thèses sont effectivement condamnables. Tout en désapprouvant la condamnation de Socrate dans l'*Apologie*, les deux textes semblent bien approuver les poursuites contre Protagoras. La position soutenue par l'Athénien dans les *Lois* paraît tout à fait conforme à celle d'Athènes contre Socrate d'après l'*Apologie*. Sans doute est-ce à tort que Socrate a été accusé, mais Platon semble impliquer qu'il aurait été légitime de le condamner s'il avait vraiment soutenu les théories d'Anaxagore. L'accusation d'athéisme dont Socrate se défend dans l'*Apologie*, Platon la reprend à son compte comme une accusation extrêmement grave.

Ce qui frappe dans le texte de l'*Apologie*, c'est que l'athéisme est une accusation et que ce n'est pas une position revendiquée par celui qui est accusé. Dans les *Lois,* quelques pages après avoir décrit l'impiété qui consiste à ramener le soleil et la lune à des pierres qui ne peuvent prendre soin des affaires humaines, Platon décrit une généalogie de la croyance dans les dieux dans laquelle les dieux traditionnels de la cité ont été inventés par des législateurs. À la thèse selon laquelle les astres que l'on prend pour des dieux ne sont que des planètes inanimées, se superpose donc une seconde croyance selon laquelle les dieux ont été inventés par les législateurs, et c'est précisément ce qui explique que les dieux ne soient pas les mêmes d'une cité à l'autre :

> « C'est tout d'abord les dieux, mon bienheureux ami, qui, d'après eux, tiennent leur existence de l'art, et non de la nature, mais de certaines lois ; ils sont autres ici, autres là, suivant les conventions qui ont servi de bases aux différents législateurs. [...] Toutes ces doctrines, mes amis, inculquées à nos jeunes hommes par des hommes savants, qui proclament en prose ou en vers que le juste par excellence est celui qu'impose la force victorieuse ; et c'est ainsi que l'impiété envahit nos jeunes hommes, instruits qu'il n'y a point de dieux tels que la loi prétend les leur faire concevoir. » (Platon, *Lois,* X, 889 e-890 a, trad. A. Diès)

Cette généalogie de la croyance n'apparaissait pas dans l'*Apologie*, mais elle se retrouve dans plusieurs textes de l'époque classique, surtout en contexte sophistique. Dans le fameux fragment de Sisyphe, attribué à Critias ou à Euripide, Sisyphe retrace une généalogie de la croyance dans les dieux : les hommes vivaient d'abord dans l'anarchie, puis ils instituèrent des lois pour punir les coupables, mais comme seule la crainte du châtiment leur faisait éviter de commettre des fautes et des crimes, un esprit ingénieux inventa la crainte des dieux.

> « Que pour la première fois, un homme subtil et sage par son intelligence,
> Inventa pour les mortels la crainte des dieux,
> Afin de susciter l'effroi chez les méchants, même lorsqu'ils dissimulent
> Ce qu'ils font, ce qu'ils disent ou ce qu'ils pensent. » (Sextus Empiricus, *Contre les Dogmatiques*, IX, 54[31])

Sans dire explicitement que ce sont les lois qui instaurent l'existence des dieux, le texte du Sisyphe associe étroitement l'invention des dieux à l'action du législateur, ce que souligne le commentaire de Sextus :

> « Critias, l'un des tyrans d'Athènes, paraît appartenir au groupe des athées, lorsqu'il dit que les anciens nomothètes inventèrent (ἔπλασαν) dieu comme un espèce de voyant des actions parfaites et des actions fautives des hommes (τῶν ἀνθρωπίνων κατορθωμάτων καὶ ἁμαρτημάτων), de sorte que personne ne commette d'acte injuste à l'égard de son voisin, même en cachette, par peur d'un châtiment de la part des dieux. » (Sextus Empiricus, *Contre les Dogmatiques*, IX, 54)

Avec son vocabulaire éthique emprunté au stoïcisme ou à l'académie (« actions parfaites » et « actions fautives »), le texte trahit son empreinte hellénistique, vraisemblablement antérieure à Sextus, mais cette interprétation ne fait que moderniser ce qui est manifestement présent dans le texte, à savoir que la crainte des dieux a été inventée pour que les hommes n'usent pas de violence à l'égard de leur prochain, même sans risque d'être découverts. On trouve dans le texte des influences diverses, notamment

---

31. Sextus cite littéralement le texte, qu'il attribue à Critias (88 B 25 D.-K.). L'auteur des *Placita*, qui ne reproduit que certains vers et paraphrase ceux-ci sans les reproduire, attribue le texte à Euripide ([Plutarque], *Placita*, I, 7, 880 E-F.

sophistiques[32], mais aussi hésiodiques[33], ce qui indique un programme de réécriture des mythes théologiques fondateurs. La présentation de Platon, pour sa part, établit une relation étroite entre l'attribution de l'invention des dieux au législateur et le relativisme de la loi, ce qui semble constituer une allusion aux origines sophistiques de thèses de ce genre.

Les *Lois* répertorient donc deux formes ou deux origines de la croyance que les dieux n'existent pas : l'une est une thèse physique, qui ramène les dieux à des réalités matérielles, car l'idée selon laquelle les astres ne sont que des pierres n'est pas loin d'une thèse selon laquelle une explication matérialiste de l'univers permet de se passer de l'existence des dieux dans l'explication de l'univers ; l'autre est une thèse sur l'origine de la croyance qui attribue au législateur l'invention des dieux, et qui fait donc de l'existence des dieux une invention humaine et un auxiliaire de la justice.

Or on retrouve ces deux positions à l'époque hellénistique tantôt comme accusations d'athéisme, tantôt comme simples descriptions de l'origine de la notion des dieux qui n'impliquent pas pour autant que les dieux n'existent pas.

Les accusations d'athéisme à l'époque hellénistique

L'une des plus anciennes accusations d'athéisme formulées par un philosophe à l'époque hellénistique dont nous ayons conservé la trace est probablement celle que l'on peut attribuer à Épicure, et qui est rapportée notamment par Philodème dans le *De Pietate*. D'après Philodème, Épicure a accusé « ceux qui suppriment le divin des êtres réels » d'être complètement fous, et ces penseurs sont Prodicos, Diagoras et Critias :

> « Épicure a accusé ceux qui suppriment le divin des êtres réels d'être complètement fous, comme dans le livre XII, il critique entre autres Prodicos, Diagoras et Critias, en disant qu'ils sont dérangés, et fous, et il les compare à des Bacchants, en leur recommandant de ne pas nous causer de gêne ni d'embarras. » (Philodème, *De pietate*, *PHerc.* 1077, I, 19, 519-533 Obbink)

32. Voir Whitmarsh, T., « Atheist Aesthetics », 2014, p. 110-111.
33. Whitmarsh, T., « Atheist Aesthetics », 2014, p. 118-120.

On trouve à peu près la même accusation chez Diogène d'Œnoanda :

> « Il [deviendra évident] que ce n'est pas nous qui supprimons les dieux, mais d'autres. [...] Ainsi, [Diagoras de Mélos, dont] l'opinion [était partagée et suivie par certains autres, assurait que les dieux n'existent pas,] prêt à combattre [violemment tous ceux qui pensaient différemment.] (col. II) Protagoras d'Abdère, de fait, avança la même opinion que Diagoras, mais usa d'expressions différentes, afin d'éviter son excessive impudence. Il affirma en effet qu'il n'avait pas l'assurance que les dieux existent. Or cela revient au même que de dire qu'il a l'assurance qu'ils n'existent pas ! » (Diogène d'Œnoanda, fr. 16, col. I, 4-III, 12 Smith, trad. P.-M. Morel légèrement modifiée)

On trouve aussi cette accusation de suppression des dieux dans la *Lettre à Ménécée*, où Épicure accuse d'impiété ceux qui suivent les croyances de la multitude sur les dieux :

> « Les dieux existent. Évidente est en effet la connaissance que l'on a d'eux. Mais ils ne sont pas tels que la multitude les conçoit. Ceux-ci en effet ne les préservent pas tels qu'ils les conçoivent. Est impie d'autre part non pas celui qui abolit les dieux de la multitude, mais celui qui ajoute aux dieux les opinions de la multitude, car les déclarations de la multitude à propos des dieux ne sont pas des prénotions, mais des suppositions fausses. » (Épicure, *Lettre à Ménécée*, 123-124, trad. P.-M. Morel légèrement modifiée)

La position d'Épicure paraît osée : il accuse d'impiété ceux qui acceptent les idées communes sur les dieux. Mais voir dans les croyances ordinaires sur les dieux et dans les récits mythologiques des fadaises impies dont il convient de se débarrasser est une attitude assez courante de la part des philosophes, que l'on trouverait aussi bien chez Platon que chez les stoïciens[34]. Ainsi, paraphrasant les stoïciens, Cicéron dit que les récits mythiques sur la cosmogonie sont des « fables impies », même si elles renferment une « explication qui ne manque pas de finesse », une *ratio non inelegans* (*Nat. deor.*, II, 64). On assiste donc chez les philosophes à un retournement de l'accusation d'impiété : tandis que les croyances communes et les tribunaux populaires accusent les philosophes d'impiété,

34. Sur ce point, voir le chapitre de Sylvain Delcomminette dans ce livre.

ceux-ci taxent d'impiété les croyances populaires, notamment celles qui ont été développées par les poètes, accusés par les stoïciens d'avoir corrompu l'ancienne sagesse[35].

Les textes de Philodème, de Diogène et d'Épicure lui-même indiquent assez clairement que les épicuriens, à la suite d'Épicure, sont sur une position défensive : ils se défendent d'accusations d'athéisme proférées contre Épicure en accusant les autres d'être les véritables athées, alors que lui n'est pas un athée[36]. On retrouve de ce fait la même démarche que celle que Platon prête à Socrate dans l'*Apologie* : de même que Socrate se défend d'être athée et rejette l'athéisme sur Anaxagore, Épicure rejette l'accusation d'athéisme sur Prodicos, Diagoras et Critias. Cicéron mentionne une telle accusation d'athéisme de la part de Posidonius, mais Posidonius n'était pas le premier à accuser Épicure d'athéisme :

> « Posidonius, notre ami à tous, est plus près de la vérité quand il soutient, dans le cinquième livre de son ouvrage *Sur la nature des dieux*, que pour Épicure les dieux n'existaient pas et que tous ses propos sur les dieux immortels visaient à écarter l'impopularité. Il n'aurait jamais été assez fou pour imaginer un dieu semblable à un homoncule, [...] un dieu émacié et diaphane, n'accordant rien à personne, n'ayant d'obligeance pour personne, ne se souciant absolument de rien, ne faisant rien du tout. D'abord, un tel être ne saurait exister : conscient de cela, Épicure supprime les dieux en réalité et n'en conserve que le nom. » (Cicéron, *De la nature des dieux*, I, 123, trad. C. Auvray-Assayas)

Particulièrement intéressant est le cas de Prodicos, cité par Épicure dans la liste d'athées transmise par Philodème, et sur lequel celui-ci revient dans un second passage en nous transmettant le témoignage du stoïcien Persée à son sujet. Le texte traditionnellement édité va même jusqu'à mettre dans la même catégorie Persée et Prodicos, en étendant au stoïcien l'accusation d'athéisme avancée par Épicure à l'encontre de Prodicos :

---

35. « Je te donnerai plus tard une explication plus complète d'Hésiode : certains éléments, selon moi, il les a reçus d'autorités plus anciennes que lui, d'autres, il les a ajoutés de son propre chef, d'une manière plus mythique, de sorte que la plus grande partie de l'ancienne théologie a été corrompue. » (Cornutus, *Compendium theologiae graecae*, 17, p. 31, 12-17)

36. On trouve aussi trace d'accusation d'athéisme à l'encontre d'Épicure chez Bion de Borysthène qui, du coup, est accusé d'athéisme par les épicuriens. Voir HUSSON, S., « Les Athéismes de Bion de Borysthène », 2018.

> « Il apparaît clairement que Persée supprime et réduit à néant le divin (Περσα[ῖος δὲ] δῆλός ἐστιν [ἀναιρῶν] ὄντω[ς κ]αὶ [ἀφανί]ζων τὸ [δ]αιμόνιο[ν]), ou bien qu'il ne sait rien à son sujet, quand dans le traité *Sur les dieux* il dit qu'elles ne paraissent pas dénuées de crédibilité, les choses que Prodicos a été le premier à écrire, sur le fait que ce qui nourrit et qui est utile a été considéré et honoré comme des dieux, et qu'ensuite les découvreurs de la nourriture, de l'habitation et des autres arts ont reçu des noms comme Déméter, Dionysos et les Dioscures. » (Philodème, *De pietate*, *PHerc.* 1428, col. 2, 28-3, 13 Henrichs = *SVF*, I, 448 [1])

Mais l'affirmation selon laquelle Persée serait un athée, « supprimant et réduisant à néant le divin » est une reconstruction du texte qui remonte à Gomperz et qui a été adoptée par Arnim et Henrichs. La nouvelle reconstruction du début du passage proposée par Christian Vassallo suggère une autre lecture du texte, dans laquelle Philodème n'accuse plus Persée lui-même d'être un athée :

> « Il apparaît clairement que Persée juge que le dieu est unique mais que le divin n'est pas connaissable (Περσα[ῖος δὲ δ]ῆλός ἐστιν [ἕνα τὸν θ]εόν τε κἄγ[νωστον δικάζων τὸ δαιμόνιο̣[ν), ou bien qu'il ne sait rien à son sujet, quand dans le traité *Sur les dieux*… » (Philodème, *PHerc.* 1428, col. 348, 28-34 Vassallo = *olim* col. 2[37])

Au lieu de renvoyer sur Persée lui-même l'accusation de « supprimer » et de « réduire à néant » le divin, le texte de Philodème reconstruit de cette manière se contente d'en faire le relais de la pensée de Prodicos, ce qui permet à Philodème et Épicure de l'accuser d'athéisme, mais sans que cette accusation soit valable pour Persée lui-même. Dans ses deux versions, le texte nous permet de comprendre pourquoi Épicure a pu accuser Prodicos d'athéisme. D'après Persée, Prodicos a soutenu que l'on a divinisé ce qui nourrit et ce qui est utile aux hommes et les découvreurs de la nourriture, de l'habitation et des autres arts. Ces bienfaiteurs de l'humanité ont été divinisés sous le nom de Déméter, Dionysos et des Dioscures. On trouve la même généalogie attribuée à Persée, sans référence à Prodicos, dans un texte de Cicéron :

---

37. VASSALLO, Chr., « Persaeus on Prodicus », 2018, p. 163.

« Persée, autre disciple du même Zénon, dit qu'on a considéré comme des dieux les hommes dont les découvertes avaient été d'une grande utilité pour la civilisation, et que les choses utiles et salutaires ont elles-mêmes été désignées par des noms de dieux. » (Cicéron, *De la nature des dieux*, I, 38, trad. C. Auvray-Assayas = *SVF*, I, 448 [2])

Cicéron confirme ainsi la position de Persée, mais sans dire que celui-ci la tient de Prodicos. Mais Cicéron ne l'ignore sans doute pas, comme le montre l'un des passages sur l'athéisme, où il attribue bien cette généalogie à Prodicos :

« Et Prodicos de Céos, qui a dit que toutes les choses utiles à la vie des hommes avaient été mises au nombre des dieux, quelles traces de respect des dieux a-t-il laissées ? » (Cicéron, *De la nature des dieux*, I, 118, trad. C. Auvray-Assayas)

Cicéron attribue le même type de généalogie à Évhémère, et c'est ce qui explique que celui-ci ait été accusé d'athéisme :

« Et les auteurs qui rapportent que des hommes braves ou célèbres ou puissants ont été divinisés après leur mort, et que ce sont ceux-là mêmes que nous avons coutume d'honorer, de prier, de vénérer, ne sont-ils pas dépourvus de tout respect religieux ? Cette théorie a été surtout exposée par Evhémère que notre Ennius a traduit et a suivi plus que tout autre ; or Evhémère nous fait connaître les morts et les tombeaux des dieux. Croirons-nous qu'il a consolidé les fondements du culte ou qu'il les a radicalement sapés ? » (Cicéron, *De la nature des dieux*, I, 119, trad. C. Auvray-Assayas)

On remarque aussi que Cicéron n'accuse nullement Persée d'athéisme, ce qui confirme très probablement la nouvelle lecture du texte de Philodème, contre la lecture traditionnelle. En revanche, quand il attribue cette position à Prodicos, c'est pour l'accuser d'avoir nui au respect des dieux et à la religion. On voit très bien grâce à ce double témoignage comment la même position de Prodicos a pu être interprétée par Épicure et Philodème comme une position athée, et par Persée comme une position sur la généalogie de la notion des dieux ou du moins d'une de ses formes. Persée ne considère pas Prodicos comme un athée, mais comme un auteur qui a parfaitement vu comment nous avons formé notre notion des dieux. C'est en effet un mode de formation de la notion des dieux qui a été intégré par les stoïciens, selon un passage de la doxographie des *Placita.* Ce chapitre I 9 des *Placita* est intitulé « D'où les êtres humains tirent la notion des dieux » (Πόθεν ἔννοιαν ἔσχον θεῶν ἄνθρωποι) et il est entièrement consacré aux stoïciens. Il décrit toute une série de manières de former cette notion, dont « l'ensemble de l'enseignement se divise en sept espèces » et dont la première concerne « les phénomènes visibles », c'est-à-dire essentiellement les astres. La deuxième et la troisième catégories concernent la formation de la notion des divinités nuisibles (les Poinai, les Érynnies) et des divinités utiles (Zeus, Héra, Hermès et Déméter). Après quelques autres catégories, dont les inventions des poètes, arrivent en dernier lieu les bienfaiteurs de l'humanité qui ont été divinisés :

> « En septième et dernière place, celle des dieux que l'on honore pour les services qu'ils rendent dans la vie commune et qui ont une origine humaine, par exemple *Héraclès, les Dioscures, Dionysos.* Ils leur attribuaient une forme humaine parce que, si l'être divin est souverain de l'univers, parmi les êtres vivants, l'homme l'emporte par sa beauté et, puisqu'il est paré d'une vertu éminente par la constitution de son esprit, il est souverain parmi eux. Ainsi donc ils ont pensé qu'il était bien d'attribuer aux meilleurs à la fois l'autorité et la beauté suprême. » ([Plutarque], *Opinions des philosophes*, I, 7, 880 C-D trad. G. Lachenaud)

On trouve ici la même idée que dans le texte de Philodème et dans celui de Cicéron – des individus qui ont rendu des services à la communauté humaine et que l'on a divinisés pour cette raison –, et les listes de Philodème et des *Placita*, sans être exactement les mêmes, se recoupent largement puisque l'on trouve Déméter, Dionysos et les Dioscures chez Philodème, Héraclès, les Dioscures et Dionysos dans le texte des *Placita.* La seule variante entre la liste de Prodicos et celle des stoïciens est la substitution d'Héraclès à Déméter. Cette similarité, couplée à la manière dont Persée rapportait la théorie de Prodicos, laisse à penser que les stoïciens ont pu tirer de Prodicos le septième mode de formation de la notion des dieux. Le même argument sur une des manières de former la notion des dieux, c'est-à-dire la divinisation de bienfaiteurs de l'humanité, est répertorié par les stoïciens comme l'un des modes de formation de la notion des dieux, sans que cela remette pour autant en cause la croyance dans leur existence, puisque les stoïciens soutiennent que les dieux existent, tandis qu'Épicure semble avoir interprété la même généalogie chez Prodicos comme une preuve de son athéisme. Cette description de la formation de la notion des dieux que l'on trouve chez Prodicos et les stoïciens n'est manifestement pas un argument athée ; c'est seulement un argument anthropologique qui peut être interprété comme un argument athée ou utilisé comme tel. Ce type d'argument est neutre et à double tranchant : il peut être utilisé par certains comme un argument en faveur de l'athéisme, ou comme un argument compatible avec l'existence des dieux. Il y a donc non seulement une grande porosité entre l'athéisme et l'agnosticisme, mais même entre l'athéisme et la croyance dans l'existence des dieux. Cela tient au fait que même des penseurs qui ne remettent pas en cause l'existence des dieux en tant que tels et admettent l'existence d'une divinité remettent en cause l'existence de dieux traditionnels. Ce point semble confirmer que l'accusation d'athéisme est quelque chose d'extrêmement fluctuant et poreux, qu'il est difficile de limiter à la seule accusation ou à la seule formule qu'il n'y a pas de dieux. Il y a beaucoup de façons d'être objet d'une accusation d'athéisme, et les arguments employés dans ce cas sont souvent des arguments qui en fait, dans l'esprit de ceux qui les utilisent, ne suppriment pas l'existence des dieux, mais seulement celle de certains dieux traditionnels. Cette difficulté de la notion d'athéisme est probablement inhérente au fait que l'athéisme est une accusation : l'athéisme est quelque chose dont on accuse certains, et dont certains se défendent, mais ce n'est pas quelque chose que l'on revendique pour soi. Et de ce fait, quand on veut accuser quelqu'un d'athéisme, il est aisé de déformer un argument anthropologique sur la formation de la notion des dieux pour en faire un argument athée, ou d'extrapoler une mise en cause de la religion traditionnelle à la remise en cause de l'existence du divin.

Les différents arguments invoqués pour accuser un penseur d'athéisme peuvent être ramenés aux suivants :

1) Professer que les dieux n'existent pas. Seuls Diagoras et Théodore sont parfois crédités de telles prises de position explicites.

2) Professer l'agnosticisme à l'égard de la nature des dieux. C'est le motif pour taxer Protagoras d'impiété.

3) Ne pas croire aux dieux astraux et penser que le soleil et la lune ne sont que des pierres, et de façon générale penser que le monde s'explique sans intervention divine. C'est l'accusation contre Anaxagore, qui semble avoir aussi été appliquée à Socrate.

4) Ne pas croire aux dieux de la cité, et en particulier aux fables des poètes acceptées par la religion populaire. C'est l'accusation qui semble avoir été dirigée contre Socrate.

5) Décrire de manière anthropologique la formation de la notion des dieux : culte instauré par le législateur, divinisation de héros et de bienfaiteurs. C'est l'accusation de l'Athénien des *Lois* contre les savants, et ce sont les motifs pour lesquels Prodicos et Evhémère ont été accusés d'athéisme.

De tous ces motifs évoqués pour caractériser un penseur comme athée, seul le premier correspond avec certitude à l'athéisme. Mais il est difficile d'en établir la fiabilité. On peut avoir des doutes notamment sur l'athéisme de Diagoras, dont l'accusation pourrait surtout tenir à sa participation à la profanation des Mystères d'Éleusis en 415[38]. Pour les autres motifs d'athéisme, ils sont sujets à caution : ce sont des accusations, proférées soit dans le cadre de procès, soit dans celui de polémiques philosophiques, et ces accusations sont à double tranchant. Dans le cas de Protagoras comme dans celui d'Euripide, on invoque souvent le souci d'échapper aux poursuites pour expliquer la façon détournée et à mots couverts d'exprimer l'athéisme. Dans le cas du rejet des croyances traditionnelles comme dans celui des explications anthropologiques, on a affaire à des positions à double tranchant : il est évident que des explications matérialistes ou anthropologiques sont le terreau dans lequel on peut planter l'athéisme, mais de telles positions peuvent aussi être au fondement d'une vraie piété philosophique. Ce sont les mêmes analyses et les mêmes arguments qui sapent la religion traditionnelle pour la remplacer par une piété philosophique et qui sapent radicalement toute religion. À vrai dire, nul de nos jours ne prétendrait que Socrate a été un véritable athée. Et pourtant, dans l'Athènes classique, il semble bien avoir dû se défendre d'une telle accusation et Platon le met en scène s'en défendant. L'Athènes classique donne une image étrangement contrastée : Platon, dans les *Lois*, décrit le fleurissement d'un athéisme souterrain qui gagne une frange importante de la jeunesse athénienne, mais il affirme aussi qu'il n'y a pas de loi pour protéger de l'athéisme. La floraison des procès pour impiété semble bien indiquer le contraire, mais il est difficile de dire si un athéisme profond a réellement existé à Athènes, précisément parce qu'une bonne

38. Cf. WHITMARSH, T., *Battling the Gods*, 2016, p. 121-122.

partie des accusations ne semble pas avoir été faite de bonne foi. Et il en va un peu de même à l'époque hellénistique, avec les accusations des écoles les unes à l'encontre des autres. Une partie de ce courant souterrain semble d'ailleurs possible à identifier : dans les athées des *Lois*, on peut reconnaître Anaxagore, voire peut-être Prodicos. C'est la caractéristique la plus évidente de l'athéisme dans l'Antiquité : il est rare qu'il s'exprime ouvertement, et cela rend difficile d'en évaluer l'importance réelle.

Il faut donc être très prudent avec la notion d'athéisme dans l'Antiquité, car elle recouvre beaucoup de choses voisines de l'athéisme au sens strict du terme, comme des positions d'agnosticisme ou de rejet des croyances à l'égard des dieux traditionnels de la cité et ceux des récits mythiques. La plupart des philosophes croient à l'existence des dieux mais ils ont une manière si particulière d'y croire qu'il est normal que les esprits conventionnellement pieux les aient considérés comme impies ou athées. Les esprits pieux qui ont une foi conventionnelle ont tendance à considérer comme athées des prises de position qui, pour ceux qui les soutiennent, n'ont pas pour but de remettre complètement en cause l'existence de la divinité. Mais en même temps ce sont ces mêmes analyses anthropologiques sur l'origine des croyances, ces remises en cause des « contes de bonne femme » d'Hésiode et des récits mythiques, leur réinterprétation en termes allégoriques ou non littéraux qui ouvraient la boîte de Pandore de l'athéisme. Historiquement, néanmoins, les grandes positions athées semblent plus s'être produites dans l'Athènes classique, avant le développement des grandes théories matérialistes d'Épicure, des théories anthropologiques des stoïciens, et de leur réinterprétation des récits mythiques. Dans le monde hellénistique et romain, l'accusation d'athéisme semble passer d'une accusation en justice, qui donne lieu à des procès, à des invectives et des accusations que se lancent les philosophes entre eux. L'athéisme antique se tient ainsi entre chien et loup, entre réalité, mythe et accusation. Mais il reste à bien des égards enfoui dans une nuit obscure où tous les chats sont gris.

Appendice : les principales listes d'athées

	Épicure (Philodème, *De la piété,* I, 19, 519-542)	Diogène d'Œnoanda, fr. 16, col. I-III	Cicéron, *De la nature des dieux* I 2 ; I 117-118	Galien, *De l'utilité des parties,* XII, 6 (IV 21 Kühn)	Plutarque, *De la superstition* 13, 171 B-C	[Plutarque], *Placita,* I,7, 880C-F	Sextus Empiricus, *Contre les Dogmatiques* IX 51-59
Prodicos	X		X				X
Diagoras	X	X	X	X	X	X	X
Critias	X						X
Protagoras		X	X				X
Théodore de Cyrène			X		X	X	X
Évhémère			X			X	X
Euripide						X	
Hippon					X		X
Épicure				X			X
Anaxagore				X			

Deuxième partie

Savoir, paradoxes et scepticisme

SOPHIA DIVINE ET *SOPHIA* HUMAINE CHEZ PLATON, XÉNOPHON ET ARISTOTE

Louis-André Dorion (Université de Montréal)

L'opposition entre le savoir divin et le savoir humain remonte aux débuts de la littérature grecque (Homère, Hésiode) et elle a fait l'objet de plusieurs développements de la part des présocratiques, notamment Héraclite, Xénophane, Alcméon et Parménide[1]. Bien que cette opposition soit ancienne, les premières occurrences de l'expression ἀνθρωπίνη σοφία (« savoir humain ») datent du IVe s. av. J.-C. Cette expression est plutôt rare chez les philosophes du IVe siècle, mais ses occurrences sont néanmoins très instructives sur les différentes façons dont ces philosophes comprennent les rapports entre la *sophia* qui est à la portée de l'homme et celle qui semble être l'apanage des dieux. On peut en effet montrer – et c'est d'ailleurs le principal objectif de cette étude – que les trois philosophes du IVe siècle (Platon, Xénophon et Aristote) qui emploient l'expression ἀνθρωπίνη σοφία entendent chacun d'une façon

1. Je me permets de renvoyer le lecteur à l'étude classique de B. Snell (« Savoir divin et savoir humain », dans *La Découverte de l'esprit. La genèse de la pensée européenne chez les Grecs* [1946], Combas, Éd. de l'Éclat, 1994, p. 187-202). On y trouvera de nombreuses références aux principaux textes pertinents chez les auteurs antérieurs à Socrate.

différente le rapport que la *sophia* humaine entretient avec la *sophia* divine.

Platon : la *sophia* humaine comme reconnaissance de son ignorance

Étant donné que les deux seules occurrences de l'expression ἀνθρωπίνη σοφία, dans le *corpus platonicum*, se trouvent dans l'*Apologie de Socrate* (20 d 8 et 23 a 7), ce dialogue sera au centre de notre analyse. Le jour de son procès, Socrate s'efforce de dissiper le malentendu qui lui a valu la réputation, à ses yeux non méritée, de savant (σοφός, 23 a 3). Il se défend de posséder la *sophia* sur les choses de la nature (20 d-e), dont il précise que c'est une *sophia* qui est sans doute plus qu'humaine (μείζω τινὰ ἢ κατ' ἄνθρωπον σοφίαν, 20 e 1)[2], ce qui laisse clairement entendre que seuls les dieux possèdent la connaissance de ces choses. Il reconnaît néanmoins qu'il possède une *sophia*, plus exactement une *sophia* propre à l'homme :

> « En effet, Athéniens, c'est tout simplement parce que je suis censé posséder un savoir (διὰ σοφίαν τινά) que j'ai reçu ce nom. De quelle sorte de savoir peut-il bien s'agir (Ποίαν δὴ σοφίαν ταύτην) ? De celui, précisément, je suppose, qui se rapporte à l'être humain (ἥπερ ἐστὶν ἴσως ἀνθρωπίνη σοφία). Car, en vérité, il y a des chances que je sois un savant en ce domaine (Τῷ ὄντι γὰρ κινδυνεύω ταύτην εἶναι σοφός)[3]. »

Selon la traduction qu'il donne de ce passage, L. Brisson semble considérer que l'*anthrôpinê sophia* est le savoir qui se rapporte à l'homme et que Socrate se flatte d'être savant en ce domaine, à savoir les affaires

2. Cf. aussi Platon, *Ap.*, 19 c, où Socrate fait référence au savoir physique qu'Aristophane lui prête dans les *Nuées* : « Dans la comédie d'Aristophane, vous avez vu de vos yeux vu la scène suivante : un Socrate qui se balançait, en prétendant qu'il se déplaçait dans les airs et en débitant plein d'autres bêtises concernant des sujets sur lesquels je ne suis un expert ni peu ni prou. En disant cela, je n'ai pas l'intention de dénigrer ce genre de savoir (τὴν τοιαύτην ἐπιστήμην), à supposer que l'on trouve quelqu'un de savant en de telles matières (εἴ τις περὶ τῶν τοιούτων σοφός ἐστιν) ». Les textes de Platon cités dans cette étude proviennent tous des *Œuvres complètes* publiées sous la direction de Luc Brisson (Paris, Flammarion, 2008).

3. Platon, *Ap.*, 20 d.

humaines. Mais il serait plutôt étonnant, voire contradictoire, que Socrate se reconnaisse savant en ce domaine, puisqu'il n'a de cesse de reconnaître, dans le même dialogue, qu'il ne sait rien. Si l'on considère que l'*anthrôpinê sophia* est plutôt le savoir qui est propre à l'homme[4], et que ce savoir est précisément la reconnaissance de son ignorance, il n'y a plus rien d'étonnant, ni de contradictoire, à ce que Socrate se reconnaisse savant en ce savoir-là[5]. Cette *sophia* humaine, qui est la seule forme de savoir que Socrate revendique, consiste à reconnaître son ignorance sur les sujets les plus importants (τὰ μέγιστα, 22 d 7), c'est-à-dire sur ce qui relève de l'éthique[6]. Comme les dieux ont certainement la connaissance de ces sujets, de même que de ceux qui portent sur la nature (20 e), il s'ensuit que la *sophia* divine englobe le savoir moral et la science physique. La *sophia* de Socrate se détermine par rapport aux dieux non seulement parce qu'elle est « humaine », par opposition à la *sophia* tout court, qui est l'apanage de la divinité, mais aussi parce que c'est la divinité qui a révélé à Socrate qu'il possède une *sophia.* C'est en effet l'oracle de Delphes qui, en réponse à une question que lui a posée Chéréphon, a révélé que Socrate surpassait tous les autres hommes sous le rapport de la *sophia* :

> « [Socrate] En effet, pour ce qui est de mon savoir (σοφία) – de son existence et de sa nature –, je produirai devant vous comme témoin le dieu de Delphes. [...] Un jour qu'il [*scil.* Chéréphon] s'était rendu à Delphes, il osa consulter l'oracle pour lui demander – et n'allez pas, je le répète, m'interrompre par vos cris, citoyens – si, en fait, il pouvait exister quelqu'un de plus savant

---

4. Ainsi que le comprennent également les autres traducteurs (Croiset, Chambry, Robin).
5. En 20 d 9, l'antécédent de ταύτην ne peut être que ἀνθρωπίνη σοφία (20 d 8), de sorte que Socrate se reconnaît savant en *savoir humain*, et non pas en *affaires humaines.*
6. Dans la note qu'il consacre à la première occurrence de l'expression ἀνθρωπίνη σοφία, J. Burnet (*Plato's Euthyphro, Apology of Socrates, Crito* [1924], Oxford, Clarendon Press, 1990, p. 168 *ad* 20 d 8) exprime une tout autre compréhension de cette expression : « *This is, of course, the keynote of Socratic teaching. It must, however, be remembered that it does not mean merely, as is sometimes supposed, "wordly wisdom". It includes Logic and the theory of knowledge* (σκέψις ἐν λόγοις) *and it includes Ethics* (ἐπιμέλεια ψυχῆς). » Il n'y a rien, dans le texte de l'*Apologie*, qui justifie une telle interprétation du contenu et de l'objet de l'ἀνθρωπίνη σοφία. Notre interprétation rejoint en revanche celle qui est exposée par E. de Strycker et S.R. Slings : « ἀνθρωπίνη σοφία : *according to the Platonic Socrates, the human form of understanding, that is, the knowledge of one's own ignorance* » (*Plato's Apology of Socrates*, Leiden, Brill, 1994, p. 270 *ad* 20 d 8).

que moi (εἴ τις ἐμοῦ εἴη σοφώτερος). Or la Pythie répondit qu'il n'y avait personne de plus savant (μηδένα σοφώτερον)[7]. »

Lorsque Chéréphon lui rapporte cet oracle, Socrate est d'abord incrédule car il ne se reconnaît aucune *sophia* :

> « lorsque je fus informé de cette réponse, je me fis à moi-même cette réflexion : "Que peut bien vouloir dire la réponse du dieu, et quel en est le sens caché (καὶ τί ποτε αἰνίττεται ;) ? Car j'ai bien conscience, moi, de n'être savant ni peu ni prou (ἐγὼ γὰρ δὴ οὔτε μέγα οὔτε σμικρὸν σύνοιδα ἐμαυτῷ σοφὸς ὤν). Que veut donc dire le dieu, quand il affirme que je suis le plus savant (σοφώτατον) ? En tout cas, il ne peut mentir, car cela ne lui est pas permis"[8]. »

Comme la suite du récit de l'oracle permet de le comprendre, c'est en mettant à l'épreuve le prétendu savoir de ceux qui passent pour savants – les politiciens, les poètes, les artisans – que Socrate finit par percer l'énigme de l'oracle et par découvrir en quel sens il est le plus savant des hommes : contrairement aux autres hommes, qui se prétendent savants alors qu'ils sont en réalité ignorants, Socrate se reconnaît ignorant. Il est important de souligner que l'incrédulité dont Socrate fait preuve lorsqu'il apprend la réponse de l'oracle à Chéréphon est un indice qu'il ne se connaît pas parfaitement lui-même. Non seulement il ne se doute pas qu'il est le plus savant des hommes, mais il ne comprend pas non plus, lorsqu'il prend connaissance de l'oracle, en quel sens il est le plus savant. L'*Apologie* est ici en accord avec le *Premier Alcibiade* (132 c-133 c) sur un point fondamental : l'homme individuel ne peut parvenir à la connaissance de soi par ses propres moyens car la médiation d'autrui, en l'occurrence la divinité, lui est indispensable pour se connaître lui-même.

Bien que l'oracle l'ait proclamé l'homme le plus savant, Socrate n'est pas vraiment fier de la *sophia* humaine qui est la sienne :

> « Mais, citoyens, il y a bien des chances pour que le vrai savant ce soit le dieu (τῷ ὄντι ὁ θεὸς σοφὸς εἶναι) et que, par cet oracle, il ait voulu dire

7. Platon, *Ap.*, 20 e-21 a.
8. Platon, *Ap.*, 21 b.

la chose suivante : le savoir que possède l'homme (ἡ ἀνθρωπίνη σοφία) présente peu de valeur, et peut-être même aucune (ὀλίγου τινὸς ἀξία ἐστὶν καὶ οὐδενός)[9]. »

Socrate ne conçoit aucune fierté pour le savoir humain qui le distingue des autres hommes et il n'en revendique même pas l'exclusivité car il considère que ce savoir humain est en fait à la portée de tous les hommes, de sorte que n'importe qui pourrait être aussi savant que lui :

> « Et, s'il [*scil.* le dieu] a parlé de ce Socrate qui est ici devant vous, c'est probablement que, me prenant pour exemple, il a utilisé mon nom, comme pour dire : "Parmi vous, humains, celui-là est le plus savant (σοφώτατος) qui, comme l'a fait Socrate, a reconnu que réellement il ne vaut rien face au savoir (ὅστις ὥσπερ Σωκράτης ἔγνωκεν ὅτι οὐδενὸς ἄξιός ἐστι τῇ ἀληθείᾳ πρὸς σοφίαν)[10]. »

Comme l'indique le terme ἀνθρωπίνη, la *sophia* humaine doit être accessible sinon à tous les hommes, du moins au plus grand nombre, et n'être pas le privilège exclusif de Socrate, bien qu'il en soit le seul détenteur dans l'*Apologie*. Il suffit donc de reconnaître son ignorance, comme Socrate, pour devenir aussitôt le plus savant des hommes, comme si le plus haut degré de *sophia* auquel l'homme puisse prétendre consiste, sans plus, à reconnaître qu'il ne sait rien. En affirmant que le savoir humain consiste à reconnaître, comme il l'a fait lui-même, que l'on « ne vaut rien face au savoir », Socrate déprécie en fait deux formes de *sophia* accessibles aux hommes. La première, celle dont il est question dans ce passage et qui correspond à la *sophia* humaine *stricto sensu*, est la reconnaissance de son ignorance. La deuxième est le type de savoir, ou plutôt de compétence, que Socrate reconnaît aux artisans et qu'il n'hésite pas à qualifier de σοφία (22 d 8). Cette *sophia* technique est elle aussi, en un sens, une *sophia* humaine, puisque c'est en fait la forme la plus répandue, parmi les hommes, de *sophia*. Nous sommes donc en présence d'un paradoxe intéressant : ce que Socrate nomme *sophia* humaine, c'est

9. Platon, *Ap.*, 23 a. Selon cette traduction, l'*anthrôpinê sophia* désigne le savoir *accessible* à l'homme, et non plus le savoir *relatif* à l'homme, ainsi que L. Brisson comprend la première occurrence (20 d) de cette expression.
10. Platon, *Ap.*, 23 a-b.

une *sophia* plutôt rare, puisqu'il en est le seul détenteur ; et la *sophia* la plus répandue parmi les hommes, soit la *sophia* technique, ne semble pas avoir droit au titre de *sophia* humaine.

On peut s'étonner de ce que Socrate parle en ces termes de la *sophia* humaine car il y a de nombreux passages, dans l'œuvre de Platon, où la σωφροσύνη, qui est l'une des principales vertus, consiste précisément à reconnaître ce que l'on ne sait pas[11]. Loin de déprécier cette forme de savoir, Socrate en parle au contraire comme d'une étape préalable et nécessaire à l'acquisition du savoir véritable : celui qui s'imagine à tort qu'il est savant ne se met pas en quête du savoir, de sorte que c'est la reconnaissance de son ignorance qui met en branle la recherche du savoir. La *sophia* humaine marque ainsi un progrès incontestable par rapport à l'attitude de l'immense majorité des hommes, attitude que les néoplatoniciens ont baptisée, avec bonheur, la double ignorance[12] : les hommes ignorent qu'ils sont ignorants. Si la *sophia* humaine, qui consiste à reconnaître son ignorance, est préférable à la double ignorance, elle n'en demeure pas moins de l'ignorance et, de ce point de vue, elle n'est pas grand-chose[13], en effet, en comparaison de la *sophia* authentique, qui est le privilège des dieux. Un passage de l'*Hippias majeur* confirme que la *sophia* humaine est fortement dépréciée par rapport à la *sophia* divine. Socrate y rapporte avec approbation une comparaison que l'on prête à Héraclite :

> « Cet Héraclite que tu cites, ne dit-il pas de la même manière que, "par rapport au dieu (πρὸς θεόν), le plus savant des hommes (ὁ σοφώτατος) n'est qu'un singe en matière de savoir (σοφίᾳ), de beauté comme de toutes les autres qualités"[14] ? »

11. Cf. Platon, *Charm.*, 167 a : « [Socrate] Le sage (σώφρων) est donc le seul qui se connaîtra lui-même et qui sera en mesure d'examiner ce qu'il se trouve savoir et ce qu'il ne sait pas, et il aura pareillement la capacité d'examiner autrui sur ce qu'il sait et croit savoir, lorsqu'il le sait, et inversement sur ce qu'il croit savoir, alors qu'il ne le sait pas ; et personne d'autre n'aura cette capacité. C'est donc en cela que consistent le fait d'être sage (τὸ σωφρονεῖν), la sagesse (σωφροσύνη) et se connaître soi-même : savoir ce que l'on sait et ce que l'on ne sait pas. » Voir aussi *Théét.*, 210 b-c, *Soph.*, 230 c-d.
12. Cf. Proclus, *Sur le Premier Alcibiade de Platon*, 8, 20-21 ; 174, 1-175, 18 Creuzer.
13. Voir aussi Platon, *Ap.*, 21 d : « [Socrate] En tout cas, j'ai l'impression d'être plus savant (σοφώτερος) que lui du moins en ceci qui représente peu de chose (σμικρῷ τινι) : je ne m'imagine même pas savoir ce que je ne sais pas. »
14. Platon, *Hippias majeur*, 289 b.

Si vraiment le plus savant des hommes n'est qu'un singe en matière de savoir, on peut difficilement admettre que Socrate se soit satisfait de la *sophia* humaine, c'est-à-dire qu'il se soit contenté de reconnaître son ignorance et qu'il ait renoncé à la *sophia* authentique. Il y a pourtant, dans la réception antique de Socrate, une tradition qui le considère comme un sceptique qui a renoncé à toute forme de savoir qui nourrirait une prétention plus grande que le simple fait de reconnaître son ignorance. C'est exactement ce que prétend le personnage de Varron dans les *Académiques* de Cicéron :

> « Dans presque tous ses entretiens, que ses auditeurs ont abondamment relatés dans des écrits variés, sa façon de philosopher consiste non à rien affirmer mais à réfuter ses interlocuteurs (*refellat alios*) ; il affirme qu'il ne sait rien, sinon précisément qu'il ignore (*nihil se scire dicat nisi id ipsum*) et que c'est en quoi il l'emporte sur les autres qui croient savoir ce qu'en réalité ils ne savent pas ; c'est aussi la raison pour laquelle il pensait qu'Apollon l'avait proclamé le plus sage des mortels (*omnium sapientissimum*), la seule sagesse consistant pour l'homme à ne pas s'imaginer qu'on sait alors qu'on ne sait pas (*quod haec esset una omnis sapientia, non arbitrari sese scire quod nesciat*)[15]. »

On peut immédiatement objecter à Varron que si Socrate avait réellement renoncé à la *sophia*, il ne serait pas continuellement en quête du savoir, ni dépeint sous les traits d'un chercheur infatigable, et il ne définirait pas non plus le philosophe comme celui qui aspire au savoir divin[16]. Car n'est-ce pas précisément en cela que consiste la philosophie : reconnaître son ignorance et aspirer au savoir qui est celui de la divinité ? La philosophie, en tant qu'elle est aspiration au savoir de la divinité, est aussi, dans son principe même, une recherche d'assimilation à la divinité[17]. Le philosophe, tel qu'il est compris et incarné par Socrate, se situe entre les hommes et les dieux. Contrairement à l'immense majorité des hommes, il reconnaît son ignorance, ce qui suffit à l'élever au-dessus des autres hommes car il satisfait à la condition indispensable à la poursuite de la véritable sagesse. Mais comme il ne détient pas la *sophia* à laquelle

15. Cicéron, *Académiques*, I, 16, 1-9 (trad. Ch. Appuhn).
16. Cf. Platon, *Lysis*, 218 a-b ; *Banquet*, 203 e-204 a ; *République*, V, 475 b ; *Phèdre*, 278 d.
17. Cf. Platon, *Théét.*, 176 b.

il aspire, et dont il éprouve douloureusement le manque, son statut est nécessairement inférieur à celui des dieux, qui possèdent la *sophia* et qui, partant, n'ont aucun besoin de philosopher. Semblable aux démons, notamment à Eros, Socrate jouit d'un statut intermédiaire entre les hommes et les dieux. Ainsi que le qualifie Alcibiade dans le *Banquet*, Socrate est un « homme démonique » (τούτῳ τῷ δαιμονίῳ, 219 b 7-c 1), c'est-à-dire qu'il remplit le rôle d'un passeur entre les dieux et les hommes. Le terme de la philosophie, soit l'acquisition de la *sophia* divine, serait ainsi une forme de dépassement de la condition humaine.

Alors que Cicéron, dans le passage des *Académiques* cité plus haut, dépeint un Socrate sceptique qui fixe comme limite au savoir humain la simple reconnaissance de son ignorance, Apulée soutient au contraire que Socrate s'est assimilé aux dieux par l'éminence de sa sagesse :

> « Si donc n'importe qui peut avoir un jour la faculté de contempler une figure divine, pourquoi cet avantage n'aurait-il pu échoir en première ligne à Socrate, que l'éminence de sa sagesse égalait aux plus grandes divinités (*quem cuiuis amplissimo numini sapientiae dignitas coaequarat*) ? Car rien n'est plus semblable et agréable à un dieu (*deo similius et gratius*) qu'un homme à l'âme parfaite, qui dépasse le reste de ses semblables d'autant qu'il est lui-même éloigné des dieux immortels. Pourquoi surtout ne profitons-nous pas à notre tour de l'exemple et du souvenir de Socrate pour nous redresser et pour nous adonner à la pratique bienfaisante de la philosophie (*philosophiae*), en prenant soin de ressembler autant que lui à la divinité (*pari simulitudini numinum cauentes permittimus*)[18] ? »

Nous sommes ainsi en présence de deux conceptions diamétralement opposées de la philosophie. Selon la première, exprimée par le personnage de Varron chez Cicéron, la philosophie de Socrate consiste exclusivement à réfuter ses interlocuteurs pour leur faire reconnaître leur ignorance[19]. Selon la seconde, exposée par Apulée, la philosophie est ce qui permet à l'homme d'accéder au savoir qui l'assimile à la divinité. Les dialogues de Platon ne donnent-ils pas raison à Apulée contre Cicéron ? Oui et non, car tout dépend des dialogues que l'on convoque. Si l'on s'en tient

18. Apulée, *Du dieu de Socrate*, XX-XXI, 167 (trad. J. Beaujeu).
19. Sur le Socrate de l'Académie sceptique, voir le chapitre de Mauro Bonazzi dans ce volume.

à l'*Apologie*, qui est, rappelons-le, le seul dialogue où Platon fasse usage de l'expression ἀνθρωπίνη σοφία, force est de constater que c'est l'interprétation sceptique rapportée par Cicéron qui est la plus fidèle au texte, puisque Socrate semble s'y contenter de la *sophia* humaine ; en effet, il ne laisse jamais entendre qu'une autre forme de *sophia*, de nature divine, est à la portée de l'homme. L'emploi des termes de la famille de *philosophia* apporte une confirmation importante de cette interprétation. La philosophie, dans l'*Apologie*, ne désigne pas l'aspiration au savoir de la divinité, mais plutôt l'enquête par laquelle Socrate conduit les hommes à reconnaître leur ignorance. Autrement dit, la philosophie favorise l'accès à la *sophia*, mais il s'agit de la *sophia* humaine, et non pas de la *sophia* divine. C'est ce que démontrent les passages suivants où Socrate explique en quoi consiste sa pratique de la philosophie :

> « [...] quand le dieu m'a assigné pour tâche – comme je l'ai présumé et supposé – de vivre en philosophant, c'est-à-dire en soumettant moi-même et les autres à examen (φιλοσοφοῦντά με δεῖν ζῆν καὶ ἐξετάζοντα ἐμαυτὸν καὶ τοὺς ἄλλους) [...][20]. »
>
> « [...] supposons, donc, que, en réponse à ces propos, vous me disiez : "Socrate, nous ne suivrons pas aujourd'hui l'avis d'Anytos. Nous allons au contraire t'acquitter, mais à cette condition que tu cesses de passer ton temps à soumettre les gens à cet examen auquel tu les soumets, c'est-à-dire que tu acceptes de ne plus philosopher (ἐν ταύτῃ τῇ ζητήσει διατρίβειν μηδὲ φιλοσοφεῖν). Et, si l'on t'y reprend, tu mourras." Si c'était aux conditions que je viens de formuler que vous étiez disposés à m'acquitter, je vous répondrais : "Citoyens, j'ai pour vous la considération et l'affection les plus grandes, mais j'obéirai au dieu plutôt qu'à vous ; jusqu'à mon dernier souffle et tant que j'en serai capable, je continuerai de philosopher, c'est-à-dire de vous adresser des recommandations et de faire la leçon (μὴ παύσωμαι φιλοσοφῶν καὶ ὑμῖν παρακελευόμενός τε καὶ ἐνδεικνύμενος) à celui d'entre vous que, en toute occasion, je rencontrerai [...][21]. »

La mission que le dieu a confiée à Socrate ne consiste pas à se mettre en quête de la *sophia* divine, mais plutôt à conduire les autres hommes, par le moyen de la philosophie, à la *sophia* humaine. Dans l'*Apologie*,

---

20. Platon, *Ap.*, 28 e.
21. Platon, *Ap.*, 29 c-d. L'occurrence du participe φιλοσοφούντων en 23 d 4-5 n'est pas significative car elle ne renvoie pas à l'acception socratique, ou platonicienne, de ce terme.

Socrate ne semble donc pas considérer qu'il soit possible d'acquérir une *sophia* supérieure à la *sophia* humaine et par laquelle, une fois acquise, l'on pourrait s'assimiler à la divinité. L'horizon de l'*anthrôpinê sophia* se borne à la reconnaissance de son ignorance et n'ouvre aucune brèche vers une *sophia* divine[22] qui soit accessible à l'homme.

Xénophon : une conception technique de la *sophia* humaine

Au chapitre 7 du livre IV des *Mémorables*, Socrate encourage ses compagnons à étudier différentes disciplines (géométrie, astronomie, calcul, médecine) qui leur permettront de se débrouiller par eux-mêmes et d'être plus autosuffisants, mais l'étude de ces disciplines ne doit pas être poursuivie au-delà du point où elles se révèlent utiles pour la vie quotidienne. Dans le dernier paragraphe de ce chapitre, Xénophon affirme :

> « Mais si quelqu'un souhaitait une utilité supérieure à celle que l'on peut attendre du savoir humain (τὴν ἀνθρωπίνην σοφίαν), il [*scil.* Socrate] lui conseillait de s'appliquer à la divination. Il affirmait en effet que celui qui sait par quels moyens les dieux donnent aux hommes des indications sur leurs affaires n'est jamais privé du conseil des dieux. » (IV, 7, 10)

Ce que Xénophon appelle « savoir humain » (ἀνθρωπίνη σοφία) correspond non seulement à chacune des disciplines dont Socrate recommande l'étude en *Mém.*, IV, 7, mais aussi, de façon plus générale, à chacun des savoirs techniques que l'homme peut acquérir en différents domaines (cf. IV, 6, 7). L'expression ἀνθρωπίνη σοφία ne désigne donc pas, comme chez Platon, la reconnaissance de sa propre ignorance. Le savoir humain, pour le Socrate de Xénophon, ne consiste pas en un savoir moral[23], en l'occurrence celui de sa propre ignorance sur les sujets les

---

22. Sur le savoir divin chez Platon, voir le chapitre de Sylvain Delcomminette dans ce volume, qui soutient une thèse légèrement différente.

23. D.R. Morrison soutient au contraire que le savoir humain est une vertu et un savoir moral qui consiste en une « *ability to choose the good and avoid the bad* » (« Xenophon's Socrates on *Sophia* and the Virtues », dans Rossetti, L., Stavru, A. (dir.), *Socratica 2008. Studies in Ancient Socratic Literature*, Bari, Levante editori, 2010, p. 236 [voir aussi p. 233]). Or Morrison ne prête aucune attention aux occurrences de l'expression ἀνθρωπίνη σοφία dans les *Mémorables* (IV, 7) et dans les autres œuvres de Xénophon. L'examen attentif

plus importants, mais en une compétence positive qui est à la portée de l'intelligence humaine[24]. Xénophon n'hésite donc pas à appeler « savoirs humains » les diverses compétences techniques dont le Socrate de Platon reconnaît qu'elles sont des formes de *sophia* (*Ap.*, 22 d-e), mais sans leur reconnaître le statut de *sophia* humaine.

Alors que Platon établit une opposition radicale et tranchée entre la *sophia* tout court, qui est l'apanage des dieux, et la *sophia* humaine, Xénophon établit une relation de complémentarité entre la *sophia* humaine et le savoir réservé aux dieux. Les grandes lignes de cette complémentarité sont déjà nettement définies dès les premiers paragraphes des *Mémorables* (I, 1, 6-9) :

> « Pour ce qui est des choses dont l'issue était obscure, il [*scil.* Socrate] les envoyait consulter l'oracle pour vérifier si elles devaient être faites. [7] Ont également besoin de la divination, soutenait-il, ceux qui s'apprêtent à bien administrer des maisons ou des cités. Car pour ce qui est de devenir un charpentier, un forgeron, un agriculteur, ou quelqu'un qui a des hommes sous son commandement, ou encore celui qui juge et évalue les métiers de ce genre, comme un administrateur ou un stratège, il considérait que toutes les fonctions de ce genre sont objets d'apprentissage et qu'elles sont à la portée de l'intelligence humaine (ἀνθρώπου γνώμῃ), [8] mais le point le plus important (τὰ δὲ μέγιστα) en chacune d'elles, les dieux se le sont réservé, poursuivait-il, et nul d'entre eux n'est clair pour les hommes. En effet, celui qui a bien cultivé son champ ne sait pas qui en récoltera les fruits, et celui qui a construit une belle maison ignore qui l'habitera ; le stratège ne sait pas s'il a intérêt à exercer cette fonction, ni le politicien, s'il est dans son intérêt de diriger la cité ; celui qui épouse une belle femme, pour en être comblé, ne sait pas s'il ne sera pas affligé à cause d'elle, pas plus que celui que le mariage allie à des parents puissants dans la cité ne sait s'il ne sera pas banni de la cité à cause d'eux. [9] Il disait que ceux qui considèrent qu'aucune de ces choses n'est divine, mais qu'elles sont toutes du ressort de l'intelligence

des occurrences de cette expression révèle que l'ἀνθρωπίνη σοφία consiste chaque fois en une compétence technique qui est une condition nécessaire, mais non suffisante, pour obtenir le succès dans une entreprise qui relève d'une expertise particulière (agriculture, médecine, pilotage, stratégie, etc.).

24. Clément d'Alexandrie emploie l'expression ἀνθρωπίνη σοφία dans le même sens que Xénophon : « Au sens propre, on appelle médecine le soin des maladies du corps ; c'est un art qu'enseigne la sagesse humaine (τέχνη ἀνθρωπίνῃ σοφίᾳ διδακτή) » (*Pédagogue*, I, 2, 6, 1 ; trad. M. Harl).

humaine (τῆς ἀνθρωπίνης γνώμης), sont atteints de folie. Sont aussi atteints de folie, disait-il, ceux qui consultent des oracles sur des sujets que les dieux ont accordé aux hommes de juger, pourvu qu'ils aient appris ces sujets – par exemple, si on leur demandait s'il vaut mieux prendre sur un char quelqu'un qui sait conduire ou quelqu'un qui ne le sait pas, ou s'il vaut mieux prendre à bord d'un navire quelqu'un qui sait piloter ou quelqu'un qui ne le sait pas – ou sur des questions qu'il est possible de trancher par le calcul, la mesure, ou la pesée. Il considérait que ceux qui s'enquièrent de telles choses auprès des dieux commettent des actes contraires à la loi divine. Il faut, disait-il, apprendre les choses que les dieux nous ont accordé le pouvoir de faire une fois que nous les avons apprises, tandis que ce qui demeure obscur aux hommes, on doit chercher, grâce à la divination, à s'en enquérir auprès des dieux. Car les dieux, disait-il, font signe à ceux qui méritent leur bienveillance. » (I 1, 6-9)

L'expression ἀνθρωπίνη γνώμη, qui est employée à deux reprises dans ce long passage, est tout à fait équivalente à l'expression ἀνθρωπίνη σοφία ; elle désigne en effet toutes les connaissances qui sont accessibles à l'homme et qui favorisent, sans toutefois le garantir, le succès de ses activités techniques (menuiserie, architecture, sidérurgie, agriculture, pilotage, stratégie, politique, etc.). Il est à la portée des hommes, et c'est également leur devoir, d'apprendre toutes les techniques qui sont indispensables à la conduite de certaines activités, telles que le pilotage, la stratégie, l'agriculture, etc. ; mais ces connaissances techniques, pour importantes et indispensables qu'elles soient, ne permettront jamais aux hommes de déterminer à l'avance quelle sera l'issue de leurs entreprises amorcées et conduites sous l'égide de ces connaissances techniques. L'issue d'une entreprise est ce qu'il y a de plus important en toutes choses (τὰ δὲ μέγιστα τῶν ἐν τούτοις, I, 1, 8) et c'est une connaissance que les dieux se sont réservée. Et c'est précisément pourquoi les hommes ne peuvent pas s'en remettre exclusivement au savoir humain pour la conduite de leurs entreprises et qu'ils doivent faire appel à la divination dans l'espoir que les dieux leur signifient à l'avance quelle sera l'issue de l'entreprise qu'ils projettent. Alors que Platon conçoit l'ἀνθρωπίνη σοφία comme une forme d'ignorance *morale* consciente d'elle-même qu'il oppose au savoir absolu des dieux, Xénophon procède plutôt à un partage des tâches entre la *sophia* humaine et le savoir divin : la première consiste en des connaissances techniques qu'il est indispensable d'acquérir pour se livrer à certaines activités, mais cette *sophia* humaine n'est pas une condition nécessaire et suffisante pour assurer le succès d'une entreprise, car les dieux se sont à jamais réservé la connaissance de l'issue future de toute activité humaine, d'où la nécessité d'avoir recours à la divination pour connaître à l'avance, si les dieux nous en jugent dignes, l'issue d'une action projetée (cf. *Mém.*, I, 1, 9). La complémentarité entre la *sophia* humaine et la divination est manifeste non seulement en *Mém.* I, 1, 6-9 et en IV, 7, 10, mais également dans les deux autres passages de son œuvre où Xénophon emploie des expressions qui désignent la *sophia* humaine[25].

Le savoir divin ne se limite pas à la connaissance du futur et de l'issue d'une action. Xénophon affirme en effet à de nombreuses reprises que les dieux sont omniscients[26], mais il est remarquable que cette omniscience divine, qui consiste en une connaissance du passé, du présent et du futur, n'est jamais décrite comme une *sophia*[27]. Est-ce à dire que l'omniscience que Xénophon prête aux dieux est une connaissance purement factuelle des événements passés, présents et futurs ? Platon dédaigne ce type de connaissance factuelle, car la connaissance du futur est par elle-même impuissante à déterminer le caractère bon ou mauvais de ce qui va se produire[28]. Il semble cependant que les dieux de Xénophon détiennent une forme de connaissance morale. En *Mém.*, I, 3, 1, Xénophon rapporte en effet que Socrate « demandait aux dieux de lui accorder les biens tout court, persuadé que ce sont les dieux qui savent le mieux quels sont les biens », ce qui laisse clairement entendre que les dieux se sont réservé la connaissance du bien et du mal. Or dans son éloge final de Socrate, dans le paragraphe qui clôt les *Mémorables* par la récapitulation de toutes les vertus de Socrate, Xénophon affirme :

> « avisé (φρόνιμος) au point de ne pas se tromper lorsqu'il jugeait du meilleur et du pire (τὰ βελτίω καὶ τὰ χείρω), et de n'avoir besoin de personne

---

25. Xénophon, *Cyropédie*, I, 6, 23 (ἀνθρωπίνη προνοία) ; I, 6, 46 (ἀνθρωπίνη σοφία).
26. Cf. Xénophon, *Mém.*, I, 1, 19 ; I, 4, 17-18 ; *Banq.*, IV, 47-48 ; *Anabase*, VII, 7, 39 ; *Hipparque*, IX, 9 ; *Cyrop.*, I, 6, 46 ; V, 4, 31.
27. En Xénophon, *Mém.*, I, 4, Socrate n'a aucune peine à faire reconnaître à son interlocuteur que plusieurs artistes (poètes, sculpteurs, peintres) se distinguent par leur *sophia* (I, 4, 2-3). Or les dieux, qui sont supérieurs à ces artistes dans la mesure où ils créent des êtres vivants (I, 4, 4), ne sont pas crédités d'une *sophia* dans ce passage, mais plutôt d'une intelligence (γνώμη, I, 4, 4-5), d'une prévoyance (προνοία, I, 4, 6), d'un intellect (νοῦς, I, 4, 8) et d'un esprit avisé (φρόνιμος, I, 4, 8).
28. Cf. Platon, *Charm.*, 173 e-174 a ; *Lach.*, 195 e-196 a.

(μηδὲ ἄλλου προσδέεσθαι), car il se suffisait à lui-même pour la connaissance de ces choses (αὐτάρκης εἶναι πρὸς τὴν τούτων γνῶσιν) et il était capable, par le discours, de les dire et de les définir. » (IV, 8, 11)

Ce passage est manifestement en tension, voire en contradiction, avec *Mém.*, I, 3, 1, puisque Xénophon y reconnaît que Socrate était à ce point avisé qu'il pouvait par lui-même, sans l'aide de personne *ni des dieux*, définir le meilleur et le pire, soit le bien et le mal. Au reste, le Socrate de Xénophon n'est pas dépourvu de l'ἀνθρωπίνη σοφία car il se reconnaît compétent en plusieurs domaines et il n'hésite pas à enseigner et à transmettre à autrui les connaissances qu'il détient dans différents domaines d'expertise[29]. Contrairement au Socrate de Platon, dont l'incrédulité à l'égard de la réponse de l'oracle trahit une méconnaissance de soi, le Socrate de Xénophon semble infaillible sous ce rapport, non seulement parce qu'il n'exprime aucun étonnement lorsqu'il prend connaissance de la réponse de l'oracle[30], mais aussi parce qu'il sait exactement ce qu'il est, ou non, en mesure d'accomplir.

On voit à quel point les deux Socrate ne se font pas la même conception de la *sophia* humaine. Le savoir divin et le savoir humain n'ont pas les mêmes objets et ils ne s'articulent pas non plus de la même façon chez les deux Socrate. Pour le Socrate de Platon, l'ἀνθρωπίνη σοφία désigne la reconnaissance de son ignorance sur les sujets les plus importants et il s'agit, de son propre aveu, d'une forme de *sophia* qui ne vaut pas grand-chose en comparaison de la *sophia* divine[31]. La philosophie, qui consiste dans un premier temps à reconnaître son ignorance, c'est-à-dire à acquérir la *sophia* humaine, ne doit cependant pas renoncer à la *sophia* divine[32] ; de fait, le philosophe se définit, dans les dialogues qui semblent postérieurs à l'*Apologie*, comme celui qui aspire à la *sophia* (divine) dont il se sait dépourvu et dont il éprouve le manque. Pour le Socrate de Xénophon, l'ἀνθρωπίνη σοφία ne consiste pas en la reconnaissance de son ignorance sur les sujets les plus importants, ceux qui ressortissent à l'éthique, mais en une compétence technique qui est à la portée de l'intelligence humaine et qui permet de pratiquer une foule d'activités (agriculture, médecine,

29. Cf. Xénophon, *Mém.*, I, 2, 17 ; I, 2, 31 ; I, 6, 3 ; I, 6, 14 ; II, 7, 1 ; IV, 2, 40 ; IV, 7, 1 ; *Ap.*, 20-21.
30. Cf. Xénophon, *Ap.*, 14-15.
31. Cf. Platon, *Ap.*, 21 d, 23 a.
32. Cf. *supra*, n. 16.

pilotage, etc.). Quant au savoir divin, qui est inaccessible aux hommes autrement que par le biais de la divination, il porte sur les choses les plus importantes, à savoir le futur et l'issue des activités entreprises sous l'égide de la *sophia* humaine. Loin de considérer que le savoir humain est peu de chose, le Socrate de Xénophon n'a de cesse d'exhorter les hommes à acquérir la compétence technique qui est indispensable au métier qu'ils pratiquent et à la fonction qu'ils briguent, notamment dans la sphère politique[33]. Contrairement au Socrate de Platon, le Socrate de Xénophon se satisfait pleinement du savoir humain et il ne conçoit jamais la philosophie comme une quête du savoir sur les choses les plus importantes ou une aspiration à un savoir qui est l'apanage des dieux. Il est à cet égard tout à fait révélateur que dans le paragraphe consacré à la définition de la *sophia* (*Mém.*, IV, 6, 7), Socrate ne fasse aucune référence aux dieux. La *sophia* y est définie comme un savoir humain qui porte sur un domaine particulier, de sorte qu'il y a autant de *sophiai*, qui sont toutes en droit accessibles à l'homme, qu'il y a de domaines distincts d'expertise[34].

Est-ce à dire que le Socrate de Xénophon, satisfait du savoir humain et confiant que la divination donne un accès ponctuel à l'omniscience divine, ne convie pas non plus ses disciples à une forme de dépassement de leur condition ? En fait, et en dépit des apparences, il s'entend avec le Socrate de Platon pour concevoir la philosophie comme une entreprise d'assimilation à la divinité[35]. Le vecteur de cette assimilation n'est cependant pas le savoir, précisément parce que le savoir divin n'est pas à la portée de l'homme. C'est par la recherche de l'autarcie que le philosophe s'appliquera à s'assimiler à la divinité. Comme la divinité est autosuffisante et qu'elle doit sa félicité sans mélange à son autarcie, le philosophe, qui cherche à imiter la félicité divine, doit s'exercer à n'avoir aucun besoin. C'est dans l'entretien entre Socrate et Antiphon (*Mém.*, I, 6) que la philosophie apparaît le plus clairement comme une entreprise d'assimilation à la divinité par le moyen de l'autosuffisance. Contrairement à ce que prétend Antiphon, Socrate n'est pas malheureux ou misérable du fait qu'il ne se

33. Cf. Xénophon, *Mém.*, III, 1-6 ; III, 9, 10.
34. Pour une analyse plus approfondie de la définition de la *sophia* en *Mém.*, IV, 6, 7, je me permets de renvoyer le lecteur à une étude antérieure (Dorion, L.-A., « La Nature et le Statut de la *sophia* dans les *Mémorables* », dans *L'Autre Socrate. Études sur les écrits socratiques de Xénophon*, Paris, Les Belles Lettres, 2013, p. 123-146).
35. Cf. *supra*, p. 197, n. 17.

fait pas payer par ses disciples, qu'il porte le même vêtement été comme hiver, qu'il marche pieds nus ou encore parce que son alimentation est modeste et frugale. C'est par choix qu'il mène une vie dépouillée et qu'il aspire au dénuement ; son objectif est en effet de parvenir à l'absence de besoins qui caractérise la divinité. Comme le dieu est autarcique et que le philosophe doit chercher à lui ressembler, il doit s'appliquer à restreindre ses besoins afin de parvenir à l'autosuffisance :

> « [Socrate] Tu sembles croire, Antiphon, que le bonheur (τὴν εὐδαιμονίαν) consiste dans la mollesse et la dépense. Pour ma part, je considère que l'absence de besoin est divin (τὸ μὲν μηδενὸς δέεσθαι θεῖον εἶναι) et qu'avoir le minimum de besoins est ce qui s'approche le plus du divin (τὸ δ' ὡς ἐλαχίστων ἐγγυτάτω τοῦ θείου) ; et, comme le divin est parfait (καὶ τὸ μὲν θεῖον κράτιστον), ce qui s'en approche le plus s'approche également de la perfection (τὸ δ' ἐγγυτάτω τοῦ θείου ἐγγυτάτω τοῦ κρατίστου)[36]. »

Comme l'autarcie est un attribut divin et que c'est par la recherche de l'autarcie que l'homme s'assimile à la divinité, faut-il conclure, de ce que le Socrate de Xénophon est autosuffisant[37], qu'il s'est affranchi de la condition humaine et assimilé aux dieux ? Xénophon ne tire jamais expressément une telle conclusion, sans doute parce qu'elle imputerait à Socrate une forme d'*hybris* et qu'elle ruinerait ses efforts pour réhabiliter la mémoire de son maître, mais il y a néanmoins un passage de l'*Apologie* où Socrate parle de sa supériorité sur les autres hommes en des termes qui donnent à entendre qu'il est parvenu beaucoup plus loin que le Socrate de Platon dans la voie de l'assimilation à la divinité :

> « Cependant, Athéniens, le dieu dans ses oracles a parlé de Lycurgue, le législateur des Lacédémoniens, en des termes plus magnifiques que pour moi. On rapporte en effet qu'au moment où il entrait dans le temple, le dieu lui dit : "Je me demande si je dois t'appeler dieu ou homme (Φροντίζω πότερα θεόν σε εἴπω ἢ ἄνθρωπον)." Moi, il ne m'a pas comparé à un dieu (ἐμὲ δὲ θεῷ μὲν οὐκ εἴκασεν), mais il m'a jugé bien supérieur aux hommes (ἀνθρώπων δὲ πολλῷ προέκρινεν ὑπερφέρειν)[38]. »

36. Xénophon, *Mém.*, I, 6, 10.
37. Cf. Xénophon, *Mém.*, I, 2, 1 ; I, 2, 14 ; IV, 7, 1 ; IV, 8, 11.
38. Xénophon, *Ap.*, 15 (trad. É. Chambry légèrement modifiée).

La supériorité sur les autres hommes que l'oracle reconnaît au Socrate de Platon n'est ni exclusive ni définitive, puisque n'importe quel autre homme, pour peu qu'il reconnaisse son ignorance, peut être aussi savant que Socrate, et elle ne marque pas non plus un réel progrès dans la voie de l'assimilation à la divinité dans la mesure où la *sophia* de Socrate n'est pas un savoir positif, mais un savoir que l'on pourrait qualifier de négatif, en ce sens qu'il se borne à reconnaître son ignorance, d'où, également, l'aveu de Socrate qu'un tel savoir n'est pas grand-chose. En revanche, la supériorité du Socrate de Xénophon lui est propre et elle est également positive pour autant que son autarcie marque un réel progrès dans la voie de l'assimilation à la divinité.

Les deux Socrate assignent donc à la philosophie le même objectif – l'assimilation à la divinité –, mais les moyens d'y parvenir diffèrent beaucoup d'un Socrate à l'autre. La réponse de l'oracle de Delphes, ou plutôt les réponses de l'oracle, dans les *Apologies* de Platon et de Xénophon, confirment cette différence majeure entre les aspirations respectives des deux Socrate : alors que l'oracle, chez Platon, met l'accent sur la *sophia* de Socrate et sur la nécessité d'acquérir la *sophia* humaine, la réponse de la Pythie, dans le récit de Xénophon, passe sous silence la *sophia* de Socrate[39] et insiste plutôt sur sa tempérance (σωφροσύνη), qui est la condition non seulement de sa justice et de sa liberté, mais aussi de son autarcie.

Aristote : la *sophia* humaine à la conquête du savoir divin

Il n'y a qu'une seule occurrence de l'expression ἀνθρωπίνη σοφία dans le *corpus aristotelicum*. Elle se situe au début du livre II des *Météorologiques* :

> « Au sujet de la mer, disons quelle est sa nature, par quelle cause une aussi grande quantité d'eau est salée, et parlons également de sa génération à l'origine. Les Anciens qui consacraient leur temps aux histoires sur les dieux

39. Ainsi que plusieurs commentateurs l'ont déjà souligné, il est remarquable que l'oracle ne mentionne pas la *sophia* au nombre des principales vertus (tempérance, justice, liberté) grâce auxquelles Socrate se distingue du reste des hommes.

(Οἱ μὲν οὖν ἀρχαῖοι καὶ διατρίβοντες περὶ τὰς θεολογίας), lui [*scil.* la mer] attribuent des sources pour avoir des principes ou des racines de la terre et de la mer. […] Ceux qui sont plus savants en savoir humain (Οἱ δὲ σοφώτεροι τὴν ἀνθρωπίνην σοφίαν) attribuent à la mer une génération[40]. »

Aristote établit ici une distinction entre, d'une part, les anciens poètes théologiens qui ont parlé de la mer, et, d'autre part, les « plus savants en savoir humain » qui en ont également traité. Les opinions des uns et des autres à propos de la mer n'ont, pour notre propos, que peu d'importance. L'extrait cité suffit en effet à montrer qu'Aristote entend l'expression ἀνθρωπίνη σοφία en un tout autre sens que Platon et Xénophon. Ce qu'Aristote appelle ἀνθρωπίνη σοφία, c'est en effet un savoir qui ressortit à la physique, puisqu'il est question de déterminer quelle est l'origine de la mer. Or ce type de savoir est qualifié « de plus qu'humain » par le Socrate de Platon (*Ap.*, 20 e) et le Socrate de Xénophon considère, dans le même sens, qu'il s'agit là d'un savoir que les dieux se sont réservé et qu'il faut donc être fou pour le poursuivre (*Mém.*, I, 1, 12-13). Il s'agit là d'une mutation considérable dans la signification de l'expression ἀνθρωπίνη σοφία sous le rapport non seulement de son objet, mais aussi du type de savoir qui est réputé accessible à l'homme. C'est en effet la première fois que l'expression ἀνθρωπίνη σοφία désigne le savoir physique et Aristote se démarque nettement de Platon et de Xénophon en considérant qu'un tel savoir n'est pas hors de portée pour l'homme. Mais si son objet n'est pas l'homme[41], et qu'elle n'est pas moins accessible aux dieux qu'aux hommes, en quel sens cette *sophia* est-elle « humaine » ? Le passage cité suggère que les « plus savants en savoir humain » (οἱ δὲ σοφώτεροι τὴν ἀνθρωπίνην σοφίαν) se distinguent des poètes-théologiens par le fait qu'ils ne font plus appel aux dieux pour expliquer des phénomènes de la

40. Aristote, *Météorologiques*, II, 1, 353 a 34-b 6. Les textes d'Aristote cités dans cette étude sont tous tirés des *Œuvres complètes* publiées sous la direction de Pierre Pellegrin (Paris, Flammarion, 2014).

41. Pour désigner les connaissances qui concernent l'homme et les affaires humaines, à savoir les connaissances qui relèvent de l'éthique et de la politique, Aristote emploie l'expression ἡ περὶ τὰ ἀνθρώπεια φιλοσοφία (*Éthique à Nicomaque*, X, 9, 1181 b 15), dont on ne relève qu'une seule occurrence dans son œuvre, et qu'il faut sans doute comprendre en opposition à l'expression ἡ περὶ τὰ θεῖα φιλοσοφία (*Parties des animaux*, I, 5, 645 a 4), qui désigne l'étude des êtres divins, à savoir les astres.

nature. Autrement dit, c'est pour autant qu'elle n'a pas recours aux dieux qu'une telle *sophia* est humaine.

Si les questions physiques ne sont plus le domaine réservé des dieux, est-ce à dire qu'il n'y a plus d'objet exclusif, chez Aristote, à la *sophia* divine ? Le texte le plus pertinent, pour répondre à cette question, est certainement le chapitre 2 du livre A de la *Métaphysique*, où Aristote s'efforce de déterminer l'objet de la *sophia*. Après avoir établi que la *sophia* est la connaissance des causes les plus élevées[42], il affirme que la *sophia* est divine à un double titre. Elle est divine, en effet, parce qu'elle a dieu pour objet et pour sujet[43]. Pour objet, dans la mesure où les causes les plus élevées sont assimilées à dieu ; pour sujet, puisque c'est précisément le genre de connaissance que l'on prête volontiers à dieu. Est-ce à dire que la *sophia* est le double privilège des dieux – à la fois comme objet et comme sujet – et que l'homme ne peut être le sujet d'une telle connaissance ? Aristote soulève lui-même cette question et y répond dans le passage suivant :

> « C'est pourquoi on pourrait à juste titre juger que sa possession n'est pas humaine (οὐκ ἀνθρωπίνη) (de bien des façons en effet la nature humaine est esclave, ce qui faisait dire à Simonide que "seul un dieu peut posséder ce privilège") et que, pour l'homme, il ne vaut pas la peine de rechercher la science qui est à sa mesure. Si les poètes disent vraiment quelque chose qui vaille et si l'envie est dans la nature divine (καὶ πέφυκε φθονεῖν τὸ θεῖον), il est normal qu'elle survienne surtout à ce sujet et que tous les esprits supérieurs soient malheureux. Mais il n'est pas possible que la divinité soit envieuse (ἀλλ' οὔτε τὸ θεῖον φθονερὸν ἐνδέχεται εἶναι) (d'après le proverbe, les aèdes disent beaucoup de mensonges) et il ne faut pas penser qu'une autre science est plus précieuse qu'une telle science, car la plus divine est aussi la plus précieuse[44]. »

La question que soulève Aristote, dans ce passage, est en fait celle de savoir si l'homme ferait preuve d'*hybris* en aspirant à la *sophia* qui est celle de la divinité. Si les poètes ont raison de prétendre que la divinité est envieuse et qu'elle conserve jalousement pour elle le savoir qu'elle détient,

42. Aristote, *Mét.*, A, 2, 982 b 10.
43. Aristote, *Mét.*, A, 2, 983 a 5-10.
44. Aristote, *Mét.*, A, 2, 982 b 28-983 a 5.

l'homme qui aspire à ce savoir ferait inévitablement preuve d'*hybris*. Or comme la divinité ne connaît pas l'envie, ainsi que le reconnaît déjà Platon[45], l'homme n'a pas à craindre, en recherchant la *sophia*, d'outrepasser sa condition et de s'exposer ainsi à la colère de la divinité. Aristote expose la même ambition, pour l'homme, dans ce passage de l'*Éthique à Nicomaque* :

> « Mais pareille existence dépasse peut-être ce qui est humain (κρείττων ἢ κατ' ἄνθρωπον). Ce n'est pas en effet en sa qualité d'homme (οὐ γὰρ ᾗ ἄνθρωπός) que quelqu'un peut vivre ainsi, mais comme détenteur d'un élément divin qui réside en lui. Or autant cet élément se distingue du composé, autant son activité se distingue aussi de celle qui traduit la vertu par ailleurs. Si donc l'intelligence, comparée à l'homme, est chose divine (εἰ δὴ θεῖον ὁ νοῦς πρὸς τὸν ἄνθρωπον), la vie intellectuelle est également divine comparée à l'existence humaine (ὁ κατὰ τοῦτον βίος θεῖος πρὸς τὸν ἀνθρώπινον βίον). Il ne faut pas cependant suivre ceux qui conseillent de "penser humain" (ἀνθρώπινα φρονεῖν), puisqu'on est homme (ἄνθρωπον ὄντα) et de "penser mortel", puisqu'on est mortel ; il faut au contraire, dans toute la mesure du possible, se comporter en immortel (ἀλλ' ἐφ' ὅσον ἐνδέχεται ἀθανατίζειν) et tout faire pour vivre de la vie supérieure que possède ce qu'il y a de plus élevé en soi, car, bien que peu imposante, cette chose l'emporte de beaucoup en puissance et en valeur sur toutes les autres[46]. »

Alors que Socrate, dans l'*Apologie*, renonce à poursuivre une *sophia* dont il considère qu'elle dépasse ce qui est humain (μείζω τινὰ ἢ κατ' ἄνθρωπον σοφίαν, 20 e 1), Aristote estime au contraire que l'homme ne doit pas renoncer à ce qui dépasse sa condition d'homme (κρείττων ἢ κατ' ἄνθρωπον). Ce à quoi Aristote exhorte l'homme, dans ce passage, c'est en effet à vivre en fonction de son intellect, qui est la part divine en lui, de sorte que la vie selon l'intellect revient à vivre la vie des immortels, dans la mesure, bien sûr, où il est possible à l'homme de mener une telle vie. Cette restriction (ἐφ' ὅσον ἐνδέχεται) rappelle la restriction identique qui accompagne tous les passages où Platon exhorte pareillement l'homme à s'assimiler à la divinité[47]. C'est l'objectif auquel l'homme doit tendre,

45. Cf. Platon, *Phèdre*, 247 a et *Timée*, 29 e.

46. Aristote, *Éth. Nic.*, X, 7, 1177 b 26-1178 a 2.

47. Cf. Platon, *Rép.*, X, 613 b 1 (εἰς ὅσον δυνατόν) ; *Phèdre*, 252 d 2 (εἰς τὸ δυνατόν) ; *Théét.*, 176 b 1-2 (κατὰ τὸ δυνατόν) ; *Lois*, IV, 716 c 6-7 (εἰς δύναμιν).

autant qu'il est en son pouvoir de le faire, ce qui laisse clairement entendre qu'une distance infranchissable le séparera toujours de son objectif. Quant à l'identité de ceux qui conseillent à l'homme de borner sa pensée aux choses humaines[48], on peut évidemment penser à Simonide, auquel Aristote fait nommément référence dans le passage analogue de *Mét.* A 2, et à tous les auteurs qui ont déjà été identifiés par les commentateurs[49]. Sauf erreur de ma part, les commentateurs n'ont cependant jamais avancé l'hypothèse qu'Aristote pouvait également songer au Socrate de Xénophon. Bien qu'il n'ait jamais exprimé cette pensée dans les termes mêmes employés par Aristote, Xénophon défend précisément la position qui est visée et rejetée par Aristote. Dans les *Mémorables*, Socrate compare en effet à des fous les philosophes qui ont fait du cosmos l'objet de leur enquête et qui s'imaginent qu'ils pourront découvrir le secret de ces choses (*Mém.*, I, 1, 11-13). À ces philosophes, qui ont eu tort de se préoccuper de ce qu'il appelle les « choses divines » (τὰ δαιμόνια, τὰ θεῖα), Xénophon oppose très nettement Socrate, qui n'a jamais traité, lui, que de « choses humaines » (τὰ ἀνθρώπινα) :

> « Il ne discutait même pas non plus de la nature de toutes choses, comme le faisaient la plupart des autres, en examinant ce qu'il en est de ce que les sophistes appellent le "monde" : comment il est et en vertu de quelles nécessités se produit chacun des phénomènes célestes ; il faisait même la démonstration que ceux qui réfléchissent à de tels sujets ont perdu la raison. **[12]** Il examinait d'abord si c'est parce qu'ils s'imaginaient connaître suffisamment les choses humaines (τἀνθρώπινα) qu'ils en venaient à réfléchir à de tels sujets, ou si, en négligeant les affaires humaines (τὰ μὲν ἀνθρώπινα) au profit de l'examen des choses divines (τὰ δαιμόνια), ils croyaient faire ce

48. L'auteur de l'*Epinomis* s'insurge également contre ceux qui invitent l'homme à borner sa pensée aux choses mortelles (988 a-b) : « Et qu'aucun Grec n'éprouve de crainte en s'imaginant que, quand on est mortel (θνητοὺς ὄντας), il ne faut jamais se mêler de ce qui concerne les dieux (οὐ χρὴ περὶ τὰ θεῖά ποτε πραγματεύεσθαι). C'est tout le contraire qu'il convient de se mettre dans l'esprit : le divin n'est jamais étranger à la raison, il n'ignore en aucune façon la nature humaine, et il sait bien que, instruit par lui, l'homme se mettra à sa suite et apprendra ce qu'il lui enseigne. »

49. Cf., entre autres, Pindare, *Isthmiques*, V, 20 ; Épicharme (cité par Aristote, *Rhét.*, II, 21, 1394 b 26) ; Sophocle, *Trachiniennes*, 473 ; Euripide, *Alceste*, 799 ; *Bacchantes*, 395-396. Voir aussi les autres références signalées par GAUTHIER, R.A., JOLIF, J.Y., *Aristote : L'Éthique à Nicomaque*, tome II-2, Paris – Louvain, Béatrice-Nauwelaerts, 1970, p. 888-889.

qu'il convient. [13] Il s'étonnait qu'ils ne se fussent pas rendus compte que les hommes ne peuvent pas découvrir ces choses (ταῦτα οὐ δυνατόν ἐστιν ἀνθρώποις εὑρεῖν), puisque même ceux qui s'enorgueillissent le plus de discourir sur ces sujets ne partagent pas la même opinion, et que la manière dont ils se comportent les uns à l'endroit des autres rappelle les fous. [...] [15] Il examinait aussi, à leur sujet, les questions suivantes : tout comme ceux qui apprennent les affaires humaines (τἀνθρώπεια) se proposent de réaliser, pour leur propre bénéfice et pour celui des êtres de leur choix, ce qu'ils ont appris, ceux qui font porter leur recherche sur les choses divines (οἱ τὰ θεῖα ζητοῦντες) considèrent-ils qu'une fois instruits par quelle nécessité chaque chose vient à l'être, ils pourront produire, à volonté et au besoin, vents, pluies, saisons et n'importe quel autre phénomène de ce genre ? ou bien n'espèrent-ils rien de tel, dans la mesure où il leur suffit seulement de connaître comment chacun de ces phénomènes se produit ? [16] Voilà donc le genre de propos qu'il tenait concernant ceux qui s'occupent de ces sujets. Quant à lui, c'est toujours d'affaires humaines qu'il s'entretenait (περὶ τῶν ἀνθρωπείων ἀεὶ διελέγετο), examinant en quoi consistent le pieux et l'impie, le beau et le laid, le juste et l'injuste, la modération et la folie, le courage et la lâcheté, la cité et le politicien, le gouvernement des hommes et l'aptitude à les gouverner[50]. »

Socrate aurait ainsi renoncé à la quête vaine du savoir divin pour se contenter uniquement d'un savoir qui est « humain » à un double titre : d'une part en raison de son objet (les vertus, les sujets politiques), d'autre part en raison de son accessibilité, c'est-à-dire qu'il s'agit d'un savoir auquel l'homme peut raisonnablement aspirer. La position d'Aristote, en ce qui a trait à la possibilité, pour l'homme, d'avoir accès à la *sophia* divine, est donc beaucoup plus audacieuse et ambitieuse que celles de Platon et de Xénophon, puisque, à la différence de ces derniers, il ouvre le champ de la connaissance humaine à tout ce qui est réservé à la divinité chez ses prédécesseurs.

50. Xénophon, *Mém.*, I, 1, 12-16. Ce passage des *Mémorables* est probablement la source dont s'inspire Cicéron lorsqu'il prête ces mots au personnage de Varron : « Jusqu'à Socrate, les philosophes s'appliquaient à pénétrer les secrets de la nature, ceux qu'elle se refuse à dévoiler, le premier, à ce qu'il me semble, tout le monde en convient d'ailleurs, il a ramené la philosophie à la considération des choses humaines (*ad vitam communem*), il a cherché à définir les vertus et les vices et d'une manière générale le bien et le mal ; à ses yeux ou bien les choses célestes étaient par delà les limites du connaissable, ou, à les supposer parfaitement connues, ne contribuaient en rien à faire qu'on vécût bien. » (*Acad.*, I [= Varron], 4 ; trad. Ch. Appuhn)

Conclusion

Le fait même que Xénophon, Platon et Aristote qualifient la *sophia* d' « humaine », alors qu'ils ne parlent jamais d'une θεῖα σοφία, révèle que la *sophia* tout court est le privilège des dieux, de sorte que l'expression « *sophia* divine » paraît redondante. C'est donc en comparaison et par rapport à la *sophia* ἁπλῶς, qui est par définition celle des dieux, que les philosophes du IVe siècle se sont efforcés de déterminer l'objet et l'étendue de l'ἀνθρωπίνη σοφία, soit du savoir qui est à la portée de l'homme. Comme le révèlent les analyses qui précèdent, les réponses que l'on trouve chez Platon, Xénophon et Aristote sont très différentes selon qu'ils considèrent, ou non, que l'homme peut raisonnablement prétendre au contenu de la *sophia* divine. Les positions les plus diamétralement opposées sont incontestablement celles de Xénophon et d'Aristote. Le premier soutient en effet que l'homme doit se contenter de la *sophia* humaine et que c'est folie que de prétendre au savoir que les dieux se sont réservé ; le second s'oppose au contraire à tous ceux, y compris vraisemblablement Xénophon, qui invitent l'homme à renoncer à la poursuite de la *sophia* divine, et il exhorte l'homme à s'assimiler à la divinité par l'acquisition des connaissances qui ne sont plus considérées comme le privilège exclusif des dieux. Quant à la position de Platon, elle est intermédiaire entre celles de Xénophon et d'Aristote, puisque dans l'*Apologie*, d'une part, Socrate se satisfait de la *sophia* humaine et ne semble pas encourager l'homme à se mettre à la poursuite de la *sophia* divine, mais que, d'autre part, dans les dialogues postérieurs à l'*Apologie*, Socrate conçoit désormais la philosophie comme l'aspiration au savoir divin, de sorte que le sage ne doit plus se contenter de la simple reconnaissance de son ignorance.

Énigmes et paradoxes dans la philosophie grecque ancienne

David Sedley (University of Cambridge)

« Héraclite dit quelque part que tout se meut et rien ne demeure, et, comparant la réalité au flot d'un fleuve, il dit : "Tu ne pourrais pas entrer deux fois dans le même fleuve". » (Platon, *Cratyle*, 402 a)

« À partir de cette croyance s'est épanouie la plus extrême des doctrines mentionnées plus haut, celle des 'Héraclitisants', et la sorte de doctrine qui était soutenue par Cratyle, qui finit par penser qu'il ne devait rien dire et bougeait juste le doigt. Il critiquait Héraclite pour avoir dit que l'on ne peut entrer deux fois dans le même fleuve, sa propre conception étant que l'on ne peut même pas le faire une fois. » (Aristote, *Métaphysique*, 1010 a 10-15)

« Théodore — Tu vois, Socrate, concernant ces idées héraclitéennes (...), même avec ceux de la région d'Éphèse qui affirment être expérimentés à leur sujet, il n'est pas plus possible d'avoir une conversation qu'avec des fous. Car, s'accordant à la lettre à leurs écrits, ils ne cessent d'être en mouvement. S'arrêter sur un argument (*logos*) et une question, rester au repos pendant que chacun à son tour répond et interroge, cela est plus qu'impossible pour eux. (...) Si tu demandes à l'un d'eux quelque chose, ils tirent des petites phrases énigmatiques de leur carquois et les décochent. Et si tu demandes que te soit donnée une explication (*logos*) de ce qu'un tel voulait dire, tu seras frappé par une autre petite phrase, une métaphore toute neuve. » (Platon, *Théétète*, 179 e-180 a)

Le célèbre proverbe d'Héraclite affirmant que l'on ne peut entrer deux fois dans un même fleuve est l'exemple emblématique – si ce n'est le plus ancien de ceux conservés, en tout cas certainement le plus célèbre d'entre eux – de la fascination des philosophes grecs pour les paradoxes. Cette observation d'Héraclite semble avoir initié une compétition chez ses adeptes des générations ultérieures. Ceux-ci étaient si pleinement conscients du changement incessant du monde physique qu'ils allèrent jusqu'à douter qu'un de ses objets pût conserver son caractère précis durant le temps nécessaire à le nommer. Dans ces conditions, les modes de discours devaient être adaptés : mieux vaut pointer une chose du doigt que de s'embarquer dans le processus temporel consistant à prononcer la séquence de sons qui constitue son nom ; mieux vaut aussi parler par énigmes plutôt qu'au moyen d'assertions claires, puisque ces dernières, même si elles sont vraies au départ, risquent de devenir obsolètes avant même que leur énonciation ne se termine. Il n'est pas évident de savoir si l'assertion de la thèse du flux universel elle-même constitue une exception à cet interdit frappant les assertions. Mais aux yeux de l'un de ces Héraclitéens, Cratyle – qui fut un temps le maître de Platon –, Héraclite aurait desservi sa thèse avec le paradoxe du « fleuve », en impliquant erronément que l'on pouvait entrer au moins une fois dans le même fleuve. Si entrer dans le Danube prend en effet le moindre temps, alors il n'est pas plus possible d'y entrer, même une fois, que de le désigner au moyen du nom « D-a-n-ube ». À nouveau, mieux vaut simplement le pointer du doigt. Le fleuve héraclitéen illustre quelques points généraux qu'il convient de garder à l'esprit.

Premièrement, les paradoxes n'étaient pas nécessairement des jeux ou des plaisanteries. Ils pourraient bien avoir été élaborés dans le but de donner corps à des idées profondes, capables de changer la manière dont leurs adeptes et leurs auditeurs mènent leur vie philosophique. Les philosophes cherchent à nous défaire de nos préjugés irréfléchis et socialement conditionnés, et il n'y a pas meilleur outil que le paradoxe pour atteindre cet objectif.

Deuxièmement, les Grecs n'avaient pas de terme générique pour désigner les énigmes ou les paradoxes philosophiques. Prenons pour commencer le mot « énigmes ». Dans le passage du *Théétète* de Platon cité plus haut, les remarques sibyllines des Héraclitéens sont présentées comme des « petites phrases énigmatiques » (ῥηματίσκια αἰνιγματώδη, 180 a), décochées comme d'un arc. Mais le terme parent αἴνιγμα, « énigme », n'est jamais devenu le terme choisi pour désigner une énigme philosophique et s'est plutôt retrouvé plus étroitement associé aux sortes de « devinettes » (γρῖφοι) posées d'habitude lors des fêtes ou entre enfants. Les philosophes, il est vrai, peuvent à l'occasion renvoyer à ces devinettes comme à l'analogue ou l'illustration d'un point de discussion philosophique. Un exemple bien connu se trouve à la fin du livre V de la *République* de Platon (479 b-c), où la remarque de Socrate sur la coprésence des opposés – que chacune des multiples choses F est aussi non-F – est comparée par Glaucon à l'énigme que racontent les enfants au sujet d'un homme qui n'était pas un homme et d'un oiseau qui n'était pas un oiseau (respectivement, un eunuque et une chauve-souris). De la même manière, Héraclite s'était moqué d'Homère dans une anecdote portant sur l'incapacité de ce dernier à trouver la solution d'une devinette (au sujet de poux) que des enfants lui avaient posée (B 56 D.-K.). Mais le mot même d'αἴνιγμα ne devint jamais un terme philosophique[1].

Dans la tradition exégétique moderne, le Socrate de Platon est constamment associé aux « paradoxes socratiques », par exemple son refus de l'*akrasia* ou faiblesse de la volonté (*Protagoras*, 352 a-359 a). Mais l'expression grecque employée pour exprimer ce refus, apparemment contre-intuitif, de ce que quelquefois l'on « agit mal volontairement » – ἑκὼν (ou ἑκουσίως) ἁμαρτάνει (ou ἐξαμαρτάνει)[2] – pourrait tout aussi bien signifier que personne « ne fait d'erreur de manière délibérée ». Et cela, loin d'être un paradoxe en quelque sens que ce soit, pourrait passer pour le plus élémentaire des truismes. C'est Aristote, et non Platon, qui en fait un paradoxe : en tout cas, en *Éthique à Nicomaque*, VII, 2, il inscrit, parmi les « difficultés » (ἀπορίαι) concernant la faiblesse de la volonté qui doivent être résolues, le refus catégorique de Socrate que l'on puisse agir d'une manière contraire à ce que notre savoir du meilleur nous indique ; et même Aristote, à la fin du chapitre suivant (1147 b 14-17), concèdera

1. On traduit ou paraphrase souvent *aporia* par « difficulté ». Mais, d'ordinaire, ce mot renvoie moins à une énigme ou à un problème philosophique qu'à l'état de confusion de ceux qui, face à un problème philosophique, ne trouvent pas de voie de sortie. Voir par exemple Platon, *Ménon*, 80 c-d : l'état d'*aporia* propre à Socrate provoque l'*aporia* chez les autres hommes, donnant l'impression qu'eux aussi sont dans l'ignorance quant à la solution à donner au problème.

2. Voir *Protagoras*, 345 d-e ; *République*, 589 c ; *Hippias Mineur*, 375 a-b.

que Socrate avait en un sens raison. Il n'y a donc rien de surprenant à ce que Platon lui-même ne présente jamais cette thèse socratique comme paradoxale.

Bien que l'adjectif παράδοξος, littéralement « contraire à la croyance », soit lui-même commun et fréquemment utilisé, en particulier par Aristote, son usage taxinomique comme nom, παράδοξον, « paradoxe », est rare[3]. Plus tard dans l'antiquité, son usage comme substantif servira surtout à désigner collectivement un ensemble particulier de thèses que chérissent les stoïciens et qu'ils considèrent comme d'origine socratique. En voici les plus importantes : tout le monde veut être riche, libre, roi, beau, etc., mais paradoxalement « seul le sage » possède vraiment chacune de ces faveurs. Tels sont les *Paradoxa Stoicorum* que Cicéron discute de manière critique dans un ouvrage du même nom. Comme l'avait dit le stoïcien Cléanthe (*SVF*, I, 619), les philosophes peuvent dire des choses qui sont des *paradoxa*, des choses « contraires à l'opinion », sans qu'elles ne soient pour autant contraires à la raison (*paraloga*). La redéfinition opérée par les stoïciens du terme de paradoxe, dont on vient de donner quelques exemples, a probablement pour source première d'inspiration la déclaration de Socrate chez Xénophon[4] que, malgré sa propre pauvreté matérielle, il est lui-même authentiquement riche, puisqu'il n'a besoin de rien de ce qu'il ne possède pas, alors que Critobule, qui est (matériellement) « riche », est en réalité pauvre.

Ce que nous appelons couramment du nom de « paradoxes » dans la philosophie grecque est le plus souvent présenté dans les sources anciennes comme des *logoi*, des « arguments », dont les quatre paradoxes de Zénon d'Élée concernant le mouvement et les quarante arguments qu'il a élaborés contre la pluralité constituent deux groupes d'exemples. Le terme même de *logos* ne permet pas de distinguer entre les arguments qu'approuve celui qui parle et ceux qu'il rejette. Lorsqu'un *logos* de ce type mène à une

---

3. Même chez Aristote, un παράδοξον ou ἄδοξον n'est pas un « paradoxe » tel qu'on pourrait l'avancer, par exemple, dans le cas du Paradoxe du Menteur, mais une assertion qui invite l'incrédulité et par laquelle le sophiste essaye de piéger son adversaire : voir en particulier *Réfutations sophistiques*, 12.

4. Xénophon, *Économiques*, II, 2. Voir GOURINAT, J.-B., « Les Paradoxes stoïciens sont-ils "socratiques" ? (Cicéron, *Lucullus*, 136) », *Antiquorum Philosophia*, 10, 2017, p. 47-65, qui propose cette dérivation ainsi qu'une généalogie socratique similaire de tous les « paradoxes » stoïciens.

conclusion inacceptable, le fait peut être signalé – par exemple, Aristote (*Physique*, VI, 9) dit que, dans ses *logoi* concernant le mouvement, Zénon « argumente de manière contraire à la raison » (παραλόγιζεται, 239 b 5, cf. la remarque de Cléanthe mentionnée plus haut), voulant peut-être dire par là : « argumente de manière fallacieuse » ou « perverse ». Et ce que nous appelons aujourd'hui le « Paradoxe de Ménon »[5] est présenté par Socrate comme un *logos* « éristique » (querelleur). Mais à nouveau ces termes ne remplissent pas une fonction taxinomique. C'est principalement lorsqu'il renvoie aux arguments manifestement fallacieux de sophistes auto-proclamés, tels ceux mis en scène par Platon dans l'*Euthydème* et qu'Aristote examine minutieusement dans ses *Réfutations sophistiques*, que l'adjectif « fallacieux » (« éristique », « agonistique », « sophistique », etc.) est lui-même utilisé pour introduire une différence taxinomique.

Les avantages d'une telle sobriété dans l'application d'une nomenclature stricte concernant les paradoxes sont manifestes. Un *logos* qu'un philosophe A avance pour défendre une conviction propre et sincère peut être considéré par un philosophe B comme un simple sophisme. Examinons ce passage pris chez Thémistius, un orateur et philosophe du IVe siècle de notre ère, qui se concentre essentiellement sur les *logoi* de Diodore Cronos et de Philon, autorités principales de l'école appelée « Dialectique » et précurseurs de la logique stoïcienne, actifs aux alentours de 300 avant notre ère :

> Peut-être supposes-tu que, si quelqu'un discourt dans tous les sens au sujet de syllogismes et s'il est capable d'analyser des arguments de Personnes (οὔτιδας λόγους) et de dévoiler des arguments Voilés, ainsi que certains arguments Affirmants et Niants[6], comme Philon et Diodore, dont les offrandes célèbres, les arguments Souverain et Cornu, sont des sophismes épineux et vicieux dont la compréhension est difficile et la connaissance inutile, cette personne et ses semblables font de la philosophie… (Thémistius, *Discours*, II, 30 b)

5. Cf. Platon, *Ménon*, 80 e, discuté plus bas.
6. Arguments tournant probablement autour, respectivement, de « cette affirmation est vraie » et « cette affirmation est fausse », cette dernière assertion étant mieux connue sous le nom de ψευδόμενος λόγος – qui porte aujourd'hui le titre de « Paradoxe du Menteur », même si le texte grec devrait être traduit par « l'argument qui ment », en accord avec la double fonction habituelle de ces titres telle qu'expliquée plus bas. Sur le rôle joué par ce sophisme (et d'autres) dans le développement de la dialectique stoïcienne, voir en particulier GOURINAT, J.-B., *La Dialectique des stoïciens*, Paris, Vrin, 2000, notamment p. 198-202 sur le paradoxe du Menteur.

La nature tout à la fois sérieuse et comique des *logoi* de Diodore, et d'autres *logoi* de la même famille mais d'origine moins certaine, peut facilement être illustrée au moyen de quelques exemples tirés de la liste de Thémistius.

L'argument du Personne tire sans aucun doute son inspiration initiale de l'Ulysse d'Homère, qui avait amené par la ruse Polyphème à dire aux autres Cyclopes : « Personne (Οὔτις) me tue... » (*Odyssée*, IX, 408). La version philosophique la mieux attestée de cet argument se présente comme suit : « Si quelqu'un est à Athènes il n'est pas à Mégare. Mais l'homme est à Athènes. Donc l'homme n'est pas à Mégare ». Cet argument pourrait être vu, à l'instar de Thémistius, comme un simple piège, générant à partir de prémisses apparemment vraies la conclusion outrageusement fausse que Mégare est inhabitée, dans l'esprit de la duperie de Polyphème par Ulysse. À la place, ou en plus, l'argument pourrait être vu, à l'instar des stoïciens (*SVF*, II, 278), comme confirmant un point métaphysique vital : un universel tel que Homme est « non quelque chose » (οὔ τις), en d'autres termes, n'est pas une chose particulière, comme cela est démontré dans ce syllogisme par les conséquences logiques inacceptables qui s'ensuivent lorsqu'on traite l'universel Homme comme s'il était une chose particulière. Pour cette raison, les stoïciens bannirent les concepts universaux (ἐννοήματα) aux confins de leur ontologie, les plaçant dans la classe des οὔτινα, des « non-quelques-choses ».

Que l'auteur de cet argument soit Stilpon, penseur à la tête de l'école Mégarique durant les années de formation du stoïcisme et ardent adversaire des universaux, est une hypothèse crédible, s'agissant en particulier de notre exemple[7]. Le cas échéant, il n'est pas étonnant que son *logos* ait été bien accueilli par les stoïciens mais rejeté par le platonicien Thémistius.

De la même façon, pourrions-nous demander, l'argument Souverain (κυριεύων λόγος)[8] de Diodore Cronos était-il un paradoxe sophistique, comme en jugeait Thémistius, ou bien, comme beaucoup l'ont soutenu

7. Diogène Laërce, II, 119.

8. Également connu sous le nom d'argument « Dominateur » et, en anglais, de « Master Argument ». Les études classiques le concernant comprennent SCHUHL, P.-M., *Le Dominateur et les Possibles*, Paris, Presses Universitaires de France, 1960 ; DENYER, N., « Time and Modality in Diodorus Cronus », *Theoria*, 47, 1981, p. 31-53 et VUILLEMIN, J., *Nécessité ou contingence. L'aporie de Diodore et les systèmes philosophiques*, Paris, Éditions de Minuit, 1984.

depuis les stoïciens, constituait-il une contribution pionnière dans le domaine de la logique modale (même si la justesse de ses prémisses et la rectitude de sa conclusion restent matière à controverse) ?

Il est vraisemblable que l'argument Souverain ait été construit comme une série de questions invitant le répondant à accepter trois prémisses modales[9] :

1. « Est-ce que toute vérité exprimée au passé est nécessaire ? » Oui. Il est impossible de changer le passé.

2. « L'impossible s'ensuit-il jamais du possible ? » Non. Tout ce qui entraîne une impossibilité est soi-même impossible.

3. « Y a-t-il quelque chose qui soit possible mais qui n'est ni ne sera jamais vrai ? » Oui, par exemple que je sois Président : c'est possible (je suis éligible, etc.), mais pour de nombreuses raisons évidentes cela n'arrivera pas.

Il est ensuite montré au répondant que ces réponses ne peuvent être toutes correctes en même temps. Pour s'en tenir au même exemple, la proposition P, possible mais fausse, « Je suis Président », entraîne Q, « Il a toujours été vrai que je serais Président ». En vertu de la prémisse 2, Q est soi-même une proposition *possible*, puisqu'elle suit de la proposition possible P. Mais en vertu de la prémisse 1, Q est au contraire une proposition *impossible*, puisque sa négation est entraînée par la proposition nécessaire (puisque vraie et exprimée au passé) R, « Il a été faux que je serais Président ».

Ce *logos* pourrait être utilisé, et l'a sans aucun doute souvent été, pour faire tomber un répondant dialectique dans le piège de l'auto-contradiction. Mais il pourrait aussi être utilisé, comme Épictète nous dit qu'il l'a été par Diodore, pour établir la fausseté de la prémisse 3, en raison du fait que les prémisses 1 et 2 sont indéniablement correctes. La conclusion de Diodore qui en résulte, qu'« il n'y a rien de possible qui ne soit ni ne sera vrai » a paru à certains imposer une sorte de déterminisme inacceptable et à d'autres offrir une définition viable du « possible » qui le distingue proprement du « nécessaire » (d'après Diodore, une affirmation possible est un énoncé qu'il est ou qu'il sera à un certain moment vrai d'affirmer ;

9. Épictète, *Entretiens*, II, 19, 1-5 = *Socratis et Socraticorum Reliquiae* [*SSR*], IIF, 24 Giannantoni.

une affirmation nécessaire est un énoncé qu'il est vrai maintenant et ne sera jamais faux d'affirmer)[10].

Dans la tradition ancienne, les *logoi* de Diodore n'ont cessé de combiner ces deux rôles sans tension manifeste : Diodore était tout à la fois un sophiste et un logicien constructif. Ce dernier aspect de son travail est bien illustré par le fait que Cléanthe et Chrysippe, des stoïciens de premier plan, furent amenés à essayer de nier la première ou la deuxième prémisse de l'argument Souverain dans le but de conserver le critère de responsabilité morale affirmant que l'agent *aurait pu agir autrement*, tout en maintenant l'accord avec la version du déterminisme propre à leur école[11].

On trouve une allusion à l'aspect éristique récurrent de tels *logoi* dans les noms, à la fois auto-référentiels et humoristiques, sous lesquels ils étaient communément connus. Reprenons les exemples de la liste de Thémistius :

L'argument Voilé (ἐγκεκαλυμμένος) est un tour « voilé » (caché ou trompeur) au sujet d'une personne voilée : vous savez qui est votre père, mais vous ne savez pas qui est l'homme voilé en face de vous ; et cependant l'homme voilé en question *est* votre père. D'un autre côté, l'argument peut aussi soulever des questions logiques profondes au sujet de l'intersubstituabilité des choses identiques[12].

Le *logos* Cornu (κερατίνης), où une réponse par la négative tout aussi bien que par l'affirmative à la question : « avez-vous perdu vos cornes », semble supposer que l'on avait des cornes, est un argument Cornu, c'est-à-dire un dilemme, concernant une personne prétendument cornue.

Même l'argument Souverain – le κυριεύων λόγος, plus littéralement traduit par « argument qui gouverne » et très probablement fondé sur l'exemple de gouvernance représenté par l'exemple choisi plus haut – semble par son titre même reconnaître qu'il impose, au moins à un certain degré, les contraintes du gouvernement du destin sur le monde et ne se contente donc pas de définir innocemment des termes modaux.

Il y a tout lieu de penser que les deux entreprises jumelles de faire progresser la discipline logique et d'exhiber ses prouesses dans l'art de

10. *SSR*, IIF, 27 Giannantoni.

11. Voir le témoignage d'Épictète tel que cité à la n. 9 ci-dessus.

12. Cf. Aristote, *Réfutations sophistiques*, 179 a 39-b 4 : les deux sont seulement identiques « par accident ».

la dialectique sophistique étaient à cette époque – malgré tous les efforts antérieurs d'Aristote pour les tenir séparées – deux aspects inséparables d'une entreprise dialectique unique.

Il paraît opportun d'introduire ici deux exemples supplémentaires de cette manière subtile de dénommer les paradoxes, bien qu'ils soient absents de la liste de Thémistius. Le premier est le Sorite ou argument dit du « Tas », nommé ainsi en référence à la question paradigmatique : « Combien de grains faut-il pour obtenir un tas ? » Une fois accordées les prémisses raisonnables (1) qu'une différence d'un seul grain ne peut suffire pour passer d'un non-tas à un tas et (2) que deux grains ne constituent pas encore un tas, le défenseur de ce paradoxe est en mesure de continuer indéfiniment à *entasser* des prémisses supplémentaires, par exemple que « si deux grains ne font pas un tas, trois grains ne le feront pas non plus » ; « si trois grains ne font pas un tas, quatre grains ne le feront pas non plus » ; ... « si 9 999 grains ne font pas un tas, 10 000 grains ne le feront pas non plus » ; « mais deux grains ne font pas un tas ; par conséquent, 10 000 grains ne peuvent constituer un tas. » Le paradoxe soulève la question philosophique particulière de la sémantique des prédicats vagues, mais était utilisé dans l'antiquité, notamment par Carnéade dans la Nouvelle Académie, de manière assez générale, pour attaquer n'importe quelle distinction faite par une école « dogmatique », y compris la différence entre « divin » et « mortel »[13].

13. Sur l'usage des sorites par Carnéade, voir Cicéron, *Lucullus (*= Académiques, II*)*, 92-94 ; *De la nature des dieux*, III, 43-52, et Sextus Empiricus, *Contre les Dogmatiques*, IX, 138-190. Sur le lien entre Diodore et les sorites, voir Sedley, D. « Diodorus Cronus and Hellenistic Philosophy », *Proceedings of the Cambridge Philological Society*, 203, 1977, p. 74-120. Sur les différents usages et interprétations des sorites dans l'antiquité, voir Barnes, J., « Medicine, Experience and Logic », dans Barnes, J., *et al.* (dir.), *Science and Speculation*, Cambridge, Cambridge University Press, 1982, p. 24-68 ; Burnyeat, M., « Gods and Heaps », dans Schofield, M., Nussbaum, M. (dir.), *Language and Logos*, Cambridge, Cambridge University Press, 1982, p. 315-38, réimprimé dans Burnyeat, M., *Explorations in Ancient and Modern Philosophy*, vol. 1, Cambridge, Cambridge University Press, 2012, p. 90-111 ; Barnes, J., Bobzien, S., Mignucci, M., « Logic », dans Algra, K., *et al.* (dir.), *The Cambridge History of Hellenistic Philosophy*, Cambridge, Cambridge University Press, 1999, p. 77-176.

Le second paradoxe est le *logos auxanomenos* ou « argument croissant »[14]. À la différence des sorites, il n'a aucun lien avec Diodore, et l'on s'accorde plutôt à en faire remonter la paternité au Sicilien Épicharme, un auteur de théâtre du ve siècle avant notre ère. La version d'Épicharme de cet argument a été présentée dans une scène comique, que les textes nous permettent de reconstruire comme suit.

Le personnage A est accosté par le personnage B pour qu'il paye sa souscription aux frais d'organisation d'un futur banquet. Étant à court d'argent, A décide de poser une devinette à B :

> A : « Imaginons que tu aies un nombre impair de cailloux ou, si tu veux, un nombre pair, et que tu choisisses d'ajouter ou d'enlever un caillou : penses-tu que le nombre de cailloux serait toujours le même ? »
>
> B : « Non. »
>
> A : « Ou encore, disons que tu as mesuré une longueur d'une coudée et que tu as décidé d'y ajouter, ou d'en soustraire, une autre longueur : la mesure initiale n'existerait plus, n'est-ce pas ? »
>
> B : « Non. »
>
> A : « Bon, à présent, pense aux gens de la même manière. L'un croît, l'autre diminue, et tous sont constamment en train de changer. Mais ce qui par sa nature même change et ne reste jamais au repos doit déjà être différent de l'état dont il a changé. Toi et moi sommes différents aujourd'hui de ceux que nous étions hier, et selon le même raisonnement nous serons encore différents et jamais les mêmes dans le futur. »

B accorde ce point. A fait remarquer que lui-même ne peut être la même personne qui a contracté une dette le jour précédent, ni même la personne qui ira prendre part au banquet. Dans ce cas, il peut difficilement être tenu responsable de la dette. B, exaspéré, frappe A. Et lorsque A se met à protester, c'est B qui esquive habilement la protestation, faisant remarquer que ce n'était pas lui mais quelqu'un d'autre qui avait donné le coup.

Au cours du IIIe siècle avant notre ère, ce défi comique à la notion de sens commun d'une identité personnelle permanente sera repris par la Nouvelle Académie sceptique, comme le rapporte Plutarque :

---

14. Concernant l'explication qui suit, on se rapportera à SEDLEY, D., « The Stoic Criterion of Identity », *Phronesis*, 27, 1982, p. 255-275, traduit en français par J. Brunschwig : « Le Critère d'identité chez les stoïciens », *Revue de métaphysique et de morale*, 4, 1989, p. 513-533.

> « Le *logos* sur la croissance est ancien, puisque, comme le dit Chrysippe, il a été avancé par Épicharme. Pourtant, alors que les Académiciens soutiennent que le problème (*aporia*) qu'il pose n'est pas facile ni immédiat à résoudre, ces gens [sc. les stoïciens] ont porté beaucoup d'accusations contre eux, leur reprochant de contrevenir à nos préconceptions. Cependant, en ce qui les concerne eux-mêmes, non seulement ils ne parviennent pas à préserver nos conceptions, mais encore ils pervertissent la perception sensible.
>
> Le *logos* en question, disons-le, est simple, et nos gens accordent ses prémisses : [a] toutes les substances particulières sont en flux et en mouvement, laissant des particules s'échapper d'elles et en accueillant d'autres qui leur viennent d'ailleurs ; [b] les nombres ou quantités qui subissent de telles additions ou soustractions ne restent pas les mêmes, mais deviennent différents, leur essence étant transformée par les arrivées et les départs en question ; [c] la convention prédominante a tort d'appeler croissance et diminution ces processus : on devrait les appeler plutôt génération et destruction, puisqu'ils transforment la chose de ce qu'elle est en quelque chose d'autre, alors que croissance et diminution sont les affections d'un corps qui sert de substrat et qui persiste à travers elles. » (Plutarque, *Des notions communes*, 1083 A-C, trad. J. Brunschwig et P. Pellegrin adaptée)

Cette attaque à demi formelle contre la notion de croissance semble avoir été développée par l'Académie dans l'esprit éristique des autres *logoi* que nous avons rencontrés. Son nom facétieux d'« Argument croissant » confirme cette impression, jouant comme il le fait sur l'idée d'un argument opposé au concept de croissance qui croît cependant lui-même en générant constamment de nouveaux individus.

Quoi qu'il en soit, malgré ce parfum éristique, il ne fait pas de doute que ces critiques néo-Académiciens étaient au courant que des versions de la même thèse, affirmant le caractère discontinu de l'identité d'un individu, avaient été examinées par Platon – le fondateur de l'Académie – dans des contextes philosophiques sérieux[15]. De la même manière, les adversaires stoïciens de l'Académie, suivant en cela un modèle que nous avons déjà rencontré et retrouverons encore, prirent ce même *logos* suffisamment au sérieux pour construire et déployer contre lui une théorie métaphysique majeure propre. Plus précisément, il s'agissait de leur distinction catégoriale entre le substrat matériel d'un individu, dont ils reconnaissent qu'il

---

15. Cf. *Banquet*, 207 d-208 b, et *Théétète*, 158 e-160 c.

n'a pas d'identité durable du fait d'être en flux constant, et la « qualité particulière » permanente, posée comme constituant l'identité diachronique de l'individu et dès lors adéquate pour servir de sujet propre de la croissance[16].

Nous pouvons maintenant remonter deux ou trois générations en arrière, jusqu'à Platon. La même ambivalence, à peu de chose près – sophistique ou sérieux ? – s'était déjà présentée, en lien avec au moins deux énigmes qui auront finalement pour effet le développement de contributions philosophiques majeures dans l'ontologie et l'épistémologie de Platon. Ces deux énigmes avaient, au départ, aux yeux de Platon, le statut de paradoxes sophistiques.

La première, trop complexe pour être abordée ici autrement que dans les grandes lignes, est le problème du non-être. L'existence même de la fausseté semble dépendre de la possibilité de dire ou penser ce-qui-n'est-pas ; en même temps, ce-qui-n'est-pas n'est assurément rien, tandis que dire rien, ce n'est pas parler faussement : c'est simplement ne pas parler. Cette inférence fait sa première apparition dans l'*Euthydème* de Platon (286 b-288 a), comme un sophisme (parmi une série de sophismes flagrants) avancé par deux éminents démonstrateurs dans l'art du raisonnement fallacieux, Euthydème et Dionysodore. Socrate en est réduit à devoir emprunter à ces deux frères sophistes leur propre méthodologie dans le but de retourner la situation contre eux (287 e-288 a), obtenant ainsi, au mieux, une victoire dialectique. Loin d'offrir une quelconque solution philosophique, il déclare lui-même être depuis longtemps « fasciné » (θαυμάζω, 286 b-c) par ce *logos*.

Dans ce qui est probablement sa deuxième occurrence dans le corpus platonicien, à savoir le *Cratyle* (429 c-430 a), une version de l'énigme de la fausseté est invoquée par le linguiste naturaliste Cratyle : lorsqu'un nom décrit mal (même très légèrement) l'objet qu'il est censé désigner, soutient-il, il faut dire de ce nom qu'il échoue simplement à distinguer son objet (et n'est en ce sens qu'un son creux), et non qu'il serait l'expression d'une

16. Concernant la distinction entre substrat matériel et qualité particulière – les deux premières des quatre « catégories » – comme solution des stoïciens à l'Argument croissant, voir Plutarque, *Des notions communes*, 1083 C-1084 A.

quelconque affirmation, vraie *ou* fausse, concernant l'objet en question[17]. Cette fois, Socrate s'attaque à l'énigme d'une manière plus constructive que dans l'*Euthydème*. Après avoir établi que l'impossibilité de parler faussement s'applique de manière égale à tous les genres de discours dotés de signification – pas juste, donc, à un dire faux, ou à une assertion fausse, etc., mais aussi à une manière fausse de s'adresser à quelqu'un –, il échafaude un contre-argument impressionnant en partant du dernier de ces cas, celui où l'on s'adresse faussement à quelqu'un ou encore où on le nomme d'une manière erronée. La chaîne de sons par laquelle on nomme X, en dépit d'un certain degré d'incorrection descriptive, peut tout de même constituer un nom de X, à la manière d'un portrait de X qui serait imprécis et, en ce sens, incorrect, mais qui reste malgré tout un portrait de X. Tout ce que Socrate propose d'ajouter au cas de l'assignation d'un nom à une chose est que la sorte d'incorrection qu'on peut y observer peut à juste titre être appelée fausseté (430 a-431 c).

Comme dans l'*Euthydème*, le Socrate du *Cratyle* continue à traiter le paradoxe de la fausseté comme quelque chose qui tombe à l'extérieur de son domaine de compétence : « Le *logos* », remarque-t-il (429 c), « est trop subtil pour mon âge. » Il n'en demeure pas moins que nous observons ici une volonté croissante de la part de Platon de retourner le rapport de force et de ne plus simplement subir les termes du débat.

L'étape suivante de la résistance de Platon apparaît dans le *Théétète* (188 d-189 b). Cette fois-ci, le problème est celui de la fausseté d'une croyance et non de la fausseté d'une déclaration. La manière dont il est abordé, toutefois, suit un modèle de raisonnement qui nous est désormais familier : croire faussement = croire ce-qui-n'est-pas = croire rien = ne rien croire du tout. Socrate demande à Théétète comment, si « quelqu'un » (188 d, τις) devait opposer une telle objection au concept de croyance fausse, ils devraient lui répondre. L'objecteur fictif n'est plus réduit au statut de sophiste patenté, comme dans l'*Euthydème*, ou même à celui d'un doctrinaire non conformiste comme Cratyle. Selon toute apparence, Platon

17. Ainsi par exemple, selon Cratyle, le terme *Hermogenês* ne peut avoir été donné comme nom pour désigner Hermogène, « puisque celui-ci n'a rien à voir avec le fait d'être né (*genesis*) d'Hermès », et il est dès lors faux de croire que le nom « *Hermogenês* » énoncerait quelque chose de faux au sujet d'Hermogène. Il faut bien plutôt penser qu'il désigne (correctement) un *autre* objet. Voir *Cratyle*, 429 b-c.

est maintenant prêt à donner à l'énigme de la fausseté une puissance autonome et à l'affronter sans chercher à discréditer ceux qui la soutiennent.

Or, dans la formulation qu'il donne du paradoxe et dans ses tentatives pour contourner l'obstacle que celui-ci pose (189 b-190 e), on trouve des signes clairs que Platon anticipe, au moins dans les grandes lignes, la solution qu'il avancera dans le *Sophiste*, dialogue qui constitue la suite dramatique du *Théétète*. Nous trouvons notamment, à peine dissimulés dans cette partie de texte, les trois principes vitaux qui feront l'essentiel du travail dans le dialogue ultérieur : (1) croire quelque chose, c'est l'affirmer silencieusement à soi-même (189 e-190 b) ; (2) en règle générale, une affirmation se compose de deux éléments, en ce qu'on affirme une chose *d'une autre* (cf. 188 d) ; (3) affirmer ce-qui-n'est-pas c'est affirmer quelque chose *d'autre que* ce-qui-est (189 b-d). Ensemble, ces principes sont près de constituer la solution élégamment et minutieusement élaborée dans le *Sophiste* (250 e-264 b), d'après laquelle une affirmation ou une croyance fausse consiste en l'attachement à un sujet d'un prédicat qui d'un côté *est* quelque chose, mais d'un autre est différent des prédicats qui sont ceux du sujet en question, c'est-à-dire *n'est-pas* l'un deux.

Dans le *Sophiste*, Platon est arrivé (plus ou moins) à cette solution au moyen d'une analyse conceptuelle soutenue et si puissante que le problème du non-être disparaîtra tout bonnement par la suite du *curriculum* philosophique[18]. Plutôt que d'essayer ici de rendre justice à cette analyse, on se contentera d'une note synoptique. Ce dialogue tardif rassemble le travail d'une vie sur un seul concept, celui de non-être. Comme on l'a vu, pour Platon le problème du non-être débute essentiellement comme un tour sophistique. Dans son travail ultérieur, il manifeste un respect sans cesse croissant à son égard et lui accorde le statut de problème philosophique à part entière. Mais dans la dernière contribution qu'il lui consacre, le *Sophiste*, il réunit ces deux perspectives. Dans ce dialogue, plus de cinquante pages de l'édition Estienne sont consacrées, directement ou indirectement, à discerner ce qu'est un sophiste, et le refus paradoxal d'accorder l'existence au non-être est placé au cœur même de l'enquête à

18. On peut déceler une certaine assurance, de la part de Platon, en 236 e, où l'Étranger décrit l'énigme relative au non-être comme quelque chose qui a toujours été source d'embarras par le passé et l'est encore actuellement, tout en s'abstenant d'ajouter qu'elle le sera encore à l'avenir.

son sujet. Non pas que, pour autant, le rejet du non-être y soit en quelque manière que ce soit écarté comme un *simple* sophisme. Au contraire, il y est reconnu comme une erreur philosophique capable de tromper le grand Parménide lui-même (237 a-b, 241 d et 258 c-e). Le progrès conscient réalisé par Platon au sujet du problème du non-être est donc un témoignage éloquent non seulement de sa propre persévérance, mais aussi du respect avec lequel il traite au moins une énigme sophistique.

Cette perspective devrait nous aider à interpréter la manière dont Platon traite d'une énigme parallèle : le paradoxe de Ménon, comme le désignent les études modernes[19]. Ce paradoxe, avancé par Ménon, l'interlocuteur principal de Socrate dans le dialogue éponyme, est immédiatement décrit par Socrate comme un *logos* « éristique » (*Ménon*, 80 e), le terme « éristique » ou « querelleur » ayant déjà été auparavant opposé par Socrate à « dialectique », ce dernier renvoyant pour sa part à une enquête conjointe, philosophique et coopérative (75 d). Ainsi, le paradoxe de Ménon fait son entrée dans le corpus platonicien d'une manière passablement similaire à celle du paradoxe sur le non-être, à savoir comme un sophisme volontairement obstructif qui n'apporte rien d'utile au projet dialectique de Socrate. Malgré cela, ce que nous avons appris dans le cas du non-être doit nous préparer à l'éventualité que ce sophisme se révèle également, au bout du compte, philosophiquement fécond.

La question discutée dans le *Ménon* est celle de savoir si la vertu peut s'enseigner. Depuis le début du dialogue, Socrate a soutenu avec force que, loin d'avoir une réponse à cette question, il ne sait « absolument » (τὸ παράπαν) pas ce qu'est la vertu. Que cette affirmation de Socrate soit tintée ou non d'ironie, il n'en reste pas moins que Ménon la prend littéralement[20]. C'est pourquoi, avec une pointe de pitié, il se demande comment Socrate pourra jamais progresser au-delà de cet état d'ignorance :

---

19. Ce paradoxe et son influence font l'objet d'une étude détaillée dans FINE, G., *The Possibility of Inquiry*, Oxford, Oxford University Press, 2014.

20. Contrairement à ce l'on croit parfois, Ménon ne reconnait pas sa propre ignorance s'agissant de ce qu'est la vertu. Faisant allusion à la sorte d'embarras qu'il a la réputation de provoquer chez les autres hommes, Socrate adresse à Ménon la remarque ironique suivante, que « pour ce qui est de la discussion présente concernant la vertu, moi-même je ne sais pas ce qu'elle est, tandis que, toi, tu le savais peut-être, jusqu'à ce que tu entres en contact avec moi, mais maintenant *c'est comme si* toi non plus tu ne le savais pas » (80 d).

> Comment vas-tu rechercher ce dont tu ne sais absolument pas ce qu'il est, Socrate ? Je veux dire, parmi les choses que tu ne connais pas, quel genre de chose vas-tu proposer comme objet de ta recherche ? Ou bien, aurais-tu même la chance de tomber dessus, comment sauras-tu que c'est là la chose que tu ne connaissais pas ? (80 d)

À ce stade, Ménon ne montre aucune intention de vouloir avancer un paradoxe. Il paraît plutôt vraiment inquiet des conséquences liées à l'aveu d'ignorance totale de Socrate, qu'il interprète littéralement. C'est Socrate qui, par la suite, assimile l'inquiétude de Ménon à un paradoxe sophistique qui ne se concentre plus désormais sur son propre état d'ignorance, état aussi désolant qu'unique ou, du moins, inhabituel, mais qui obtient à la place le statut de problème pour la condition épistémique du genre humain dans son ensemble :

> Je comprends la sorte de chose que tu veux dire, Ménon. Vois-tu comme c'est un *logos* éristique ce que tu évoques ici, d'après lequel il s'avère impossible pour un être humain de chercher aussi bien ce qu'il sait que ce qu'il ne sait pas ? Car il ne se mettra pas à chercher soit (a) ce qu'il sait, puisqu'il le sait et que les choses de cette sorte n'ont pas besoin d'être recherchées ; soit (b) ce qu'il ne sait pas, puisque dans ce cas il ne sait même pas quoi chercher. (80 e)

Socrate accuse-t-il Ménon d'invoquer un *logos* déjà existant ou d'en créer un nouveau ? Le verbe traduit provisoirement par « tu évoques » (κατάγεις, 80 e 2), de sens inconnu et que Platon pourrait avoir forgé spécialement pour le présent passage, obscurcit encore l'arrière-plan historique du paradoxe, s'il devait y en avoir un. Mais on peut dire avec assurance que sa renommée ultérieure comme paradoxe est due à ce passage même du *Ménon*, et non à une quelconque tradition indépendante.

Il est impossible dans ce cadre de rendre justice au vaste débat savant concernant le sens du paradoxe et la solution que Platon en donne. Il vaut cependant la peine de souligner qu'il est préférable de le tenir, comme nous l'avons fait dans notre traduction, pour un problème concernant la manière de *rechercher*, et donc d'aspirer à *trouver* ou à *identifier*, un

---

Il y a tout lieu de croire que Ménon accepte ce diagnostic. La seule concession qu'il fait renvoie à son incapacité à *formuler clairement* ce qu'est la vertu (80 a-b).

certain objet. Il ne concerne pas la question de savoir comment on peut, plus largement, « enquêter » sur quelque chose.

Selon cette seconde lecture, le paradoxe consisterait en une disjonction de toute évidence fausse : pour n'importe quel objet d'enquête X, soit (a) vous connaissez X, auquel cas vous n'avez plus rien à apprendre à son sujet qui justifierait une enquête, soit (b) vous ne connaissez pas X, auquel cas vous l'ignorez tellement que vous n'en avez même pas conscience et donc n'avez même aucune base sur laquelle vous appuyer pour commencer à enquêter à son sujet. Ces deux états cognitifs – omniscience et totale incompréhension (ou inconscience) concernant X – sont peut-être radicalement contraires, mais il est improbable qu'ils aient laissé l'impression d'épuiser, à eux deux, les états épistémiques que l'on peut avoir en relation avec un objet d'investigation. En effet, cela reviendrait à négliger l'état intermédiaire pourtant bien connu qui consiste à connaître *certaines choses* concernant X, mais pas d'autres.

En suivant la première lecture, on obtient un bien meilleur dilemme, qui repose sur le problème de l'identification. Depuis le début du dialogue, Socrate a présenté son ignorance concernant la vertu comme le fait de ne pas savoir « ce qu'est » (71 a-b) la vertu[21]. Admettons que la même sorte de connaissance ou d'ignorance identificatoire reste à l'œuvre dans la formulation du paradoxe : « connaître X », c'est savoir ce qu'est X, et savoir ce qu'est X n'implique rien de plus que d'être capable de distinguer X de tout le reste. Nous pouvons à présent reformuler le paradoxe comme suit. Si (a) vous étiez déjà en mesure de distinguer X de Y, Z et de n'importe quel autre objet avec lequel il pourrait avoir été confondu, vous n'entreprendriez pas d'identifier X parce que vous sauriez déjà ce qu'est X. Si d'un autre côté (b) vous ne saviez pas ce qu'est X, et que vous ne pouviez donc pas le distinguer de Y, Z, etc., vous ne pourriez même pas isoler X en pensée, et donc vous ne pourriez pas penser du tout à X. Par conséquent, vous ne pourriez vous poser à vous-même aucune question au sujet de X, y compris la question de base de savoir ce qu'est X.

---

21. L'idée que la recherche de « ce qu'est » X est avant tout une question d'identification est en effet bien illustrée dans l'extrait suivant : « Si je ne sais pas ce qu'est la vertu, comment pourrais-je savoir quoi que ce soit d'elle ? Te paraît-il possible que, sans connaître aucunement Ménon et ignorant qui il est, on sache de lui qu'il est riche, beau, noble même, ou tout le contraire de cela ? » (*Ménon*, 71 a-b, trad. M. Canto-Sperber).

Selon les deux branches du dilemme ainsi construit, vous ne pouvez pas en venir à connaître une chose que vous ne connaissiez pas déjà. L'attrait d'une telle lecture est qu'elle réussit à rendre plus immédiatement pertinente l'introduction que Socrate fait, à ce moment précis du dialogue, de la théorie de la réminiscence (81 a-86 c). Selon cette dernière, la raison pour laquelle une recherche intellectuelle peut malgré tout réussir est que l'âme humaine possède un savoir inné (car acquis avant la naissance). De là le fait que la recherche conjointe de Socrate et de Ménon, concernant ce qu'est la vertu, peut légitimement se poursuivre et espérer aboutir. Par voie de conséquence, leur connaissance latente de ce qu'est la vertu est suffisante pour leur permettre d'avoir une intuition de la vertu comme objet de recherche, mais non suffisante pour leur fournir une réponse clairement et consciemment exprimée à la question de savoir ce qu'elle est.

En *Théétète*, 188 a-c, les deux grands problèmes que nous avons rencontrés – la logique de la fausseté et l'épistémologie de la référence – se combinent pour engendrer un nouveau paradoxe : si X n'est pas Y, et s'il est accordé que vous connaissiez ou bien ne connaissiez pas chacun de ces deux objets, il vous devient alors impossible d'avoir la croyance fausse que X est Y.

Pour expliquer ce paradoxe très condensé, nous pouvons ajouter les mêmes précisions que dans le cas du paradoxe de Ménon. Comme dans ce dernier cas, la prémisse cachée sous-jacente du paradoxe peut difficilement être l'idée profondément improbable que la connaissance de X soit l'omniscience concernant X, de sorte que si vous connaissiez X vous ne pourriez pas non plus croire à *aucune* fausse déclaration faite au sujet de X. Bien plutôt, il s'agit de l'idée désormais familière que connaître une chose, c'est-à-dire savoir ce qu'elle est, signifie être capable de la distinguer de toute autre chose. Si vous savez ce qu'est au moins l'une des deux choses (X ou Y), il s'ensuit que vous pouvez distinguer la chose que vous connaissez de l'autre, et dans ce cas vous ne pouvez pas en même temps penser qu'elle *est* l'autre. Si, en revanche, vous ne savez pas ce qu'est X et/ou ce qu'est Y, il semble que X ou Y, ou les deux, soient incapables de figurer dans votre jugement. Ainsi, pour reprendre au *Théétète* des exemples types de X et Y, il s'avèrera qu'il n'y aura pas d'erreurs comme celles de penser que Théétète est Théodore, que Théétète est laid ou qu'un cheval est une vache. Par exemple, croire que Théétète est laid (comme

Théodore, au départ, l'avait présenté, sans réaliser que la véritable beauté était celle de l'âme, non celle du corps, 186 e) demanderait ou bien de ne pas savoir qui est Théétète, ou bien de ne pas savoir ce qu'est le laid, ou bien de ne savoir ni l'un ni l'autre. Mais dans ce cas, Théétète et/ou la laideur ne peuvent apparaître à la pensée, et aucun jugement ne peut être fait à leur sujet.

Dans la séquence qui suit immédiatement, nous observons pour la deuxième fois comment un paradoxe au départ irritant peut provoquer une avancée philosophique constructive. Partant de l'énigme que nous venons de présenter succinctement, Platon poursuit en introduisant sa célèbre comparaison de l'âme à un bloc de cire, bloc dans lequel chaque connaissance particulière est mise en réserve comme une empreinte, parfois indistincte, dans de la cire (191 c-195 b). Penser que X est Y peut, dans différents cas, être exemplifié par le fait de relier la figure de Théétète, vue de loin, à l'empreinte de Théodore qui se trouve dans notre cire mentale ; relier la vue du (en réalité) beau Théétète à l'empreinte qu'on a du laid ; et relier un cheval vu au loin à l'empreinte qu'on a de la vache. Le paradoxe mène ainsi Platon à au moins deux découvertes clés : la capacité de la perception sensible, comprise comme distincte de la conceptualisation, à fournir le sujet d'une prédication fausse ; et comment le savoir lui-même peut varier dans son degré de précision, au point de rendre possible l'erreur.

J'ai avancé plus haut qu'Aristote cherchait uniquement à maintenir une séparation claire entre une logique constructive, telle qu'il la déploie dans les *Analytiques*, et la résolution de sophismes, telle qu'il la développe dans ses *Réfutations sophistiques*. De ce point de vue, il paraît se démarquer des manières de faire de Platon et des stoïciens, lesquels, avons-nous vu, se confrontent à des sophismes reconnus et mettent leur résolution au service d'avancées philosophiques. Toutefois, Aristote lui-même suit assez souvent le modèle platonicien. C'est là après tout une partie indispensable de sa méthode dialectique de commencer par établir les difficultés concernant le sujet choisi avant de mettre à l'épreuve la thèse obtenue pour s'assurer qu'elle a résolu ces difficultés[22]. En outre, ces difficultés peuvent se révéler de nature sophistique. Dans le domaine de la physique, par exemple,

22. Cf. *Éthique à Nicomaque*, VII, 1, 1145 b 2-7 et VII, 2, 1146 b 6-8.

on peut observer Aristote en train de placer les paradoxes de Zénon d'Élée au centre de sa méthodologie, non seulement dans le passage bien connu de *Physique* VI, 9, sur le mouvement, mais aussi plus explicitement en *Physique* IV, 1-5, sur la définition du lieu. Dans ce dernier texte, Aristote considère avec le plus grand sérieux le paradoxe moins connu de Zénon sur le lieu (si toutes choses sont en un lieu, ce lieu sera en un lieu, et cela à l'infini) et examine une série de définitions admises du lieu pour tester leur capacité à résoudre le paradoxe.

Au bout de ce chapitre, il est difficile de résister à la conclusion suivante. Les énigmes sophistiques étaient pour les anciens non pas de simples intermèdes de divertissements futiles, ponctuant l'examen de matières philosophiques bien plus sérieuses. Ces *logoi* mêmes incarnent, peut-être mieux encore que n'importe quoi d'autre, l'esprit dans lequel la poursuite de la philosophie elle-même était menée. De génération en génération ils maintinrent en vie le sens d'étonnement et de fascination qui, Platon le savait bien (*Théétète*, 155 d), était la mère véritable de la philosophie[23].

23. Mes remerciements chaleureux à Bernard Collette-Dučić pour la traduction de ce chapitre en français, ainsi que pour son aide et ses conseils.

L'Académie hellénistique et l'héritage sceptique de Platon

Mauro Bonazzi (Universiteit Utrecht)

Platonisme et scepticisme ?

Le 13 juin 323 av. J.-C. meurt Alexandre le Grand. Par convention, cette date marque le début d'une nouvelle époque dans le monde grec : on entre dans la période hellénistique (323-31 av. J.-C.). À n'en point douter, la conquête fulgurante de l'empire perse a radicalement changé les structures institutionnelles et les pratiques de vie dans le monde grec : les cités (*poleis*) individuelles ont laissé la place à des royaumes et à des monarchies où les Grecs se retrouvent mélangés à d'autres populations. Ces nouveautés ont certainement eu un impact sur la philosophie. Dans le cas de la tradition platonicienne toutefois, il faudra attendre encore quelques décennies pour assister à une vraie nouveauté – une nouveauté certainement incomparable aux conquêtes d'Alexandre, mais qui pose une série de questions tout à fait pertinentes dans l'histoire du platonisme et, plus largement, de la pensée critique.

L'arrivée d'Arcésilas de Pitane à la tête de l'Académie fut le résultat d'un concours de circonstances. Apparemment, il ne dut sa désignation qu'à la mort prématurée du diadoque précédent, Cratès (aux alentours de

268/264 av. J.-C.), et au refus d'un certain Socratide (par ailleurs inconnu) de lui succéder, en dépit des résultats des élections. Sous l'impulsion d'Arcésilas, l'Académie va subir un tournant sceptique qui durera jusqu'au début du Ier s. av. J.-C., soit pendant tout le reste de l'époque hellénistique, acquérant grâce à Arcésilas d'abord, à Carnéade et à Philon ensuite, une renommée et une importance majeure[1].

Si l'on songe à l'enseignement des prédécesseurs, et davantage encore au platonisme systématique de l'époque impériale, la nouveauté n'est certainement pas de peu d'importance et elle explique ainsi la surprise, les doutes et les hésitations à son égard, ainsi que la tendance à considérer l'Académie hellénistique comme une sorte de parenthèse qui a peu, sinon rien à voir avec la philosophie de Platon et la tradition qui avait débuté avec lui. Les polémiques furent attisées dès l'Antiquité, allant de l'accusation de se cacher derrière le nom de Platon à celle, bien plus grave, de trahison et de défection[2]. Ne s'agit-il pas là toutefois de conclusions hâtives ? Car, comme nous le verrons, d'Arcésilas à Philon, de nombreux témoignages nous informent sur le désir de ces penseurs de revendiquer

1. Pour être précis, voici la liste des diadoques de l'Académie à l'époque hellénistique : Arcésilas de Cyrène (268/264-241/240 av. J.-C.), Lacyde de Cyrène (241/240-226/225 av. J.-C.) ; Téléclès, Évandre de Phocée et Hégésine de Pergame (226/225-167/166 av. J.-C.) ; Carnéade de Cyrène (167/166-137/136 av. J.-C.) ; Carnéade fils de Polémarque (137/136-131/130 av. J.-C.) ; Cratès de Tarse (131/130-127/126 av. J.-C.) ; Clitomaque de Carthagène (127/126-110/109 av. J.-C.) ; Philon de Larisse (110/109-84/83 av. J.-C.). Il y a malheureusement de nombreuses lacunes qui nous empêchent de connaître avec précision les thèses et les positions soutenues par tous ces auteurs : les deux personnages les plus influents, Arcésilas et Carnéade, n'ont pas écrit et les œuvres des autres sont perdues. Par chance cependant, les témoignages utiles ne manquent pas, chez Cicéron et Sextus Empiricus : pour le premier, voir LÉVY, C., *Cicero Academicus. Recherches sur les Académiques et sur la philosophie cicéronienne*, Rome, École Française de Rome, 1992 ; pour le second, IOPPOLO, A.M., *La Testimonianza di Sesto Empirico sull'Accademia scettica*, Napoli, Bibliopolis, 2009. S'agissant des données biographiques, les *Vies et opinions des philosophes illustres* de Diogène Laërce (dont le quatrième livre nous informe sur Arcésilas, Lacyde, Carnéade et Clitomaque) et ce qu'on appelle l'*Index Academicorum* de l'épicurien Philodème de Gadara (une partie d'une œuvre plus étendue sur les écoles hellénistiques qui constitue un instrument fondamental pour reconstruire l'histoire de l'Académie hellénistique) sont également importants ; d'autres auteurs encore, bien qu'ils soient polémiques (Numénius) ou pas toujours fiables (Plutarque, Augustin), aident également à clarifier les questions en débat.

2. Cf. en particulier PROCLUS, *Théologie platonicienne*, I, 1 ; sur ces polémiques, BONAZZI, M., *Academici e Platonici. Il dibattito antico sullo scetticismo di Platone*, Milano, Led, 2003.

un lien avec l'héritage platonicien. C'est là un point important dont il faut tenir compte pour évaluer correctement le scepticisme académique et la contribution que ce type de philosophie a apportée au développement d'une rationalité critique[3].

Le discours sur la méthode : discussions socratiques, dialectique académique

Arcésilas et Carnéade n'ont rien écrit. Selon toute vraisemblance, ils entendaient ainsi revendiquer un lien privilégié avec l'enseignement de Socrate (en particulier le Socrate de Platon), à une époque où d'autres, les stoïciens notamment, cherchaient également à se réapproprier son héritage. Mais, tandis que les stoïciens défendaient avec ardeur la possibilité du savoir, Arcésilas et Carnéade ont cherché à s'inscrire dans la lignée critique et réfutative de Socrate, comme le montrent l'attention que les deux scolarques ont portée à la dialectique et le zèle avec lequel ils ont défini leurs stratégies argumentatives. En effet, tout comme Socrate affirmait ne s'appuyer sur aucune doctrine positive et se donnait pour tâche unique de mettre à l'épreuve la validité des thèses d'autrui, Arcésilas et Carnéade firent reposer leur entreprise critique sur la seule dialectique, c'est-à-dire sur un ensemble de procédés argumentatifs.

3. Les études critiques sur l'Académie hellénistique forment déjà un champ bien défini : parmi les études d'ensemble plus complètes, mentionnons IOPPOLO, A.M., *Opinione e Scienza. Il dibattito tra Stoici e Accademici nel III e nel II secolo a.C.*, Napoli, Bibliopolis, 1986, et IOPPOLO, A.M., *La Testimonianza di Sesto Empirico sull'Accademia scettica*, 2009 ; LONG, A.A., SEDLEY, D., *The Hellenistic Philosophers*, Cambridge, Cambridge University Press, 1987, p. 438-467 ; GÖRLER, W., « Ältere Pyrrhonismus, Jüngere Akademie, Antiochos aus Askalon », dans Flashar, H. (dir.), *Die Philosophie der Antike 4: die hellenistiche Philosophie*, vol. II, Basel, Schwabe, 1994, p. 719-980 ; LÉVY, C., *Les Philosophies hellénistiques*, Paris, Le Livre de Poche, 1997, p. 181-215 ; CHIESARA, M.L., *Storia dello scetticismo greco*, Torino, Einaudi, 2003. Pour une édition récente d'Arcésilas, VEZZOLI, S., *Arcesilao di Pitane. L'origine del platonismo neoaccademico*, Turnhout, Brepols, 2016 ; en ce qui concerne Philon, voir aussi BRITTAIN, C., *Philo of Larissa. The Last of the Academic Sceptics*, Oxford, Oxford University Press, 2001 ; METTE, H.J., « Zwei Akademiker heute: Krantor von Soli und Arkesilaos von Pitane », *Lustrum*, 21, 1984, p. 7-94 ; METTE, H.J., « Weitere Akademiker heute: von Lacydes bis zu Kleitomachos », *Lustrum*, 27, 1985, p. 39-148 ; METTE, H.J., « Philo von Larisa und Antiochus von Ascalon », *Lustrum*, 28-29, 1986/1987, p. 9-63.

Bien que leurs motivations de base fussent semblables à celles de Socrate, elles ne se sont pas traduites par l'emploi d'une même méthode ni d'une même démarche. Sur ce point, le cas d'Arcésilas, qui présentait sa propre méthode dans les termes d'une reprise des célèbres réfutations socratiques (Cicéron, *Des fins*, II, 1-2), est très significatif. Tout en revendiquant un lien important avec Socrate, il s'empressait de prendre ses distances à l'égard de la fameuse profession d'ignorance socratique, observant que l'affirmation elle-même de savoir qu'on ne sait pas risquait de faire tomber dans une forme de dogmatisme qui aurait constitué un obstacle à la vraie recherche (Cicéron, *Varron*, 45). Cette prise de distance, qui présente la position de Socrate sur un mode extrêmement schématique, est le premier exemple de l'exigence de rigueur et de formalisme élevé qui caractérise les discussions hellénistiques. Un second exemple est probablement la mise au point de la discussion *in utramque partem*. Socrate se limitait à demander à son interlocuteur d'exposer sa position pour ensuite montrer qu'elle était incompatible avec d'autres opinions soutenues par le même interlocuteur. Arcésilas en revanche avait l'habitude d'inviter son interlocuteur à exposer sa thèse pour ensuite lui opposer la thèse contraire ; cela lui permettait de défendre une seconde fois la même thèse puis de riposter une seconde fois (Cicéron, *Varron*, 46 ; Diogène Laërce, IV, 28). Enfin, le style argumentatif de Carnéade était encore plus raffiné, puisqu'il exposait en son nom propre des arguments en faveur *et* contre une thèse donnée (les deux discours tenus à Rome sur la justice en sont l'exemple le plus célèbre).

Tandis que la mise en aporie de son interlucteur par Socrate n'excluait pas qu'une des thèses soutenues puisse être correcte, avec Arcésilas et Carnéade le résultat auquel l'interlocuteur était inexorablement condamné était la suspension du jugement. L'unique problème qui reste alors à éclaircir est de savoir si cette conclusion vaut également à titre personnel pour les deux Académiciens (nous y reviendrons plus loin). À n'en point douter, discuter entre philosophes, notamment entre membres d'écoles différentes, impliquait d'adopter des techniques plus rigoureuses que celles qui avaient servi à Socrate pour révéler à ses concitoyens les contradictions qui se nichaient dans leurs croyances.

Le débat sur la connaissance

La radicalisation par les académiciens de la position socratique permet d'éclairer les polémiques menées par ces derniers contre les écoles rivales. En effet, de même que Socrate examinait les thèses d'autrui tout en prétendant ne rien connaître lui-même, les Académiciens avaient besoin, si l'on peut dire, d'identifier un interlocuteur dont les thèses méritaient d'être débattues, en ce sens qu'elles semblaient démontrer de façon convaincante la possibilité d'un savoir. Or, dans le monde des écoles hellénistiques, il n'était pas difficile de trouver de tels interlocuteurs : Épicure et ses élèves prétendaient déjà avoir trouvé une solution au problème de la connaissance, et les prises de position des stoïciens regorgeaient davantage encore de conviction. C'est donc en se rapportant aux doctrines de ces écoles, et en particulier au stoïcisme, que les académiciens ont pu développer leurs recherches.

D'après les stoïciens, la connaissance se forme sur la base de représentations (*phantasiai*), mais pas de toutes les représentations sans discrimination. Ils pensaient pouvoir isoler certaines représentations dont la particularité était de représenter de manière fidèle l'objet perçu, et seulement celui-ci[4] : les représentations cataleptiques (*phantasiai katalêptikai* ; voir par exemple Diogène Laërce, VII, 50 ; Sextus Empiricus, *Contre les Dogmatiques*, VII, 247-252). L'appréhension (*katalêpsis*) n'est rien d'autre que l'assentiment à ce type de représentations (Sextus Empiricus, *Contre les Dogmatiques*, VIII, 397 et VII, 151) ; l'ensemble de ces connaissances certaines constitue ensuite la base de la science (*épistêmê* ; Cicéron, *Lucullus*, 145 ; Stobée, *Anthologie*, II, 73, 16). Dans une métaphore assez parlante, Zénon comparait ainsi la représentation à une main ouverte, l'assentiment au pliage de la main, l'appréhension au poing fermé, et la connaissance à un poing enserré par la seconde main (Cicéron, *Lucullus*, 145).

On peut déduire sans difficulté de cette brève présentation l'importance que revêt, pour la Stoa, la représentation cataleptique, fondement ultime de

4. Pour une présentation synthétique et exhaustive de l'épistémologie stoïcienne, cf. FREDE, M., « Stoic Epistemology », dans Algra, K., Barnes, J., Mansfeld, J., Schofield, M. (dir.), *The Cambridge History of Hellenistic Philosophy*, p. 295-322.

toute la gnoséologie stoïcienne. Il ne faut dès lors pas s'étonner que la mise au point d'une définition précise de ce type de représentation ait constitué un objectif crucial pour les philosophes de la Stoa. Une représentation peut être dite « cataleptique » si 1) elle découle d'un objet existant, 2) reproduit cet objet de façon exacte et 3) est telle qu'elle ne peut découler d'un objet qui n'existe pas (cf. par exemple Diogène Laërce, VII, 50 ; Sextus Empiricus, *Contre les Dogmatiques*, VII, 248 ; Cicéron, *Lucullus*, 77). En d'autres termes, pour qu'une représentation cataleptique soit telle, il faut deux conditions fondamentales : elle doit non seulement provenir d'un objet réellement existant, mais elle doit aussi le reproduire de manière exacte, claire et précise. Si ces deux conditions peuvent être satisfaites par les deux premières prémisses de la définition stoïcienne, c'est avec la troisième qu'on comprend la signification profonde de la représentation cataleptique, la réalité de l'objet et la conformité qui lui correspond : seuls les objets réels en tant que réellement existants possèdent une clarté et une précision capables de produire une représentation vraie. Sont donc « cataleptiques » les représentations capables, d'un côté, de « saisir » l'objet (Cicéron, *Varron*, 41) et, de l'autre, de s'emparer du sujet en le tirant vers l'assentiment (Sextus Empiricus, *Contre les Dogmatiques*, VII, 257). Dans la gnoséologie stoïcienne, ce qui importe réellement, c'est d'identifier une classe de représentations en mesure de représenter réellement l'objet perçu, comme s'il s'agissait de messagers véridiques.

Le point central de la théorie stoïcienne consiste donc en la possibilité, pour l'homme, d'identifier des « représentations cataleptiques ». Il s'agit là d'une condition *sine qua non* pour la réalisation de la connaissance, et c'est précisément contre ce point que les académiciens formulent leurs principales critiques[5] : la nature des représentations, expliquent-ils, n'exclut pas

5. Une autre critique d'Arcésilas prenait pour cible le fait que l'assentiment précède l'appréhension, et donc l'acte cognitif lui-même (Cicéron, *Varron* [= Académiques, I], 45). Autrement dit, on accorde son assentiment à ce qu'on ne connaît pas encore et le risque est donc d'accorder son assentiment à ce qui est faux. Arcésilas avait par ailleurs observé une ambiguïté supplémentaire dans l'appréhension stoïcienne, à savoir que, bien qu'étant toujours la même, elle prenait tantôt la forme d'une connaissance, tantôt d'une opinion, selon que c'était le sage ou l'homme ordinaire qui concédait son assentiment (Sextus Empiricus, *Contre les Dogmatiques*, VII, 150-153). Sextus nous informe encore d'une autre critique : l'assentiment porte sur des jugements et non sur des représentations, qui ne communiquent rien par elles-mêmes au sujet de l'objet perçu (Sextus Empiricus, *Contre les Dogmatiques*, VII, 154-155). De façon générale, cf. IOPPOLO, A.M., *La Testimonianza di Sesto Empirico sull'Accademia scettica*, 2009, p. 81-109.

l'existence de représentations fausses correspondant à celles qui sont vraies et identiques du point de vue qualitatif (cf. Cicéron, *Lucullus*, 78). Pour démontrer ce point, les académiciens recouraient à divers arguments qu'on pourrait rassembler en deux groupes : d'un côté, l'exemple de jumeaux identiques, de monnaies provenant de la même frappe ou d'œufs, objets différents qui produisent toutefois la même représentation ; de l'autre, au contraire, le cas des hallucinations et des illusions, des représentations qui proviennent de ce qui n'existe pas, mais qui sont susceptibles de mener à l'assentiment avec la même force que les représentations cataleptiques. Le point central de la critique des académiciens n'est pas de contester l'existence des représentations vraies, mais bien la possibilité de distinguer les représentations cataleptiques (vraies) des représentations non cataleptiques. Pour reprendre une métaphore déjà utilisée, nous ne sommes pas en mesure de distinguer parmi autant de messagers ceux qui sont susceptibles d'assentiment de ceux qui ne le sont pas (Sextus Empiricus, *Contre les Dogmatiques*, VII, 163). L'argumentation académicienne peut être représentée schématiquement de la façon suivante (Cicéron, *Lucullus*, 40-42 et 77) :

1) certaines représentations sont vraies, d'autres fausses ;

2) les représentations fausses ne peuvent être connues ;

3) chaque représentation vraie est telle qu'il faut admettre une représentation fausse, mais qualitativement identique, qui lui correspond ;

4) mais si deux représentations ne diffèrent pas du point de vue qualitatif, on ne peut pas observer de cas où l'une puisse être connue, l'autre non ;

5) donc rien ne peut être connu.

Le résultat est l'*akatalêpsia*, la réfutation de l'exigence stoïcienne qu'il y ait quelque chose de *cataleptique* : s'il n'est pas possible d'identifier des représentations cataleptiques, il ne sera pas non plus possible d'atteindre la connaissance, vu que celle-ci suppose l'assentiment à une représentation cataleptique. Encore une fois, il ne s'agit pas de contester l'existence de représentations conformes à l'objet lui-même, mais la possibilité de reconnaître de telles représentations avec une certitude absolue[6].

6. En cela, les Académiciens exploitent une suggestion implicite dans la gnoséologie épicurienne : Épicure avait en effet soutenu que, si une seule sensation nous trompait ne fût-ce qu'une seule fois, il ne faudrait jamais croire à aucune sensation (Cicéron, *Lucullus* [= Académiques, II], 79).

Par ailleurs, les stoïciens affirmaient que l'assentiment donné aux seules représentations cataleptiques était une particularité du sage lui évitant de tomber dans l'opinion, dans la *doxa*. Or, étant donné l'impossibilité de distinguer (qualitativement) entre une représentation vraie (cataleptique) et une représentation non vraie (une opinion), le sage Stoïcien est obligé, d'après les académiciens, de suspendre complètement son assentiment (Cicéron, *Lucullus*, 66-68) :

6) si le sage donne son assentiment à une représentation non vraie, il tombera dans l'opinion ;

7) or le sage ne tombe jamais dans l'opinion ;

8) donc le sage ne donnera jamais son assentiment à *aucune* représentation, mais suspendra en permanence son assentiment (*epochê*).

L'*epochê*, la suspension du jugement, le second terme clef du vocabulaire académicien, découle de l'impossibilité de circonscrire les représentations vraies et de l'exigence d'éviter l'erreur (de tomber dans l'opinion) : c'est l'issue à laquelle les stoïciens sont condamnés s'ils veulent rester cohérents avec leurs prémisses initiales. Telle était la conclusion d'Arcésilas, qui laissait au moins une porte de sortie à son interlocuteur stoïcien en l'invitant à devenir sceptique, c'est-à-dire à suspendre son jugement et à poursuivre la recherche (*skepsis*, en grec). Comme nous le verrons, Carnéade radicalisera davantage encore la confrontation en affirmant qu'il était impossible de ne pas avoir d'opinions (Cicéron, *Lucullus*, 67 ; voir aussi 59 et 78).

Les arguments académiciens ne manquent certainement pas d'idées intéressantes et révèlent une subtilité remarquable. À une première lecture, l'insistance sur des cas particuliers et pathologiques, telles les hallucitations et les illusions évoqués plus haut, peut paraître forcée. En réalité, ce ne sont pas les raisons qui manquaient aux académiciens pour défendre leur position, et le problème de base que celle-ci met au jour est clair. En effet, dans la confrontation entre l'Académie et le Portique, l'objet ultime de la dispute porte sur *le réalisme ordinaire de la sensation*, typique d'une philosophie comme celle des stoïciens qui n'a jamais voulu renoncer à la manière habituelle de concevoir la sensation (comme une forme d'appréhension généralement fiable), à quoi s'oppose l'Académie héritière du platonisme pour laquelle l'évaluation de la connaissance ne devrait pas surestimer la confiance spontanée que nous éprouvons à l'égard de nos propres sensations[7]. Celles qui ne semblent être que des représentations aberrantes ou des états pathologiques révèlent en réalité une caractéristique constante de notre manière de nous rapporter au monde : l'impossibilité de distinguer la représentation de l'objet qui l'a produite. À la différence de la lumière qui se révèle elle-même en même temps que les objets qui se trouvent en elle, nous n'avons aucun moyen de procéder à une confrontation entre la représentation et la réalité extérieure (Sextus Empiricus, *Contre les Dogmatiques*, VII, 163), et c'est pour cela que la seule solution cohérente reste la suspension du jugement de la part du sceptique.

Le problème qu'il reste à clarifier est dès lors celui d'établir si les arguments d'Arcésilas et de Carnéade doivent être compris en un sens purement dialectique ou s'ils peuvent aussi être envisagés comme des prises de position personnelles. Sur ce point, les débats font rage et aucune solution partagée n'a encore été atteinte[8]. La composante dialectique est certainement primordiale, au sens où c'est en s'appuyant sur les thèses des adversaires stoïciens que les académiciens ont élaboré leurs thèses de l'*akatalêpsia* et de l'*epochê*. Mais, comme on vient de l'observer à propos de l'évaluation globale de la sensation et de ses limites, il n'est pas exclu qu'Arcésilas aussi bien que Carnéade aient ensuite adopté, à titre personnel, la conclusion sceptique comme seule position cohérente avec le désir de connaître typique du véritable sage. En effet, le sage académicien est celui qui, sans céder à des raccourcis faciles et erronés, persévère infatigablement dans la recherche. Comme l'a très justement observé von Arnim, « le trait caractéristique de la sagesse n'est pas la possession de la connaissance, mais l'affranchissement de l'erreur »[9].

---

7. Cf. Lévy, C., *Les Philosophies hellénistiques*, 1997, p. 188-190.
8. À propos d'Arcésilas en particulier, si les défenseurs de l'hypothèse dialectique (particulièrement nombreux dans le monde anglo-saxon) peuvent se référer à P. Couissin (« L'Origine et l'Évolution de l'*epoche* », *Revue des études grecques*, 42, 1929, p. 373-397 ; et « Le Stoïcisme de la Nouvelle Académie », *Revue d'histoire de la philosophie*, 3, 1929, p. 241-276), la proposition alternative d'A.M. Ioppolo (*Opinione e Scienza*, 1986) a suscité ces derniers temps un large consensus ; cf. par exemple Lévy, C., *Les Philosophies hellénistiques*, 1997, p. 190-194; quant à Carnéade, cf. Lévy, C., *Cicero Academicus*, 1992, p. 45-46.
9. von Arnim, H., « Arkesilaos von Pitane », dans *Real Encyclopädie*, vol. 2, 1895, col. 1166.

Connaissance, opinion et action

Une fois le problème de la connaissance réglé en termes négatifs (il n'est pas possible d'identifier des représentations vraies ni d'atteindre la connaissance), il reste à clarifier la question de l'opinion. Comme nous venons de le voir, la suspension de l'assentiment (l'*epochê*) servait justement à éviter de tomber dans l'opinion. Mais Carnéade soutenait aussi qu'il était impossible de ne pas avoir d'opinions. Comment évaluer cette affirmation ?

La position de Carnéade devient pleinement intelligible quand elle est envisagée en tant que réponse à l'accusation d'*apraxia*, c'est-à-dire l'accusation de rendre la vie impossible, que les stoïciens et d'autres adversaires avaient formulée contre les académiciens (Plutarque, *Contre Colotès*, 1108 D et 1109 C-D ; Diogène Laërce, IV, 104 ; Cicéron, *Lucullus*, 31 et 99). Les sceptiques prétendent que rien n'est connaissable et refusent de prendre position sur la vérité d'une affirmation, quelle qu'elle soit ; mais alors, comment les êtres humains peuvent-ils vivre, demandent leurs adversaires ? Si rien ne peut être connu, ne viendront-ils pas à manquer de critères nécessaires pour se situer face à la réalité environnante et pour décider quoi faire ? La suspension de l'assentiment exclut toute forme de choix ou de décision, et elle paraît condamner le sceptique à une sorte de paralysie intellectuelle et pratique : les thèses de l'*akatalêpsia* et de l'*epochê* semblent rendre de fait la vie impossible et pétrifier littéralement l'homme, comme dans l'épisode de la Gorgone (Plutarque, *Contre Colotès*, 1122 A). D'autre part, comment se fait-il que le sceptique, quand il veut sortir de chez lui, passe par la porte et ne se heurte pas aux murs (Plutarque, *Contre Colotès*, 1122 E) ? Pourquoi ne tombe-t-il pas dans des puits et des précipices ? Les sceptiques paraissent se contredire eux-mêmes dans la mesure où, précisément, leurs thèses ne les empêchent pas d'agir concrètement dans la vie de tous les jours. En conclusion, selon les adversaires de l'Académie, ou bien l'*akatalêpsia* et l'*epochê* rendent l'action impossible, ou bien elles paraissent ne jouer aucun rôle quand l'action se produit.

La réaction des académiciens ne se fit pas attendre. On trouve une première réponse dans la théorie du « raisonnable » (*eulogon*) d'Arcésilas (Sextus Empiricus, *Contre les Dogmatiques*, VII, 158 ; Plutarque, *Contre*

Colotès, 1122 A-D). Contre les stoïciens, l'académicien avait avant tout observé que, pour agir, il ne sert à rien d'être pourvu d'une connaissance certaine, parce que l'impulsion suscitée par une représentation quelconque suffit. De plus, le savoir infaillible n'est d'aucune utilité pour accomplir une action correcte : ce qui est requis, c'est seulement la capacité à accomplir consciemment des actions qui peuvent être justifiées *a posteriori*, des actions raisonnables en somme[10]. Prolongeant la voie inaugurée par son prédécesseur, Carnéade répliquera à son tour aux critiques en introduisant de nouveaux concepts qui paraissent avoir contribué à approfondir davantage encore le potentiel sceptique de l'Académie. Bien qu'on ne puisse jamais être sûr de la véracité d'une représentation (c'est le sens de l'*akatalêpsia*), rien n'empêche un individu de suivre les représentations qui se montrent persuasives (*pithana*), qui ne se contredisent pas réciproquement et qui ont été évaluées avec attention (Sextus Empiricus, *Contre les Dogmatiques*, VII, 166-189)[11]. Le sage ne doit donner son assentiment à rien, mais il se conformera dans son action à ce qui s'avère convaincant et persuasif : tout en maintenant, comme Arcésilas, le refus de l'assentiment (par la voie de l'*akatalêpsia*), Carnéade ouvre la possibilité d'approuver (*probare*) ce qui s'avère persuasif (*pithanon*, *probabile*). Le probabilisme de Carnéade[12] permet donc d'identifier un critère pratique

10. On trouve une analyse approfondie de la théorie de l'action d'Arcésilas dans IOPPOLO, A.M., *Opinione e Scienza*, 1986, p. 121-156 ; pour une tentative originale de lire ces témoignages à la lumière des dialogues platoniciens, TRABATTONI, F., « Arcesilao platonico ? », dans Bonazzi, M., Celluprica, V. (dir.), *L'Eredità platonica. Studi sul platonismo da Arcesilao a Proclo*, Napoli, Bibliopolis, 2005, p. 13-50.

11. Une traduction courante de *pithanon* dans ce contexte est « probable », raison pour laquelle on définit alors la position de Carnéade dans les termes d'un « probabilisme ». Il est vrai que *probabile* est la traduction de Cicéron pour le grec *pithanon* (une traduction qui n'est pas exempte d'incertitudes et de doutes, cf. GLUCKER, J., « *Probabile*, *Veri simile* and Related Terms », dans Powell, J.G.F. (dir.), *Cicero the Philosopher*, Oxford, Clarendon Press, 1995, p. 115-143), mais le sens du terme latin veut justement indiquer ce qui persuade (comme le grec *peithein*) et qui convainc. Si on veut parler du « probabilisme » de Carnéade, on doit en parler en ce sens. Les différences avec le langage contemporain sont donc évidentes, où le probable est contraposé à ce qui est certain et nécessaire ou, plus précisément, se présente comme la mesure de la fréquence relative de l'occurrence d'un événement par rapport à une classe donnée d'alternatives.

12. Le terme est à entendre avec prudence pour éviter les lectures anachroniques : en grec, il signifie en effet « vraisemblable » ou « persuasif ».

dans un contexte épistémologique marqué par l'impossiblité généralisée du savoir. Il ne s'agit donc pas d'un assentiment, mais d'une approbation[13] :

> « Comme nous sommes d'avis que celui qui, au sujet de toutes choses, s'abstient d'assentir, se meut néanmoins et agit, il reste non seulement un genre de représentations qui nous incitent à agir, mais aussi, lorsqu'on nous demande un avis pour ou contre, des réponses que nous pouvons donner en suivant seulement de telles représentations, mais sans assentiment. Ce ne sont pourtant pas toutes les représentations de ce genre qui sont approuvées, mais seulement celles auxquelles rien ne fait obstacle. » (Cicéron, *Lucullus*, 104 ; tr. de J. Kany-Turpin)

Suspendre le jugement relatif à une représentation ne signifie pas maintenir une attitude d'indifférence totale à son égard. Il y a une manière de réagir à l'égard des représentations qui évite les extrêmes que sont l'assentiment dogmatique et l'indifférence totale : il s'agit simplement de suivre (*sequi*, *adprobari*) ce qui convainc, ce qui est persuasif (*pithanon*, *probabile*), en évaluant les représentations sur la base de leur degré de persuasion (*pithanothès*), mais sans se compromettre en assertions dogmatiques sur leur véracité. Du reste, les stoïciens avaient déjà observé que nous pouvions avoir des représentations sans pour autant les tenir pour vraies, distinguant entre l'acceptation d'une représentation comme vraie et le simple fait d'avoir une représentation causée par des facteurs extérieurs à notre contrôle (Sextus Empiricus, *Contre les Dogmatiques*, VIII, 397). En se servant de cette distinction, Carnéade pouvait alors défendre la thèse selon laquelle il est possible de décider d'accomplir une action sans juger vraie la représentation qui l'a causée, tout en démontrant en outre que cette action était volontaire : l'homme qui a échappé à ce qui lui paraissait être une embuscade n'a pas besoin de croire qu'il s'agissait vraiment d'une embuscade, ni qu'il était juste pour lui de s'échapper – son action a simplement été provoquée par le soupçon qu'il pouvait s'agir d'une embuscade et il a agi sans tenir compte des doutes quant à savoir s'il devait s'échapper ou non (Sextus Empiricus, *Contre les Dogmatiques*, VII, 186)[14].

---

13. Sur cette distinction et sur la validité de son usage, cf. BETT, R., « Carneades' Distinction between Assent and Approval », *The Monist*, 73, 1990, p. 3-20.

14. Cf. BETT, R., « Carneades' Distinction between Assent and Approval », 1990, p. 3-20 ; et STRIKER, G., « Academics versus Pyrrhonists, reconsidered », dans Bett, R. (dir.), *The*

S'agissant de l'accusation d'*apraxia*, le sceptique répond donc qu'il ne rend pas la vie impossible, mais au contraire qu'il se comporte comme tout un chacun, sans toutefois se compromettre dans des affirmations dogmatiques concernant des choses obscures. En outre, étant donné que, pour les stoïciens, opiner n'est rien d'autre qu'accepter des jugements non vrais, Carnéade réussissait non seulement à décrire adéquatement le mode sur lequel les hommes se comportent, mais contraignait en même temps les stoïciens à admettre que le sage doit opiner s'il veut vivre[15]. Comme l'avait déjà relevé Arcésilas, c'est précisément en renonçant à ses propres prétentions cognitives que l'on peut mener à bien ses actions et finalement être heureux (Sextus Empiricus, *Contre les Dogmatiques*, VII, 158).

Philon de Larisse et le tournant modéré

Pour observer un tournant significatif relativement au scepticisme rigoureux d'Arcésilas et de Carnéade, il faut attendre le dernier scolarque de l'Académie, Philon de Larisse. Mais dans son cas non plus, si l'on veut comprendre le sens de ses innovations, on ne peut faire abstraction des argumentations de Carnéade. Comme on l'a déjà noté, en effet, la subtilité de ces dernières était de nature à rendre difficile à comprendre avec exactitude ce qu'il entendait soutenir à titre personnel, au-delà des polémiques contre les stoïciens. En particulier, la légitimité et, dans certains cas, la nécessité d'avancer des opinions paraît soulever un problème de taille, celui même d'attribuer au sage, qu'il soit sceptique ou dogmatique, la possibilité d'agir en suivant des opinions. Comme on l'a déjà observé, la légitimité des opinions se fonde sur l'existence des impressions probables (*pithanai phantasiai*), que Carnéade avait introduites pour répondre à l'accusation d'après laquelle l'abandon des représentations cataleptiques rendait la vie impossible. Pour Carnéade, rien n'oblige le

---

Cambridge Companion to Ancient Scepticism, Cambridge, Cambridge University Press, 2010, p. 195-207.

15. Pour le dire de façon plus synthétique, si la connaissance est impossible et si l'action prévoit l'assentiment, le sage stoïcien, pour ne pas rester inactif, devra donner son assentiment à une représentation dont la vérité n'est pas certaine – il devra en somme opiner, contrairement à ce qu'affirment les stoïciens : cf. *SVF*, III, 548, avec Long, A.A., Sedley, D., *The Hellenistic Philosophers*, I, 1987, p. 256-259.

sceptique à adhérer à une position dogmatique. Il lui suffit de suivre des représentations qui, après évaluation, se sont avérées convaincantes. Mais quelle était la valeur philosophique de ces représentations probables ou convaincantes ? Comment comprendre le *pithanon* (cf. Cicéron, *Lucullus*, 78 et 139) ?

Il y a au moins deux voies pour tenter d'éclairer la signification exacte de la position de Carnéade. L'une comme l'autre furent effectivement développées par des philosophes de l'Académie. Selon l'interprétation de Clitomaque[16], avec laquelle s'accordent la majeure partie des critiques modernes, l'argumentation de Carnéade devrait s'entendre en un sens exclusivement dialectique : rien de ce qui est affirmé par Carnéade dans un argument ne doit être interprété comme une manifestation de ses propres convictions philosophiques. Le vrai sceptique suit les impressions convaincantes sans donner son assentiment à aucune d'entre elles. Il agit en les suivant sans pour autant les tenir pour vraies. Sans avoir trouvé la vérité (le principe de l'*akatalêpsia* reste en effet valide), il continue à suspendre son assentiment (*épochê*), parce qu'accepter une proposition risquerait de le détourner de sa recherche. Dans la vie ordinaire, il se limite à suivre ce qui s'avère convaincant. Le *pithanon* doit donc se comprendre comme une acceptation passive limitée aux représentations immédiates dont on se sert dans la vie pratique de tous les jours[17].

Quant à l'autre interprétation possible, elle fut proposée par Métrodore et développée ensuite par Philon de Larisse (qui, dans une première phase de son scolarcat, avait plutôt suivi l'interprétation de Clitomaque) : bien qu'elles visent d'abord à réfuter des doctrines dogmatiques, les positions de ces deux philosophes reflètent aussi, d'une certaine façon, les idées sceptiques de Carnéade. Ainsi, selon eux, en suivant ce qui semble convaincant (le *pithanon*), le sage peut effectivement nourrir des opinions, parce qu'il ne s'agit que d'opinions provisoires avancées avec la conscience qu'elles

16. Sur l'interprétation de Clitomaque, voir Ioppolo, A.M., « L'Assenso nella filosofia di Clitomaco : un problema di linguaggio ? », dans Ioppolo, A.M., Sedley, D. (dir.), *Pyrrhonists, Patricians, Platonizers. Hellenistic Philosophy in the Period 155-86 BC*, Napoli, Bibliopolis, 2007, p. 225-267.

17. Cf. Cicéron, *Lucullus*, 104-105 : suivre passivement ce qui est probable ne nécessite pas d'assentiment, pas même dans le cas des réponses par « oui » ou « non », parce que ces réponses correspondent à « il est probable que ce soit ainsi plutôt que d'une autre manière » et cette affirmation à son tour correspond à « il m'apparaît qu'il en est ainsi ».

pourraient finalement s'avérer fausses. En d'autres termes, selon cette interprétation, le principe de l'*akatalêpsia* reste ferme (il n'est pas possible d'identifier des représentations absolument vraies sur lesquelles fonder une connaissance certaine), mais la nécessité de l'*epochê* se fait moins sentir, parce que rien n'empêche le sceptique de donner son assentiment à des représentations non cataleptiques (non vraies), dans la mesure où il conserve en permanence la conscience de ne soutenir que des opinions, non des vérités :

> « Je pense donc que rien ne peut être saisi [ou : appréhendé cataleptiquement], mais que le sage donnera son assentiment à ce qui n'est pas saisi, c'est-à-dire qu'il aura des opinions, mais en gardant à l'esprit qu'il s'agit d'opinions et en sachant qu'il n'y a rien de compréhensible ni de saisissable. » (*Ut percipi nihil putem posse, adsensurum autem non percepto, id est, opinaturum sapientem existumem, sed ita ut intellegat se opinari sciatque nihil esse quod comprehendi et percipi possit* ; Cicéron, *Lucullus*, 148 ; tr. de J. Kany-Turpin)[18]

La position de Métrodore et de Philon introduit clairement dans l'Académie une forme plus modérée de scepticisme. Suivant la classification des anciens, on parlera de « Quatrième Académie » : le sceptique peut soutenir *in propria persona* des positions philosophiques, parce qu'il reste conscient du fait qu'il est en train d'opiner et que rien ne peut être connu avec certitude. En donnant son assentiment, il a la conscience qu'il s'agit d'un assentiment à une opinion qui découle d'une représentation dont la véracité ne peut être garantie, une représentation qui se trouve marquée du sceau de l'impossibilité du savoir. Il s'agit d'un assentiment provisoire, au sens où il tient les représentations provisoirement pour vraies et fiables. Par rapport à l'interprétation radicale de Clitomaque, on assiste donc ici à un élargissement du champ d'application du *pithanon*, lequel ne sert plus seulement à discriminer la plausibilité des représentations reçues dans la vie ordinaire, mais aussi à vérifier la crédibilité des théories philosophiques.

---

18. Voir aussi Cicéron, *Lucullus*, 78 : « Il pourrait, en effet, ne rien saisir et néanmoins "opiner" », *licebat enim nihil percipere et tamen opinari*. En d'autres termes, la thèse de l'*akatalêpsia* reste admise, mais l'invitation à l'*épochè*, à la suspension du jugement, n'est plus de rigueur.

L'interprétation de Philon sera finalement jugée meilleure que celle de Clitomaque et elle s'imposera comme la doctrine officielle de l'Académie non seulement dans l'Antiquité, mais aussi à l'époque moderne, et cela grâce à la médiation de son élève Cicéron[19]. Le mérite principal de Philon est d'avoir réussi, sans dévaluer pour autant la position de Clitomaque, à présenter le scepticisme comme le résultat d'une activité rationnelle et consciente, et non comme l'acceptation passive de simples apparences (cf. Cicéron, *Lucullus*, 7)[20]. Les partisans de cette version modérée de scepticisme sont en outre également à l'abri de l'accusation de se fourvoyer dans un dogmatisme négatif (de concéder connaître au moins une chose, à savoir que rien n'est connaissable), puisque la conscience du caractère provisoire de toute doctrine s'applique aussi à la thèse fondamentale de l'*akatalêpsia*.

Cette position interprétative a-t-elle été maintenue jusqu'au bout par Philon ? Entre 89 et 86 av. J.-C., à l'époque de la première guerre de Mithridate, le scolarque se rendit à Rome, où il composa, en réponse aux critiques d'Antiochus d'Ascalon, ce que Cicéron appelle les *Livres romains*. La question de la nature exacte des thèses épistémologiques que contenaient ces *Livres* – pour autant qu'elles aient comporté des innovations substantielles – fait l'objet de vives polémiques entre les spécialistes, en particulier depuis l'étude influente de Charles Brittain qui a défendu, avec autorité, la thèse d'une troisième phase dans la réflexion philosophique de Philon[21]. Selon cette interprétation, Philon n'aurait pas rompu avec le préjugé anti-stoïcien de ses prédécesseurs, continuant d'affirmer qu'il était impossible de connaître si l'on s'en tenait au critère de vérité stoïcien (à savoir les représentations cataleptiques). Sur ce point, tous

19. Sur ce point, les pages finales de M. Frede sont fondamentales : « The Skeptic's Two Kinds of Assent and the Question of the Possibility of Knowledge », dans Rorty, R., Schneewind, J., Skinner, Q. (dir.), *Philosophy in History*, Cambridge, Cambridge University Press, 1984, p. 273-278.

20. Pour une évaluation générale de la modernité de Philon, voir les observations de Brochard, V., *Les Sceptiques grecs*, Paris, Le livre de poche, [1887], 2002⁴, p. 433 : « Il n'est pas moins vrai que ce que nous appelons aujourd'hui certitude est ce qu'on appelait autrefois probabilité. Nous sommes probabilistes sans le savoir. La science est probabiliste. Disons plutôt que le probabilisme est scientifique ». Sont également très intéressantes les observations de Chisholm, R.M., « Sextus Empiricus and Modern Empiricism », *Philosophy of Science*, 8, 1941, p. 371-384.

21. Brittain, C., *Philo of Larissa*, 2001.

les académiciens auraient donc partagé la même position critique. Mais, en même temps, Philon aurait également suggéré une nouvelle manière de comprendre l'appréhension (*katalêpsis*), qui n'implique plus nécessairement l'infaillibilité, en reconnaissant l'existence de représentations appréhensives (c'est-à-dire évidentes) qui rendent possible une connaissance vraie *mais pas pour autant infaillible*. En d'autres termes, le principe sceptique de l'*akatalêpsia* continue à s'appliquer contre celui qui maintient (avec les stoïciens) la possibilité de discerner des représentations cataleptiques ; mais si on la rejette, comme c'est le cas du sceptique, on admet alors la possibilité de la *katalêpsis* (désormais conçue comme non infaillible) et on renonçe dans le même mouvement à l'*akatalêpsia* et à l'*epochê*. Il s'agit certainement de nuances subtiles, mais qui ne reposent pas sur des témoignages parfaitement clairs, de sorte qu'il n'est pas étonnant que d'autres spécialistes, non moins influents, se soient opposés à l'hypothèse de Brittain, affirmant que les *Livres romains* ne faisaient rien d'autre que de continuer les vieilles polémiques athéniennes entre Philon et Antiochus[22].

Scepticisme et platonisme : pour une pensée critique de l'Académie hellénistique

Le problème qui a retenu les philosophes antiques autant que les spécialistes modernes est celui d'établir la signification complexe de l'entreprise que constitua l'Académie hellénistique – une entreprise qu'il n'est pas toujours évident de déchiffrer. Une image qui illustre bien le désarroi produit par les thèses académiciennes est celle qui dépeint Arcésilas comme une seiche projetant autour d'elle son encre afin d'empêcher les autres de saisir sa pensée. Mais Carnéade ne semblait pas moins problématique, lui qui était capable de l'emporter sur n'importe quel adversaire et dont l'élève, Clitomaque – lui-même auteur de quatre cents livres –, admettait ne pas avoir compris le sens exact de son enseignement[23]. La situation institutionnelle de ces auteurs n'arrange par ailleurs rien au

22. Par exemple LÉVY, C., « Les Petits Académiciens : Lacyde, Charmadas, Métrodore de Stratonice », dans Bonazzi, M., Celluprica, V. (dir.), *L'Eredità platonica*, 2005, p. 51-77.
23. Cicéron, *Lucullus*, 139.

désarroi que produisit leur pensée : après tout, l'Académie était l'école de Platon. Mais quel rapport peut-il y avoir entre Platon et le scepticisme ? C'est le problème que nous avons soulevé dans notre introduction et sur lequel nous devons revenir pour conclure, car le clarifier permettra de comprendre le sens de la philosophie de l'Académie et sa contribution au développement de la rationalité critique.

Quel rapport y a-t-il entre Platon et le scepticisme ? Pour la plupart des anciens, d'Antiochus à Augustin et à Proclus, tout autant que pour un grand nombre de modernes, la seule réponse possible est : aucun. Une telle croyance a conditionné de longue date l'interprétation et la réception de l'Académie hellénistique[24]. Pour comprendre la nature et la signification complexe du rapport entre l'Académie sceptique et Platon, il convient d'abord d'examiner avec beaucoup d'attention la manière dont les académiciens présentaient leur façon de philosopher. Le penseur sur lequel nous sommes le mieux informés est Arcésilas, auquel les sources attribuent à plusieurs reprises un intérêt généalogique et un effort pour présenter de manière nuancée les nouveautés objectives de son enseignement (l'*akatalêpsia* et l'*epochê* en particulier), en se réclamant de nombreuses autorités du passé et d'une tradition philosophique bien ancrée. En plus de Platon et de Socrate, Arcésilas continua à exprimer son admiration non seulement pour ses prédécesseurs au sein de l'Académie, qu'il définissait comme des dieux ou des survivants de l'âge d'or[25], manifestant ainsi son souhait de s'inscrire dans la continuité de la tradition platonicienne[26], mais

24. C'est pour cette raison que l'on a cherché d'autres sources d'inspiration à l'Académie, de Pyrrhon à la tradition mégarique et aux péripatéticiens. Sur l'inspiration pyrrhonienne, cf. GÖRLER, W., « Ältere Pyrrhonismus, Jüngere Akademie, Antiochos aus Askalon », 1994, p. 812-815 ; pour une discussion d'ensemble de tous ces problèmes, voir la synthèse de LÉVY, C., *Cicero Academicus*, 1992, p. 9-57 ; des critiques pertinentes ont été soulevées par DECLEVA CAIZZI, F., « Pirroniani e Accademici nel III sec. a.C. », dans Flashar, H., Gigon, O. (dir.), *Aspects de la philosophie hellénistique*, Vandœuvres, Entretiens de la Fondation Hardt, 1986, p. 147-183). À propos de Diodore et des Mégariques, cf. SEDLEY, D., « Diodorus Cronus and Hellenistic Philosophy », *Proceedings of the Cambridge Philosophical Society*, 23, 1977, p. 74-120. Sur les sources péripatéticiennes, cf. WEISCHE, A., *Cicero und die Neue Akademie*, Münster, Aschendorff, 1961 ; et KRÄMER, H.J., *Platonismus und Hellenistische Philosophie*, Berlin, De Gruyter, 1971.

25. Diogène Laërce, IV, 22.

26. Du reste, il ne faut pas oublier que l'expression « Nouvelle Académie » qui, dans les sources anciennes, caractérise l'Académie hellénistique, provient de classifications érudites

également pour la tradition présocratique[27]. Le rapprochement qu'opère ainsi Arcésilas entre Platon et la tradition antérieure ne prend vraiment sens que si on le replace dans le contexte de la polémique entre l'Académie et le stoïcisme. Insister sur le caractère sceptique de l'ensemble de la tradition philosophique grecque revêt en effet une utilité indéniable dans le cadre de la polémique contre le stoïcisme, dans la mesure où cela permet de présenter les thèses épistémologiques de la Stoa comme clairement étrangères à une tradition qui a au contraire toujours eu une conscience aiguë des limites humaines en matière de connaissance. En somme, dans la présentation généalogique de l'histoire de la philosophie que propose Arcésilas, si originalité (au sens négatif du terme) il y a eu, elle est à mettre au compte des stoïciens (ou des épicuriens), et non des académiciens sceptiques. En effet, la nouveauté, une nouveauté qui va contre le sentiment grec le plus authentique, est du côté de celui qui prétend transformer les hommes en dieux (en leur attribuant une connaissance assurée des choses) – et pas de celui qui arrive justement, par sa réflexion, à nous rappeler la distance qui nous sépare des dieux et insiste sur la faillibilité de la connaissance humaine[28]. D'un point de vue général, c'est le sens qu'Arcésilas, et les autres académiciens avec lui, attribuaient à la philosophie.

Clarifier ce point peut nous aider à comprendre le rapport que les académiciens sceptiques entretenaient avec Platon, lequel constitue, à leurs yeux, le centre focal de la tradition philosophique grecque. La leçon de Platon est celle d'une philosophie comprise comme recherche de la connaissance plutôt que comme possession de la vérité. En particulier, dans ce contexte de discussion et de positionnement, plusieurs spécialistes ont suggéré que ce seraient les dialogues dits « socratiques » ou « aporétiques » qui auraient majoritairement influencé Arcésilas et les autres académiciens. Il y a certainement du vrai dans cette observation. Il faut toutefois ajouter qu'il ne s'agissait pas, pour les académiciens, de simplement sélectionner

---

et de sources hostiles, et non pas des protagonistes de cette tradition : cf. LÉVY, C., *Cicero Academicus*, 1992, p. 12.

27. Plus précisément, Plutarque nous parle de Platon, Socrate, Héraclite et Parménide, tandis que Cicéron parle de Démocrite, Anaxagore, Empédocle, Parménide, Xénophane et de « presque tous les philosophes antiques » ; cf. Plutarque, *Contre Colotès*, 1122 A ; Cicéron, *Varron*, 44, et *Lucullus*, 14 et 72.

28. LÉVY, C., *Cicero Academicus*, 1992, p. 181-182.

certains passages des dialogues pour justifier leur position sceptique. Dans sa complexité, le problème concerne le sens même de la philosophie de Platon[29]. Le sens prégnant de la relation avec Platon revendiqué par les académiciens réside en fait dans la conviction que celui-ci n'a jamais prétendu avoir atteint une connaissance incontestable. Au contraire, comme on le lit dans une page célèbre de Cicéron, la philosophie de Platon semble précisément culminer dans un scepticisme achevé :

> « Dans ses livres, rien n'est affirmé de façon positive et beaucoup de choses sont discutées *pro* et *contra*, toutes les choses sont examinées et rien de certain n'est affirmé. » (*cuius in libris nihil adfirmatur et in utramque partem multa disseruntur, de omnibus quaeritur, nihil certi dicitur* ; Cicéron, *Varron*, 46 ; voir aussi *Lucullus*, 74)

Cette affirmation, qui ne manque pas de radicalité, montre sans équivoque l'importance de Platon : contrairement à ce que soutiennent de nombreux spécialistes, il semble en définitive qu'un stimulus fondamental dans l'élaboration du scepticisme académicien provienne justement des dialogues platoniciens, et en particulier d'un point sur lequel le Socrate des dialogues insiste à plusieurs reprises, à savoir l'exigence de ne jamais arrêter la recherche. Cette interprétation, malgré les réserves d'Antiochus, explique bien quel pouvait être le sens de la philosophie de Platon à l'intérieur de l'Académie hellénistique, d'Arcésilas à Philon.

C'est un point important sur lequel il faut apporter davantage de clarté. Les spécialistes ont souvent considéré la polémique anti-empiriste comme le trait distinctif du scepticisme académique. Si cette explication fait particulièrement sens dans le cadre de la polémique anti-stoïcienne de l'Académie, elle paraît moins pertinente pour rendre compte des références à Platon que l'on trouve chez les académiciens. Il serait certainement réducteur de limiter la philosophie de Platon à un simple anti-empirisme. Que dire en effet de son idéalisme ? Les interprétations anti-empiristes de l'Académie se sont souvent heurtées à cette difficulté et c'est pour cette raison qu'on a pu douter de la sincérité du renvoi à Platon. Mais les choses apparaissent sous un autre jour si l'on interprète l'enseignement platonicien comme étant avant tout un enseignement de méthode. Un trait

29. Voir justement LÉVY, C., *Cicero Academicus*, 1992, p. 18-19.

constant des dialogues de Platon est justement le souci d'une réflexion sur la philosophie, sur ses méthodes et sur ses limites. Or c'est cet héritage-là que les académiciens ont retenu, en le réinsérant dans une interprétation complexe de la tradition philosophique grecque. C'est en ce sens-là que l'on peut parler, de la part des philosophes académiciens, d'une véritable contribution au développement de la rationalité critique : la conscience que la pensée doit continuellement être prête à se remettre elle-même en question si elle veut se maintenir vivante.

En définitive, il semble justement que la philosophie des académiciens se soit formée en développant et en portant à son achèvement « les germes du scepticisme »[30] qui étaient déjà clairement présents dans les dialogues. Ce parcours ne dépend pas tant d'influences externes (telles que Pyrrhon) que de la nécessité de défendre une exigence fondamentale de la philosophie de Platon dans un contexte marqué par des thèses radicales : la défense du caractère humain, et donc faillible, du savoir, par opposition à la prétention stoïcienne d'attribuer aux hommes un savoir certain, celui-là même qui en réalité n'appartient qu'aux dieux. C'est dans la fidélité à cette « tradition d'humilité » opposée à l'arrogance des nouveaux venus que réside la fidélité des académiciens à Platon, et non dans l'adhésion à une prétendue orthodoxie doctrinale[31].

Le problème acquiert une nouvelle profondeur quand on passe à Philon de Larisse. S'il est vrai que l'interprétation de Platon proposée par Arcésilas et Carnéade présente quelques exagérations, celle de Philon ouvre de son côté des perspectives nouvelles et prometteuses : si on s'étonne à nouveau de l'absence de renvoi à la question de l'intelligible, on peut toutefois observer que son faillibilisme présente des affinités très fortes avec la pensée de Platon : certes, Platon n'a jamais conclu à la suspension du jugement sur toute chose, mais il n'est pas moins vrai qu'il n'a pas non plus prétendu avoir atteint des résultats indiscutables sur un quelconque point, car il a toujours présenté ses thèses comme provisoires, c'est-à-dire

30. BROCHARD, V., *Les Sceptiques grecs*, Paris, 2002^{4}, p. 97.

31. LÉVY, C., « La Nouvelle Académie a-t-elle été antiplatonicienne ? », dans Dixsaut, M. (dir.), *Contre Platon 1. Le platonisme dévoilé*, Paris, Vrin, 1993, p. 139-156. L'expression « tradition d'humilité » se trouve dans LÉVY, C., *Cicero Academicus*, 1992, p. 623. En l'absence de témoignage explicite, il est plus difficile de partager la thèse de Lévy selon laquelle les discussions des Académiciens, dans la mesure où ils attaquaient la fiabilité des sensations, impliqueraient aussi une ouverture à la dimension transcendante et intelligible.

comme le résultat provisoire que l'on atteint et d'où l'on doit partir pour mener des recherches ultérieures. Affirmer avec Arcésilas et Carnéade que la philosophie de Platon invite à la suspension du jugement est certainement une affirmation forte qui pourra en rebuter certains ; mais dire que la philosophie des dialogues est avant tout une philosophie de la finitude du savoir humain est une thèse bien plus facile à soutenir. C'est en tout cas une thèse que beaucoup d'autres spécialistes, de nos jours encore, ont défendue et qui nous aide à comprendre l'importance des argumentations académiciennes en vue d'une compréhension plus complète de ce phénomène riche qu'est le scepticisme[32]. C'est dans ce contexte qu'on comprend la contribution de cette tradition au développement d'une pensée critique. Parce qu'encore une fois, la leçon profonde que l'on peut tirer de ces auteurs est celle d'une pensée qui se méfie de toute certitude et qui est toujours encline à reprendre la discussion à nouveaux frais. C'est seulement par la prise de conscience de leurs propres limites que l'on peut réveiller chez les hommes le désir de comprendre vraiment la réalité qui les entoure. Et si, de Socrate à Platon et aux académiciens, ce point ne fut jamais mis en doute, il reste susceptible de favoriser une telle prise de conscience dès lors qu'on le rapproche de l'exhortation à user de sa propre rationalité comme de l'unique instrument capable de nous aider à comprendre les problèmes auxquels nous avons affaire. Dans une époque comme la nôtre, obsédée par le besoin de certitudes et de vérités, ce n'est pas une leçon négligeable.

Traduction de l'italien par Marc-Antoine Gavray,
révisée par Bernard Collette-Dučić

32. Certaines sections de cet article reprennent et approfondissent ce qui a été exposé dans BONAZZI, M., *Il Platonismo*, Torino, Einaudi, 2015.

Méthode et savoir critiques dans le néo-pyrrhonisme

Stéphane Marchand
(Université Paris 1 Panthéon-Sorbonne, SPHERE UMR 7219)

Dans quelle mesure le scepticisme néo-pyrrhonien participe-t-il du mouvement des « Lumières grecques » qui, selon Jean-Marc Narbonne, est à l'origine de la pensée rationaliste et critique[1] ? À première vue, le lien paraît naturel, sinon consubstantiel. D'une part, parce que ce rationalisme repose sur des thèses reprises par la tradition néo-pyrrhonienne : la relativité des valeurs, l'opposition entre la nature et la loi, le doute sur l'existence des dieux... D'autre part, parce que les néo-pyrrhoniens sont – avec les néo-académiciens – les champions de la critique : la suspension du jugement constituant même pour certains sceptiques leur but principal[2], l'activité sceptique consiste avant tout à saper les thèses dogmatiques.

1. Dans cet article le terme « scepticisme » renvoie – sauf exception signalée – au scepticisme néo-pyrrhonien de Sextus Empiricus. La même question se pose pour la Nouvelle Académie mais son insertion dans le platonisme change les données du problème ; voir, dans ce même volume, le chapitre de Mauro Bonazzi.

2. C'est probablement le cas pour Timon et Énésidème (Diogène Laërce, IX, 107 et *PH*, I, 30) ; Sextus quant à lui définit la fin sceptique comme « la tranquillité en matière d'opinions

Ces arguments cependant ne suffisent pas pour intégrer le néo-pyrrhonisme dans ce « rationalisme critique ». Cette inscription doit, en effet, affronter deux objections.

La première est interne au scepticisme : tout rapprochement avec le dogmatisme pose problème pour le sceptique qui cherche à se démarquer du dogmatisme. Même si cette objection ne remet pas en cause l'idée d'un legs sceptique (car, après tout, dans le domaine des idées, pour hériter de quelque chose, point n'est besoin de l'accord du donateur), cette réserve est importante pour comprendre le sens de l'héritage. S'il s'agit de dire que les lumières grecques sont constituées par des thèses, ces dernières ne sauraient être attribuées à la philosophie néo-pyrrhonienne, elle qui n'en soutient aucune et suspend son jugement sur tout. Tout au plus pourrait-on dire que le scepticisme pyrrhonien nourrit ces lumières en donnant à connaître ces thèses, tout en restant fondamentalement extérieur à ce mouvement. Pour que le scepticisme joue un rôle dans ces lumières, il faut trouver dans cet héritage la présence de la méthode sceptique elle-même.

La seconde objection est liée au statut de la philosophie sceptique. Car on peut se demander en quoi le scepticisme est un rationalisme[3]. Comment le projet de la suspension du jugement peut-il être compatible avec le projet des Lumières, et par exemple sa célèbre devise *Sapere aude*[4] ! Certes, le scepticisme aiguise l'esprit critique ; mais la radicalité et la systématicité de sa critique déborde le projet d'émancipation par la connaissance caractéristique des Lumières. Car, si la suspension du jugement – que Sextus appelle aussi « l'arrêt de la pensée » (στάσις διανοίας, *Esquisses Pyrrhoniennes*, I, 10) – est bien la caractéristique de l'opération sceptique, on peut légitimement se demander si le scepticisme n'est pas, sinon une forme de découragement de la raison, du moins un renoncement face à ses échecs, dont témoigne d'ailleurs dans l'histoire des idées l'usage apologétique du scepticisme.

---

et la modération des affects » qui suivent la suspension du jugement « comme l'ombre suit un corps » (*PH*, I, 29).

3. Voir STRIKER, G., « Scepticism as a Kind of Philosophy », *Archiv für Geschichte der Philosophie*, 83, 2, 2001, p. 122 *sq*. et les p. 124-127 qui présentent le scepticisme académicien comme la version rationaliste du scepticisme. Sur la question de la relation avec le rationalisme, cf. PERIN, C., *The Demands of Reason: an Essay on Pyrrhonian Scepticism*, Oxford, Oxford University Press, 2010, chap. 2.

4. Kant, *Was ist Aufklärung* ?, 1784.

Ces deux objections nous ramènent à une question, celle du statut du *logos* dans le scepticisme : qu'il s'agisse des *logoi* qu'il utilise ou des siens propres, Sextus se démarque du dogmatisme en introduisant une distance vis-à-vis du *logos*, en coupant le lien que ce dernier pourrait avoir avec la vérité. Mais utiliser des *logoi* sans croire en leur visée de vérité, n'est-ce pas sortir du cadre du rationalisme ? La résolution de cette question demande deux choses. D'une part, il faut caractériser la méthode sceptique où se détermine ce rapport particulier au *logos* (1ère partie), ainsi que la notion, essentielle pour Sextus, de force du *logos* (2ème partie). D'autre part (3ème partie), il faut se demander dans quelle mesure cet usage du *logos* n'implique pas un savoir d'une nature particulière, un « savoir sceptique ».

Critique et scepticisme

« Discours général » et « discours spécifique »

Sextus consacre une partie distincte de son œuvre à l'exposé de sa méthode qu'il appelle « discours général » (*katholou logos*), par opposition au « discours spécifique » (*logos eidikos*). Avant d'en venir au contenu de cette méthode, il importe de revenir sur cette distinction.

Du fait de leur statut d'esquisse (ὑποτυπώσεις), les *Esquisses Pyrrhoniennes* insistent sur la méthode plus que sur le détail des arguments. Mais, à l'intérieur des *Esquisses*, Sextus isole le discours général, qui définit l'esprit du scepticisme et ses principes généraux, de la partie qui réfute en détail la philosophie dogmatique. Ainsi, le premier livre constitue une entreprise de définition de la nature propre, ou du caractère, du scepticisme (χαρακτῆρα τῆς σκέψεως) :

> « Il y a donc un exposé de la philosophie sceptique qui est dit "général" et un autre "spécifique". L'exposé général est celui dans lequel nous expliquons le caractère distinctif du scepticisme, en exposant quelle est sa notion, quels sont ses principes, ses arguments, son critère, son but, quels sont les tropes de la suspension du jugement, comment nous comprenons les affirmations sceptiques, et quelle est la différence du scepticisme avec les philosophies qui lui sont voisines. [6] L'exposé spécifique est celui dans lequel nous portons

la contradiction contre chaque partie de ce qu'on appelle la philosophie. » (*Esquisses pyrrhoniennes*, I, 5[5])

Le discours général est donc un véritable discours de la méthode sceptique. Sa fonction première est de définir l'ensemble des concepts et des procédés constituant le scepticisme ; il permet aussi de distinguer la philosophie sceptique des autres philosophies. Ce discours général relève d'une forme de méta-discours définissant les règles du discours et de la pratique sceptique. Par opposition, le discours spécifique constitue un passage à la pratique, portant la contradiction contre toutes les parties de la philosophie suivant la tripartition physique, logique et éthique. Dans les *Esquisses*, Sextus Empiricus respecte le plus souvent – mais pas toujours, comme nous le verrons – cette division : les textes méthodologiques sont regroupés au livre I de *PH*, tandis que la critique des thèses dogmatiques occupe les livres II et III.

Qu'en est-il dans les autres œuvres de Sextus Empiricus ? La distinction entre discours général et spécifique ne se trouve explicitement que dans les *Esquisses Pyrrhoniennes*, ce qui pourrait faire penser que cette distinction est propre à leur style : un ouvrage qui cherche à présenter le scepticisme comme en raccourci peut avoir intérêt à séparer méthode et pratique. Cependant, au début du *Contre les Dogmatiques* (*AM*, VII-XI), on trouve une distinction similaire :

> « Le caractère distinctif de la faculté sceptique en général a été montré avec la méthode qui convient : certains traits ont été esquissés directement, d'autres à partir d'une différence par rapport aux philosophies voisines. Il reste maintenant à expliquer comment l'appliquer aux parties de la philosophie afin de ne pas céder trop facilement à la précipitation lorsque nous faisons nôtre des recherches sur nos propres objets, ou lorsque nous nous opposons aux dogmatiques. » (*AM*, VII, 1)

Les termes employés sont différents, mais la distinction est la même. Sextus commence son livre en faisant référence à quelque chose qui a été montré auparavant. À quoi fait-il référence ? Victor Brochard pense qu'il

5. Voir aussi *Esquisses pyrrhoniennes*, I, 241 (désormais abrégé en *PH* ; de même, *Contre les Professeurs* sera désormais abrégé en *AM*).

s'agit des *Esquisses*[6]. Mais, si les *Esquisses* tout entières étaient une vaste introduction au *Contre les Dogmatiques* et relevaient du discours général, cela contredirait le plan des *Esquisses* annoncé par Sextus où il est clair que seul le livre I constitue le discours général. Il est donc probable que Sextus fasse référence à une partie perdue de son œuvre. Ce qu'il nous reste du *Contre les Dogmatiques* constitue donc un « exposé spécifique », ce que Sextus confirme en présentant son livre comme « une application de ce caractère distinctif aux parties de la philosophie »[7]. De fait, la structure des livres II et III des *Esquisses* se retrouve dans le *Contre les Dogmatiques*. Ce discours général perdu devait donc constituer la première partie du *Contre les Dogmatiques*[8] et il est possible que l'ensemble du *Contre les Dogmatiques,* plus ces livres perdus, correspondent aux *Écrits Sceptiques* en dix livres de Sextus (τὰ δέκα τῶν Σκεπτικῶν) dont parle Diogène Laërce (IX, 116)[9].

En revanche, une vraie différence apparaît pour le troisième pan de l'œuvre de Sextus, le *Contre les Professeurs* (*AM*, I-VI). Cette œuvre est d'une nature particulière puisqu'elle ne critique pas les thèses philosophiques, mais le dogmatisme propre à certaines techniques – les arts libéraux – qui se sont constituées en corps de doctrines théoriques. Ce changement d'objet implique-t-il un changement de méthode ?

En tant que telle, la distinction entre exposé général et spécifique n'y apparaît pas. En revanche, on trouve une distinction entre arguments généraux (τῶν λεγομένων… τὰ μὲν καθολικῶς λέγεται) et arguments spécifiques ou particuliers (τὰ δὲ ὡς πρὸς ἕκαστα, *AM*, I, 8) : certains arguments sont généraux et valent contre toute discipline, tandis qu'un argument particulier porte contre une discipline en particulier.

Donc en *AM*, I-VI, ce qui tient lieu de discours général, c'est un ensemble d'arguments qui valent en général, arguments que l'on retrouve dans la partie du *Contre les Professeurs* occupée par l'introduction (*AM*, I, 1-40) et sous le titre *Pros mathèmatikous*, juste avant le *Contre les grammairiens* (*AM*, I, 41-320). S'agit-il d'une évolution de méthode ? De

6. BROCHARD, V., *Les Sceptiques grecs*, Paris, Le Livre de poche, [1887], 2002[4], p. 332.
7. Τὴν ἐπὶ τῶν κατὰ μέρος αὐτοῦ χρῆσιν ; – αὐτοῦ désigne χαρακτὴρ.
8. Cf. JANÁČEK, K., « Die Hauptschrift des Sextus Empiricus als Torso erhalten », *Philologus*, 107, 1963, p. 271-277.
9. Cf. SPINELLI, E., « Sextus Empiricus », dans Goulet, R. (dir.), *Dictionnaire des philosophes antiques*, vol. VI, Paris, CNRS Éditions, 2016, p. 284-285.

fait, dans les *Esquisses* Sextus utilise aussi l'opposition *katholou / eidikos* pour décrire la différence entre des arguments généraux et ceux qui sont plus particuliers (*PH*, II, 84). On peut donc se demander pourquoi, dans le *Contre les Professeurs*, ce dernier usage prend le pas sur le premier. Mon hypothèse est que Sextus a pu glisser de la distinction entre exposé général et exposé spécifique à celle entre arguments particuliers et généraux, constatant que ces derniers constituent une bonne exposition générale de la méthode sceptique. De fait, dans les *Esquisses* il y a, dans le discours général, des arguments généraux, comme les fameux tropes sceptiques.

Pourquoi un tel glissement ? Il me semble que la volonté d'abandonner les passages qui caractérisent en propre la méthode sceptique pour se concentrer sur la production d'arguments généraux contre l'enseignement (l'objet d'enseignement, l'enseignant et l'élève), le savoir, etc. trouve aussi une justification philosophique. D'un point de vue sceptique, on peut en effet douter de l'intérêt des questions de méthode, ou du métadiscours, pour aller directement à la production du scepticisme : la présentation de la méthode en *PH*, I, cherche avant tout à expliquer le sens du scepticisme à partir de questions posées par les dogmatiques. Un scepticisme conséquent pourrait faire le choix de ne pas répondre à ces objections, de délaisser les questions de méthode philosophique pour passer à un discours efficace et pragmatique, en accord avec les exigences de la vie quotidienne[10].

Le discours général

Revenons maintenant au discours général des *Esquisses*. Selon *PH*, I, 5, la définition du caractère du scepticisme se fait par huit traits qui ne correspondent pas complètement au découpage des chapitres :

1. La notion (ἔννοια) du scepticisme, qui implique une explicitation des termes « voie sceptique » (ἀγωγὴ σκεπτική), « chercheuse » (ζητητική), « suspensive » (ἐφεκτική), « aporétique » (ἀπορητική), « pyrrhonienne » (Πυρρώνειος ; I, 7), « sa faculté » (δύναμις, I, 8-10) et « le philosophe pyrrhonien » (ὁ Πυρρωνειος φιλόσοφος, I, 11).

10. Sur cet aspect de ce projet et ses ambiguïtés, je me permets de renvoyer à mon article « Sextus Empiricus, scepticisme et philosophie de la vie quotidienne », *Philosophie Antique*, 15, 2015, p. 91-119.

2. Les deux principes du scepticisme : le principe causal, « l'espoir d'être tranquille » ; et le principe majeur de la constitution sceptique « qu'à tout raisonnement s'oppose un raisonnement égal » (I, 12).

3. Les *logoi skeptikoi* (I, 13-20) qui, dans ce contexte, désignent les discours sceptiques définissant un ensemble de positions sceptiques : que signifie « le sceptique ne dogmatise pas » (I, 13), en quel sens s'insère-t-il dans une école de pensée (I, 16-17), en quel sens fait-il de la physique (I, 18), en quel sens s'appuie-t-il sur les phénomènes (I, 19-20) ?

4. Le critère sceptique, c'est-à-dire le critère d'action sceptique : le phénomène.

5. La fin (le τέλος) sceptique : la tranquillité en matière d'opinions et la modération des affects.

6. Les modes (τρόποι), (I, 31-186).

7. Les expressions sceptiques (les φῶναι ou ἀποφάσεις σκεπτικαί), (I, 187-209).

8. Les philosophies voisines (I, 210-241), partie qui est comme un supplément puisque Sextus la présente juste « pour comprendre plus clairement la philosophie suspensive ».

La volonté de caractériser la démarche sceptique répond donc à la volonté de produire une image du « scepticisme pur », entachée d'aucune forme de dogmatisme[11]. Cette volonté est liée au fait que les arguments utilisés par le scepticisme sont présents dans la philosophie dogmatique.

De fait, pris individuellement, chaque élément décrit dans ces huit points ne permet pas de définir singulièrement le scepticisme néo-pyrrhonien : l'ataraxie comme finalité est une constante de la philosophie hellénistique, la suspension du jugement est d'origine académicienne, le critère d'action phénoménal, même s'il est original, se retrouve aussi dans la tradition médicale empirique, les tropes – qui présentent une méthode originale de production de la suspension – résultent d'arguments construits à partir d'éléments extérieurs à la tradition[12] et, enfin, la faculté d'opposer des

---

11. L'expression εἰλικρινῶς σκεπτικός (*PH*, I, 222), employée pour discuter du scepticisme de Platon, est à cet égard significative.

12. Que ce soient des éléments empiriques avec les dix tropes d'Énésidème, aristotéliciens avec les tropes d'Agrippa, ou épicuriens avec les tropes contre les aitiologues.

raisonnements (δύναμις ἀντιθετική), se retrouve chez les Sophistes et est constitutive de la méthode des académiciens[13].

Le caractère propre du scepticisme est donc ailleurs : dans une certaine manière d'agencer ces éléments et de les mettre en œuvre dans un certain esprit. Or, dans cette liste, deux éléments sont consacrés plus précisément à définir cet esprit : les « principes » de la philosophie sceptique et les *logoi skeptikoi*, deux éléments que Sextus désigne comme « les parties » (τὰ μέρη) du scepticisme (*PH*, I, 209). Ces deux moments du discours général ont donc une importance particulière.

Les *logoi skeptikoi* doivent être distingués des « expressions sceptiques » (σκεπτικὰς ἀποφάσεις), les expressions sceptiques qui désignent les formules linguistiques utilisées par les sceptiques. Ici, ces *logoi skeptikoi* donnent des indications sur la caractérisation générale des positions sceptiques par différence avec le dogmatisme. En ce qui concerne les principes sceptiques, il faut commencer par voir comment Sextus articule les deux principes :

> « Nous disons que le principe causal du scepticisme est l'espoir d'atteindre l'état d'ataraxie. Car les hommes bien nés, qui sont troublés par l'irrégularité qu'il y a dans les choses et embarrassés pour décider quelles sont celles auxquelles il faut donner son assentiment, ont été amenés à chercher ce qui est vrai et ce qui est faux dans ces choses, espérant que cette décision leur apporterait l'ataraxie. Mais le principe constitutif du scepticisme est surtout le fait qu'à tout argument s'oppose un argument égal (συστάσεως δὲ τῆς σκεπτικῆς ἐστιν ἀρχὴ μάλιστα τὸ παντὶ λόγῳ λόγον ἴσον ἀντικεῖσθαι) ; car c'est à partir de cela, nous semble-t-il, que nous arrivons à ne pas dogmatiser. » (*PH*, I, 12)

Le δέ qui coordonne ces deux principes est adversatif et introduit une hiérarchie entre les deux principes. Le vrai principe constitutif du scepticisme est donc le constat que l'isosthénie est toujours possible. L'espoir d'atteindre l'ataraxie, la tranquillité ou l'absence de souffrance donne une explication historique de ce qui amène un philosophe à adopter le scepticisme, voire, à la manière d'une autobiographie intellectuelle, ce qui a amené Sextus à adopter le scepticisme. En revanche, « le principe

---

13. Voir Diogène Laërce, IV, 28 pour Arcésilas (« il fut le premier à discuter les thèses dans un sens et dans l'autre ») ; IX, 51 pour Protagoras.

constitutif du scepticisme » désigne le principe toujours actif à l'œuvre en lui et sans lequel il n'y aurait pas de scepticisme possible. Ce principe constitue la structure même du scepticisme, ce que confirme la définition du scepticisme en tant que puissance ou faculté d'opposition des points de vue (δύναμις ἀντιθετική) :

> « Le scepticisme est une faculté d'opposer les phénomènes et les choses pensées, par quelque manière que ce soit ; par cette faculté, grâce à la force égale des choses et des arguments opposés, nous arrivons d'abord à la suspension du jugement, puis après elle à l'ataraxie. » (*PH*, I, 8)

L'espoir d'atteindre l'ataraxie constitue la cause finale du scepticisme, tant pour le proto-sceptique – c'est-à-dire le philosophe dogmatique qui cherche la vérité pour atteindre l'ataraxie et qui découvre qu'elle vient une fois qu'il a suspendu son jugement – que pour le sceptique accompli – qui cherche à réitérer cette expérience qui mène de la suspension à l'ataraxie. Ainsi définie, cette finalité est commune au scepticisme et au dogmatisme, et il faudra attendre le § 26 pour que cette finalité soit reformulée comme « l'ataraxie en matière d'opinions et la métriopathie dans ce qui s'impose à nous ». Donc si l'expérience du scepticisme change bien la conception que l'on se fait de la finalité, ce changement n'intervient pas comme un élément déterminant de la voie sceptique ; pour cette raison, il semble que le principe actif et déterminant du scepticisme soit bien l'isosthénie.

Malgré la pluralité des éléments donnés par Sextus pour caractériser le scepticisme, le début du livre I des *PH* fait donc apparaître deux traits prédominants : (1) le constat qu'il est toujours possible d'opposer un argument d'égale valeur à un argument donné et (2) le constat que l'expérience de l'isosthénie peut amener à la suspension, puis à la tranquillité.

Quelles sont les implications de cette caractérisation du scepticisme par l'*isostheneia* en ce qui concerne la relation entre le scepticisme et la pensée critique ?

Deux implications semblent fondamentales. Une caractéristique bien connue, c'est que la critique sceptique est d'une autre nature que toute autre pensée critique, pour la raison que le scepticisme ne soutient pas les arguments qu'il utilise. Si on prend, par exemple, la question de l'existence des dieux, le scepticisme ne soutient pas la thèse que les dieux n'existent pas mais met en vis-à-vis la thèse selon laquelle les dieux existent et la thèse selon laquelle les dieux n'existent pas[14]. Pour les sceptiques, « les dieux n'existent pas davantage qu'ils existent »[15]. La suspension du jugement sur ce point découle directement de l'expérience que les deux thèses se valent, ou sont également convaincantes. Ce qui porte la charge critique du scepticisme, c'est la mise à distance d'une thèse à partir de la force égale des oppositions : le scepticisme est d'une autre nature logique et discursive que l'anti-dogmatisme.

La seconde caractéristique est plus polémique. Si l'on suit ce portrait du sceptique néo-pyrrhonien, on constate que cette caractérisation entre en contradiction avec une autre détermination, absente du résumé des caractères distinctifs du scepticisme, qui définit le scepticisme comme une recherche de la vérité[16]. Sans ouvrir à nouveau le débat, je dirai juste que l'interprétation ici défendue repose sur l'idée que le principe de l'isosthénie prend le pas sur la recherche de la vérité[17].

Dans quelle mesure, toutefois, l'isosthénie par elle-même ne suppose-t-elle pas la recherche de la vérité ? Pour faire l'expérience de la force égale des arguments, c'est-à-dire la force égale de persuasion des arguments, ne faut-il pas chercher la vérité, du moins chercher à être convaincu[18]. Cette objection est centrale pour la définition même de la pratique sceptique. Si l'on reprend la description de la première expérience sceptique, on constate qu'il s'agit bien du passage d'une position dogmatique (donc d'une recherche de la vérité qui amènerait à la tranquillité) à une position sceptique où la suspension donne la tranquillité. Dans ce cas initial, il est vrai que l'isosthénie vient au bout d'un processus qui repose sur l'espoir authentique que la résolution des conflits apporte l'ataraxie.

---

14. Voir *PH*, III, 2-12 ; *AM*, IX, 49-191 passe en revue les arguments philosophiques en faveur de l'existence des dieux, ceux contre leur existence, et conclut à l'isosthénie (191-194).

15. *AM*, IX, 50 et 59.

16. Cf. *PH*, I, 1-3 ; voir aussi Diogène Laërce, IX, 70.

17. Sur ce point, je me permets de renvoyer à mon article « Le Sceptique cherche-t-il vraiment la vérité ? », *Revue de Métaphysique et de Morale*, 65, 1, 2010, p. 125-141. Voir aussi Palmer, J.A., « Skeptical Investigation », *Ancient Philosophy*, 20, 2, 2000, p. 351-375 ; Perin, C. « Pyrrhonian Scepticism and the Search for Truth », *Oxford Studies in Ancient Philosophy*, 30, 2006, p. 337-360 ; Grgić, F., « Sextus Empiricus on the Goal of Skepticism », *Ancient Philosophy*, 26, 1, 2006, p. 141-160.

18. Je remercie Suzanne Husson pour cette objection.

Mais le sceptique accompli n'est plus dans cette situation initiale et il est obligé de transformer cette expérience involontaire (où la chance, la τύχη, a un rôle[19]) en méthode. À l'instar de la médecine méthodique qui découvre – empiriquement – des méthodes de soin qu'elle cherche à reproduire, le philosophe sceptique cherche à reproduire une situation qu'il a découverte empiriquement.

Reste à élucider l'idée d'une « force égale des arguments » : comment se calcule-t-elle ? Peut-elle être déterminée objectivement, indépendamment des croyances de celui qui en fera l'expérience ?

La force des arguments

Un texte méthodologique – qui pourrait relever de l'exposé général – se trouve en dehors du livre I des *Esquisses Pyrrhoniennes* ; ce texte permet justement d'élucider la question de la force des arguments.

PH, III, 280-281

À partir du § 279, Sextus achève le troisième livre tout en annonçant une conclusion qui ne relève pas du discours spécifique. Cet ajout revient sur la relation qu'entretient le philosophe sceptique avec l'argumentation :

> « Le sceptique, parce qu'il est philanthrope, veut guérir la présomption et la précipitation des dogmatiques par un argument déterminé en fonction de la puissance (κατὰ δύναμιν). Car, de même que les médecins qui s'occupent des affections du corps ont des remèdes différents en fonction de la gravité, et aux malades qui souffrent fortement préconisent des remèdes forts et à ceux qui souffrent légèrement des remèdes plus légers, de même le sceptique propose des arguments qui diffèrent selon leur force. Pour ceux qui sont atteints fortement par la précipitation, il utilise des arguments de poids capables de détruire vigoureusement l'affection produite par la présomption des dogmatiques, et des arguments plus légers pour ceux qui sont atteints par un affect de présomption superficiel et simple à guérir et qui peuvent en être débarrassés par des arguments persuasifs plus légers. Pour cette raison, celui qui s'engage dans la voie sceptique n'hésite pas à donner des arguments qui

19. Voir *PH*, I, 29.

paraissent tantôt de poids pour leur plausibilité, tantôt plus faibles, et cela de façon délibérée puisque souvent ces derniers lui suffisent pour parvenir à sa fin ». (*PH*, III, 280-281)

Ce texte permet de comprendre la nature de la rationalité sceptique et de son usage des arguments[20]. Il donne une explicitation *a posteriori* de la méthode sceptique au lecteur, qui pourrait faire deux objections :

À la lecture des *Esquisses*, on peut en effet se demander pourquoi le sceptique se lance dans une telle entreprise. Qu'est-ce qui le pousse à écrire ? Conformément à la comparaison médicale, Sextus répond par une vertu médicale : la *philanthrôpia*. L'amour de l'humanité conduit le sceptique à faire une proposition philosophique, au cas où d'autres que lui pourraient profiter de son expérience pour atteindre l'ataraxie.

Apparaît ensuite l'objection majeure : pourquoi Sextus emploie-t-il des arguments qui sont parfois faibles, pour ne pas dire mauvais ? Cette question amène à interroger le concept central d'isosthénie.

L'isosthénie, un concept authentiquement néo-pyrrhonien ?

La tradition sceptique en général – premier pyrrhonisme, nouvelle Académie et néo-pyrrhonisme – est liée à la méthode de production de discours contradictoires[21]. Néanmoins, le relevé informatique des occurrences liées à l'*isostheneia* montre que ce terme est relativement tardif et toujours lié à la tradition néo-pyrrhonienne. L'adjectif *isosthenês* est attesté très tôt (Démocrite, B 284 D.-K.) dans un contexte moral ; on le

---

20. Ce texte est parfois rejeté : pour Brochard c'est un « ricanement » final (*Les Sceptiques grecs*, 2002, p. 335), pour Mates un ajout apocryphe (*The Skeptic Way: Sextus Empiricus's Outlines of Pyrrhonism*, New York, Oxford University Press, 1996, p. 314), et selon PERIN, C., *The Demands of Reason*, 2010, p. 118, ce texte n'est pas significatif ; pour d'autres en revanche, il permet de penser la nature profonde de l'opération sceptique, notamment NUSSBAUM, M.C., « Skeptic Purgatives: Therapeutic Arguments in Ancient Skepticism », *Journal of the History of Philosophy*, 29, 4, 1991, p. 521-557. Voir la recension des positions par MACHUCA, D.E., « Argumentative Persuasiveness in Ancient Pyrrhonism », *Méthexis*, 22, 2009, p. 104-112.

21. Cette pratique est absente des témoignages sur Pyrrhon – qui se souciait peu des contradictions théoriques des philosophes – mais certains éléments timoniens peuvent être interprétés dans ce sens, cf. FERRARI, G.A., « L'Immagine dell'equilibrio », dans Giannantoni, G. (dir.), *Lo Scetticismo Antico*, Napoli, Bibliopolis, 1981, p. 337-370.

trouve aussi fréquemment chez Galien pour désigner l'égalité de force des humeurs ou des affections. En revanche, c'est dans un contexte pyrrhonien que le terme est appliqué à la question de la connaissance et désigne l'expérience de l'égale force des arguments[22]. Selon le TLG *online*, le terme *isostheneia* est surtout présent chez Sextus (17 occurrences), et les autres mentions sont liées à l'*epochê*[23]. La seule occurrence indépendante de l'*epochê* (Diogène Laërce, X, 32) décrit la force égale des sensations chez Épicure et l'on peut raisonnablement penser qu'elle a été introduite par Diogène à partir de sa connaissance du pyrrhonisme. Enfin, on trouve un usage équivalent d'*isokratês* dans le *Commentaire Anonyme du* Théétète[24], qui lui aussi connaît la tradition pyrrhonienne[25]. Tout laisse donc penser que le terme est une invention néo-pyrrhonienne[26].

L'absence du terme chez les néo-académiciens est surprenante. Leur méthode d'argumentation, le *contra omnium disserere,* le *pro et contra* et l'*in utramque partem* semble pourtant présupposer l'isosthénie. Selon Cicéron, par exemple, pour Arcésilas le fait qu'il y ait « sur le même sujet des arguments d'égale importance en faveur de positions contraires » amène à l'*epochê*[27]. Bien sûr nos connaissances sont lacunaires, puisque la plupart des textes de la Nouvelle Académie sont perdus. Mais en l'état de notre connaissance, nous pouvons faire une hypothèse pour expliquer que le terme s'impose comme une étape théorique essentielle du néo-pyrrhonisme : la mise en œuvre de cette méthode par les académiciens doit

---

22. Huit occurrences chez Sextus, et Diogène Laërce, IX, 107.
23. Notamment Clément d'Alexandrie : *Stromates*, VIII, 5, 16 – dans un chapitre intitulé « contre les Pyrrhoniens » et attribué à mon avis à tort à Chrysippe, et VIII, 7, 22 (sur les deux causes productrices de la suspension) ; voir aussi Diogène Laërce, IX, 73 et 101.
24. Col. LX, 48-LXI, 46 (= 71 D L.-S.).
25. On trouve en outre le verbe *isostheneô*, utilisé pour décrire l'égalité des forces militaires (*Tactica* d'Asclépiodote) ou de la force des humeurs chez Galien.
26. Le terme n'apparaît pas chez Énésidème. En revanche, Diogène Läerce, IX, 78-79 (= Énésidème, B 16 Polito) mentionne la méthode qui consiste à montrer « en prenant appui sur ce qui s'oppose à ce qui nous persuade, que les plausibilités sont égales de part et d'autre ».
27. *Académiques*, I, 12, 45. C. Lévy considère que les académiciens utilisent l'isosthénie, voir *Cicero Academicus. Recherches sur les Académiques et sur la philosophie cicéronienne*, Roma – Paris, École Française de Rome, 1992, p. 29 *sq.,* avec cependant une différence du fait que les académiciens parlent de l'opposition des discours, et les pyrrhoniens de l'opposition des choses, p. 31, n. 89.

être pensée à partir de la théorie stoïcienne de l'impression cognitive et de l'assentiment, conformément à l'origine stoïcienne du concept d'*epochê*[28]. Les académiciens cherchent à créer une situation où le sage est confronté à deux impressions (une vraie, l'autre fausse) indiscernables, ce qui l'amène à suspendre son jugement. Les académiciens s'arrêtent donc à un niveau théorique : montrer qu'il existe une impression vraie et une impression fausse qui sont indiscernables suffit à mettre à mal la théorie stoïcienne de la sagesse et à prouver qu'il vaut mieux ne pas donner son assentiment (ἀσυγκαταθετεῖν, *AM*, VII, 157)[29]. Le scepticisme néo-pyrrhonien vise l'état de l'âme lorsqu'elle est dans cette situation d'équilibre où elle ne peut pas choisir entre deux impressions contradictoires.

La conception sextienne de l'isosthénie

En *PH*, I, 10, Sextus définit l'isosthénie comme « l'égalité entre la conviction et la non-conviction qui fait qu'aucun des raisonnements en conflit ne l'emporte sur un autre parce qu'il serait plus convaincant ». En *PH*, I, 190, il précise qu'il s'agit d'une force égale entre ce qui nous apparaît plausible (ἰσοσθένειαν μὲν λεγόντων ἡμῶν τὴν <ἰσότητατὴν τὴν> κατὰ τὸ φαινόμενον ἡμῖν πιθανόν), ce qui conduit à une position d'équilibre puisque nous sommes dans l'impossibilité de donner notre assentiment, d'un côté comme de l'autre[30].

Le texte de *PH*, III, 280 *sq.* permet de donner un sens à l'égalité de *pistis* ou de *pithanon* en en proposant une mesure qui s'exprime *kata dunamin*, en fonction de la puissance : la puissance de l'argument répond donc à la puissance de l'affection[31]. La plupart des traductions comprennent l'expression *kata dunamin* au sens courant en grec « autant que faire se peut », « dans la mesure du possible », comme une expression de prudence sceptique. Mais Pierre Pellegrin propose une traduction plus forte où *dunamis* renvoie à la force de l'argument[32]. Ma proposition reprend en

28. Couissin, P., « L'Origine et l'Évolution de l'*épochè* », *Revue des études grecques*, 42, 1929, p. 373-397.

29. Sur ce point, voir les explications de M. Bonazzi dans ce même volume.

30. Voir aussi *PH*, I, 183 ; 196 ; 202-203 ; 222 ; 227 ; 232 ; II, 79.

31. Je remercie David Sedley pour ses remarques dont j'ai essayé de tenir compte.

32. Sextus Empiricus, *Esquisses pyrrhoniennes*, Introduction, traduction et commentaire par P. Pellegrin, Paris, Éd. du Seuil, 1997, *ad. loc.* : « le sceptique... veut guérir par la

partie celle de Pellegrin à ceci près qu'elle cherche à faire le lien entre la puissance de l'affection et celle de l'argument, puisqu'il s'agit de définir une mesure qui leur serait commune pour comprendre comment l'argument agit sur l'affection.

Donc, de même qu'il y a des affections corporelles plus ou moins graves, de même les affections de la pensée sont plus ou moins graves ; de même que, en médecine humorale la maladie est un déséquilibre entre les humeurs que les remèdes cherchent à rétablir, de même l'affection de pensée que Sextus veut guérir est une forme de déséquilibre produit par la présomption (οἴησις, *oiêsis*) et la précipitation (προπέτεια, *propeteia*). L'isosthénie représente donc la santé conçue comme un équilibre de la pensée (ἀρρεψία, *arrepsia*), lorsqu'elle ne verse pas du côté du jugement, c'est-à-dire lorsqu'elle ne soutient pas de thèse. Les termes *oiêsis* et *propeteia*, d'origine stoïcienne, sont ici repris à la tradition académicienne : la présomption désigne l'opinion fausse et la précipitation l'assentiment trop rapidement donné à une impression[33]. Conformément à cette tradition, ces termes sont présentés dans une relation articulée : la précipitation est le symptôme et la présomption la cause ou la maladie en elle-même[34]. Par présomption, il faut donc entendre « la tendance à opiner ». L'opération de Sextus Empiricus consiste donc à produire des contre-arguments pour s'opposer à l'opinion reçue, ce qui fera disparaître la précipitation, c'est-à-dire l'assentiment donné à tort.

Pour la guérison, le parallèle médical permet de penser que, si la santé est un équilibre, les remèdes varient en fonction de la gravité de la maladie. Un remède n'agit que s'il est approprié à une certaine affection, et ne vaut pas universellement : le *pharmakon* produit un déséquilibre s'il n'est pas à la mesure de l'affection qu'il est censé guérir. De même, en philosophie, ce qui rétablira l'équilibre c'est la présence d'un contre-argument qui,

---

puissance de l'argumentation ». Voir aussi la construction dans SEXTO EMPÍRICO, *Hipotiposis pirrónicas*, trad. R. Sartorio Maulini, Madrid, Akal, 1996 : « el escéptico (...) desea curar por medio del discurso la arrogancia y precipitación de los dogmáticos *con arreglo a su intensidad* ».

33. Cf. Cicéron, *Académiques*, I, 12, 45.

34. Sur ces deux notions dans ce texte, cf. VOELKE, A.-J., « Soigner par le *logos* : la thérapeutique de Sextus Empiricus », dans *Le Scepticisme antique : perspectives historiques et systématiques*, Genève – Lausanne – Neuchâtel, 1990, p. 184-185, qui rapproche ce texte de Cicéron, *Académiques*, I, 11, 42.

sur le même sujet, est aussi persuasif que l'argument auquel il s'oppose. Pour le dire dans les termes de *PH*, I, 10, un contre-argument donne des raisons de tenir pour non crédible quelque chose que l'on considérait comme crédible. La force de l'argument est proportionnée à la force de la première croyance : si cette croyance est faible, il faut un contre-argument faible, c'est-à-dire faiblement persuasif, si elle est forte un contre-argument fortement persuasif.

Reste à savoir ce qui fait la force ou la faiblesse d'une opinion. La critique oscille entre une compréhension objective ou subjective de cette force. L'interprétation objective consiste à penser que Sextus fait référence à la valeur objective d'un argument, à l'instar de la compréhension classique de l'expression « bon argument » ou « mauvais argument ». Sextus utilise des expressions qui semblent considérer comme objectif le jugement sur les arguments, ils sont « de faible pouvoir persuasif » ; s'il y a des arguments « lourds », « légers », ou « infondés », « mauvais », etc.[35], tout cela peut laisser penser que Sextus parle objectivement.

Cependant, on peut se demander sur quel critère un sceptique pourrait s'appuyer pour faire un tel jugement objectif. Il paraît donc plus cohérent de faire l'hypothèse que Sextus se place sur le plan de la persuasion subjective[36]. Ce qui importe pour Sextus, c'est la faculté de cet argument à s'opposer à la croyance initiale de la personne à laquelle il s'adresse, quelle que soit sa valeur objective. La valeur de l'argument pour un sceptique doit donc être déterminée pragmatiquement, en fonction de son effet.

Cependant, même avec cette interprétation la question n'est pas définitivement réglée. Car ce n'est pas le sujet persuadé qui est en situation de dire qu'il a donné son assentiment à un argument lourd ou à un argument léger, comme pourrait le faire penser l'idée d'une évaluation subjective de la persuasion. En réalité pour le sujet persuadé, une fois qu'il a donné son assentiment, il l'a fait parce que tout bien considéré il pense que

35. Voir l'analyse du passage de *PH*, III, 280-281 par Bailey, A., *Sextus Empiricus and Pyrrhonean Scepticism*, Oxford, Clarendon Press, 2002, p. 138-139.

36. Voir les arguments de Machuca, D.E., « Argumentative Persuasiveness in Ancient Pyrrhonism », 2009, p. 106. S. Svavarsson a proposé une autre interprétation, « Sextus Empiricus on Persuasiveness and Equipollence », dans Lee, M.-K. (dir.), *Strategies of Argument: Essays in Ancient Ethics, Epistemology, and Logic*, Oxford, Oxford University Press, 2014, p. 356-373 ; elle est discutée dans Machuca, D.E., « Again on Sextus on Persuasiveness and Equipollence », *Archiv für Geschichte der Philosophie*, 99, 2, 2017, p. 212-228.

c'est le meilleur argument. Donc, quand bien même il ne s'agit pas d'un jugement objectif sur la validité d'un argument, le jugement sur les arguments lourds ou légers provient de l'extérieur, du point de vue du médecin ou du philosophe qui cherche à prendre en compte ce qui est considéré comme plausible par un dogmatique. Il faut donc chercher quelle est cette mesure qui permet d'évaluer le degré de persuasion. Sextus dit qu'il faut évaluer la profondeur de la présomption ancrée dans le dogmatique, mais il y a plusieurs modèles pour le faire (par exemple la validité des arguments, l'ancienneté de la croyance, la popularité de l'argument, le statut architectonique de ces arguments, etc.) et rien dans le texte ne dit en quoi cela consiste.

Il faut donc approfondir cette lecture. Sextus cherche à mesurer ce qui est plausible pour ses patients ; mais à quoi s'arrête-t-il pour déterminer le degré de plausibilité ? De fait, on trouve çà et là des commentaires de Sextus sur les arguments qu'il transmet, par exemple à propos des dix tropes d'Énésidème qu'il présente « en n'étant certain ni de leur nombre ni de leur force, car il est possible que ceux-ci soient mauvais » (*PH*, I, 35). Une réponse possible serait de considérer que Sextus détermine la force de l'argument en fonction du périmètre de la thèse qu'il soutient, ou pour le dire autrement de son statut architectonique. Un argument léger serait un argument qui ne touche pas au cœur du système, c'est une simple conséquence, dont le contre-argument ne touche pas non plus aux fondements de nos croyances. Un argument lourd est un argument plus général qui touche au cœur du système ; avec lui s'écroulent un grand nombre de croyances. Or, de fait, il y a des thèses plus fondamentales que d'autres ; pour aller plus vite, on peut attaquer les fondements des thèses dogmatiques, de sorte que tout l'édifice s'écroule plus rapidement[37]. Un argument fort, c'est donc un argument qui attaque les fondements d'une position dogmatique ; une persuasion forte, c'est une persuasion qui est ancrée chez le dogmatique parce qu'un grand nombre de propositions en dépendent ; un contre-argument fort, par conséquent, attaque des croyances

37. Cf. Bett, R., « A Sceptic Looks at Art (but not Very Closely): Sextus Empiricus on Music », *International Journal for the Study of Skepticism*, 3, 3, 2013, p. 159 : « Sextus characteristically focuses on foundational questions, which lead him to concentrate on the nature or existence of the basic entities postulated or concepts employed in the fields in questions ». Cf. *PH*, II, 84 ; III, 1 ; *AM*, VIII, 14 ; IX, 1-2.

fondamentales[38]. À l'inverse, une thèse légère n'a qu'une conséquence locale dans un système, et sa remise en cause n'affecte pas tout le reste. Les tropes d'Agrippa, par exemple, sont des arguments forts, ils peuvent renverser la plupart des systèmes dogmatiques. Il s'agit donc de rapprocher la question du degré de persuasion et le problème du fondationnalisme ; or un tel rapprochement peut se faire grâce au texte de *PH*, II, 84, lorsque Sextus utilise la différence entre ce qui est *katolikôteros* (plus général) et *eidikos* (spéficique) pour parler de la nature des arguments, et qui distingue ce qui est propre à une doctrine particulière et ce qui est plus fondamental.

En quoi cette lecture répond-elle au problème posé par l'idée d'une affection forte et d'une affection légère[39] ? Si l'on suppose que Sextus accepte une représentation fondationnaliste du savoir, cela aurait pour conséquence que les thèses qui ne concernent que des conséquences engagent une présomption plus faible que celles qui concernent les croyances principielles. Par exemple, la croyance selon laquelle les dieux sont anthropomorphes est une affection plus faible que celle selon laquelle les dieux existent ; elle est plus faible parce que moins fondamentalement ancrée en nous, on peut donc l'abandonner sans renoncer à croire que les dieux existent. Ce modèle est-il compatible avec le parallèle médical[40] ? Il n'est pas sûr que Sextus ait cherché à pousser jusque-là la comparaison avec la médecine, mais cette représentation de la croyance pourrait peut-être correspondre à la distinction entre symptôme et cause de la maladie : il y a des maux symptomatiques qui disparaissent lorsque l'on fait disparaître leur cause. Quoi qu'il en soit, le plus important reste que dans un cas comme dans l'autre on ait une mesure de la force d'un argument et un système où l'équilibre puisse se faire.

Revenons à la question de la pensée critique : la compréhension du sens de l'argumentation sceptique montre que cette argumentation procède d'une relation toute particulière au *logos* où ce dernier ne sert plus à dire ce que sont les choses, ni à fonder un discours en raison ; cette argumentation implique une relation thérapeutique au *logos*. Pour autant, s'agit-il d'un anti-rationalisme ? En un sens les sceptiques ont besoin des règles

38. Cf. HANKINSON, R.J., *The Sceptics*, London – New York, 1995, p. 68.
39. Cf. l'objection de MACHUCA, D.E., « Argumentative Persuasiveness in Ancient Pyrrhonism », 2009, p. 111.
40. Je remercie S. Delcomminette pour cette objection.

de la raison pour que la suspension fonctionne ; en un autre sens, Sextus prône parfois un idéal de vie où il aurait mieux valu ne pas juger, ne pas penser, ne pas ajouter d'opinion. En tout cas, il est sûr que, si le scepticisme respecte les règles de la rationalité, c'est toujours en grande partie de l'extérieur, sans reprendre à son compte le jugement sur la valeur de ces règles. Si rationalisme il y a, il est d'une nature bien particulière parce qu'il ne considère pas qu'un argument serve à montrer ou à accéder à la réalité ; parce qu'il ne discute pas de la valeur d'un argument en fonction d'une norme objective de rationalité (vérité ou validité de l'argument) ; et enfin parce qu'il juge de la valeur d'un argument d'un point de vue purement pragmatique, à partir de ses effets[41].

Le savoir critique sceptique

Ce serait une erreur, cependant, de s'arrêter aux déclarations de méthode de Sextus, sans regarder sa mise en œuvre. Or, cette comparaison révèle une différence entre l'intention du discours sceptique et son effet sur le lecteur. Cette différence apparaît parce que cette mise en œuvre mobilise des arguments qui appartiennent à la tradition philosophique et qui manifestent un véritable savoir critique, c'est-à-dire une culture savante et philosophique.

Le « savoir sceptique » est donc lié à cette méthode qui utilise un savoir étranger dans un but profondément critique. L'écriture sceptique suppose une distance fondamentale qui désamorce la charge dogmatique des théories en question et met le sceptique en situation de surplomb vis-à-vis des savoirs positifs. De fait, Sextus souligne l'existence d'une culture sceptique lorsqu'il compare les critiques sceptique et épicurienne de la *paideia* :

> « Du reste, c'est sur ces bases qu'Épicure, pour ce que qu'on peut en conjecturer, s'est appuyé pour critiquer les arts libéraux, mais en ce qui concerne les pyrrhoniens, ce n'est ni parce que ces arts ne contribuent pas à la sagesse – car c'est un argument dogmatique – ni à cause d'un manque d'éducation qui leur serait inhérent. Car en plus d'être bien éduqués et bien plus expérimentés que les autres philosophes, ils sont aussi indifférents aux opinions

41. Selon un modèle comparable à la proposition de Gorgias dans l'*Éloge d'Hélène,* 13-14.

du plus grand nombre ; ce n'est pas non plus à cause d'une malveillance contre quiconque, car ce type de méchanceté est bien éloignée de leur douceur. Mais ils ont vis-à-vis des arts libéraux le même sentiment que pour la philosophie[42]. En effet, de même que, alors qu'ils allaient s'y consacrer en désirant accéder à la vérité, confrontés à un conflit d'égale valeur et à l'anomalie entre les choses, ils suspendirent leur jugement, de même lorsqu'ils s'intéressèrent aux arts libéraux en vue de les connaître, en cherchant aussi en eux à apprendre la vérité, alors qu'ils rencontraient les mêmes apories, ils ne les ont pas cachées. Pour cette raison, nous aussi en poursuivant dans la même voie qu'eux nous essaierons, sans esprit de compétition, de développer notre propos en choisissant les arguments efficaces contre les arts libéraux. » (*AM*, I, 5-7)

Parce qu'il a en partage avec les épicuriens la critique de la παιδεία, Sextus doit montrer que ce point commun est superficiel. Selon Sextus, cette critique épicurienne est une justification *a posteriori* de leur ignorance[43]. Cette explication peu charitable permet, par opposition, de montrer la culture nécessaire pour produire le scepticisme. Entre les deux écoles, la situation est donc bien différente : d'un côté les épicuriens évitent la culture parce qu'elle ne sert à rien (elle ne permet pas d'être heureux), tandis que les sceptiques doivent être cultivés pour pouvoir administrer des contre-arguments. Le scepticisme est donc une école qui dépasse le savoir, non par absence de savoir, mais en quelque sorte par excès de savoir. Plus on augmente son savoir, plus on augmente… son scepticisme !

Bien entendu, ce savoir est d'une nature particulière, puisqu'il n'engage aucune visée de vérité. Cette connaissance est d'ailleurs décrite en termes particuliers : les sceptiques sont « éduqués et plus expérimentés que les dogmatiques » (τῷ πεπαιδεῦσθαι καὶ πολυπειροτέρους), ils ont une certaine culture scientifique et l'expérience de cas pratiques, selon un modèle de connaissance qui renvoie au savoir du médecin empirique. De fait, Sextus atteste de ce savoir : par exemple, dans le discours général quand il transmet les tropes d'Énésidème, ainsi que dans la partie spécifique de son œuvre, c'est-à-dire dans les *Esquisses,* dans le *Contre les Dogmatiques* et dans le *Contre les Professeurs*, qui utilise un grand

42. Correction de Blank suivant certains manuscrits sauf N, cf. SEXTUS EMPIRICUS, *Against the grammarians: adversus mathematicos I*, edited by D.L. Blank, Oxford, Clarendon Press, 1998, *ad. loc.*

43. Cf. *Sentences Vaticanes*, 45, et fr. 117 Usener. Voir aussi Diogène Laërce, X, 6.

nombre d'arguments critiques – notamment épicuriens – dans l'idée de produire des contre-arguments[44].

La seconde partie du texte compare le processus sceptique à l'œuvre en philosophie et celui à l'œuvre face aux connaissances spécialisées. Malgré la différence d'objet, Sextus décrit une situation qui ressemble à celle de l'exposé général des *Esquisses*. Comme dans le texte sur le proto-sceptique, c'est la recherche de vérité qui produit la déception qui débouche sur la suspension du jugement. Les apories propres à la mise en opposition des théories des arts libéraux amènent à la suspension, à condition que l'on ne fasse pas tout pour les occulter. Le dogmatique ne voit pas l'égale valeur des arguments, de même celui qui s'engage dogmatiquement dans les arts libéraux protège ses théories en ne faisant pas droit à l'égale valeur des théories opposées. Le point de vue d'*AM*, I, correspond donc au schéma de *PH*, III, 280 : le but de l'argumentation n'est pas la découverte de la vérité, ni la production d'une conviction, mais l'efficacité. Le régime d'argumentation du sceptique est donc pragmatique, il s'agit de choisir des arguments efficaces (τὰ πραγματικῶς λεγόμενα). Et de façon paradigmatique, l'argumentation en *AM*, I-VI, est organisée selon un motif directement lié à la question de la nature plus ou moins fondamentale, ou générale, des arguments.

Bien entendu, l'expression « savoir sceptique » reste problématique. Cependant, Sextus nous demande de ne pas nous battre sur les mots et il n'est pas rare qu'il utilise lui-même des concepts dogmatiques pour leur redonner un sens compatible avec son scepticisme. Enfin, le discours méthodologique nous donne des outils pour comprendre ce savoir. Car le sceptique accepte – comme critère d'action – le phénomène, ce qui lui permet d'avoir un ancrage dans le monde, d'agir et de vivre dans une communauté. C'est certainement sur la base du phénomène qu'une forme de savoir peut apparaître, constituée de l'*historia*, de comptes rendus de symptômes, d'événements, ou de théories dogmatiques. Les objets de connaissance ne font pas l'objet d'une croyance ; ils sont décrits.

44. Voir les nombreux parallèles entre *AM*, VI, et le *Commentaire sur la musique*, IV, de Philodème.

Conclusion

En 1562, Henri Estienne publia la première traduction latine des *Esquisses Pyrrhoniennes* accompagnée d'une préface où l'éditeur racontait comment ce texte l'avait guéri d'une étrange « fièvre quarte » qui le dégoutait des livres :

> « Comme, disais-je, j'étais mal disposé à l'égard des Lettres, et pis, je les haïssais plus que le chien et le serpent, le hasard fit qu'un jour où j'avais franchi le seuil de ma bibliothèque la main sur les yeux, pour que la vue des livres ne.m'échauffa pas la bile, en m'amusant à feuilleter dans un coffret je ne sais quelles vieilles sornettes ou niaiseries, je tombai directement sur certains de mes papiers qui contenaient une traduction hâtive de certains principes fondamentaux de la secte pyrrhonienne. Au premier coup d'œil, et dès les premiers mots, ils me firent rire (médicament dont j'avais besoin, selon les avertissements des *iatron paides*) ; à la dixième lecture, ils me plurent toujours ; ils furent les seuls textes auxquels mon palais trouvait du goût[45]. »

Cette préface exprime bien le lien entre le scepticisme et le rapport critique au savoir : il s'agit d'une nouvelle relation à l'argumentation qui apparaît lorsque la philosophie est bien développée. Le scepticisme se présente comme un remède face à une maladie intellectuelle, le dogmatisme, produit par un certain rapport au *logos* ; avec la claire conscience que seul le *logos* lui-même peut nous en guérir.

Revenons, enfin, au problème du rationalisme. Le rationalisme se présente comme une forme de confiance dans les pouvoirs de la raison, ainsi que dans le progrès de l'humanité grâce à l'usage de la raison. En ce sens, Sextus est-il rationaliste ? De fait, il inaugure une nouvelle relation au *logos*. Sa définition du scepticisme, et surtout celle du dogmatisme, laisse penser qu'il aspire à un retour à un état prélogique, à un moment où l'on ne se pose plus la question de connaître, où on abandonne les thèses. En cela il est sinon antirationaliste, du moins il participe d'un mouvement anti-intellectualiste qui joue la vie quotidienne contre les philosophes.

---

45. Traduction de cette préface par E. Naya dans « Traduire les *Hypotyposes pyrrhoniennes* : Henri Estienne entre la fièvre quarte et la folie chrétienne », dans Moreau, P.-F. (dir.), *Le Scepticisme au XVIe et au XVIIe*, Paris, Albin Michel, 2001, p. 96.

Mais sa pratique du *logos*, ses écrits mêmes le place à même le *logos* : il l'utilise, il passe en revue des arguments, et il pense que seuls des arguments permettent de se guérir des arguments. En ce sens, il est rationaliste, mais il s'agit bien d'un rationalisme critique, et même d'un rationalisme plus critique que les autres, parce qu'il voit bien que le pouvoir du *logos* est un pouvoir ambigu. Contrairement au rationalisme critique dogmatique où la critique précède le savoir, dans le rationalisme sceptique c'est le savoir constitué phénoménalement qui alimente la critique. Le sceptique connaît beaucoup de choses mais ne croit en rien, il regarde de haut les croyances des hommes comme l'épicurien regarde de haut l'agitation des passions humaines.

Troisième partie

Critique sociale et politique

ÉGALITÉ, LIBERTÉ ET CONTRAINTE DANS LA *POLIS* GRECQUE

Ivan Jordović (Univerzitet u Novom Sadu)

Le substrat égalitaire de la cité grecque

L'activité politique est au cœur même de la société grecque et peut être considérée comme sa caractéristique principale. Unité fondamentale de l'organisation politique, elle le fut aussi de la réflexion philosophico-politique, de sorte que l'examen de ses traits principaux peut nous fournir de précieux renseignements sur le développement de la pensée politique en Grèce[1].

On ne s'étonnera pas de constater combien les cités grecques différaient largement entre elles, quand on considère qu'à l'époque classique, on en comptait près de mille s'étendant de la côte est de la Mer Noire jusqu'aux bordures occidentales de la Méditerranée. En dépit de leur grande diversité, toutes avaient en commun certaines caractéristiques. Une cité formait une unité autogérée dotée d'un centre urbain entouré d'un arrière-pays (*chôra*). Le centre urbain comprenait des bâtiments pour la vie privée

1. Voir MURRAY, O., « Cities of Reason », dans Murray, O., Price, S. (dir.), *The Greek City: From Homer to Alexander*, Oxford, Clarendon Press, 1990, p. 19.

et pour le travail, une *agora*, des sanctuaires et des bâtiments publics tels que théâtre, cour de justice, etc. Ces édifices étaient habituellement protégés de toutes parts par les murs qui ceinturaient la cité. Le corps du gouvernement comprenait par définition des magistrats, un petit conseil et une assemblée. La définition aristotélicienne de la *polis* comme d'une communauté (*koinônia*) de citoyens (*politai*) vivant en accord avec une constitution (*politeia*) montre bien que la cité grecque doit être comprise comme une communauté politique (*politikê koinônia*) et non pas comme une unité territoriale, et que le gouvernement reposait entre les mains des citoyens[2]. Le citoyen était donc, au sens politique, l'élément constitutif de la cité. La citoyenneté pleine et entière était accordée en fonction du genre (homme), de l'âge (adulte), de l'origine (fils de citoyen) et du patrimoine (dans le cas des oligarchies). Sur le plan social et économique, l'élément constitutif de la cité était l'*oikos* (la maisonnée, la famille), c'est-à-dire tous les membres qui y prenaient part[3].

L'état de nos sources nous empêche d'arriver à une analyse complète de ce que pouvaient représenter la liberté et la contrainte dans une cité grecque. Les sources existantes ne facilitent l'enquête que pour les cas d'Athènes et de Sparte, et la plupart d'entre elles proviennent d'Athènes, ce qui rend la perspective athéno-centriste pratiquement inévitable[4]. À cela s'ajoutent des difficultés supplémentaires liées au fait qu'Athènes et Sparte ne correspondent pas exactement au modèle typique d'une *polis*. Toutes deux comptaient une population et un territoire significativement plus importants que la vaste majorité des autres cités[5]. Néanmoins, la pertinence pour comprendre certains aspects de la pensée politique grecque ne s'en trouve pas nécessairement diminuée. La plupart des philosophes et penseurs politiques de premier plan aux ve et ive siècles av. J.-C. étaient d'origine athénienne (Platon, Xénophon, Isocrate, etc.), et s'ils ne l'étaient pas, ils avaient tout de même été sensibilisés à l'expérience politique

2. Aristote, *Politiques*, 1276 b 1 ; voir Hansen, M.H., *Polis and City-State: An Ancient Concept and its Modern Equivalent*, Copenhagen, Munksgaard, 1998, p. 33, 56-64 et 72 ; Welwei, K.W., *Die griechische Polis, Stuttgart*, Steiner, 1998[2], p. 10-11.

3. Voir Hansen, M.H., *Polis and City-State*, 1998, p. 64 et 136.

4. Voir Hansen, M.H., *Polis and City-State*, 1998, p. 84, cf. Robinson, E.W., *Democracy Beyond Athens: Popular Government in the Greek Classical Age*, Cambridge, Cambridge University Press, 2011, p. 187 et 217.

5. Voir Hansen, M.H., *Polis and City-State*, 1998, p. 84 et 99.

athénienne (Aristote). Il est certes inévitable que leur pensée en soit plus ou moins imprégnée, mais l'accent mis sur Athènes et Sparte ne présente pas un obstacle insurmontable à la compréhension de la pensée politique grecque en général. Enfin, on ne doit pas non plus exagérer l'athénocentrisme de nos sources, comme le montre l'exemple d'Aristote. Bien que son portrait d'une démocratie extrême soit sans contredit marqué par l'expérience athénienne, il ne fait jamais de la démocratie athénienne un cas à part[6]. Puisqu'il mentionne à 17 reprises la démocratie athénienne et se réfère à 53 reprises à des institutions relevant de 28 autres démocraties, il est évident que ses vues ne peuvent s'expliquer par une perspective trop limitée ou par une connaissance insuffisante du phénomène démocratique lui-même[7].

Indépendamment l'un de l'autre, F. Bourriot et D. Roussel ont bien montré que les structures de la tribu (*phulê*), de la phratrie (*phratria*) et du clan (*genos*) ne proviennent pas de quelque hypothétique passé tribal commun aux Hellènes[8]. Bien plutôt, c'est seulement durant les « siècles obscurs » (XIe-VIIIe siècles av. J.-C.) que ces subdivisions de la cité firent leur apparition, et parce que les communautés grecques éprouvèrent alors le besoin de trouver des réponses à des défis nouveaux au sein d'une réalité de plus en plus complexe. À l'aide d'une terminologie variée, les deux auteurs confirment que les premiers Hellènes ne possédaient pas de structures issues d'une origine, d'un culte ou d'une propriété communs. C'est pourquoi ces structures organisationnelles n'ont jamais contribué à l'émergence d'une identité collective forte qui aurait rendu possible par la suite la formation de groupes sociopolitiques solides et durables intermédiaires entre l'individu et la cité[9]. L'*oikos* existait certes, mais même les domaines aristocratiques demeuraient comparativement modestes. Ils étaient suffisamment puissants pour subvenir aux besoins des membres

6. Voir Jordović, I., « Aristotle on Extreme Tyranny and Extreme Democracy », *Historia*, 60, 2011, p. 38-39 et n. 17 ; Robinson, E.W., *Democracy Beyond Athens*, 2011, p. 220.
7. Voir Hansen, M.H., *Polis and City-State*, 1998, p. 104-105.
8. Voir Roussel, D., *Tribu et Cité*, Paris, Les Belles Lettres, 1976 ; Bourriot, F., *Recherches sur la nature du génos : étude d'histoire sociale athénienne, période archaïque et classique*, vol. I-II, Paris, Librairie Honoré Champion, 1976 ; Welwei, K.W., « Ursprünge genossenschaftlicher Organisationsformen in der archaischen Polis », *Saeculum*, 39, 1988, p. 12-23.
9. Voir Murray, O., « Cities of Reason », 1990, p. 12 et 15-16.

du premier cercle familial, d'un petit nombre d'esclaves et de quelques personnes libres, mais sans plus[10]. Puisque la cité était composée essentiellement d'individus et de petits *oikoi* quasi autonomes, l'atomisation constituait depuis les tout premiers temps l'une de ses caractéristiques les plus marquantes. Cette atomisation empêchait les individus ainsi que les groupes sociopolitiques d'imposer leur volonté de manière permanente dans la cité. Bien que les inégalités ne furent jamais complètement enrayées, elles ne furent jamais non plus assez puissantes pour produire par elles-mêmes et de manière permanente des structures sociales hiérarchiques ou toute autre relation d'inégalité. Alors que le rapport qu'entretenaient les citoyens avec la cité était pour ainsi dire vertical, entre les citoyens il demeurait néanmoins horizontal, de sorte qu'on peut dire qu'un esprit d'égalité constituait, dès le départ, un élément constitutif de la cité[11]. Bref, c'est le collectif qui figurait au centre de la vie sociopolitique de la communauté (la cité avec son assemblée), et non le particulier (les individus ou certains groupes sociaux particuliers). On en trouve un écho dans les premiers actes de législation, comme celui de Drêros (vers 650 av. J.-C.) qui commençait avec ces mots : « Voici ce qu'a décidé la *polis* » (*had' ewade poli*)[12].

Dans la société homérique, l'égalité était explicitement liée à la capacité de chaque individu de montrer sa valeur par ses prouesses physiques et militaires, ses qualités mentales et sociales (habileté rhétorique, compétence en consultation, médiation et planification) et son succès économique. Puisqu'on jugeait ultimement de ces choses du point de vue de leur utilité pour la communauté au sens large, la création de classes sociales clairement différenciées et hermétiques ne s'en trouvait

10. Voir Schmitz, W., *Haus und Familie im antiken Griechenland*, München, R. Oldenburg, 2007, p. 9-16 et 19-21 ; Welwei, K.W., *Die griechische Polis*, 1998, p. 41-42 et 47-48 ; Walter, U., *An der Polis teilhaben: Bürgerstaat und Zugehörigkeit im archaischen Griechenland*, Stuttgart, Steiner, 1993, p. 45-68.

11. Voir Vernant, J.-P., « The Individual within the City-State », dans Zeitlin, F.I. (dir.), *Mortal and Immortals. Collected Essays*, Princeton, Princeton University Press, 1991, p. 319-320 ; Raaflaub, K.A., « Equalities and Inequalities in Athenian Democracy », dans Ober, J., Hedrick, C. (dir.), Dêmokratia*: A Conversation on Democracies, Ancient and Modern*, Princeton, Princeton University Press, 1996, p. 151-153.

12. Voir Hölkeskamp, K.J., *Schiedsrichter, Gesetzgeber und Gesetzgebung im archaischen Griechenland*, Stuttgart, Steiner, 1999, p. 87-95, 270-272 et 282-283 ; cf. Walter, U., *An der Polis teilhaben*, 1993, p. 62-65 et 69-88.

pas particulièrement favorisée[13]. Autant certains individus dans la cité homérique purent être considérés comme plus égaux que d'autres, jamais il ne s'ensuivit pour autant des relations d'inégalité absolue, comme en témoigne l'exemple des *basileis* (les meneurs d'hommes). Bien que ces derniers se trouvaient situés au premier rang de l'échelle sociale, cela n'entraînait pas le transfert de ce statut du père au fils, et le titre du plus illustre *basileus* pouvait être remis en question[14]. Malgré la disparité des pouvoirs et des honneurs existant entre les *basileis* eux-mêmes, une certaine égalité de base régnait[15]. Il en allait de même pour les guerriers[16]. Il n'y a rien d'étonnant, dans ces conditions, à ce que l'Assemblée ait pu jouer un rôle clé dans la vie de la communauté. À l'Assemblée, les *basileis* devaient gagner le *dêmos* et le rallier à leur opinion, alors que les citoyens non nobles pouvaient parfois, sur une base individuelle, s'opposer aux aristocrates[17].

Durant la période archaïque, la situation n'était guère différente. L'élite sociopolitique était certes composée d'aristocrates, mais leur statut n'était pas déterminé exclusivement par leur origine ou leur richesse. Un degré considérable de mobilité sociale régnait dans leur rang – notamment au VIe siècle av. J.-C.[18] On ne peut déterminer jusqu'où ont pu se rendre les aristocrates dans l'affirmation de leur droit à un statut supérieur, mais il est clair qu'une forte résistance se dégage en même temps de nos sources[19].

---

13. Voir ULF, Chr., *Die homerische Gesellschaft: Materialien zur analytischen Beschreibung und Lokalisierung*, München, C.H. Beck, 1990, p. 1-49.

14. Voir ULF, Chr., *Die homerische Gesellschaft*, 1990, p. 213-214 et 223-231.

15. Voir RAAFLAUB, K.A., « Equalities and Inequalities », 1996, p. 151-153.

16. Voir RAAFLAUB, K.A., WALLACE, R.W., « "People's Power" and Egalitarian Trends in Archaic Greece », dans Raaflaub, K.A., Ober, J., Wallace, R.W. (dir.), *Origins of Democracy in Ancient Greece*, Berkeley – Los Angeles – London, University of California Press, 2007, p. 25-28.

17. Homère, *Iliade*, II, 211-270 ; voir RAAFLAUB, K.A., WALLACE, R.W., « "People's Power" », 2007, p. 28-30.

18. Voir DONLAN, W., *The Aristocratic Ideal in Ancient Greece. Attitudes of Superiority from Homer to the End of the Fifth Century B.C.*, Lawrence, Coronado Press, 1980, p. 77-95 ; STEIN-HÖLKESKAMP, E., *Adelskultur und Polisgesellschaft: Studien zum griechischen Adel in archaischer und klassischer Zeit*, Stuttgart, Steiner, 1989, p. 81-85.

19. Voir DONLAN, W., *The Aristocratic Ideal in Ancient Greece*, 1980, p. 41-74 ; MORRIS, I., « The Strong Principle of Equality and the Archaic Origins of Greek Democracy », dans Ober, J., Hedrick, C. (dir.), Dêmokratia*: A Conversation on Democracies, Ancient and Modern*, Princeton, Princeton University Press, 1996, p. 19-41 ; KISTLER, E., « "Kampf

Durant la période archaïque, des tendances égalitaristes grandissantes furent stimulées par divers facteurs : tyrannies, empressement du *dêmos* à prendre le pouvoir dans certaines cités, colonisation, développement des institutions et fixation écrite des lois, aussi bien que la vie de tous les jours[20]. Les aristocrates, en conséquence, ne parvinrent jamais à former une classe sociopolitique fermée. C'est du reste au sein même de ces cercles aristocratiques qu'une notion abstraite d'égalité apparut sous le terme d'*isonomia*, attestant du fait qu'une certaine égalité de base continuait à régner auprès des aristocrates.

De tout ce qui a été dit précédemment, il résulte qu'un certain égalitarisme faisait partie intégrante de la *polis* grecque. Ce *substratum* égalitaire, bien sûr, n'a pas empêché l'avènement de différences sociales, économiques ou politiques, mais il est frappant de constater que les aristocrates eux-mêmes cultivaient une forme élémentaire d'égalité au sein de leur rang. L'étude des cas d'Athènes et de Sparte révèle combien une interprétation différente de la notion d'égalité a pu conduire à des systèmes politiques complètement divergents.

Athènes : égalité, liberté et contrainte

La démocratie athénienne est sans contredit la plus illustre des démocraties en Grèce ancienne, mais elle était loin d'être la seule. L'émergence de régimes pré- ou proto-démocratiques dans diverses régions du monde grec, même durant la période archaïque, ne peut être exclue[21]. Il va sans dire qu'aux Vᵉ et IVᵉ siècles avant notre ère, on pouvait rencontrer des régimes démocratiques dans toutes les régions de la Grèce, et leur existence ne dérivait pas seulement de l'exemple athénien ou de l'influence de la politique

der Mentalitäten": Ian Morris' "Elitist-" versus "Middling Ideology"? », dans Rolinger, R., Ulf, Chr. (dir.), *Griechische Archaik. Interne Entwicklungen – Externe Impulse*, Berlin, Akademie, 2004, p. 145-171.

20. Pour un aperçu général de ces facteurs voir Raaflaub, K.A., Wallace, R.W., « "People's Power" », 2007, p. 42-45.

21. Voir Robinson, E.W., *The First Democracies. Early Popular Government Outside Athens*, Stuttgart, Steiner, 1997, p. 127-130. La notion de pré- ou proto-démocratie fut introduite par K.A. Raaflaub et R.W. Wallace (« "People's Power" », 2007, p. 43).

athénienne[22]. Quoi qu'il en soit, il s'avère important d'étudier la nature de l'égalité démocratique telle qu'elle prévalait à Athènes non seulement en raison de la meilleure condition de nos sources la concernant, et parce que les Athéniens furent des pionniers en matière de démocratie, mais en raison aussi du lien évident existant entre l'essor de la démocratie athénienne et l'évolution de la pensée politique grecque.

L'idéal politique de l'égalité n'est pas né, à Athènes, d'une révolution démocratique ou d'un débat théorique sur la nature du meilleur ordre politique, mais bien graduellement à l'occasion des réformes de Clisthène[23]. En elles-mêmes, ces réformes ne visaient pas à l'établissement de la démocratie, notion encore inconnue à l'époque, mais à contrer l'influence destructrice du particularisme dans la vie politique[24]. Ces transformations furent menées à bien par Clisthène à l'aide de trois mécanismes. Le premier consistait à hausser le taux de participation des citoyens dans les affaires politiques à son niveau maximal. En faisant des unités locales que sont les dèmes un élément fondamental du système politique (par exemple, en proposant des candidats pour le Conseil des Cinq Cents, pour l'archontat, etc.), Clisthène fit de la politique une partie intégrante de la vie quotidienne

22. Voir Robinson, E.W., *Democracy Beyond Athens*, 2011, p. 182-183, 191-192, 199 et 207.

23. Hérodote, V, 66 ; 69, 2 ; 78 ; VI, 131, 1 ; Aristote, *Const. Ath.*, 20, 1 ; 21, 1-4 ; 22, 1 ; *Pol.*, 1319 b 20-23 ; cf. Ostwald, M., *From Popular Sovereignty to the Sovereignty of Law: Law, Society, and Politics in Fifth-Century Athens*, Berkeley – Los Angeles, University of California Press, 1986, p. 15-19 ; Bleicken, J., *Die athenische Demokratie*, Paderborn, Schöningh, [1986], 1995^4, p. 42-47 ; Raaflaub, K.A., « The Breakthrough of Dêmokratia in Mid-Fifth Century Athens », dans Raaflaub, K.A., Ober, J., Wallace, R.W. (dir.), *Origins of Democracy in Ancient Greece*, Berkeley – Los Angeles – London, University of California Press, 2007, p. 105-150. Sur l'apparition de la démocratie dès Clisthène voir Ober, J., « "I Besieged that Man": Democracy's Revolutionary Start », dans Raaflaub, K.A., Ober, J., Wallace, R.W. (dir.), *Origins of Democracy in Ancient Greece*, Berkeley – Los Angeles – London, University of California Press, 2007, p. 83-101 ; Cartledge, P., « Democracy, Origins of: Contribution to a Debate », dans Raaflaub, K.A., Ober, J., Wallace, R.W. (dir.), *Origins of Democracy in Ancient Greece*, Berkeley – Los Angeles – London, University of California Press, 2007, p. 155-167 (en particulier p. 164-165).

24. Bleicken, J., *Die athenische Demokratie*, 1995, p. 43-6 ; Hansen, M.H., *The Athenian Democracy in the Age of Demosthenes: Structure, Principles, and Ideology*, Oxford – Cambridge (MA), Blackwell, 1991, p. 49 ; Welwei, K.W., *Das klassische Athen: Demokratie und Machtpolitik im 5. und 4. Jahrhundert*, Darmstadt, WBG, 1999, p. 15-21.

des citoyens ordinaires[25]. Le second mécanisme consistait à empêcher les intérêts particuliers des petits groupes locaux et les hommes puissants d'influencer le processus décisionnel politique. Chacune des dix tribus (*phulai*) était composée de trois circonscriptions, c'est-à-dire de tiers ou *trittues*. Chacune de ces trois *trittues* appartenait à une aire différente de l'Attique (la ville, la côte et l'arrière-pays), empêchant ainsi les individus et les groupements qui auraient peut-être réussi à imposer leurs intérêts privés dans leurs dèmes et *trittues*, de faire de même au niveau de la tribu. Celui qui aspirait au succès politique à l'échelle de la tribu devait nécessairement obtenir le plus large soutien politique possible[26]. Le troisième et dernier mécanisme permettait à tout citoyen, pour la majeure partie des charges publiques (Assemblée, Conseil des Cinq Cents, tribunaux et diverses magistratures), de jouir de droits politiques actifs et passifs indépendamment de son origine ou de ses biens. Clisthène établit que les membres du Conseil des Cinq Cent, organe clé du système politique, devaient être choisis par tirage au sort, démontrant par le fait même que l'idée d'égalité avait contribué dès le départ à la suppression des intérêts particuliers[27]. Le fait que cette égalité se soit réalisée sans jamais interférer avec les relations sociales ou économiques de la cité, même à une époque où la démocratie en était encore à ses débuts, eut pour conséquence de limiter l'égalité démocratique à la sphère politique[28].

25. Aristote, *Const. Ath.*, 21, 4-6 ; voir TRAILL, J.S., *The Political Organization of Attica. A Study of the Demes, Trittyes, and Phylai, and their Representation in the Athenian Council*, *Hesperia* sup. XIV, Princeton, 1975, p. 74-81 ; RHODES, P.J., *A Commentary on the Aristotelian Athenaion Politeia*, Oxford, Clarendon Press, 1981, p. 251-252, 254 et 256 ; OSBORNE, R., *DEMOS: The Discovery of Classical Attika*, Cambridge, Cambridge University Press, 1985, p. 64-93 ; WHITEHEAD, D., *The Demes of Attica 508/7 – ca. 250. B.C. A Political and Social Study*, Princeton, Princeton University Press, 1986, p. 30-35 ; OBER, J., *Democracy and Knowledge. Innovation and Learning in Classical Athens*, Princeton, Princeton University Press, 2008, p. 138-151.

26. Aristote, *Const. Ath.*, 21, 2-4 ; voir RHODES, P.J., *A Commentary on the Aristotelian Athenaion Politeia*, 1981, p. 253-254 ; BLEICKEN, J., *Die athenische Demokratie*, 1995, p. 182-184 et 188-189 ; WELWEI, K.W., *Das klassische Athen*, 2011, p. 16-20.

27. Voir BLEICKEN, J., *Die athenische Demokratie*, 1995, p. 45 ; WELWEI, K.W., *Das klassische Athen*, 2011, p. 19-20.

28. Voir OSTWALD, M., *From Popular Sovereignty to the Sovereignty of Law*, 1986, p. 19-27 ; BLEICKEN, J., *Die athenische Demokratie*, 1995, p. 45-46, 155-159 et 338-341.

Durant les décennies qui suivirent, ce principe d'égalité dans la vie politique athénienne continua à gagner concrètement en importance au sein des institutions. Bien que l'examen détaillé de ce développement ne soit ni possible ni nécessaire dans la présente étude, quelques exemples suffiront à illustrer certains de ses traits principaux. L'esprit d'égalité continua à se propager au ve siècle av. J.-C. À partir de 487/486 av. J.-C., les archontes, autrefois les plus hauts magistrats, étaient choisis par tirage au sort parmi les candidats ayant été préalablement élus au niveau de la *phulê*, et il apparaît qu'à partir de 458/457 av. J.-C., ils furent entièrement choisis par tirage au sort, quand cette magistrature fut également ouverte aux zeugites de l'avant-dernière classe de propriétaires[29]. Avant l'instauration de la démocratie, il n'existait aucune forme de rétribution pour l'exercice des fonctions publiques, de telle sorte que la vie politique était, dans les faits, inaccessible à de nombreux Athéniens en raison de leur situation financière précaire. À partir du milieu du ve siècle, une première forme de salaire (*misthos*) fut introduite pour les fonctions de juge et de membre du Conseil, puis le salaire fut généralisé aux participants de l'Assemblée (*ekklêsiastikos*) et à ceux qui assistaient aux représentations théâtrales (*theôrikon*). De cette manière, l'égalité formelle et la possibilité d'une participation égale à la vie publique se transformèrent en une pratique réelle. Cependant, la mise en place de mesures supplémentaires fut nécessaire pour motiver un plus grand nombre de citoyens à exercer leur droit. Il fallut pour cela augmenter considérablement le nombre des magistrats, les salaires, et limiter le droit d'exercice des fonctions. Ce changement, qui permettait l'élection ou le tirage au sort tous les ans de près de 700 magistrats (*archai*), de 500 membres du Conseil et de plusieurs milliers de juges, témoigne de l'ampleur des efforts déployés afin d'instaurer une véritable égalité politique[30]. Lorsqu'on considère que

---

29. Aristote, *Const. Ath.*, 7, 4 ; 26, 2 ; voir RHODES, P.J., *A Commentary on the Aristotelian Athenaion Politeia*, 1981, p. 145-146 ; OSTWALD, M., *From Popular Sovereignty to the Sovereignty of Law*, 1986, p. 22 et 49-50 ; BLEICKEN, J., *Die athenische Demokratie*, 1995, p. 273-275.

30. Les principales caractéristiques de l'élection des magistratures (Aristote, *Pol.*, VI, 2, 1317 b 17-37) ; le *misthos* (Aristophane, *Cavaliers*, 796-800, 904-905 ; *Assemblée des femmes*, 185-187 ; Ps-Xénophon, *Constitution des Athéniens*, I, 3 ; Platon, *Gorgias*, 515 e ; Aristote, *Const. Ath.*, 24 ; 62, 2 ; *Pol.*, IV, 5, 1293 a 5-7 ; IV, 6, 1294 a 39-41 ; IV, 12, 1299 b 39-1300 a 3 ; V, 4, 1304 b 27 ; VI, 5, 1320 a 17-35) ; le tirage au sort

les séances de l'Assemblée se tenaient environ quarante fois par année, que des milliers de citoyens y prenaient part et que la cité d'Athènes comptait à son apogée de 30 à 40 000 citoyens, il ne fait aucun doute que la démocratie avait réussi à atteindre un niveau exceptionnellement élevé de participation citoyenne aux affaires publiques[31].

Ce bref parcours à travers l'évolution de la notion d'égalité démocratique nous donne l'occasion de résumer ses traits les plus caractéristiques.

Premièrement, l'égalité démocratique se limitait à l'espace politique, c'est-à-dire que tous les citoyens, indépendamment de leur origine, de leur statut économique, de leur éducation ou occupation, possédaient des droit égaux à participer à la vie politique.

Deuxièmement, l'égalité démocratique englobait tous les citoyens, ou du moins s'efforçait d'inclure de manière active le plus grand nombre possible de citoyens dans le processus politique, établissant par le fait même un rapport direct entre le principe d'égalité et la multitude – ce lien est corroboré par le fait que des systèmes impliquant de nombreux participants et certaines limites dans les mandats faisaient partie intégrante du régime démocratique dès son commencement (par exemple, le Conseil des Cinq Cents, le nombre de juges, le quorum de 6000 voix pour l'ostracisme, le nombre de juges dans chaque dème, etc.).

Troisièmement, l'égalité démocratique entretenait un double rapport avec les mécanismes institutionnels : d'une part, parce que le processus d'édification de l'idéal d'égalité en véritable principe politique résultait de décisions officielles de l'Assemblée elle-même ; d'autre part, parce que le renforcement de ce même principe passait par des mesures institutionnelles telles que l'approbation de la pratique du tirage au sort pour l'élection des magistrats, des juges et des conseillers, l'augmentation significative du nombre de fonctionnaires, la pratique assidue de rotation des charges pour

(Hérodote, III, 80, 6 ; Ps-Xénophon, *Const. Ath.*, I, 3 ; Platon, *République*, VIII, 557 a ; Isocrate, *Aréopagitique*, 21-22 ; Xénophon, *Mémorables*, I, 2, 9 ; Aristote, *Const. Ath.*, 62, 1 ; 63-66 ; *Pol.*, IV, 7, 1294 b 7-10 ; IV, 12, 1300 a 19-34) ; voir BLEICKEN, J., *Die athenische Demokratie*, 1995, p. 272-279, 312-320 et 330-337 ; HANSEN, M.H., *The Athenian Democracy*, 1991, p. 150, 233-236 et 315-316.

31. Voir BLEICKEN, J., *Die athenische Demokratie*, 1995, p. 273-275 ; HANSEN, M.H., *The Athenian Democracy*, 1991, p. 97 et 240, ainsi que *The Tradition of Ancient Greek Democracy and Its Importance for Modern Democracy*, Copenhagen, The Royal Danish Academy of Sciences and Letters, 2005, p. 23.

plusieurs fonctions publiques ainsi que l'introduction d'une rétribution versée pour la participation active à la vie politique.

C'est sur la base de ces traits généraux que la notion d'égalité démocratique développera quatre caractères clés.

Premier caractère : égalité démocratique et nombre

Le premier caractère clé du concept d'égalité démocratique concerne le lien direct qu'elle entretient avec l'idée de nombre ou de quantité. L'utilisation de termes comme *isos*, *isotês* ou d'autres variations du préfixe *iso-*, manifeste sans équivoque le caractère fondamentalement mathématique de la notion d'égalité en démocratie[32]. La dimension quantitative de l'égalité a ainsi grandement imprégné la pensée politique des démocrates. On s'en aperçoit aussi à la lecture de la seconde réponse qu'ils formulèrent contre la critique voulant que la multitude ne soit pas suffisamment raisonnable ou instruite pour prendre de bonnes décisions[33]. Une première réponse, on le sait, se lit dans le *Protagoras* de Platon, où le sophiste défend l'idée que tous les citoyens, en dépit des différences qui les séparent dans la sphère privée, disposent d'une excellence politique (*politikê aretê*) égale[34].

32. Sur la notion d'*arithmos* (Aristote, *Pol.*, V, 1, 1301 b 30-1302 a 4 ; VI, 2, 1317 b 3-7 ; VI, 1, 1318 a 3-6) ; d'*isos* (Euripide, *Suppliantes*, 408, 430-435, 441 ; Thucycide, II, 37, 1 ; VI, 16, 1 ; 39, 1 ; 40, 1 ; Isocrate, *Aréop.*, 69 ; Lysias, *Contre Ératosthène*, 92 ; Aristote, *Pol.*, V, 1, 1301 a 26-35 ; V, 9, 1310 a 30-33 ; VI, 2, 1317 b 3-7) ; d'*isotês* (Platon *Gorg.*, 508 a ; *Rép.*, VIII, 558 c ; Isocrate, *Aréop.*, 21-22 ; 60-61 ; Aristote, *Pol.*, IV, 4, 1291 b 34-37 ; IV, 11, 1298 a 10-11 ; VI, 2, 1318 a 9-11 ; *Métaphysique*, K, 3, 1054 b 1-3) ; d'*isonomia* (Hérodote, III, 142, 3 ; 80, 6 ; 83, 1 ; V, 37, 2 ; Thucydide, III, 82, 8 ; IV, 78, 2-3 ; VI, 38, 5 ; Isocrate, *Aréop.*, 20 ; Platon, *Rép.*, VIII, 561 d-e ; 563 b) ; d'*isêgoria* (Ps-Xénophon, *Const. Ath.*, I, 2, 6 ; 12 ; Hérodote, V, 78 ; Euripide, *Supp.*, 438-441 ; Eschine, *Contre Timarque*, 173 ; Démosthène, *Pour la liberté des Rhodiens*, 18 ; *Contre Leptine*, 16 ; *Contre Midias*, 124) ; d'*isopsêphos* (Eschyle, *Euménides*, 741, 795 ; Euripide, *Supp.*, 353 ; Thucydide, I, 141, 6) ; d'*isomorein* (Thucydide, VI, 16, 4 ; 39, 1) ; d'*isokratia* (Hérodote, V, 92α) ; voir MEIER, Chr., *The Greek Discovery of Politics*, translated by D. McLintock, Cambridge (MA) – London, Harvard University Press, 1990, p. 167-168 ; CARTLEDGE, P., « Comparatively Equal », dans Ober, J., Hedrick, C. (dir.), Dêmokratia*: A Conversation on Democracies Ancient and Modern*, Princeton, Princeton University Press, 1996, p. 178.

33. Hérodote, III, 81, 1-2 ; V, 97, 2 ; Ps-Xénophon, *Const. Ath.*, I, 6-9 ; Thucydide, VI, 39, 1 ; Platon, *Protagoras*, 319 b-e ; *Gorg.*, 459 a.

34. Platon, *Prot.*, 320 c-323 a, voir aussi 319 b-e ; Thucydide, II, 40, 2 ; VI, 9, 2 ; Euripide, *Supp.*, 420-422 ; 433-442.

La seconde réponse, plus répandue, plaide en faveur de la sagesse collective, ce qu'on appelle la « théorie de la sommation ». On admet par là que, pris individuellement, les citoyens ordinaires sont inférieurs aux citoyens exceptionnels qui ont reçu une éducation supérieure ; toutefois, le *dêmos* se trouve composé d'une multitude d'individus qui, une fois unis, joignent leurs connaissances et leurs expériences variées dans le processus décisionnel politique. Forte de sa diversité, la somme de ces citoyens ordinaires possède une plus vaste connaissance et une plus grande expérience que celle d'un petit groupe ou même d'un seul individu, fût-il exceptionnel. La multiplicité, au final, s'avère nettement supérieure à eux[35].

Pour les démocrates, comme on l'a dit, l'égalité ne pouvait être véritablement appréciée qu'à travers le prisme de la quantité, et l'on ne s'étonnera pas qu'ils aient probablement été à l'origine de la pire épithète prêtée à leurs adversaires, une diffamation fondée justement sur la quantité – « les quelques-uns » (*oligoi*), c'est-à-dire « le gouvernement du petit nombre » –, à savoir l'*oligarchie*[36]. De plus, la vision quantitative que le *dêmos* avait de l'égalité a considérablement influencé la réflexion de ses opposants. Même si, lors des coups d'état de 411 et de 404/03, les oligarques exigèrent que les valeurs aristocratiques et oligarchiques dominent – que les droits politiques coïncident avec le niveau de propriété, le statut d'hoplite, l'origine ou la réputation, etc. –, ils n'en instaurèrent pas moins un *numerus clausus* comme critère principal d'accès au droit de citoyenneté[37]. À la lumière de cette importante décision, ces régimes

35. Aristote, *Pol.*, III, 11, 1281 a 40-1281 b 7 ; 1282 a 15-17 ; III, 13, 1283 b 27-35 ; Démosthène, *Exordes*, 44, 1 ; 45 ; Hypéride, *Pour Lycophron*, 14 ; Dinarque, *Contre Démosthène*, 33, cf. *Contre Aristogiton*, 2 ; voir SCHÜTRUMPF, E., « Aristoteles: *Politik* II-III, Übersetzt und erläutert von E. Schütrumpf », dans Flashar, H. (dir.), *Aristoteles Werke in deutscher Übersetzung*, Bd. IX, Teil II, Berlin, Akademie, 1991, p. 496-500, 523 et 551 ; OBER, J., *Mass and Elite in Democratic Athens: Rhetoric, Ideology, and the Power of the People*, Princeton, Princeton University Press, 1989, p. 163-165 et 303.

36. Hérodote, III, 81, 1 ; 82, 1 ; 3 ; 5 ; Plutarque, *Périclès*, 11, 3 ; Ps-Xénophon, *Const. Ath.*, II, 10 ; 17 ; 20 ; Thucydide, II, 37, 1 ; III, 62, 3 ; voir aussi Pindare, *Pythiques*, II, 86-88 ; cf. WELWEI, K.W., « "Demos" und "Plethos" in athenischen Volksbeschlüssen um 450. v. Chr. », *Historia*, 35, 1986, p. 178-179 et 190 ; OSBORNE, R., *The Old Oligarch: Pseudo-Xénophon's Constitution of the Athenians*, London, LACTOR, 2004[2], p. 16.

37. Voir BROCK, R., « Athenian Oligarchs: The Number Games », *Journal of Hellenic Studies*, 109, 1989, p. 160-164.

oligarchiques ou aristocratiques furent inscrits dans la mémoire collective sous l'appellation des « Quatre Cents » ou des « Trente », et leurs corps citoyen furent appelés respectivement les « Cinq Mille » et les « Trois Mille »[38]. La critique que formule Aristote à l'égard de ceux qui considèrent le nombre (grand ou petit) de personnes participant au pouvoir politique comme le principal critère de différenciation entre la démocratie et l'oligarchie révèle qu'une lecture quantitative de la notion d'égalité a subsisté à travers tous les cercles politiques et devint une constante de la pensée politique[39].

En dépit de cette forte influence exercée par l'esprit démocratique sur la pensée antidémocratique, on constate que, dès l'origine, cette dernière distinguait entre la notion d'*isos* et celle d'*homoios*. Alors que la première s'applique à une égalité quantitative, la seconde désigne plutôt une similarité qualitative[40]. Les oligarques athéniens de la fin du ve siècle av. J.-C. nous fournissent de cela un excellent aperçu. En 411, alors qu'une vive résistance à l'oligarchie se propageait, les plus modérés des Quatre Cents demandèrent que les Cinq Mille soient associés au pouvoir et que le gouvernement soit établi sur une base plus égalitaire (*politeia isaitera*). D'après Thucydide, les oligarques radicaux s'y opposèrent, puisque c'était le propre des oligarchies issues des démocraties que, aussitôt en place, nul n'y cherchait plus à faire partie des égaux (*isoi*), mais que porté par des ambitions personnelles, chacun cherchait à l'emporter sur les autres ; tandis qu'en démocratie, un candidat déçu acceptait sa défaite plus aisément, puisqu'il n'avait pas à subir l'humiliation d'avoir été vaincu par ses semblables (*homoioi*)[41]. La référence aux termes d'*isos* et d'*homoios* suggère deux conclusions : premièrement, que les oligarques se concevaient comme des *homoioi* ; deuxièmement, qu'alors qu'ils refusaient l'égalité quantitative au *dêmos*, ils ne la considéraient en revanche pas contre nature

38. Les Quatre Cent/Les Cinq Mille (Aristote, *Const. Ath.*, 29, 5 ; Thucydide, VIII, 65, 1-66, 1 ; 67, 3 ; 89, 2-3 ; 92, 11 ; 97, 1). Les Trente/Les Trois Mille (Aristote, *Const. Ath.*, 36 ; Xénophon, *Hélléniques*, II, 3, 17-20 ; 41-43 ; 48).

39. Aristote, *Pol.*, III, 7, 1279 b 20-1280 a 7 ; IV, 3, 1290 a 30-1290 b 3 ; IV, 10, 1297 b 25-28.

40. Voir MEIER, Chr., *The Greek Discovery of Politics*, 1990, p. 167-168 ; CARTLEDGE, P., « Comparatively Equal », 1996, p. 178-180.

41. Thucydide, VIII, 89, 3 ; voir aussi Hérodote, III, 82, 2-3 ; Euripide, *Supp.*, 441 ; Thucydide, VI, 16, 4-6.

parmi les oligarques eux-mêmes. Cette manière de se représenter l'égalité, comme nous le confirme Aristote, n'est pas la conséquence de circonstances historiques particulières. D'une part, il déclare très clairement que l'égalité démocratique n'est pas conforme à la justice, puisqu'elle introduit de l'égalité dans ce qui est inégal[42]. D'autre part, il considère que cette même égalité (démocratique) est non seulement juste mais opportune pour assurer le maintien des régimes oligarchiques, car elle règne alors parmi des *homoioi* et procure une stabilité à la classe dirigeante[43].

Au regard de ce qui précède, on peut déduire que les termes *isos* et *isotês* signalent un type d'égalité qui, dans certaines circonstances, pouvait être acceptable pour les partisans d'un régime oligarchique ou aristocratique. Cette polyvalence permettrait notamment d'expliquer comment l'*isonomia* pouvait être à la fois un idéal aristocratique, oligarchique et démocratique. Le concept proprement aristocratique d'*isonomie* est apparu au terme de la période archaïque à Athènes, à une époque où la démocratie n'existait pas encore, non plus que l'idée d'une égalité des inégaux. Pour cette raison, les aristocrates pouvaient revendiquer ce type d'égalité sans la moindre hésitation, d'autant plus qu'il se rapportait à quelqu'un – le tyran – qui était leur égal et qui, en même temps, ne l'était pas. En effet, en raison de son origine, sa vie, sa *Weltanschauung* et sa richesse, le tyran était pleinement un aristocrate. Le seul élément qui le différenciait du reste des aristocrates était l'imposition de sa domination par un coup d'état, car il instaurait ainsi un rapport d'inégalité dans la cité qui n'existait pas préalablement[44]. En ce sens, la notion *d'isonomia* pourrait être comprise comme le composé d'*isos* et de *nomos*, mais aussi d'*isos* et de *nemein*, ce qui expliquerait pourquoi, dans un discours fondamentalement démocratique que l'on trouve chez Thucydide[45], on observe que

42. Aristote, *Pol.*, III, 9, 1280 a 8-24 ; III, 13, 1284 a 15-23 ; V, 1, 1301 a 26-38 ; VII, 3, 1325 b 8-10 ; voir aussi Euripide, *Hécube*, 306-308 ; Platon, *Rép.*, VIII, 558 c ; *Gorg.*, 483 c ; *Prot.*, 337 a ; Isocrate, *À Nicoclès*, 14 ; *Aréop.*, 21-22 ; Xénophon, *Cyropédie*, II, 2, 18.
43. Aristote, *Pol.*, V, 7, 1308 a 4-20 ; voir aussi Isocrate, *Nic.*, 15.
44. Athénée, *Les Deipnosophistes*, 695 A-B ; voir aussi Hérodote, III, 142, 3 ; cf. DE LIBERO, L., *Die archaische Tyrannis*, Stuttgart, Steiner, 1996, p. 391-393 et 398-400 ; RAAFLAUB, K.A., *The Discovery of Freedom in Ancient Greece*, Chicago, University of Chicago Press, 2004, p. 91-95.
45. Thucydide, VI, 38, 5-39, 1 ; cf. DALFEN, J., « *Gorgias*: Übersetzung und Kommentar », dans Heitsch, E., und Müller, C.W. (dir.), *Platon Werke: Übersetzung und Kommentar*, vol. VI.3, Göttingen, Vandenhoeck & Ruprecht, 2004, p. 325-326.

le concept d'*isonomeisthai* est utilisé de pair avec celui d'*isomoirein*. De plus, puisque la démocratie athénienne a pris forme graduellement et qu'elle n'était pas le résultat d'une lutte des classes, les aristocrates ayant joué un rôle clé dans son développement et conçu la tyrannie comme leur contraire fondamental, il n'y a rien de surprenant à ce que l'isonomie pût également devenir un idéal démocratique[46]. Thucydide rapporte que, lors de la Guerre du Péloponnèse, les oligarques de Thèbes firent mention de l'*oligarchia isonomos* comme d'un régime politique distinct de la démocratie, et qu'ils l'opposèrent à un régime du type d'une *dunasteia*, qu'ils identifiaient à la tyrannie[47]. Cette comparaison montre en quoi la pensée oligarchique thébaine était conforme à celle proprement aristocratique de l'époque archaïque. Ainsi, l'isonomie pouvait également être un idéal pour ceux qui ne préconisaient pas le pouvoir du peuple, pour autant qu'elle s'appliquait à ceux qui sont véritablement égaux (dans ce cas, les oligarques) et lorsqu'elle était dirigée contre des régimes non démocratiques dans lesquels un individu (le tyran) ou un petit groupe (une tyrannie collective) s'emparait de l'entièreté du pouvoir[48].

Deuxième caractère : primauté du droit

Le deuxième caractère clé de l'égalité démocratique est le lien privilégié qu'elle entretenait avec la primauté du droit. Comme l'égalité démocratique s'est établie à l'aide de décrets et de lois adoptées par l'Assemblée – les Athéniens ne différencièrent pas les deux, décrets et lois, avant le

46. Hérodote III, 142, 3 ; 80, 6 ; 83, 1 ; V, 37, 2 ; Thucydide, III, 82, 8 ; IV, 78, 2-3 ; VI, 38, 5 ; Isocrate, *Aréop.*, 20 ; Platon, *Rép.*, VIII, 561 d-e ; 563 b ; cf. EDER, W., « Aristocrats and the Coming of Democracy », dans Morris, I., Raaflaub, K.A. (dir.), *Democracy 2500? Questions and Challenges*, Dubuque (IA), Kendall – Hunt, 1998, p. 105-137 ; STEIN-HÖLKESKAMP, E., *Adelskultur und Polisgesellschaft*, 1989, p. 177, 205-230 et 234 ; RAAFLAUB, K.A., *The Discovery of Freedom*, 2004, p. 99-100.

47. Thucydide, I, 113 ; III, 62, 3-4 ; IV, 78, 2-3 ; voir aussi Lysias, *Oraison funèbre*, 18-19 ; cf. JORDOVIĆ, I., « Did the Ancient Greeks Have Knowledge of Collective Tyranny ? », *Balcanica*, 36, 2006, p. 17–33.

48. Cf. Aristote, *Pol.*, III, 15, 1287 a 9-23 ; V, 1, 1301 b 26-28 ; V, 7, 1308 a 11-24 ; voir aussi VLASTOS, G., « *Isonomia politikē* », dans Mau, J., Schmidt, E.G. (dir.), *ISONOMIA. Studien zur Gleichheitsvorstellung im griechischen Denken*, Berlin – Amsterdam, Akademie – A.M. Hackertt, 1971[2], p. 13-17 ; MEIER, Chr., *The Greek Discovery of Politics*, 1990, p. 171.

début du IVe siècle av. J.-C. – il est raisonnable de penser que la loi était non seulement garante de cette égalité, mais qu'elle était aussi sa principale source. Cette hypothèse trouve d'ailleurs un écho dans le débat des constitutions chez Hérodote, où le défenseur de la démocratie voit dans le non-respect des lois le pire défaut de la tyrannie, et dans l'*isonomia* – prise au sens de l'égalité devant la loi – le plus bel aspect du régime démocratique[49].

Le fait que les lois soient adoptées par l'Assemblée et mises en œuvre par les tribunaux, deux institutions où le dernier mot était laissé au *dêmos*, peut mener à deux conclusions : premièrement, que la loi a pour fonction de protéger les plus faibles, et cela éventuellement au détriment des plus forts (c'est-à-dire des plus riches), et deuxièmement que son objectif principal est d'assurer la prédominance du peuple[50]. En ce qui a trait à la première conclusion, le fait est que l'idéal démocratique avait précisément pour fondement de permettre *à tous les citoyens*, incluant les plus aisés, de jouir d'une même égalité devant la loi. Euripide, dans *Les Suppliantes*, témoigne de cet idéal selon lequel la loi doit assurer un juste traitement autant aux riches qu'aux pauvres, mais mentionne aussi que le faible l'emporte sur le plus fort *lorsque la justice est de son côté*[51]. S'agissant de la seconde conclusion, attestée dans *l'Oraison Funèbre* de Périclès, elle stipule que l'une des fonctions cardinales de la loi est d'assurer la protection de l'ordre démocratique. En raison de l'agitation causée par la guerre du Péloponnèse, qui ébranla Athènes dans le courant des années

49. Hérodote, III, 80, 5-6 ; 83, 1 ; Thucydide, II, 37, 1 ; Lysias, *Oraison funèbre*, 18-19 ; Eschine, *Tim.*, 4 ; *Contre Ctésiphon*, 6 ; Démosthène, *Midias*, 150 ; *Tim.*, 134-137 ; BLEICKEN, J., *Die athenische Demokratie*, 1995, p. 66-67.

50. Aristophane, *Les Guêpes*, 548-630 ; Ps-Xénophon, *Const. Ath.*, I, 18 ; Thucydide, II, 37, 3 ; Aristote, *Const. Ath.*, 9, 1 ; 41, 2 ; *Pol.*, IV, 4, 1292 a 4-13 ; Démosthène, *Midias*, 223 ; *Tim.*, 37. On notera par ailleurs que des arguments analogues sont exprimés par Calliclès dans le *Gorgias* de Platon, ainsi que par Alcibiade dans les *Mémorables* de Xénophon : Platon, *Gorg.*, 483 b-c ; Xénophon, *Mém.*, I, 2, 42-45. Voir aussi Démosthène, *Tim.*, 68 ; 118 ; 143 ; 148 ; 152-153 ; 171 ; 204 ; 217-218. Cf. GEHRKE, H.J., « Der Nomosbegriff der Polis », dans Behrends, O., Sellert, W. (dir.), *Nomos und Gesetz: Ursprünge und Wirkungen des griechischen Gesetzesdenkens*, Göttingen, Vandenhoeck & Ruprecht, 1995, p. 28-31.

51. Euripide, *Supp.*, 429-441 ; voir aussi Thucydide, II, 37, 3 ; Lysias, *Or. fun.*, 18-19 ; Eschine, *Tim.*, 6 ; Lycurgue, *Contre Léocrate*, 3-4 ; Démosthène, *Pour la liberté des Rhodiens*, 29 ; *Midias*, 188 ; *Contre Aristocrate*, 86 ; *Tim.*, 5 ; 24 ; 59 ; 75-76 ; cf. GEHRKE, H.-J., « Der Nomosbegriff der Polis », 1995, p. 31-32.

410 et 399 av. J.-C., on jugea nécessaire de rassembler, réviser, ratifier et publier formellement les lois déjà existantes, en plus d'introduire une nouvelle procédure législative (*nomothesia*) permettant de distinguer les lois (*nomoi*) des décrets (*psêphismata*) de l'Assemblée[52]. L'intention derrière cet effort de réorganisation était d'empêcher les abus perpétrés lors du processus d'adoption et d'exécution des lois, celui-ci pouvant compromettre la stabilité de l'ordre politique, qui est une condition *sine qua non* du maintien de l'égalité démocratique. Toutefois, alors même que la démocratie athénienne prenait progressivement les traits d'une nomocratie, le pouvoir du peuple n'en fut pas affaibli. La loi trônait certes en maître à Athènes (*nomos kurios*), mais elle demeurait intrinsèquement tributaire du *dêmos* qui l'adoptait et la mettait en œuvre[53]. Pour le peuple, la loi était à la fois un outil d'autodiscipline et de protection contre ceux qui menaçaient sa primauté.

Troisième caractère : séparation des sphères politique et sociale

Le troisième caractère fondamental de l'égalité démocratique est la séparation qu'elle opère, dans la pensée et la vie politique athéniennes en général, entre le domaine politique et le domaine social[54]. Malgré l'importance des principes égalitaires au sein de l'idéologie démocratique athénienne, de nombreuses inégalités ont perduré au niveau social, et ce sans que le *dêmos* ne manifeste le désir d'y remédier[55]. D'un autre côté, régnait, au niveau politique, un véritable esprit d'égalité. Le déséquilibre existant entre l'égalité politique et l'inégalité sociale conduisit

52. Voir BLEICKEN, J., *Die athenische Demokratie*, 1995, p. 216-224 ; HANSEN, M.H., *The Athenian Democracy*, 1991, p. 161-177.
53. Lysias, *Or. fun.*, 18-19 ; Démosthène, *Contre Androtion*, 46 ; HANSEN, M.H., *The Athenian Democracy*, 1991, p. 303 ; SUNDAHL, M.J., « The Rule of Law and the Nature of the Fourth-Century Athenian Democracy », *Classica et Mediaevalia*, 54, 2003, p. 126-156.
54. Voir MEIER, Chr., *The Greek Discovery of Politics*, 1990, p. 53-54 et 140-154 (en particulier p. 145) ; HANSEN, M.H., *Polis and City-State*, 1998, p. 86-91 ; MANN, Chr., « Politische Gleichheit und gesellschaftliche Stratifikation. Die athenische Demokratie aus der Perspekive der Systemtheorie », *Historische Zeitschrift*, 286, 2008, p. 19-22 ; cf. aussi HUMPHREYS, S.C., *Anthropology and the Ancient Greeks*, London – Boston, Routledge & Kegan Paul, 1978, p. 201-204.
55. Voir HANSEN, M.H., *The Athenian Democracy*, 1991, p. 81 ; RAAFLAUB, K.A., « Equalities and Inequalities », 1996, p. 139-159.

inévitablement à la séparation des deux domaines. Or, puisque l'identité politique devint en même temps l'identité première du *dêmos*, c'est le domaine public qui, en régime démocratique, finit par prévaloir[56].

L'importance de cette division est clairement illustrée chez Thucydide, où deux des trois discours de Périclès se réfèrent à la notion d'égalité dans le contexte d'une dichotomie public-privé. En vantant le pouvoir du peuple, l'*Oraison Funèbre* insiste à plusieurs reprises sur la distinction entre les deux sphères, en défendant l'idée que les différences sociales n'ont de pertinence que dans un cadre social, et non politique[57]. C'est d'ailleurs lors de son dernier discours que Périclès conjure le *dêmos* de faire preuve de courage en continuant à supporter le fardeau de la guerre, puisqu'un État qui prospère collectivement est plus profitable à chacun, comparativement à celui où les individus prospèrent en privé, au mépris de la vie commune et de ses bienfaits. Le célèbre orateur associe directement sa demande à des concepts et des éléments proprement démocratiques tels que la flotte, la *polis turannos* et la *polupragmosunê*[58].

---

56. Voir MEIER, Chr., *The Greek Discovery of Politics*, 1990, p. 53-54, 136-154 et 164-168 ; HUMPHREYS, S.C., « Public and Private Interests in Classical Athens », *Classical Journal*, 73, 1977/78, p. 99 et 103 ; RAAFLAUB, K.A., « Oligarchy and the Concept of the "Free Citizen" in Late Fifth-Century Athens », *Political Theory*, 11, 1983, p. 535 ; FARRAR, C., *The Origins of Democratic Thinking. The Invention of Politics in Classical Athens*, Cambridge, Cambridge University Press, 1988, p. 101 ; HÖLKESKAMP, K.J., « Parteiungen und politische Willensbildung. Perikles und Thukydides, Sohn des Melesias », *Historische Zeitschrift*, 267, 1998, p. 20-23.

57. Thucydide, II, 37, voir aussi II, 60, 2-4 ; Aristote, *Pol.*, VI, 2, 1319 b 20-27 ; cf. KAKRIDIS, J.T., *Der thukydideische* Epitaphios. *Ein stilistischer Kommentar*, München, C.H. Beck, 1961, p. 30-32 ; LORAUX, N., *L'Invention d'Athènes. Histoire de l'oraison funèbre dans la Cité classique*, Paris, Mouton, 1981, p. 109, 183 et 186-187.

58. Thucydide, II, 60, 2-4 ; 61, 2 ; 4 ; 62, 3 ; 63. Le pouvoir maritime (thalassocratie) était l'un des piliers du gouvernement du peuple et s'est manifesté assez tôt, comme le confirme le Ps-Xénophon (*Const. Ath.*, I, 2). Sur l'identification de l'*archê* athénienne avec la tyrannie, voir aussi SCHULLER, W., *Die Stadt als Tyrann – Athens Herrschaft über seine Bundesgenossen*, Konstanz, de Gruyter, 1978, p. 10-12. Sur la date d'apparition de la *polis turannos* comme métaphore, voir RAAFLAUB, K.A., « Polis Tyrannos: Zur Entstehung einer politischen Metapher », dans Bowersock, G.W., Bruckert, W., Putnam, M.C.J. (dir.), *Arktouros*. Hellenic Studies presented to Bernard M.W. Knox on the Occasion of his 65th Birthday, Berlin – New York, de Gruyter, 1979, p. 245 et 251. S'agissant du terme *polupragmosunê*, qui ne concernait pas seulement le gouvernement du peuple, mais la politique impérialiste athénienne, voir EHRENBERG, V., « *Polypragmosyne*: A Study in

Quatrième caractère : liberté privée et obéissance publique

En quatrième lieu, l'égalité démocratique, résultat de la conjonction des deuxième et troisième caractères déjà évoqués (soit la primauté du droit et la séparation des sphères publique et sociale), assure une grande liberté à chacun dans la vie privée[59], alors que dans la sphère publique, l'obéissance à la loi s'y voit renforcée. S'il n'exista jamais, aux yeux du peuple, de contradiction fondamentale entre ces deux sphères, c'est que sa conception de l'égalité fut dès le départ directement rattachée à la dichotomie public-privé. Étant donné que les partisans du régime démocratique avaient une conception de l'égalité étroitement rattachée au domaine politique, et que le peuple adoptait ses propres lois justement en vue de protéger cette même égalité, on pouvait s'attendre à ce qu'on insista fortement sur le respect rigoureux de la loi[60]. Puisque, aux yeux des démocrates, la sphère sociale cédait en importance le pas à la sphère politique, le *dêmos* pouvait faire preuve d'une plus grande tolérance dans l'ordre social, d'autant plus que, de cette manière, il manifestait son indifférence vis-à-vis des inégalités sociales. C'est du reste pour cette raison que Périclès, dans son *Oraison funèbre*, présente l'égalité comme digne de louange, alors que les adversaires de la démocratie, tels que le Pseudo-Xénophon, s'y opposent et la critiquent sévèrement[61].

Sparte : égalité, liberté et contrainte

Quelles que soient les diverses opinions qui furent proférées au sujet de Sparte au cours de l'Histoire, aucune ne peut nier le profond écart qui n'a cessé de se creuser entre cette cité et sa plus proche adversaire, Athènes.

Greek Politics », *Journal of Hellenic Studies*, 67, 1947, p. 46-67 ; CARTER, L.B., *The Quiet Athenian*, Oxford, Clarendon Press, 1986, p. 163-173.

59. Sur la liberté dans le choix de vie en régime démocratique, voir le chapitre de Bernard Collette-Dučić dans ce volume.

60. Thucydide, II, 37, 3 ; voir aussi III, 37, 3-5 ; VI, 38, 5 ; Platon, *Prot.*, 322 c-323 a ; 325 a-c ; 326 e–327 d ; cf. GEHRKE, H.-J., « Der Nomosbegriff der Polis », 1995, p. 29 ; HORNBLOWER, S., *A Commentary on Thucydides*, Vol. I: Books I-III, Oxford, Oxford University Press, 1991, p. 301-302.

61. Ps-Xénophon, *Const. Ath.*, I, 5-10.

Sparte était une société strictement hiérarchique, où les Spartiates occupaient le sommet de l'échelle sociopolitique, au-dessus des *perioikoi* et des hilotes[62]. Le titre de Spartiate était réservé exclusivement aux citoyens à part entière, également qualifiés d'*homoioi*, c'est-à-dire ceux qui sont *semblables*. Cet idéal d'*homoios* apparaît entre la seconde moitié du VIIe siècle et la première moitié du IVe siècle av. J.-C., mais les arguments les plus convaincants situent ses débuts un peu après la deuxième guerre de Messénie[63]. Tout porte à croire que l'idéal d'*homoios* découle d'un besoin de renforcer le sentiment d'identité de la classe dirigeante à Sparte, qui visait à la distinguer des autres classes[64]. On ne trouve, dans les sources, aucune définition qui caractérise *expressis verbis* la nature de l'idée d'égalité qu'incarnait l'idéal d'*homoios*. Certes, il ne peut guère s'agir d'une égalité de type arithmétique. Compte tenu de la constitution spartiate, de ses valeurs et de la situation historique dans laquelle apparaît le terme, l'opinion communément admise veut que l'idéal d'*homoios* exprime une « égalité de nature ou d'être » (*Gleichheit der Art oder des Seins*), et non une égalité basée sur la richesse[65]. Elle doit principalement être comprise comme une égalité dans les capacités guerrières, le courage ou le sacrifice de soi pour la *polis*. Puisque Sparte était une société profondément militaire, la véritable signification de l'idée d'*homoios* est l'égalité dans la vertu. Ainsi, lorsque Xénophon, dans la *Constitution des Lacédémoniens*, parle de la vertu politique des *homoioi* en décrivant minutieusement les divers aspects de leur mode de vie, il montre bien qu'il s'agit en fait de la vertu en général. Comme dans le cas de la démocratie, nous voudrions mettre en évidence les caractères clés de l'égalité à Sparte.

---

62. Voir CARTLEDGE, P., *Sparta and Lakonia. A Regional History 1300 to 362 BC*, London – New York, Routledge, 2002², p. 138-168.

63. Voir THOMMEN, L., *LAKEDAIMÔN POLITEIA: Die Entstehung der spartanischen Verfassung*, Stuttgart, Steiner, 1996, p. 135-137 ; LINK, S., *Das frühe Sparta. Untersuchungen zur spartanischen Staatsbildung im 7. und 6. Jahrhundert v. Chr.*, St. Katharinen, Scripta Mercutarae, 2000, p. 116 ; MEIER, M., « Wann entstand das *Homoios*-Ideal in Sparta ? », dans Luther, A., Meier, M., Thommen, L. (dir.), *Das Frühe Sparta*, Stuttgart, Steiner, 2006, p. 113-122.

64. La différenciation n'était peut-être pas sa fonction première, mais la formation d'une identité est toujours suivie d'un processus de différenciation des autres identités, directement ou indirectement ; *contra* LINK, S., *Das frühe Sparta*, 2000, p. 113 ; MEIER, M., « Wann entstand das *Homoios*-Ideal in Sparta ? », 2006, p. 117-118.

65. THOMMEN, L., *LAKEDAIMÔN POLITEIA*, 1996, p. 136 et n. 121.

Premier caractère : égalité et idéal d'*homoios*

L'un des principaux traits caractéristiques de l'idéal d'*homoios* est sa parenté idéologique à la fois avec les idéaux aristocratiques de l'ère archaïque et avec les valeurs antidémocratiques (oligarchiques) de la période classique. Les épopées d'Homère montrent que, dès les premiers temps, la vertu guerrière était considérée comme une qualité essentielle de la vie aristocratique. Ceux qui n'égalaient pas la performance des meilleurs guerriers ne pouvaient être dits *homoioi*[66]. L'empreinte aristocratique se manifeste également dans le rapport que cet idéal entretient avec l'origine (sociale, familiale, etc.), laquelle, bien qu'importante, n'était pas pour autant absolument cruciale pour intégrer le groupe des *homoioi*. Exception faite des rois, personne à Sparte n'était *homoios* de naissance, mais seulement après avoir complété avec succès l'*agôgê*, ce rigoureux processus d'éducation et d'entraînement, ouvert également aux hommes qui n'étaient pas de sang purement spartiate[67]. Cette manière de concevoir l'excellence était fondamentale pour ceux qui critiquaient la démocratie, car dès la seconde moitié du ve siècle av. J.-C., on jugeait que la bonne éducation était un critère indispensable pour l'attribution de la pleine citoyenneté. De même, l'organisation de cette société, qui déchargeait les Spartiates (les Pairs) de la nécessité de travailler pour survivre et leur assignait comme unique fonction de servir la cité, était parfaitement en accord avec le concept antidémocratique de loisir (*scholê*) comme condition préalable et nécessaire à la reconnaissance des droits citoyens[68]. La similarité entre l'idéal d'*homoios* et les visions aristocratique et oligarchique de l'égalité se traduit également dans le fait que, tout comme celles-ci, il ne niait pas l'existence de différents niveaux de richesse. Les inégalités se perpétuèrent, comme elles l'avaient toujours fait, parmi les aristocrates[69]. Cependant, une certaine mesure de recensement de la propriété avait été

66. Homère, *Il.*, XII, 269-271, voir aussi I, 187 ; II, 553 ; IV, 410 ; IX, 305 ; 440-441 ; XIV, 521 ; XVI, 53 ; XXIII, 632 ; cf. THOMMEN, L., *LAKEDAIMÔN POLITEIA*, 1996, p. 136-137 et n. 125 ; LINK, S., *Das frühe Sparta*, 2000, p. 114.

67. Voir LINK, S., *Das frühe Sparta*, 2000, p. 115-116.

68. Aristote, *Pol.*, IV, 5, 1292 b 22-1293 a 11 ; voir aussi Euripide, *Supp.*, 410-422 ; Isocrate, *Aréop.*, 24.

69. Voir THOMMEN, L., *LAKEDAIMÔN POLITEIA*, 1996, p. 44-47.

mise en place, comme dans les oligarchies. À Sparte, cette mesure égalisatrice était remplie par les repas communs, les *sussitia*. Ces banquets quotidiens avaient pour but d'effacer les différences entre les individus, bien que certaines personnes n'étaient guère en mesure d'y assister en raison de leur trop grande pauvreté. Assurer l'égalité à l'interne de la cité nécessitait donc le maintien d'une certaine inégalité à l'externe, un état de fait généralement privilégié chez les oligarques. Lorsqu'un Spartiate n'était plus à même de contribuer au repas commun, il perdait ses pleins droits de citoyens, quelles que pouvaient être son origine ou ses compétences[70]. En outre, il se trouvait par la suite reclassé parmi les « inférieurs » (*hupomeiones*), une classe qui possédait les mêmes droits et obligations que les *homoioi*, exception faite du privilège de participer à la vie politique[71]. Il est cependant nécessaire de préciser que les *sussitia* n'introduisaient pas un recensement de propriété afin d'instaurer une certaine inégalité économique ou même de la politiser, mais cherchaient plutôt à définir un seuil d'égalité minimale permettant aux citoyens à part entière de jouir d'un mode de vie digne des *homoioi*, c'est-à-dire de conditions de vie égales (*iso-diaitoi*)[72]. Que ce soit en rapport à la vertu guerrière, à l'éducation, à l'origine ou aux inégalités économiques, l'idéal d'*homoios* et l'idéal d'égalité proportionnelle (aristocratique et oligarchique) maintenaient une grande proximité idéologique. Ceci expliquerait entre autres pourquoi Xénophon leur accorda une attention particulière dans *La Constitution des Lacédémoniens*, et pourquoi les auteurs du IVe siècle av. J.-C. s'intéressèrent considérablement à cet idéal, bien que certaines sources antérieures y avaient déjà fait référence auparavant[73].

70. Thucydide, I, 6, 4 ; Aristote, *Pol.*, II, 6, 1271 a 30-37 ; Plutarque, *Lycurgue*, 10 ; voir LINK, S., *Das frühe Sparta*, 2000, p. 101-104 ; CARTLEDGE, P., *Sparta and Lakonia*, 2002, p. 134-135.

71. Xénophon, *Hell.*, III, 3, 4-7 ; voir CARTLEDGE, P., *Sparta and Lakonia*, 2002, p. 267-269.

72. Thucydide, I, 6, 4-5 ; voir CARTLEDGE, P., « Comparatively Equal », 1996, p. 180.

73. Au Ve siècle av. J.-C. : Hérodote, III, 55, 1 ; VI, 52, 3-5 ; VII, 103, 3 ; 136, 2 ; 234, 2 ; Thucydide, I, 86, 2 ; IV, 40, 2 ; 126, 5 ; au IVe siècle av. J.-C. : Xénophon, *Constitution des Lacédémoniens*, 10, 7 ; 13, 1 ; 13, 7 ; *Hell.*, III, 3, 5 ; *Anabase*, IV, 6, 14 ; Aristote, *Pol.*, V, 5, 1306 b 30 ; Démosthène, *Contre Leptine*, 107 ; Isocrate, *Aréop.*, 61.

Deuxième caractère : despotisme de la loi

Dans l'Antiquité, il était déjà largement admis que Sparte devait son ordre sociopolitique au mythique législateur Lycurgue. Cependant, cet assemblage inhabituel d'éléments à la fois institutionnels et personnels que l'on observe dans la constitution spartiate n'intervint pas à quelque moment pré-archaïque de son histoire, ni à aucun moment particulier sous l'impulsion d'un seul homme, mais s'est élaboré progressivement sur plusieurs siècles, pour finalement acquérir sa « forme classique » vers la fin de la période archaïque. Ses principales institutions étaient les éphores, la gérousie, l'Assemblée et enfin les rois. Si le souvenir d'une domination non institutionnelle exercée par des hommes puissants (*basileis*) avait presque disparu durant la période archaïque dans le reste de la Grèce, Sparte avait au contraire institutionnalisé le pouvoir de deux *basileis*. L'utilisation dans la Grande Rhêtra du terme ancien « *archagetai* » au lieu de celui de *basileis*, atteste bien du fait que l'apparition des deux rois remonte à une époque lointaine de la cité[74]. Le second corps institutionnel, la gérousie, provenait d'un conseil officieux de l'époque homérique qui avait pour tâche de conseiller le *basileus*[75]. Quant à l'Assemblée spartiate, l'institution réunissant tous les citoyens à part entière, elle ne possédait aucun droit d'initiative, et en ce sens, ses pouvoirs étaient relativement limités. Leurs votes étaient comptabilisés en évaluant l'intensité des exclamations de la foule[76]. L'origine de l'institution cadette, l'éphorat, ne peut être déterminée avec certitude. On crut dans l'antiquité qu'elle avait été introduite relativement tôt, mais l'opinion savante qui prédomine aujourd'hui situe plutôt son apparition au VIe siècle av. J-C., en tout cas sous la forme que nous connaissons[77].

Même si les Grecs avaient l'habitude de dire que le règne des éphores était tyrannique, le véritable despote à Sparte était en fait la Grande Rhêtra. Tous les autres pouvoirs lui étaient soumis, y compris celui des rois et des

---

74. Plutarque, *Lyc.*, 6.4 ; cf. THOMMEN, L., *Sparta. Verfassungs- und Sozialgeschichte einer griechischen Polis*, Stuttgart – Weimar, Metzler, 2003, p. 36-38 et 92-97.
75. Voir THOMMEN, L., *Sparta*, 2003, p. 38-39 et 97-100.
76. Voir THOMMEN, L., *Sparta*, 2003, p. 108-111.
77. Voir THOMMEN, L., *Sparta*, 2003, p. 101-107.

éphores[78]. Son origine remonte à la première moitié du VIIe siècle av. J.-C., soit au moment même de la fondation de la *polis*. Aucune institution véritablement nouvelle ne naquit de son instauration, mais elle contribua à pérenniser celles qui jusqu'alors avaient officieusement représenté les différents groupes à l'intérieur de la communauté, de même que leurs activités propres. La Grande Rhêtra demeura l'unique texte écrit touchant à l'ordre social de Sparte, bien qu'il fût de forme oraculaire, et cela en raison du lien direct établi entre elle et la sphère du divin. De fait, en raison même de son caractère divin, elle empêchait tout changement important dans l'ordre politique en place. On croyait en effet que, derrière la Grande Rhêtra, se tenait le dieu Apollon lui-même, et son influence ne fit que gagner en puissance lorsque s'ajouta par la suite la légende de Lycurgue[79].

Troisième caractère : absence de spécialisation des sphères politique et sociale

Le dernier caractère dominant du système politique spartiate est le fait que son évolution alla de pair avec le développement de son ordre social. Le mythe qui fait de Lycurgue le législateur de Sparte, réduisant l'ordre politique et l'ordre social de Sparte à un moment et à un acte uniques, est la preuve la plus évidente que ces deux sphères étaient perçues, à Sparte, comme formant un tout unique[80].

Déclarer qu'une ancienne prophétie divine et un législateur mythique sont à l'origine de toute la constitution, limiter le nombre des institutions et des magistrats, préserver la simplicité des procédures au sein des organes gouvernementaux et maintenir la concordance entre les ordres politique et social, tout cela eut des conséquences capitales sur l'ensemble de la société spartiate. Premièrement, elle n'était pas comprise comme le résultat des efforts des Spartiates eux-mêmes, mais comme le produit d'une figure mythique et d'une volonté divine. Si les Athéniens se considéraient comme les auteurs

---

78. Aristote, *Pol.*, II, 6, 1270 b 14-15.

79. Plutarque, *Lyc.*, 1, 1 ; 6 ; 13 ; voir MEIER, M., *Aristokraten und Damoden: Untersuchungen zur inneren Entwicklung Spartas im 7. Jahrhundert v. Chr. und zur politischen Funktion der Dichtung des Tyrtaios*, Stuttgart, Steiner, 1998, p. 187-192 et n. 14 ; THOMMEN, L., *LAKEDAIMÔN POLITEIA*, 1996, p. 32-36 ; *Sparta*, 2003, p. 34-42.

80. L'ouvrage de L. Thommen (*Sparta*, 2003, p. 31-34) offre un portrait général, mais complet, de la légende de Lycurgue.

de leur propre constitution et de leurs lois, il n'est pas possible d'en dire de même pour les Spartiates. Deuxièmement, la constitution de Sparte demeura relativement rudimentaire. Troisièmement, son succès peut être attribué à sa grande stabilité ou immuabilité[81]. Enfin, les sphères politique et sociale étaient perçues comme une seule et même réalité dans le système spartiate. Ensemble, ces quatre éléments montrent que la notion d'égalité à Sparte n'a jamais été perçue comme le résultat d'un processus politique.

Une excellente illustration de cette idée est fournie par l'anecdote d'Hérodote sur la nature du courage spartiate à l'occasion de l'invasion perse. Après avoir inspecté son armée en prévision de la campagne contre la Grèce, Xerxès demande au roi de Sparte, Démarate, s'il croit que les Grecs oseraient s'opposer à cette force redoutable. Démarate répond que dans une optique spartiate, cela ne faisait aucun doute[82]. Amusé, Xerxès demande alors comment mille, dix mille ou même cinquante mille hommes pourraient affronter une si puissante armée, alors qu'ils étaient tous également libres (*eleutheroi pantes homoiôs*), et donc qu'ils n'étaient pas soumis à une autorité qui les obligerait par le fouet à surmonter la peur qu'ils ne manqueraient pas d'éprouver devant une telle menace[83]. Démarate lui répondit que les Spartiates sont libres certes, mais pas totalement : ils sont régis par la loi comme par un despote. Ils la craignent plus encore que les hommes de Xerxès craignent leur chef. Le rapprochement fait entre l'expression « tous également libres » et le courage guerrier, montre que les Spartiates considéraient celui-ci comme la pierre de touche de l'égalité et de la vertu[84]. *A fortiori*, l'utilisation du terme « despote » et la comparaison établie entre la peur des Spartiates à l'égard des lois et celle des sujets perses vis-à-vis de leur despote, suggèrent que les *homoioi* se représentaient la loi comme une autorité qui les surpassait de toutes parts[85].

---

81. Thucydide, I, 18, 1 ; Isocrate, *Sur la paix*, 95 ; *Panathénaïque*, 259 ; Ps-Platon, *Lettres*, VIII, 354 b-c ; Polybe, VI, 43, 1 ; 46, 6-8 ; Plutarque, *Lyc.*, 29, 3-30, 2.

82. Hérodote, VII, 101-102.

83. Hérodote, VII, 103.

84. Hérodote, VII, 104, 3-5 ; voir aussi Xénophon, *Const. Lac.*, 8.

85. Xénophon, *Const. Lac.*, 8, 5 ; voir MILLENDER, E.G., « Nomos Despotês: Spartan Obedience and Athenian Lawfulness in Fifth-Century Thought », dans Gormann, V.B., Robinson, E.W. (dir.), *OIKISTES: Studies in Constitutions, Colonies, and Military Power in the Ancient World*. Offered in the Honor of A.J. Graham, Leiden, Brill, 2002, p. 39-41 et 44-45.

Il est possible que les paroles d'Hérodote fassent écho à une critique athénienne car, dans l'*Oraison Funèbre* de Périclès, Thucydide mentionne également à quel point les prouesses militaires de Sparte prennent racine dans leur éducation, et, par là, relèvent entièrement d'une obligation[86]. Néanmoins, il y a une part de vérité dans toute critique, et l'épitaphe de Simonide en l'honneur des Spartiates tombés aux Thermopyles confirme que le courage et la bienveillance étaient liés aux coutumes de la *polis*[87]. Ainsi, puisque l'égalité à Sparte ne se limitait pas au domaine politique, et qu'elle n'était pas non plus perçue comme le résultat d'un processus politique, elle était davantage une source de contrainte que de liberté. Il n'est donc pas surprenant que, dans la *Constitution des Lacédémoniens* de Xénophon, le fait de pratiquer la vertu politique soit présenté comme une nécessité imposée par Lycurgue aux *homoioi*[88].

Face à cette défense d'une supériorité absolue de la communauté sur l'individu, à cette soumission de toutes les activités humaines aux besoins militaires et à l'étonnante capacité d'un groupe relativement restreint d'hommes à dominer impitoyablement un grand nombre de personnes, d'aucuns crurent reconnaître en Sparte les traits du « totalitarisme » qui sévit durant la Deuxième Guerre mondiale[89]. Lors d'un récent débat houleux l'opposant à M.H. Hansen, St. Hodkinson soulignait à juste titre l'impossibilité de recourir à cette notion moderne pour parler de Sparte[90]. Selon Hansen, Sparte offre le cas d'une fusion entre l'État et la société,

---

86. Thucydide, II, 39, 1 ; 39, 4 ; voir aussi I, 84 ; Hérodote, V, 78 ; 91, 1; Isocrate, *Panath.*, 155 ; cf. MILLENDER, E.G., « Nomos Despotês », 2002, p. 46-52 et 56-57.
87. Hérodote, VII, 228 ; voir aussi Plutarque, *Lyc.*, 30, 3-5. Cf. MILLENDER, E.G., « Nomos Despotês », 2002, p. 41-42.
88. Xénophon, *Const. Lac.*, 10, 7 ; voir aussi 10, 4 ; cf. REBENICH, S., *Xenophon: Die Verfassung der Spartaner, Herausgegeben, übersetzt und erläutert von Stefan Rebenich*, Darmstadt, WBG, 1998, p. 91-93 et 120-121.
89. HANSEN, M.H., « Was Sparta a Normal or an Exceptional Polis? », dans Hodkinson, St. (dir.), *Sparta: Comparative Approaches*, Swansea, The Classical Press of Wales, 2009, p. 397-398 ; HANSEN, M.H., HODKINSON, St., « Spartan Exceptionalism? Continuing the Debate », dans Hodkinson, St. (dir.), *Sparta: Comparative Approaches*, Swansea, The Classical Press of Wales, 2009, p. 479.
90. HODKINSON, St., « Was Sparta an Exceptional Polis? », dans Hodkinson, St. (dir.), *Sparta: Comparative Approaches*, Swansea, The Classical Press of Wales, 2009, p. 450, 454 et 457 ; HANSEN, M.H., HODKINSON, St., « Spartan Exceptionalism? », 2009, p. 489-491.

si bien que c'est la *polis* qui contrôle la vie privée. Implicitement, cette approche « fusioniste » suppose donc, selon une certaine logique hiérarchique, qu'avant que l'unification du public et du privé n'intervienne à Sparte ces deux ordres de réalité existaient de fait séparément. Dans ces conditions, même si S. Hodkinson rejette l'hypothèse de Hansen selon laquelle la cité spartiate contrôlait la sphère privée, il succombe en partie au moins à cette perspective « fusionniste » en reconnaissant l'existence préalable d'une claire distinction privé/public chez eux[91].

Si la pensée politique contemporaine a coutume d'insister sur les différences qui distinguent les diverses sphères (l'État et l'individu, le politique et le social, etc.), la situation n'était pas aussi simple dans le cas de la Grèce. La *polis* était pour l'essentiel identique à la communauté civique, de telle sorte que la *politeia* désignait à la fois la constitution et la communauté de citoyens[92]. À cet égard, Athènes fut la première cité à introduire une claire séparation entre les sphères privée et publique, au niveau pratique comme au niveau théorique ; il s'agissait, comme nous l'avons précédemment montré, d'une conséquence du développement de la démocratie et de l'égalité démocratique. En dépit du fait qu'il n'existait pas une telle séparation dans le monde spartiate, ces deux sphères n'étaient pas pour autant totalement étrangères à celui-ci ; simplement, le public et le privé n'y étaient pas suffisamment distincts pour constituer deux domaines autonomes, voire opposés. Cette position, il faut le noter, n'était pas pour autant particulièrement inhabituelle chez les Grecs : les concepts binaires que sont la *polis* (cité/État), l'*oikos* (maisonnée/domaine élargi) et la dichotomie public-privé furent toujours présents dans la pensée politique grecque[93]. Néanmoins, il y a une différence fondamentale entre la simple conscience de la distinction *polis* (public)-*oikos* (privé), et le fait de tenir

---

91. Voir Hansen, M.H., *Polis and City-State*, 1998, p. 84-86 ; « Was Sparta a Normal or an Exceptional Polis? », 2009, p. 396-397 ; HODKINSON, St., « Was Sparta an Exceptional Polis ? », 2009, p. 442, 445, 450-451 et 456-457 ; HANSEN, M.H., HODKINSON, St., « Spartan Exceptionalism? », 2009, p. 475-479 et 484-488.

92. Voir MEIER, Chr., *The Greek Discovery of Politics*, 1990, p. 153.

93. Voir STRASBURGER, H., « Der Einzelne und die Gemeinschaft im Denken der Griechen », *Historische Zeitschrift*, 177, 1954, p. 231-233 et 235-236 ; SPAHN, P., « *Oikos* und *Polis*. Beobachtungen zum Prozess der Polisbildung bei Hesiod, Solon und Aischylos », *Historische Zeitschrift*, 231, 1980, p. 529-564, en particulier p. 541-547, 558-559 et 561 ; MACÉ, A. (dir.), *Choses privées et chose publique en Grèce ancienne. Genèse et structure d'un système de classification*, Grenoble, Éditions Jérôme Millon, 2012, p. 41-189.

celle-ci pour un principe déterminant dans les rapports politiques. Cette dichotomie étant au cœur de la perspective « fusionniste », la principale question à se poser dans le cas d'un système hermétique et strictement hiérarchique comme celui de Sparte est de savoir si la *polis* contrôlait ou non la sphère privée. Toutefois, il serait difficile de comprendre comment deux choses n'ayant jamais été séparées peuvent, à un certain moment, entrer dans une logique hiérarchique de domination, car, rappelons-le, il n'y avait pas de séparation public-privé à Sparte. Bien au contraire, les Spartiates concevaient le public et le privé comme deux éléments imbriqués l'un dans l'autre, formant un ensemble naturel où une sphère pouvait par moment prendre le dessus sur l'autre, mais toujours en préservant l'équilibre interne.

À plusieurs égards, *La Constitution des Lacédémoniens* de Xénophon est une source de renseignements très riche sur l'État et la société spartiate. Bien que le terme *politeia* se trouve dans le titre, il n'apparaît qu'à une seule reprise à la fin de l'ouvrage, lorsque Sparte est comparée à d'autres *politeiai*[94]. Pour parler de cette cité, Xénophon recourt plutôt à des expressions telles que *epitêdeumata, diaita, nomoi* et *nomimoi*, termes qui dénotent le mode de vie, les coutumes et l'organisation de la communauté. Les seules institutions dont il fait mention sont celles des rois et de la gérousie[95]. Au sein de la société spartiate, il semble que Xénophon intègre non seulement les institutions et les lois, mais aussi l'éducation, les coutumes et le mode de vie en général, et par cela, on peut conclure qu'il ne faisait pas non plus de séparation nette entre la sphère publique et la sphère privée[96]. La portée significative de cette information est considérable sachant que Xénophon est l'une des rares sources à avoir une connaissance de première main de Sparte. Certes, il fait appel à des termes comme *polis, dêmosios, koinônia oikos* d'un côté, *idios* et *idiôtês* de l'autre,

94. Xénophon, *Const. Lac.*, 15, 1.

95. Sur *epitêdeumata* (Xénophon, *Const. Lac.*, 1, 1 ; 5, 1 ; 10, 8) ; *diaita* (Xénophon, *Const. Lac.*, 5, 1 ; 7, 3) ; *nomos* (Xénophon, *Const. Lac.*, 1, 2 ; 2, 14 ; 4, 6 ; 8, 1 ; 8, 5 ; 10, 8 ; 11, 7 ; 12, 5 ; 13, 8 ; 14, 1, 14, 7 ; 15, 7 ; 15, 9), *nomimos* (Xénophon, *Const. Lac.*, 1, 8 ; 4, 7 ; 7, 1 ; 10, 7).

96. Cf. Moore, J.M., *Aristotle and Xenophon on Democracy and Oligarchy*, London, Chatto & Windus, 1975, p. 67 ; Rebenich, S., *Xenophon: Die Verfassung der Spartaner*, 1998, p. 15-16.

mais un examen plus approfondi montre[97] que dans les rares cas où ils sont présentés sous une forme oppositionnelle, il n'est jamais question d'une dichotomie entre sphères publique et privée[98]. D'après Xénophon, l'une des mesures les plus déterminantes qu'a introduites Lycurgue est celle stipulant que les Spartiates ne devaient pas manger seuls dans leur maison respective, mais réunis lors d'un service commun. Or, cela ne doit pas être interprété comme une preuve de l'existence d'une dichotomie public-privé, puisque Xénophon considère les *sussitia* comme une mesure régissant la vie spartiate *in toto*, non restreinte à une sphère spécifique. L'utilisation de termes comme *epitêdeumata* (coutumes) et *diaita* (mode de vie) dans un même contexte montre qu'il ne faisait pas de distinction entre les deux sphères[99]. À plus forte raison, l'un des critères de participation aux *sussitia*, en plus de l'origine et de l'*agôgê*, était la capacité de chacun à contribuer au repas commun. Ainsi, la *sussitia*, sans être un gage d'égalité économique entre les citoyens, témoigne néanmoins de l'existence d'un seuil minimal de richesse à préserver de manière égalitaire. Xénophon relate également comment Lycurgue s'efforçait de freiner chez les Spartiates le désir d'amasser des richesses personnelles, mais ne mentionne jamais qu'il voulait les rendre égaux[100]. Les *homoioi* étaient donc des égaux dans un cadre politique, de par leur égalité dans le domaine des vertus, et également, dans une certaine mesure, au niveau matériel, une situation diamétralement opposée à celle qui entraîna la séparation du public et du privé à Athènes. Par ailleurs, on ne doit pas négliger l'influence qu'a pu avoir l'expérience athénienne sur la pensée de Xénophon. *La Constitution des Lacédémoniens* insiste sur l'une des

97. Xénophon nous en donne un exemple évident (*Const. Lac.*, 8, 3) lorsqu'il affirme que les éphores percevaient l'obéissance comme le plus grand bien, puisqu'à ce moment il se réfère simultanément à la *polis*, à l'*oikos* et à l'armée.

98. Sur *polis* (Xénophon, *Const. Lac.*, 1, 1-2 ; 2, 14 ; 3, 3 ; 4, 1 ; 4, 5 ; 5, 5 ; 6, 1 ; 7, 1-2 ; 8, 1-4 ; 9, 1 ; 9, 4 ; 10, 4-7 ; 11, 2 ; 13, 1 ; 13, 4 ; 14, 2 ; 15, 1-3 ; 15, 7) ; *koinos* (Xénophon, *Const. Lac.*, 11, 1-2) ; *koinônia* (Xénophon, *Const. Lac.*, 6, 3) ; *koinônein* (Xénophon, *Const. Lac.*, 1, 9 ; 11, 3) ; *oikos* (Xénophon, *Const. Lac.*, 1, 9 ; 5, 2 ; 5, 4 ; 8, 3 ; 9, 5 ; 13, 2 ; 14, 1 ; 15, 8) ; *dêmosios* (Xénophon, *Const. Lac.*, 3, 3 ; 4, 7 ; 10, 4 ; 13, 7 ; 15, 2-3) ; *idios* (Xénophon, *Const. Lac.*, 2, 2) ; *idiôtês* (Xénophon, *Const. Lac.*, 10, 4).

99. Xénophon, *Const. Lac.*, 5, 1-7.

100. Xénophon, *Const. Lac.*, 7. Néanmoins, Xénophon admet qu'au IVe siècle, il existait à Sparte des différences considérables de richesse et que beaucoup de Spartiates se sont (injustement) enrichis (Xénophon, *Const. Lac.*, 14, 2-3).

principales spécificités du système spartiate, selon laquelle l'éducation des enfants n'était pas confiée à des instituteurs privés mais relevait de l'État, tout comme l'exercice de la vertu était une affaire publique et non pas privée[101]. Ce qui ici paraît être une distinction tranchée entre le public et le privé peut toutefois résulter d'un effet de miroir, à savoir le fait de regarder un phénomène exclusivement spartiate à partir du poste d'observation de la société athénienne. La meilleure indication de cela se trouve dans l'*Oraison Funèbre* de Périclès, lorsque le célèbre homme d'État cite l'égalité démocratique et la liberté dans la vie quotidienne comme deux des grandes réalisations de la démocratie athénienne, en les rattachant directement à la dichotomie public-privé[102]. Par la suite, il poursuit sur sa lancée en attirant l'attention sur la spécificité qui distingue les Athéniens des Spartiates : alors que ceux-ci sont soumis dès l'enfance à une stricte éducation afin de leur inculquer discipline et courage, les Athéniens, quant à eux, atteignent ce même résultat par un mode de vie dépourvu de toute contrainte. Le courage de type naturel des Athéniens avait pour avantage de minimiser la crainte des souffrances à venir, contrairement à celui inculqué par la loi[103].

Le rapport entre l'égalité de type *isotês* ou *homoiotês* et l'égalité arithmétique ou proportionnelle

Dans la pensée politique du ve et du IVe siècle av. J.-C., la division de l'égalité en deux types, arithmétique et proportionnel, a grandement retenu l'attention. Le type arithmétique implique une égalité proprement numérique ou quantitative (la grandeur qui sépare 3 de 2 est identique à celle qui sépare 2 de 1). En revanche, le second type, proportionnel, traite de l'égalité selon la valeur ou la proportion (la grandeur qui sépare 4 de 2 est identique à celle qui sépare 2 de 1)[104]. À l'instar de ce qui a été dit

---

101. Xénophon, *Const. Lac.*, 2, 1-2 ; 10, 4 ; voir REBENICH, S., *Xenophon: Die Verfassung der Spartaner*, 1998, p. 91-93 et 120.

102. Thucydide, II, 37.

103. Voir les notes 83 à 87.

104. Sur la notion d'égalité arithmétique (Platon, *Lois*, V, 744 b-c ; VI, 757 b-c ; Aristote, *Pol.*, V, 1, 1301 a 28-35 ; V, 1, 1301 b 29-35 ; VI, 2, 1317 b 3-9 ; VI, 2, 1318 a 5 ; Plutarque, *De l'amour fraternel*, 484 B ; *Propos de table*, II, 643 C ; VIII, 719 A-C) ; d'égalité proportion-

jusqu'ici dans notre étude, on peut comprendre que l'égalité démocratique de type *isotês* ait été associée à la forme arithmétique. Aux yeux des critiques de la démocratie, elle était l'égalité des inégaux, car avec elle tous les citoyens jouissaient de la même égalité, sans égard au mérite.

Toutefois, en ce qui concerne l'égalité spartiate de type *homoiotês*, elle ne se range pas aussi explicitement sous l'un des deux types d'égalité. Dans le *Panathénaïque*, Isocrate décrit l'ordre spartiate comme une démocratie tempérée par l'aristocratie. Son caractère démocratique viendrait de l'égalité politique absolue qui règne parmi les *homoioi*, mais elle garderait néanmoins un penchant aristocratique, car l'exercice du pouvoir reste fonction du mérite de chacun. Il est évident qu'Isocrate considère cela comme une égalité proportionnelle, puisqu'il met la constitution de Lycurgue sur le même pied que la *patrios politeia* athénienne, qu'il qualifie encore clairement dans *L'Aréopagitique* d'égalité proportionnelle dans la mesure où elle rendait à chacun ce qui lui est dû[105]. Vraisemblablement pour les mêmes raisons, Aristote conclut dans *Les Politiques* que la constitution de Sparte ne tenait compte que de deux choses : la vertu et le *dêmos*[106]. Par conséquent, l'égalité spartiate était considérée comme proportionnelle, en raison de la nature des relations existant entre les différentes classes sociales, et non pas seulement entre les pairs. Les *homoioi* étaient au sommet de l'échelle sociale, tandis qu'au-dessous d'eux se trouvaient les *hupomeiones* ainsi que les Spartiates qui avaient perdu leurs droits politiques. Les *perioikoi*, qui étaient comptés parmi les Lacédémoniens au même titre que les deux groupes précédents, se trouvaient à un rang plus bas. Au-dessous d'eux, il y avait les *neadamôdeis*, d'anciens hilotes qui avaient droit à un statut plus élevé en considération de services rendus[107]. Le dernier rang de l'échelle sociale était occupé par les autres hilotes, considérés comme inférieurs.

---

nelle (Archytas, 47 B 2 D.-K. ; Platon, *Rép.*, 465 b-c ; 508 a ; *Lois*, V, 744 b-c ; VI, 757 b-c ; Isocrate, *Nic.*, 14 ; *Aréop.*, 21-22 ; Aristote, *Pol.*, V, 1, 1301 a 26-28 ; V, 1, 1301 b 29-35 ; V, 6, 1307 a 26 ; VI, 1, 1317 b 4-5 ; *Éthique à Nicomaque*, V, 6, 1131 a 29-b 1 ; Plutarque, *De l'amour fraternel*, 484 B ; *Propos de table*, II, 643 C ; VIII, 719 A-C) ; voir HARVEY, D.F., « Two Kinds of Equality », *Classica & Mediaevalia*, 26, 1965, p. 101-146 ; HEINIMANN, F., « Mass – Gewicht – Zahl », *Museum Helveticum*, 32, 1975, p. 189-193.

105. Isocrate, *Aréop.*, 20-22 ; 60-61 ; *Panath.*, 153-154 ; voir aussi Plutarque, *Moralia*, 719 A-C ; cf. ROBERTS, J.T., *Athens on Trial: The Antidemocratic Tradition in Western Thought*, Princeton, Princeton University Press, 1994, p. 67.

106. Aristote, *Pol.*, IV, 5, 1293 b 15-21 ; voir aussi II, 3, 1265 b 33-1266 a 1.

107. Voir THOMMEN, L., *Sparta*, 2003, p. 112-121 et 145-146.

La thèse du caractère proportionnel de l'égalité trouve un exemple supplémentaire chez Hérodote, où la position que chaque groupe occupe dans la société était choisie selon le mérite. Après la bataille des Thermopyles, Xerxès demanda à Démarate combien de Lacédémoniens avaient survécu et aussi combien d'entre eux étaient tombés héroïquement au combat. Le roi lui répondit que Sparte était composée d'environ huit mille hommes, tous égaux (*homoioi*) à ceux qui ont combattu dans les Thermopyles, et qu'il considérait le reste des Lacédémoniens, les *perioikoi*, comme des hommes vaillants (*agathoi*), mais pas des *homoioi*[108]. L'utilisation du terme positif d'*agathoi* montre que les *homoioi* ont atteint le niveau le plus élevé de la vertu et que, à l'intérieur de ce groupe, la vertu n'est plus différenciée. Pour cette raison, il ne semble pas justifié d'identifier l'égalité prévalant au sein du groupe des *homoioi* à une égalité proportionnelle.

Or désigner l'égalité de type *homoiotês* par sa forme arithmétique ne va pas non plus sans poser problème. L'égalité arithmétique tolère l'existence de différences significatives au niveau de la vertu politique de même que dans la sphère économique. L'idéal d'*homoios*, *a contrario*, nie ces différences au niveau de la vertu, alors que dans la sphère économique, elle fixe à l'aide de mesures sociales comme les *sussitia* un minimum d'égalité économique nécessaire pour mener le mode de vie propre aux *homoioi*. En effet, Aristote parle du caractère acceptable, voire désirable, de l'égalité démocratique dans le cas des *homoioi*. Cependant, il ne s'agit pas spécifiquement des *homoioi* spartiates, mais des oligarques, et plus précisément du cas des oligarques athéniens en 411 av. J.-C. qui, de toute évidence, atteste qu'ils ne sont pas égaux en matière de vertu politique. Si l'égalité de type *homoiotês* n'a rien à voir avec l'égalité démocratique, comment expliquer que certains interprètes repèrent l'existence d'éléments proprement démocratiques dans l'organisation de Sparte ? Cette apparente contradiction me semble trouver sa solution dans les observations d'Isocrate et d'Aristote mentionnées ci-dessus. L'orateur montre que le terme « démocratie » peut être utilisé dans le but de dissimuler ou de légitimer une vision pro-oligarchique, tandis que le philosophe en fait usage parce qu'il considère que seuls les *homoioi* sont citoyens (en d'autres termes, il tient les *homoioi* pour le *dêmos*) et que, parmi eux, il n'existe pas de différence en matière de droits politiques.

---

108. Hérodote, VII, 234, 1-2.

Conclusion

Un certain égalitarisme était certes inhérent aux différentes cités grecques, mais ce *substratum* égalitaire n'a pas pour autant empêché l'émergence en elles d'inégalités sociales, économiques et politiques. Les cas d'Athènes et de Sparte donnent à voir comment une compréhension différente de la notion d'égalité a pu mener à deux systèmes politiques extrêmement divergents.

L'égalité démocratique à Athènes était une égalité des inégaux qui se limitait à la sphère politique, tandis que les inégalités sociales persistaient en parallèle. Ce déséquilibre conduisit inévitablement à marquer une nette séparation entre les domaines politique et social, et ce tant au niveau théorique qu'au niveau pratique. Puisque la sphère sociale était, pour les démocrates, de second ordre, le peuple avait droit à une grande liberté dans la vie privée. Le rapport intime qu'entretenait l'égalité avec l'état de droit était, pour sa part, garant de la liberté politique des Athéniens puisque la loi était perçue comme un outil d'autodiscipline et qu'elle contraignait aussi ceux qui pouvaient mettre en danger sa suprématie. Ainsi, l'égalité devint à Athènes l'une des principales sources de liberté, dans la sphère privée tout comme dans la sphère publique.

Plusieurs particularités propres à la constitution de Sparte (la simplicité de ses structures, le lien causal établi entre l'ordre social et politique, l'attachement à l'immuabilité et l'association de sa genèse avec le divin) ont empêché que l'égalité puisse être perçue comme le résultat d'un processus politique ou restreinte à ce domaine en particulier. Par conséquent, l'idéal d'*homoios* était considéré comme supérieur aux *homoioi* eux-mêmes. Dans la mesure où l'égalité entre semblables touchait en même temps tous les aspects du mode de vie spartiate, elle était avant tout une source de contrainte et non de liberté. Face aux autres classes sociales, les *homoioi* pouvaient être considérés comme la classe dirigeante, mais à l'aune de la constitution de Sparte, ils étaient en fait des « esclaves ».

L'égalité démocratique de type *isotês* peut aisément être associée à l'égalité arithmétique car, avec elle, tous les citoyens jouissent de la même égalité, quelles que soient leurs fonctions dans la société. Cependant, le cas de Sparte et de l'égalité de type *homoiotês* est nettement plus complexe et ne peut s'identifier à l'égalité proportionnelle en raison de son application restreinte au cadre des *homoioi*. Puisque ces derniers étaient considérés comme supérieurs en matière d'excellence, les Spartiates n'ont jamais cherché à se différencier à l'intérieur du groupe. Par conséquent, ce qui justifie, en dernière analyse, l'association entre l'égalité de type *homoiotês* et celle de forme proportionnelle, c'est la nature fondamentalement hiérarchique des relations qui structuraient les différentes classes sociales à Sparte.

Traduit de l'anglais par Émilie-Anne Chartier

La critique sophistique du *nomos*

*Marc-Antoine Gavray (Université de Liège / FRS-FNRS)**

Le sens de la critique sophistique

Sous le nom de Sophistes, de Sophistique ou de Mouvement sophistique, sont regroupés un ensemble d'auteurs actifs entre la seconde moitié du ve siècle av. J.-C et la première moitié du ive siècle av. J.-C. Ces désignations renferment cependant une connotation négative remontant à un cadre polémique instauré par Platon et Aristote, dont l'enjeu consiste à s'approprier le nom de philosophie tout en dénonçant des adversaires qui ne satisfont pas aux critères institués : le sophiste serait l'envers du philosophe, un professionnel qui ne recherche pas le savoir pour le savoir, mais qui en use par des moyens frauduleux en vue du profit. Or il ne faut pas renoncer à chercher dans ces auteurs dénigrés des penseurs originaux qui ont porté sur la société et les connaissances de leur temps un regard critique et informé, révélateur de l'esprit d'une époque.

---

* J'ai présenté différentes versions préparatoires de ce texte à Liège, à São Paolo et à Lyon : je remercie les auditeurs pour leur patience et leurs commentaires. J'adresse une pensée particulière à Bernard Collette-Dučić pour nos longues discussions argumentées au moment de la rédaction finale.

Les sophistes ne désignent ni une école philosophique ni un courant de pensée, au sens où ils seraient organisés autour d'un ensemble de thèses qu'ils s'emploieraient tous à diffuser. La sophistique ne correspond pas davantage à un art ou à une science que les sophistes auraient contribué à faire émerger, avant de disparaître avec eux. Aussi étudier les sophistes ne signifie pas rechercher leur position collective, dans la mesure où il n'y a pas entre eux plus de points communs qu'entre les philosophes de la même période[1]. Ils forment plutôt un ensemble de figures qui partagent avant tout un même rapport d'efficacité au savoir et qui participent à des débats sur des questions telles que celle des limites et des possibilités de la loi (*nomos*).

Le contexte historique

L'avènement du « mouvement sophistique » – une désignation qui tend à s'imposer depuis les travaux de Kerferd[2] – tient pour une large part aux bouleversements culturels et politiques qui marquent la Grèce du vème siècle. Ceux-ci ont favorisé l'émergence d'un questionnement sur les relations entre des conditions qui s'imposeraient universellement et les possibilités qui, par contraste, seraient offertes à chaque société ou à chaque individu.

Le contexte politique grec paraît pour le moins bigarré, étant donné que chaque cité forme un État indépendant doté d'une constitution qui lui est propre et qui offre une déclinaison des types de régimes reconnus : monarchie, tyrannie, oligarchie, aristocratie et démocratie. À un système archaïque où le pouvoir était par nature réservé à une aristocratie de naissance a fait suite un état de multiplicité des formes politiques, dont la coexistence conduit à douter de la domination « naturelle » d'un individu ou d'un groupe sur les autres et, par conséquent, à se pencher sur les raisons qui légitiment cette autorité « naturelle ». Plus aucune forme

1. À savoir les philosophes qu'on appelle présocratiques, par exemple Anaxagore, Démocrite, Philolaos, voire Socrate lui-même, dont les positions sont très contrastées : Anaxagore admet la division à l'infini de la matière, tandis que Démocrite s'arrête aux unités insécables qu'il nomme atomes ; Philolaos explique les objets naturels au moyen du couple du limitant et de l'illimité, alors que Socrate refuse de se prononcer sur la nature des choses.

2. Kerferd, G.B., *Le Mouvement sophistique*, tr. Tordesillas, A. et Bigou, D., Paris, Vrin, 1999.

politique ne paraît devoir s'imposer avec évidence : la diversité des constitutions invite à s'interroger sur la possibilité pour tel ou tel régime de s'imposer, c'est-à-dire sur le moyen de fonder une autorité politique et d'en justifier le fonctionnement.

La démocratie n'échappe pas à la règle, elle qui à l'époque a atteint à Athènes son apogée en termes de participation et d'égalité. En effet, l'idée démocratique entraîne immédiatement la question de sa légitimité : si un régime se met en place où tout citoyen devient susceptible d'exercer des fonctions publiques, alors que ces dernières étaient anciennement le privilège de certains, un changement aussi radical entraîne une véritable révolution des mentalités, dans la mesure où cela suppose de reconnaître que tout un chacun participe désormais des conditions suffisantes à l'activité politique. Avec la démocratie naît dès lors un régime où chacun reçoit par principe un droit politique équivalent, ainsi que le devoir de participer à la vie de la cité, en collaborant notamment à l'édiction des lois. La promotion de l'individu en acteur politique allait ainsi mener à un examen des mécanismes qui incitent chacun à respecter les lois que lui-même contribue à instaurer.

Dans le même temps, les Grecs furent confrontés aux Barbares, c'est-à-dire au monde non grec, notamment à travers les guerres médiques qui les opposèrent à l'empire perse (490-479 av. J.-C) ou les récits des voyageurs qui leur firent découvrir des pratiques culturelles étrangères, qu'elles concernent la politique (la soumission absolue des Perses à l'autorité de l'empereur), les mœurs (la nécrophagie des Massagètes)[3] ou le savoir (la science des Égyptiens). De telles différences devaient susciter une réflexion sur leur origine et sur leur justification, comme en témoigne Hérodote dans ses *Histoires* : pourquoi le Barbare, qui est en définitive un homme au même titre que le Grec, observe-t-il des coutumes manifestement si distinctes ? Sur quoi au fond reposent ses croyances et ses comportements ? À nouveau, la question est d'interroger le principe au nom duquel les hommes ont l'habitude de justifier telle conduite ou telle habitude.

On comprend donc que ce débat autour du *nomos* ne se soit pas limité aux sophistes, mais qu'il ait également engagé des historiens (Hérodote et Thucydide), des médecins (Hippocrate et son école), des orateurs et des

3. Hérodote, I, 216 ; la question est reprise dans le recueil sophistique des *Discours doubles*, B 2, 14 D.-K.

poètes (Sophocle et Euripide). Par conséquent, il paraît exclu de considérer les sophistes comme une catégorie autonome. Il convient plutôt de les envisager comme les représentants du questionnement propre à une époque : les sophistes n'ont pas fait naître (seuls) le problème, pas plus qu'ils ne l'ont définitivement résolu[4]. Ils offrent avant tout un aperçu plus net des positions en présence et des possibilités théoriques ouvertes par cette relativité des normes devenue manifeste. Miroir en quelque sorte d'un débat à la fois culturel, politique et épistémologique, ils vont décortiquer les processus de légitimation normative.

Les limites de la loi et le projet critique

Le *nomos* désigne tout ce qui est conforme à la règle, signification qui, selon les contextes, inclut l'usage, l'habitude, la loi (écrite ou non écrite, particulière ou générale, par opposition au simple décret). Dans toutes ses acceptions cependant, il revêt une orientation prescriptive, et pas seulement descriptive[5]. Il ne renvoie pas simplement aux conventions, aux mœurs ou aux valeurs qui ont cours dans une société, c'est-à-dire à l'ensemble des habitudes qui se sont imposées avec le temps et qu'il est possible d'observer, à l'instar de ce qui relève du folklore. Il recouvre plutôt une dimension normative, qualifiant moins l'usage que le bon usage. Que ce soit comme convention ou comme loi, le *nomos* correspond donc à ce qu'il convient de faire dans un cadre donné : il est une règle qui s'impose à un groupe d'individus.

La valeur prescriptive du *nomos* augmente la portée de la critique menée par les sophistes. Leur rôle ne se réduit pas à formuler un relativisme naïf lié au fait que les Grecs auraient tels usages, les Barbares tels autres, mais que tous seraient fondés à les adopter et à les respecter. Les sophistes ont adopté une position critique à l'égard du *nomos*, au sens où ils se sont faits les tenants d'une réflexion sur l'institution des normes. En

---

4. Pour un aperçu du débat, je renvoie à l'étude exhaustive de GUTHRIE, W.K.C., *Les Sophistes*, tr. Cottereau, J.-P., Paris, Payot, 1988, p. 63-141, qui en donne une présentation très antilogique, opposant les thèses de chacun sans vraiment montrer comment elles s'articulent et se répondent ; aussi à l'étude fondamentale de HEINIMANN, F., *Nomos und Physis. Herkunft und Bedeutung einer Antithese im Griechischen Denken des 5. Jahrhunderts*, Basel, Friedrich Reinhardt, 1942.

5. Voir KERFERD, G.B., *Le Mouvement sophistique*, 1999, p. 172.

ce sens, la critique sophistique du *nomos* renvoie à des prises de position face aux processus de justification éthique et de légitimation politique mis en œuvre par les hommes au sein d'une société. Elle entend en comprendre l'origine, le développement et les relations politiques qu'elles installent entre les hommes. Autrement dit, elle constitue ce moment où les Grecs reconnaissent la valeur construite des normes et s'interrogent sur la nécessité de les préserver dans leur fonction prescriptive, en même temps que sur les moyens de les faire évoluer.

Pour de nombreux intervenants du débat, l'examen du *nomos* suppose de faire intervenir un autre terme : la nature (*phusis*). Par opposition au *nomos*, qui est institué, la *phusis* renvoie à la manière dont les choses sont réellement, à leur principe de fonctionnement. Dans le débat, il importe moins toutefois de se prononcer en faveur du *nomos* ou de la *phusis*, comme devant les termes exclusifs d'une alternative, que de saisir leur articulation. En effet, face au constat de décalage entre ce qui relève de la nature (les facultés humaines, les réactions instinctives) et ce qui relève de la norme (les règles admises par le groupe), il convient moins de combler l'écart que d'en rendre les contours explicites, afin d'attribuer à chaque terme la place qui lui échoit au regard de la situation. Aussi de nombreux sophistes ont-ils mené des travaux dans différents domaines du savoir (physique, mathématique, littérature, histoire), de sorte que leur prise de position à l'égard de la loi résulte d'une analyse globale, qui inclut des considérations physiques ou épistémologiques. Dans ces conditions, saisir le rôle dévolu à la loi par rapport à la nature implique de les situer dans un cadre plus large, dans la mesure où derrière tout projet politique se profile une justification théorique. Et, le plus souvent, il s'agit moins de valoriser la loi au détriment de la nature, ou l'inverse, que de prendre acte d'un écart pour définir des principes d'action adéquats – qu'ils concernent l'individu ou la cité.

Considération méthodologique

Malgré l'importance de la question, les matériaux pour l'étudier sont rares. Les fragments dépourvus de toute intervention du témoin qui les transmet ne forment qu'une partie infime de nos sources. Pour l'essentiel, il s'agit de l'Anonyme de Jamblique, un groupe de fragments associés aux débats sophistiques et cités dans le *Protreptique* du néoplatonicien

Jamblique de Chalcis (242-325 ap. J-C.) et d'un fragment sur papyrus du traité *Sur la Vérité* d'Antiphon[6]. Pour le reste, nos informations dépendent d'auteurs dont l'intervention sur le contenu du texte cité ou sur la doctrine mentionnée est souvent difficile à mesurer. Parfois, des données extérieures corroborent ou enrichissent leur représentation. C'est le cas pour Hippias, dont le témoignage transmis par Xénophon (430-354) est recoupé, du moins en partie, par celui de Platon ; mais aussi pour Thrasymaque, dont des fragments transmis par des sources postérieures font écho aux thèses qui lui sont attribuées dans la *République*[7].

Quant à Protagoras, les données principales à son sujet proviennent de Platon, ce qui pose la question de méthode suivante : quelles garanties le témoignage de ce dernier offre-t-il pour reconstituer la position historique du sophiste, étant donné que Platon interprète davantage ses thèses qu'il ne les cite littéralement[8] ? S'agissant du problème qui nous occupe, nous pouvons répondre que, dans son exposé de la doctrine qu'il attribue à Protagoras, Platon met justement en évidence le projet de la critique sophistique telle que Protagoras l'incarne et, sur ce point, il illustre une perspective théorique dont il envisage les résultats. Par ailleurs, les fragments sur d'autres points de la doctrine de Protagoras valident certains éléments du témoignage que Platon évoque dans le *Protagoras*, ce qui aide à reconstituer une position vraisemblable.

La critique sophistique dans ses manifestations

Dans la suite de cette contribution, je me concentrerai successivement sur plusieurs figures associées au mouvement sophistique, en suivant une perspective dynamique visant à montrer de quelle manière ces auteurs

6. Jamblique, *Protreptique*, § 20 ; Antiphon, B 44 D.-K. = *P. Oxy.* 1364.

7. Sur Hippias, Xénophon, *Mémorables*, IV, 4, 13-25 et Platon, *Protagoras*, 337 c-e. Sur Thrasymaque, Platon, *République*, I, 343 a-344 c et 348 b-349 a, et les fragments B 1 et B 8 D.-K. ; voir surtout la contribution de D. El Murr ci-après dans ce même volume, à laquelle je renvoie le lecteur pour la position de Thrasymaque.

8. Les thèses de Protagoras sont au cœur du *Protagoras* et du *Théétète*. S'agissant de Calliclès, la question est plus brûlante encore, car celui-ci ne nous est connu qu'à travers le *Gorgias* (où, du reste, il se présente davantage comme un orateur que comme un sophiste).

se répondent[9]. Je partirai de Protagoras, qui semble avoir initié le débat, puis je traverserai différentes options prises à sa suite afin de souligner la richesse et la diversité des positions que les sophistes ont développées sur la question du *nomos*.

Protagoras et l'émergence des sophistes

Protagoras aurait été le premier à revendiquer le titre de sophiste, c'est-à-dire d'éducateur professionnel, tout en s'inscrivant dans une tradition d'éducation qu'il faisait remonter aux poètes (Homère, Hésiode, Simonide, etc.). À cet égard, il en hériterait en même temps qu'il romprait avec elle[10]. Ce point appelle quelques précautions, dans la mesure où c'est Platon qui lui prête cette affirmation, lui qui nourrit le projet de réunir ses adversaires sous la bannière des sophistes. Quoi qu'il en soit, Protagoras semble avoir créé une pratique d'enseignement, au sens où il fut le premier à réclamer un salaire en échange de compétences en matière de discours et d'action politique[11]. Pour le reste, les circonstances de sa vie sont mal connues, tant les témoignages divergent. Il serait né à Abdère, en Thrace, aux environs de 490, où il aurait travaillé comme portefaix avant de s'initier à la philosophie[12]. Il devint alors une figure intellectuelle éminente de la seconde moitié du vème siècle. Il fit d'ailleurs plusieurs séjours à Athènes, où il fréquenta le cercle de Périclès : en 444, celui-ci le chargea de doter Thourioi, une colonie panhellénique nouvellement fondée en Grande Grèce, d'une constitution (vraisemblablement démocratique, en accord avec les convictions politiques du stratège athénien). Il serait mort vers 420. Selon certains, il aurait été la victime d'un autodafé et aurait péri en exil pour avoir affirmé : « Au sujet des dieux, je ne peux

9. C'est en somme la perspective adoptée par BONAZZI, M., *I Sofisti*, Roma, Carocci, 2010, p. 83-114 (dans un chapitre intitulé « La giustizia e la legge »).

10. Protagoras, A 5 D.-K. (= Platon, *Protagoras*, 316 c-317 c).

11. Protagoras, A 1 D.-K. (= Diogène Laërce, IX, 51-52).

12. Diogène Laërce, IX, 53 : il aurait déjà fait preuve d'ingéniosité en tant que portefaix en inventant la *tulè*, une sorte de coussin destiné à faciliter la charge des porteurs. Diogène affirme que, pour cette raison, Démocrite, son concitoyen et contemporain, aurait fait de lui son disciple – à quoi font également écho Philostrate, Clément d'Alexandrie et Apulée. Toutefois, cette tradition tient plutôt de la reconstruction tardive visant à réunir ces deux hommes au sein d'une même tradition philosophique en raison de leur origine commune (Abdère). Elle résiste néanmoins difficilement à l'épreuve de la chronologie.

savoir ni qu'ils sont, ni qu'ils ne sont pas, ni quels ils sont quant à leur aspect. Car beaucoup d'obstacles empêchent de le savoir : l'obscurité et la brièveté de la vie humaine »[13]. Par ces mots, Protagoras semble soutenir un agnosticisme dont il est difficile de mesurer la teneur et l'impact[14]. Du moins sa réception n'a-t-elle pas empêché ses idées de jouir d'une grande postérité[15].

S'agissant de la critique du *nomos*, Protagoras ouvre le questionnement sur l'historicité des normes et la nécessité de leur trouver une justification. Ses arguments sont exposés par Platon dans un dialogue éponyme, qui prête au sophiste un mythe suivi d'un discours s'étendant sur plusieurs pages[16]. Il faut toutefois évacuer d'emblée la question de savoir si Platon en donne là une citation littérale, parce qu'elle est mal posée. Il serait en effet étonnant, voire tout à fait exceptionnel, qu'il se soit contenté de reproduire si longuement les mots d'un autre auteur. Il est plus vraisemblable qu'il ait rassemblé des idées de Protagoras disséminées dans plusieurs discours existants, sous une forme qu'il jugeait cohérente[17].

Le mythe survient afin de lever une objection de Socrate, qui doute que l'art (ou la vertu) politique s'enseigne dès lors que, la démocratie athénienne en fournit la preuve, tous semblent le maîtriser par nature, dans la mesure où tous les citoyens sont autorisés à prendre part aux débats de l'assemblée. Protagoras répond au moyen d'une histoire de l'humanité qui souligne la nature politique de l'homme. Reprenant le mythe de Prométhée, il distingue trois moments. Dans un premier temps,

13. Protagoras, B 4 D.-K. Les passages sur sa condamnation sont A 1 D.-K. (= Diogène Laërce, IX, 52) ; A 3 D.-K. (= Hésychius, scolie à la *République* de Platon, 600 c) ; A 4 D.-K. (= Eusèbe, *Préparation évangélique*, XIV, 3, 7) ; A 12 D.-K. (= Sextus Empiricus, *Contre les Dogmatiques,* IX, 55-56, qui cite les *Silles* de Timon de Phlionte) ; A 23 D.-K. (= Cicéron, *De la nature des dieux*, I, 63). Mais Platon, le témoin le plus proche, lui fait dire qu'il a exercé son métier sans jamais avoir été inquiété (*Protagoras*, 317 b-c) : faut-il y voir un trait d'ironie de Platon qui, au moment d'écrire son dialogue trente ou quarante ans après le moment de la fiction, connaissait le destin du sophiste ?

14. Sur l'athéisme attribué à Protagoras, je renvoie à la contribution de J.-B. Gourinat dans ce volume.

15. Sur Protagoras, je me permets de renvoyer à mon livre récent *Platon héritier de Protagoras. Dialogue sur les fondements de la démocratie*, Paris, Vrin, 2017.

16. L'ensemble s'étend sur *Protagoras*, 320 c-328 d.

17. Diogène Laërce (IX, 55) mentionne plusieurs titres de livres (perdus) en lien avec le mythe du *Protagoras*.

Prométhée et Épiméthée ont reçu des autres dieux la tâche de répartir entre les animaux les capacités naturelles. Or Épiméthée oublie l'homme du partage et, pour éviter de le laisser sans défense, Prométhée dérobe alors à Athéna et à Héphaïstos les arts et le feu. Dans un deuxième temps, les hommes, désormais pourvus des capacités techniques, ne parviennent pas néanmoins à survivre : soit ils vivent isolément et périssent sous les attaques des bêtes, soit ils se rassemblent mais finissent par s'entretuer, car leur manque l'art politique. Dans un troisième temps, Zeus mandate Hermès pour distribuer à tous les hommes la honte et la justice : « Établis en mon nom une loi (νόμον γε θὲς παρ' ἐμοῦ) d'après laquelle celui qui est incapable de participer à la honte (αἰδώς) et à la justice (δίκη) doit être mis à mort, au titre de fléau pour la cité » (Platon, *Protagoras*, 322 d 4-5).

Ces trois phases successives décrivent moins une évolution historique qu'elles ne servent à définir les caractéristiques de l'humanité politique. La première montre qu'à la différence des autres espèces animales, la nature humaine est fondamentalement indéterminée, étant donné que ses capacités propres ne correspondent pas à des moyens de défense préétablis. Grâce aux techniques qu'il développe pour compenser sa situation initiale de manque, l'homme fabrique des armes et des abris, communique, honore les dieux, etc. autrement dit invente un ensemble de moyens pour garantir sa survie. Or, comme l'indique la deuxième phase, ces compétences techniques ne suffisent pas à préserver l'espèce, car elles sont en tant que telles incapables de créer le lien politique nécessaire à la cité. La présence de spécialistes seulement ne permet pas encore de constituer un État, parce qu'ils se limitent à des aspects pratiques. Ainsi l'architecte ou l'armateur peuvent-ils se prononcer sur la meilleure façon de construire un bâtiment ou un navire. En revanche, ils sont incapables de justifier pourquoi la cité devrait se lancer dans de telles entreprises, car ce point ne relève pas de leur spécialité : savoir si la cité doit se doter de bâtiments d'apparat ou d'une flotte militaire n'est pas une question technique réservée à une poignée d'individus experts d'un domaine, mais une question politique qui engage la cité dans son ensemble. D'où la troisième phase : l'octroi à tous les hommes de la honte et de la justice.

La condition fondamentale de la cité est donc que chacun participe à cette double capacité. La honte renvoie au respect de soi et des autres inhérent à une intériorisation de la pression sociale ; la justice est liée à l'institution et à l'acquisition des lois/normes. Que cette loi qui impose à tout le monde d'y prendre part soit d'institution divine, au sens où elle résulte d'un édit de Zeus, ne doit pas s'entendre de façon littérale. La formule relève du registre mythique dont use Protagoras pour déconstruire le processus politique. Lui attribuer une origine divine, ce n'est donc pas la doter d'un contenu ni l'inscrire dans la nature. C'est plutôt en souligner la nécessité pour produire le lien politique. Ce *nomos* fondamental apparaît comme la condition pour que la cité existe : tous doivent consentir à se conformer à ses règles et contribuer à leur développement. Autrement dit, ce que montre Protagoras, c'est qu'un accord sur ce point est à la base de la vie politique. Il y a cité à partir du moment où tous les citoyens s'entendent sur la loi tacite qui consiste à reconnaître une valeur aux lois régissant leurs comportements et leurs interactions.

Il ne faut cependant pas déduire de l'accord autour de la loi fondamentale que le respect du *nomos* positif, c'est-à-dire des lois particulières de la cité, est inscrit dans la nature. Protagoras a conscience qu'il est impossible d'éviter que les citoyens ne violent les lois de la cité. C'est pour cette raison qu'il invoque cette loi d'un autre type, une règle qui autorise à se débarrasser de tout individu incapable de participer au jeu politique. Il faut en effet distinguer entre deux situations, selon qu'il s'agit de la loi fondamentale ou d'une loi particulière :

> « Dans le cas de la justice ou de n'importe quelle vertu politique, que quelqu'un que l'on sait injuste déclare publiquement la vérité sur son propre compte […] est un acte de folie. Tout le monde, affirme-t-on, doit se déclarer juste, qu'on le soit ou non, et celui qui n'affiche pas le visage de la justice déraisonne. On estime en effet impossible que quiconque n'ait pas part à la justice au moins en quelque façon, sous peine d'être exclu de la communauté. » (Platon, *Protagoras*, 323 b 2-c 2)

La seule condition nécessaire au maintien de la cité est que tous les citoyens participent du consensus fondateur. À cet égard, il revient au même d'être réellement juste ou de seulement le feindre, car feindre la justice suppose déjà de reconnaître l'existence du lien qui unit la cité et, en ce sens, d'y consentir d'une certaine façon. Aussi la loi fondamentale est-elle la seule qui ne puisse être rompue sans mener à la destruction de la cité. Quant aux autres, leur respect individuel importe moins. Certes, Protagoras ne plaide pas pour autant en faveur d'un état de non-droit où seule suffirait l'apparence de justice. Sa position soulève toutefois la question de savoir jusqu'où peut aller la défiance face aux lois positives sans nuire à la loi fondamentale, c'est-à-dire jusqu'où les citoyens peuvent enfreindre les lois sans impliquer, par leur attitude, la dissolution de fait de l'unité politique. Malheureusement, Protagoras ne nous a pas laissé de réponse directe et explicite.

Sa description du *nomos* positif offre toutefois quelques indices. De la même façon que la loi fondamentale est naturellement vide de tout contenu, les lois de la cité ne sont pas déduites de la nature. Elles n'ont en effet d'existence que dans le cadre d'une construction politique au sein de laquelle les hommes s'entendent sur un contenu : « ce que chaque cité estime juste et beau (δίκαια καὶ καλὰ), cela l'est réellement aussi pour elle, aussi longtemps qu'elle en juge ainsi (ἕως ἂν αὐτὰ νομίζῃ) » (Platon, *Théétète*, 167 c 4-5). Cette définition de la loi positive, qui survient dans le cadre d'une explicitation du relativisme que Platon attribue à Protagoras, pose son équivalence avec le juste, ce qui fait de Protagoras le fondateur du juspositivisme : le juste n'est rien d'autre que ce qui est défini par la loi et la loi englobe tous les comportements justes. Protagoras met donc en évidence la conventionnalité de la justice, elle-même réduite à un *nomos* construit et historique, entièrement relatif à son contexte d'énonciation.

Or sur quoi se fonde la décision de la cité qui définit la justice à travers la loi ? Protagoras invoque un critère subsidiaire : l'utile. Le seul instrument dont la cité dispose pour instituer la loi et définir le juste, c'est ce qui est dans son propre intérêt, ce qui lui est profitable tant que cela lui est profitable – dès lors, que l'irrespect généralisé à l'égard des lois ne peut profiter à la cité est un indice sur le point de rupture par rapport à la loi fondamentale. Cela n'implique pourtant pas que toutes les lois répondent toujours parfaitement à toutes les situations : dans la mesure où elles résultent d'un accord pris dans le temps, l'évolution des circonstances peut en rendre certaines obsolètes, voire inadaptées. Le caractère positif de la loi s'accompagne donc de la nécessité de la faire évoluer. Si le juste, la loi, correspondent à une expression de l'utile pour une cité à un moment de son histoire, ce que la cité juge tel est nécessairement appelé à être modifié. Et agir sur la loi, c'est précisément le rôle que Protagoras attribue au politicien, à l'orateur, parce qu'il détient la capacité de faire en sorte que la cité déclare juste ce qui est dans son intérêt. Ce point soulève toutefois une nouvelle question, pour laquelle Protagoras ne nous a pas non plus laissé de réponse : si l'utile constitue le critère ultime du juste, comment définir le critère de l'utile lui-même ? Si l'orateur, ou l'homme politique, possède une marge de manœuvre vis-à-vis de la loi et du juste – la capacité ou la liberté d'en (faire) modifier le contenu –, qu'est-ce qui détermine l'utile sur lequel il fonde son action – l'intérêt de la cité ?

Cela étant, la capacité d'agir sur la loi n'est pas réservée à l'orateur. Dans la mesure où il attribue à tout un chacun la compétence politique, Protagoras décrit un modèle profondément démocratique. Du moins fournit-il une justification (quasi épistémologique) à la démocratie : la démocratie suppose de reconnaître à tout citoyen la capacité à mener les activités politiques qui sont attendues de lui. Protagoras va peut-être même encore plus loin : la démocratie est le seul régime qui permette aux hommes de réaliser les capacités politiques dont ils sont tous dotés *a priori*. La conséquence de cette thèse est que, dans le processus politique, et en particulier dans un cadre démocratique, tous les citoyens participent activement à l'énoncé des lois et à la définition du juste. Cependant, note Protagoras, les citoyens ne sont pas seulement les auteurs des lois ; ils en sont aussi les utilisateurs et les destinataires. Or, afin d'éviter qu'ils ne soient sans cesse tentés de les changer à leur gré et afin qu'ils acceptent le pacte implicite à l'origine de la cité, il est nécessaire de postuler un processus d'apprentissage en vertu duquel chacun intègre les codes en vigueur. La solution de Protagoras ne tient donc pas à un cours d'éducation civique, un enseignement isolé par un professeur isolé. Il fait plutôt de l'intégration des lois et du juste le résultat d'un processus continu et collectif dont tous sont partie prenante, comme dans le cas de la langue : de la même façon que l'apprentissage de la langue maternelle résulte d'une dynamique anonyme et collective, la transmission des codes liés au juste dans la cité repose sur un enseignement de tout le monde par tout le monde – les lois formant le dernier maillon de cette formation continue[18]. Et c'est cela qui, au fond, produit la force et l'unité de la cité.

Par conséquent, Protagoras révèle un paradoxe du *nomos*, au sens où celui-ci doit à la fois garantir son respect et autoriser sa violation dans des limites définies, à savoir sa modification dans un cadre clairement convenu. Si les lois n'ont pas d'autres auteurs que les citoyens, lois dont ils sont à la fois les auteurs et les élèves, plus aucune contrainte ne pèse

18. Platon, *Protagoras*, 325 c-326 e.

naturellement et l'homme devient le seul responsable des lois qu'il se donne. Comment dès lors s'assurer que les citoyens usent à bon escient de leurs capacités politiques sans nuire au *nomos* et prennent des décisions en accord avec l'intérêt général ? C'est cette faille que va viser Antiphon.

Antiphon : la relation entre l'individu et la loi

La première question qui surgit à propos d'Antiphon concerne son identité. On a pu croire en effet qu'il existait deux Antiphon, l'un sophiste, l'autre orateur. Le principal argument était la mention, chez Xénophon, d'« Antiphon le sophiste », en quoi certains ont vu l'indice d'une distinction par rapport à Antiphon de Rhamnonte[19]. Toutefois, comme l'a montré M. Gagarin, la preuve est faible, parce que le mot « sophiste » ne suffisait pas à l'époque pour démarquer un sophiste (véritable) d'un orateur, et Xénophon aurait vraisemblablement eu recours à une indication locative pour éviter la confusion entre deux personnages dont les activités étaient si proches[20]. Des auteurs anciens avaient déjà tenté une distinction similaire, mais sur une base stylistique. Leurs critères s'avèrent cependant contestables au regard de nos propres exigences critiques. Il paraît dès lors plus raisonnable de s'entendre sur l'existence d'un seul Antiphon, originaire d'Athènes, à la fois sophiste, auteur de discours et de traités scientifiques, et figure politique qui aurait été un partisan de l'oligarchie et un membre des Quatre-Cents (411) – ce qui l'aurait mené à être condamné à mort la même année, à la restauration de la démocratie.

La position d'Antiphon sur le *nomos* se dégage des fragments de son livre *Sur la Vérité*, dont un fragment sur papyrus découvert dans la seconde moitié du XXème siècle a renouvelé l'interprétation[21]. Son point de départ est la définition positiviste inspirée de Protagoras :

> « La justice consiste à ne pas transgresser les dispositions légales de la cité (τὰ τῆς πόλεως νόμιμα) dans laquelle on se trouve être citoyen. Cela

19. Xénophon, *Mémorables*, I, 6, 1-2.
20. Gagarin, M., *Antiphon the Athenian. Oratory, Law, and Justice in the Age of the Sophists*, Austin, The University of Texas Press, 2002, p. 37-52. La distinction entre deux Antiphon est défendue par Pendrick, G.J., *Antiphon the Sophist. The Fragments*, Cambridge, Cambridge University Press, 2002, p. 1-26.
21. Antiphon, B 44 A D.-K. (= Papyrus d'Oxyrhynque, 1364).

dit, un homme utiliserait la justice à son plus grand avantage si, en présence de témoins, il faisait grand cas des lois, mais, en l'absence de témoins, grand cas de la nature ; car les lois sont adventices (ἐπίθετα), mais la nature est nécessaire (ἀναγκαῖα) ; et ce qui relève des lois résulte d'un accord sans être naturel, alors que ce qui relève de la nature se produit spontanément, sans résulter d'un accord. » (B 44 A col. I)

La justice est clairement liée à la loi et à la cité, sans relation avec la nature : comme tout ce qui entre dans le domaine du légal, elle relève du pacte humain fondateur de la cité, dont le respect assure la cohésion de celle-ci. Partant de cette définition, Antiphon s'interroge sur le type d'autorité qu'elle implique et sur son adéquation du point de vue du seul critère retenu par Protagoras : l'utile.

Son examen prend appui sur l'opposition entre le *nomos* et la *phusis*. D'un côté, la nature est contraignante, car elle désigne ce à quoi il est impossible d'échapper du fait des besoins indispensables à la survie (boire, manger). Elle englobe tout ce que l'homme ne peut pas ne pas faire. De l'autre, la loi est adventice, surimposée, au sens où elle s'ajoute à l'état naturel. L'opposition dépasse d'ailleurs le cadre de la politique, comme le révèle cet autre fragment de *La Vérité* qui inscrit le raisonnement politique dans la continuité d'une analyse physique : « Si on enterrait un lit et si la putréfaction prenait la puissance d'engendrer un rejeton, il n'en naîtrait pas un lit mais du bois[22]. » L'observation révèle ainsi la permanence de la nature en tant que principe indéterminé (Antiphon la qualifie d'*arruthmiston*, sans forme ou sans ordre) qui subsiste en deçà de la forme conventionnelle que lui imprime l'artisan[23]. Or son caractère adventice ne prive le lit (fabriqué) ni de sa réalité ni de son utilité : sans être nécessaire, il ne remplit pas moins une fonction. Transposée au plan politique, l'analyse physique révèle que la nature (et ses contraintes) subsiste bien en deçà des lois qui évoluent selon le contexte, sans pour autant complètement priver ces dernières d'une certaine utilité.

22. Antiphon, B 15 D.-K. (= Aristote, *Physique*, II, 1, 193 a 12-14).

23. Antiphon se range parmi les partisans d'une conception matérialiste de la nature (aux côtés de Démocrite), c'est-à-dire d'une nature régie par des lois mécaniques nécessaires (voir B 12 D.-K. ; on trouve une description mécaniste des phénomènes célestes dans les fragments B 26-29 D.-K.). Il s'oppose en cela à une autre tradition qui développe une vision téléologique de la nature (bien représentée par Platon et Aristote).

Cette présentation pourrait laisser penser au privilège de la nature comme critère de l'utile, dès lors qu'elle détient une forme de nécessité dont la loi est dépourvue. Or Antiphon nuance sa position en distinguant deux situations : en présence de témoins, il est plus utile d'obéir à la loi ; mais en leur absence, il vaut mieux suivre la nature. Étant donné que la justice et la loi résultent purement et simplement d'une convention, leur valeur repose intégralement sur la présence des parties prenantes. Dans ces conditions, le respect de la loi ne semble utile que si, et seulement si, quelqu'un peut en attester. Mais Antiphon diagnostique ici davantage que l'artificialité de la loi. Il note qu'en tant que critère d'action, l'utile dépend des circonstances : si quelqu'un peut en attester, le respect envers la loi est préférable au respect envers la nature. Prenons l'exemple d'un individu qui cueille une pomme dans un verger sans obtenir l'accord du propriétaire. Ce faisant, il satisfait une contrainte naturelle en répondant au besoin de se nourrir ; mais, en même temps, il agit de façon contraire à la loi. Selon les circonstances, il paraît dès lors dans l'intérêt de chacun d'adapter sa conduite : soit cueillir la pomme pour se nourrir et assurer sa survie, soit s'abstenir et donc éviter la punition. De cette façon, Antiphon montre combien le critère de l'utile est relatif – ce qui est utile par nature à l'individu ne l'est pas nécessairement à la cité, ni l'inverse – et souligne par là l'impossibilité pour Protagoras et les partisans du *nomos* de fonder la loi sur cette base.

L'opposition entre la loi et la nature atteste ainsi des limites du positivisme :

> « Si on transgresse les dispositions légales (τὰ νόμιμα), on échappe à la honte (αἰσχύνης) et au châtiment (ζημίας) à la condition de passer inaperçu de ceux qui ont conclu l'accord, mais si on ne passe pas inaperçu, on n'y échappe pas. Et si on fait violence au-delà du possible à quoi que ce soit qui procède de la nature, quand bien même on passerait inaperçu de tous les hommes, le mal n'est en rien moindre ; et si tous le voient, il n'est en rien plus grand ; car ce n'est pas du fait de l'opinion (διὰ δόξαν) qu'on subit un dommage, mais du fait de la vérité (δι' ἀλήθειαν). » (B 44 A col. II)

S'agissant d'une infraction à l'encontre de ce qui est naturel, le nombre de témoins n'a aucune incidence sur ses effets, car la pénalité qu'elle entraîne est réelle, autrement dit sans lien avec les circonstances. Si j'arrête de m'alimenter, la conséquence en sera la mort, qu'il y ait ou non des personnes pour le constater. En revanche, le mal causé par une infraction vis-à-vis de la loi dépend des témoins et tient avant tout de l'opinion, de la réputation dont les effets relèvent de la honte. L'opposition souligne à nouveau le caractère adventice de la loi, dans la mesure où ses sanctions mêmes paraissent moins prégnantes. Il ne faudrait pas cependant oublier un fait majeur : la sanction sociale n'est pas moins pénible et elle entraîne des effets très concrets pour celui qui la subit, raison pour laquelle elle constitue un incitant réel à éviter les écarts de conduite. On le voit, la mise en regard de la loi et de la nature ne vise pas avant tout à prôner un pragmatisme opportuniste où les individus seraient invités à jouer de la justice à leur gré. Elle met plutôt en relief les limites du contrat social, de la loi et de la justice, conçus comme la base de la cité.

Quel regard faut-il dès lors porter sur les décisions légales ? La loi est une prise de distance à l'égard de la nature, étant donné qu'elle agit en toute indépendance et sans prendre celle-ci comme modèle. Il en résulte, de son point de vue, que nombre de ses décrets entrent en conflit avec la nature, au sens où elle impose des limites là où la nature n'a rien fixé. Car la loi définit pour les sens le domaine du licite, en les confinant tant sur le plan du droit que du devoir. Elle en restreint ainsi l'usage, en décidant de corps que nous ne pouvons voir, de mots que nous ne pouvons entendre, d'actes que nous ne pouvons poser, de lieux que nous ne pouvons pénétrer, de pensées que nous devons écarter. Mais elle impose aussi des façons de regarder, d'écouter, d'agir, de marcher ou de penser. Or, envisagés du point de vue de la nature, de tels prescrits se révèlent indifférents : « Tout ce dont les lois détournent les hommes n'est en rien plus amical ni approprié à la nature que ce à quoi elles les encouragent (B 44 A col. III). » Rien dans la nature ne justifie les décisions légales, dès lors qu'un ordre produit par la loi ne lui correspond pas davantage qu'un autre[24]. Aussi la loi prive-t-elle la nature de sa liberté et entrave certains besoins : à partir du moment où elle s'impose (et où il y a des témoins pour en attester), elle seule prévaut – ce qui ne l'empêche pas de produire parfois d'autres bienfaits que la nature.

L'écart par lequel Antiphon met en évidence l'origine purement humaine de la loi invite à interroger la nature de l'utile qu'elle met en œuvre. La nature fournit des critères objectifs, tel le fait de vivre et de mourir :

---

24. En accord avec Gagarin, M., *Antiphon the Athenian*, 2002, p. 69-73.

« Vivre et mourir sont liés à la nature, et pour les hommes[25] vivre relève du bénéfique, mourir de ce qui ne l'est pas. Or, parmi les choses bénéfiques, celles qui sont posées par les lois sont des entraves de la nature (δεσμοὶ τῆς φύσεως), tandis que celles qui sont posées par la nature sont libres. Ce qui fait souffrir, en droite raison en tout cas, ne profite donc pas à la nature plus que ce qui réjouit ; car ce qui est vraiment bénéfique (τὰ τῷ ἀληθεῖ ξυμφέροντα) ne doit pas nuire, mais aider. †[26] »

Le couple formé par le bénéfique et son contraire s'avère indépendant de celui formé par la nature et la loi. La nature n'est donc pas totalement bénéfique et la loi totalement nuisible. À nouveau, Antiphon utilise l'une en contrepoint pour déconstruire les effets, potentiellement néfastes, de l'autre. Le problème surgit clairement : si la loi contrevient à des critères objectifs tels que la vie et la mort, elle place les citoyens dans une situation paradoxale dès lors qu'elle proscrit ce qui serait bénéfique par nature. Antiphon dénonce ainsi le problème du positivisme protagoréen, à savoir que le conflit de la loi face à la nature fait de l'utile un critère incertain. Car, à partir du moment où rien n'assure que l'utile selon la loi soit préférable à celui selon la nature, la loi perd sa légitimité[27]. Pourquoi, par exemple, se soumettre à une loi mortifère qui empêche de dérober une pomme sans l'accord du propriétaire de l'arbre ? Reste toutefois que la nature, de son côté, n'impose rien : elle est un critère strictement indicatif, dont l'existence est incontestable, mais qui ne manifeste aucune préférence et qui, pour cette raison, ne justifie pas d'invoquer un droit naturel[28].

Ce point devient plus manifeste encore à l'observation des limites de la loi et de la justice : pourquoi la loi tolère-t-elle que des individus qui la respectent subissent des torts ? En effet, sa protection contre les exactions procède *a posteriori*, par la voie d'une justice punitive. Or, bien qu'elle soit inscrite dans la loi, la peine infligée au coupable ne soulage pas la victime

25. Je lis la leçon αὐτοῖς adoptée par la plupart des éditeurs, à l'exception notable de Pendrick (qui lit αὐτῇ).

26. Antiphon, B 44 A col. III-IV. Malheureusement, le texte devient lacunaire quand Antiphon s'apprête à traiter de l'utile pour la nature.

27. Bonazzi, M., *I Sofisti*, 2011, p. 106-107.

28. En accord avec Neschke-Hentschke, A., *Platonisme politique et théorie du droit naturel. Contribution à une archéologie de la culture politique européenne. Volume 1*, Louvain – Paris, Peeters, 1995, p. 144 ; et aussi Hourcade, A., *Antiphon d'Athènes. Une pensée de l'individu*, 2001. Bruxelles, Ousia, p. 101-102.

du tort subi. Il y a là de quoi s'interroger sur sa force et sur les raisons de la respecter, au vu de l'écart entre ce qu'elle décrète et les risques qui menacent les citoyens qui lui obéissent. En un sens, elle légitime un état de fait, autorisant celui qui agit à agir et celui qui subit à subir. Plus encore, il lui arrive d'admettre, si ce n'est de prescrire des comportements inconciliables, tels que ne pas nuire à autrui et témoigner contre un accusé sans en avoir été la victime. Sous cet angle, elle paraît non seulement amorale, au sens où elle ne se prononce pas plus à l'avantage de l'un que de l'autre, mais elle renferme une contradiction, qui a pour conséquence de causer ce qu'elle vise à combattre. En effet, bien qu'elle résulte d'un contrat passé entre les hommes en vue d'assurer leur sauvegarde, elle installe un climat de méfiance. Elle se révèle dès lors un mauvais fondement pour la cité.

Mais pour quelle raison ? Des analyses précédentes, il ressort qu'Antiphon privilégie un critère : l'individu. C'est l'individu qui a avantage à utiliser la justice à sa convenance, selon les circonstances. Et c'est également de son point de vue que vivre et mourir constituent des critères objectifs, l'un qui se range du côté du bénéfique, l'autre non. En revanche, du point de vue de la nature dans son ensemble, vivre et mourir sont indifférents, voire sont nécessaires, puisque la mort fait partie d'un même cycle global que la vie[29]. Et c'est encore le cas d'individus lésés par la justice qu'Antiphon envisage dans ses exemples. Dans ces conditions, l'erreur de la loi consisterait à viser l'intérêt de la collectivité et à régler les situations sur un plan général, au lieu de prendre en considération les individus qui constituent la cité. En définitive, elles prennent des décisions sans vraiment tenir compte de ceux auxquels elles s'appliquent. Pourquoi dans ce cas l'individu devrait-il suivre un critère du bénéfique qui ne lui correspond pas, voire qui lui cause craintes et préjudices ? Tout au plus, si respecter la loi venait à lui causer des effets favorables, celle-ci mériterait peut-être d'être suivie.

À nouveau, Antiphon ne prône pas un jusnaturalisme fondé sur la fonction paradigmatique de la nature. Il utilise la nature comme un indice de l'inadéquation du *nomos*. En définitive, il dénonce moins l'opposition entre la loi et la nature que leur relative indifférence : la nature ne prescrit rien, la loi ne tient pas compte de la nature. Or produire une politique plus en accord avec l'individu supposerait de développer la

---

29. Cf. Hourcade, A., *Antiphon d'Athènes*, 2001, p. 108-115 ; Bonazzi, M., *I sofisti*, 2011, p. 107-108.

connaissance de la nature[30]. C'est, semble-t-il, ce qu'Antiphon entreprenait dans d'autres fragments, malheureusement très mutilés. On y lit les signes qu'une connaissance complète de la nature, et en particulier de la nature de l'homme, fournira des bases solides pour la vie collective, en lien avec les caractéristiques de l'individu. Un fragment de papyrus traduit d'ailleurs ce lien entre les questions physiques et politiques – ou culturelles –, en soulignant le décalage entre les normes sociales (qui entrent également dans la catégorie des *nomoi*) et les caractéristiques naturelles :

> « Les lois de nos voisins, nous les connaissons et les respectons ; alors que les lois de ceux qui vivent loin, nous ne les connaissons pas et nous ne les respectons pas. À cet égard, nous nous comportons les uns à l'égard des autres comme des barbares (βεβαρβαρώμεθα), dans la mesure où, par nature, nous sommes tous semblablement capables d'être des Barbares ou des Grecs. Il convient d'observer ce qui s'impose par nature à tous les hommes et à <un même degré>. De ce point de vue, aucun d'entre nous ne se distingue en tant que Barbare ou que Grec, car nous respirons tous par la bouche et par les narines, nous rions quand nous sommes heureux et nous pleurons quand nous sommes affligés, nous recevons les sons par l'ouïe, nous voyons par la vue grâce à la lumière, nous travaillons avec nos mains et nous marchons sur nos pieds. » (Antiphon, B 44 B col. II-III)

Bien que tous les hommes soient liés par une identité physique, en vertu de laquelle tous éprouvent les mêmes besoins qui transitent par les mêmes organes, les normes culturelles (ou sociales) imposent des différences adventices, à l'instar des lois positives. Aussi divisent-elles non seulement le monde sans raison (naturelle), mais elles tendent à faire croire à la nécessité et à la réalité des distinctions qu'elles produisent, de sorte que le Grec semble convaincu de sa différence radicale par rapport au Barbare. Or, Antiphon y insiste, ces normes sont historiques et relatives, raison pour laquelle le Grec s'avère en quelque sorte le Barbare d'un autre, car il n'est pas plus justifié dans ses pratiques et usages que tous ceux dont il entend se démarquer. Dès lors, les normes distribuent les hommes et, allant à l'encontre des propriétés communes au niveau plus fondamental de la nature, elles entraînent la fragmentation de l'humanité.

30. Comme l'a montré Bonazzi, M., « L'Uomo, gli dei, le besti. A proposito dell'antropologia di Antifonte », *Elenchos*, 27, 1, 2006, p. 101-115.

La loi et le contrat

Le positivisme juridique va susciter d'autres réactions, pour lesquelles la documentation se révèle souvent lacunaire. Plusieurs auteurs souscrivent à l'idée que la cité repose sur une sorte de contrat qui, comme dans le mythe du *Protagoras*, assure son bien-être et celui des citoyens qui y consentent.

Un premier témoignage provient d'un sophiste anonyme, dont les fragments nous ont été conservés par le néoplatonicien Jamblique (± 250-330 ap. J.-C). Près de sept siècles après la date présumée de la vie du sophiste, Jamblique a intégré dans le chapitre 20 de son *Protreptique* – une introduction visant à convertir à la philosophie – un ensemble de sept fragments qui, pour cette raison, sont connus sous le nom d'Anonyme de Jamblique. Selon celui-ci, la loi apparaît comme le résultat d'une nécessité[31] :

> « Si les hommes sont en effet incapables par nature de vivre tout seuls, s'ils ont convergé les uns vers les autres sous l'effet de la nécessité, s'ils ont découvert tout leur mode de vie et les artifices qui y contribuent, s'il ne leur est pas possible de vivre ensemble en l'absence de lois (car il en résulte pour eux un dommage plus important que celui d'une vie qu'ils mènent tout seuls), à cause de ces nécessités la loi et le juste règnent sur les hommes et ne peuvent être modifiés en aucune façon. Ceux-ci sont en effet fortement liés par nature. » (B 6.1 D.-K. = Jamblique, *Protreptique*, 20)

Le raisonnement de l'Anonyme part de la nature, qui prédispose les hommes aux maladies et aux souffrances et qui, pour cette raison, les contraint à se rassembler, puis à développer les techniques – une situation analogue à celle décrite dans le mythe du *Protagoras*. Et la même nécessité les conduit alors à instituer la loi (et la justice), à laquelle ils se soumettent de façon volontaire. En un sens, la loi dépasse le statut d'une simple convention, puisqu'elle s'impose avec la force de la nécessité. L'Anonyme

31. Sur l'Anonyme, LOMBARDI, M., « Etica, politica ed economia nell'Anonimo di Giamblico (VS 89, 7, 1-9) : Un esempio di ideologia democratica del V o IV sec. ? », *Rheinisches Museum für Philologie*, 154, 2, 2011, p. 129-151 ; GAVRAY, M.-A., « De l'Anonyme à Jamblique : ou de l'usage politique de la richesse », dans Helmer, É. (dir.), *Richesse et Pauvreté chez les philosophes grecs*, Paris, Vrin, 2016, p. 277-303.

pose ainsi une continuité entre la *phusis* et le *nomos* qui garantit l'autorité de la loi, sans qu'au fond rien dans son contenu ne résulte de la nature, en dehors de la nécessité elle-même. La loi contient dès lors sa propre justification : elle est cela seul qui, par son respect, permet à l'homme de s'épanouir (et l'Anonyme dresse une liste des bienfaits dont profite une cité où la loi est respectée, B 6.2-5 D.-K.). Dans ces conditions, l'Anonyme évacue le postulat d'une institution divine ou d'un critère de l'utile qui dépasse la loi, car la simple connaissance de sa fonction bénéfique au niveau politique doit suffire à en assurer le respect, en toute nécessité.

Le positivisme contractualiste initié par Protagoras trouve encore un partisan en la figure de Lycophron, dont nous savons seulement, grâce à Aristote, qu'il fut un sophiste. Il semble même aller encore plus loin en définissant la loi non seulement comme une convention, mais comme une « garantie réciproque des droits » (ἐγγυητὴς ἀλλήλοις τῶν δικαίων)[32]. Dans ces termes, la fonction première de la loi consiste à protéger les citoyens les uns contre les autres : en se soumettant à la loi, ils reconnaissent aux autres les mêmes droits, ce qui leur permet de vivre ensemble. Cette fonction minimale conduit cependant Aristote à conclure que la cité se limite à la protection réciproque, au lieu de remplir une fonction éducative et morale – contre les prétentions que lui attribuait Protagoras.

La persistance du positivisme ne doit cependant pas laisser penser qu'il faisait l'unanimité parmi les sophistes. En atteste notamment Hippias d'Élis (± 440-340), qui appartient aussi à la seconde génération de sophistes. Dans les *Mémorables*, Xénophon met en scène son dialogue avec Socrate à propos du juste, un entretien vraisemblablement fictif dont la fidélité à Hippias est difficile à établir[33]. La discussion s'engage autour de la conception positiviste, qui identifie le légal (*nomimon*) et le juste (*dikaion*) sous la forme d'une biconditionnelle : ce qui est juste est légal et ce qui est légal est juste. La première conséquence en est la suppression de toute relation nécessaire entre des normes universelles et les lois positives : les lois sanctionnent des valeurs qui ne sont plus universelles. La deuxième

32. Lycophron, A 3 D.-K. = Aristote, *Politiques*, III, 8, 1280 b 10. Lycophron appartient vraisemblablement à la seconde génération de sophistes, ceux qui vécurent entre la seconde moitié du vème siècle et la première moitié du IVème siècle. Sa position correspond à celle de Glaucon dans la *République* de Platon (II, 358 e-359 c).

33. Hippias, A 14 D.-K. (= Xénophon, *Mémorables*, IV, 4, 5-24).

conséquence concerne le respect de la loi : comment l'imposer quand les législateurs eux-mêmes transgressent la loi lorsqu'ils l'abrogent ou la modifient ? Hippias partage donc l'objection contre le positivisme : quelle garantie la loi positive offre-t-elle à sa propre autorité et à sa propre sauvegarde ? Mais il ne discrédite pas tout à fait la loi pour autant, attribuant au respect une justification pragmatique : le *nomos* doit demeurer un objet de respect, tout comme la patrie doit être défendue en temps de guerre bien que les belligérants sachent que la guerre aboutira à la paix. La suite du témoignage prête à Hippias un naturalisme selon lequel il existerait des lois non écrites instituées par les dieux, en vertu desquelles les hommes proscriraient partout certains comportements, tels que l'inceste. Ces lois correspondent à des lois naturelles, où les punitions sont directement inscrites dans la loi même (les malformations, par exemple) – ce qui constitue la meilleure garantie de respect. Mais le fait que tous les arguments soient avancés par Socrate invite à rester prudent quant à l'attribution du naturalisme à Hippias[34]. Au mieux, montrent-il comment le recours à la nature permet de souligner les limites de la loi positive.

Mais la critique la plus virulente du positivisme provient d'un fragment longtemps attribué à Critias (460-403), oncle de Platon et membre influent de l'oligarchie athénienne, mais qu'il faut désormais restituer à Euripide. L'extrait provient d'un drame satyrique, le *Sisyphe*, raison pour laquelle il ne faut pas chercher dans son contenu les idées de l'auteur – après tout ce sont les propos d'un personnage de théâtre –, mais plutôt le reflet des arguments d'une époque[35]. Le fragment décrit un développement de l'humanité en trois phases. La première correspond à l'état primitif, bestial, désordonné et violent, où aucune règle n'organise le vivre ensemble et où aucune punition ne limite les injustices (*v.* 1-4). La deuxième voit l'institution de lois et, en même temps, de la justice, une contemporanéité propre au positivisme. Le but est de canaliser les nuisances réciproques,

---

34. Il en va ainsi dans le *Protagoras*, où Hippias paraît affirmer l'existence d'une loi naturelle sanctionnant la possibilité du *cosmopolitisme* (Hippias, C 1 D.-K. = *Protagoras*, 337 c 5-e 2). Mais la brièveté du témoignage incite à rester prudent et à ne pas aller au-delà de l'affirmation d'un décalage entre la nature et les limites qui lui sont imposées par la loi.
35. Le fragment est le B 25 a D.-K. (= Sextus Empiricus, *Contre les Dogmatiques*, IX, 54). Il est surtout connu pour sa critique de la religion. Voir SUTTON, D., « Critias and Atheism », *The Classical Quarterly*, 31, 1, 1981, p. 33-38 ; KAHN, Ch.H., « Greek Religion and Philosophy in the *Sisyphus* Fragment », *Phronesis*, 42, 3, 1997, p. 247-262.

caractéristiques de la démesure (*hubris*), en s'imposant contre l'état antérieur avec la même violence (*v.* 5-8). Cette phase montre l'insuffisance de la loi à établir un ordre politique, parce que la crainte de la peine ne suffit pas à imposer le respect des règles communes : la force de la loi est conditionnée par la force du pouvoir tutélaire (*v.* 9-10). D'où la dernière phase : l'invention des dieux. Le contrôle devient alors permanent, dans la mesure où il est délégué à des individus capables de surveiller chaque action par leur omniprésence, leur omniscience et leur éternité – une surveillance comparable à la conscience morale, car même une pensée secrète entraîne la crainte du châtiment. La religion et la cité reposent donc sur un mensonge destiné à imposer l'ordre par un autre moyen que la force, la peur (*v.* 11-40). Ce texte souligne les insuffisances du positivisme, montrant par un autre biais qu'Antiphon la nécessité, plus que d'un critère, d'un moyen coercitif pour faire respecter les lois. L'idéal de connaissance prôné par Protagoras et repris par l'Anonyme de Jamblique semble loin de faire l'unanimité.

Une leçon de réalisme

De Protagoras à ses épigones, la critique sophistique du *nomos* se caractérise par un certain réalisme. Par le biais d'une analyse génétique, elle montre en quoi la loi est une construction humaine, ce qui revient à en évaluer l'autorité autant que les conditions et les limites. À cet égard, ces limites sont tantôt perçues comme des forces, tantôt comme des faiblesses, du fait de l'instabilité qu'elles installent dans le processus de fondation politique. Dans tous les cas, elles définissent des marges de manœuvre pour l'activité politique. Car l'analyse sophistique ne poursuit jamais une finalité prescriptive : elle se veut avant tout la description d'un état de fait visant à en comprendre les ressorts et, par voie de conséquence, à en décrypter les règles afin, dans un second temps, de participer au processus politique de modification des lois. Les sophistes avaient donc perçu le statut précaire, instable, de la vie politique et de la loi. Mais ils avaient surtout compris l'intérêt pour les citoyens de prendre part à l'activité législative.

Platon contre (et avec) Thrasymaque

*Dimitri El Murr (École Normale Supérieure)**

« Est-ce un dieu ou un homme, étrangers, qui est responsable de l'établissement de vos lois ?

Un dieu, étranger, un dieu, on ne peut rien dire qui soit plus juste. Chez nous, c'est Zeus, chez les Lacédémoniens, d'où vient notre ami ici présent, je crois qu'ils disent que c'est Apollon. N'est-ce pas ? » (Platon, *Lois*, I, 624 a 1-5)[1]

Dans ces lignes, les toutes premières des *Lois* de Platon, comme dans celles qui les suivent immédiatement, les interlocuteurs du dialogue examinent la provenance des lois de leur cité respective. « Un dieu ou un homme » (624 a 1 : θεὸς ἤ τις ἀνθρώπων ;) ? Les normes de la cité proviennent-elles de législateurs légendaires, tel Minos, fils de Zeus, ou sont-elles le produit de l'activité humaine ?

En évoquant cette alternative dès l'ouverture du dialogue, Platon situe l'ensemble des *Lois* dans l'horizon de l'une des questions fondamentales qu'a connues la *polis* grecque aux Vᵉ et IVᵉ siècles av. J.-C., celle de savoir

---

* Je tiens à remercier les participants du colloque de Liège en mars 2016 pour leurs critiques et leurs remarques sur une première version de ce texte. Un grand merci également à Marc-Antoine Gavray et Bernard Collette-Dučić qui en ont relu de très près la dernière version.

1. Tous les textes grecs sont traduits par moi.

comment légitimer les normes sociales et politiques. L'un des aspects les plus importants de cette question concerne le débat, déjà séculaire à l'époque de Platon, opposant la nature et la loi[2]. Laquelle des deux, en effet, est au fondement de ces normes, la *phusis* ou le *nomos* ?

On sait à quel point la contribution des grands sophistes contemporains de Socrate, puis de Platon, fut décisive dans ce débat. Même s'il ne s'agit pas de plaquer une unité artificielle sur ce qu'il est coutume d'appeler depuis Kerferd « le mouvement sophistique », encore moins de chercher à rassembler dogmatiquement des penseurs aussi indéniablement différents que Protagoras ou Antiphon, Thrasymaque ou Hippias, il est utile de rappeler que le dénominateur commun aux sophistes est sans aucun doute l'usage de la *pensée critique* appliquée aux valeurs et aux normes, humaines comme divines[3]. Ainsi, en soumettant les anciennes stratégies de légitimation des normes, notamment politiques, à une *critique* radicale, les sophistes ont soit dévalorisé la loi au profit d'une nature conçue comme norme – qu'il s'agisse de fonder l'action politique humaine sur la nature ou de récuser la valeur de la politique au nom de la norme naturelle –, soit séparé radicalement les deux domaines de la nature et de la loi, en montrant que les normes sociales et politiques ne doivent rien à la nature.

Quelle fut la réaction de Platon face à ces critiques sophistiques ? La simplicité de la question ne doit pas masquer l'impossibilité qu'il y a d'y répondre de façon succincte, car en un certain sens, les trois grands dialogues politiques de Platon (la *République*, le *Politique* et les *Lois*) – voire toute son œuvre morale et politique – furent composés en réaction et en réponse aux critiques sophistiques des fondements de la morale individuelle et de l'ordre social[4]. Dans ce chapitre, j'ai donc opté pour une voie à la fois plus praticable et plus modeste, mais qui fera tout de même saisir la complexité du rapport que le projet politique platonicien

---

2. Outre la contribution de M.-A. Gavray à ce même volume, voir sur ce débat GUTHRIE, W.K.C., *The Sophists*, Cambridge, Cambridge University Press, 1971, p. 55-79.

3. Sur la nature et l'importance du mouvement sophistique dans les « Lumières grecques » du Ve siècle av. J.-C., voir NARBONNE, J.-M., *Antiquité critique et modernité. Essai sur le rôle de la pensée critique en Occident*, Paris, Les Belles Lettres, 2016, p. 71-100.

4. Pour une tentative relativement synthétique, voir l'article de IRWIN, T.H., « Plato's Objections to the Sophists », dans Powell, A. (dir.), *The Greek World*, London – New York, Routledge, 1995, p. 568-590.

d'un gouvernement du savoir entretient à certains aspects de la critique sophistique de la loi[5].

Cette voie consiste à examiner ce que le projet politique de la *République* doit à la joute ô combien célèbre qui oppose, dans le premier livre, Socrate à Thrasymaque de Chalcédoine. Si Platon a choisi de placer au début de sa *République* une discussion si serrée, en forme de dialogue socratique, entre Socrate et un sophiste, c'est à l'évidence parce que cette discussion joue un rôle décisif pour le reste du dialogue. Si décisif, à mon sens, qu'il ne serait pas exagéré de soutenir que c'est l'ambition de la *République* tout entière que de répondre au défi lancé par Thrasymaque. Mais cette réponse critique, c'est là tout le paradoxe, se développe sur fond d'un diagnostic commun à Thrasymaque et à Platon, diagnostic dont on a peu mesuré l'importance, du fait sans doute de l'hostilité célèbre de Platon à l'égard des sophistes.

Qui est Thrasymaque de Chalcédoine ?

Thrasymaque de Chalcédoine fut-il un sophiste ? À cette question il n'est pas évident d'apporter une réponse claire et précise[6], car si l'on met de côté le premier livre de la *République*, dont il est difficile de considérer qu'il constitue un *témoignage* au sens précis du terme, les informations dont nous disposons sur Thrasymaque se résument à bien peu de choses. Ces informations attestent néanmoins de l'importance du rôle joué par Thrasymaque dans le développement de la rhétorique. À commencer par ce témoignage de Platon dans le *Phèdre*.

> « Mais dis-moi maintenant comment il faut appeler ceux qui s'instruisent auprès de toi et de Lysias ? Ou alors s'agit-il de cela, de cet art des discours, par l'usage duquel Thrasymaque et les autres sont devenus eux-mêmes habiles

5. Pour plus de détails sur le projet politique platonicien, je me permets de renvoyer à El Murr, D., *Savoir et Gouverner. Essai sur la science politique platonicienne*, Paris, Vrin, 2014.

6. Pour de plus amples détails sur Thrasymaque, voir notamment Untersteiner, M., *Les Sophistes*, trad. française par A. Tordesillas, seconde édition revue et notablement augmentée avec un Appendice sur *Les origines sociales de la sophistique*, Paris, Vrin, 1993, p. 183-186 et Macé, A., « Thrasymaque de Chalcédoine », dans Pradeau, J.-F. (dir.), *Les Sophistes. Fragments et témoignages*, vol. II, Paris, GF-Flammarion, 2009, p. 9-32.

à parler et ont rendu d'autres tels, ceux qui consentent à leur apporter des présents comme s'ils étaient des rois ? » (Platon, *Phèdre*, 266 c 1-5)

Ce passage du *Phèdre*, comme beaucoup d'autres après lui (dans la *Rhétorique* d'Aristote, chez Cicéron ou Denys d'Halicarnasse[7]), indique que Thrasymaque s'inscrit dans la lignée de Corax et de Tisias et qu'à l'instar d'un Gorgias, il aurait fortement contribué à l'art rhétorique, en s'intéressant tout particulièrement au style et à la question du rythme des phrases. À première vue, ces témoignages semblent donc nous donner une image très différente de celle qui se dégage du portrait que le premier livre de la *République* offre de Thrasymaque, où ce dernier n'apparaît pas tant comme un expert dans l'art oratoire que comme un sophiste ou, à tout le moins, comme un penseur influencé par la pensée sophistique. On peut néanmoins faire deux remarques qui conduisent, l'une et l'autre, à nuancer fortement ce contraste.

D'abord, il convient de rappeler qu'il n'y a *a priori* aucune raison pour décider que Thrasymaque fut *seulement* un maître de rhétorique et pas un intellectuel avec des ambitions plus vastes. Ensuite, certains témoignages dont nous disposons indiquent que Thrasymaque fut loin de se cantonner à la rhétorique. Cicéron, par exemple, dans un passage de *L'Orateur*, III, 32, 128 (= A 9 D.-K.), mentionne Thrasymaque, entre Prodicos et Protagoras, les trois ayant discouru et écrit, dit-il, sur la nature. Considérons également cet autre témoignage, plus directement pertinent pour le problème qui nous occupe.

> « Le Chalcédonien [= *Phèdre*, 267 c 9] : c'est de Thrasymaque qu'il s'agit. Il a enseigné les choses suivantes : qu'il faut éveiller la pitié du juge et provoquer sa compassion, en se lamentant sur son âge, sa pauvreté, sa progéniture et autres choses semblables. "Puissant" dit-il également, parce que c'est en vue de ces choses qu'il [Thrasymaque] a étendu la puissance du discours, ou peut-être plutôt parce qu'il a écrit dans un de ses discours à peu près ceci : "les dieux ne considèrent pas les affaires humaines ; sinon ils n'auraient pas négligé ce qui est le plus grand des biens pour les hommes, la justice. Nous voyons bien en effet que les hommes n'en font pas usage". » (Hermias, *In Platonis Phaedrum scholia*, 239, 18-24 Couvreur [= B 8 D.-K.])

7. Voir MACÉ, A., « Thrasymaque de Chalcédoine », 2009, p. 17-20.

Ce témoignage d'Hermias d'Alexandrie est directement pertinent pour le problème qui nous occupe, et ce à deux titres au moins. D'abord, il met en relation l'art rhétorique de Thrasymaque et le sujet au cœur de son entretien avec Socrate dans la *République*, à savoir la justice. Ensuite, et plus fondamentalement, ce témoignage est souvent convoqué par les spécialistes pour contredire l'image que Platon donne de Thrasymaque dans la *République* – disons, pour faire vite, celle d'un Thrasymaque « immoraliste » –, au profit de celle d'un Thrasymaque pessimiste et désillusionné sur les affaires humaines[8]. Dans ce passage d'Hermias (dont la source est sans doute Syrianus), Thrasymaque constaterait en effet, avec regret, que la conduite des affaires humaines démontre que la justice n'est pas pratiquée.

Mais est-ce bien ainsi qu'il faut interpréter ce fragment ? Rien n'est moins sûr. Comme on a pu récemment le montrer de façon très convaincante[9], le cœur du fragment n'est pas tant de s'intéresser à la justice que de s'intéresser à la question des dieux et plus précisément à leur indifférence à l'égard des vicissitudes humaines. Aussi la question de la justice est-elle subordonnée ici à la question théologique : c'est en effet le constat fait par Thrasymaque[10] qui permet d'illustrer le fait que la justice est détachée de toute sanction divine et donc par extension que les dieux ne s'intéressent pas aux affaires humaines. À cette lecture, on objectera peut-être que Thrasymaque dit pourtant que la justice est « le plus grand des biens pour les hommes » (τὸ μέγιστον τῶν ἐν ἀνθρώποις ἀγαθῶν) et qu'il a tout l'air d'indiquer par là ce qu'il pense de la justice. Mais, là encore, ce n'est pas la seule lecture possible. La clause « des biens pour les hommes » (τῶν ἐν ἀνθρώποις ἀγαθῶν) pourrait tout autant désigner les biens que les hommes *tiennent pour tels* : « les biens aux yeux des hommes »[11]. En outre, la lecture la plus naturelle du fragment montre que son propos est de souligner la différence entre l'ordre divin et l'ordre

8. Guthrie, W.K.C., *The Sophists*, 1971, p. 297.

9. Voir l'article de Bonazzi, M., « Thrasymaque, la *polis* et les dieux », *Philosophie antique*, 8, 2008, p. 63-84.

10. Qu'il s'agisse d'un *constat* semble indiqué par l'usage du verbe « voir » au présent de l'indicatif (Hermias, *In Phaedr.*, 239, 23-24 [= B 8 D.-K.] : ὁρῶμεν γὰρ τοὺς ἀνθρώπους ταύτῃ μὴ χρωμένους).

11. Voir Bonazzi, M., « Thrasymaque, la *polis* et les dieux », 2008, p. 79.

humain, et ce avec une certaine insistance[12]. Tout cela semble donc indiquer que Thrasymaque cherche à signaler l'existence d'une contradiction dans les pratiques actuelles des hommes : les hommes font l'éloge de la justice qui, à leurs yeux, est le plus grand des biens, mais pourtant ils ne la pratiquent pas. Ce constat d'une telle disparité entre les valeurs et la pratique indique que les dieux ne se soucient pas des affaires humaines, sinon ils n'auraient pas laissé cette disparité advenir. En d'autres termes, la justice et, par extension, la politique sont humaines, et leurs pratiques attestent du divorce entre le monde des dieux et celui des hommes. Si telle est l'interprétation correcte de ce fragment, on peut retenir, d'une part, que Thrasymaque procède en observateur attentif des pratiques humaines, et d'autre part, que son discours vise notamment à stigmatiser les attitudes conventionnelles des hommes, en d'autres termes, à faire tomber les masques.

Thrasymaque, père de Glaucon et Adimante

Venons-en maintenant à la *République*. Car montrer que le Thrasymaque de l'histoire s'est intéressé aux questions politiques et de quelle manière il a pu le faire ne suffit évidemment pas à établir fermement que la discussion qui l'oppose à Socrate constitue un enjeu de premier plan pour toute la *République*, encore moins que le projet politique qui anime ce dialogue s'enracine dans un débat critique avec la sophistique. Socrate ne reconnaît-il pas d'ailleurs lui-même, au tout début du deuxième livre de la *République*, que la discussion précédente n'était qu'un « prologue » (*Rép.*, 357 a 2 : προοίμιον) ? Manière peut-être de souligner le rôle minime qui lui incombe et de signaler, comme on l'a souvent remarqué, l'autonomie du livre premier de la *République*.

Fort heureusement, les études platoniciennes sont maintenant libérées de cette vieille idée selon laquelle Platon aurait conçu le premier livre de la *République* comme une entité autonome, comme un dialogue socratique

12. Comme l'atteste le contraste entre l'unique mention des « dieux » (οἱ θεοί) et la triple mention de l'ordre humain dans le reste du fragment (τὰ ἀνθρώπινα, ἐν ἀνθρώποις et τοὺς ἀνθρώπους).

indépendant qu'il aurait rattaché par la suite au reste de l'œuvre[13]. Il est même désormais possible de prendre en compte les acquis de recherches pourtant menées il y a plus d'un siècle par Joseph Hirmer[14], et après lui par Henri Alline[15], et convoquées à nouveaux frais tout récemment par David Sedley[16]. Ces recherches relèvent les traces d'une autre division de la *République*, non pas en dix livres, comme celle que nous connaissons encore aujourd'hui, mais en six livres, et indiquent qu'il est fort probable que cette division en six livres remonte à Platon lui-même. Dans cette *République* en six livres, le livre premier comprend tout notre premier livre et une bonne moitié du deuxième, jusqu'à la naissance de la cité idéale en 369 a environ. D'où l'on voit que l'une des premières séquences significatives du long et sinueux argument qui structure l'ensemble de la *République* est constituée par le « triple défi immoraliste »[17] que Thrasymaque, puis Glaucon et Adimante lancent, tour à tour, à Socrate, et que Socrate s'attache à relever dans tout le reste du dialogue.

Mais ce n'est pas seulement l'ordre compositionnel de la *République* qui invite à voir dans l'entretien de Socrate avec Thrasymaque, Glaucon et Adimante une séquence philosophique unifiée : c'est aussi le texte lui-même. Glaucon et Adimante situent en effet explicitement leur propre discours dans le prolongement direct de celui de Thrasymaque. S'agissant de Glaucon, voici comment il présente sa propre contribution à la question de la justice :

> « Voici donc comment je procéderai, si toi aussi tu en es d'accord. Je renouvellerai l'argument de Thrasymaque (ἐπανανεώσομαι τὸν Θρασυμάχου λόγον) et, pour commencer, je dirai de la justice ce que les gens disent qu'elle est, et d'où elle vient ; ensuite, <je montrerai> que tous ceux qui la pratiquent

13. Voir l'article classique de Kahn, Ch., « Proleptic Composition in the *Republic*, or Why Book 1 Was Never a Separate Dialogue », *Classical Quarterly*, 43, 1, 1993, p. 131-142, qui liste douze passages du livre I de la *République* anticipant et préparant des développements ultérieurs dans les livres suivants (voir p. 136-140).

14. Hirmer, J., « Entstehung und Komposition der Platonischen *Politeia* », *Jahrbücher für Classische Philologie*, Supplementband 23, 1897, p. 579-678.

15. Alline, H., *Histoire du texte de Platon*, Paris, Honoré Champion, 1915.

16. Sedley, D., « Socratic Intellectualism in the *Republic*'s Central Digression », dans Boys-Stones, G., El Murr, D., Gill, Ch. (dir.), *The Platonic Art of Philosophy*, Cambridge, Cambridge University Press, 2013, p. 70-89.

17. Je reprends cette expression à Sedley, D., « Socratic Intellectualism », 2013, p. 73.

le font de mauvais gré, comme une nécessité, et non comme un bien ; enfin, qu'il est raisonnable qu'ils agissent de la sorte. Car c'est un fait que la vie de l'homme injuste est bien meilleure que celle de l'homme juste, à ce qu'ils disent. » (Platon, *Rép.*, II, 358 b 7-c 6)

Ces quelques lignes ont tout d'un programme que Glaucon va suivre scrupuleusement dans les pages suivantes de la *République*[18], programme dont on voit qu'il est significativement placé sous le signe du *logos* de Thrasymaque au livre premier. Mais le frère de Glaucon n'est pas en reste. À partir de 362 d, Adimante prend le relais en montrant, à son tour, que tous les arguments fournis par la tradition en faveur de la justice ne visent en réalité que la bonne réputation qu'elle confère et l'apparence de justice, mais jamais la justice pour elle-même. Comme son frère avant lui, il reconnaît explicitement que ces arguments sont ceux que « Thrasymaque ou quelqu'un d'autre » (367 a 6 : Θρασύμαχός τε καὶ ἄλλος) pourrait produire au sujet de la justice et de l'injustice.

Face à de tels arguments, Socrate ne peut cacher son admiration. Son ton devient alors élégiaque.

> « Il n'était pas laid, ô fils d'un tel homme (ὦ παῖδες ἐκείνου τοῦ ἀνδρός), le début des élégies que composa en votre honneur l'amant de Glaucon, en raison de votre comportement glorieux à la bataille de Mégare : *Fils d'Ariston, race divine d'un homme illustre* (παῖδες Ἀρίστωνος, κλεινοῦ θεῖον γένος ἀνδρός·). » (*Rép.*, II, 368 a 1-3)

Arrêtons-nous un instant sur la formule que Socrate utilise pour désigner Glaucon et Adimante : « fils d'un tel homme » (ὦ παῖδες ἐκείνου τοῦ ἀνδρός). Dans cette expression, qui donc est désigné par le génitif ? Selon la plupart des traducteurs récents[19], il s'agit d'Ariston, père de Glaucon, d'Adimante et de Platon, auquel il est fait allusion dans le vers cité par

18. De 358 e à 359 b, Glaucon expose en effet la genèse et l'essence de la justice, puis, de 359 b à 360 d, prouve par une expérience de pensée (et la fable de Gygès) que la justice est toujours pratiquée de mauvais gré, puisqu'elle n'est jamais choisie pour elle-même ; enfin, de 360 d à 362 c, il montre que sur la vie de l'homme parfaitement juste et sur celle de l'homme parfaitement injuste, le jugement que l'on porte est sans équivoque : en toutes circonstances, l'homme injuste sera préféré des hommes et des dieux.

19. Par exemple, *Plato: The Republic*, translated with introduction and notes by Chr. Rowe, London, Penguin, 2012, *ad loc.*

Socrate à la fin du passage. Mais James Adam, il y a plus d'un siècle, a défendu avec force une autre lecture, qui semble nettement plus intéressante d'un point de vue philosophique[20]. Adam soutient que de même que la formule analogue qu'on trouve en *Philèbe* 36 d 6-7 (ὦ παῖ 'κείνου τἀνδρός) désigne Protarque comme le fils de Philèbe parce qu'il a hérité de sa thèse, de même, Glaucon et Adimante sont ici, pour Socrate, les fils de Thrasymaque, dont ils héritent de la thèse et de la charge de la défendre. À l'encontre de cette lecture, on pourrait objecter qu'Adimante précise que la thèse en question est celle de « Thrasymaque ou quelqu'un d'autre » (*Rép.*, II, 367 a 6 : Θρασύμαχός τε καὶ ἄλλος) et que Glaucon lui-même souligne qu'il a entendu cette thèse dans la bouche de Thrasymaque « et de milliers d'autres » (358 c 8 : καὶ μυρίων ἄλλων). Tout ceci suggère que du point de vue de Glaucon et d'Adimante, la thèse défendue par Thrasymaque est répandue. Mais cela ne change rien au fait que Platon conçoit l'ordre des *logoi* du début de la *République* comme répondant à une logique d'héritage et de succession. En effet, au début du premier livre de la *République*, c'est Polémarque qui succède à Céphale pour discuter avec Socrate, qui note qu'il est ainsi non seulement l'héritier des biens, mais aussi du *logos*, de son père (*Rép.*, I, 331 e). De même, malgré la division conventionnelle entre le livre I et le livre II de nos éditions de la *République*, Glaucon et Adimante sont les héritiers du *logos* de Thrasymaque et lancent à Socrate un défi qui reprend et prolonge, qui « renouvelle » celui du sophiste. Si le projet global de la *République*, qui consiste à définir la justice dans la cité et dans l'âme, naît bien du défi lancé par Glaucon et Adimante, ce qui ne fait aucun doute, alors on mesure l'importance pour ce projet de la discussion entre Socrate et Thrasymaque.

De ce point de vue, la *République* n'est pas si différente d'autres dialogues tels que le *Gorgias* ou le *Protagoras* (ou encore la première partie du *Théétète*), où l'entretien de Socrate avec un sophiste ne laisse aucun doute sur la portée critique de l'analyse platonicienne. Dans la *République*, la construction littéraire de la première grande séquence philosophique du dialogue (du début à 369 a) indique clairement que c'est l'un des enjeux principaux du dialogue que de critiquer les positions thrasymachéennes.

---

20. ADAM, J., « *Republic* II. 368 A and *Symposium* 174 B », *Classical Review*, 10, 5, 1896, p. 237-239. Voir également, dans le même sens, BURNYEAT, M., « Fathers and Sons in Plato's *Republic* and *Philebus* », *Classical Quarterly*, 54, 1, 2004, p. 80-87.

Ce sont ces positions et leur rapport avec la sophistique qu'il faut donc considérer à présent.

Faire tomber les masques : la méthode critique de Thrasymaque

La discussion qui oppose Socrate et Thrasymaque, et qui s'étend de la page 336 b à la page 354 c de la *République*, répond à une structure binaire relativement claire. Le premier moment (336 b-347 e) correspond à l'examen de la thèse de Thrasymaque selon laquelle le juste est « l'intérêt du plus fort » (τὸ τοῦ κρείττονος συμφέρον) et à l'examen de ses reformulations successives ; le second moment (347 e-354 c) est consacré à l'examen d'un autre aspect de la thèse de Thrasymaque, selon lequel « la vie de l'homme injuste est supérieure à celle de l'homme juste » (*Rép.*, I, 347 e 3-4 : τὸν τοῦ ἀδίκου βίον [...] εἶναι κρείττω ἢ τὸν τοῦ δικαίου). Ce second moment est introduit par Thrasymaque lui-même quand, après avoir congédié le modèle *socratique* du gouvernant expert, en soutenant que tout expert exerce son art pour son propre avantage, et non pour celui de ceux auxquels son art s'adresse, il ajoute, en 343 d-344 c, que l'injustice est « plus forte, plus libératrice et plus dominatrice » (*Rép.*, I, 344 c 5 : καὶ ἰσχυρότερον καὶ ἐλευθεριώτερον καὶ δεσποτικώτερον) que la justice et convoque l'exemple du tyran suprêmement injuste et suprêmement heureux pour le prouver.

Au fur et à mesure de sa discussion avec Socrate et des clarifications que celui-ci lui impose sur la nature de la justice, Thrasymaque soutient les positions suivantes :

> T 1 : « Le juste n'est pas autre chose que l'intérêt du plus fort » (*Rép.*, I, 338 c 1-2 : τὸ δίκαιον οὐκ ἄλλο τι ἢ τὸ τοῦ κρείττονος συμφέρον)
>
> T 2 : « Voilà donc ce que je dis, homme excellent : à savoir que dans toutes les cités, c'est la même chose qui est le juste, l'intérêt du pouvoir en place. » (*Rép.*, I, 338 e 6-339 a 2 : τοῦτ' οὖν ἐστιν, ὦ βέλτιστε, ὃ λέγω ἐν ἁπάσαις ταῖς πόλεσιν ταὐτὸν εἶναι δίκαιον, τὸ τῆς καθεστηκυίας ἀρχῆς συμφέρον·)
>
> T3 : « La justice et le juste sont en réalité un bien pour autrui, l'intérêt du plus fort et du dirigeant, mais elles sont un dommage personnel pour celui qui obéit et sert » (*Rép.*, I, 343 c 3-5 : ἡ μὲν δικαιοσύνη καὶ τὸ δίκαιον ἀλλότριον ἀγαθὸν τῷ ὄντι, τοῦ κρείττονός τε καὶ ἄρχοντος συμφέρον, οἰκεία δὲ τοῦ πειθομένου τε καὶ ὑπηρετοῦντος βλάβη.)

Le problème principal suscité par l'exégèse des pages 336 b-347 e de la *République* concerne la cohérence philosophique de la position de Thrasymaque[21]. En effet, T1 et T3 ont tout l'air d'être directement contradictoires, car, par exemple, le tyran en exerçant sa force agira conformément à son intérêt et promulguera des lois en ce sens, il sera donc, selon T1, tout à fait juste, mais ce faisant il ne réalisera pas un bien « pour autrui » et contredira le principe énoncé en T3. On s'est également demandé si la thèse exprimée en T2, qui présuppose une conception conventionnaliste de la justice, était bien compatible avec celle exprimée en T1[22]. La position de Thrasymaque sur la justice serait-elle donc incohérente ?

Avant même de répondre à cette question, il est nécessaire d'en poser une autre : Thrasymaque cherche-t-il à donner de la justice une *définition* ? Rappelons l'entrée théâtrale de Thrasymaque qui, en 336 c, se jette dans la discussion, tel une bête sur une proie : sa colère porte sur la méthode de Socrate qui, selon lui, se contente de réfuter les réponses qu'on lui donne à la question de savoir ce qu'est la justice. Plutôt que d'examiner les réponses d'autrui, Socrate ferait bien de dire ce qu'il pense qu'est la justice. Et Thrasymaque de menacer Socrate en ces termes :

> « Et ne va pas me dire que c'est ce qui convient (τὸ δέον), ni que c'est ce qui est utile (τὸ ὠφέλιμον), ni ce qui profite (τὸ λυσιτελοῦν), ni ce qui rapporte (τὸ κερδαλέον), ni l'intérêt (τὸ συμφέρον), mais dis-moi avec clarté et précision ce que tu veux dire, car pour ma part je n'accepterai pas que tu dises de telles balivernes (ὕθλους τοιούτους). » (*Rép.*, I, 336 c 6-d 4)

21. Sur cette question, et plus généralement sur ces pages de la *République*, l'article de KERFERD, G.B., « The Doctrine of Thrasymachus in Plato's *Republic* », *Durham University Journal*, 9, 1947, p. 19-27, est un classique auquel tous les articles ultérieurs renvoient. Il a été critiqué par HOURANI, G.F., « Thrasymachus' Definition of Justice in Plato's *Republic* », *Phronesis*, 7, 1962, p. 110-20, critique qui a appelé une réponse de la part de KERFERD, G.B., « Thrasymachus and Justice: A Reply », *Phronesis*, 9, 1964, p. 12-16. Le débat est ensuite résumé et poursuivi par MAGUIRE, J.P., « Thrasymachus or Plato ? », *Phronesis*, 16, 1971, p. 142-63 et NICHOLSON, P.P., « Unravelling Thrasymachus' Arguments in the *Republic* », *Phronesis*, 19, 1974, p. 210-32. Voir également ALGRA, K.A., « Observations on Plato's Thrasymachus: The Case for *Pleonexia* » dans Algra, K., van der Horst, P.W., Runia, D. (dir.), *Polyhistor. Studies in the History and Historiography of Ancient Philosophy*, Presented to Jaap Mansfeld on his Sixtieth Birthday, Leiden, Brill, 1996, p. 41-60.

22. Voir EVERSON, S., « The Incoherence of Thrasymachus », *Oxford Studies in Ancient Philosophy*, 16, 1998, p. 99-131.

Cette entrée en matière violente révèle que pour Thrasymaque la méthode d'examen de Socrate est parfaitement inutile pour savoir ce qu'est vraiment la justice. Socrate contre-attaque pourtant en soulignant que la situation dans laquelle Thrasymaque cherche à le mettre revient à demander à quelqu'un de dire combien font douze, en lui interdisant cependant d'énoncer l'ensemble des facteurs du nombre douze (337 b-c). Mais là encore Thrasymaque n'est pas convaincu car l'exemple mobilisé par Socrate n'a rien à voir avec la question de la justice.

Ce court échange introductif à la discussion sur la justice est révélateur de tout ce qui sépare la méthode de Thrasymaque de celle de Socrate[23]. Pour ce dernier, en effet, l'exemple mathématique est tout à fait approprié puisque la définition de la justice que Socrate recherche, comme n'importe quelle vérité mathématique, doit être vraie en tout temps et en tous lieux. Rien de tel selon Thrasymaque, qui envisage la justice, on va le voir, comme une relation chaotique qui ne peut se comprendre que si l'on évalue les forces en présence et les rapports de domination.

En effet, une fois la position fondamentale de Thrasymaque énoncée (T1 : « Le juste n'est pas autre chose que l'intérêt du plus fort »), Socrate le conduit à préciser sa pensée en expliquant de quelle force il s'agit.

> « Alors ne sais-tu pas, dit-il [Thrasymaque], que parmi les cités, les unes sont en tyrannie, les autres en démocratie et les autres en aristocratie ?
>
> Comment l'ignorer ?
>
> Eh bien, dans chaque cité, ce qui est fort, n'est-ce pas ce qui dirige ?
>
> Tout à fait.
>
> Or, dans chaque cas, le pouvoir dirigeant établit les lois en vue de son propre intérêt : la démocratie, des lois démocratiques, la tyrannie, des lois tyranniques, et il en va de même pour les autres formes de pouvoir. Une fois qu'elles sont établies, ils proclament qu'est juste pour les dirigés cela même qui est leur propre intérêt et celui qui enfreint cela, ils le châtient comme ayant agi contre la loi et contre la justice. Voilà donc, homme excellent, ce que je dis qu'est ce qui est juste, la même chose dans toutes les cités, l'intérêt du pouvoir en place. Or c'est lui, j'imagine, qui est le plus fort, d'où il suit, pour celui qui raisonne droitement, que c'est partout la même chose qui est juste : l'intérêt du plus fort. » (*Rép.*, I, 338 d 7-339 a 4)

---

23. Voir sur ce point WELTON, W., « Thrasymachus vs. Socrates : What Counts as a Good Answer to the Question : 'What Is Justice ?' », *Apeiron*, 39, 2006, p. 293-317.

Ce passage crucial appelle trois remarques.

Premièrement, il révèle ce qui constitue l'un des éléments principaux de la méthode de Thrasymaque : l'observation et le recours à l'empirie. Non seulement Thrasymaque en appelle à la tripartition traditionnelle des formes de *politeia* (tyrannie, oligarchie, démocratie), mais il s'assure que Socrate partage son observation selon laquelle les cités connaissent l'une de ces trois formes de gouvernement. La méthode d'observation empirique de Thrasymaque n'est d'ailleurs pas décelable uniquement dans ce passage, puisque c'est cette même méthode que Thrasymaque convoque, un peu plus loin, quand il en vient à expliquer que la justice est toujours le bien d'autrui (343 d-344 d)[24].

Deuxièmement, et c'est un point essentiel, cette observation des régimes ne mène pas Thrasymaque à seulement *constater* la variabilité des formes constitutionnelles. Par-delà les différentes formes de constitution, explique-t-il, c'est un même principe qui est à l'œuvre et qui rend compte de l'origine des lois (*nomoi*) : cette explication unique qui rend compte des pratiques dans toutes les formes de constitution (*politeiai*), quelles qu'elles soient, repose sur la distinction, au sein de chaque cité, entre une partie dirigeante qui en exploite une autre dirigée et qui édicte des prescriptions légales dont le seul but est d'assurer la pérennité de cette exploitation. Pour la tyrannie et l'oligarchie, la chose est claire, mais notons qu'elle ne l'est pas moins, selon Thrasymaque, pour la démocratie, car, même si la démocratie est constitutionnellement le pouvoir de l'ensemble du peuple

24. Voir par exemple *Rép.*, I, 343 d 1-e 7 : « Il faut donc observer les choses de cette façon, très ingénu Socrate (σκοπεῖσθαι δέ, ὦ εὐηθέστατε Σώκρατες, οὑτωσὶ χρή) : partout, un homme juste a le dessous sur un homme injuste. D'abord, dans les relations réciproques de contrat, là où le premier s'associe avec le second, tu ne trouveras nulle part, quand l'association se dissout, que le juste a plus que l'injuste, mais moins. Ensuite, dans les affaires qui concernent la cité, à chaque fois qu'il s'agit de payer des impôts, le juste paye davantage, à fortune égale, et l'injuste moins, mais à chaque fois qu'il s'agit de recevoir, le premier ne reçoit rien, tandis que le second reçoit de nombreux gains. Et, en effet, à chaque fois que l'un et l'autre exercent quelque fonction de direction, le fait est que pour l'homme juste, même s'il ne subit aucun autre dommage, ses affaires personnelles se dégradent du fait qu'il les néglige, et qu'il ne tire aucun avantage de la chose publique puisqu'il est juste, qu'en plus de tout cela, il est détesté par ses proches et par ses connaissances lorsqu'il ne consent pas à leur rendre service au détriment de ce qui est juste. Pour l'homme injuste, le fait est que c'est tout le contraire. »

(*dēmos*), il n'en demeure pas moins vrai que les lois qu'elle promulgue s'appliquent au-delà des membres de l'assemblée, à l'ensemble de la cité.

Troisièmement, enfin, ce passage éclaire la véritable portée de la méthode de Thrasymaque. Comme on l'a soutenu tout récemment[25], ce qui donne finalement sa cohérence aux positions soutenues par Thrasymaque, c'est qu'elles procèdent toutes de la même volonté de démasquer les opinions reçues sur les valeurs en offrant une analyse généalogique de leur institution comme valeurs. En montrant que la justice *n'est rien d'autre que* l'intérêt du plus fort, c'est-à-dire du pouvoir en place, Thrasymaque entend davantage susciter l'admiration des protagonistes de la *République*[26] en faisant tomber les masques que donner une définition une et unitaire de la justice : dans chaque cité, quelle que soit la forme de sa constitution, la faction dominante a institué des lois dans son propre intérêt. En obéissant à ces lois, nous ne faisons que servir l'intérêt de ceux qui les ont instituées. À quoi Thrasymaque ajoute plus loin (343 d-344 a) que servir l'intérêt de la faction dominante revient à se nuire à soi-même, puisque toutes les interactions humaines, non seulement celles entre gouvernant et gouvernés, mais plus généralement entre individus, sont un jeu à somme nulle, le gain d'un individu constituant toujours une perte pour un autre.

Comprise de la sorte, comme une volonté de démasquer les opinions reçues sur la justice, l'intervention de Thrasymaque ne peut être taxée d'incohérence : elle consiste au contraire à examiner le phénomène social complexe de la justice sous différentes perspectives et à inciter, dans chaque cas (celui de l'individu, du citoyen gouverné, du ou des dirigeants) à saisir le rapport de domination que cette perspective révèle.

25. Voir l'article très convaincant de ANDERSON, M.E., « Thrasymachus' Sophistic Account of Justice in *Republic* I », *Ancient Philosophy*, 36, 2016, p. 151-172, qui compare notamment la méthode « généalogique » de Thrasymaque à celle que le sophiste Prodicos applique à la religion et aux dieux.

26. Cf. *Rép.*, I, 338 c 1-3 : « J'affirme pour ma part en effet que le juste n'est pas autre chose que l'intérêt du plus fort. Eh bien, pourquoi ne fais-tu pas mon éloge ? Allons, tu n'y consentiras pas ! » (φημὶ γὰρ ἐγὼ εἶναι τὸ δίκαιον οὐκ ἄλλο τι ἢ τὸ τοῦ κρείττονος συμφέρον. ἀλλὰ τί οὐκ ἐπαινεῖς ; ἀλλ' οὐκ ἐθελήσεις.)

Platon avec Thrasymaque

Il convient désormais d'analyser la réponse platonicienne à la critique radicale du *nomos* que propose Thrasymaque. Mais cela n'est possible que si l'on saisit au préalable quel rapport Platon entretient à cette critique. Or ce rapport ne se réduit pas à un simple antagonisme. Car, si Platon a choisi de donner au sophiste Thrasymaque ce rôle de premier plan dans l'argument général de la *République*, c'est qu'il souscrit, au moins en partie, au diagnostic sans détour posé par le sophiste sur le fonctionnement des cités.

Pour le montrer, force est toutefois de reconnaître que la *République* ne nous donne que peu de ressources. Heureusement, nous disposons d'un autre passage du *corpus platonicum* qui permet de mettre en lumière l'entretien entre Socrate et Thrasymaque dans le premier livre de la *République* et plus largement l'importance de la position de Thrasymaque aux yeux de Platon. Il s'agit d'un passage du livre IV des *Lois*. L'interlocuteur principal de ce long dialogue, l'Athénien, soutient que la meilleure constitution est celle où le principe immortel en nous (l'intelligence, ou νοῦς) gouverne en distribuant la rationalité dans la cité par l'entremise de la loi. Une véritable constitution se doit donc d'être une *nomocratie* (un gouvernement de la *loi*) et une *noocratie* (un gouvernement de l'*intelligence*). Le problème, c'est que « certains » (τινές) ne sont pas de cet avis.

> « L'Athénien – Comprends-tu donc que, aux dires de certains, il y a autant d'espèces de lois qu'il y a précisément de constitutions et que nous venons de parcourir les régimes dont le plus grand nombre parle ? Ne crois pas que la présente discussion porte sur un petit sujet mais bien sur le plus grand qui soit : car le point disputé qui, une nouvelle fois, est venu à nous est de savoir où il faut tourner nos regards, concernant le juste et l'injuste. En effet, ce n'est pas la guerre ni l'excellence dans sa totalité, disent-ils, que les lois doivent avoir en vue, mais quel que soit le régime en place, <elles doivent> voir son intérêt, afin qu'il maintienne toujours son pouvoir et ne soit pas détruit, et la définition naturelle du juste est la mieux formulée en ces termes.
>
> Clinias – Lesquels ?
>
> L'Athénien – C'est l'intérêt du plus fort.
>
> Clinias – Sois encore plus clair.
>
> L'Athénien – Voici. Ils disent, je pense, que c'est à chaque fois le pouvoir <établi> dans la cité qui fait les lois. N'est-ce pas ?

Clinias – Tu dis vrai.

L'Athénien – Mais penses-tu, disent-ils, qu'après avoir remporté la victoire, la démocratie, la tyrannie, ou quelque autre régime, édictera volontairement des lois en vue d'autre chose que l'intérêt de son propre pouvoir et pour sa conservation ?

Clinias – Comment en douter ?

L'Athénien – Par conséquent, celui qui transgressera ces lois établies, celui qui les aura établies le punira comme ayant agi injustement, parce qu'il aura nommé ces lois « justes » ?

Clinias – Voilà qui est du moins vraisemblable.

L'Athénien – Par suite, c'est ainsi que ces lois auront toujours et de cette façon le juste pour elles.

Clinias – C'est du moins ce que dit cet argument. » (*Lois*, IV, 714 b 3-d 10)

« Certains » (τινές), dit l'Athénien, soutiennent donc, d'une part, qu'il n'y a pas d'autres formes de constitution que la démocratie, l'oligarchie et l'aristocratie, et d'autre part, qu'il n'existe aucune conception de la loi qui soit indépendante de ces formes de constitution, puisque la loi n'est qu'un instrument visant à la pérennité du pouvoir en place. Les lois établies dans une constitution donnée ne visent qu'à l'intérêt et la préservation de celle-ci et c'est cet intérêt qui définit dans chaque cas la justice, celle-ci étant donc, selon les mots mêmes de Thrasymaque, répétés par l'Athénien « l'intérêt du plus fort » (*Rép.*, I, 338 c 5 : τὸ τοῦ κρείττονος συμφέρον ; *Lois*, IV, 714 c 6 : τὸ τοῦ κρείττονος συμφέρον)[27].

On voit d'abord à quel point il est important pour l'Athénien, alors même qu'il est sur le point d'ouvrir le grand édifice législatif qui va mener à la constitution de Magnésie, la cité idéale des *Lois*, de se confronter à ces idées afin de justifier la possibilité et la nécessité de cette autre forme de constitution qu'est la constitution « nomocratique » de Magnésie. Mais ce n'est pas là le seul enjeu de ce passage, car il permet également de donner un contexte général à l'analyse thrasymachéenne des cités dans le premier livre de la *République*[28].

---

27. Selon la formulation des *Lois*, c'est l'intérêt de la *politeia* qui est la justice, mais sans doute la *politeia* s'identifie-t-elle aux dirigeants : l'intérêt de la *politeia* est celui des dirigeants dans cette constitution, donc des plus forts.

28. Notons d'ailleurs que l'Athénien souligne l'importance de l'enjeu en précisant que la discussion aborde ce problème « une nouvelle fois » (πάλιν) : l'Athénien fait ici référence à un passage antérieur du dialogue, vraisemblablement à *Lois*, I, 631 b-632 d, ou II, 663 b-c,

Dans la suite du passage, l'Athénien compare la *politeia* qu'il projette de décrire en détail à partir du livre V à celles dont il vient de parler. Comment désigne-t-il ces dernières ? Celles-ci, où la loi sert l'intérêt du pouvoir en place, « nous disons à présent qu'elles ne sont pas des constitutions, ni que ce sont des lois correctes, toutes celles qui n'ont pas été instituées en vue de l'intérêt commun de toute la cité » (*Lois*, IV, 715 b 3-4 : φαμὲν ἡμεῖς νῦν οὔτ' εἶναι πολιτείας, οὔτ' ὀρθοὺς νόμους ὅσοι μὴ συμπάσης τῆς πόλεως ἕνεκα τοῦ κοινοῦ ἐτέθησαν). Aucune autre forme de constitution que la constitution nomocratique n'est donc une *politeia* à proprement parler. L'Athénien confirme ici ce qu'il avait énoncé, quelques lignes avant notre passage, quand, évoquant les trois formes usuelles de constitution, celles-là même dont parle Thrasymaque au premier livre de la *République*, il précisait : « celles que nous venons de nommer ne sont pas des constitutions, mais des groupements de cités où des parties d'elles-mêmes sont dominées et asservies, et où chacune porte le nom du pouvoir de son maître » (712 e 9-713 a 3 : ἃς δὲ ὠνομάκαμεν νῦν, οὐκ εἰσὶν πολιτεῖαι, πόλεων δὲ οἰκήσεις δεσποζομένων τε καὶ δουλευουσῶν μέρεσιν ἑαυτῶν τισι, τὸ τοῦ δεσπότου δὲ ἑκάστη προσαγορεύεται κράτος)[29].

Ces passages du livre IV des *Lois* montrent clairement que Platon partage le point de vue de Thrasymaque et qu'il accepte sa critique radicale du *nomos* selon laquelle toutes les *politeiai* des cités actuelles sont structurées par des rapports de domination. Si Platon a donc choisi de débuter l'argument proprement politique de la *République* par l'analyse des constitutions que propose Thrasymaque, si Platon a choisi de conférer à la pensée et à la méthode du sophiste une si singulière importance, c'est parce qu'il pense, comme lui, que les cités *telles qu'elles sont* reposent sur ce rapport de domination et que leur pratique concrète de la justice n'est que le masque de ce rapport.

De prime abord, on pourrait trouver étrange que dans un dialogue tel que la *République*, qui s'inscrit dans le genre littéraire relativement bien défini des

---

mais il n'est pas interdit de penser que Platon renvoie également son lecteur à d'autres passages des dialogues antérieurs, et tout particulièrement au premier livre de la *République*.

29. Voir également le passage parallèle de *Politique*, 303 b 8-c 2 qui congédie tous les participants aux formes usuelles de constitution au motif qu'ils ne sont pas des politiques, mais au contraire divisent toujours la cité : « Par conséquent, ceux qui prennent part à tous ces régimes, à l'exception du régime savant, il faut les séparer comme n'étant pas des politiques, mais des factieux (ἀφαιρετέον ὡς οὐκ ὄντας πολιτικοὺς ἀλλὰ στασιαστικούς). »

écrits *peri politeias* (« sur les formes de constitution »)[30], ce soit Thrasymaque, et non Socrate, qui, en *Rép.*, I, 338 d-339 a, introduise pour la première fois dans le dialogue la question *politique* de la justice, celle de l'origine des *nomoi*, et celle des formes de constitution. Il n'y a là plus rien d'étrange dès que l'on comprend que Platon et Thrasymaque ont en commun de porter un regard critique et sans concession sur le fonctionnement actuel des cités, dont ils pointent du doigt les rouages et démasquent les fausses prétentions.

Platon contre Thrasymaque, ou la critique de la critique

Que Platon partage avec Thrasymaque un même diagnostic sur l'état des cités implique-t-il qu'ils soient tous deux du même avis quant aux conséquences qu'il s'agit de tirer de ce diagnostic ? Non, bien sûr. C'est même tout le contraire : Platon refuse et rejette explicitement les conséquences que Thrasymaque déduit de son analyse, l'idéal politique de la *République* pouvant être compris comme la proposition d'une solution alternative cohérente à l'immoralisme thrasymachéen.

On a parfois fait de Thrasymaque un sociologue avant l'heure, soucieux de décortiquer les rouages du pouvoir et des institutions[31], mais également soucieux d'éviter toute position normative[32]. Si les qualités d'observateur du sophiste sont indéniables et justifient en partie le diagnostic que Platon partage sur l'état des cités, il est difficile de ne pas remarquer les prescriptions que le sophiste déduit de son analyse. Le souci prescriptif de Thrasymaque saute aux yeux quand il explique que la justice n'est pas ce que le dirigeant *croit* être son intérêt, parce que le dirigeant, en tant que tel, ne commet pas

30. Sur l'inscription de la *République* dans ce genre littéraire, voir la recherche minutieuse et très complète menée par MENN, S., « On Plato's Πολιτεία », dans Clearly, J.J., Gurtler, G.M. (dir.), *Proceedings of the Boston Area Colloquium in Ancient Philosophy*, Volume XXI, 2005, Leiden – Boston, Brill, 2006, p. 1-55.

31. Voir par exemple SANTAS, G., « Methods of Reasoning about Justice », dans Santas, G. (dir.), *The Blackwell's Guide to Plato's Republic*, Malden, Blackwell, 2006, p. 126-129, et BARNEY, R., « Callicles and Thrasymachus », dans Zalta, E. N. (dir.), *The Stanford Encyclopedia of Philosophy* (Winter 2011 ed.), URL = <https://plato.stanford.edu/archives/win2011/entries/callicles-thrasymachus/>.

32. Voir par exemple WHITE, S., « Thrasymachus the Diplomat », *Classical Philology*, 90, 1995, p. 322, qui écrit : « At no point, [...] does he [Thrasymachus] express clear approval for the self-serving of the strong. »

d'erreur (340 c-341 a). Thrasymaque ici va plus loin que le simple constat, mais cherche à établir une norme, celle du véritable dirigeant, du gouvernant expert. Ce gouvernant, il en donne plus loin une illustration éloquente, quand, pour faire comprendre que l'injustice à grande échelle est plus forte, plus libre et plus dominatrice que la justice (344 c 5), il convoque l'exemple du tyran, dont on comprend immédiatement qu'il est bien plus qu'un exemple mais a valeur de modèle. Or ce tyran scientifique, choisira-t-il la justice ou l'injustice ? La réponse à cette question capitale, pour Thrasymaque comme pour Socrate, parce qu'elle est celle de savoir quelle vie est pour l'homme la plus profitable (344 d-e), ne fait absolument aucun doute aux yeux du sophiste : puisque la justice est une « naïveté pleine de noblesse » (348 c 12 : πάνυ γενναίαν εὐήθειαν) et l'injustice « un sens de la bonne décision » (348 d 2 : εὐβουλίαν), le dirigeant expert choisira l'injustice, comme il se doit et parce qu'il n'a aucune raison de ne pas le faire.

Thrasymaque ne se contente donc pas de décrire comment fonctionnent toutes les formes de *politeia* en disant qu'elles visent toutes la préservation du pouvoir en place : il y a fort à parier qu'il pense que c'est ce qu'elles *doivent* avoir en vue en légiférant. Quand l'Athénien décrit plus en détail au livre IV des *Lois* la position de Thrasymaque et de certains autres, il n'en fait d'ailleurs pas mystère : « En effet, ce n'est pas la guerre ni l'excellence dans sa totalité, disent-ils, que les lois *doivent* avoir en vue, mais quel que soit le régime en place, <elles doivent> voir son intérêt » (714 b 8-c 2: οὔτε γὰρ πρὸς τὸν πόλεμον οὔτε πρὸς ἀρετὴν ὅλην βλέπειν *δεῖν* φασι τοὺς νόμους, ἀλλ' ἥτις ἂν καθεστηκυῖα ᾖ πολιτεία, ταύτῃ ἰδεῖν τὸ συμφέρον).

On voit finalement le défi politique que constitue la théorie thrasymachéenne des constitutions pour toute théorie de la justice : si Thrasymaque a raison, si donc, dans chaque cité, quelle qu'elle soit et quelle que soit la forme de la *politeia*, le pouvoir dirigeant établit des lois dont les prescriptions sont dans son intérêt propre, et si ces prescriptions sont dites justes pour les dirigés pour cette seule raison, alors on ne voit pas quelle norme de justice pourrait empêcher les dirigeants, en toutes circonstances, d'exploiter les dirigés, et on ne voit pas pourquoi les dirigés auraient une quelconque raison, si ce n'est la peur ou l'habitude, de se plier à cette justice[33].

33. Comme l'a très bien vu Menn, S., « On Plato's Πολιτεία », 2005, p. 14.

Mais qu'il en soit bien ainsi dans toutes les constitutions *existantes* signifie-t-il pour autant *qu'il ne puisse en être autrement* ? Une autre forme de constitution est-elle possible, où la justice serait autre chose que l'intérêt du plus fort ?

L'enjeu politique principal de la *République* est précisément de montrer qu'une telle *politeia*, c'est-à-dire, selon Platon, une *véritable politeia*, est possible et même nécessaire, une *politeia* où les dirigeants agissent dans l'intérêt des gouvernés. La réfutation de l'immoralisme politique de Thrasymaque est à ce prix, et cette réfutation exige le grand détour qu'emprunte la *République* pour fonder une cité juste. Deux points, me semble-t-il, feront clairement saisir en quel sens l'édifice politique de la cité idéale de la *République* se construit en réponse à la critique thrasymachéenne du *nomos* et au défi que celle-ci représente.

Premièrement, Thrasymaque soutient avec force que le dirigeant, en tant que tel, est un expert qui ne se trompe pas sur ce qui constitue son intérêt. C'est parce qu'il est un expert qu'il choisit d'exploiter les gouvernés, comme le fait un berger qui exploite son troupeau de moutons : en engraissant son troupeau, le berger ne cherche pas le bien des moutons mais son bien propre, autrement dit le profit qu'il peut tirer de leur exploitation (*Rép.*, I, 343 b). C'est donc Thrasymaque, on le voit, qui introduit dans le dialogue deux thèmes essentiels de la *République* : la compétence du gouvernant et le modèle pastoral de gouvernement politique.

Ces deux thèmes sont repris par Socrate, qui leur donne une signification radicalement différente. Car l'interprétation que Thrasymaque donne de l'art du berger, et plus généralement de la rationalité telle qu'elle se manifeste dans l'exercice d'une compétence, est tout simplement erronée : exercer un art ou une compétence signifie agir en vue du bien de l'objet de cette compétence, et non en vue de l'intérêt propre de l'agent qui l'exerce (*Rép.*, I, 345 c-346 b). Pour Socrate, donc, il ne s'agit pas tant de remettre en cause le modèle pastoral du gouvernement des hommes introduit par Thrasymaque que de l'interpréter correctement[34]. À la fin du livre III de la *République* (416 a-b), anticipant sur les mesures communautaires réservées aux gardiens développées au livre V, Socrate précise en effet que l'éduca-

---

34. Sur cette question, voir El Murr, D., « Adieu au pasteur ? Remarques sur le pastorat politique dans le *Politique* de Platon », dans Castel-Bouchouchi, A., Dixsaut, M., Kevorkian, G. (dir.), *Lectures de Platon*, Paris, Ellipses, 2013, p. 175-177.

tion gymnique et musicale des gardiens auxiliaires ne saurait faire d'eux des prédateurs pour le reste des habitants de la cité idéale : un berger ne saurait élever des chiens de garde pour nuire à son troupeau, mais, au contraire, pour le protéger et veiller à sa prospérité. Socrate corrige donc et complexifie l'analogie thrasymachéenne en substituant au rapport dyadique berger (exploitant) *vs* troupeau (exploité) un rapport triadique berger (gouvernant) / chien de garde (auxiliaire) / troupeau (gouverné). Ce rapport triadique structure l'ensemble de la cité idéale : le groupe fonctionnel des producteurs est analogue au troupeau, celui des gardiens auxiliaires aux chiens de garde, enfin les bergers sont analogues aux gouvernants-philosophes. Cette structure d'ensemble explique également la justice de la cité idéale et son harmonie puisque chaque groupe contribue à sa manière au bien du tout. Comme l'explique en détail Socrate en *Rép.*, V, 463 a-b, dans les régimes habituels, les dirigeants sont désignés comme des « maîtres » et les dirigés comme des « esclaves », mais dans la cité idéale, les désignations renvoient à la coopération de chaque groupe de citoyens au bien de l'ensemble. Ainsi le peuple désigne-t-il les dirigeants comme « des sauveurs et des auxiliaires » (463 b 1 : σωτῆράς τε καὶ ἐπικούρους) et les dirigeants désignent-ils les dirigés comme étant « des donneurs de salaire et des nourriciers » (463 b 3 : μισθοδότας τε καὶ τροφέας)[35].

Deuxièmement, la *République* entend également répondre au défi lancé par l'analyse thrasymachéenne de la loi[36]. Thrasymaque soutient, on l'a vu, que chaque cité établit des lois pour son propre avantage (les démocraties, des lois démocratiques, les oligarchies, des lois oligarchiques, et les tyrannies, des lois tyranniques) : c'est en ce sens que la justice est l'intérêt du plus fort, puisque les plus forts dans une cité sont ceux qui établissent les lois qui servent leurs intérêts propres. La conception de la loi qu'on voit développée, par touches successives, dans la *République* s'oppose directement à cette vision purement instrumentale de la législ-

35. Sur ce passage et son importance pour l'intelligibilité de l'organisation sociale de la cité idéale, voir El Murr, D., « L'Amitié (*philia*) dans le système social de la *République* », *Revue philosophique de Louvain*, 110, 4, 2012, p. 600, et El Murr, D., « Hiérarchie et communauté : amitié et unité de la cité idéale dans la *République* », *Philosophie antique*, 17, 2017, p. 73-100.
36. Sur le traitement de la loi dans la *République*, voir l'article de Lane, M., « Founding as Legislating: the Figure of the Lawgiver in Plato's *Republic* », dans Brisson, L., Notomi, N. (dir.), *Dialogues on Plato's* Politeia. Selected Papers from the Ninth Symposium Platonicum, Sankt Augustin, Academia Verlag, 2013, p. 104-114.

lation. Socrate le dit clairement au livre IX de la *République*, dans un passage qui a valeur de conclusion pour l'ensemble de la discussion qu'il a ouverte, au premier livre, avec Thrasymaque.

> « Par conséquent, afin qu'un tel homme [un homme moins bon] soit aussi gouverné par un élément semblable à celui par lequel est dirigé l'homme le meilleur, dirons-nous qu'il doit être esclave de cet homme meilleur, lui en qui c'est l'élément divin qui gouverne ? Non pas que nous pensions que c'est en vue du désavantage de l'esclave qu'il faut qu'il soit gouverné, comme Thrasymaque pensait que doivent l'être les gouvernés, mais en considérant qu'il est préférable pour tous d'être gouverné par l'élément divin et intelligent, surtout quand on le possède en propre en soi-même, mais sinon quand il s'impose du dehors, afin de nous rendre tous, dans la mesure du possible, semblables et amis, parce que nous sommes tous gouvernés par le même principe ?
>
> Et nous aurons raison, dit-il.
>
> Et la loi aussi, évidemment, vise le même but, elle qui est l'alliée de tous les habitants de la cité. » (*Rép.*, IX, 590 c 8-d 9)

C'est dans ce passage qu'apparaît, pour la dernière fois dans le dialogue, le nom de Thrasymaque. Cela n'est en rien un hasard, car en réalité Socrate y récapitule tout l'enjeu de sa discussion avec le sophiste. Même si la cité idéale de la *République* se fonde sur une inégalité naturelle profonde entre les citoyens, aucun rapport de domination qui soit le résultat de l'exploitation de certains citoyens par d'autres ne saurait s'y exercer. Que le meilleur gouverne le moins bon est un principe conforme à la nature mais qui ne saurait pour autant signifier que les gouvernés le sont dans l'intérêt des gouvernants. Dans ce contexte, la loi ne saurait être l'instrument de domination dont use une élite au pouvoir pour asseoir et maintenir sa domination : la loi ne peut qu'être l'alliée de tous et de chacun au profit de la cité tout entière (cf. 590 d 9 : πᾶσι τοῖς ἐν τῇ πόλει σύμμαχος ὤν).

Une cité gouvernée par le savoir, où les gouvernants dirigent dans l'intérêt commun et refusent l'exploitation des gouvernés à leur profit, telle est en substance la réponse platonicienne à la critique thrasymachéenne des fondements de l'ordre politique et législatif. Pour compléter cette réponse à Thrasymaque, il reviendra à Socrate de montrer qu'une telle cité qui, seule, mérite le nom de *politeia* est non seulement désirable mais également réalisable. Telle est, comme on le sait, la tâche passionnante et difficile dévolue aux livres centraux de la *République*.

La critique cynique du *nomos* et l'idéal de vie *kata phusin*

Suzanne Husson (Sorbonne Université)

Le slogan de Diogène : « *paracharattein to nomisma* »[1], « falsifier – ou plutôt dévaluer – la monnaie » montre que le cynisme, dès ses origines, s'est lui-même compris comme une critique du *nomos*, de cette loi, cette convention dont le *nomisma* – signifiant à la fois la monnaie, la coutume ou l'institution – est le produit. Le *nomos* représente, en effet, les lois positives qui ont cours dans les cités, mais plus encore toutes ces lois

1. Ce mot d'ordre semble avoir pour origine un épisode biographique : Hikésias, le père de Diogène – voire Diogène lui-même – furent accusés de s'être livrés à cette opération à Sinope. Les études numismatiques, cependant, montrent que, si Hikésias fut bien officiellement en charge de la monnaie à Sinope, son action ne consista pas à fabriquer une fausse monnaie, mais à apposer une marque sur les fausses pièces pour les mettre hors de circulation. Transposée au niveau philosophique la formule signifie donc qu'il s'agit de mettre à nu, de dévaluer, les fausses valeurs que sont les conventions sociales. Cf. Diogène Laërce, VI, 20-21 ; Giannantoni, G., *Socratis et Socraticorum Reliquiae*, 4 vol., éd., n., bibliogr. et index de G. G., 2e éd. rev. et augm., Napoli, Bibliopolis, 1990 [désormais noté *SSR*], vol. II, VB, 2-10 ; vol. IV, p. 423-433 et Seltmann, C.T., « Diogenes of Sinope, Son of Banker Hikesias », dans Allan, J., Mattingly, H., Robinson, E.S.G. (dir.), *Transactions of the International Numismatic Congress 1936*, London, B. Quaritch1938, p. 121.

non-écrites, ces coutumes tacitement acceptées et les valeurs sur lesquelles elles reposent, toutes produites par la *doxa* (l'opinion commune). Or si cette critique s'est opérée au nom d'une nature[2] qui, loin de pouvoir fonder le *nomos*, apparaissait en totale opposition avec lui, elle emprunta une voie inédite. Diogène, ce « Socrate devenu fou », selon le mot de Platon[3], conçoit bien, comme Socrate, que la philosophie doit être une voie rationnelle et pratique pour parvenir au bonheur, mais, contrairement à lui, estime que cet objectif ne peut pas être atteint par l'enquête dialectique. Il ne s'agit pas de renoncer à l'usage de la raison, mais de le restreindre au cadre pratique : comme le résume Diogène Laërce, des trois lieux de la philosophie, le cynisme rejetait la logique et la physique, pour ne retenir que l'éthique (VI, 103 = *SSR*, VB, 368). L'objectif ne sera donc pas de connaître la nature, mais de découvrir quel est le mode de vie qui, nous délivrant des illusions du *nomos*, et surtout de la *doxa* qui en est la source, nous permettra d'atteindre le bonheur. La vie *kata phusin* n'est donc pas déterminée *a priori* à partir de principes que la raison théorique aurait découverts mais par une expérimentation, un renoncement progressif aux désirs et plaisirs illusoires qui empêchent la « vie facile » permise par la nature[4]. Cette ascèse conduisit à la formalisation d'un style de vie philosophique, la vie cynique, qui par sa publicité et sa revendication de sagesse se présentait comme une mise en scène de la nature, comme une démonstration permanente de l'inanité du *nomos*.

Nous entreprendrons ici de reconstituer les principaux traits de la vie cynique comme *vie kata phusin*, et cela avant tout comme idéal réalisé par les pratiquants du cynisme. Pour ce faire – sans nous interdire de recourir

2. La description du mode de vie cynique comme un mode de vie conforme à la nature est assez peu présente dans les fragments rapportant les propos des premiers cyniques, mais elle s'imposa sans conteste dans les interprétations ultérieures du cynisme qu'elles soient stoïcisantes ou doxographiques, comme cela apparaît clairement dans le corpus des lettres cyniques dont il va être question. Voir sur ce point l'opposition entre loi et nature dans la doxographie de Diogène (Diogène Laërce, VI, 71 = *SSR*, VB, 7) et un passage où la formule est attribuée à Diogène lui-même (Diogène Laërce, VI, 38). Pour un examen de cette question, voir la thèse (non publiée) de FLORES JÚNIOR, O., *Le cynisme ancien : vie kata phusin ou vie kat'euteleian*, Thèse de doctorat soutenue le 2 Mars 2013 à l'Université Paris-Sorbonne.

3. Diogène Laërce, VI, 54 = *SSR*, VB, 59.

4. Cf. GOULET-CAZÉ, M.-O., *L'Ascèse cynique. Un commentaire de Diogène Laërce VI 70-71*, Paris, Vrin, 1986, p. 195-227.

à la tradition doxographique ou fragmentaire – nous nous appuierons de façon privilégiée sur le corpus des lettres cyniques[5] en considérant qu'elles constituent un manuel de pratique du cynisme, auquel certains successeurs de Diogène puisaient pour régler et justifier rationnellement leur conduite. Non seulement, parmi tous les écrits que produisit le cynisme, cet ensemble est un des rares à avoir survécu, mais il nous donne un aperçu vivant de ce que pouvaient représenter les exigences de la vie cynique pour l'individu qui s'y engageait et laisse voir quelle pouvait être la portée critique de son choix.

La vie cynique apparaît alors comme une critique en action des pratiques sociales ordinaires et des représentations anthropologiques et morales qui les fondent. Nous en analyserons quatre niveaux qui sont évidemment liés : le rapport naturaliste à l'espace ; la restriction de la propriété ; le refus de la cellule familiale[6] traditionnelle et le retrait du religieux.

L'espace du cynique : la nature comme territoire

Si la vie cynique se présente comme une vie selon la nature, ce n'est pas parce qu'elle investirait un paysage, qu'à la suite du romantisme, nous qualifierions de naturel, mais parce qu'elle se veut déterritorialisée, apte à être vécue et transposée en n'importe quel endroit habitable. Il est ainsi attesté que Diogène reprenait souvent à son compte les vers tragiques suivants :

---

5. Ces lettres apocryphes attribuées à Diogène et à Cratès sont le résultat de la réunion de plusieurs corpus dont la rédaction, estime-t-on, s'étale du Ier s. av. J.-C., au IIe s. ap. J.-C. Elles constituent ainsi un témoignage du cynisme tardif et de son dialogue avec les différentes écoles, notamment avec le stoïcisme. Cf. MALHERBE, A.J., *The Cynic Epistles. A Study Edition*, Missoula (MT), Scholars Press, 1977 ; GIANNANTONI, G., *SSR*, IV, p. 551-553 ; 578-579 ; JUNQUA, Fr., *Lettres de cyniques : étude des correspondances apocryphes de Diogène de Sinope et Cratès de Thèbes*, Thèse de doctorat soutenue en 2000 à l'Université Paris-Sorbonne, p. 11-23.

6. Au sens étymologique il s'agit du refus de l'*oikos* (foyer, propriété terrienne, lieu de vie et de production de la famille élargie aux serviteurs et esclaves) et sa gestion par l'art « économique ».

> « Sans cité, sans maison, privé de patrie,
> Mendiant, vagabond, vivant au jour le jour[7]. »
> ἄπολις, ἄοικος, πατρίδος ἐστερημένος,
> πτωχός, πλανήτης, βίον ἔχων τοὐφ' ἡμέραν.

L'endroit où l'homme doit habiter est celui où la sagesse peut être réalisée. Or, à cet égard, la plupart des divisions territoriales apparaissent comme de pures conventions. C'est d'abord le cas des divisions politiques, au regard desquelles, à l'instar de Diogène, le cynique se considère comme « citoyen du monde »[8].

Au-delà du refus d'allégeance au territoire de la cité, les lettres cyniques montrent que le mode de vie cynique revendique son indifférence à l'égard de la séparation entre la ville et la campagne. Ainsi, la lettre 12 fait écrire à Cratès :

> « La campagne ne produit pas des sages (Οὐ ποιεῖ ἀγρὸς σπουδαίους, οὐδὲ ἄστυ φαύλους), ni la ville des insensés, mais la fréquentation d'hommes bons ou mauvais. De sorte que, si tu veux que tes enfants deviennent bons et non pas mauvais, ne les envoie pas à la campagne, mais chez un philosophe, là où nous aussi sommes allés et avons appris les belles actions, car la vertu est acquise par l'exercice et n'arrive pas dans l'âme spontanément, comme les vices (ἀσκητὸν γὰρ ἀρετὴ καὶ οὐκ αὐτόματος ἐμβαίνει τῇ ψυχῇ ὥσπερ κακία)[9]. »

---

7. Diogène Laërce, VI, 38 = Nauck (2ᵉ éd.) Adesp. 284, p. 893 = *SSR*, VB, 263.
8. D'après une anecdote célèbre, à la question de savoir d'où il était, Diogène aurait répondu « [je suis] citoyen du monde (κοσμοπολίτης) » (Diogène Laërce, VI, 63 = *SSR*, VB, 355). L'interprétation de cette formule a fait l'objet de débats, dans la mesure où elle semble préfigurer le cosmopolitisme stoïcien, sans toutefois partager tous les fondements physiques et moraux du stoïcisme. Une chose est sûre, cependant, le cosmopolitisme cynique implique un désengagement par rapport aux appartenances politiques à l'égard d'une cité particulière, alors que le stoïcisme, tout en valorisant la grande cité du monde, prône la participation active à la petite cité dans laquelle le destin nous a placés. Cf. G. Giannantoni, *SSR,* IV, p. 544-546. Pour une interprétation stoïcisante du cosmopolitisme cynique, MOLES, J., « Le Cosmopolitisme cynique », dans Goulet-Cazé, M.-O., Goulet, R. (dir.). *Le Cynisme ancien et ses prolongements.* Actes du colloque international du C.N.R.S. (Paris 22-25 juillet 1991), Paris, P.U.F., 1993, p. 259-280, repris dans Branham, R.B., Goulet-Cazé, M.-O. (dir.) *The Cynics. The Cynic Movement in Antiquity and its Legacy*, Berkeley – Los Angeles – London, The University of California Press, 1996, p. 259-280. Voir également le chapitre d'E. Vimercati dans ce volume.
9. *SSR*, VH, 99. Le texte grec est celui de l'édition de E. Müseler (*Die Kynikerbriefe*, Parderborn – München – Wien – Zürich, Ferdinand Schöningh, 1994).

Dans le contexte romain, se retirer à la campagne deviendra l'une des possibilités de l'homme cultivé, voire du philosophe, à l'image du stoïcien Musonius Rufus[10]. À l'opposé, la vie cynique ne requiert pas un espace plutôt qu'un autre et peut ainsi se réaliser aussi bien dans un espace rural que dans l'espace urbain. Néanmoins, d'un espace à l'autre, les modalités de subsistance vont changer.

En effet, lorsqu'il séjourne hors de la ville, le cynique doit puiser directement aux ressources de la nature, qui sont censées être abondantes et facilement mises à disposition, puisqu'elles n'engendrent pas de conflits. La boisson, la nourriture, l'abri, le vêtement nous sont donnés par cette mère nourricière qui nous permet de vivre une condition humaine originaire.

> « Les sources et la terre sont des secours pour ma pauvreté, oui, les cavernes et les toisons aussi, et nul n'est en guerre à cause d'elle ni sur terre ni sur mer, mais comme nous avons été mis au monde, sache-le, nous vivons à présent (ὡς ἐγεννήθημεν, ἴσθι, καὶ ζῶμεν)[11]. »

Certains cyniques menaient donc une telle vie *kata phusin* rustique, ou tout au moins étaient censés la mener pendant leurs déplacements[12]. Celle-ci se caractérisait par le refus de toute forme de réserve ou d'accumulation, d'où son caractère nomade : il s'agissait d'aller chercher dans la nature les ressources qui s'y trouvent et non de les soumettre à son propre usage.

> « Chacun, donc, peut, nu, gravir cette route avec peine, à cause de sa difficulté – et non seulement celui qui apporte quelque chose avec lui et est alourdi par la peine et les liens ne sera pas sauvé, mais aussi celui qui s'enquiert un tant soit peu du nécessaire (ἀλλ' οὐδὲ τῶν ἀναγκαίων τι μετιόντα) – et sur cette route herbe et cresson seront la nourriture, l'eau, facile à se procurer, la boisson[13]. »

---

10. Cf. Musonius Rufus, *Discours*, XI et LAURAND, V., *Stoïcisme et Lien social. Enquête autour de Musonius Rufus*, Paris, Classiques Garnier, 2014, p. 49-66.
11. [Diogène], *Lettres*, 33, 3 = *SSR*, VB, 563. Les toisons (νάκη) qui désignent les peaux et fourrures animales sont évoquées, comme si, contrairement aux tissus, elles n'étaient pas un artefact, ce qui est, pour le moins, une approximation.
12. Diogène Laërce précise ainsi, à la fin de son livre VI consacré au cynisme, que certains cyniques « se satisfont d'herbes, d'eau toute fraîche et d'abris de fortune ou de tonneaux comme Diogène ». Cf. VI, 105, trad. M.-O. Goulet-Cazé, dans *Diogène Laërce, Vies et doctrines des philosophes illustres*, Paris, Le livre de poche, coll. « La Pochotèque », 1999.
13. [Diogène], *Lettres* 37, 5 = *SSR*, VB, 567.

La vie au jour le jour, où l'on ne cherche même pas à s'assurer par avance les conditions minimales de subsistance, est théoriquement rendue possible par une générosité foncière de la nature, à condition de savoir mettre ses désirs en adéquation avec elle : « les dieux ont donné aux hommes la vie facile »[14]. Cette vie facile, consécutive à l'ascèse des désirs et des plaisirs illusoires[15], est possible pour l'individu, même solitaire, qui n'a besoin de recourir ni à la technique, ni à la division du travail, pour satisfaire ses besoins : « il faut vivre frugalement en se contentant de la nourriture qu'on peut se procurer soi-même (αὐτάρκεσι χρωμένοις σιτίοις) et du seul manteau élimé »[16]. La possibilité d'une autarcie matérielle de l'individu est justifiée à partir de l'exemple animal : « généralement aucun animal ne naît dans un lieu où il ne puisse vivre »[17], mais il s'agit d'un animal satisfaisant à l'idéal cynique d'une vie sans constitution de réserves, sans hiérarchie sociale, sans travail, ce qui, de fait, exclut beaucoup d'espèces. D'autre part, la survie même des premiers hommes atteste de l'inutilité de tous les artefacts quels qu'ils soient : « Comment les premiers hommes auraient-ils pu être sauvés : il n'y avait ni feu, ni maisons, ni vêtements, ni d'autre nourriture que celle qui apparaît spontanément (αὐτομάτου)[18] ? »

Ainsi, la vie vagabonde des cyniques rustiques, dans la mesure où elle était soutenue par un discours naturaliste remettant en cause, non seulement la cité ou la civilisation, mais le rapport de prévoyance de l'humanité vis à vis de sa subsistance, constituait par elle-même une critique radicale, une critique en situation de l'organisation sociale issue de la division du travail.

Mais à côté de ce cynisme rustique, qui paraît correspondre immédiatement à ce que doit être une vie *kata phusin* conforme à la conception cynique de la nature, la plupart des adeptes du cynisme menaient une vie urbaine[19]. Or comment mener en ville une vie facile alors qu'on ne peut plus

---

14. Diogène Laërce, VI, 44 = *SSR*, VB, 322 : « Il répétait à cor et à cri que la vie accordée aux hommes par les dieux est une vie facile, mais que cette facilité leur échappe, car ils recherchent gâteaux de miel, parfums et raffinements du même genre », trad. M.-O. Goulet-Cazé.

15. Cf. Diogène Laërce, VI, 71 = *SSR*, VB, 291.

16. Diogène Laërce, VI, 105 = *SSR,* VA, 135, trad. M.-O. Goulet-Cazé.

17. Dion de Pruse, *Discours*, VI (6) = *SSR,* VB, 583, *Diogène ou Sur la tyrannie*, 28 : « καθόλου δὲ ἐν μηδενὶ τόπῳ γίγνεσθαι ζῷον, ὃ μὴ δύναται ζῆν ἐν αὐτῷ ».

18. *Id.*

19. L'étude détaillée des témoignages amène par exemple M.-O. Goulet-Cazé à conclure que les cyniques étaient des philosophes itinérants recherchant les grandes métropoles pour

directement prélever les ressources que la nature nous donne ? Le cynisme se heurte ici à un risque d'incohérence entre les actes et les paroles et nous pouvons trouver dans les *Lettres* des exemples de moyens mis en œuvre pour résoudre cette difficulté. Ainsi l'étonnante lettre 6, attribuée à Diogène, explique pourquoi la vie *kata phusin* doit plutôt être cherchée en ville.

Il s'agit d'une variation littéraire sur l'épisode du cynique se délestant de son écuelle, un des *topoi* de la légende diogénienne[20]. La première partie du récit se situe aux marges de la cité sur la route extérieure au pied des remparts d'Athènes[21]. Le philosophe est en transit entre deux espaces urbains. Or, alors que ce sont les gens de la ville qui sont disposés à enseigner quelque chose à Socrate dans le *Phèdre* (230 d), ici c'est au contraire un paysan qui initie Diogène à la vie que le sage doit mener.

> « Après que tu fus parti à Thèbes, je montais du Pirée au milieu du jour et à cause de cela une grande soif me prit. Je me précipitai donc sur la source de Panopos et au moment où je retirais mon écuelle de ma besace, un serviteur de ceux qui travaillent à la campagne était là et, en faisant un creux de ses mains, recueillit l'eau de la source et but de cette façon, et moi, comme cela m'apparut être plus conforme à la sagesse qu'une écuelle, je n'eus pas honte de le prendre pour maître en belles actions (οὐκ ᾐδέσθην διδασκάλῳ αὐτῷ τῶν καλῶν χρήσασθαι)[22]. »

Mais curieusement, la conclusion qui en est tirée est qu'il faut chercher d'autres enseignements de cette sorte, là où l'on peut trouver le plus d'hommes différents, à savoir en ville.

> « Mais toi aussi, pour cette raison, cherche en toute occasion, à t'avancer sur la place publique, là où beaucoup d'hommes passent leur temps. Il sera, en

répandre leur enseignement : « il faut nous représenter le cynisme comme un mouvement urbain, lié de façon essentielle à la ville » (« Le Cynisme à l'époque impériale », *Aufstieg und Niedergang der römischen Welt*, II, 36.4, Berlin – New York, De Gruyter, 1990, p. 2738, repris dans GOULET-CAZÉ, M.-O., *Le Cynisme, une philosophie antique*, Paris, Vrin, 2017, p. 281, voir aussi p. 276-277.

20. Les références à cet épisode sont regroupées en *SSR,* VB, 156-161.

21. Si nous croyons Platon qui, dans le *Lysis* (203 a), montre Socrate s'arrêtant à la fontaine de Panopos alors qu'il se rendait de l'Académie au Lycée, par le chemin extérieur aux remparts.

22. [Diogène], *Lettres*, 6, 1 = *SSR,* VB, 536.

effet, possible pour nous de trouver auprès d'eux tour à tour d'autres éléments de sagesse. Car grande est la nature (πολλὴ γὰϱ ἡ φύσις), exclue par l'opinion de la vie, que, nous, nous rétablissons pour le salut des hommes[23]. »

La résidence urbaine se justifie ici, non pas par la mission universelle du sage cynique, mais par la nécessité qu'aurait le philosophe d'apprendre des autres hommes les éléments de la vie *kata phusin*, et donc d'en rencontrer le plus possible. Ainsi, non seulement les règles de la vie cynique ne seraient jamais entièrement données et toujours encore à découvrir, mais, ponctuellement, d'autres individus ordinaires pourraient les révéler, même si, globalement, ils ne sont pas eux-mêmes parvenus à la sagesse. La vie naturelle, bien que refoulée par la *doxa*, se manifesterait tout de même dans l'humanité et il appartiendrait au philosophe d'en reconnaître les caractéristiques éparses. Incapable, comme Diogène cherchant un homme une lampe allumée en plein jour[24], de trouver un homme complet, le cynique pourrait néanmoins en retrouver les fragments dans la foule.

En se transportant en ville, la vie cynique devient entièrement publique, gagne en théâtralité et donc en force critique, mais elle se comprend toujours comme une quête et une restauration de la nature, par delà les errements de l'opinion. Or, la vie urbaine ne permet plus de puiser directement à ses ressources censément suffisantes et toujours renouvelées, aussi son abondance spontanée est-elle, la plupart du temps, remplacée par les aléas de la charité publique. Comment intégrer alors la mendicité dans le schéma de la vie naturelle sans lui faire perdre sa portée critique ?

La mendicité et la question de la propriété

Comme en témoignent les vers tragiques déjà cités, l'une des caractéristiques distinctives du cynisme est la revendication de pauvreté.

La condition de l'individu vivant au jour le jour est traditionnellement celle de l'individu soumis à la nécessité, le pauvre, le *pénètès*, dans une situation qui peut même être considérée comme pire que celle de l'esclave. Or, le mode de vie cynique est une mise en scène d'une pauvreté para-

---

23. [Diogène], *Lettres*, 6, 2 = *SSR*, VB, 536.
24. Cf. *SSR*, VB, 272-279.

doxale dans la mesure où elle est à la fois rigoureuse et volontaire. Cette invention, bien avant le monachisme chrétien, du spectacle d'une pauvreté volontaire comme choix philosophique de vie, a-t-elle une portée critique vis-à-vis de l'organisation sociale et en particulier vis-à-vis de la propriété ?

La réponse à cette question n'est pas évidente. La pratique de la mendicité[25] n'est pas, en elle-même, une mise en cause de la propriété, mais paraît impliquer, au contraire, une reconnaissance de celle-ci comme droit : solliciter un don n'est-ce pas en effet, en un même geste, reconnaître la propriété du donateur potentiel sur son bien ? D'autre part, les cyniques n'étaient pas connus pour pratiquer le vol. Nous savons, certes, que Diogène prenait de la nourriture dans les temples, et touchait donc à la propriété symbolique des dieux, mais il était couramment admis dans l'Antiquité que les pauvres se nourrissent des offrandes[26]. Nous pouvons donc tenir pour acquis que le personnage public du cynique respectait le droit de propriété.

Pourtant, nous trouvons dans divers contextes des signes qui nous laissent croire qu'ils en contestaient la légitimité au niveau théorique : la propriété privée n'apparaît alors que comme le résultat d'une institution contraire aux fondements de la vie naturelle. Comment comprendre cet aspect de la falsification de la monnaie ?

Cette contradiction apparente est-elle susceptible de trouver une solution au niveau théorique ? Nous pouvons tout d'abord trouver dans la conception cynique de la nature de quoi justifier une contestation de la propriété.

Abondance de la nature et rareté artificielle

Si nous considérons que le droit de propriété est une solution apportée à la rareté des ressources, nous pouvons comprendre comment la conception cynique de la nature remet en cause le sens même de ce droit : pour les cyniques, comme nous l'avons vu, les ressources naturelles sont

25. Pour un tableau de la mendicité cynique voir GOULET-CAZÉ, M.-O., « Le Cynisme à l'époque impériale », 1990, p. 2747-2749 (= *Le Cynisme, une philosophie antique*, p. 290-292) ; HELMER, E., *Le Dernier des hommes. Figures du mendiant en Grèce ancienne*, Paris, Le Félin, 2015, p. 119-129.

26. Cf. VEYNE, P., « Inviter les dieux, sacrifier, banqueter. Quelques nuances de la religiosité gréco-romaine », *Annales. Histoire, Sciences Sociales*, 1, 2000, p. 14.

spontanément adaptées à la vie des individus, de sorte qu'ils n'ont à recourir ni à la technique, ni à la division du travail pour subvenir à leurs besoins, tout en jouissant de suffisamment de loisirs pour mener une vie bonne.

Dion Chrysostome rapporte ainsi un propos antiprométhéen[27] de Diogène auquel il fait dire : « c'est avec justice qu'on raconte que Prométhée, attaché à un rocher, se faisait dévorer le foie par un aigle[28]. » À l'inverse du mythe de Prométhée et Épiméthée développé dans le *Protagoras* de Platon, le corps humain n'est pas, pour Diogène, naturellement faible par rapport à celui des autres animaux : « il montrait aussi l'exemple des yeux et du visage des hommes eux-mêmes qui n'ont pas besoin de protection »[29]. Ainsi les premiers hommes ont survécu, alors qu'ils n'avaient développé aucune technique impliquant le feu et ne disposaient que d'une nourriture apparaissant « spontanément » (*automatou*)[30]. Et cette condition de l'humanité à ses débuts, qui semble bien être celle d'hommes nomades, nus, mangeant une nourriture crue issue de la cueillette[31], n'est pas, au niveau des ressources, misérable pour Diogène. Au contraire, elle témoigne de l'adaptation immédiate de la nature aux besoins de ceux qui y vivent.

La rareté n'existe donc pas dans la nature, mais est le fruit des désirs non naturels que les hommes s'inventent, en excédant les limites de la nécessité. Or, une fois que les désirs excèdent ce que la nature permet, les ressources deviennent insuffisantes à les satisfaire tous. La vie sociale ordinaire crée ainsi une situation de rareté à laquelle la seule réponse trouvée par les communautés ordinaires est l'attribution de droits de propriété.

Mais, en soi, l'humanité n'a naturellement pas besoin de technique et de travail : le cynique, à partir de son refus de l'artefact et de l'artifice, pourra revendiquer la possibilité et le droit de vivre sans produire de

---

27. Cf. Lovejoy, A.O., Chinard, G., Boas, G., Crane, R.S., *A Documentary History of Primitivism and Related Ideas*, vol. I, Baltimore, The Johns Hopkins Press, 1935, p. 117-152.
28. Dion de Pruse, *Discours*, VI (6), 30.
29. Dion de Pruse, *Discours*, VI (6), 28.
30. *Ibid.*, cf. *supra* p. 370, n. 17-18.
31. Nudité mise à part (les premiers hommes sont sans vêtements), cette vie des premiers hommes s'apparente à l'idéal de la vie cynique en milieu rural. Cependant il ne faut pas comprendre celui-ci comme une tentative primitiviste de retour à un état originaire de l'humanité, car ces premiers hommes étaient déjà corrompus par leur désir de mener une vie agréable et leur souci de prévoyance (*promêtheia*, *ibid.* 30). La sagesse cynique n'est pas un retour à l'origine, mais un dépassement de celle-ci.

richesses à échanger, les produits de la mendicité devenant des substituts des ressources spontanées de la nature. La mendicité, qui est une situation de dépendance économique extrême, n'est donc pas contradictoire avec l'autarcie, mais, au contraire se présente comme le prolongement, en contexte urbain, de l'inépuisable abondance de la vie facile donnée par les dieux.

Cependant, dans un tel environnement, le cynique doit s'adapter à la rareté artificielle, sans pour autant adhérer aux principes conventionnels qui la fondent, car le risque est grand de voir la mendicité cynique confondue avec la mendicité ordinaire, c'est-à-dire la mendicité contrainte du misérable encore plongé dans le malheur dont ses désirs sont la cause. La mendicité du cynique se pose comme philosophique, mais comment cette distinction est-elle possible ?

Les règles pratiques de la subsistance

En milieu urbain la question de la subsistance et de son sens se pose de façon aiguë puisque nous sommes dans un espace régi par le droit de propriété distinguant propriété publique et privée.

On peut ainsi noter que le cynique usera du domaine public (bains, temples et même, donc, offrandes aux dieux) comme d'un substitut de la nature inappropriée : selon Dion Chrysostome, Diogène « affirmait aussi posséder des demeures grandes ouvertes dans toutes les villes, et encore les plus belles et les plus saines, à savoir les sanctuaires et les gymnases »[32].

Quant aux propriétés privées, le cynique cherchera à en jouir, mais sans user de moyens illégitimes, ni d'un point de vue conventionnel, puisqu'il ne se livre pas au vol, ni du point de vue cynique, puisqu'il refuse la possession personnelle de richesses, ainsi que l'insertion dans la division sociale du travail qu'impliquerait l'exercice d'un métier. Reste alors au cynique la voie de la mendicité, mais à condition de la pratiquer selon des règles particulières qui résultent d'une adaptation de la vie *kata phusin* au contexte *para phusin* des cités ordinaires.

32. Dion de Pruse, *Discours*, VI (6), 13-17.

Même si certains cyniques fréquentant l'élite sociale ne s'y livraient pas, comme Démétrius[33], la mendicité était, depuis Diogène, le lot de la plupart de ses successeurs. Mais, comme en témoignent les lettres cyniques, cette pratique s'était codifiée selon certaines règles avec le temps pour permettre au cynique pratiquant à la fois d'éviter les situations les plus difficiles, mais aussi de se distinguer socialement du mendiant ordinaire, asseoir ainsi son statut de philosophe et réfuter les accusations de parasitisme.

La première de ces règles est que le cynique ne demande et n'accepte que le nécessaire[34]. Comme en milieu rural[35], il doit se garder de faire des réserves. Les dons issus de la mendicité ne doivent être qu'un prolongement de l'abondance de la nature que seule l'ascèse des désirs permet d'expérimenter. Ainsi Ulysse, en contre-modèle du cynique, se voit-il reprocher d' « accepter tout ce qu'on pourrait lui offrir »[36], alors que le philosophe, non seulement ne demande que le nécessaire mais, même si on lui en donne plus, doit refuser ce superflu.

Mais d'autre part, le cynique ne doit pas non plus solliciter n'importe qui : les lettres, à ce sujet, introduisent un certain nombre de restrictions, la première étant qu'il ne doit pas demander aux pauvres. Il est, ainsi, toujours reproché à Ulysse de « quémander auprès de tous, même les pauvres[37]. » La raison de cet interdit n'est pas donnée : est-ce une question purement pragmatique – les pauvres n'ayant rien à donner – ou bien la raison est-elle morale ? Etant donné le contexte moralisant de cette lettre qui oppose à un Ulysse pauvre mais soumis aux dérèglements du désir, un Diogène menant une véritable vie de chien, la deuxième option semble la plus vraisemblable : si le pauvre, lui-même, ne dispose déjà que du nécessaire, il n'est pas légitime de le lui demander.

Si, donc, les donateurs des cyniques ne doivent pas être pauvres, certaines *Lettres* introduisent cependant des critères supplémentaires :

---

33. Cf. Sénèque, *De la vie heureuse*, 13, 3, et HUSSON, S., « Peut-on être riche et cynique ? », dans HELMER, E. (dir.), *Richesse et pauvreté chez les philosophes antiques*, Paris, Vrin, 2016, p. 134-137.
34. Cf. [Cratès], *Lettres,* 2.
35. Cf. *supra* p. 369.
36. Cf. [Cratès], *Lettres*, 19.
37. *Ibid.*

« Ne demandez pas le nécessaire à tous, et n'acceptez pas les dons venant de tous (car il n'est pas permis que la vertu soit nourrie par les vices), mais seulement ceux qui viennent de ceux qui ont été initiés à la philosophie[38]. »

Visiblement il est recommandé de ne mendier qu'auprès de sympathisants. Un peu comme si être sollicité par un cynique était une sorte de privilège. Nous retrouvons cette règle ailleurs, mais assortie de précisions qui semblent l'annuler :

« Ne demande pas à tous, mais à ceux qui en valent la peine (ἀλλὰ τοὺς ἀξίους), et n'accepte pas la même chose de tous, mais un triobole des tempérants (τῶν σωφρόνων) et une mine des cas désespérés (τῶν ἀσώτων), car, de ceux-ci, il est impossible de recevoir à nouveau quelque chose comme des tempérants, puisqu'ils ont trop dépensé[39]. »

Qui sont ceux qui en valent la peine, puisqu'il faut y inclure les cas désespérés ? Sous le vernis comique, il semble bien que les considérations pragmatiques aient parfois pris le pas sur les objectifs moraux.

Ces lettres témoignent donc du fait que la vie quotidienne des cyniques avait imposé d'introduire certaines modifications à la pratique beaucoup moins ritualisée de la mendicité chez Diogène, pour qui savoir supporter les refus fait partie du *ponos*, de l'épreuve que le cynique s'impose[40]. Néanmoins celle-ci demeure un élément essentiel de l'ascèse parce qu'elle impose de se libérer, non seulement du confort matériel, mais aussi du jugement social.

Les justifications de la mendicité

Un des éléments essentiels de la pauvreté cynique consiste, en effet, à se libérer de l'opinion, c'est-à-dire, entre autres, du mépris social dans lequel la pauvreté est tenue, mépris que le cynique aura à subir et dont

38. [Cratès], *Lettres*, 2 = *SSR*, VH, 88.
39. [Cratès], *Lettres*, 22 = *SSR*, VH, 109. Ceci montre que la falsification cynique de la monnaie n'allait pas jusqu'au refus pratique de celle-ci, contrairement à ce que semble suggérer E. Helmer, *Le Dernier des hommes*, 2015, p. 125-126.
40. Diogène, par exemple, demandait l'aumône aux statues pour s'habituer aux refus, Diogène Laërce, VI, 49 = *SSR*, VB, 247.

l'affrontement direct constitue en soi une critique en acte. Cratès est ainsi supposé écrire à Diogène :

> « Nous sommes déjà libérés de la richesse, mais l'opinion ne nous a pas encore émancipés de son esclavage alors que, par Héraclès, nous faisons tout pour nous débarrasser d'elle. Mais je serai aussi affranchi de cette maîtresse, m'étant dépêché d'aller à Athènes en t'apportant un cadeau en échange de la liberté à laquelle ton discours nous a conduits, à savoir le fait que je suis plus fort que toutes les possessions[41]. »

C'est pourquoi, pour contrer la réprobation publique, les cyniques avaient recours à des justifications visant à renverser le sens social immédiat de leur attitude pour lequel la mendicité était un moyen de subsistance, certes pas illégal, mais illégitime. Leur objectif était de faire accepter que le cynique ne demande pas un don (*aitein*) à ses contemporains – ce qui reviendrait à reconnaître son absence d'autarcie et renverrait son mode de vie hors de la nature – mais, en fait, ne fait que réclamer (*apaitein*) ce qui lui est dû, ce qui lui appartient déjà. Pour opérer ce renversement, deux stratégies étaient à l'œuvre. La première consistait à présenter l'aumône comme le paiement d'un service rendu par le cynique à l'humanité. Diogène est ainsi censé rassurer son disciple Métroclès :

> « Sois tranquille, Métroclès, au sujet du vêtement, du nom [c-à-d. de chien] et du mode de vie, mais aussi du fait de demander aux hommes tes moyens de subsistance. En effet, ce n'est pas mal. Eh bien ! les rois et les puissants demandent à leurs subordonnés des richesses (παρὰ τῶν ὑποτεταγμένων αἰτοῦσι χρήματα), des soldats, des navires, du blé et les malades des remèdes aux médecins et pas seulement contre la fièvre, mais contre les frissons et la peste, et les amoureux des baisers et des caresses aux jeunes garçons [...]. Car ce n'est pas un cadeau ni un échange abusif (οὐδ' ἐπὶ χείρονι ἀνταλλαγῇ) que tu demandes, mais tu demandes ce qui est conforme à la nature en échange du salut de tous les hommes et de mener à bien les mêmes œuvres qu'Héraclès, le fils de Zeus, et de pouvoir donner en échange des biens beaucoup plus considérables que ceux que, toi-même, tu reçois[42]. »

41. [Cratès], *Lettres,* 8 = *SSR,* VH, 95.
42. [Diogène], *Lettres*, 10, 1 = *SSR,* VB, 540.

Les dons recueillis par le cynique sont situés dans le cadre général des échanges de richesses contre des services, que ceux-ci aient lieu dans la sphère publique ou privée. Dans ce cadre général, le don de l'homme ordinaire au cynique, non seulement n'est pas abusif mais est à l'avantage de celui qui donne. Ce que le cynique reçoit, c'est ce qui est conforme à la nature, à savoir des biens très limités, alors que ce qu'il donne n'est rien moins que le salut de l'humanité. En fait, il se met dans la situation du dieu lui-même dont les bienfaits seront toujours en excès par rapport aux dons qu'on peut lui faire. La situation du cynique n'est donc ni celle de l'éducateur stipendié qui mène une « vie de sophiste », ni celle du Socrate platonicien qui ne demande rien.

Néanmoins une telle argumentation a pour inconvénient d'admettre implicitement la légitimité de la propriété privée, de l'échange et de la division du travail[43], par elles-mêmes contraires à l'autarcie de la nature. Cet aspect de la vie *kata phusin* est justifié sans réel dommage pour le *nomos*, c'est pourquoi l'argument qui lui succède immédiatement présente des enjeux beaucoup plus fondamentaux :

> « Socrate, lui, disait que les sages ne demandent pas quoi que ce soit, mais le réclament, car toutes choses leur appartiennent aussi bien qu'aux dieux. Et il cherchait à le déduire du fait que les dieux sont maîtres de toute chose, or les propriétés des amis sont communes, et le sage est un ami du dieu. Tu demanderas, donc, ce qui t'appartient en propre[44]. »

Ce syllogisme, attribué dans cette lettre à Socrate, est imputé à Diogène par Diogène Laërce[45] et se retrouve dans une lettre de Cratès :

> « Diogène disait que tout appartient au dieu et que les choses sont communes entre amis de sorte que toutes choses appartiennent au sage, et celui qui retire l'une des clauses de ce raisonnement efface les serments, non seulement ceux des Achéens et des Troyens, mais ceux de la vie, ainsi, soyez convaincus par ce raisonnement et ne soyez pas irrités lorsque vous êtes sollicités par les

43. Comme le dit E. Helmer : « Un tel schéma assagit – trop peut-être – la figure du cynique en le réinsérant dans le circuit classique de la coopération sociale et économique », *Le Dernier des hommes*, 2015, p. 128.

44. [Diogène], *Lettres*, 10, 2 = *SSR*, VB, 540.

45. Diogène Laërce, VI, 37 et 72, cf. *SSR*, VB, 353.

sages pour un triobole. Ce n'est pas ce qui est à vous, mais ce qui est à eux, que vous rendez[46]. »

Nous avons trois prémisses, dont la deuxième est implicite, (« tout appartient aux dieux », « les sages sont amis des dieux » et « tout est commun entre amis ») qui, prises à part, peuvent être considérées comme vraies, non seulement par le cynique mais aussi par la *doxa*, ce qui obligerait chacun à admettre la conclusion et à reconnaître ainsi la légitimité du cynique à recevoir d'autrui ses moyens de subsistance. Cependant, cette conclusion va plus loin que l'objectif qu'elle est censée viser. En effet, si tout appartient aux sages, pourquoi ne leur suffirait-il pas de se servir ? Un tel syllogisme, utilisé pour justifier la mendicité, ne pourrait-il pas tout aussi bien être utilisé pour justifier le vol ? Si tout appartient aux sages et si rien n'appartient aux insensés, pourquoi les sages ne pourraient-ils pas prendre à ces derniers ce qu'ils veulent, dans les limites, certes, de ce qu'exige la nature[47] ?

La question est de savoir si ce syllogisme est une simple provocation, une falsification de la monnaie, ou bien recèle une critique véritable du droit de propriété. Nous pouvons, en effet, remarquer que « tout appartient aux dieux » et « tout appartient aux sages » sont des formules qui suggèrent une propriété collective explicitée dans la prémisse « entre amis tout est communs ». Or, dans la cité de sages imaginée par Diogène dans sa *République,* les cyniques sont censés mener une vie communautaire comme celle des gardiens dans la *République* de Platon. Derrière cette formule, on peut donc déceler une contestation de l'idée même de propriété

46. [Cratès], *Lettres,* 27 = *SSR,* VH, 114.

47. D'autre part l'idée que « tout appartient aux dieux » semble par elle-même susceptible de donner lieu à des paradoxes que Bion de Borysthène a développés : « Bion a des arguments pour démontrer tantôt que tout le monde est sacrilège, tantôt que personne ne l'est. Lorsqu'il veut précipiter tout le monde du haut de la Roche, il dit : "Quiconque a enlevé ou détruit ou même fait servir à son usage ce qui appartient aux dieux est sacrilège ; or tout appartient aux dieux ; donc enlever quelque chose, c'est toujours enlever ce qui est aux dieux, à qui tout appartient ; donc enlever quelque chose, c'est toujours être sacrilège." Après cela, lorsqu'il veut qu'on force les temples et que l'on pille impunément le Capitole, il prétend qu'il n'y a point d'homme sacrilège parce que tout objet enlevé ne fait que passer de l'endroit qui était aux dieux à l'endroit… qui est aux dieux aussi ! » (Sénèque, *Des bienfaits*, VII, 7, 1-4 = F 33 Kindtrand, trad. F. Préchac, très légèrement modifiée). Pour une riche discussion de ce syllogisme, cf. JUNQUA, Fr., *Lettres de cyniques*, 2000, p. 241-267.

privée. En effet, le contexte utopique qui permet d'imaginer ce que serait une vie *kata phusin* vécue de façon intégrale montre quelle est la portée critique ultime de l'attitude cynique à l'égard de la propriété.

Propriété et utopie

Les contextes conservés de la *République* de Diogène et du poème *Pera* de Cratès[48], bien qu'ils soient peu précis, laissent à certains égards penser qu'ils décrivent des sociétés sans propriété privée.

Ils se signalent d'abord par le refus de l'*oikos*, cellule économique traditionnelle centrée autour du couple de citoyens, de leurs esclaves et serviteurs, et de la propriété terrienne. Diogène reprenait, ainsi, dans sa *République*, la communauté des femmes et des enfants que Platon instaurait au sein de la classe des gardiens[49]. Or, celle-ci allait de pair avec une communauté de vie et un refus de la propriété privée[50].

Un autre signe est le refus des armes, trait que l'on retrouve à la fois chez Diogène et Cratès[51]. Or, les armes étant un moyen de défense du territoire et des ressources d'une cité[52], la non-violence cynique va de pair avec le refus de défendre une quelconque propriété. D'autre part, en deçà de l'utopie, bon nombre d'anecdotes montrent que les cyniques pouvaient non seulement se débarrasser volontairement de leurs richesses, mais se laisser dépouiller de leurs biens sans réagir[53].

48. Pour la *République* de Diogène, les fragments sont recueillis dans HUSSON, S., *La* République *de Diogène. Une cité en quête de la nature*, Paris, Vrin, 2011, p. 21-29. Pour Cratès, cf. Diogène Laërce, VI, 85 = *SSR*, VH, 70.

49. Cf. HUSSON, S., *La* République *de Diogène*, 2011, p. 105-130. Le mariage est remplacé par des relations sexuelles librement consenties : « Il demandait la communauté des femmes, ne parlant même pas de mariage, mais d'accouplement d'un homme qui a séduit une femme avec la femme séduite », Diogène Laërce, VI, 72-73 = VB, 353, voir aussi Philodème, *Sur les stoïciens*, XIX, 5, 6.

50. Cf. Platon, *République*, 416 d.

51. Pour Diogène, Philodème, *Sur les stoïciens,* XV, 32-XVI, 4, pour Cratès, Diogène Laërce, VI, 85 = *SSR,* VH, 70.

52. Platon, *République*, 373 d *sq.*

53. Par exemple lorsque Diogène accepte la fuite de son esclave Manès, cf. Diogène Laërce, VI, 55 = *SSR,* VB, 441 : « Aux gens qui lui conseillaient de rechercher son esclave qui avait pris la fuite, il rétorqua : "Il serait plaisant que Manès puisse vivre sans Diogène et que Diogène ne puisse vivre sans Manès" ». Quant à Cratès, il renonça plus ou moins

L'emploi de la violence et de la contrainte est donc caractéristique de l'homme aliéné par ses désirs, de sorte que c'est le choix de la non-violence qui explique que, malgré l'inanité du droit traditionnel de propriété, le cynique ne revendique pas le droit de se livrer au vol. Cette non-violence est tout à fait paradoxale dans le cadre du cynisme, si l'on prend en compte leur référence au paradigme animal. Mais celle-ci est la conséquence directe de leur conception de la nature et de son abondance spontanée. Se livrer à la violence pour s'approprier ou défendre les ressources reviendrait, en effet, à en reconnaître la rareté.

Sur la question de la propriété comme en beaucoup d'autres domaines, les cyniques falsifient la monnaie en renversant les données de la problématique, puisqu'il ne s'agit pas pour eux de gérer la rareté mais d'en nier l'existence et de mettre en scène cette négation.

Le rejet de la cellule familiale et ses conséquences

La cellule familiale, l'*oikos*, est donc explicitement rejetée dans le contexte utopique, mais ce dernier n'est à cet égard qu'un prolongement de ce qui, dans les règles de la vie cynique, déjà se dessine. La contestation de la famille traditionnelle permet, en effet, d'expliquer de multiples caractéristiques de la vie *kata phusin*, et cela non seulement parce qu'elle est le fondement de la cité et de la vie politique[54], mais parce que le cynisme conteste les normes régissant la sexualité, les rôles sociaux sexués, ainsi que la procréation des enfants.

Le rejet de l'*oikos* commence, comme on peut s'y attendre, par celui de l'*oikia*, l'habitation elle-même. Ainsi une lettre pseudo-diogénienne rappelle au pratiquant du cynisme que la découverte de la nature implique de renoncer à un logement (*oikêsis*) en bonne et due forme, lorsqu'une option plus précaire est possible :

> « Je t'avais demandé un logement et merci de ta promesse, mais après avoir vu un escargot j'ai trouvé un logement à l'abri du vent, la jarre dans le

---

spectaculairement à son patrimoine (Diogène Laërce, VI, 87 = *SSR,* VH, 4 et VB, 238). Voir aussi *SSR,* VH, 44.

54. Cf. Aristote, *Politique*, I, 1.

Métrôon. Oublie donc ce service et réjouis-toi avec nous qui avons découvert la nature (σύγχαιρε ἡμῖν τὴν φύσιν ἀνευρίσκουσιν)[55]. »

De façon caractéristique, la nature n'est pas donnée, mais découverte au fur et à mesure et ceci à partir notamment de l'exemple animal. Pourtant, il ne s'agit nullement d'un abri donné par la nature, comme les cavernes, que d'autres lettres évoquaient[56], mais visiblement l'abandon de cet artefact (la jarre), ainsi que sa situation dans l'enceinte du sanctuaire de la Mère des dieux, l'ont rendu au domaine public, substitut immédiat, en milieu urbain, du caractère supposément inapproprié des espaces naturels (sources, cavernes) par lesquels le cynique en voyage transite. L'acte (réel ou fictif) de refus de l'*oikia*, montre de façon spectaculaire – à l'image des actes de renonciation aux richesses – non seulement que la satisfaction naturelle du besoin d'abri ne requiert pas d'édifice particulier, mais que l'homme peut vivre sans s'approprier une partie de l'espace.

Une autre fonction sociale de l'habitation est celle de séparer vie privée et vie publique. Or cette séparation n'a plus de sens dans le cynisme, où la vie se doit d'être entièrement publique : le cynique peut accomplir aux yeux de tous tout ce que requiert la nature. L'espace dans lequel il évolue est en soi un espace transparent, ouvert, comme est censé l'être celui de la nature qui ne connaît pas les occultations imposées par la pudeur, l'*aidôs*. L'impudeur (*anaideia*) proverbiale des cyniques leur permet de tout faire en public et sans honte : manger, lâcher des vents, se masturber. Les anecdotes sur ces thèmes provocants abondent dans la tradition rhétorique et doxographique, surtout autour de la personnalité de Diogène[57]. La satisfaction en public des besoins naturels fait partie de l'image traditionnelle du cynique, même si aucune instruction en ce sens n'est donnée dans les lettres, ce qui laisse à penser que l'impudeur n'était pas pratiquée de façon systématique. De même ces dernières ne parlent pas ouvertement de l'aspect le plus scandaleux de la *kynogamia*, le mariage

55. [Diogène], *Lettres*, 16 = *SSR*, VB, 546. Il s'agit ici d'une variation autour du célèbre épisode où Diogène se voit contraint de loger dans une jarre (devenue, dans l'iconographie, un tonneau) : cf. *SSR*, VB, 169-171, Diogène Laërce, VI, 22 = *SSR*, VB, 174 et VI, 23 = *SSR*, VB, 174.

56. Cf. *supra* p. 369.

57. Cf. Diogène Laërce, VI, 58 (= *SSR*, VB, 186), *SSR*, VB, 147 et *Schol. in Aristot.* 23b, p. 22-23.

de chiens entre Cratès et sa disciple Hipparchia : la copulation en public[58]. Néanmoins le rejet du modèle familial traditionnel demeure puisque qu'à deux reprises Cratès, dans les lettres 30 et 32, reproche à Hipparchia de lui avoir confectionné une tunique, tâche qu'une philosophe doit mépriser, dans la mesure où elle n'a pas le même rôle que les autres femmes.

Toutefois, dans les lettres cyniques, la *kynogamia* semble destinée à demeurer une exception, car les besoins sexuels peuvent être satisfaits de façon solitaire, comme le montre cette lettre que Diogène est censé avoir adressé à la prostituée Mélésippe :

> « Ma main a pris les devants pour chanter l'hyménée avant ton arrivée, c'est qu'elle savait que la satisfaction des œuvres d'Aphrodite était plus facile à trouver que celle du ventre. En effet, le cynisme, comme tu le sais, est la recherche de la nature et si certains blâment ce choix (de vie), je suis bien plus crédible lorsque j'en fais la louange[59]. »

La recherche de la nature est à nouveau invoquée, mais justifier la masturbation au lieu de la copulation, c'est à première vue tout à fait paradoxal si l'on considère que, dans d'autres circonstances, la découverte de la nature s'opère à partir de l'exemple animal : la masturbation manuelle au contraire semble être une possibilité proprement humaine. Nous pouvons donc à nouveau constater que la nature cynique ne correspond pas à un donné préalable à toute intervention humaine mais à ce qui permet la vie facile, l'autarcie, quels que soient les moyens employés. Elle n'est, de plus, pas téléologiquement ordonnée à la reproduction de l'espèce. D'après les lettres, en effet, le cynique n'aura pas d'enfants. Ainsi Diogène y écrit à un certain Zénon :

> « Il ne faut pas se marier ni élever des enfants, puisque notre genre est faible (τὸ γένος ἡμῶν ἀσθενές ἐστιν), et que le mariage et les enfants surchargent de soucis la faiblesse humaine. Et donc ceux qui en sont venus à se marier

58. Cf. *SSR,* VH, 19-25.

59. [Diogène], *Lettre*, 42 = *SSR,* VB, 572. Selon les manuscrits, la lettre est adressée à Μελεσίππῃ τῇ σοφῇ, Mélésippe la sage, or nous n'avons aucun autre témoignage concernant une telle philosophe (peut-être y-a-t-il eu une confusion avec *Mélanippe la sage*, pièce perdue d'Euripide [fr. 479-487 Nauck]). Voilà pourquoi la correction de Cobet de σοφῇ en πόρνῃ (prostituée), reprise par E. Müseler (*Die kyniker Briefe*, 1994, *ad. loc.*), nous semble appropriée.

et à élever des enfants à cause du secours (qu'ils espéraient) s'aperçoivent ensuite que ceux-ci représentent plus d'ennuis, ils s'en repentent alors qu'il était possible de les fuir dès le départ. Qui est impassible pense que ses propres ressources sont suffisantes pour supporter (la vie) et évite le mariage et la procréation d'enfants[60]. »

Alors que dans le contexte antiprométhéen[61], la faiblesse naturelle de l'humanité était réfutée, elle est, au contraire, mise ici en relief, comme si la vie facile s'arrêtait au seuil de la parentalité. La nature que le cynisme découvre ne fonde que l'autarcie de l'individu, et celle-ci est compromise dès lors qu'il cherche à se reproduire. C'est d'ailleurs bien l'autarcie de l'individu qui permet de présenter un premier argument contre ceux qui choisissent de se doter d'une descendance : ils le font par souci d'assurer leur vieillesse (par *prometheia*, donc), montrant ainsi qu'ils n'ont pas confiance en leur propre autarcie. Or, ils se trompent : le sage n'élèvera pas d'enfant, parce qu'il sait qu'il n'en aura pas besoin.

Cependant, il faut alors répondre à l'objection de l'extinction du genre humain, dont l'origine, au-delà du sens commun, est certainement d'inspiration stoïcienne[62]. Les stoïciens, en effet, étaient connus pour encourager leurs disciples à participer à la vie de la cité, or le mariage en est la première étape, de sorte qu'une conception philosophique nouvelle du mariage comme partage d'une vie commune entre époux était même en train d'émerger[63]. D'autre part, la perpétuation de l'espèce est, pour eux, un impératif dicté par la nature, puisque le risque de disparition de l'humanité peut être un motif autorisant, dans des circonstances exceptionnelles, la levée de l'interdit de l'inceste[64]. Contre cette conception d'une nature

60. [Diogène], *Lettres*, 47 = *SSR*, VB, 577.

61. Cf. *supra* p. 372.

62. D'autant plus que le Zénon dédicataire de la lettre pourrait représenter, au-delà de l'invraisemblance historique, Zénon de Citium, fondateur du stoïcisme et élève bien connu de Cratès, qui, dans sa *République*, disait que le sage se marierait et aurait des enfants (Diogène Laërce, VII, 121 = *SVF*, III, 163 et 164). Ces deux personnages n'ont pas pu se rencontrer et ne sont pas mis en relation par la tradition, cf. JUNQUA, Fr., *Lettres de cyniques*, 2000, p. 74.

63. Notamment chez Musonius Rufus, cf. LAURAND, V., *Stoïcisme et Lien social*, 2014, *p*. 199-265.

64. Cf. Origène, *Contre Celse*, IV, 45, 16-30 = *SVF*, III, 743.

providentielle, orientée vers la sauvegarde de l'humanité en général, la réponse cynique est brutale :

> « "Mais le monde se videra de ses hommes (ὁ βίος ἔρημος ἀνθρώπων γενήσεται) ! Car d'où, diras-tu, viendront nos successeurs ?" – En effet, plût aux dieux que la mollesse quittât cette vie parce que tous seraient devenus sages ! Mais à présent il y en aura bien un qui, persuadé peut-être par nous, renoncera, mais l'ensemble du monde qui n'en sera pas persuadé fera des enfants. Si la lignée des hommes (γένος ἀνθρώπων) s'éteignait, cela ne mériterait-il pas qu'on se lamentât autant que si la génération des souris et des mouches s'éteignait ? Car telles sont les paroles de ceux qui n'ont pas étudié la nature des êtres[65]. »

Alors que la tradition rapportait par ailleurs que Cratès avait lui-même eu des enfants avec Hipparchia et que les enfants n'étaient pas absents de la *République* de Diogène[66], les pratiquants du cynisme, confrontés aux exigences de leur mode de vie et au fait que prendre la décision de fonder une famille impliquait de renoncer à vivre au jour le jour, et donc de quitter le cynisme[67], tendirent donc à adopter un comportement et un discours encore plus critique, renversant totalement la justification naturaliste de la famille : la perpétuation de l'humanité n'apparaissait plus alors comme une règle dictée par la nature, mais comme la conséquence de sa corruption. Si tous les êtres humains devenaient des sages, certes l'humanité disparaitrait, mais sa disparition n'aurait pas plus d'importance que celle d'une autre espèce animale. Le genre humain, mis sur le même plan que les mouches ou les souris, n'est en rien la raison d'être des autres animaux. D'autre part, il semble que l'extinction des espèces puisse être conforme à la nature et qu'il en soit de même de l'extinction de l'humanité. Cependant comme, de fait, l'enseignement du cynique a fort peu de chance de réussir au point de convertir l'ensemble de ses contemporains, l'humanité risque bien de continuer à se reproduire.

Un tel argumentaire montre sans aucune concession en quoi le choix de la vie cynique représentait par lui-même une contestation radicale de

65. [Diogène], *Lettres*, 47 = *SSR,* VB, 577.

66. Ils apparaissent notamment dans les formules faisant l'apologie de l'inceste, cf. Philodème, *Sur les stoïciens*, XVIII, 20-22.

67. Comme l'a compris Épictète, pour qui la famille de Cratès est destinée à demeurer une exception (*Entretiens*, III, 22, 67-76).

l'ordre social, ainsi que des fondements naturalistes que l'on pouvait lui donner. Le cynique pratiquant peut vivre conformément à une nature qui rejette hors d'elle-même ce qu'on lui rattache le plus indéfectiblement : le renouvellement des générations.

La vie selon la nature était donc, dans le cynisme, avant tout dirigée contre la commune entente de ce que le naturel signifie. Or la nature dans les mythes traditionnels, ainsi que pour quasiment toutes les écoles philosophiques, est censée être habitée et administrée par les dieux, de sorte qu'il n'est pas de vie humaine possible sans envisager quelle est l'attitude que nous devons avoir à leur égard, quel est le culte que nous devons leur accorder. Or, alors que les cyniques ne se privent pas d'invoquer les dieux pour justifier leur mode de vie[68], ces derniers brillent par une indifférence affichée à l'égard des pratiques religieuses. Quel pouvait être le sens critique de cette abstention, en particulier touchant les rites funéraires ?

Le retrait du religieux

La tradition doxographique montre unanimement que Diogène refusait d'accorder de l'importance aux rites traditionnels entourant la sépulture[69]. Le cadavre, après la mort, doit être abandonné à son sort naturel, qui est de servir de nourriture, à tel point que l'anthropophagie semble être envisagée dans le contexte de la *République*[70]. Il semble qu'à l'image du fondateur, les cyniques aient été entrainés à ne se soucier ni de la mort, ni du sort du cadavre. Ainsi la lettre 25 fait dire à Diogène :

> « Tu me demandais de t'écrire ce que j'en suis venu à penser sur la mort et la sépulture, dans la pensée que tu ne deviendrais pas un philosophe accompli, si tu n'apprenais pas de nous ce qui se passe après la vie. [...] Et de même que ce qui se passe avant la naissance est abandonné à la nature, de même ce qui se passe après la vie doit lui être concédé, car de même que cette dernière nous a donné naissance, elle nous détruira. Et ne te préoccupe pas du fait que je sois un jour insensible[71]. »

---

68. Cf. *supra* p. 368 et 377-378.
69. Cf. *SSR*, VB, 101-105.
70. Cf. Philodème, *Sur les stoïciens*, XX, 26-28.
71. [Diogène], *Lettres*, 25 = *SSR*, VB, 55.

Ce qui n'empêche pas le cynique de rester autarcique jusqu'à la fin de ses jours, qu'il se prépare à affronter seul : « Moi donc j'ai pensé, lorsque je serai sur le point de rendre mon dernier souffle, de prendre mon bâton à côté de moi, afin d'éloigner les bêtes qui voudraient me maltraiter[72]. »

Plus largement, le cynique se caractérise par son désengagement religieux, nous savons, par exemple, que Diogène et Démonax avaient refusé l'initiation aux Mystères[73]. Ce désengagement pouvait également se muer en provocation[74] ou contestation argumentée, à l'image de l'essai contre les oracles d'Œnomaus : *Les charlatans démasqués*. La contestation active du culte traditionnel rendu aux dieux faisait-elle cependant partie des fondamentaux de la vie *kata phusin* ? Les lettres cyniques, qui ne contiennent rien de cet ordre, ne le laissent pas penser : sans doute l'attitude des pratiquants du cynisme pouvait-elle être plus prudente, d'autant plus qu'ils tiraient des temples une partie de leur subsistance. Néanmoins nous trouvons une trace de leur désintérêt de principe à l'égard du religieux, et donc de leur attitude d'abstention : Ulysse, contre-modèle du cynique, « n'accompliss[ait] jamais rien sans l'aide d'un dieu ou de la fortune[75]. » Cela montre bien que, grâce à son autarcie, le sage n'a pas besoin dans sa vie quotidienne d'en appeler aux dieux et donc de se livrer aux différents rites, publics ou privés, qui visent à nous attirer leur faveur. Si les dieux nous ont donné « la vie facile », ce n'est pas pour que nous soyons en permanence en train de les solliciter. Les cyniques n'ayant développé ni théologie, ni athéologie[76], il nous est difficile de reconstituer leurs vues ultimes concernant la divinité. Cependant, il est certain qu'au moins par un comportement d'abstention, les continuateurs de Diogène contestaient le principe même de la piété traditionnelle conçue comme un

72. *Id.*

73. Pour Diogène, Diogène Laërce, VI, 39 = *SSR*, VB, 339 ; pour Démonax, Lucien, *Vie de Démonax*, 11.

74. « Il [Diogène] vit un jour une femme qui se prosternait devant les dieux dans une attitude particulièrement indécente. Voulant la débarrasser de sa superstition, à ce que dit Zoïlos de Pergée, il s'approcha d'elle et dit : "Ne crains-tu pas femme, que si un jour un dieu se tient derrière toi, – car tout est rempli de la divinité –, ton attitude ne soit indécente ?" », Diogène Laërce, VI, 37 = *SSR*, VB, 344, trad. M.-O. Goulet Cazé.

75. [Cratès], *Lettres*, 19.

76. A l'exception, sans doute, de Bion de Boristhène, élève de Théodore l'Athée, cf. Diogène Laërce, IV, 54 = F 3 Kindtrand et II, 117 = F 25 Kindtrand. HUSSON, S., « Les athéismes de Bion de Borysthène », *Philosophie antique*, 18, 2018, p. 193-213.

échange de dons et de services entre les hommes et les dieux ; il ne s'agit pas de rejeter la superstition au nom d'une relation saine aux dieux, mais de contester la pertinence de cette relation elle-même.

En définitive le rapport des pratiquants du cynisme au *nomos* est ambivalent : leur mode de vie, à partir du moment où il se revendique comme philosophique en se référant à la nature, constitue un désaveu, présent au cœur de la cité, de la plupart des fondements de la vie sociale ordinaire, mais en même temps c'est un mode de vie qui, tout en gardant sa portée critique, doit rester compatible avec les règles des sociétés qui l'accueillent. Par exemple, les aspects les plus paradoxaux de la vie *kata phusin*, comme la permission de l'inceste et de l'anthropophagie, furent réservés au contexte utopique et ne trouvèrent pas de traduction pratique. Le cynisme a ainsi cherché un compromis pratique entre ses fondements critiques et son admission, par la société, à une place marginale, certes, mais une place tout de même[77]. Mais c'est un compromis sans compromission : si le cynique respecte au jour le jour certaines lois fondamentales, comme celle de la propriété, tous les autres aspects de sa vie montrent qu'en fait il n'y est pas soumis, puisqu'il est délivré des désirs qui les rendent en général nécessaires. Il ne respecte le *nomos* que par accident et rend manifeste par sa vie le caractère accidentel de ce dernier.

77. Pour un aperçu de l'extension géographique du mouvement cynique à l'époque impériale, cf. Goulet-Cazé, M.-O., « Le Cynisme à l'époque impériale », p. 2731-2734 (= *Le Cynisme, une philosophie antique*, p. 275-277).

La restauration du *nomos* dans la *Politeia* de Zénon et dans le stoïcisme orthodoxe*

Emmanuele Vimercati (Pontificia Università Lateranense)

La *Politeia* de Zénon : entre stoïcisme orthodoxe et tradition cynique

Dans son livre *Les* Kynika *du stoïcisme*, Marie-Odile Goulet-Cazé écrit que Diogène de Sinope « a voulu dans sa *Politeia* défendre les principes d'une anarchie libertaire foncièrement individualiste dont les maître-mots étaient le retour à la nature et le refus de toutes les conventions sociales, conditions *sine qua non* du bonheur de l'individu dans la perspective cynique »[1]. Diogène rejetait la cité traditionnelle, parce qu'il ne se considérait comme le citoyen d'aucune cité particulière, mais bien comme un citoyen du monde (*kosmopolitês*)[2]. Ce refus de toute patrie autre que le monde (*kosmos*) a été interprété en des termes « apolitiques » – un désintérêt

* Je remercie B. Collette-Dučić, M.-A. Gavray et J.-M. Narbonne pour leur invitation à participer à ce projet, ainsi que R. Brouwer, B. Collette-Dučić et J.-B. Gourinat pour leurs suggestions précieuses lors du *workshop* de Liège (2-4 mars 2016).

1. Goulet-Cazé, M.-O., *Les* Kynika *du stoïcisme*, Stuttgart, Franz Steiner Verlag, 2003, p. 28.

2. Le terme *kosmopolitês*, que l'on trouve chez Diogène Laërce (VI, 63), aurait été forgé par Diogène.

de la philosophie pour les questions de la *polis* – voire « antipolitiques » – une opposition aux institutions positives et, dès lors, à toute implication dans la vie publique organisée[3]. En corollaire, toujours selon la même auteure, « la notion de *nomos* se trouve contestée et supplantée par celle de *phusis*, tandis que celle de *polis* est contrainte de s'accommoder des exigences d'un individualisme poussé à l'extrême »[4]. Le sage cynique n'a donc pas besoin de normes sociales, qui sont plutôt des contraintes pour la nature humaine[5]. La vocation « anarchique » de la philosophie cynique et l'identification du *nomos* à l'ensemble des normes d'un ordre politique donné favorisèrent ainsi l'affirmation d'une liberté rabattue sur la *phusis* (nature), mais indépendante de ou contraire à la loi (*nomos*)[6].

La *Politeia* de Diogène contenait donc des positions radicales, puisqu'elle prônait le primat de la *phusis* sur le *nomos* et, par sa promotion de comportements scandaleux, semblait menacer la cohabitation entre les hommes[7]. Au moment de composer sa propre *Politeia*, Zénon fut exposé à ces thèses, qu'il adoptera pour certaines d'entre elles. Comme on a pu le dire, la *Politeia* de Zénon fut écrite « sur la queue du Chien »[8]. Du reste, l'influence de la tradition cynique sur la naissance du stoïcisme est

3. Diogène Laërce, VI, 29 ; voir HUSSON, S., *La* République *de Diogène*, Paris, Vrin, 2011, p. 84 ; MOLES, J., « The Cynics », dans Rowe, Chr., Schofield, M., Harrison, S., Lane, M. (dir.), *The Cambridge History of Greek and Roman Political Thought*, Cambridge, Cambridge University Press, 2000, p. 423-432 (« the Cynic *politeia*, the Cynic "state", is nothing other than the "state" of being Cynic, which is at once a material or social state and a moral state »). D. Konstan (« Cosmopolitan Traditions », dans Balot, R.K. (dir.), *A Companion to Greek and Roman Political Thought*, Malden – Oxford – Chichester, Wiley – Blackwell, 2009, p. 477) observe que le « cosmopolitisme » de Diogène peut s'entendre en un sens négatif – il se sentait étranger en tout lieu, comme le cyrénaïque Aristippe –, ou positif – il se sentait chez lui n'importe où.

4. GOULET-CAZÉ, M.-O., *Les* Kynika *du stoïcisme*, p. 29. BALDRY, H.C., *The Unity of Mankind in Greek Thought*, Cambridge, Cambridge University Press, 1965, p. 108, parle aussi d'ultra-individualisme cynique.

5. HUSSON, S., *La* République *de Diogène*, p. 7 ; sur la base du principe d'adéquation avec la nature, les cyniques affirmaient le primat de l'animal sur l'être humain (p. 51) ; voir également son étude dans ce même volume ; cf. aussi ISNARDI PARENTE, M., « La politica della Stoa antica », *Sandalion*, 3, 1980, p. 78-79.

6. Diogène Laërce, VI, 71.

7. MOLES, J., *The Cynics*, 2000, p. 421.

8. Diogène Laërce, VII, 4 (= *SVF*, I, 2 : ἐπὶ τῆς τοῦ κυνὸς οὐρᾶς).

désormais un fait bien établi[9]. Toutefois, sans revenir sur l'importance de cet héritage, j'entends essayer de montrer ici comment les premiers stoïciens ont cherché à refonder le concept de *nomos* en le ramenant à celui de *phusis* et ainsi à ressouder la fracture entre ces deux notions que le cynisme avait provoquée.

Sur ce point, la continuité entre Zénon, Cléanthe et Chrysippe – les trois premiers scholarques qui vont progressivement forger l'orthodoxie stoïcienne – est attestée à plusieurs reprises par nos sources. Nous savons en effet qu'ils firent tous appel à l'unité, ou à l'unicité, du *kosmos*[10] et prirent la loi commune (κοινὸς νόμος) comme principe directeur[11]. Nous savons en outre que Chrysippe et, comme on l'a récemment montré, Zénon ont soutenu la théorie de l'*oikeiôsis*[12], et qu'ils ont tous deux embrassé une perspective cosmopolite, à laquelle Ariston de Chios (un disciple hétérodoxe de Zénon) aurait aussi adhéré[13]. Nous savons enfin que Cléanthe et Chrysippe ont conservé plusieurs thèses de la *Politeia* de Zénon, parfois même les plus radicales[14]. Dans ces conditions et malgré la diversité de

9. GOULET-CAZÉ, M.-O., *Les* Kynika *du stoïcisme*, 2003 ; SCHOFIELD, M., *The Stoic Idea of the City*, Cambridge, Cambridge University Press, 1991, p. 10 *sq.* ; SCHOFIELD, M., « Epicurean and Stoic Political Thought », dans Rowe, Ch., Schofield, M., Harrison, S., Lane, M. (dir.), *The Cambridge History of Greek and Roman Political Thought*, 2000, p. 443-446 ; ALESSE, F., « La *Repubblica* di Zenone di Cizio e la letteratura socratica », *Studi italiani di filologia classica*, 16, 1, 1998, p. 17-38 ; ALESSE, F., *La Stoa e la tradizione socratica*, Napoli, Bibliopolis, 2000, chap. I-III ; RADICE, R., *Oikeiosis. Ricerche sul fondamento del pensiero stoico e sulla sua genesi*, Milano, Vita e Pensiero, 2000, chap. I-III ; LAURAND, V., *La Politique stoïcienne*, Paris, Presses universitaires de France, 2005, p. 62-65 ; SELLARS, J., « Stoic Cosmopolitanism and Zeno's *Republic* », *History of Political Thought*, 28, 2007, p. 8-11.

10. Sur Zénon, Diogène Laërce, VII, 143 (= *SVF*, II, 531) et Plutarque, *De la fortune ou la vertu d'Alexandre le Grand*, 329 A = *SVF*, I, 262 [1] ; sur Cléanthe, Stobée, *Églogues*, I, 17, 3, p. 153, 7 Wachsmuth = *SVF*, I, 497 et I, 1, 12, p. 25 Wachsmuth = *SVF*, I, 537 (l'*Hymne à Zeus*) ; sur Chrysippe, Diogène Laërce VII, 143 (et *SVF*, II, 530-533).

11. Sur Zénon, voir Plutarque, *De la fortune ou la vertu d'Alexandre le Grand*, 329 A = *SVF*, I, 262 [1] ; sur Cléanthe, voir *SVF*, I, 537 (les deux derniers vers de l'*Hymne à Zeus*) ; sur Chrysippe, voir Diogène Laërce, VII, 88 = *SVF*, III, 4.

12. Sur Zénon et Chrysippe, voir ci-dessous. Cléanthe a quant à lui partagé la thèse de Zénon selon laquelle « la nature elle-même nous conduit à la vertu » (*SVF*, II, 552 [2]).

13. Cf. encore *SVF*, I, 262 [1] ; 371 (sur Ariston) ; III, 1127-1131.

14. Voir par exemple *SVF*, I, 584, 585 et 590 ; DORANDI, T., « Filodemo : *Gli Stoici* (*Pap. Herc.* 155 e 339) », *Cronache ercolanesi*, 12, 1982, p. 92-95 (ainsi que les colonnes XV-XVI du texte).

leurs positions on peut dire que les premiers scolarques du Portique se sont accordés sur des questions essentielles relatives à l'ordre cosmique, la nature des vivants et la tendance sociale des êtres humains. Il paraît donc légitime d'aborder le thème du *nomos* stoïcien à la lumière de la cohérence qui règne dans le contexte originel de l'École, tout en soulignant les divergences là où elles apparaissent.

Puisque la *Politeia* de Zénon a joué un rôle de première importance dans la tradition du Portique, il convient d'en introduire d'abord les caractéristiques générales, avant d'en reprendre certains piliers dans le cours de l'argumentation. Comme on va le voir, les stoïciens ont restauré la valeur du *nomos* en attribuant à la nature (*phusis*) le caractère universel et régulateur de la vie du monde (*kosmos*). La *phusis* vient ainsi à coïncider avec la raison universelle (le *logos*), la raison droite du dieu qui s'étend à toutes les parties du monde, jusque dans le comportement des hommes, dont elle sert de norme et rend possible la cohérence. La rencontre des plans physique, éthique et politique se produit au moyen de l'*oikeiôsis*, appropriation à soi et aux autres qui représente la première manifestation de la nature dans les êtres vivants, ainsi que le principe de l'agir moral et de la cohésion sociale des êtres humains. Repensé en ces termes, le concept de loi va permettre aux stoïciens de formuler un projet cosmopolite où les hommes – et les sages en particulier – sont apparentés par un *nomos* commun qui les rend libres[15]. Il en résulte un cadre qui, loin de s'inspirer d'une « anarchie libertaire et individualiste », situe plutôt la cohabitation entre les hommes vertueux dans le contexte d'une loi qui est à la fois principe d'unité cosmique, critère de comportement individuel et garantie de bonheur.

On l'a noté, nous n'avons conservé que de rares fragments concernant la *Politeia* de Zénon, fragments qui, à côté de leur inscription dans les *Stoicorum veterum fragmenta* de Hans von Arnim, ont récemment fait l'objet d'un recueil par Robert Bees[16]. Au cours des dernières décen-

---

15. Sur cet aspect, voir la contribution de B. Collette-Dučić dans ce volume.

16. *Stoicorum veterum fragmenta*, collegit H. von Arnim, 4 vol., Leipzig, Teubner, 1903-1924 ; voir vol. I, p. 72 (références aux fragments) ; BEES, R., *Zenons Politeia*, Leiden – Boston, Brill, 2011, p. 333-352 ; voir aussi les recueils suivants : FESTA, N., *I Frammenti degli Stoici antichi*, ordinati, tradotti e annotati, 2 vol., Bari, Laterza, 1932-1935, vol. I, p. 14-25 ; ISNARDI PARENTE, M. (dir.), *Stoici antichi*, 2 vol., Torino, UTET, 1989, vol. I, p. 137-141.

nies, ces informations peu nombreuses ont attiré l'attention de différents spécialistes qui se sont surtout concentrés sur l'authenticité de l'œuvre, sur les thèmes d'inspiration cynique qu'on y trouve et sur la nature de la cité idéale que Zénon y défend. L'authenticité du texte a fait l'objet de discussions dès la fin de l'époque hellénistique, quand certains stoïciens ont cherché à expliquer (pour mieux les rejeter) les traits les plus repoussants de l'éthique du stoïcisme ancien comme des effets d'une influence externe à l'École, celle du cynisme. Ainsi, la *Politeia* de Zénon fut considérée par certains comme un écrit de jeunesse, tandis que d'autres en ont nié jusqu'à l'authenticité. Les traces de ce débat apparaissent surtout dans le *De Stoicis* de Philodème, un philosophe épicurien de la fin du Ier siècle av. J.-C. enclin à critiquer tant les positions cyniques que stoïciennes[17]. Mais le fait que les successeurs immédiats de Zénon aient approuvé les thèses les plus crues de sa *Politeia* paraît être une preuve en faveur de son authenticité, qui n'est d'ailleurs plus aujourd'hui mise en doute[18].

La date de composition de cet ouvrage est en revanche plus difficile à établir : si les thèmes d'inspiration cynique ont poussé à le situer parmi les écrits de jeunesse de Zénon, son importance dans la tradition postérieure fait croire à une production plus mûre et, à cet égard, peut-être pas étrangère à la période où Zénon fut le disciple de Polémon à l'Académie[19]. Dans ce contexte, les fameuses *disturbing theses*[20] de la *Politeia* – sur l'anthropophagie, la nécrophagie, l'inceste, etc. – ont fait beaucoup gloser les interprètes, même si, à ce qu'il semble, elles ne constituaient sans doute pas le cœur du projet de Zénon. Nous savons en revanche que son ouvrage visait probablement à débattre avec la *République* (*Politeia*) de Platon, en situant la question de la société humaine dans un horizon cosmopolite[21]. À bien y

17. DORANDI, T., « Filodemo : *Gli Stoici* (*Pap. Herc.* 155 e 339) », 1982, p. 93 et 118-119 ; GOULET-CAZÉ, M.-O., *Les* Kynika *du stoïcisme*, 2003, p. 38-39 ; HUSSON, S., *La* République *de Diogène*, 2011, p. 33-40.

18. GOULET-CAZÉ, M.-O., *Les* Kynika *du stoïcisme*, 2003, p. 27.

19. Cf. entre autres les positions de DORANDI, T., « Filodemo : *Gli Stoici* (*Pap. Herc.* 155 e 339) », col. IX et p. 114 ; ALESSE, F., « La *Repubblica* di Zenone di Cizio e la letteratura socratica », 1998, p. 22-27 (qui contiennent un *status quaestionis* des thèses plus anciennes) ; ERSKINE, A., *The Hellenistic Stoa. Political Thought and Action*, London, Bristol Classical Press, 2011², p. 11-15 et 27-33.

20. L'expression est de VOGT, K., *Law, Reason, and the Cosmic City. Political Philosophy and the Early Stoa*, Oxford – New York, Oxford University Press, 2008, p. 20.

21. Plutarque, *Des contradictions stoïciennes*, 1034 F = *SVF*, I, 260.

regarder, le fondateur du Portique semble avoir repris certains thèmes platoniciens, parmi lesquels on peut citer le projet d'une *politeia* unitaire capable d'assurer sa propre sauvegarde[22], la (prétendue) admiration pour Sparte[23], le style de vie communautaire (y compris la communauté des femmes)[24], l'engagement du sage dans la vie politique – en quoi Zénon se démarque du désinvestissement prôné par les cyniques[25]. D'autres aspects, toutefois, s'écartent du projet platonicien, à commencer par l'absence d'intérêt pour un cycle éducatif (l'*enkuklios paideia*) destiné à favoriser la vertu[26], une indifférence qui puise plutôt son inspiration dans l'attitude traditionnelle des cyniques et leur répugnance face à la culture[27]. D'après les stoïciens, en effet, le cynisme était précisément « un raccourci vers la vertu »[28].

Ces questions, et d'autres, ont mobilisé les interprètes au cours des dernières décennies. À la lumière des observations générales qui précèdent, il s'agit à présent de comprendre comment le projet initial de Zénon va être intégré par les générations suivantes de stoïciens, en considérant notamment la façon dont les premiers scolarques en ont saisi les intentions et en ont articulé les développements de façon cohérente.

Cosmobiologie et politique

Pour définir le rôle du *nomos* et la place exacte de la politique dans la pensée stoïcienne, il paraît utile d'examiner deux passages de Plutarque qui illustrent mieux que d'autres l'articulation entre les parties de la philosophie dans la réflexion du Portique :

---

22. Athénée, *Deipnosophistes*, XIII, 561 C = *SVF*, I, 263.
23. Plutarque, *Vie de Licurgue*, 31 = *SVF*, I, 261 ; voir aussi BEES, R., *Zenons Politea*, 2011, p. 295-311. H. Baldry adopte en revanche une perspective critique sur la possibilité d'attribuer à Zénon une admiration pour Sparte, « Zeno's Ideal State », *Journal of Hellenic Studies*, 89, 1959, p. 8.
24. Diogène Laërce, VII, 33 = *SVF*, I, 269. Sur ces aspects, voir par exemple, SCHOFIELD, M., « Zeno of Citium's Anti-utopianism », dans Vegetti, M., Abbate, M. (dir.), *La Repubblica di Platone nella tradizione antica*, Napoli, Bibliopolis, 1999, p. 63-78.
25. Sénèque, *Du loisir*, 3, 2 = *SVF*, I, 271.
26. *SVF*, I, 259.
27. Cf., par exemple, Antisthène, fr. VA, 161 Giannantoni.
28. Cf. Diogène Laërce, VII, 121 = *SVF*, III [AS], 17.

« De nouveau, dans ses *Postulats physiques*, [Chrysippe] dit : “il n’y a pas de manière autre ni plus appropriée d’aborder la théorie des biens et des maux, ou celle des vertus ou celle du bonheur, que de partir de la nature universelle et du gouvernement de l’univers (ἀπὸ τῆς κοινῆς φύσεως καὶ ἀπὸ τῆς τοῦ κόσμου διοικήσεως)”. Et plus loin : “Car la théorie des biens et des maux doit être reliée à cela, puisqu’il n’y a pas d’autre point de départ ni de référence pour eux qui soit meilleur, et la recherche théorique en physique (τῆς φυσικῆς θεωρίας) ne doit pas être entreprise pour autre chose que pour pouvoir différencier les biens et les maux”[29]. »

Plus loin, Plutarque cite à nouveau Chrysippe :

« Car puisque la nature universelle s’étend partout (τῆς γὰρ κοινῆς φύσεως εἰς πάντα διατεινούσης), il doit falloir que tout ce qui se produit d’une façon ou d’une autre dans le tout, comme dans n’importe laquelle de ses parties, se produise en accord avec elle et avec sa raison, selon une succession inévitable, du fait qu’il n’y a rien à l’extérieur qui puisse faire obstacle à son gouvernement (τῇ οἰκονομίᾳ), ni aucun moyen pour aucune de ses parties de subir un changement ou d’être en un état qui soient autres que conformes à la nature universelle (κατὰ τὴν κοινὴν φύσιν)[30]. »

L’intérêt de ces deux passages tient avant tout à la référence faite au rapport entre la physique et l’éthique dans la pensée du Portique. Deux points importants sont à noter : 1) l’étude de la nature universelle (κοινὴ φύσις) et de la structure du monde (διοίκησις τοῦ κόσμου) est la manière la plus appropriée (οἰκειότερον) – sinon la seule – d’aborder la question du bien, de la vertu et du bonheur ; 2) la nature universelle, partout où elle s’étend, est le principe régulateur des processus et des états du *kosmos*, qui se produisent toujours en accord avec elle ; une telle nature, comme le dit ailleurs Plutarque, revêt tour à tour les visages du « destin » (εἱμαρμένη), de la « providence » (πρόνοια) et de Zeus[31]. Sur la base de ces deux présupposés, on peut déduire que, selon les stoïciens, la physique est la science fondatrice de l’éthique et qu’à son tour le principe physique

29. Plutarque, *Des contradictions stoïciennes*, 1035 C-D = *SVF*, III, 68 = 60 A L.-S. ; trad. Brunschwig-Pellegrin.
30. Plutarque, *Des contradictions stoïciennes*, 1050 C-D = *SVF*, II, 937 [2] = 54 T L.-S., trad. Brunschwig-Pellegrin.
31. Plutarque, *Des contradictions stoïciennes*, 1050 A-B = *SVF*, II, 937 [1].

– c'est-à-dire la nature universelle – est le principe de l'agir de l'homme et des autres êtres vivants[32].

À la lumière de ces éléments, ce n'est certainement pas un hasard si les stoïciens ont fait de l'*oikeiôsis* à la fois le principe directeur de l'impulsion première des êtres vivants et le fondement de l'agir moral chez les êtres humains[33]. La perception et la conscience de soi, l'instinct d'autoconservation et d'amour de soi sont en effet communs à tous les êtres vivants dès leur naissance, bien qu'ils revêtent chez l'homme des traits particuliers[34]. Inscrire le principe de la conduite individuelle des hommes dans un élan biologique commun à l'ensemble des êtres vivants s'avère d'une grande importance, parce que cela dote l'éthique d'un fondement physique universel et parce que, de cette façon, la continuité entre les espèces est préservée et, avec elle, l'unité du *kosmos*. Il n'est donc pas étonnant que plus d'un interprète moderne ait considéré la théorie de l'*oikeiôsis* comme un point nodal de la pensée stoïcienne[35], accepté par l'École dès Zénon, et cela, semble-t-il, sous l'influence de la formation reçue auprès de Polémon[36].

---

32. A. Erskine (*The Hellenistic Stoa. Political Thought and Action*, 2011, p. 18 et 29) estime que l'introduction de la *phusis* comme critère d'évaluation de la réalité provient d'Aristote – en particulier du premier livre des *Politiques* et des *Parties des animaux* – et du débat dans l'Ancienne Académie. Sur l'importance de la physique dans la compréhension de l'éthique stoïcienne, je renvoie à Reydams-Schils, G., « Teaching Pericles. Cicero on the Study of Nature », dans Williams, G.D., et Volk, K. (dir.), *Roman Reflections : Studies in Latin Philosophy*, Oxford – New York, Oxford University Press, 2015, p. 91-107.
33. Cf. *SVF*, III, 178-179.
34. En particulier au niveau déontologique, qui distingue davantage encore l'être humain des autres vivants. L'acte de choisir, en effet, décide du caractère vertueux ou vicieux de chaque action et, en définitive, de la vie entière (voir, par exemple, *SVF*, III, 190-196) ; sur ce point, cf., entre autres, Radice, R., *Oikeiosis*, 2000, p. 186.
35. Voir, par exemple, Pohlenz, M., « Grundfragen der stoischen Philosophie », *Abhandlungen der Gesellschaft der Wissenschaften zu Göttingen, Phil.-Hist. Klasse*, 26, 1940, p. 11 ; Pembroke, S.G., « *Oikeiosis* », dans Long, A.A. (dir.), *Problems in Stoicism*, London, University of London Press, 1971, p. 114 ; Radice, R., *Oikeiosis*, 2000, p. 296-297 ; Lee, Ch.-Uh, *Oikeiosis. Stoische Ethik in naturphilosophischer Perspektive*, Freiburg-München, Karl Alber, 2002, p. 23 *sq.* (sur le fondement physique et cosmologique de l'*oikeiôsis*) ; Laurand, V., *La Politique stoïcienne*, 2005, p. 9-10.
36. L'adhésion de Zénon à la théorie de l'*oikeiôsis* est attestée dans Cicéron, *Académiques*, II, 131 = *SVF*, I, 181, Porphyre, *De l'abstinence*, III, 19 = *SVF*, I, 197, et Cicéron, *Des fins des biens et des maux*, IV, 16, 45 = *SVF*, I, 198, trois passages que quelques interprètes récents jugent moins problématiques que par la passé (cf. Radice, R., *Oikeiosis*, 2000,

Toutefois, comme on l'a souvent relevé, cette théorie comporte semble-t-il des difficultés, notamment dans sa tentative de concilier les impulsions individuelles et sociales de l'homme. L'*amor omnium* (l'amour de tous) ne découle pas nécessairement de l'*amor sui* (l'amour de soi), et encore moins de l'impulsion à la conservation de soi qui, de prime abord, est plutôt contraire à l'attention et au souci pour les autres hommes – fussent-ils des êtres chers. Entre ces deux tendances, on constate donc une fracture paradoxale : le principe biologique au fondement de l'harmonie entre les vivants produirait en réalité une scission entre le « soi » et l'autre, empêchant ainsi – au lieu de les favoriser – la constitution et le maintien de la vie sociale[37]. Les stoïciens ne semblent toutefois pas, pour leur part, avoir été particulièrement troublés par cette tension apparente. C'est bien plutôt la continuité entre les deux tendances qu'ils ont cherché à mettre en évidence. Cette dernière ne manque d'ailleurs pas de justifications d'ordre biologique : d'après les stoïciens, en effet, puisque le sperme est une partie de l'âme, les principes psychiques des deux parents et de leurs ancêtres, qui participent aussi de la nature pneumatique du tout, se retrouvent nécessairement condensés dans l'embryon[38]. Les stoïciens peuvent ainsi expliquer que l'amour pour nos enfants et nos parents soit, d'une certaine façon, une forme élargie de l'amour de soi, comparable à celui que nous éprouvons pour les parties de notre corps : parents, enfants et proches ont un principe psychique partiellement commun qui les met en relation entre eux et avec l'ensemble du *kosmos*[39]. Cicéron relève en outre que

---

p. 103-106 et 247-255 ; VOGT, K., *Law, Reason, and the Cosmic City*, 2008, p. 100-101 ; BEES, R., *Zenons Politeia*, 2011, p. 58-59). La formation de Zénon auprès de Polémon, en revanche, est surtout attestée en *SVF*, I, 1 ; 10 ; 11 ; 13 ; sur ce point, je renvoie à ERSKINE, *The Hellenistic Stoa*, 2011, p. 15-18 ; ALESSE, F., *La Stoa e la tradizione socratica*, 2000, p. 76-86.

37. Voir, par exemple, RADICE, R., *Oikeiosis*, 2000, p. 224-225 ; LEE, Ch.-Uh, *Oikeiosis*, 2002, p. 121-136 ; LAURAND, V., *La Politique stoïcienne*, 2005, p. 26-27. La difficulté était déjà reconnue par Épictète, *Entretiens*, I, 19, 11-15.

38. *SVF*, I, 128 ; II, 741, 747 et 749. Sur l'*oikeiôsis* sociale, voir ENGBERG-PEDERSEN, T., *The Stoic Theory of Oikeiosis. Moral Development and Social Interaction in Early Stoic Philosophy*, Aarhus, Aahrus University Press, 1990, p. 122-126. Sur le stoïcisme romain, je signale REYDAMS-SCHILS, G., « Human Bonding and *oikeiōsis* in Roman Stoicism », *Oxford Studies in Ancient Philosophy*, 22, 2002, p. 221-251.

39. Plutarque, *Des contradictions stoïciennes*, 1038 B = *SVF*, III, 179.

le soin pour les êtres chers et, plus largement, pour les autres hommes, est lui-même inné chez l'homme, lequel voit dans l'autre non pas un étranger mais une extension ou un prolongement de lui-même, du fait d'une commune appartenance :

> « [Les stoïciens] pensent qu'il importe au sujet traité de comprendre que la nature fait que les enfants sont aimés par leurs parents. C'est là le commencement de la société commune du genre humain que nous cherchons à constituer. Cela se voit clairement à partir de la forme et des membres du corps, qui manifestent par eux-mêmes que la procréation est une intention de la nature. [...] De là vient aussi qu'il y a entre les hommes une sorte d'inclination réciproque qui est naturelle (*ex hoc nascitur ut etiam communis hominum inter homines naturalis sit commendatio*), en sorte qu'un homme, par le fait même qu'il est un homme, n'est pas considéré comme un étranger[40]. »

La fonction directrice de l'*oikeiôsis* ne s'épuise toutefois pas dans la conduite éthique individuelle, mais elle est également à l'origine de l'impulsion politique de l'homme. On le voit bien par le fait que les stoïciens font du principe d'appropriation le fondement de la justice, vertu sociale par excellence, et du respect du *logos* – qui est raison, nature et loi universelle – la condition indispensable de l'implication politique du sage[41]. On peut donc dire que, d'après le Portique, « d'une source unique, l'élan à se conserver (et à devenir soi-même, pourrait-on ajouter), découlent à la fois la moralité de l'homme et sa vocation politique »[42], puisque cette dernière prend appui sur la reconnaissance d'une normativité éthique précise qui, pour sa part, remonte au principe

40. Cicéron, *Des fins des biens et des maux*, III, 19, 62-63 = *SVF*, III, 340 = 57 F L.-S., trad. J. Brunschwig et P. Pellegrin. Voir également Cicéron, *Des fins des biens et des maux*, III, 20, 65-66 = *SVF*, III, 342 ; Lucain, *Commenta Bernensia*, II, 380 (dans M. Annaei Lucani *Commenta Bernensia*, éd. H. Usener, Leipzig, Teubner, 1869 [= Hildesheim, Georg Olms, 1967], p. 74 = *SVF*, III, 492). Ces informations sont plus développées chez Hiéroclès (cf. Stobée, *Anthologie*, IV, p. 671-673 Hense).

41. Stobée, *Églogues*, II, 59, 4 *sq.* = *SVF*, III, 262 et 111, 3 Wachsmuth = *SVF*, III, 690 ; Plutarque, *Des contradictions stoïciennes*, 1035 C = *SVF*, III, 326 et 1041 B = *SVF*, III, 288 ; Diogène Laërce, VII, 128 = *SVF*, III, 308 ; Cicéron, *Des fins des biens et des maux*, III, 19, 62-63 = *SVF*, III, 340 ; Cicéron, *Des lois*, I, 5, 42 = *SVF*, III, 319 ; Alexandre d'Aphrodise, *Questions*, IV, 3, p. 121, 14 Bruns = *SVF*, III, 537 [2].

42. Laurand, V., *La Politique stoïcienne*, 2005, p. 10, avec des références à Cicéron, *Des fins des biens et des maux*, III, 5, 17-18 et III, 19, 62-63.

de l'*oikeiôsis*, qui est la première manifestation de la nature chez les êtres vivants. En effet, comme cela a été observé, l'*oikeiôsis* « est aussi participation à la raison divine. En ce sens, si l'on veut, l'*oikeiôsis* n'est plus seulement une loi de développement physique, mais elle devient aussi, dans un retour réflexif, une forme à laquelle l'homme est appelé à participer »[43]. Puisque le sujet premier de l'*oikeiôsis* n'est pas l'individu singulier, mais la nature universelle[44], entre l'impulsion première, la reconnaissance de l'ordre cosmique et celle du caractère normatif du *logos*, il n'y a pas de *hiatus* : la nature, en tant que principe physique, est tout à la fois raison droite (ὀϱθὸς λόγος) et loi universelle (κοινὸς νόμος)[45]. Diogène Laërce y fait d'ailleurs référence :

> « Et encore, vivre selon la vertu équivaut à vivre en conformité avec l'expérience des événements naturels, comme le dit Chrysippe au premier livre de son traité *Sur les fins*. Car nos natures sont des parties de celle de l'univers. C'est pourquoi la fin devient : vivre en suivant la nature, c'est-à-dire à la fois la sienne propre et celle de l'univers, en ne faisant dans nos actions rien de ce qu'a coutume d'interdire la loi commune (ὁ νόμος ὁ κοινός), à savoir la raison droite qui parcourt toutes choses (ὅσπεϱ ἐστὶν ὁ ὀϱθὸς λόγος, διὰ πάντων ἐϱχόμενος), cette raison identique à Zeus, qui est, lui, le chef du gouvernement des êtres (ὁ αὐτὸς ὢν τῷ Διί, καθηγεμόνι τούτῳ τῆς τῶν ὄντων διοικήσεως ὄντι)[46]. »

Chrysippe faisait donc coïncider la nature universelle (φύσις τοῦ ὁλοῦ) – à laquelle appartiennent les natures individuelles –, la raison droite (ὀϱθὸς λόγος) qui s'étend partout, Zeus et la loi commune à toutes choses (ὁ νόμος ὁ κοινὸς). Zénon et Cléanthe devaient également tenir des propos semblables[47]. D'après le Portique, la vie conforme à la vertu consiste donc en la vie selon la loi commune, puisque celle-ci est également la raison droite qui s'étend à travers le *kosmos* à titre de

43. Laurand, V., *La Politique stoïcienne*, p. 13-14.
44. Radice, R., *Oikeiosis*, 2000, p. 186 ; Bees, R., *Die Oikeiosislehre der Stoa. I. Rekonstruktion ihres Inhalts*, Würzburg, Königshausen & Neumann, 2004, p. 202-205 (la nature comme principe de l'*oikeiôsis*), p. 218-232 (le fondement biologique de l'amour pour les autres, à commencer par celui pour ses propres enfants).
45. Vogt, K., *Law, Reason, and the Cosmic City*, 2008, p. 161-164.
46. Diogène Laërce, VII, 87-88 = *SVF*, III, 4 ; trad. R. Goulet.
47. Cicéron, *De la nature des dieux*, I, 14, 36 = *SVF*, I, 154 ; 161 et 162 ; *SVF*, I, 537.

nature universelle. Dès lors, d'après les stoïciens, la loi commune est la loi naturelle qui, en tant que raison droite, impose la cohérence de la vie. Celle-ci, pourrait-on dire, est la seule vraie norme prescrite par le *nomos* : celle de conformer sa propre conduite à la raison et à la nature grâce au respect et à l'accomplissement de l'*oikeiôsis*.

En ce sens, il n'est pas surprenant que les stoïciens aient valorisé Éros dans sa fonction de cohésion cosmique et interpersonnelle, atténuant ainsi voire éliminant complètement la dimension passionnelle qui lui est habituellement attachée : avant même d'être « le désir d'une union charnelle », en effet, l'amour est « le désir de nouer une amitié, quand le beau survient »[48]. D'après les stoïciens d'ailleurs, l'amitié a justement une dimension sociale forte, puisqu'elle est orientée vers la communion avec son prochain[49] et, en définitive, vers l'*homonoia* comme « science des biens communs »[50]. Par conséquent, seuls les sages peuvent être amis, puisqu'ils partagent un même genre de vie. Il faut ici rappeler que, pour Aristote déjà, l'amitié est la première forme de communauté[51], capable de garantir *homonoia* et justice, et, comme telle, de se poser au fondement de la cohésion sociopolitique unissant les citoyens. On comprend alors pourquoi, dans un contexte différent, celui de sa *Politeia*, Zénon a attribué à Éros une connotation politique explicite[52] : en tant que « dieu de l'amitié (φιλία) et de la liberté (ἐλευθερία) », en effet, l'amour est à l'origine de la concorde (*homonoia*) et de la « conservation (σωτηρία)

48. *SVF*, III, 396 ; 716 ; sur le thème de l'amitié dans la pensée stoïcienne, en lien avec le thème de la beauté, je renvoie à Collette-Dučić, B., « Making Friends. The Stoic Conception of Love and Its Platonic Background », dans Stern-Gillet, S., Gurtler, G.M. (dir.), *Ancient and Medieval Concepts of Friendship*, New York, SUNY Press, 2014, p. 87-115.
49. *SVF*, III, 98 et 631.
50. *SVF*, III, 625 et 630.
51. Aristote, *Éthique à Nicomaque*, VIII, 9, 1159 b 27-28 et 1160 a 30-31 ; 11, 1161 a 10-11 (« Or sous chacun des régimes politiques [*politeia*] se fait jour une forme particulière d'amitié, à la mesure de la justice qu'il manifeste », tr. R. Bodéüs) ; et aussi *Politiques*, I, 1 et III, 6.
52. Voir Boys-Stones, G., « Eros in Government: Zeno and the Virtuous City », *The Classical Quarterly*, 48, 1998, p. 168-174.

de la cité »[53] – une préoccupation qui anime tant la *République* de Platon que les *Politiques* d'Aristote[54].

L'orientation sociale de l'homme apparaît ainsi reposer sur une dimension biologique pré-rationnelle, commune à tous les êtres humains et ultimement productrice de concorde civique. La sociabilité et la solidarité entre les hommes ne sont donc pas le simple fruit d'un sentiment de compassion et de bienveillance. Elles ne s'expliquent pas non plus par la faiblesse de la condition humaine (qui forcerait les hommes à se rassembler pour satisfaire leurs besoins), mais bien plutôt par une impulsion innée des vivants à faire partie d'une communauté et à fuir l'isolement[55]. Sans ce lien naturel de communion et de cohabitation, en effet, « il n'y aurait place ni pour la justice ni pour l'honnêteté (*nec iustitiae ullus esset nec bonitati locus*) »[56]. À bien y regarder, toutefois, cette première impulsion, commune à tous les individus, est menée à son terme seulement chez les sages, qui réussissent à en faire une possession stable de la raison[57] : leur

53. Athénée, XIII, 561 C = *SVF*, I, 263 [1] ; Clément d'Alexandrie, *Stromates*, II, p. 450 Potter (*SVF*, III, 292 [1]). Sur ces aspects, BALDRY, H.C., *The Unity of Mankind in Greek Thought*, 1965, p. 157-158 ; SCHOFIELD, M., *The Stoic Idea of the City*, 1991, p. 25-32 et 46-47, qui renvoie surtout à Platon, plutôt qu'à Aristote ; SCHOFIELD, M., « Epicurean and Stoic Political Thought », 2000, p. 443-445 ; LAURAND, V., *La Politique stoïcienne*, 2005, p. 69-71 ; ERSKINE, A., *The Hellenistic Stoa*, 2011, p. 18-19 ; BEES, R., *Zenons Politeia*, 2011, p. 96-120.

54. Sur Aristote, voir les passages cités ci-dessus. En *République*, IV, 431 d-432 a, Platon identifie l'*homonoia* et la *sôphrosunê*, probablement parce que celle-ci n'est pas la vertu spécifique d'une classe particulière de la cité, mais est commune à toutes les trois. Sur ces aspects, cf. ERSKINE, A., *The Hellenistic Stoa*, 2011, p. 38-63 (qui renvoie au contexte sociopolitique de l'époque de Zénon).

55. Voir aussi SCHOFIELD, M., « Epicurean and Stoic Political Thought », 2000, p. 449.

56. Cicéron, *Des fins des biens et des maux*, III, 20, 66, 18 = *SVF*, III, 342 ; trad. É. Bréhier. Voir aussi *Des fins des biens et des maux*, III, 19, 62 = *SVF*, III, 340.

57. En ce sens, J. Annas observe que « *nature is not just the intractable aspects of ourselves, within which we can manœuvre ; we cannot understand what our nature is without stressing the fact that we are developing and rational beings, so that what is natural for us is precisely to develop in a rational way* ». Cependant, en tant qu'elle est fondée sur l'*oikeiôsis*, la nature humaine est en évolution, au sens où « *(human nature) is such as to develop morally insofar as it develops rationally, that is, in the way which is natural for rational beings* » (ANNAS, J., *The Morality of Happiness*, Oxford – New York, Oxford University Press, 1993, p. 172-173). C'est cela, avant tout, le propre du sage.

être citoyen et ami, sociable et libre, se plie à des prérogatives rationnelles, auxquelles les sages se conforment intimement[58].

Or, de l'incarnation d'un principe physique – principe universel, rationnel et législatif – dans une impulsion biologique partagée et socialement orientée résulte la fondation du concept de justice, que les stoïciens définissaient comme « la science qui s'occupe de la distribution égale des biens à chacun » (ἀπονεμητικὴ ἐπιστήμη)[59]. En effet, pour Zénon, le principe de la justice est l'*oikeiôsis*, et pour Chrysippe, Zeus et la nature commune[60]. Philon rapporte que, d'après les stoïciens, les animaux posséderaient déjà une forme élémentaire de justice (celle-ci étant, en tant que vertu, directement liée à la raison droite[61]), dans la mesure où, dans leurs relations avec leurs semblables, ils agissent en termes d'équité et de bienveillance[62]. Abstraction faite de la fiabilité de cette information, nous savons effectivement que, d'après Chrysippe, certains animaux manifestent une tendance marquée à la collaboration (συνεργία), au partage (κοινωνία) et à la vie collective (συμβίωσις), dans la perspective de la subsistance réciproque[63]. « Est-ce parce que [les bêtes] se sont rassemblées, ou la nature les a-t-elle ainsi liées dès l'origine ? Grand sujet d'étonnement », observe Cicéron[64]. Ces éléments conduisent à se demander si c'est la loi qui se fonde sur la justice, ou si ce n'est pas plutôt la justice qui se fonde sur la loi. En même temps, étant entendu que, selon les stoïciens, la vie conforme à la vertu, à la loi et à la nature sont une seule et même chose, puisqu'il s'agit de différentes déclinaisons du même *logos* universel, on comprend pourquoi ils attribuent l'antériorité à la nature, en tant que principe rationnel normatif

---

58. *SVF*, III, 591, 593, 603, 625-626 ; VOGT, K., *Law, Reason, and the Cosmic City*, 2008, p. 10 et p. 181-185.

59. Stobée, *Églogues*, II, 59, 4 Wachsmuth = *SVF*, III, 262 ; *SVF*, I, 201 ; BEES, R., *Die Oikeiosislehre der Stoa*, 2004, p. 303-313.

60. Cf., respectivement, Porphyre, *De l'abstinence*, III, 19 = *SVF*, I, 197, et Plutarque, *Des contradictions stoïciennes*, 1035 C = *SVF*, III, 326.

61. Justice et injustice, en effet, sont « des états de la faculté rationnelle » (ἕξεις λογικοῦ) : Alexandre d'Aphrodise, *Questions*, IV, 32 = *SVF*, III, 537 [2] ; la vertu, du reste, est une *dunamis* générée par le *logos* (cf. *SVF*, I, 202).

62. Philon d'Alexandrie, *Alexandre ou l'âme des bêtes*, p. 155 Aucher = *SVF*, II, 728 (le texte nous est parvenu en traduction latine).

63. *SVF*, III, 729 a-b (Athénée et Plutarque).

64. Cicéron, *De la nature des dieux*, II, 123-124 = *SVF*, II, 729 ; trad. É. Bréhier, revue par P. Aubenque.

du *kosmos* tout entier[65]. D'après Chrysippe, en effet, « la loi est reine de toutes choses, divines et humaines. [...] Elle doit être le canon des choses justes et des choses injustes, et, pour ceux qui sont des êtres sociaux par nature (ζῷα πολιτικά), commander ce qui doit être fait et interdire ce qui ne le doit pas »[66]. De son côté, Cicéron observe :

> « Des savants hommes ont jugé à propos de prendre pour point de départ la loi ; ont-ils eu raison ? Oui si, comme ils le posent en principe, la loi est la raison suprême, gravée en notre nature, qui prescrit ce que l'on doit faire et interdit ce qu'il faut éviter de faire (*lex est ratio summa, insita in natura, quae iubet ea quae facienda sunt*). Cette même raison solidement établie dans l'âme humaine avec ses conséquences est la loi. Ainsi à ce qu'ils pensent, la bonne direction de la conduite est une loi dont la force propre est de prescrire des actions droites et d'interdire les écarts. De là aussi, suivant eux, que les Grecs la désignent par un mot signifiant *à chacun le sien* (*suum cuique*). [...] Si cette définition est juste ainsi qu'elle me le paraît, c'est de la loi qu'il faut partir pour parler du droit. La loi en effet est la force de la nature (*naturae uis*), elle est l'esprit, le principe directeur du sage (*mens ratioque prudentis*), la règle du juste et de l'injuste (*iuris atque iniuriae regula*)[67]. »

La vie juste se révèle être un critère valide de comportement pour tous les vivants, ce qui garantit la non-étrangeté de la conduite humaine par rapport aux autres êtres sans pour autant nier la spécificité anthropologique. En tant que science, en effet, la justice présuppose la raison droite, laquelle confère à la vertu son fondement physique. Voilà pourquoi, d'après les stoïciens, les concepts de « juste » (δίκαιον) et de « bien » (ἀγαθόν) possèdent une origine naturelle, c'est-à-dire objective, qui ne dépend ni des représentations individuelles ni des circonstances positives[68] ; tous

65. Sur ces aspects, voir BEES, R., *Zenons Politeia*, 2011, p. 52-55.
66. Marcien, *Institutions*, I, p. 11, 25 Mommsem = *SVF*, III, 314.
67. Cicéron, *Des lois*, I, 6, 18-19, = *SVF*, III, 315 ; trad. Ch. Appuhn, légèrement adaptée. Dans ce passage, bien que les stoïciens ne soient pas explicitement mentionnés, les références à la loi comme « sommet de la raison, inscrite dans la nature » et au caractère distributif de la justice, à quoi font également référence d'autres fragments, pourraient refléter la doctrine du Portique.
68. Diogène Laërce, VII, 52 = *SVF*, II, 87 ; Cicéron, *Fins des biens et des maux*, III, 10, 33 = *SVF*, III, 72 ; Cicéron, *Des lois*, I, 15, 42 = *SVF*, III, 320 et II, 4, 8-10 = *SVF*, III, 316 ; Cicéron, *La République*, III, 22, 33 = *SVF*, III, 325 (sur le thème de la loi, il est toutefois possible que Cicéron se fasse l'écho d'un état plus tardif du stoïcisme) ; et aussi,

ceux qui connaissent et qui délibèrent de façon correcte – en définitive, les sages – peuvent le saisir. Agir conformément à la justice signifie donc se conformer au *nomos* universel qui règle l'évolution de l'univers tout entier[69]. Il s'agit d'une norme divine, et non d'une convention établie par les hommes[70]. Si la justice est une science distributive (ἀπονεμητικὴ ἐπιστήμη), il s'ensuit que la loi universelle, qui est la sagesse suprême[71], est aussi le critère parfait de l'équilibre du *kosmos*, qui opère en fonction de la structure et de l'économie de l'univers tout entier[72]. Cléanthe observe d'ailleurs dans son *Hymne à Zeus* qu' « il n'est point, pour des hommes ou des dieux, de plus haut privilège que de chanter à jamais, comme il se doit, la loi universelle (κοινὸς νόμος) »[73].

Nomos, politeia et cosmopolitisme

Si l'homme vertueux a le *logos* divin pour règle de comportement et si, comme l'affirment les stoïciens, les sages sont en nombre restreint[74], on peut s'interroger sur le statut des lois positives, que les hommes instituent dans le but de cohabiter, et sur le comportement du sage à leur égard. Il s'agit ici de comprendre le rapport existant entre la fonction normative du *nomos* naturel et celle des lois conventionnelles, et, du même coup, la manière dont le sage doit se comporter dans la vie publique. Sur ce point, nos informations ne sont pas univoques, qu'elles concernent les sources ou les auteurs stoïciens auxquels ces idées sont associées. Dans un passage très discuté, Plutarque rapporte en effet la chose suivante à propos de Zénon :

> « La *Politeia*, ouvrage très admiré de [...] Zénon, tend à ce point principal unique, que nous ne devrions pas vivre répartis en cités ni en peuples, chacun

SCHOFIELD, M., « Epicurean and Stoic Political Thought », 2000, p. 450 *sq.* ; LAURAND, V., *La Politique stoïcienne*, 2005, p. 56-58.

69. *SVF*, III, 315.
70. *SVF*, I, 162 ; III, 308.
71. *SVF*, II, 1110 et 1111.
72. *SVF*, II, 989 [1].
73. *SVF*, I, 537, trad. P.-M. Schuhl (les deux derniers vers de l'*Hymne*).
74. *SVF*, I, 44 ; III, 657 et 668 [3].

défini par ses propres critères de la justice, mais que nous devrions considérer tous les hommes comme des compatriotes et des concitoyens (δημότας καὶ πολίτας), et qu'il y ait un mode de vie et un monde uniques (εἷς δὲ βίος ᾖ καὶ κόσμος), comme pour un troupeau nourri ensemble dans le même pâturage sous une loi commune (νόμῳ κοινῷ). Zénon a écrit cela comme s'il avait brossé le tableau d'un songe ou d'une image représentant une bonne législation et une *politeia* philosophiques (εὐνομίας φιλοσόφου καὶ πολιτείας)[75]. »

D'après Plutarque, Zénon souhaitait dépasser dans sa *Politeia* la fragmentation politique que provoquait entre les hommes la différence entre les systèmes juridiques des cités particulières[76]. En lieu et place de tels systèmes, il encourageait à se conformer à un régime unique de vie (βίος) et à reconnaître l'unité de l'ordre cosmique (κόσμος), fidèle à la loi commune (κοινὸς νόμος)[77]. Seul l'attachement à cette dernière garantirait en effet l'équité (εὐνομία) et l'affirmation d'une constitution capable de dépasser la division entre les hommes. Cette approche traduit surtout la priorité des postulats physiques et éthiques sur la constitution (*politeia*) droite, laquelle se fonde sur la sympathie cosmique et sur un mode de vie cohérent, qui eux-mêmes reflètent le *nomos* universel, seul *nomos* capable de force normative. Pourtant, celui-ci se fait le garant de la justice distributive (εὐνομία) et, avec elle, de la législation droite. Puisque le *kosmos* est un, que le *nomos* est un et que le mode de vie qui les reflète est un (εἷς), il ne pourra exister entre les hommes vertueux qu'une constitution

75. Plutarque, *De la fortune ou la vertu d'Alexandre*, 329 A-B = *SVF*, I, 262 [1] = 67 A L.-S. ; trad. J. Brunschwig et P. Pellegrin.

76. La fiabilité de ce passage a été réévaluée par GOULET-CAZÉ, M.-O., *Les* Kynika *du stoïcisme*, 2003, p. 31-33, et par VOGT, K., *Law, Reason, and the Cosmic City*, 2008, p. 86-90, qui, à la différence des autres interprètes (surtout SCHOFIELD, M., *The Stoic Idea of the City*, 1991, p. 104-111), remarquent l'existence d'un noyau doctrinal stoïcien, au delà de la patine platonicienne. Il n'est pas exclu du reste que la coloration « politique » du passage de Plutarque, d'après lequel tous les hommes devraient se sentir concitoyens, puisse dépendre du contexte de l'œuvre de Plutarque, à savoir le projet politique d'Alexandre le Grand qui visait effectivement à dépasser les frontières entre les cités-États. Pour les stoïciens, ce projet est réalisable à la condition que tous les hommes vivent selon le *nomos* universel. Le traitement que Cicéron donne de la loi dans le livre I du *Sur les lois*, auquel nous faisons également référence dans cette contribution, semble parfois aussi s'inspirer de cette approche « politisante ».

77. La cohésion du *kosmos* dans la pensée de Zénon est attestée aussi en Cicéron, *De la nature des dieux*, II, 22, 58 = *SVF*, I, 172.

(*politeia*) unique, capable de les réunir et de dépasser ainsi les circonstances accidentelles qui entourent nécessairement la législation des cités humaines[78]. À première vue, il semblerait que soient théorisées ici non seulement la distance entre le *logos* universel et les lois positives particulières, mais aussi leur contraposition[79]. Cela reflète avant tout la dichotomie stoïcienne traditionnelle entre les sages et les sots : ces derniers, vivant contre nature, ne peuvent que promouvoir une vie politique adaptée à leur conduite. Seuls les sages, à l'inverse, savent se faire les promoteurs de la seule *politeia* capable de refléter l'ordre cosmique, dans lequel tous les hommes qui vivent selon la nature peuvent se considérer comme des compatriotes et des concitoyens (δημόται καὶ πολῖται)[80].

Or, puisque Plutarque définit cette perspective comme un songe (ὄναρ) ou une vision (εἴδωλον) de Zénon, on peut s'interroger sur les intentions réelles du philosophe stoïcien et sur la faisabilité de son projet. L'*eunomia* dont parle Plutarque est en effet qualifiée de « philosophique ». Qu'est donc la *Politeia* de Zénon ? On a observé que « *the Stoic answers to political problems, such as problems about justice, are moral rather than specifically political answers* »[81]. Cela s'explique facilement dans un horizon de pensée centré sur le primat de la loi morale en tant qu'expression de l'ordre cosmique. La justice des institutions et des mesures politiques contingentes est d'une importance secondaire par rapport à la conformité au *logos* du comportement humain. Voilà peut-être pourquoi, bien qu'on ait connaissance de réflexions politiques (au sens ordinaire du terme)[82] dans le stoïcisme orthodoxe, celles-ci ne semblent pas intégrées à une concep-

78. L'unité et la sympathie du *kosmos* comme fondement de la pensée de Zénon est notée, entre autres, par BEES, R., *Zenons Politeia*, 2011, p. 42-45, qui fait remarquer qu'il s'agit d'une thèse commune avec la tradition stoïcienne postérieure (cf. BEES, R., *Die Oikeiosislehre der Stoa*, 2004, p. 189-199).

79. Cela vaut également, semble-t-il, pour Chrysippe, à qui s'adresse cette question : « Comment peux-tu soutenir que toutes les lois en vigueur et toutes les constitutions sont dans le faux ? » (Diogénien, *apud* Eusèbe, *Préparation évangélique*, VI, 8, 14, 3-4 = *SVF*, III, 324).

80. Sur la contraposition entre sages et sots dans ce contexte, voir BEES, R., *Zenons Politeia*, 2011, p. 80-90.

81. ANNAS, J., *The Morality of Happiness*, 1993, p. 311.

82. Par exemple, à propos de la justice et de ses rapports avec le droit (*SVF*, III, 319-321), des constitutions contingentes et de la meilleure constitution possible (*SVF*, III, 700), du rapport entre politique et rhétorique (*SVF*, III [DB], 108 *sq*.).

tion politique traditionnelle de la cité – organisée comme une *polis* ou sous une autre forme. D'un côté, en effet, puisque les sots ne connaissent ni l'amitié ni la concorde, il leur est impossible de construire un projet politique éthiquement fondé. Toutefois, l'orientation sociale de l'*oikeiôsis* permet avant tout aux sages, qui sont amis et en communion entre eux[83], de dépasser les liens sociaux existant au sein des cités particulières pour ne faire plus qu'un avec la loi universelle[84]. De ce point de vue, en tant qu'ils sont produits par des sots, les systèmes politiques positifs s'avèrent contre nature, c'est-à-dire contraires à la loi. Mais ils n'ont aucune incidence sur le comportement du sage, qui les considérera comme des indifférents (des choses qui n'ont pas d'influence sur la possibilité du bonheur), lui qui vise uniquement à se conformer au *logos*[85]. Du reste, d'après ce que nous savons, Zénon et Chrysippe n'interdisaient pas au sage d'entrer en politique, dans le cas où les circonstances le lui permettraient[86] ; pour leur part, cependant, ils s'en tinrent éloignés – tout comme Cléanthe, d'ailleurs –, « parce que, si on administre mal, on mécontente les dieux ; si, au contraire, on administre bien, on mécontente les hommes »[87]. C'est dans ce conflit que réside le paradoxe politique stoïcien, pris entre l'urgence de demeurer fidèles au *logos* et, en même temps, de contribuer à la société, en réfrénant le vice et en exhortant à la vertu[88]. Le sage, en effet – selon Ariston de Chios –, est « le pédagogue du genre humain »[89].

83. *SVF*, III, 625-636.

84. En effet, selon Chrysippe, « la loi et le *logos* du sage sont la même chose » (Plutarque, *Des contradictions stoïciennes*, 1037 F = *SVF*, III, 175).

85. ANNAS, J., *The Morality of Happiness*, 1993, p. 307 ; ERSKINE, A., *The Hellenistic Stoa*, 2011, p. 31 et 59-60 ; Plutarque, *Sur l'exil*, 5 = *SVF*, I, 371.

86. C'est-à-dire quand il est possible de rester fidèle au *logos* (*SVF*, I, 271 ; III, 690).

87. Stobée, *Églogues*, II, 94, 7 Wachsmuth = *SVF*, III, 611 ; Stobée, *Anthologie*, IV, p. 192 Hense = *SVF*, III, 694 ; Sénèque, *Du loisir*, 8, 1 ; Sénèque, *De la tranquillité de l'âme*, 1, 10 = *SVF*, III, 695 ; Diogène Laërce, VII, 121 = *SVF*, III, 697.

88. Cf. Diogène Laërce, VII, 121 = *SVF*, III, 697.

89. Sénèque, *Lettres à Lucilius*, 89, 13 = *SVF*, I, 357 ; sur l'orthodoxie d'Ariston et sur ses motifs pédagogiques, IOPPOLO, A.M., *Aristone di Chio e lo Stoicismo antico*, Napoli, Bibliopolis, 1980, p. 110-115 et 130-133 ; il semble en outre qu'Ariston se soit accordé avec Zénon sur le cosmopolitisme (p. 253-255).

De cette tension naît une perspective qui a paru « dépolitisée »[90] à certains, parce qu'elle revient aux frontières de l'éthique et ouvre à une communauté universelle à laquelle, pourtant, seuls les sages participent : la cité digne du sage, en effet, c'est le monde, et en tant qu'il est réglé par une loi, le monde est une cité unique[91]. Le cosmopolitisme de la première Stoa n'est donc pas un projet de dépassement des frontières politiques constituées, en vue d'un « super-État » où tous les hommes seraient des concitoyens soumis aux mêmes lois positives[92]. Au contraire, c'est avant tout le constat que le même ordre physique et la même loi morale règlent la vie de tous les hommes, et que le respect de cette loi est la seule garantie d'amitié, de concorde et, donc, de vie commune. Or, on le sait, il s'agit là d'une prérogative des sages et des dieux, qui en quelque manière les apparente les uns aux autres[93]. Pensée en ces termes, la *Politeia* de Zénon devait surtout renvoyer à une condition ou à une possibilité réelle, dépendante de l'existence de sages dans le monde, lesquels vivent déjà en harmonie avec la loi véritable. D'un autre côté, l'idéal politique que rapporte le passage de Plutarque cité plus haut, celui d'une humanité vivant désormais sous la gouvernance d'une loi commune qui fait de tous les hommes des compatriotes et des concitoyens, dépend non pas de circonstances externes ou contingentes, mais de la capacité des individus

90. L'expression, certes un peu emphatique, a été utilisée par Julia Anna (*The Morality of Happiness*, 1993, p. 302), mais il semble qu'elle ne soit pas acceptée par Dirk Obbink (« The Stoic Sage in the Cosmic City », dans Ierodiakonou, K. (dir.), *Topics in Stoic Philosophy*, Oxford, Clarendon Press, 1999, p. 180). À bien y regarder, la *Politeia* de Zénon et le cosmopolitisme de l'ancien stoïcisme ne semblent pas dépourvus d'aspects politiques, bien qu'il serait plus prudent de parler de « dépolitisation ».

91. Sénèque, *Lettres*, 68, 2 = *SVF*, III, 696 ; voir en outre *SVF*, II, 645 et 1127-1131 ; l'unité et l'unicité du *kosmos* ont aussi été reconnues par Zénon (cf. les passages cités par Plutarque, *De la fortune ou la vertu d'Alexandre*, 329 A = *SVF*, I, 262 [1], et de Cicéron, *De la nature des dieux*, II, 22, 58 = *SVF*, I, 172) ; on peut également attribuer à Zénon l'analogie entre microcosme (cité) et macrocosme (univers) ; *SVF*, I, 98. Sur ce point, Bees, R., *Die Oikeiosislehre der Stoa*, 2004, p. 195-199 ; Vogt, K., *Law, Reason, and the Cosmic City*, 2008, p. 65.

92. Comme il ressort au contraire, par exemple, d'un célèbre vers de Rutilius Namatianus, *Sur son retour*, I, 66, en référence à la Rome impériale : « *Urbem fecisti, quod prius orbis erat* ».

93. Jamblique, *De l'âme*, *apud* Stobée, *Églogues*, II, 382, 18 Wachsmuth = *SVF*, I, 379 ; Dion Chrysostome, *Discours*, XXXVI, 37 = *SVF*, II, 1129.

à vivre selon la nature. La réalité et l'utopie du projet zénonien semblent ainsi coexister à des points de vue différents[94].

En ce sens, le cosmopolitisme stoïcien devait peut-être représenter l'accomplissement en même temps que le dépassement du projet platonicien de la *République* qui, sur la base de la nature et de la loi commune, s'étend désormais à la communauté des sages et des dieux, communauté dépourvue de liens « politiques » (au sens ordinaire du terme). En effet, la « constitution », c'est-à-dire la *politeia*, ne se réfère plus désormais à l'organisation interne d'une cité selon des classes aux prérogatives, aux droits et aux devoirs bien distincts, mais au rapport entre les hommes (et les dieux) qui, où qu'ils se trouvent, agissent selon la loi commune et divine du *logos*[95]. Si Aristote reprochait au projet platonicien de se maintenir sur un plan « domestique » (οἰκονομικόν)[96], dans le cas du Portique le lien de citoyenneté politique est subordonné à celui de perfection morale. En effet, à la différence de ce qui se passe dans les cités particulières de ce monde, l'appartenance à la cité véritable se marque, pour un stoïcien, par une valeur morale (σπουδαῖον ou ἀστεῖον)[97]. La cité idéale coïncide toutefois avec le *kosmos*, s'il est vrai que, pour Chrysippe, celui-ci « est le système formé par les dieux et les hommes », en d'autres termes qu'il « est un dieu, grâce auquel l'ordre universel se réalise à la perfection »[98].

---

94. Sur ces aspects, voir OBBINK, D., « The Stoic Sage in the Cosmic City », 1999, p. 179-180 et 186 (« *While such a world* [*sc.* le monde comme *sustêma* des dieux et des hommes sages] *might be awaited indefinitely by normal progressors, for the Stoic wise man this is a feature of the kosmos as it exists now, not only in thought but as a material, cosmic reality* ») ; sur le caractère réel ou utopique du cosmopolitisme stoïcien, signalons aussi BALDRY, H.C., *The Unity of Mankind in Greek Thought*, 1965, p. 153-163 ; SELLARS, J., « Stoic Cosmopolitanism and Zeno's *Republic* », 2007, p. 1-4 et 13-16 ; LONG, A.A., « Stoic Communitarianism and Normative Citizenship », dans Keyt, D., Miller, F.D. (dir.), *Freedom, Reason, and the Polis. Essays in Ancient Greek Utopianism*, Cambridge – New York, Cambridge University Press, 2007, p. 241-261 ; SCHOFIELD, M., « Zeno of Citium's Anti-utopianism », 1999, p. 49-63 ; BEES, R., *Zenons Politeia*, 2011, p. 330-332 ; DORANDI, T., « Filodemo : *Gli Stoici* (*Pap. Herc.* 155 e 339) », 1998, p. 95.

95. Par exemple Cicéron, *Des lois*, I, 7, 22-23 = *SVF*, III, 339.

96. Par exemple Aristote, *Éthique à Nicomaque*, V, 10, 1134 b 9-17 ; Aristote, *Politiques*, II, 1261 a-1263 b.

97. Stobée, *Églogues*, II, 7, 111, p. 103, 12 Wachsmuth (= *SVF*, I, 587 ; sur Cléanthe) ; Clément d'Alexandrie, *Stromates*, IV, 26, p. 642 Potter = *SVF*, III, 327 (sur Chrysippe).

98. Stobée, *Églogues*, I, p. 184, 8 Wachsmuth = *SVF*, II, 527.

À bien y regarder toutefois, d'autres témoignages soulignent plutôt la conformité entre les lois positives et la loi commune. Philon rapporte en particulier que « la *politeia* de chaque peuple (ἡ κατὰ δήμους πολιτεία) est une extension (προσθήκη) de la nature, laquelle détient une autorité universelle (τῆς τὸ κῦρος ἁπάντων ἀνημμένης φύσεως). [...] Les lois des cités particulières sont précisément des extensions de la droite raison naturelle (Προσθῆκαι μὲν γὰρ οἱ κατὰ πόλεις νόμοι τοῦ τῆς φύσεως ὀρθοῦ λόγου) »[99]. Des affirmations de ce type, que l'on trouve dans d'autres sources également[100], semblent faire écho à des doctrines postérieures[101] du Portique qui, comme nous l'avons dit, à partir du second siècle, paraît chercher à atténuer la radicalité de certaines de ses thèses, en particulier celles d'influence cynique[102]. La thèse que Diogène Laërce attribue au Portique, selon laquelle « la meilleure *politeia* est une synthèse entre la démocratie, la monarchie et l'aristocratie »[103], suggère une certaine évolution dans la Stoa concernant le statut des cités particulières et de leurs constitutions positives, lesquelles ne sont plus désormais sujettes à l'accusation d'être *a priori* contraires à la nature[104]. Peut-être faut-il voir dans ce changement la volonté de justifier *a posteriori* l'entreprise d'Alexandre le Grand et l'émergence de la République romaine, interprétées comme des phases d'un accomplissement historique du projet cosmopolite stoïcien, dans une optique de nécessité et, également, de providentialité. Certaines pages chez Polybe (I, 1-4 ; VI, 1-10) et Diodore de Sicile (I, 1), des historiens des IIe-Ier siècles av. J.-C., puisent d'ailleurs à une telle perspective. Cependant, me semble-t-il, une

99. Philon, *De Joseph*, vol. II Mang., p. 46 = *SVF*, III, 323. Cette observation s'inscrit dans une discussion plus large de la loi, qui révèle clairement une influence stoïcienne. Philon affirme en effet au même endroit que « ce monde est une grande cité droite faite d'une seule *politeia* et d'une seule loi (ἡ μὲν γὰρ μεγαλόπολις ὅδε ὁ κόσμος ἐστὶ καὶ μιᾷ χρῆται πολιτείᾳ καὶ νόμῳ ἑνί). C'est la raison de la nature (λόγος... φύσεως) qui commande les actions qui doivent être accomplies et interdit celles qui doivent être évitées. »

100. Par exemple Justin, *Apologie*, II, 7 = *SVF*, II, 926.

101. Cf. entre autres Erskine, A., *The Hellenistic Stoa*, 2011, p. 181-204.

102. Le témoignage de Philon est examiné attentivement par Bees, R., *Zenons Politeia*, 2011, p. 68-73.

103. Diogène Laërce, VII, 131 = *SVF*, III, 700.

104. Il ne faut pas oublier que, bien que Zénon ait décliné l'invitation de se rendre auprès d'Antigone Gonatas, il envoya au souverain ses propres élèves, Persée et Philonidès de Thèbes (Diogène Laërce, VII, 6 et 8 = *SVF*, I, 3).

telle justification ne devait pas appartenir au stoïcisme orthodoxe des origines, mais semble davantage être le résultat d'une contamination postérieure[105].

Conclusion

Nous avons examiné la critique cynique du concept de *nomos* et la subordination de ce dernier à la *phusis*. Cette position avait conduit les cyniques à séparer les deux concepts, en faisant de la loi un simple produit positif et artificiel de l'activité humaine, et à prôner ainsi une forme d'individualisme émancipateur à l'égard des conventions humaines et garant du bonheur. Héritant de ce renvoi à la nature, mais s'en écartant dans la volonté de refonder le concept de *nomos*, les stoïciens font de la *phusis* le principe physique universel régulateur de la vie du *kosmos*. S'appuyant sur la doctrine de l'*oikeiôsis* comme impulsion première des vivants, capable de refléter la normativité cosmique dans la vie biologique et dans la conduite morale des êtres humains, la Stoa en vient à faire coïncider la nature à la raison droite (qui s'étend partout) et à la loi commune. En tant que principe législatif, la nature régule a) chaque incident dans le monde (comme destin)[106] ; b) la naissance et le développement des êtres vivants (comme impulsion première) ; c) la disposition sociale des êtres humains (comme justice) ; d) l'organisation politique des hommes (comme *nomos* et *politeia*) ; et e) les relations entre les hommes et les dieux (comme *koinos logos*). Si donc la nature, dans sa valeur physique et biologique, est un principe universel, la loi devient le fondement commun de l'agir humain. En ce sens, la position stoïcienne pourrait se définir comme une sorte d'« universalisme », tant dans ses prémisses que dans

105. D'autres se sont montrés sceptiques également : BALDRY, H.C., *The Unity of Mankind in Greek Thought*, 1965, p. 162-163, et ISNARDI PARENTE, M., « La politica della Stoa antica », 1980, p. 90-98. Selon Sellars (cf. « Stoic Cosmopolitanism and Zeno's *Republic* », 2007), entre le projet de Zénon et ses développements dans la tradition stoïcienne ultérieure (surtout chez Sénèque), il n'y a pas nécessairement opposition ; sur les rapports entre le projet de Zénon, l'expérience stoïcienne d'Alexandre le Grand et la République romaine, signalons BEES, R., *Zenons Politeia*, 2011, p. 311-327 ; KONSTAN, D., « Cosmopolitan Traditions », 2009, p. 479-484.

106. Dans le sens de « chaîne des causes » : cf. *SVF*, II, 917-920.

ses conclusions. Le *kosmos* est la vraie *politeia*, parce qu'il est régi par la norme qui préside également au comportement humain. Les stoïciens réussissent ainsi à resouder la fracture entre nature et loi qui avait mené les cyniques au rejet des conventions humaines. C'est justement en conformité avec la loi commune que se réalisent la liberté et le bonheur du sage. Et la fécondité de ce discours ne tardera pas à émerger, tant dans le monde grec que dans le monde romain.

Traduction de l'italien par Marc-Antoine Gavray,
révisée par Bernard Collette-Dučić

Quatrième partie

Licence politique et licence artistique

La licence démocratique et son interprétation philosophique dans l'antiquité*

Bernard Collette-Dučić (Université Laval)

Durant la période classique, Athènes s'empare de l'idée de liberté (*eleutheria*) et en fait l'un des principes cardinaux de la démocratie[1]. Dans l'Athènes démocratique, la liberté prend une forme radicale et se voit définie comme le pouvoir « d'agir à sa guise », « comme on veut ». La radicalité de cette conception de la liberté vaudra à la démocratie athénienne de nombreuses critiques, en particulier l'accusation de transformer la liberté en une *licence*. Ainsi l'orateur Isocrate, bien connu pour ses positions anti-démocratiques, écrit que la démocratie se méprend sur le sens des choses en « décrétant que la licence est "liberté" et que le pouvoir/

---

* Des versions antérieures de ce texte ont été présentées à Liège (ULiège), Québec (Université Laval), São Paolo (Mosteiro de São Bento) et Cambridge (B Club, Faculty of Classics, University of Cambridge). Je remercie les divers participants et membres du public pour leurs questions et observations, ainsi que Marc-Antoine Gavray pour sa lecture critique.

1. Cf. le passage bien connu de l'oraison funèbre de Périclès dans Thucydide, *Guerre du Péloponnèse*, II, 37, 2. Sur la démocratie grecque, voir l'étude de I. Jordović dans le présent volume.

la licence de faire ce que l'on veut est "bonheur" »[2]. Selon Isocrate, la démocratie confondrait la liberté (*eleutheria*) avec la licence, ou *akolasia*, terme qui peut être aussi rendu par « absence de retenue, intempérance ». À cette première confusion s'en ajouterait une seconde, qui vient en fait directement éclairer la première : la démocratie pense que le bonheur consiste dans « le pouvoir[3] ou la licence (*exousia*) de faire ce que l'on veut ». Comme nous le verrons, le terme *exousia* a vraisemblablement ici le sens d'une permission accordée par le *nomos* (la loi, la coutume) du régime démocratique et consiste donc en une sorte de *droit*[4], de *licence* accordée aux citoyens athéniens. Même si les deux emplois de « licence », dans notre passage, ne sont pas identiques, puisqu'ils traduisent des termes (*akolasia*, *exousia*) et des notions (intempérance, droit) différents, ils sont toutefois conceptuellement liés aux yeux d'Isocrate : en conférant aux citoyens la licence de faire ce qu'ils veulent, le *nomos* démocratique encourage une forme de comportement licencieux qui se révèle ultimement incompatible avec le respect même des lois et coutumes[5].

Dans ce chapitre, je voudrais examiner l'interprétation philosophique de la conception démocratique de la liberté[6], de Platon à Épictète en passant

---

2. Cf. Isocrate *Panathénaïque*, 131 : νομίζουσαν τὴν μὲν ἀκολασίαν ἐλευθερίαν εἶναι, τὴν δ' ἐξουσίαν ὅ τι βούλεταί τις ποιεῖν εὐδαιμονίαν.

3. Bien que *exousia* puisse ici être également traduit par « capacité », je préfère adopter le terme « pouvoir » pour rappeler le contexte politique dans lequel on se trouve : la démocratie (*demokratia*) renvoie, par définition, au pouvoir en tant qu'il est exercé par le peuple, et lorsque la démocratie accorde à ses citoyens le droit de faire ce qu'ils veulent, elle ne leur accorde pas une simple capacité mais une forme de pouvoir politique à part entière (celui, par exemple, de prendre librement la parole à l'Assemblée). Nous verrons que Platon (cf. T7) et les stoïciens (cf. T16) n'hésiteront pas non plus à donner à la liberté, conçue comme droit ou licence de faire ce qu'on veut, une portée politique (celle de gouverner les autres).

4. Sur l'*exousia* comme une sorte de « droit », voir MILLER, JR., F.D., « Origins of Right in Ancient Political Thought », dans Salkever, S. (dir.), *The Cambridge Companion to Ancient Greek Political Thought*, Cambridge, Cambridge University Press, 2009, p. 303-304. L'auteur distingue quatre sortes de droit à l'œuvre dans les régimes politiques de la Grèce antique : la juste revendication (*to dikaion*), la liberté ou privilège (*hê exousia*), l'autorité (*ho kurios*) et l'immunité (*hê adeia*).

5. Cf. Isocrate, *Aréopagitique*, 20, où il est dit que la démocratie confond le gouvernement par le peuple (*demokratia*) avec l'intempérance (*akolasia*) et la liberté (*eleutheria*) avec le non respect des lois (*paranomia*).

6. Par cette expression j'entends d'abord et avant tout la manière de définir la liberté comme « une licence/droit/pouvoir (ἐξουσία) de faire ce que l'on veut (ποιεῖν ὅτι τις βούλεται) »

par Aristote. Nous allons voir que si ce dernier s'est montré fort critique à son égard, s'associant volontiers à l'accusation faite par Isocrate, les philosophes appartenant à la tradition socratique, en particulier Platon et les stoïciens, l'ont au contraire adoptée, non sans cependant avoir réfléchi aux conditions qui permettent à la liberté de se réaliser sans se corrompre sous la forme de l'intempérance. Pour ce faire, ces philosophes vont mettre l'accent sur le second sens de la licence distingué plus haut, celui de pouvoir légal, droit accordé par la loi, et avancer l'idée que seule *la possession du savoir* rend libre et permet de recevoir le droit de faire ce que l'on veut.

*

* *

Un texte particulièrement parlant, pour débuter cette enquête, est un passage de *La guerre du Péloponnèse* où Nicias, alors qu'il cherche à extirper sa flotte de Syracuse, harangue ses troupes en leur rappelant la grandeur d'Athènes :

> T1 « Il leur parla de leur patrie, la plus libre des cités (τῆς ἐλευθερωτάτης), où tous possèdent, dans le domaine du genre de vie, un *pouvoir non contrôlé* (τῆς ἐν αὐτῇ ἀνεπιτάκτου πᾶσιν ἐς τὴν δίαιταν ἐξουσίας). » (Thucydide, *Guerre du Péloponnèse*, VII, 69, trad. D. Roussel, adaptée)

Ce qui est distinctif, dans le propos de Nicias, ce n'est pas tant l'appel à l'idée de liberté[7] que la conception particulière de la liberté qui s'en dégage : l'usage du superlatif (Athènes est « la plus libre » des cités) s'y trouve explicité par le fait que les citoyens athéniens jouissent, dans le domaine même du genre de vie, d'une *exousia anepitaktos*, c'est-à-dire d'un pouvoir total, qu'aucun contrôle supérieur (*epitaxis*) ne peut limiter ou brimer.

(cf. T3), définition que plusieurs auteurs (Platon, Aristote, Isocrate et Démosthène) associent explicitement à la démocratie athénienne.

7. En effet, les chefs syracusains en font tout autant pour encourager leurs troupes à se venger de l'agresseur athénien (VII, 68).

Présentation de la licence démocratique chez Platon

Selon Nicias, donc, à Athènes, chacun possède un pouvoir absolu sur la manière de mener sa vie. Si ce pouvoir est absolu, c'est parce que chaque citoyen a reçu, par les lois et coutumes du régime démocratique athénien, le *droit* de parler et d'agir comme il lui plaît. Les dialogues de Platon mettent souvent en scène un tel droit, ce qui n'est pas un hasard puisque Platon était lui-même particulièrement intéressé par la question de la liberté[8]. Avant d'examiner l'analyse philosophique que Platon donne de la licence démocratique athénienne, commençons par nous faire une idée plus précise de son contenu.

Un premier passage pertinent est tiré du *Gorgias* qui met en scène Socrate et le sicilien Pôlos, un maître de rhétorique enclin, naturellement, aux longs discours. Socrate, qui aimerait avancer dans l'examen dialectique de ce qu'est la rhétorique, prie Pôlos de répondre plus brièvement :

> T2 « – Pôlos : Qu'est-ce à dire ? Il ne me sera pas permis de parler autant que je voudrai ! (οὐκ ἐξέσται μοι λέγειν ὁπόσα ἂν βούλωμαι ;) – Socrate : Ce serait pour toi, mon brave Pôlos, un étrange accident, que, une fois arrivé à Athènes, l'endroit de la Grèce où l'on jouit de la plus large licence de parler (οὗ τῆς Ἑλλάδος πλείστη ἐστὶν ἐξουσία τοῦ λέγειν), tu dusses ensuite, dans notre réunion, toi seul, ne pas obtenir pareille licence ! Oui, mais renverse les rôles : si c'est toi qui parles longuement et te refuses à répondre aux questions posées, ne serait-ce pas pour moi, en revanche, un étrange accident qu'il ne me soit pas permis de m'en aller et de ne pas t'écouter (εἰ μὴ ἐξέσται μοι ἀπιέναι καὶ μὴ ἀκούειν σου) ? » (*Gorgias*, 461 d 8-462 a 1, trad. L. Robin, adaptée)

La liberté de parler (mieux connue sous le nom de *parrhêsia*) est l'un des traits caractéristiques de la liberté en régime démocratique[9]. L'utilisation du terme *exousia* dans l'expression *exousia tou legein* (licence de parler) a ici pour fonction de souligner le fait que la liberté de parole est un *droit* dont jouissent ceux qui vivent en démocratie. C'est ce qui se voit

8. Voir à ce sujet l'excellente étude de MULLER, R., *La Doctrine platonicienne de la liberté*, Paris, Vrin, 1997.
9. Sur cette notion, voir l'étude de S. Aubert-Baillot dans ce volume.

à travers l'usage de la forme verbale *exesti*, employée à deux reprises dans ce passage, et que l'on peut traduire par « il est permis ».

Dans l'Athènes démocratique, cependant, le droit de parler ne vient jamais seul puisque, si l'orateur peut parler comme il l'entend, le public, de son côté, a le droit de ne pas l'écouter, droit qu'il entend rappeler au moyen du *thorubos*, démonstration bruyante d'approbation ou de désapprobation, selon les cas[10]. À la place du *thorubos*, procédé qui ne convient qu'à la foule et que l'orateur peut instrumentaliser pour faire taire un adversaire[11], le parti le plus simple pour celui qui ne veut pas entendre est encore de « se lever et partir », comme menace ici de le faire Socrate.

L'élargissement de ce que recouvre la licence démocratique ne s'arrête toutefois pas là et d'autres passages des *Dialogues* permettent de compléter ce premier aperçu. Ils insistent tous sur le fait que la licence des Athéniens est un droit conféré par le *nomos* démocratique[12]. Dans le *Criton*, par exemple, les lois d'Athènes elles-mêmes affirment que, « si nous ne lui plaisons pas, tout Athénien a le droit de prendre ses affaires avec lui et de s'en aller où il voudra (ἐξεῖναι λαβόντατὰ αὑτοῦ ἀπιέναι ὅποι ἂν βούληται) »[13]. Dans le *Banquet*, Pausanias loue le *nomos* d'Athènes pour la licence qu'il confère aux citoyens en matière de relation amoureuse : « Relativement aux conquêtes amoureuses entreprises, la coutume a accordé à un amant qui se livre à des extravagances le droit d'en être loué (ἐξουσίαν ὁ νόμος δέδωκε τῷ ἐραστῇ θαυμαστὰ ἔργα ἐργαζομένῳ ἐπαινεῖσθαι) »[14]. Le contexte de ce dernier passage est politiquement chargé puisque Pausanias vient de faire l'éloge de la démocratie athénienne en rappelant que c'est « l'amour d'Aristogiton et l'amitié affermie d'Harmodios »[15] qui ont brisé la domination de la tyrannie qui régnait

10. Sur la liberté démocratique de ne pas écouter, cf. WALLACE, R.W., « The Power to Speak – and not to Listen – in Ancient Athens », dans Sleiter, I., Rosen, R.M. (dir.), *Free Speech in Classical Antiquity*, Leiden – Boston, Brill, 2004, p. 221-232. Sur le lien entre la pratique du *thorubos* et la démocratie athénienne, cf. *Lois*, III, 700 d.

11. Cf. *Protagoras*, 319 c et 339 d-e.

12. Le *nomos* en question n'est pas nécessairement une loi positive, écrite, mais peut renvoyer (comme dans le passage du *Banquet* cité un peu après) à une coutume typique de l'Athènes démocratique.

13. Cf. *Criton*, 51 d 2-5, trad. L. Robin.

14. *Banquet*, 182 e 1-3, trad. L. Robin, légèrement adaptée.

15. Cf. *Banquet*, 182 c 5-6.

auparavant. La très grande licence en matière amoureuse est donc, à Athènes, intimement liée à son régime démocratique.

Finalement, on peut aussi citer ce texte de la *République* dans lequel on trouve développée l'idée du passage de Thucydide vu plus haut (cf. T1), attribuant aux Athéniens un pouvoir absolu dans le domaine du genre de vie :

> T3 « – Eh bien, dis-je, de quelle façon ces gens-là se gouvernent-ils ? et quelle est cette fois-ci ce genre de régime politique ? Car il est visible que l'homme qui est comme lui nous apparaîtra être l'homme démocratique. – Oui, c'est visible, dit-il. – Eh bien en premier lieu, sans doute, ils sont libres (ἐλεύθεροι), la cité devient pleine de liberté et de franc-parler, et on y a *le droit de faire ce qu'on veut* (ἐξουσία ἐν αὐτῇ ποιεῖν ὅτι τις βούλεται) ? – Oui, on le dit en tout cas, dit-il. – Or, partout où existe ce droit, il est visible que chacun voudra, pour sa propre vie (τοῦ αὐτοῦ βίου), l'arrangement particulier qui lui plaira. » (*République*, VIII, 557 a 9-b 10, trad. P. Pachet, adaptée)

Comme chez Thucydide, donc, Platon montre à quel point la liberté fait partie de l'identité démocratique : toute la cité en est remplie et le citoyen démocratique se distingue des autres par le fait que lui seul est vraiment libre (apparemment) car il a « le droit de faire ce qu'il veut » et donc de vivre comme il lui plaît.

L'analyse platonicienne

Liberté et désir

La présentation que donnait Platon dans le passage précédent se veut paradigmatique au sens où elle se construit sur la base d'une réflexion concernant le type de *désir* animant l'individu démocratique, et donc sur le *bien* propre à la démocratie. Or ce bien, écrit à présent Platon, n'est autre que la *liberté*. En déterminant la liberté comme *objet premier du désir* de la démocratie, Platon ne cherche toutefois pas simplement à distinguer la démocratie des autres régimes, mais entend identifier la *cause* de la corruption du régime démocratique :

> T4 « – N'est-ce pas alors le désir insatiable (ἀπληστία) de ce que la démocratie définit comme le bien (ὃ δημοκρατία ὁρίζεται ἀγαθόν), qui

la détruit elle aussi ? – Que définit-elle ainsi selon toi ? – La liberté (τὴν ἐλευθερίαν), dis-je. Car tel est le bien, n'est-ce pas, dont, dans une cité gouvernée de façon démocratique, tu pourrais entendre dire que c'est sa plus belle possession, ce qui fait d'elle la seule cité où il vaille la peine de vivre, quand on est, par nature, un homme libre. [...] N'est-ce pas, par conséquent, [...] le désir insatiable d'un tel bien, et le désintérêt pour tout le reste, qui déstabilisent aussi ce régime politique, et préparent le recours à la tyrannie ? » (*République*, VIII, 562 b 9-c 6, trad. P. Pachet)

La fin que poursuit si ardemment la démocratie est ultimement la cause responsable de sa destruction et de sa transformation en tyrannie, cette tyrannie qui, d'après Pausanias, était présentée comme l'état opposé dont la démocratie avait initialement émergé[16]. Cette corruption se fait en deux temps. Pour commencer, le désir insatiable de liberté de l'homme démocratique le conduit à rejeter les lois, ce qui mène à l'anarchie. Cela s'explique par le fait qu'un tel désir s'oppose, par nature pourrait-on dire, à toute forme de contrainte, ou en tout cas à tout ce qui est perçu comme telle. Les hommes démocratiques, qui « veulent évidemment que personne, à aucun égard, ne soit pour eux un maître »[17], écrit Platon, finissent donc par mépriser la loi. Une fois rejeté le gouvernement de la loi, l'anarchie cède alors naturellement la place à la tyrannie, l'état contraire de la démocratie[18].

À ce stade, on pourrait croire que Platon rejette, pour sa part, la définition démocratique de la liberté. Or, ce n'est pas le cas : ce qu'il critique, ce n'est pas la liberté définie comme « licence de faire ce que l'on veut » (on va y revenir), mais le fait de tenir la liberté ainsi conçue pour le *souverain bien*. C'est en effet seulement lorsque la liberté est prise comme objet premier du désir que se produisent les effets désastreux que l'on vient d'observer.

Sur ce point, l'analyse de Platon se démarque de celle d'autres critiques de la démocratie[19], non seulement celle d'Isocrate, exposée plus haut, mais

16. Il semble que, d'après la théorie des contraires sur laquelle s'appuie Platon, tyrannie et démocratie soient vouées à s'engendrer incessamment l'une l'autre.

17. Cf. *République*, VIII, 563 d 8-e 1, trad. P. Pachet : μηδαμῇ μηδεὶς αὐτοῖς ᾖ δεσπότης.

18. Cf. *République*, VIII, 564 a, où la tyrannie est présentée comme un régime « esclave ».

19. Isocrate (cf. *Aréopagitique*, 20), on l'a vu, et Démosthène (cf. *Contre Aristogiton*, I, 20, 9) soutiennent (comme Aristote) que la « licence de faire ce que l'on veut » est incompatible avec le respect de la loi.

aussi celle d'Aristote[20] qui, au livre V de sa *Politique*, juge mauvaise la *définition*[21] même de la liberté comme « [licence] de faire ce qu'on veut (τὸ ὅ τι ἂν βούληταί τις ποιεῖν) », au motif qu'elle mène faussement à croire que « ce soit un esclavage de vivre selon la constitution »[22], c'est-à-dire selon la loi[23]. Pour le Stagirite, donc, la définition démocratique de la liberté est *intrinsèquement* incompatible avec le respect de la loi et ne peut mener, dans son application pratique, qu'à la tyrannie[24]. Pour que la démocratie ne se corrompe pas, elle doit se débarrasser de la liberté ainsi conçue et embrasser l'idée que, ce qui est avantageux, c'est en réalité d'être mis en position de *dépendance*[25] :

> T5 « Il est avantageux, en effet, d'être dépendant (ἐπανακρέμασθαι), c'est-à-dire de ne *pas* avoir le droit de faire tout ce qu'on trouve bon (μὴ πᾶν ἐξεῖναι ποιεῖν ὅ τι ἂν δόξῃ), car la licence de faire ce que l'on veut (ἡ γὰρ ἐξουσία τοῦ πράττειν ὅ τι ἂν ἐθέλῃ τις) rend incapable de se prémunir contre ce qu'il y a de mauvais en chaque homme. » (*Politique*, VI, 4, 1318 b 38-41, trad. P. Pellegrin, adaptée)

Le contexte de ce passage est la discussion de la meilleure sorte de démocratie, celle où le peuple, essentiellement agricole et peu intéressé par la quête du pouvoir, se satisfait du droit d'élire les magistrats, tandis que

20. Sur la conception aristotélicienne de la liberté, cf. MULLER, R., « La Logique de la liberté dans la *Politique* », dans Aubenque, P., Tordesillas, A. (dir.), *Aristote politique. Études sur la* Politique *d'Aristote*, Paris, Presses Universitaires de France, 1993, p. 185-208.

21. Cf. *Politique*, V, 9, 1310 a 25-28 : « Dans les démocraties qui passent pour démocratiques par excellence, c'est le contraire de l'avantage qui s'est établi ; la cause (αἴτιον) en est qu'*on y donne une définition erronée de la liberté* (ὅτι κακῶς ὁρίζονται τὸ ἐλεύθερον) » (trad. P. Pellegrin, je souligne).

22. *Politique*, V, 9, 1310 a 26-36.

23. Cf. *Politique*, IV, 4, 1292 a 30 : « Là où la loi ne gouverne pas, il n'y a pas de constitution ».

24. Sur le passage de la démocratie à la tyrannie selon Aristote, voir *Politique*, IV, 4, 1292 a 4-23.

25. Nous verrons (cf. *infra* T14 et mon commentaire) que les stoïciens reconnaissent eux aussi les bienfaits de la mise sous contrôle d'un individu et même de la suppression de sa liberté. Toutefois, et cette différence est capitale, cela ne vaut que pour le non-sage, pour qui il est effectivement préférable d'être l'esclave d'un maître sage. Aristote, de son côté, n'introduit pas la différence entre savoir et ignorance quand il analyse la définition démocratique de la liberté, ce qui le mène à la rejeter complètement.

ceux-ci sont choisis parmi la noblesse (ou les citoyens compétents). Ainsi, même si le peuple est soumis à la gouvernance de la noblesse, celle-ci n'a pas de pouvoir (*exousia*) absolu puisqu'elle doit rendre des comptes au peuple. Les deux groupes sont dans un état de mutuelle dépendance, lequel permet de se prémunir contre les dérives autoritaires et tyranniques auxquelles mène, selon Aristote, la conception démocratique de la liberté.

Liberté, pouvoir politique et savoir

Contrairement à ce que pense Aristote, la racine de la corruption de la démocratie athénienne n'est pas à chercher, selon Platon, dans la définition de la liberté qu'elle a adoptée, mais dans le *désir* insatiable de liberté qui est le sien. Ce désir est souvent incarné, dans les *Dialogues*, par des personnages en quête de pouvoir politique, qui veulent gouverner les autres *sans* se gouverner eux-mêmes[26]. En effet, leur désir de liberté leur fait refuser tout contrôle, qu'il soit extérieur (ce qui explique leur quête de pouvoir politique) ou intérieur (ce qui explique leur intempérance). Or, en ne se contrôlant pas, ils réalisent en fait le contraire de ce qu'ils désirent : ils deviennent des esclaves (de leurs passions[27]). Faire de la liberté le bien est donc la meilleure manière de ne pas obtenir la liberté[28]. Pour être libre, il faut bien plutôt désirer ce qui, pour Platon, est la source de toute libération : le savoir[29].

C'est ce point qu'expose le *Lysis* (207 d-210 b), un dialogue mettant en scène Socrate et Lysis, un jeune Athénien de bonne famille manifestement promis à exercer des fonctions politiques importantes. Toute l'argumentation de Socrate consiste à faire comprendre à Lysis que la licence de faire ce qu'on veut est un droit qui suppose une certaine compétence,

26. C'est le cas par exemple de Ménon (cf. *Ménon*, 86 d 2-8) et de Calliclès (*Gorgias*, 491 e 5-492 b 6).

27. Cf. *Gorgias*, 492 a 1-2 où Calliclès affirme qu'il convient « de mettre au service (ὑπηρετεῖν) de [s]es passions, qui sont aussi grandes que possible, les forces de son courage et de son intelligence ».

28. Cf. Platon, *Lois*, III, 688 b.

29. Ce point est développé et répété par Platon dans l'ensemble de son œuvre, y compris dans les *Lois*. Cf. *Lois*, III, 687 a-688 d, où il est expliqué que la liberté, conçue comme licence de faire ce que l'on veut, ne peut se réaliser qu'à travers la possession du savoir et de l'intelligence. Voir également *infra*, n. 32.

un certain savoir. En effet, si les parents de Lysis « confient le pouvoir (ἐπιτρέπουσίν... ἄρχειν) »[30] sur l'attelage des mulets au muletier, c'est en vertu de la compétence de celui-ci. De même, s'ils confient la gouvernance de Lysis à un pédagogue et un maître d'école[31], c'est en vertu de leurs savoirs. Quant à Lysis, quand il s'agit du domaine de la lecture et de l'écriture, c'est à lui que ses parents s'en remettent :

> T6 « Il t'est permis (ἔξεστί σοι), en ce domaine, d'écrire en premier lieu celle des lettres que tu veux (ὅτι ἂν βούλῃ), et pareillement pour la deuxième ; et il t'est permis (ἔξεστιν) de lire de la même façon. Et lorsque tu prends la lyre, ni ton père ni ta mère, si je ne m'abuse, ne t'empêchent de pincer ou de relâcher la corde que tu veux (ἣν ἂν βούλῃ), ni de la faire vibrer et résonner avec le plectre. (...) Quelle est donc la raison, Lysis, pour laquelle ils ne formulent aucune interdiction en ces matières, alors qu'ils en formulent dans les domaines dont nous avons parlé ? – Je crois, répondit-il, que c'est parce que *je connais* ces matières (ταῦτα... ἐπίσταμαι), mais non les autres. » (*Lysis*, 209 a 4-c 2, trad. de L.-A. Dorion, je souligne)

Dans ce passage clé, Socrate fait comprendre à Lysis que *la condition* de la liberté, définie comme licence ou droit (cf. la double mention de *exesti*) de faire ce qu'on veut, est *la possession du savoir*. La liberté est un droit que l'on n'accorde *qu'à celui qui sait* et *parce qu'il sait*. Une fois ce droit obtenu, l'homme qui sait peut, dans son domaine de compétence, faire « ce qu'il veut ». Comment doit-on entendre cela ? Est-ce que Lysis, en tant qu'il sait lire et écrire, peut désormais écrire son nom en plaçant les lettres dans le désordre, au hasard ? Non[32]. D'une part, *il ne le peut pas* puisque le savoir qu'il possède est cause d'ordre, tandis que, pour

30. *Lysis*, 208 b.

31. *Lysis*, 208 c.

32. *Pace* Dorion, L.-A., *Platon. Charmide. Lysis*, traduction inédite, introduction et notes, Paris, GF Flammarion, 2004, p. 267, n. 48, pour qui « [l]'exemple de la lecture et de l'écriture ne semble pas être le plus pertinent, en ce qu'*il n'est guère une illustration d'une pleine et entière liberté d'exécution* » (je souligne). Dorion renvoie à un passage d'Épictète, qu'il juge plus correct, dans lequel le stoïcien a recours lui aussi à l'exemple de l'écriture (cf. *Entretiens*, I, 12, 13). Malgré les apparences, cependant, les deux textes ne sont pas contradictoires : ce n'est pas l'idée de « faire ce qu'on veut » que critique Épictète, mais bien celle de « vouloir au hasard que se produise ce que j'ai jugé bon au hasard (τὸ δ' ὡς ἔτυχέν με βούλεσθαι τὰ [δ'] ὡς ἔτυχεν δόξαντα γίνεσθαι) » (I, 12, 12, trad. R. Muller). En d'autres termes, Épictète critique une interprétation de la liberté (comprise comme

Platon c'est bien plutôt l'ignorance qui fait tout au hasard. D'autre part, il *ne le veut pas non plus* puisque c'est *en tant que savant*, désormais, qu'il voudra écrire les lettres de son nom[33].

Pour Platon, le savoir n'est pas une limitation imposée à la liberté, mais bien plutôt la *condition* (nécessaire et suffisante) de sa réalisation en l'homme. Comme il l'explique dans divers dialogues comme le *Protagoras* ou les *Lois*, le savoir est ce qui, par nature, est fait pour gouverner[34]. En acquérant le savoir, l'homme cesse d'être l'esclave de ses passions et devient enfin maître de lui-même. Alors, et alors seulement, gagne-t-il le *droit* de gouverner les autres *comme il l'entend* :

> T7 « Voici donc ce qu'il en est, mon cher Lysis, repris-je. Dans les domaines où nous serons devenus savants (φρόνιμοι), tout le monde s'en remettra à nous (ἅπαντες ἡμῖν ἐπιτρέψουσιν), aussi bien les Grecs que les Barbares, les hommes que les femmes ; nous ferons dans ces domaines ce que nous voudrons (ὅτι ἂν βουλώμεθα) et personne ne nous fera obstacle volontairement (οὐδεὶς ἡμᾶς ἑκὼν εἶναι ἐμποδιεῖ) ; c'est plutôt nous qui serons libres et qui commanderons aux autres dans ces domaines qui nous seront propres. » (*Lysis*, 210 a 9-b 5, trad. L.-A. Dorion, légèrement adaptée)

Le savoir permet à l'homme *de faire ce qu'il veut* et de le faire *sans contrainte* (cf. « personne ne nous fera obstacle volontairement »), ce qui correspond à l'idéal démocratique exprimé par Nicias, chez Thucydide. Le *phronimos* (celui qui sait), écrit Platon, quand il gouverne, possède *un pouvoir absolu car libre*, non contraint : c'est à lui que *tous* les hommes (Grecs et non-Grecs, hommes et femmes) s'en remettent pour décider de ce qu'il faut faire[35] ; c'est à lui que tous accordent le *droit* d'agir comme il

---

licence de faire ce qu'on veut) qui ferait du hasard (donc de l'ignorance), plutôt que du savoir, le principe de la volonté.

33. Il est important de comprendre que, chez Platon, la volonté ne peut être analysée indépendamment de l'âme (qui dirige l'homme) et donc aussi de l'état savant ou au contraire ignorant de celle-ci.

34. Cf. *Protagoras*, 352 b-c et *Lois*, III, 689 b.

35. Un écho de ce passage se trouve dans les *Lois*, III, 687 a-b : « N'est-ce pas en consolidant fermement leur armée et en la sauvegardant pour l'éternité [qu'ils seront dignes d'éloges], de sorte qu'ils seront eux-mêmes libres (ἐλευθέρους) et en même temps maîtres des autres hommes qu'ils veulent (ἄλλων ἄρχοντας ὧν βουληθεῖεν), et que à la fois eux-mêmes et leurs enfants pourront, de manière générale (ὅλως), faire ce qui leur plaît (πράττειν ὅτι ἐπιθυμοῖεν) parmi les hommes, les Grecs comme les Barbares (ἐν ἀνθρώποις πᾶσι

l'entend[36]. Contrairement à Aristote, Platon n'entend donc pas restreindre la définition démocratique de la liberté car il juge, comme les démocrates, que la liberté, *par définition*, ne peut être limitée, toute forme de limitation étant nécessairement une forme d'empêchement, d'obstacle. Cela ne fait pas de Platon un démocrate pour autant puisqu'il ne tient pas la liberté pour le souverain bien, mais pour un bien que seul le philosophe, en tant qu'il désire plus que tout le savoir et la vérité, peut obtenir.

La reprise stoïcienne

Durant la période hellénistique, la définition démocratique de la liberté est à nouveau adoptée par certains philosophes, en l'occurrence les stoïciens, lesquels tiennent le sage seul pour libre :

> T8 « Les hommes les plus savants disent donc que personne, à part le sage, n'est libre (*nisi sapientem liberum esse neminem*). Qu'est-ce, en effet, que la liberté ? Le pouvoir de vivre comme on veut (*Potestas uiuendi ut uelis*). » (Cicéron, *Paradoxes stoïciens*, V, 34)
>
> T9 « Maintenant, la liberté est-elle autre chose que le pouvoir de vivre comme nous le voulons (νῦν ἄλλο τί ἐστιν ἐλευθερία ἢ τὸ ἐξεῖναι ὡς βουλόμεθα διεξάγειν ;) ? » (Épictète, *Entretiens*, II, 1, 23)

Les stoïciens prennent le relais, on le voit, de la position de Platon puisque, comme lui, ils font du savoir la condition de la liberté, affirmant que seul le sage est libre et, comme lui encore, ils adoptent la conception démocratique de la liberté comme « pouvoir/licence de vivre comme on veut. » Celle-ci gagne, chez les stoïciens, le statut particulier de prénotion (πρόληψις, *prolêpsis* ; ἔννοια, *ennoia*)[37]. Dans l'épistémologie stoïcienne, les prénotions, communes à tous les hommes, servent de point de départ à

καὶ Ἕλλησι καὶ βαρβάροις) ? ». L'Étranger d'Athènes reviendra plus loin sur ce point (cf. 688 b) en expliquant que ce qui rend libre, ce n'est pas la possession d'une grande armée, mais la possession des vertus cardinales et en particulier de la première d'entre elles, qui porte sur la vertu en général, et qui n'est autre que le savoir (*phronêsis*).

36. Nous avons ici une anticipation du paradoxe stoïcien sur la royauté du sage sur lequel je reviendrai dans la dernière partie de ce texte. Sur les paradoxes socratiques, voir l'étude de D. Sedley dans ce volume.

37. Cf. *Entretiens*, IV, 1, 41 et 24.

la recherche[38] ; acquises naturellement, grâce à la sensation et au travail de synthèse opéré par la raison, elles peuvent ensuite être clarifiées et précisées par l'enseignement qui en produit alors une définition technique[39].

À côté de cette définition de la liberté, qui a plutôt le statut, chez les stoïciens, d'une « esquisse » (*hupographê*)[40], nos sources en attribuent une seconde aux stoïciens :

> T10 « Seul [le sage] est libre, alors que les mauvais sont esclaves ; car la liberté, c'est l'*exousia autopragias* (ἐξουσία αὐτοπραγίας), tandis que l'esclavage, c'est la privation de l'*autopragia.* » (Diogène Laërce, VII, 121)

Le texte est parallèle à celui de Cicéron (cf. T8) : Diogène commence par rappeler le paradoxe stoïcien selon lequel seul le sage est libre ; puis il propose une définition de la liberté. Cette définition est cependant différente : Diogène ne parle pas de « licence ou pouvoir de vivre comme on veut », mais il utilise la formule technique d'*exousia autopragias.* Le parallélisme entre les deux témoignages suggère fortement que cette nouvelle formule ne constitue pas une définition indépendante, mais reflète l'effort stoïcien d'éclairer philosophiquement la vérité contenue dans la première définition[41].

L'expression *exousia autopragias* n'est pas facile à comprendre et Diogène Laërce ne nous en donne aucune explication. On peut en tout cas déjà observer qu'elle partage avec l'énoncé de la première définition l'idée d'*exousia*, que Cicéron rendait par *potestas*, tandis qu'Épictète utilise la forme verbale *exeinai* (être permis). La question est de savoir s'il faut donner à *exousia* le sens général de « pouvoir » ou si les stoïciens ont conservé l'idée de « droit » conféré par la loi que contenait la définition

38. Cf. Sextus Empiricus, *Contre les Dogmatiques*, VIII, 331 a = 40 T1 L.-S. et Cicéron, *Académiques*, II, 21.

39. Sur cette pratique, voir les explications de GOURINAT, J.-B., *La Dialectique des stoïciens*, Paris, Vrin, 2000, p. 47-48.

40. L'esquisse renvoie au contenu, non encore articulé et éclairé par l'enseignement, d'une prénotion. Voir à ce sujet GOURINAT, J.-B., *La Dialectique des stoïciens*, p. 52.

41. C'est précisément ce à quoi s'emploie Épictète dans son long entretien sur la liberté (IV, 1) : il commence par utiliser la formule générale selon laquelle « Est libre celui qui vit comme il veut », puis s'emploie à en investiguer le sens. Nous y reviendrons.

démocratique de la liberté. Un témoignage tardif, mais fiable[42], permet de préciser ce premier point :

> T11 « Les Grecs usent de certaines doctrines appelées « paradoxes » [...]. Ils affirment que seul le sage, tout sage, est libre, ayant reçu, par la loi divine (ἀπὸ τοῦ θείου νόμου), l'*exousia autopragias*. Or l'*exousia*, ils la définissent comme un droit légal de décision (νομίμην ἐπιτροπήν). » (Origène, *Commentaire sur l'Évangile de Jean*, 2, 16, 112)

Seul le sage, disait la première définition, a l'*exousia* de « vivre comme il l'entend ». Cette *exousia*, rapporte Origène, est un droit conféré par la loi divine. Le texte suggère que la liberté du sage doit se comprendre dans le contexte politique de la cité cosmique. Selon les stoïciens, en effet, le sage est citoyen du monde car il obéit à la loi divine, c'est-à-dire à la raison qui gouverne le monde[43]. En tant que citoyen véritable[44], le sage jouit donc du *droit* de vivre comme il veut. Il s'agit bien d'un droit, comme le montre la définition par *nomimê epitropê* que rapporte Origène. L'*epitropê* est un droit décisionnel confié à quelqu'un dans un certain domaine[45]. Ce terme ressortit au vocabulaire juridique, comme on le voit dans notre passage où le droit de décision est dit *nomimê*, c'est-à-dire conforme à la loi, légal.

Pour éclairer le sens d'*autopragia*, second membre de la définition technique de la liberté, on peut s'aider d'une citation du *Sur les genres de vie* de Chrysippe, que rapporte Plutarque[46] :

> T12 « Je pense en effet, pour ma part, que celui qui sait (τὸν φρόνιμον) n'intervient pas dans les affaires des autres (ἀπράγμονα), qu'il s'occupe de peu de choses (ὀλιγοπράγμονα), et qu'il fait les choses qui sont les siennes

42. Origène, qui vécut au IIe siècle de notre ère, rapporte ici une doctrine qu'il attribue aux Grecs. Toutefois, la mention de « paradoxes », la thèse selon laquelle seul le sage est libre, et la définition de la liberté comme *exousia autopragias* montrent à suffisance qu'il relate de manière précise la position des stoïciens.

43. Sur le cosmopolitisme et l'importance de la loi dans la Stoa, voir l'étude de E. Vimercati dans ce volume.

44. Selon Zénon, la citoyenneté est le propre du sage. Cf. Diogène Laërce, VII, 33.

45. Nous avons déjà rencontré la forme verbale de ce terme (ἐπιτρέπειν, *epitrepein*) dans le *Lysis* (cf. T7), où il est utilisé parallèlement à *exeinai*. Voir aussi *Lysis*, 208 a 6-7.

46. Sur ce passage, cf. BOBZIEN, S., « Stoic Conceptions of Freedom and their Relation to Ethics », dans Sorabji, R. (dir.), *Aristotle and After*, London, Institute of Classical Studies, 1997, p. 78.

(τὰ αὑτοῦ πράττειν), étant donné qu'appartient à l'honnête homme (ἀστείων) aussi bien l'*autopragia* que la qualité de s'occuper de peu de choses (τῆς τ' αὐτοπραγίας καὶ τῆς ὀλιγοπραγμοσύνης). » (Plutarque, *Des contradictions stoïciennes*, 1043 A-B, trad. D. Babut, adaptée)

Le texte montre que Chrysippe utilisait *autopragia* en lieu et place de l'expression *ta hautou prattein*, qui signifie : « s'occuper de ses propres affaires », c'est-à-dire des choses qui nous appartiennent (*ta hautou*) et qui, pour cette raison, nous concernent à juste titre. Cette expression est bien connue car c'est celle que Platon utilise pour définir la justice dans la *République*[47], un dialogue où l'on retrouve d'ailleurs le même vocabulaire que dans notre passage, en particulier le contraste entre l'individu qui s'occupe de peu de choses (*oligopragmôn*) et l'individu qui s'occupe de beaucoup de choses (*polupragmôn*), ce dernier étant associé à la condition d'une personne qui se mêle des affaires des autres et est source d'injustice[48]. D'après Chrysippe, le sage agit à la manière de l'honnête homme et ne s'occupe que de peu de choses, à savoir de celles qui le concernent *en propre*[49].

47. Cf. *République*, IV, 433 a-b.

48. En *République*, IV, 434 a 9-b 7, Socrate explique que la *polupragmosunê* se produit lorsqu'un artisan (qui représente ici la partie appétitive, irrationnelle de l'âme) se prend à vouloir exercer la fonction des hommes de guerre (qui représentent la partie ardente, intermédiaire, de l'âme) et finalement celle du gardien (qui représente la partie rationnelle et délibérative de l'âme). Autrement dit, la *polupragmosunê* entraîne un bouleversement de l'âme où la partie inférieure prend le pouvoir et asservit les parties qui lui sont naturellement supérieures, en particulier la raison.

49. Cf. Bobzien, S., « Stoic Conceptions of Freedom and their Relation to Ethics », 1997, p. 78 : « *Accordingly,* eleutheria *would then be the power of managing one's own things* ». Tout cela indique que le préfixe *auto-* du terme *autopragia* (qui correspond au possessif *hautou* de l'expression *ta hautou prattein*) a le sens de « propre » (*oikeios*) et renvoie non pas à l'agent mais au domaine d'activité propre à celui-ci. D'après Cherniss, le terme *autopragia* serait d'ailleurs à rapprocher, dans la section de la *République* dont il vient d'être question, de celui d'*oikeiopragia* (*République*, IV, 434 c 7-10). Cf. Cherniss, H., *Plutarch. On Stoic Self-Contradiction*, Cambridge (MA) – London, Harvard University Press, 1976, p. 491, n. *c*. Cherniss attire aussi l'attention sur l'usage d'*autopragia* et d'*autopragein* par Proclus pour rendre l'expression *ta hautou prattein* (cf. *Commentaire sur la République*, I, 23, 3-8 et 220, 5-8 Kroll). On ajoutera que, chez Proclus, *autopragia* a pour contraire *allotriopragia* (cf. *Commentaire sur la République*, I, 216, 25-26 Kroll), ce qui confirme, négativement, le fait que le préfixe *auto-* a le sens de *oikeios*.

La définition stoïcienne technique de la liberté comme *exousia autopragias* peut donc se paraphraser comme suit : « un droit légal de décision dans le domaine d'action qui nous est propre ». Il s'agit d'un droit, d'une permission légale, au sens où la liberté n'est pas quelque chose d'automatique mais dépend d'une certaine qualité ou compétence. De fait, pour les stoïciens, seul le sage est libre de vivre comme il le veut car lui seul est citoyen du monde et vit selon la loi de la raison. Comme l'explique par ailleurs Épictète, pour jouir de ce droit, il faut apprendre à identifier correctement le domaine d'action *propre* à l'homme, domaine sur lequel l'homme a une parfaite autorité et où jamais il ne peut être asservi :

> T13 « Dans les choses, il y en a qui dépendent de nous (τὰ μέν ἐστιν ἐφ' ἡμῖν), et d'autres qui ne dépendent pas de nous (τὰ δὲ οὐκ ἐφ' ἡμῖν). Dépendent de nous jugement, impulsion, désir, aversion, en un mot tous nos actes à nous (ὅσα ἡμέτερα ἔργα) ; ne dépendent pas de nous corps, possessions, réputation, postes importants, en un mot tout ce qui ne fait pas partie de nos actes à nous (ὅσα οὐχ ἡμέτερα ἔργα). Ce qui dépend de nous est naturellement libre (φύσει ἐλεύθερα), ne connaît ni obstacle ni entrave ; ce qui ne dépend pas de nous est faible, servile, facilement contrarié, et nous est étranger (ἀλλότρια). Rappelle-toi donc que si jamais tu considères comme libre ce qui est naturellement servile, et comme tien (ἴδια) ce qui t'est étranger (ἀλλότρια), tu seras entravé [...] ; mais si c'est seulement ce qui est à toi (τὸ σὸν μόνον) que tu penses être à toi, et si tu considères comme étranger ce qui t'est effectivement étranger, nul ne te contraindra jamais, nul ne te fera obstacle [...]. » (*Manuel*, 1, 1-3, trad. J.-B. Gourinat, légèrement adaptée)

L'insistance d'Épictète à distinguer entre ce qui est « nôtre » et ce qui nous est « étranger » recoupe parfaitement ce que nous avons établi plus haut au sujet de la notion d'*autopragia* et nous avons toutes les raisons de croire que la distinction d'Épictète entre « ce qui dépend de nous » et « ce qui ne dépend pas de nous » prend ultimement sa source dans la pensée du premier stoïcisme.

Pour être libre, explique donc Épictète, il faut apprendre quel est le domaine d'action propre à l'homme et ne pas se méprendre à son sujet. Ce domaine est celui de *l'intériorité psychique*, des « actes de l'âme (*erga psuchês*) »[50] que sont le jugement, l'impulsion et le désir (et leurs

---

50. Cf. *Entretiens*, IV, 11, 6.

contraires). C'est en dirigeant notre volonté sur ce domaine que nous serons libres, tandis que si nous voulons ce qui dépend d'un autre, nous tomberons nécessairement sous le pouvoir d'autrui[51].

De l'*exousia* à l'*autexousion*

À partir de la période impériale, le vocabulaire de la liberté s'enrichit d'un nouveau terme – αὐτεξούσιον, *autexousion* –, dont l'origine est assez obscure mais que l'on peut, on va le voir, associer au stoïcisme. Ce terme, qui sera par la suite adopté par les principales écoles de philosophie, aura une postérité particulièrement importante du fait de son adoption par les premiers penseurs chrétiens[52] pour désigner ce qui deviendra le *liberum arbitrium*.

Dans la dernière partie de ce chapitre, nous allons examiner les raisons qui ont conduit les philosophes, en particulier les stoïciens, à incorporer le terme d'*autexousion* à la problématique de la liberté et le rôle que la définition démocratique de la liberté a joué à cet égard. Pour ce faire, nous allons examiner les principaux usages de ce terme chez Philon d'Alexandrie, Musonius Rufus et Épictète, philosophes actifs au Ier siècle de notre ère.

51. Cf. *Manuel*, 12, 2.

52. Voir en particulier Justin Martyr, *Seconde Apologie*, 6, 4-5 et Hippolyte, *Réfutation des hérésies*, X, 33, 8, 4-10, 3. On notera que, chez ces deux auteurs, *autexousion* a le sens *non* stoïcien d'une liberté d'indifférence et est utilisé dans le contexte de l'établissement de la responsabilité morale de l'homme. Chez les stoïciens, en revanche, nous allons voir que l'*autexousion* confère une *immunité* et permet au sage de *ne pas* avoir à rendre compte de ses actions. Sur la notion d'*autexousion* chez les premiers chrétiens, voir FREDE, M., *A Free Will. Origins of the Notion in Ancient Thought*, Berkeley – Los Angeles – London, University of California Press, 2011, chapitre 7. Sur le fait que les stoïciens distinguent soigneusement la question de la responsabilité et celle de la liberté, voir BOBZIEN, S., « Stoic Conceptions of Freedom and their Relation to Ethics », 1997 et *Determinism and Freedom in Stoic Philosophy*, Oxford, Oxford University Press, 1998, p. 338-341.

Chez Philon d'Alexandrie

C'est chez Philon que l'on trouve les premiers emplois (conservés) d'*autexousion*[53]. L'usage y est très cohérent et un sens global peut facilement s'en dégager : *autexousion* est l'attribut de celui qui possède le pouvoir et commande. Plus précisément, le terme renvoie au pouvoir *souverain* de celui qui, occupant le sommet de la hiérarchie, n'est pas lui-même soumis à un commandement supérieur[54]. C'est ce qui explique le fait que, dans l'immense majorité des cas, *autexousion* vient qualifier la puissance de *dieu*[55] en tant qu'autorité suprême[56]. Le sens du terme est donc similaire à celui d'*anepitaktos* (non contrôlé) que Nicias (cf. T1) utilisait pour qualifier la souveraineté que chaque citoyen athénien possède dans le domaine du genre de vie.

Il convient de noter que, chez Philon, le terme *autexousion* relève d'abord du vocabulaire politique et que, dans la majorité des cas, il ne semble pas être directement connoté philosophiquement, ni trahir une origine philosophique particulière. La seule exception, et elle est importante, se trouve dans le *Probus*, un traité d'inspiration stoïcienne où Philon attribue à Zénon, fondateur de la Stoa, l'idée qu'il vaut mieux ôter l'*autexousion* (ici employé comme substantif) à l'homme insensé :

> T14 « Il semble bien d'ailleurs que Zénon ait, comme à une source, puisé sa sentence [cf. 53, 2 : "Ne s'en repentira-t-il pas, le méchant, s'il contredit l'homme de bien ? (οὐκ οἰμώξεται μὲν ὁ φαῦλος, ἐὰν ἀντιλέγῃ τῷ σπουδαίῳ ;)"] dans la législation des Juifs, où est relatée l'histoire de deux frères, l'un tempérant, l'autre dévergondé. Prenant pitié de l'état de celui qui n'a pas atteint à la vertu, leur commun père souhaite qu'il soit l'esclave de

53. Le TLG (*Thesaurus Linguae Graecae*) répertorie quatorze occurrences de ce terme chez Philon, toutes sous une forme adjectivale, à une exception près.

54. *Quis rerum divinarum heres sit*, 301, 6.

55. D'après Marguerite Harl, « [l]es deux adjectifs αὐτεξούσιος et αὐτοκράτωρ [sont, chez Philon,] des qualificatifs scrupuleusement réservés à Dieu, étroitement unis à la définition de Dieu, Cause suprême, seule Cause, seul maître des rênes du monde. » Cf. HARL, M., *Philon d'Alexandrie. Quis rerum divinarum heres sit*, Paris, Cerf, 1966, p. 118.

56. Si les astres et les planètes ne possèdent pas un pouvoir d'action *autexousios* c'est que leur autorité n'est pas indépendante, mais bien soumise à dieu, qui les commande. Cf. *De specialibus legibus*, I, 13-14 et *De cherubim*, 88, 3.

son frère, dans la pensée que l'esclavage — qui passe pour être le plus grand mal — constitue pour l'insensé un bien suprême, puisqu'il lui ôte l'*autexousion* afin qu'il ne puisse pas fauter impunément (τὸ μὲν αὐτεξούσιον ἀφῃρημένῳ πρὸς τὸ μὴ σὺν ἀδείᾳ πλημμελεῖν), cependant que l'autorité de son supérieur l'entraîne à améliorer son caractère. » (*Quod omnis probus liber sit*, 57, 6, trad. M. Petit, adaptée)

L'*autexousion* est présenté comme un pouvoir qui fait de celui qui le possède un maître et de celui qui ne le possède pas un esclave. Celui qui possède l'*autexousion* jouit d'une forme d'*immunité* (il peut agir *sun adeia(i)*)[57] : ses actions ne sont pas susceptibles d'être jugées et le cas échéant condamnées par une autorité supérieure. Tout cela est parfaitement cohérent avec le sens général du terme établi plus haut. Quant à l'idée, attribuée à Zénon par Philon, selon laquelle la privation de l'*autexousion* est une bonne chose pour l'insensé, elle est effectivement stoïcienne et renvoie non pas au paradoxe de la liberté du sage, mais à un paradoxe qui lui est lié, celui de la *royauté* du sage :

T15 « Non seulement les sages sont libres, mais ils sont aussi rois, la royauté étant un pouvoir dont on n'a pas à répondre (τῆς βασιλείας οὔσης ἀρχῆς ἀνυπευθύνου), ce qui ne peut advenir que parmi les sages, comme le dit Chrysippe dans son traité *De l'usage propre des mots chez Zénon*. Car, dit-il, celui qui commande (τὸν ἄρχοντα) doit avoir une connaissance des biens et des maux, alors qu'aucun des mauvais ne les connaît. » (Diogène Laërce, VII, 122, trad. J. Brunschwig et P. Pellegrin)

Le titre de l'ouvrage de Chrysippe laisse entendre que le paradoxe selon lequel seul le sage est roi remonte à Zénon lui-même et que ce dernier définissait la royauté comme un pouvoir « dont on n'a pas à répondre » (ἀνυπεύθυνος, *anupeuthunos*). En tant que telle, la royauté constitue un pouvoir (*archê*) absolu, non soumis à une autorité supérieure. C'est exactement le sens qu'a *autexousios* chez Philon, on l'a vu. Cette définition

57. Le terme *adeia*, en contexte juridique, a le sens de « immunité ». Cf. MILLER, JR., F.D., « Origins of Right in Ancient Political Thought », 2009, p. 303-304. En ce sens, il renvoie, comme *exousia*, à une sorte de droit, de licence. Il arrive d'ailleurs que ce terme remplace celui d'*exousia* dans la formulation démocratique de la liberté : cf. Lysias, *Discours*, XX, 19 (*Contre les marchands de blés*) : « [Ne pas les condamner à mort c'est leur octroyer] une licence complète (πολλὴν ἄδειαν) de faire ce qu'ils veulent (ποιεῖν ὅ τι ἂν βούλωνται) ».

de la royauté permet de comprendre pourquoi Philon écrit que l'absence d'*autexousion* est un bien pour l'homme insensé : lorsque celui-ci perd l'*autexousion*, il perd l'immunité qui va avec et donc aussi la possibilité de fauter impunément. La mise en esclavage a donc au moins l'avantage d'empêcher le non-sage de donner libre cours à sa méchanceté. Quand en outre l'insensé est l'esclave d'un maître sage, alors l'esclavage devient pour lui le souverain bien puisque cet état lui impose d'écouter et d'obéir au maître et d'ainsi bénéficier (indirectement) des bienfaits du savoir[58].

Les choses se précisent donc : est *autexousios* un pouvoir d'agir dont on n'a pas à répondre (*anupeuthunos*), qui confère à celui qui le possède une immunité (*adeia*). L'expression ne vise pas directement l'idée de liberté, mais il est clair que cette dernière est également sous-entendue. De fait, le texte de Diogène Laërce indique que les stoïciens tenaient les paradoxes de la liberté et de la royauté du sage pour intimement liés, un point que l'on retrouve aussi chez Philon, dans un passage qui apparaît peu après le T14 cité plus haut :

> T16 « Eh bien donc, ce n'est pas sans pertinence que l'on dit que celui qui fait tout avec sagesse (φρονίμως) fait tout bien. Or, celui qui fait tout bien, fait toute chose avec rectitude (ὀρθῶς), et qui fait avec rectitude toutes choses, les accomplit aussi de façon impeccable (ἀναμαρτήτως), sans donner de prise au reproche et au blâme, sans avoir besoin de rendre des comptes (ἀνυπευθύνως) ni risquer de sanctions. De sorte qu'il aura le droit de tout faire et de vivre comme il veut (ὥστ' ἐξουσίαν σχήσει πάντα δρᾶν καὶ ζῆν ὡς βούλεται). Et celui auquel cela est permis, est assurément libre (ταῦτ' ἔξεστιν, ἐλεύθερος ἂν εἴη). Mais, en vérité, l'homme vertueux fait toutes choses avec sagesse. Il en résulte que lui seul est libre. » (*Quod omnis probus liber sit*, 59, trad. M. Petit, adaptée)

Ce texte, qui rapporte fidèlement une démonstration stoïcienne de la liberté du sage, montre que le savoir est la source de l'action impeccable et que celle-ci « n'a pas de compte à rendre » (*anupeuthunôs*), expression qui désigne on l'a vu celui qui possède la royauté. De là il découle (cf. ὥστε, *hôste*) que le sage possèdera « l'*exousia* de faire et de vivre comme il veut ». On voit ainsi le lien conceptuel qui unit l'*autexousion* (le pouvoir

58. Sur ce point, je me permets de renvoyer à mon étude « Honte et Retenue dans la Stoa », *Revue de philosophie ancienne*, 35, 1, 2017, p. 69-75.

souverain du roi) et l'idée de liberté exprimée ici dans les termes mêmes de la définition démocratique : l'*autexousion* est un pouvoir souverain, non contrôlé par une instance supérieure, et qui, *pour cette raison*, est libre et permet à celui qui le possède de vivre comme il veut, sans avoir à rendre compte de ses actions.

Chez Musonius Rufus

L'examen du terme *autexousion* chez Philon a montré qu'il renvoie *d'abord* à la possession d'un pouvoir souverain, et *ensuite*, par implication, à la licence de faire ce que l'on veut. On sent qu'il ne faut pas grand-chose pour qu'*autexousion* se substitue à *exousia* dans la définition démocratique de la liberté. C'est effectivement ce que l'on va voir chez le stoïcien Musonius Rufus, où l'on trouve deux occurrences de chaque terme.

Les occurrences d'*exousia* se trouvent dans la neuvième *Diatribe*, consacrée à l'exil, et leur examen montre que Musonius donne à ce terme le sens qu'il a dans la définition démocratique de la liberté :

> T17a « En quoi, en effet, l'exil empêcherait-il de s'occuper de ses propres affaires (πρός γε τὴν ἐπιμέλειαν τὴν ἑαυτῶν) et d'acquérir la vertu, quand personne n'a jamais été écarté, par suite de l'exil, de l'étude et de la pratique de ce dont on a besoin ? Comment l'exil ne serait-il pas plutôt une aide pour cela, puisqu'il nous offre, mieux qu'auparavant, le loisir et la licence d'apprendre et de pratiquer ce qui est bien (σχολὴν καὶ ἐξουσίαν τοῦ μανθάνειν τε τὰ καλὰ καὶ πράττειν), attendu que nous n'en sommes pas détournés par ce qui nous semble être notre patrie pour nous acquitter de fonctions publiques ni gênés par de prétendus amis ou parents, qui sont parfois habiles à nous empêcher et à nous écarter de la poursuite de ce qui vaut mieux ? » (*Diatribes*, IX, p. 43, 5-15, éd. O. Hense, trad. A. Jagu)
>
> T17b « Ne suis-je pas pour toi un exilé ? Ai-je été privé de mon franc-parler ? Ai-je perdu le droit de dire ce que je pense (τὴν ἐξουσίαν τοῦ ἃ φρονῶ λέγειν) ? » (*Diatribes*, IX, p. 49, 10-12, éd. O. Hense, trad. A. Jagu)

Musonius, s'appuyant sur la doctrine stoïcienne du cosmopolitisme, soutient que l'exil, loin de nous faire perdre les *droits* propres au citoyen, comme le droit de parler librement et de dire ce que l'on pense, est en réalité ce qui nous donne le loisir et la licence (*exousia*) de « nous occuper de *nos affaires* ». Musonius fait ici implicitement appel à la définition technique de la liberté comme *exousia autopragias* ou droit de s'occuper de ce qui est notre affaire à nous (l'âme et ses vertus) : c'est en effet en apprenant et en pratiquant les vertus que l'on devient vraiment libre.

C'est dans la *Diatribe* XII qu'*autexousion* se substitue à *exousia* :

> T18 « C'est tout à fait la même chose pour celui qui a des relations sexuelles avec sa propre esclave, chose que certains regardent comme tout à fait exempte de blâme (ἀναίτιον), attendu que tout maître passe pour être *autexousios* d'en user de son esclave comme il veut (αὐτεξούσιος εἶναι δοκεῖ ὅ τι βούλεται χρῆσθαι δούλῳ τῷ ἑαυτοῦ). » (*Diatribes*, XII, p. 66, 2-6, éd. O. Hense, trad. A. Jagu)

On retrouve ici la formule démocratique désormais bien connue selon laquelle la liberté est le pouvoir de faire ce qu'on veut. Plutôt qu'*exousia*, Musonius préfère utiliser *autexousion*, car il est question ici du pouvoir qu'un maître a sur son esclave, pouvoir *souverain*, qui n'a pas de compte à rendre. S'il n'a pas de compte à rendre, c'est parce que la femme esclave appartient au maître : elle fait partie des choses qui sont *à lui*, de sorte qu'il a *légalement le droit* d'en user avec elle comme il le veut. En d'autres termes : il ne commet aucune injustice, apparemment, puisqu'il ne fait que s'occuper de *ses propres affaires*.

Bien entendu, pour Musonius, il s'agit d'une manière erronée de définir ce que sont « nos propres affaires » et, partant, de réaliser la liberté. Comme il l'a déjà expliqué plus haut (cf. 17a), s'occuper de ses propres affaires c'est prendre soin de son âme et y développer la sagesse :

> T19 « [Que personne ne peut nous empêcher de philosopher :] En effet, ce n'est ni avec la main, ni avec le pied, ni avec une autre partie du corps que nous philosophons, mais c'est avec l'âme et avec une petite partie de celle-ci, partie que nous appelons l'intelligence. Dieu l'a placée dans un lieu fortifié en sorte qu'elle est invisible et imprenable, libre de toute contrainte et *autexousios*. » (*Diatribes*, XVI, p. 87, 14-18, éd. O. Hense, trad. A. Jagu)

La philosophie est la plus libre des activités humaines (la seule à l'être, en réalité) car elle a pour domaine d'activité le soin de l'âme (et de l'intelligence), c'est-à-dire de ce qu'il y a de plus propre à l'homme et sur lequel celui-ci possède un pouvoir souverain d'administration. Aussi, qui fera du soin de l'âme sa préoccupation première sera libre.

Chez Épictète

On ne trouve que cinq occurrences d'*autexousion* dans les *Entretiens* (aucune dans le *Manuel*), dont quatre en IV, 1, entretien consacré à la liberté sur lequel je vais me concentrer.

On l'a dit, Épictète fait sienne la définition démocratique de la liberté et lui donne le statut d'une prénotion. C'est avec cette prénotion qu'il entame son entretien (« Est libre celui qui vit comme il veut »[59]). Il explique ensuite que pour ne pas l'attribuer à tort et à travers, il convient de clarifier son sens. Pour ce faire, il examine avec quelles autres choses la liberté est ou non compatible : étant un bien et une chose grande et noble elle n'est compatible ni avec le malheur (IV, 1, 52), ni avec la bassesse (IV, 1, 54). Est alors introduite la notion d'*autexousion* :

> T20 « — Te semble-t-il que la liberté soit quelque chose d'*autexousion* et d'autonome ? — Comment dire le contraire ? — Par conséquent, celui qui peut être empêché par un autre homme ou contraint (ἐπ' ἄλλῳ κωλῦσαι ἔστι καὶ ἀναγκάσαι), affirme résolument qu'il n'est pas libre. » (*Entretiens*, IV, 1, 56, trad. R. Muller, adaptée)

Le sens du terme *autexousion* est ici manifestement similaire à celui que l'on a identifié chez Philon, celui d'un pouvoir *souverain* qui garantit à celui qui le possède une immunité lui permettant de « ne pas être empêché par un autre homme ou contraint »[60]. On traduit quelque fois *autexousion* par des expressions indiquant une forme réflexive de contrôle de soi sur soi[61]. Je pense toutefois qu'il faut veiller à ne pas suggérer que ce terme renvoie à un pouvoir sur soi-même par opposition à un pouvoir sur autre chose. Avant toutes choses, *autexousion* renvoie à un *pouvoir souverain d'action*. Nous avons vu que, chez Philon, notre plus ancien

---

59. *Entretiens*, IV, 1 : Ἐλεύθερός ἐστιν ὁ ζῶν ὡς βούλεται.

60. On se souviendra que c'était le sens que Platon donne au pouvoir politique conféré au *phronimos*. Cf. *supra* T7.

61. R. Muller traduit ainsi ce terme par « le fait de disposer absolument de soi-même » et, dans une note, écrit que le terme signifie « exactement [...] un pouvoir absolu de soi sur soi ». Cf. MULLER, R., *Épictète. Entretiens, fragments et sentences*, introduction et traduction, Paris, Vrin, 2015, p. 391.

témoin, *autexousion* relève du vocabulaire de l'action politique et sert à distinguer entre la possession d'un pouvoir souverain d'action (en dieu) et l'absence d'un tel pouvoir (chez les ministres de dieu que sont les astres par exemple). Lorsque Philon dit que dieu est *autexousios*, il ne veut pas dire par là que dieu possède un pouvoir sur lui-même, mais bien qu'il possède un pouvoir absolu sur ses actions, lesquelles ne peuvent être entravées par un pouvoir extérieur. Si *autexousion* implique une distinction, c'est donc plutôt celle entre un pouvoir qui est *souverain* et un pouvoir qui ne l'est pas. Ce point me paraît confirmé par une autre occurrence de ce terme un peu plus loin dans le même discours d'Épictète :

> T21 Ne possèdes-tu donc rien d'*autexousion*, qui dépende *exclusivement* de toi (ὃ ἐπὶ μόνῳ ἐστὶ σοί) ? (*Entretiens*, IV, 1, 68, trad. R. Muller, adaptée)

Le terme *autexousion* sert ici à préciser le niveau de dépendance des choses qui dépendent de nous : elles dépendent exclusivement, souverainement, de nous. Le lien fait entre *autexousion* et « ce qui dépend de nous » (ἐφ' ἡμῖν, *eph' hêmin*) est par ailleurs révélateur du changement que subit cette dernière notion chez Épictète. Même si, comme on l'a expliqué plus haut, la distinction entre ce qui dépend de nous et ce qui n'en dépend pas ne fait que reprendre, avec d'autres mots, celle déjà en vigueur dans le premier stoïcisme entre les affaires qui sont les nôtres et celles qui nous sont étrangères, le sens qu'Épictète donne à l'expression *eph' hêmin* apparaît quant à lui tout à fait original[62]. Or, il me semble que cela s'explique par la conception particulière de liberté, d'origine démocratique, à laquelle Épictète et les stoïciens adhèrent. Pour le montrer, il convient de rappeler brièvement l'écart qui sépare l'*eph' hêmin* chez

62. Selon J.-B. Gourinat, il n'est pas du tout sûr que les premiers stoïciens utilisaient l'expression *eph' hêmin*. Les citations en grec que nous avons conservées du traité de Chrysippe *Sur le destin* ne parlent que de *par' hêmas* et de *ex hêmôn*, qui indiquent que les hommes sont les causes de leurs actes et que ceux-ci trouvent leur origine en eux. Cf. Gourinat, J.-B., « *In nostra potestate* », *Lexis*, 25, 2007, p. 145. Voir aussi la version mise à jour de cet article, en anglais : Gourinat, J.-B., « *Adsensio in nostra potestate* : "From us" and "up to us" in Ancient Stoicism – a Plea for Reassessment », dans Destrée, P., Salles, R., Zingano, M. (dir.), *What is Up to Us ? Studies on Agency and Responsibility in Ancient Philosophy*, Sankt Augustin, Academia Verlag, 2014, p. 141-150.

Épictète et chez Aristote[63]. Dans l'*Éthique à Nicomaque*, cette expression est utilisée pour rendre compte d'un domaine de causalité proprement humain (distinct de celui de la nature, de la nécessité et du hasard)[64]. Il s'agit, pour le Stagirite, d'établir que l'homme est une cause à part entière, responsable (sous certaines conditions) de ses actes. Épictète, de son côté, ne s'intéresse pas vraiment à la question de la responsabilité[65] (valable *a priori* pour tout homme), mais seulement à celle de la liberté (propre au seul sage). Or, parce qu'il soutient une conception radicale de la liberté, conception qui ne tolère aucune forme de limitation, il est amené à développer l'*eph' hêmin* dans un sens beaucoup plus radical qu'Aristote. Par exemple, l'action de marcher[66] dépend de nous, d'après le Stagirite, car elle dépend d'une cause (la décision) présente en l'homme. Pour Épictète, au contraire, marcher ne dépend pas de nous car il n'y a pas en nous de pouvoir *souverain* sur une telle action (qui peut être empêchée par la maladie par exemple). Aussi limite-t-il le domaine de ce qui dépend de nous, on l'a vu, aux *seuls* actes psychiques, car nous possédons, à leur égard, une autorité vraiment *souveraine*.

Conclusion

Dans l'antiquité, la conception démocratique de la liberté comme *licence* (*exousia*) de vivre comme on veut, « sans contrôle » (*anepitaktos*), n'a pas laissé les philosophes indifférents. Si certains, comme Aristote, l'on rejetée au motif qu'elle serait trop radicale et incompatible avec le respect des lois, d'autres, comme Platon et les stoïciens, l'ont au contraire adoptée et ont identifié le savoir comme condition de sa réalisation en l'homme. Avec le stoïcisme, elle prend le statut de prénotion et sert de point de départ à l'examen proprement philosophique de la liberté, examen

63. Voir sur ce point l'analyse de GOURINAT, J.-B., *Premières leçons sur le Manuel d'Épictète*, Paris, Presses Universitaires de France, 1998, p. 55-62.

64. Cf. Aristote, *Éthique à Nicomaque*, III, 5, 1112 a 30-33.

65. Comme le note J.-B. Gourinat, Épictète ne parle jamais explicitement du destin, thème souvent évoqué par les adversaires du stoïcisme soutenant qu'un destin total ôte à l'homme toute responsabilité morale. Cf. Gourinat, « *In nostra potestate* », 2007, p. 144.

66. Je reprends cet exemple à BOBZIEN, S., « Stoic Conceptions of Freedom and their Relation to Ethics », 1997, p. 80.

qui révèle deux éléments fondamentaux : d'une part, la liberté est un droit légal et, en ce sens, ne peut exister que si elle est conférée par une loi (la loi de la raison) sur la base d'une compétence (la possession du savoir) ; d'autre part, elle suppose l'identification précise de ce domaine de compétence, lequel s'avère être ce qui appartient en propre (*ta hautou*) à l'homme (les actes psychiques).

En tant que licence conférée par la loi, la liberté est aussi un *pouvoir* (*exousia*) et ressortit au domaine de l'action politique. Chez Platon, la possession du savoir permet à l'homme politique de faire ce qu'il veut sans que personne ne cherche volontairement à lui faire obstacle. C'est dans ce contexte politique que s'est élaborée la notion d'*autexousion*, probablement dans la Stoa où elle renvoie à la royauté du sage, c'est-à-dire à un pouvoir souverain octroyé à celui qui « connaît le bien et le mal ». Cette connaissance rend en effet le sage incapable de fauter et autorise à lui conférer un pouvoir absolu et l'immunité qui va avec. La proximité philosophique des questions relatives à la liberté et au pouvoir explique pourquoi le terme *autexousion*, à partir de Musonius Rufus, peut à l'occasion remplacer celui d'*exousia* et désigner le pouvoir souverain d'action que la possession du savoir confère au sage et qui lui permet de faire librement ce qu'il veut. Ainsi se voit finalement réalisé l'idéal démocratique dont parlait Nicias (cf. T1), celui d'une liberté comprise comme un pouvoir *anepitaktos*.

Parrhêsia critique et critique de la *parrhêsia* à l'époque classique et hellénistique

Sophie Aubert-Baillot (Université Grenoble Alpes)

Valeur fondamentale de la démocratie athénienne, la παρρησία (« le franc-parler », « la liberté de parole ») semble être à l'origine, par son étymologie, un terme doté d'un sens général, désignant la « possibilité de tout dire »[1]. En réalité, il revêtait sans doute dès le début une

1. Chantraine, P., *Dictionnaire étymologique de la langue grecque. Histoire des mots, I*, Paris, Klincksieck, 1968, n'évoque pas la παρρησία. En revanche, Frisk, H., *Griechisches etymologisches Wörterbuch, III: Nachträge, Wortregister, Corrigenda, Nachwort*, Heidelberg, Winter, 1972, *s.v.* 2. εἴρω, en offre deux étymologies possibles. Tout comme πανοπλία est un dérivé de πάν-οπλος, παρρησία peut provenir de *πάρρητος, formé sur l'adjectif verbal ῥητός, « qui peut être dit ». Mais παρρησία pourrait aussi dériver d'un autre nom d'action, πᾶσα ῥῆσις. H. Frisk penche plutôt pour la seconde hypothèse. Pour une histoire du concept de παρρησία, cf. Scarpat, G., *Parrhesia. Storia del termine e delle sue traduzioni in latino*, Brescia, Paideia, 1964, et *Parrhesia greca, parrhesia cristiana*, Brescia, Paideia, 2001. À cette notion fondamentale, Michel Foucault a consacré d'importantes études : Foucault, M., « Discourse and Truth : The Problematization of *Parrhesia* » (Six Lectures Given by Michel Foucault at Berkeley, Oct.-Nov. 1983), document téléchargé sur le site *foucault.info/documents/parrhesia* (First Lecture : « The Meaning of the Word "Parrhesia" ») ; *Le Gouvernement de soi et des autres. Cours au Collège de France, 1982-1983*, édité par Fr. Gros, Paris, Gallimard, 2008 ; *Le Courage de la vérité :*

acception politique, comme l'indiquent ses premières attestations, empruntées au corpus théâtral tragique et comique des Ve et IVe siècles av. J.-C.[2] Selon B. Delignon-Delaunay, « la παρρησία est avant tout le privilège des citoyens athéniens, qui sont égaux en droits (ἰσονομία) et peuvent tous prendre la parole et donner leur avis à l'Assemblée (ἰσηγορία)[3] ». Impliquant de la part de qui la manie courage, prise de risque[4] et volonté de ne rien cacher à l'interlocuteur, la παρρησία se pare volontiers d'une force critique, tantôt louée pour le courage dont elle témoigne et la liberté démocratique qu'elle illustre et favorise tout à la fois, tantôt fustigée, par exemple chez Isocrate, pour sa proximité avec la calomnie et la médisance, la flatterie, voire l'impiété. Chez les philosophes de l'âge classique, elle est envisagée avec méfiance et fait l'objet d'un paradoxe. Alors que Socrate pourrait figurer comme le représentant par excellence de la παρρησία, il ne revendique que très rarement ce terme dans le corpus platonicien, où cette notion est à l'inverse rapprochée de la licence, d'une prise de parole agressive et non régulée, qui se donne libre cours dans un régime démocratique dévoyé. Aristote l'emploie quant à lui en bonne part, mais fort rarement : il en fait néanmoins l'une des qualités de l'homme magnanime

---

le gouvernement de soi et des autres II. Cours au Collège de France, 1983-1984, édité par Fr. Gros, Paris, Gallimard, 2009.

2. Nous avons conservé de la même époque un fragment de Démocrite, B 226 D.-K. *apud* Stobée, *Églogues*, III, 13, 47 ; p. 463, 8-10 Wachsmuth, selon lequel « la liberté de parole est la caractéristique propre de la liberté, mais c'est une entreprise hasardeuse que de discerner le moment opportun » (Οἰκήιον ἐλευθερίης παρρησίη, κίνδυνος δὲ ἡ τοῦ καιροῦ διάγνωσις : trad. B. Delignon-Delaunay). Nous avons suivi pour cette traduction, qui confère à la παρρησία le sens politique de « liberté de parole » plutôt que le sens moral de « franchise », attesté plus tardivement, l'hypothèse de DELIGNON-DELAUNAY, B., Satura tota nostra… *Les* Satires *d'Horace et la comédie grecque. Étude de stylistique comparée*, thèse de doctorat sous la direction des professeurs J. Dangel et P. Demont, Université Paris IV-Sorbonne, juin 2003, tome I, p. 122-123, n. 2.

3. DELIGNON-DELAUNAY, B., Satura tota nostra, 2003, p. 122-123. Sur le rapport entre les termes de παρρησία, ἰσονομία et ἰσηγορία, voir SCARPAT, G., *Parrhesia*, p. 11-38. Selon lui, la παρρησία et l'ἰσηγορία désignent toutes deux l'égalité des citoyens face au droit à la parole dans l'assemblée, mais le premier terme met l'accent sur la parole et le second sur l'égalité.

4. Cet aspect est tout particulièrement développé par FOUCAULT, M., *Le Courage de la vérité*, 2009. Voir encore BALOT, R.K., « Free Speech, Courage and Democratic Deliberation », dans Sluiter, I., Rosen, R.M. (dir.), *Free Speech in Classical Antiquity*, Leiden, Brill, 2004, p. 233-259.

(ὁ μεγαλόψυχος), qui, soucieux de la vérité plus que de l'opinion et formulant ses critiques au grand jour, fuit la dissimulation car il méprise les désagréments que pourrait lui apporter sa franchise (παρρησία)[5]. Il faut attendre la période hellénistique pour voir fleurir de nouveau, quoique enrichie de nouveaux sens et parfois remplacée par des notions voisines mais distinctes, la παρρησία dans les écoles épicurienne, cynique et stoïcienne. Au cours de cette étude, nous suivrons un fil chronologique menant du théâtre tragique et comique aux orateurs attiques, puis à la philosophie classique et enfin à la philosophie hellénistique, en nous attachant plus particulièrement aux liens qu'entretient la παρρησία avec la critique (feinte ou réelle), la licence et la liberté.

Aux origines de la παρρησία

On sait à quel point le théâtre au ve siècle av. J.-C. est associé à la vie politique athénienne. Il est donc naturel que ce soit dans les textes des dramaturges tragiques et comiques que figurent les premières occurrences de la παρρησία entendue comme « liberté de parole ». C'est ainsi que l'emploie Euripide dans l'*Ion* et dans plusieurs autres de ses tragédies[6], au sens de « franchise comme élément de la *polis*, un droit individuel et collectif à la fois, garanti par la naissance, c'est-à-dire par le fait d'être de famille athénienne, mais aussi par l'honorabilité de cette naissance[7] ».

En témoigne Ion, fils d'Apollon et de Créüse, qui, après avoir été élevé par la prêtresse du temple de Delphes, part en quête de sa mère en

5. Aristote, *Éthique à Nicomaque*, IV, 3, 1124 b 26-31.

6. Euripide, *Hippolyte*, 422 (Phèdre refuse de déshonorer son époux et ses enfants : « qu'ils puissent habiter la noble Athènes, libres, florissants, usant de liberté de parole (παρρησίαι), et glorieux de leur mère », trad. pers.) ; fr. 10 Jouan-van Looy des *Téménides apud* Stobée, *Églogues*, III, 13, 2 ; p. 454, 1-2 Wachsmuth (« C'est bien, une liberté de langage vraie et ferme » – καλόν γ' ἀληθὴς κἀτενὴς παρρησία). Sauf indication contraire, les traductions proposées sont empruntées à la C.U.F.

7. Sforzini, A., « Dramatiques de la vérité : la *parrêsia* à travers la tragédie attique », dans Lorenzini, D., Revel, A., Sforzini, A. (dir.), *Michel Foucault : éthique et vérité (1980-1984)*, Paris, Vrin, 2013, *p.* 139-160 (p. 142). Voir aussi Carter, D.M., « Citizen Attribute, Negative Right: a Conceptual Difference between Ancient and Modern Ideas of Freedom of Speech », dans Sluiter, I., Rosen, R.M. (dir.), *Free Speech in Classical Antiquity*, Leiden, Brill, 2004, p. 197-220.

espérant prouver qu'elle est athénienne et qu'il peut, grâce à elle, jouir du droit de parler librement (παρρησία) en tant que citoyen :

> « Si je ne trouve point celle qui m'enfanta, la vie m'est impossible ; et s'il m'était permis de faire un vœu, puisse-t-elle être athénienne, cette femme, afin que je tienne de ma mère le droit de parler librement (παρρησία). Qu'un étranger entre dans une ville où la race est sans tache, si la loi même en fait un citoyen, sa langue restera serve ; il n'a point le droit de parler librement (παρρησίαν)[8]. »

Par droit de parler librement, Ion entend ici, par métonymie, les droits des citoyens : c'est dire l'importance de la παρρησία pour les Athéniens, elle qui est le privilège des citoyens à l'Assemblée et incarne tout ce que leur statut politique peut avoir d'enviable[9]. En outre, même lorsque la παρρησία glisse d'une acception politique à une acception morale, elle demeure une valeur positive. Par élargissement, elle revêt le sens de « franchise », selon un glissement amorcé par Euripide, qui utilise deux fois le mot au datif, avec une valeur adverbiale, dans un contexte où il peut signifier à la fois « à la manière d'un citoyen qui a le droit de parler franchement » ou tout simplement « avec franchise »[10]. Dans l'*Oreste*, Euripide semble pourtant conférer à la παρρησία une valeur péjorative. Après le meurtre d'Égisthe et Clytemnestre par Oreste et Électre, un messager raconte à Oreste le déroulement de l'assemblée qui a décidé de son sort et de celui de sa sœur, un sort oscillant entre exil, pardon et lapidation, comme dans l'intervention qui suit :

8. Euripide, *Ion*, 669-675 (trad. pers.).

9. Comme l'affirme Polynice dans les *Phéniciennes*, le pire inconvénient de l'exil est « d'ôter le franc-parler » (litt. de « ne pas avoir la παρρησία ») et donc d'être soumis à la sottise du maître comme un esclave.

10. Euripide, *Électre*, 1049 et 1056 : Clytemnestre autorise sa fille Électre à prouver avec franchise (παρρησίαι) que son père n'a pas mérité la mort, en toute justice ; sa fille revendique ensuite cette franchise (παρρησίαν) pour parler sans être maltraitée par sa mère ; *Bacchantes*, 668-669 : le messager hésite à rapporter avec franchise (παρρησίαι) ce qui se passe auprès des Bacchantes, ou à abréger son récit, lui qui redoute les promptes colères du roi Penthée auquel il s'adresse ainsi que son caractère irascible et tyrannique. Cf. DELIGNON-DELAUNAY, B., Satura tota nostra, 2003, p. 123, n. 6.

« Alors se leva certain personnage à la langue effrénée, puissant par son audace, un Argien sans l'être, entré de force en la cité, confiant dans l'éclat de son verbe et la grossièreté de son franc-parler (κἀμαθεῖ παρρησίαι), assez persuasif pour plonger un jour les citoyens dans quelque désastre[11]. »

Le terme tire son sens péjoratif de l'épithète ἀμαθής dont il est accompagné. Le franc-parler de l'orateur n'est fustigé que lorsque celui-ci est trop grossier pour savoir user correctement de ce droit : la valeur méliorative du franc-parler politique n'est pas ici remise en cause. Enfin, même dans un régime monarchique qui supprime de fait la παρρησία comme droit de tout citoyen, *a fortiori* quand le locuteur est une femme, le puissant doit accepter que ses inférieurs, ceux qui sont les plus faibles, lui disent la vérité, même si elle est désagréable. Sans cet espace dialectique entre les différents acteurs, le champ du pouvoir se referme sur lui-même en devenant domination aveugle et destructrice.

Contemporain d'Euripide et violent détracteur de ce dernier, Aristophane emploie lui aussi le terme παρρησία dans la comédie *Les Thesmophories* qui met en scène une triple parodie – d'Euripide, de l'Assemblée d'Athènes et du droit de tout dire librement, de la παρρησία, au sein de la collectivité politique. Inquiet à l'idée que les femmes réunies pour les Thesmophories puissent tramer une vengeance contre lui à cause de la misogynie de ses tragédies, Euripide envoie aux rites l'un de ses parents, déguisé en femme, pour qu'il les espionne et prenne sa défense face à leurs accusations. Suite à une invective qui suscite l'indignation des auditrices, il invoque son droit de παρρησία[12], qui se confirme, au sein même de ce renversement satirique, comme un élément essentiel du jeu politique démocratique et devient très aisément « licence de dire n'importe quoi, d'orienter l'assemblée par la ruse et la force, en poursuivant ses propres intérêts plutôt que ceux de la cité[13] ».

11. Euripide, *Oreste*, 902-906 (trad. B. Delignon-Delaunay).
12. Aristophane, *Thesmophories*, 540-543.
13. Sforzini, A., « Dramatiques de la vérité », 2013, *p.* 159.

La παρρησία chez les orateurs attiques

Si le théâtre, en sa qualité de lieu politique comparable à l'assemblée des citoyens, est un endroit favorable au franc-parler, aux attaques contre les riches, les ambitieux et les puissants destinées à contenir les risques de dérive oligarchique de la démocratie athénienne, et si la παρρησία est fréquemment citée dans les pièces du ve siècle, elle est quasi absente *a contrario* du corpus oratoire[14] jusqu'à ce qu'elle devienne un leitmotiv chez Isocrate et Démosthène[15]. Ce dernier affirme ainsi fréquemment, dans l'exorde de ses discours, qu'il parlera « avec franchise et sincérité » (μετὰ παρρησίας)[16], pour servir l'intérêt de la communauté et non le sien propre, sans chercher à séduire ou à tromper son auditoire, mais en faisant preuve de courage. Ce refus ostensible de la séduction au profit de la παρρησία s'accompagne, en termes stylistiques, du choix d'une parole brève (συντόμως), n'usant ni de détours ni de circonlocutions[17]. La παρρησία n'en perd pas pour autant sa vertu psychagogique puisqu'elle a pour but non seulement d'apprendre à l'auditoire ce qu'il doit faire, mais encore de le persuader de le faire[18]. En termes politiques, quoiqu'elle soit parfois attribuée à des étrangers[19], elle est avant tout perçue comme un droit propre à Athènes et à ses citoyens, comme une caractéristique du régime démocratique, par opposition à la monarchie et à l'oligarchie[20]. Aussi Démosthène considère-t-il qu'en être privé constituerait le plus

14. Lysias, par exemple, ne l'invoque jamais, peut-être parce que dans les causes relativement mineures qu'il plaidait, affirmer qu'il dirait toute la vérité et rien que la vérité n'aurait que peu d'efficacité sur les juges, à moins que ce refus affiché de la rhétorique pût susciter de la défiance chez son auditoire et apparaître au contraire comme le comble de la rhétorique. Cf. LÉVY, C., « From Politics to Philosophy and Theology : Some Remarks about Foucault's Interpretation of Parrêsia in Two Recently Published Seminars », *Philosophy & Rhetoric*, 42, 4, 2009, p. 313-325 (p. 324).

15. Cf. CARMIGNATO, A., « Demostene e la "parrhesia" : diritto di critica e rifondazione dei valori democratici », *Invigilata Lucernis*, 20, 1998, p. 33-57.

16. Démosthène, *Philippiques*, III, 3-4.

17. Isocrate, *Évagoras*, 39.

18. Démosthène, *Pour la liberté des Rhodiens*, 1.

19. Démosthène, *Sur la couronne*, 177.

20. Eschine, *Contre Ctésiphon*, 6.

grand malheur pour des hommes libres[21]. Comme nous l'avons relevé dans le corpus théâtral, la παρρησία invoquée par les orateurs attiques se charge souvent d'une force critique, dans un cadre privé[22] ou public[23] : elle risque de provoquer la colère ou la haine des auditeurs et nécessite du courage de la part de celui qui l'emploie car il encourt un danger en énonçant reproches et critiques avec franchise[24]. On observe donc, en particulier dans les discours de Démosthène, un glissement progressif d'une παρρησία collective, apanage de l'assemblée, à une παρρησία individuelle, propre à l'orateur s'adressant à une assemblée. Aussi les détracteurs de Démosthène ont-ils beau jeu de renverser la παρρησία vertueuse qu'il revendique en la présentant comme un moyen paradoxal de flatter le peuple, comme en témoigne la lettre XI, certes apocryphe mais néanmoins instructive, d'Eschine :

> « Les hommes d'état qui désirent vous paraître réprimander plutôt que caresser sont aussi ceux dont la parole vise le plus à plaire. Sous couleur de franchise (ὑπὸ προσχήματι παρρησίας) ils choisissent le chemin de la flatterie (κολακεύειν), car c'est là un procédé – et le pire – pour flatter les penchants des citoyens et de leurs chefs[25]. »

Il convient d'insister ici sur l'ambivalence des relations unissant παρρησία, critique et flatterie. En effet, la première s'apparente tantôt à un discours critique sincère et courageux à l'égard des auditeurs, à l'inverse de la flatterie[26], tantôt à une manipulation funeste de ces derniers, comme dans le cas du texte cité où l'orateur vise par son prétendu franc-parler à attiser la passion des Athéniens pour l'impérialisme à un moment où ils n'ont plus les moyens d'assurer leur domination sur la Grèce[27].

Une telle ambivalence invite à nuancer l'analyse dualiste qu'offre M. Foucault de la παρρησία politique, divisée selon lui en une bonne et une mauvaise παρρησία. Cette dichotomie possède une nature fonctionnelle

---

21. Démosthène, fr. 21 Sauppe *apud* Stobée, *Églogues*, III, 13, 32 ; p. 459, 10-12 Wachsmuth.
22. Isocrate, *Nicoclès*, 2-3.
23. Isocrate, *Lettre à Antipater*, 5.
24. Démosthène, *Philippiques*, IV, 54 ; Isocrate, *Sur la paix*, 14 ; *Archid.*, 12.
25. [Eschine], *Lettres*, XI, 4.
26. Isocrate, *Lettre à Antipater*, 4-7 ; *Nicoclès*, 28.
27. [Eschine], *Lettres*, XI, 4-5.

puisqu'elle est liée à ses yeux au fonctionnement correct ou altéré de la démocratie[28]. Dans le premier cas, elle permet de la part de tout citoyen une parole franche et souvent critique à l'égard du peuple, des juges ou des hommes politiques en place, s'ils se rendent coupables d'actes illicites ou indignes, quoique cette parole soit encadrée par la loi[29]. Pour reprendre les mots d'A. Guieu, « la liberté de critiquer est conçue comme nécessaire au bon fonctionnement de la cité : la révélation du caractère de l'adversaire et de ses tares est nécessaire pour que le peuple (tribunal ou Assemblée) puisse juger en connaissance de cause (…)[30] ». Dans le second cas, la παρρησία se mue en licence condamnable, en calomnie, en insolence à l'égard d'hommes supérieurs, voire en impiété lorsqu'elle s'exerce à l'encontre des dieux[31]. Elle illustre alors la dégénérescence du régime démocratique, comme le souligne Isocrate :

> « Ceux qui autrefois administraient la cité établirent non pas une constitution à laquelle on donnait le nom le plus large et le plus doux, mais qui ne le justifiait pas par ses actes aux yeux de ceux qui avaient affaire à elle, qui donnait aux citoyens une telle éducation qu'ils voyaient de l'esprit démocratique dans l'indiscipline, dans le mépris de la loi, de la liberté, dans la licence des paroles (παρρησίαν), de l'égalité (ἰσονομίαν), dans le droit d'agir ainsi, le bonheur, mais une constitution qui, en détestant et en châtiant les gens de cette espèce, rendait meilleurs et plus sages tous les citoyens[32]. »

28. Foucault, M., *Le Gouvernement de soi et des autres*, 2008, p. 157-169.
29. Sur l'encadrement législatif de la critique *ad hominem*, justifiée ou mensongère, à Athènes (κακηγορία), voir Halliwell, S., « Comic Satire and Freedom of Speech in Classical Athens », *Journal of Hellenic Studies*, 111, 1991, p. 49-54.
30. Guieu-Coppolani, A., « Παρρησία et κακηγορία : l'exercice et les limites de la liberté de parole dans la cité démocratique », dans Queyrel-Borrineau, A. (dir.), *La Représentation négative de l'autre dans l'Antiquité : hostilité, réprobation, dépréciation*, Dijon, Éditions Universitaires de Dijon, 2014, p. 130.
31. C'est ainsi que la dépeint le fils d'Alcibiade lorsqu'il fait l'éloge de son père. Cf. Isocrate, *Sur l'attelage*, 22-23 : « Mais on insulte (λοιδοροῦσι) aussi avec une audace trop effrontée (λίαν ἀσελγῶς καὶ θρασέως) le reste de la vie de mon père, et on n'a pas honte (οὐκ αἰσχύνονται) d'avoir à son égard après sa mort une liberté de langage (παρρησίᾳ) qu'on eût craint d'avoir de son vivant. Mes accusateurs en sont venus à une telle folie qu'ils croient se faire bien voir de vous et des autres en répandant contre lui le plus de calomnies (βλασφημήσωσιν) possible comme si tous ne savaient pas que même les individus les plus méprisables peuvent tenir des discours insolents (ὑβριστικοὺς λόγους) non seulement contre les hommes supérieurs, mais aussi contre les dieux ».
32. Isocrate, *Aréopagitique*, 20.

Voilà qui annonce la critique platonicienne d'une démocratie à la dérive, dont la parole incontrôlable et cacophonique des citoyens serait un symptôme assuré. Le fait de « tout dire », pour en revenir à l'étymologie de la παρρησία, n'a pas seulement l'inconsistance de l'opinion : il menace aussi l'ordre social en raison de l'impudence et de l'absence de honte qui caractérisent cette pratique de la parole[33].

La παρρησία chez les philosophes de l'époque classique et hellénistique

Avec Platon, la παρρησία se déplace sur le terrain philosophique tout en conservant son sens politique : plus de la moitié des occurrences de ce terme figure en effet dans le *Gorgias* et les *Lois*, deux dialogues relatifs au gouvernement de la cité[34]. L'*Apologie de Socrate*, tout d'abord, témoigne des dysfonctionnements de la παρρησία : si Socrate s'apprête à dire « toute la vérité », ses accusateurs accumulent les mensonges, alors que cacher sciemment la vérité contredit le principe du tout dire[35]. Pour autant, Socrate ne prononce jamais le mot de παρρησία, comme pour ne pas recourir, en définissant ses attitudes dialectiques et éthiques, à un concept trop empreint de références au système démocratique. Aussi ne peut-on en faire, comme le soutient M. Foucault, le philosophe de la παρρησία[36] ; Cicéron le considère à l'inverse comme l'emblème de l'ironie, de la *dissimulatio*, équivalent latin de l'εἰρωνεία[37]. Sans la nommer, Socrate redéfinit profondément la παρρησία et lui confère une valeur critique et subversive insoupçonnée[38]. En mettant en question la justice rendue par le tribunal où il joue sa vie, en opposant à l'immanence et au jeu de pouvoirs qui constituent la décision démocratique la transcendance

33. Cf. SAXONHOUSE, A.W., *Free Speech and Democracy in Ancient Athens*, Cambridge, Cambridge University Press, 2006.
34. LAURAND, V., *Parrhêsia et Honte. Problématisation platonicienne et traitements de l'idéal*, mémoire inédit d'HDR, Université Bordeaux-Montaigne, 2014, p. 12.
35. Platon, *Apologie de Socrate*, 17 a-b.
36. Cf. FOUCAULT, M., « Discourse and Truth : The Problematization of *Parrhesia* » (Fourth Lecture : « The Practice of Parrhesia »).
37. Cicéron, *Académiques*, II, 15. Cf. LÉVY, C., « From Politics to Philosophy and Theology », 2009, p. 324. L'opposition entre παρρησία et ironie est bien attestée aussi chez Aristote, *Rh.*, II, 5, 1382 b 18-21.
38. Platon, *Apologie de Socrate*, 31 e-32 a.

de la justice et de la vérité, qu'il incarne par l'extériorité qu'il revendique, il sape grâce à son parler-vrai philosophique les fondements de la παρρησία démocratique telle qu'elle était traditionnellement appliquée, quoique le développement de son propre discours critique ne fût possible qu'en démocratie.

Si l'on envisage ensuite le cas du *Gorgias*, la παρρησία y est liée à l'arrogance de Calliclès, lui qui dans tout le corpus platonicien est le personnage qui revendique le plus ouvertement être un παρρησιαστής[39]. Socrate lui reconnaît d'ailleurs le mérite de posséder une παρρησία lui permettant de dire ouvertement ce que pensent les autres sans oser le dire[40]. Il s'agit là d'une des trois qualités, avec le savoir (ἐπιστήμη) et la bienveillance (εὔνοια), qui permettent d'éprouver l'âme d'un être et Socrate admet, sans être nécessairement sincère pour autant, que Calliclès les possède toutes trois[41]. Il est savant dans la mesure et dans les choses où l'opinion l'emporte, bienveillant avec une abrupte franchise puisqu'il prétend ne rien cacher à Socrate de ses jugements sur lui, et sa παρρησία ne consiste qu'en son absence de honte et de scrupules, qui l'autorise à tout dire par indifférence aux ordres du discours et aux normes d'une certaine décence. À l'inverse, Socrate, à défaut de tout dire, laisse tout entendre par son recours à l'ironie et démasque la force faussement critique de la παρρησία conçue par Calliclès ainsi que son incapacité à s'en tenir au rejet du lien entre norme et nature qu'il proclame hautement[42]. Dans les *Lois* enfin, la παρρησία apparaît comme une attitude suspecte et dangereuse qui doit être contrôlée par une législation rigoureuse[43]. Elle s'apparente à l'un des effets du vin, qui donne une fausse impression de liberté et de légèreté, quoique Platon refuse de l'interdire[44]. Dans la *République*, couplée à la licence (ἐξουσία) de faire ce que l'on veut[45], elle devient possibilité de dire ce que l'on veut, sans contrôle, et elle symbolise à ce

39. Platon, *Gorgias*, 491 e.
40. Platon, *Gorgias*, 492 d.
41. Platon, *Gorgias*, 487 a-d.
42. Laurand, V., *Parrhêsia et Honte*, 2014, p. 55-58.
43. Van Raalte, M., « Socratic παρρησία and its Afterlife in Plato's *Laws* », dans Sluiter, I., Rosen, R.M. (dir.), *Free Speech in Classical Antiquity*, Leiden, Brill, 2004, p. 279-312.
44. Platon, *Lois*, I, 649 b ; II, 671 b.
45. Sur la question de l'ἐξουσία, nous renvoyons au chapitre de B. Collette-Dučić dans ce volume.

titre une démocratie dégénérée[46]. En résumé, Platon envisage avant tout la παρρησία comme une « passion [qui] doit être réprimée par une autorité supérieure[47] », en raison des dangers dont elle est porteuse.

Aussi est-il paradoxal que les Cyniques accordent dans leur pensée philosophique une telle primauté à la παρρησία – « la plus belle chose du monde », selon Diogène[48] – en se réclamant de l'exemple de Socrate, qui autorise bien plus ses interlocuteurs à manier la παρρησία qu'il ne se l'attribue à lui-même[49]. Leur propre conception du franc-parler, incarnation du courage de la vérité selon M. Foucault, diffère sensiblement de celle de Socrate et se présente sous trois formes principales : l'admonestation publique, le comportement scandaleux et le dialogue provocateur. Intempestive, accompagnée d'injures destinées à dépouiller les individus de leurs illusions sur eux-mêmes, elle n'est pas exempte de brutalité et frise souvent l'impudence, selon ses détracteurs. Impliquant un engagement total de l'orateur dans son propos, elle invite à une remise en cause radicale des valeurs communes de la société, à la réduction, grâce à l'ascèse, des besoins aux seuls besoins strictement nécessaires, afin que l'on fasse de sa vie un combat athlétique manifestant de façon immédiate et éclatante la vérité de l'homme dans le dépouillement de son animalité[50]. La παρρησία du Cynique découle de sa souveraine liberté et de son refus des hiérarchies sociales. C'est pourquoi, tout en conservant une portée politique, elle évolue progressivement vers le domaine moral.

À l'heure du déclin politique de la cité, la perte progressive du contenu réel de la démocratie athénienne s'accompagne d'un glissement sémantique autour de la παρρησία, qui progressivement ne désigne plus le droit du citoyen athénien à s'exprimer librement dans un cadre public, selon une acception encore perceptible dans le cynisme, mais une pratique privée

---

46. Platon, *République*, VIII, 557 b.

47. Lévy, C., « From Politics to Philosophy and Theology », 2009, p. 320.

48. Diogène Laërce, *Vies et opinions des philosophes illustres*, VI, 69.

49. Platon, *Charmide*, 156 b. Dans l'ensemble, la dialectique de Socrate ne fonctionne pas sans la παρρησία de son interlocuteur, mais elle-même ne se confond pas avec de la παρρησία : Lévy, C., « From Politics to Philosophy and Theology », 2009, p. 321.

50. Goulet-Cazé, M.-O., « Michel Foucault et sa vision du cynisme dans *Le courage de la vérité* », dans Lorenzini, D., Revel, A., Sforzini, A. (dir.), *Michel Foucault : éthique et vérité (1980-1984)*, Paris, Vrin, 2013, p. 105-124 (p. 107-108). Cf. Husson, S., *La* République *de Diogène. Une cité en quête de la nature*, Paris, Vrin, 2011.

réservée à la sphère des proches et des amis[51]. Les cercles philosophiques deviennent également l'occasion d'échanges intellectuels nourris ; en leur sein, l'exercice de la παρρησία et l'exigence de vérité, qui ne font plus courir de risques comme jadis en contexte politique, sont érigés en devoir moral. Organisées autour de la personne d'un maître et désireuses de former des esprits dans un contexte d'émulation, les écoles font rapidement de la παρρησία un des éléments clefs de leur pédagogie. « Parole sans tabou, irrévérencieuse, volontiers ironique », selon J. Giovacchini, « elle a pour but de renvoyer à ses propres erreurs celui à qui elle s'adresse, et de lui faire sentir, tantôt par l'absurde tantôt par la moquerie bienveillante, le ridicule de sa position ou la faiblesse morale de son âme »[52]. Pour ce faire, elle recourt à divers procédés – le dialogue, le geste, la plaisanterie, mais aussi le sophisme[53]. C'est dans ce contexte qu'il convient d'envisager la παρρησία épicurienne.

Les témoignages textuels à son sujet sont fort peu nombreux, et il ne figure qu'une seule occurrence pertinente du terme chez Épicure :

> « Moi qui use du franc-parler (παρρησίᾳ) de qui étudie la nature, je préférerais jouer les oracles pour énoncer ce qui est utile à tous les hommes, quitte à ce que personne ne doive me comprendre, plutôt que donner mon assentiment aux opinions <courantes> pour récolter l'éloge massif qui émane inopinément de la multitude[54]. »

La παρρησία ici mentionnée désigne la libre parole du philosophe de la nature, qui explique la réalité du monde. Elle va à rebours des mythes et des hypothèses vaines élaborées par les non-philosophes et doit soigner, fût-ce brutalement, les troubles de l'âme provoqués par ces derniers. Pour accréditer l'hypothèse selon laquelle il aurait existé une παρρησία épicu-

---

51. L'articulation qui s'effectue alors entre παρρησία et φιλία a été étudiée notamment par Konstan, D., « Friendship, Frankness and Flattery », dans Fitzgerald, J.T. (dir.), *Friendship, Flattery and Frankness of Speech : Studies on Friendship in the New Testament World*, Leiden, Brill, 1996, p. 7-19.

52. Giovacchini, J., « La Nouvelle Reconstruction du rouleau du *Franc-parler* de Philodème permet-elle encore de postuler l'existence d'une παρρησία spécifiquement épicurienne ? », dans Antoni, A., Arrighetti, G., Bertagna, M.I., Delattre, D. (dir.), *Miscellanea papyrologica Herculanensia. 1*, Pisa, Serra, 2010, p. 293-314.

53. Cf. Stobée, *Églogues*, III, 13, Περὶ παρρησίας.

54. *Sentences Vaticanes*, 29 (trad. J. Giovacchini).

rienne spécifique, il convient de se tourner vers un ouvrage postérieur, le *PHerc.* 1471 de Philodème consacré au franc-parler, dont la reconstruction bibliologique partielle par D. Delattre contribue à mieux cerner les contours de cette παρρησία, qui faisait partie intégrante de la pratique philosophique épicurienne et constituait un outil privilégié de réforme morale[55]. Pour résumer les analyses livrées par D. Delattre des colonnes 150 à 162 appartenant au dernier quart du *volumen*, la παρρησία consistait en une autocritique collective, sous la conduite d'un maître plein de discernement, qui visait à procurer aux fautifs un bienfait grâce à cette correction, effectuée soit par le maître lui-même soit par des condisciples, dans un souci amical, exempt de haine et de calomnie. En l'absence d'une édition complète de ce papyrus, il demeure toutefois délicat d'affirmer s'il s'agit là d'un texte original sur la παρρησία épicurienne ou s'il reprend des arguments scolaires, en tout cas traditionnels[56]. Quoi qu'il en soit, ce concept présente le paradoxe d'être à la fois central dans la pratique de l'amitié telle que la concevaient les philosophes du Jardin et relativement rare dans les textes épicuriens jusqu'à Philodème, dont le texte est lui-même encore difficile à interpréter.

La dernière école philosophique d'époque hellénistique à avoir manifesté son intérêt pour la παρρησία est celle du Portique, qui hérite à la fois du cynisme dans son analyse d'un tel concept et de la méfiance socratique à son égard. Précisons d'emblée que la παρρησία n'est citée qu'à deux reprises dans les *SVF*[57] : Zénon, le fondateur de l'école, recommande ainsi d'ôter aux flatteurs leur liberté de parole (παρρησία)[58] et Ariston, son disciple hétérodoxe, affirme qu' « il revient au même de retrancher à l'absinthe son âcreté (τὸ δριμύ) et au discours sa franchise (παρρησία)[59] », faisant par là allusion au thème de la médecine de l'âme cher aux Stoïciens comme aux Cyniques. On ne peut toutefois en déduire que la παρρησία

55. Delattre, D., « La pratique maîtrisée du franc-parler. Philodème de Gadara, *Le Franc-parler* (col. 151-162 D.) », dans Loubet, M., Pralon, D. (dir.), *Poïkiloï karpoï* = Ποικίλοι καρποί = *Récoltes diverses. Exégèses païennes, juives et chrétiennes : études réunies en hommage à Gilles Dorival*, Aix-en-Provence, Presses Universitaires de Provence, 2015, p. 437-455.

56. Giovacchini, J., « La nouvelle reconstruction », 2010, p. 311.

57. Si l'on excepte deux fragments non pertinents, *Stoicorum veterum fragmenta*, II, 937 et III [Diog.], 115.

58. Stobée, *Églogues*, III, 14, 4 ; p. 469, 8-10 Wachsmuth (= *SVF*, I, 237).

59. Stobée, *Églogues*, III, 13, 40 ; p. 462, 2-4 Wachsmuth (= *SVF*, I, 383).

était présente de façon marginale dans la pensée des premiers Stoïciens, étant donné le caractère très fragmentaire des textes qui nous sont parvenus. Ceux-ci avaient en tout cas la réputation, du moins pour les deux philosophes cités, de défendre des thèses proches de celles du Cynique Diogène de Sinope. À l'époque impériale en tout cas, la παρρησία est régulièrement citée dans les textes stoïciens et apparaît comme une propédeutique à la philosophie : Marc Aurèle mentionne ainsi la tolérance à son égard avant la familiarité avec la philosophie, ce qui n'est pas anodin ; il s'agit de la première étape, indispensable, pour s'adonner à la sagesse[60].

Il existe toutefois un indice attestant de la probable marginalisation de la παρρησία dès les origines du Portique. Il s'agit du développement d'un autre concept, voisin mais distinct de la παρρησία : celui d'εὐθυρρημοσύνη (« la parole sans détour », « le parler droit », « la franchise »), dont les occurrences sont certes rares puisqu'on n'en compte que deux dans l'ensemble du corpus stoïcien : l'une dans une lettre de Cicéron à Paetus, l'autre chez Marc Aurèle[61].

D'emblée, l'on remarque que les termes παρρησία et εὐθυρρημοσύνη sont bâtis sur des paradigmes différents : dans le premier cas, comme on l'a rappelé, il s'agit de « la possibilité de tout dire » (πᾶν / ῥητός), dans le second cas, de « parler droit » (εὐθύς / ῥῆμα). Eu égard à la polysémie de l'adjectif εὐθύς, qui signifie à la fois moralement droit, franc, sans détour, et rectiligne, droit, direct, il nous semble possible de dégager dans l'εὐθυρρημοσύνη une triple dimension linguistique, stylistique et morale, au sens de l'obscénité, de la concision ou de la franchise. Nous nous concentrerons ici sur la première de ces acceptions, qui a trait au parler droit comme à la franchise.

Dans une lettre à son ami épicurien L. Papirius Paetus écrite à peu près à la même époque que les *Paradoxa Stoicorum*, en 46 avant J.-C., Cicéron cite une maxime qu'il donne pour stoïcienne, sans plus de précision – « le sage parlera sans détour » (ὁ σοφὸς εὐθυρρημονήσει) – avant de conclure par une pirouette humoristique, sur le modèle du σπουδαιογέλοιον (genre mi-sérieux, mi-comique), une controverse philosophique fort sérieuse entre l'Académie et le Portique :

60. Marc Aurèle, *Pensées à soi-même*, I, 6.

61. Cf. AUBERT-BAILLOT, S., « Un cas particulier de παρρησία : la parole sans détour (εὐθυρρημοσύνη) des Stoïciens », *Rhetorica*, 33, 1, 2015, p. 71-96.

« (1) J'aime la pudeur (*uerecundiam*), tu préfères la liberté de langage (*libertatem loquendi*) ; or ceci était l'avis de Zénon, un homme astucieux, ma parole ! bien que notre chère Académie soit en lutte violente avec lui. Mais comme je le dis, les Stoïciens sont d'avis d'appeler chaque chose par son nom. Voici leur raisonnement : rien n'est obscène, rien n'est inconvenant à dire (*nihil esse obscenum, nihil turpe dictu*) ; en effet, s'il y a quelque chose de scandaleux dans l'obscénité, cela réside soit dans la chose, soit dans le mot ; il n'y a pas de troisième possibilité. Cela n'est pas dans la chose ; aussi la chose elle-même est-elle racontée dans les comédies (...) – le texte entier est voilé dans ses mots, fort impudent dans son contenu –, mais également dans les tragédies. (2) Tu vois donc, comme la chose est identique et parce que les mots diffèrent, que rien ne semble inconvenant ; donc l'inconvenance n'est pas dans la chose. Bien moins encore dans les mots : en effet, si le signifié n'est pas inconvenant, le signifiant ne peut l'être (...). Ainsi l'inconvenance n'est-elle pas dans le mot. Or j'ai montré qu'elle n'était pas dans la chose ; donc elle n'est nulle part. (3) Vois-tu donc bien que ce ne sont qu'inepties, qu'il n'y a inconvenance ni dans le mot ni dans la chose, ni, en conséquence, nulle part ? (4) Ainsi, nous mettons de l'obscénité dans des termes honnêtes (...). (5) (...) Tu as là l'enseignement stoïcien : le sage parlera sans détour (ὁ σοφὸς εὐθυρρημονήσει). Quel déluge à partir d'un seul mot de toi ! Je te sais gré d'avoir toutes les audaces à mon égard ; pour ma part, j'observe et j'observerai la pudeur de Platon (*Platonis uerecundiam*), car j'en ai pris l'habitude. Aussi t'ai-je exposé à mots couverts (*tectis uerbis*) ce que les Stoïciens traitent avec les termes les plus crus (*apertissimis*) (...)[62]. »

Cette liberté de parole qui ne s'encombre ni de détours ni d'euphémismes, et que Cicéron assimile dans un premier temps à de la παρρησία (tel est en effet le terme grec que traduit l'expression latine *libertas loquendi*, au § 1), l'auteur l'attribue tout d'abord à Zénon, en utilisant le parfait, avant de l'assigner aux Stoïciens dans leur ensemble, en employant le temps du présent. À ses yeux, ces philosophes entreprennent, au moyen d'un syllogisme dialectique, de démontrer que l'obscénité n'est ni dans la chose, ni dans le mot : elle n'est donc nulle part. La conclusion de la missive referme la boucle, puisque réapparaît la notion de respect, de pudeur (*uerecundia*), en lien avec la philosophie académicienne qu'embrasse Cicéron.

62. Cicéron, *Lettres à des familiers*, IX, 22, 1-5 (= *SVF*, I, 77 [1]).

L'influence du franc-parler des Cyniques sur un tel passage est indéniable et primordiale. Toutefois, la sophistique y joue peut-être aussi un rôle puisque la formule ὁ σοφὸς εὐθυρρημονήσει présente des affinités avec une thèse défendue par un Mégarique, Bryson[63], le maître du Cynique Cratès dont Zénon fut lui-même le disciple. Selon Bryson en effet, qu'Aristote attaque dans la *Rhétorique*, « nul ne parle de manière obscène » (οὐθένα αἰσχρολογεῖν) puisqu'il n'y a pas

> « identité de signification entre le mot réputé obscène et le mot décent. Si le sens d'un mot c'est ce à quoi il renvoie (...), ils auront tous deux le même sens s'ils désignent la même chose, et ils seront obscènes l'un et l'autre, ou ni l'un ni l'autre. S'ils ne renvoient pas à la même réalité, il faut donc que cette réalité soit elle-même obscène dans un cas et non dans l'autre ; mais alors on n'a plus le choix entre une désignation décente et une autre qui ne le serait pas, ce serait une impropriété de langage d'employer l'une pour l'autre[64]. »

Il s'agit là d'un raisonnement auquel ne pouvaient que souscrire les philosophes du Portique. Chrysippe n'avait-il pas rédigé un traité, aujourd'hui perdu, intitulé *Que Zénon a usé des noms au sens propre*[65] ?

En niant que le langage pût être obscène et en tenant à appeler chaque chose par son nom[66], ce qui revient à « parler sans détour » (εὐθυρρημονέω), les Stoïciens se rapprochaient toutefois moins des sophistes, aux yeux de Cicéron, que des Cyniques, comme en témoigne un extrait du livre I du *De Officiis* :

> « Et il ne faut certainement pas écouter les Cyniques, ni certains Stoïciens fort proches des Cyniques, qui nous reprochent avec des moqueries de tenir pour honteuses à exprimer des choses qui ne sont pas inconvenantes en réalité,

63. Aristote, *Rhétorique*, III, 1405 b 8-9 ; *Histoire des animaux*, VI, 5, 563 a 7.
64. MULLER, R., *Les Mégariques : fragments et témoignages*, Paris, Vrin, 1985, p. 176.
65. Diogène Laërce, *Vies et opinions des philosophes illustres*, VII, 122 (= *SVF*, III, 617 = 67 M L.-S.).
66. Notons que l'idée selon laquelle la parole est droite parce qu'elle ne peut être remplacée ni par un synonyme, ni par l'arabesque d'une périphrase ou d'une circonlocution, ni par toute autre expression sinueuse, en raison du lien naturel (φύσει), non conventionnel (θέσει), qui unit les objets et leurs appellations, pouvait trouver sa justification dans la doctrine stoïcienne de l'origine des mots, qui postulait un lien d'adéquation originel entre les sons primitifs (*cunabula uerborum*) et les choses. Sur ce point, voir Augustin, *Dialogues philosophiques*, VI, 9-10 ; Origène, *Contre Celse*, I, 24 (= *SVF*, II, 146 = 32 J L.-S.).

mais d'appeler par leur nom des choses bel et bien inconvenantes. Voler, tromper, commettre l'adultère sont des actes honteux, mais leur nom n'est pas obscène ; mettre des enfants en chantier est un acte honnête, mais son nom est obscène ; ils présentent d'assez nombreux arguments sur cette opinion, contre la pudeur (*contra uerecundiam*). Quant à nous, suivons la nature[67]. »

Sans doute l'attribution de la maxime provocante selon laquelle « rien n'est obscène, rien n'est inconvenant à dire » (*nihil esse obscenum, nihil turpe dictu*)[68] à certains Stoïciens – non pas à tous, comme dans la lettre à Paetus – mais avant tout aux Cyniques est-elle imputable à l'influence de Panétius, principale source d'inspiration des deux premiers livres du *De Officiis*. On peut supposer que certains membres du Portique attribuaient aux disciples de Diogène les idées embarrassantes contenues dans l'héritage zénonien, tandis que selon leurs adversaires, elles appartenaient sans conteste au stoïcisme.

Quoi qu'il en soit, la polémique sur l'obscénité du langage et le franc-parler nous semble se cristalliser autour de l'injonction finale du passage, encourageant à suivre la nature : qu'elle émane de Cicéron en son nom propre ou de sa source stoïcienne, elle fait l'objet ici de deux lectures antithétiques. Contrairement au fondateur du Portique, dont il blâmait la crudité de langage choquante en citant l'*approbatio* des auditeurs quand l'obscénité était évitée, Panétius réfutait la division qu'établissaient les Cyniques entre nature et conventions sociales[69] – une division entérinée par Zénon – pour faire de celles-ci la traduction de celle-là. Si la nature elle-même nous prescrit la pudeur dans l'accomplissement de certaines fonctions et la dissimulation de certaines parties du corps, il n'est pas vrai, comme le veulent les Cyniques et certains Stoïciens à leur suite, qu'il n'est rien de naturel qui puisse être honteux ; et s'il est certaines choses qu'il n'est pas convenable de montrer ni de faire en public, il ne sied pas

67. Cicéron, *Des devoirs*, I, 128 (= *SVF*, I, 772) ; I, 159 : « Certains actes en effet sont, les uns si vilains, les autres si infamants que pas même pour le salut de la patrie le sage ne les accomplira. Posidonius en a rassemblé un grand nombre, mais certains sont si affreux, si ignobles qu'ils paraissent honteux, même à raconter ».

68. Cicéron, *Lettres à des familiers*, IX, 22, 1 (= *SVF*, I, 77 [1]).

69. Diogène Laërce, *Vies et opinions des philosophes illustres*, VI, 71.

davantage d'en parler, selon Panétius/Cicéron[70]. Le désaveu de l'impudence propre au cynisme est renforcé par une certaine pruderie romaine mais aussi par le respect des convenances sociales : la « nature » est ici placée du côté de la convention. La dimension proprement culturelle n'est pas négligeable dans ce conflit entre Zénon et Panétius, même si le second fut également influencé par ses lectures platoniciennes et aristotéliciennes. Ce n'est pas un hasard si le désaveu par certains membres du Portique de la Πολιτεία de Zénon fut attesté pour la première fois dans le monde romain, vers la fin de la République. L'acclimatation du Portique à Rome exigeait certains aménagements, dont l'atténuation des angles cynicisants de ses théories.

Le lien qu'entretient la « parole sans détour » avec l'obscénité du langage, donc avec le cynisme, justifie que cette notion ait pu être rapprochée du franc-parler qu'incarne la παρρησία, jusqu'à se confondre avec elle. En témoignent plusieurs textes, dont une lettre adressée à Cicéron par son ami C. Trebonius, consul suffect en 45 et membre de la conjuration de mars 44. Il y présente à l'orateur un petit poème satirique anticésarien où il craint de se montrer εὐθυρρημονέστερος, tout en revendiquant avec virulence sa « liberté de langage », *libertas uerborum*, expression qui traduit ici la παρρησία grecque :

> « Si, dans ces petits vers, tu me trouves un peu trop direct (εὐθυρρημονέστερος) dans le choix de certains termes, la bassesse du personnage que j'attaque avec une assez grande liberté (*liberius*) me rachètera. Tu pardonneras aussi à ma colère, qui est juste contre des hommes et des citoyens de cet acabit. Et puis pourquoi Lucilius aurait-il eu plus de droit que moi à prendre une telle liberté (*libertatis*) ? Car à supposer qu'il soit allé aussi loin que moi dans sa haine contre les destinataires de ses coups, il est certain, en revanche, que les gens à qui il a eu affaire ne méritaient pas davantage d'être assaillis avec une si grande liberté de langage (*tanta libertate uerborum*)[71]. »

70. Cicéron, *Des devoirs*, I, 127-128 (= *Fragmente zur Dialektik der Stoiker* 244). Zénon, en revanche, soutenait qu'aucune partie du corps ne devait être entièrement couverte (Diogène Laërce, *Vies et opinions des philosophes illustres*, VII, 33 = *SVF*, I, 257 ; Philodème, *de Stoicis*, col. XVIII).

71. Cicéron, *Lettres à des familiers*, XII, 16, 3 (25 mai 44), trad. J. Beaujeu, retouchée.

Dans ce texte, il est avant tout question de *libertas* entendue comme franc-parler, dont l'éloge est à mettre en relation avec celui de la *libertas* au sens de liberté politique : le Républicain Trebonius brandit ainsi ce mot d'ordre à trois reprises (*liberius*, *libertatis*, *tanta libertate uerborum*) pour justifier son opposition à l'ancien dictateur. Cela étant, la prudence qu'il manifeste dans son épître deux mois pourtant après l'assassinat de son ennemi, en justifiant à plusieurs reprises sa colère et sa haine, à l'origine de la virulence de sa charge et de la liberté de son propos, nous semble révélatrice de l'ambivalence des Romains à l'égard du franc-parler : valeur revendiquée en théorie par toutes les factions politiques prétendant défendre ou restaurer la liberté républicaine, elle est regardée avec méfiance et déconseillée aux orateurs par Cicéron puis par Quintilien.

En revanche les *uersiculi* (« petits » vers) de Trebonius, du fait qu'ils échappent au cadre officiel de l'éloquence ainsi qu'à ses contraintes juridiques visant à interdire les attaques nominatives, bénéficient sans doute d'un statut privilégié. Leur rapprochement avec les vers de Lucilius est à cet égard fort instructif, puisque l'une des sources d'inspiration principales du satiriste est l'ancienne comédie grecque, illustrée par excellence par Aristophane, dont nous avons rappelé le franc-parler (παρρησία) de nature à la fois politique et morale. Au cœur du dispositif démocratique, il permettait, par le biais de critiques féroces, de favoriser la connaissance de soi, de mettre en garde contre l'orgueil et de dénoncer les possibles erreurs et abus des gouvernants, tout en leur rappelant les maximes des sages sur la juste mesure, comme l'indique Marc Aurèle dans une méditation sur l'évolution des genres théâtraux, situés comme les petits vers de Trebonius en dehors du domaine où s'exerce traditionnellement l'éloquence :

> « Mais après la tragédie, se produisit sur scène la comédie ancienne, avec une liberté de langage (παρρησίαν) qui visait à instruire et, par sa franchise même (δι' αὐτῆς τῆς εὐθυρρημοσύνης), elle n'était pas sans utilité pour nous rappeler à la modestie. C'est dans un but semblable que Diogène en fit usage[72]. »

Quoique cette seconde et dernière occurrence du terme εὐθυρρημοσύνη en contexte stoïcien ne contribue guère à en préciser l'acception par rapport

72. Marc Aurèle, *Pensées à soi-même*, XI, 6. Sur la franchise de la comédie, voir encore Isocrate, *Sur la paix*, 14 : « en pleine démocratie il n'y a pas de liberté de parole (παρρησία), sauf (...) au théâtre pour les auteurs de comédies ».

à la παρρησία, elle révèle que les philosophes du Portique insistaient sans doute eux-mêmes sur l'héritage cynique d'une telle notion, comme en témoigne l'allusion de Marc Aurèle à Diogène, et qu'il ne s'agissait pas là d'une thèse cicéronienne, ainsi qu'aurait pu le suggérer la lettre à Paetus, même s'il faut ici distinguer deux emplois du « parler droit ».

D'un côté, quoique Trebonius dans sa lettre n'établisse pas de distinction nette entre l'εὐθυρρημοσύνη et la *libertas* ou παρρησία (εὐθυρρημονέστερος / *liberius*)[73], la première semble de nature plus linguistique que stylistique, éthique ou politique puisqu'elle a trait au choix de certains termes (*quibusdam uerbis*), qui pouvaient paraître obscènes à Cicéron bien qu'au nom d'un principe de convenance (*decorum*), la grossièreté du vocabulaire devait selon Trebonius puiser sa justification dans la bassesse (*turpitudo*) du personnage qu'il attaquait. De l'autre, l'εὐθυρρημοσύνη se voit investie d'une fonction à la fois éthique et pédagogique qui la rapproche de la παρρησία. Or le glissement de l'une à l'autre de ces acceptions, de la crudité d'un vocabulaire exempt d'euphémismes ou de circonlocutions à la franchise du propos, dans sa double dimension morale et politique, a pu s'effectuer par le biais du théâtre comique (et du genre satirique qui s'en réclamait à Rome) avec lequel l'εὐθυρρημοσύνη entretenait des affinités, d'après les passages cités de Trebonius et Marc Aurèle. On relève en effet plusieurs occurrences du verbe εὐθυρρημονέω dans des scholies aux comédies d'Aristophane, le *Ploutos* et la *Paix*. Dans le premier cas[74], l'εὐθυρρημοσύνη a partie liée avec l'obscénité du langage et s'oppose en outre, en tant qu'expression directe, à l'expression « symbolique » (συμβολικ[όν]), autrement dit à l'allégorie. Dans le second cas[75], l'εὐθυρρημοσύνη désigne non l'obscénité, mais la brutalité dans le propos, la parole droite et sans détour, selon le sens étymologique du terme grec[76].

73. Cicéron, *Lettres à des familiers*, XII, 16, 3.

74. Cf. Aristophane, *Ploutos*, 1082 et la scholie afférente. *Scholies au* Ploutos, v. 1082 a-b-c-d-e-f-g.

75. Cf. Aristophane, *Paix*, 268 et la scholie afférente.

76. De même, dans son attaque *Contre les rhéteurs* (*Contre les Professeurs*, II, 54), le Sceptique Sextus Empiricus recommande de procéder à des changements d'expression (μεταλήψεις τῶν λέξεων), « soit pour éviter de parler de façon franche et directe (ὑπὲρ τοῦ μὴ εὐθυρρημονεῖν) parce que l'expression directe (τοῦ εὐθέος ῥήματος) choque, soit pour rendre clair quelque chose (…) » (trad. B. Pérez, retouchée).

En somme, l'εὐθυρρημοσύνη semble puiser son origine dans la quête d'une adéquation aussi fidèle que possible du signifiant au signifié, du langage à la réalité, quête qui revêtit une forme différente chez un sophiste tel que Protagoras, partisan du principe de l'exactitude des noms[77], ou chez les Cyniques (et certains Stoïciens à leur suite), dont l'expression fort directe, hostile aux euphémismes et aux circonlocutions, n'altérait ni ne masquait la pensée. C'est pourquoi l'εὐθυρρημοσύνη a pu désigner non seulement le langage sans détour, mais aussi la franchise (εὐθυρρήμων, « celui qui parle sans détour », devenant un synonyme d'ἐτυμολόγος, « celui qui parle vrai »[78]), au point qu'elle s'est rapprochée du franc-parler (παρρησία, *libertas*), peut-être par le biais du théâtre comique, puis de la satire, qui alliaient à une réflexion sur le langage – son aptitude à choquer, son recours à l'allégorie – un intérêt pour l'éthique et l'éducation morale du public.

Pour conclure, la παρρησία à l'époque classique et hellénistique occupe une place paradoxale : centrale dans la vie politique athénienne, louée pour sa vertu critique qui garantit le fonctionnement démocratique des institutions, elle fait l'objet d'une analyse ambivalente chez les orateurs attiques, oscillant entre marque de courage et de liberté d'une part, preuve de licence, de médisance voire de flatterie d'autre part. Les philosophes se défient eux aussi de sa puissance critique excessive et immodérée, signe chez Platon d'une démocratie dévoyée. Soit en ne la reprenant pas à leur compte et en l'assignant à leurs interlocuteurs – comme dans le cas de Socrate, penseur de l'ironie – soit en lui préférant un concept concurrent tel que l'εὐθυρρημοσύνη, Platon et les Stoïciens lui accordent une place *de facto* marginale. Platon en particulier se soucie moins de la liberté qu'illustre le franc-parler que des dangers subversifs dont il est porteur et qu'il convient de contenir, en plaçant la παρρησία sous le strict contrôle d'une norme éthique et d'une autorité philosophique. Les Épicuriens la cantonnent quant à eux à un domaine scolaire et privé, sans que l'on cerne

77. A. Brancacci assigne en effet cette théorie à ce sophiste en la mettant en relation avec l'ὀρθοέπεια ou « propriété de la langue » (« Protagoras, l'*orthoepeia* et la justice des noms », dans Dixsaut, M., Brancacci, A. (dir.), *Platon, source des présocratiques : exploration*, Paris, Vrin, 2002, p. 183). Cette doctrine, si l'on en croit Alexandre d'Aphrodise dans son commentaire aux *Topiques* d'Aristote (*Sur les Topiques d'Aristote*, p. 147, 12-17 et 22-25 Wallies = *Stoicorum veterum fragmenta*, III, 595), fut reprise par les Stoïciens.

78. *Souda*, ε, 3521.

encore précisément la part d'originalité qui entrait dans sa conception au sein du Jardin ; seuls les Cyniques la mettent au centre de leur réflexion sur la vérité et le rapport à autrui, en la faisant évoluer du domaine politique au domaine moral, mais leur démarche demeure isolée dans l'histoire de la philosophie antique.

La défense de la liberté artistique et de la fiction : une nouveauté assumée dans la *Poétique* d'Aristote

Jean-Marc Narbonne (Université Laval)

> « Voilà pourquoi j'aime l'art. C'est que là, au moins, tout est liberté dans ce monde des fictions. — On y assouvit tout, on y fait tout, on est à la fois son roi et son peuple, actif et passif, victime et prêtre. Pas de limites ; l'humanité est pour vous un pantin à grelots que l'on fait sonner au bout de sa phrase comme un bateleur au bout de son pied. »
>
> Flaubert, lettre à Louise Colet, 15-16 mai 1852.

Introduction

La liberté artistique ou poétique – la liberté d'expression en général et la liberté tout court – incarne une de nos valeurs les plus précieuses. La possibilité de laisser libre cours à son imagination, à sa fantaisie, à sa créativité, cette faculté par laquelle il est loisible de modeler ou de remodeler le monde selon ses désirs ou ses aspirations, compte parmi les expériences les plus enrichissantes de la vie humaine. La plongée dans la fiction est l'occasion d'un ressourcement radical, l'esprit pouvant expérimenter des conditions insoupçonnées d'existence, ne plus se contenter de « *ce qui est* » mais se projeter dans « *ce qui pourrait être* ». J'apprécie grandement l'expression forgée par Coleridge – et utilisée couramment chez les anglo-saxons –, de « *willing suspension of disbelief* »[1], la *suspension volontaire de l'incrédulité*, c'est-à-dire l'opération par laquelle l'esprit se commande à lui-même le lâcher-prise vis-à-vis du réel pour s'accorder désormais le droit de rêver et de façonner tout autrement les choses. Le monde aperçu n'est plus alors *notre monde*, il est un *monde autre*, un *hétérocosme* reconstruit fictivement, *hétérocosme* étant justement le terme technique par lequel Baumgarten désignera plus tard l'univers poétique[2].

Avons-nous droit à un monde *autre* de ce genre ? Je voudrais ici tenter de répondre à cette question fondamentale ou plutôt examiner où et comment cette question a reçu, pour la toute première fois historiquement parlant, sa réponse positive : j'entends dans la *Poétique* d'Aristote. À vrai dire, le problème n'est donc pas de savoir si la créativité ou le remodelage des choses reflètent une pratique ancienne, puisqu'on sait déjà la réponse être affirmative, illustrée qu'elle est dans la poésie la plus archaïque (épopée, lyrique, fable, puis dans la tragédie, la comédie, etc.), mais de déterminer à partir de quel moment cette pratique poétique *falsificatrice* s'est vue reconnue et légitimée théoriquement en tant que telle. Toutefois, avant de chercher à comprendre quelle *caution* définitive Aristote a pu lui apporter, je dirai quelques mots sur ce qu'il faut bien appeler, malgré l'anachronisme apparent, la *créativité artistique* dans l'Antiquité.

Modeler, c'est-à-dire imaginer, inventer, créer

Je partirai ici d'un texte de Sextus Empiricus (IIe siècle ap. J.-C.) au sujet des différents types de discours que l'on peut reconnaître, où on peut lire ceci :

1. COLERIDGE, S.T., *Biographia Literaria (1817)*, New York, Dutton, 1906, Chapter XIV.
2. BAUMGARTEN, A. G., *Reflections on Poetry: Meditationes Philosophicae de Nonnullis ad Poema Pertinentibus*, trad. K. Aschenbrenner et W.B. Hilther, Berkeley, University of California Press, 1954, p. 55. Sur l'histoire de ce terme, cf. ABRAMS, M. H., *The Mirror and the Lamp*, New York, Oxford, 1958, p. 72-85.

> « En outre, les histoires racontées par les grammairiens sont pour une part de l'*histoire*, pour une part du *mythe*, pour une autre enfin de la *fiction* (πλάσμα). L'histoire est l'exposé de choses vraies qui sont arrivées (par exemple, "Alexandre est mort empoisonné à Babylone, victime d'un complot"). La fiction (πλάσμα) expose des choses qui ne se sont pas produites *comme si elles avaient eu lieu* (ainsi les arguments de comédies et les mimes). Le mythe, lui, est l'exposé d'arguments non advenus et faux : on chante par exemple qu'"une race d'araignées venimeuses et de serpents est née du sang des Titans"[3]. »

Ce court extrait se montre assez explicite quant au statut de la fiction, à savoir du *plasma*, dans la pensée ancienne tardive. Comme le *mythe*, le *plasma* raconte quelque chose qui n'est pas arrivé et qui donc est faux ; seulement, il le rapporte *comme si cela avait réellement eu lieu*. Le mythe raconte aussi de la fausseté, mais lui ne cache pas toujours sa fausseté (encore que certaines histoires mythiques peuvent receler une part de vérité ou se donner l'apparence du vrai), tandis que le *plasma-fiction* trompe en dissimulant sa mascarade (double mensonge). Le terme grec pour suggérer cela est πλάσμα, dont il existe aussi un verbe (πλάσσω, qui signifie *façonner, modeler,* et, par extension, *forger, feindre, simuler*, bref suggérer ce qui n'est pas, et donc *inventer*, *imaginer*, *etc.*) et plusieurs composés et dérivés.

Premièrement, notons que l'emploi de ce terme est ancien. On le rencontre en effet déjà chez Xénophane (1.23 D.-K.) au VIe siècle, mais également dans l'*Éloge d'Hélène* de Gorgias, où il est fait référence au pouvoir trompeur des mots, puisqu'on peut convaincre quelqu'un de n'importe quoi « en forgeant (*plasantes*) un discours mensonger »[4], d'où l'on peut conclure qu'ayant été elle-même trompée, Hélène de Troie ne fut pas responsable des malheurs dont on la rendait responsable[5].

---

3. Sextus Empiricus, *Contre les Professeurs*, I, 263-264 (cité d'après *Contre les Professeurs*, traduction Pellegrin, P., Paris, Seuil, 2002, p. 203).

4. Gorgias, *Éloge d'Hélène*, XI, 11. Sur *plasma-fiction*, je renvoie à CALAME, Cl., *Poétique des mythes dans la Grèce antique*, Paris, Hachette, 2000, p. 38 *sq.* ; CASSIN, B., *L'Effet sophistique*, Paris, Gallimard, 1995, p. 473 *sq.*

5. Comme le remarque CALAME, Cl., *Poétique des mythes dans la Grèce antique*, 2000, p. 42 : « de Gorgias à Aristote en passant par Platon, mais aussi par Isocrate et Thucydide, la poésie grecque, en raison même de son caractère fictionnel, est capable de charmer un

Deuxièmement, *plasma* et ses dérivés ne sont pas des termes limités à la poésie mais s'appliquent également à d'autres arts, par exemple à la peinture, à la sculpture[6] ou même à la musique[7]. Que la *falsification* puisse opérer dans différents arts est attesté par l'argument sophistique des *Dissoi logoi* (3, 10), où on peut lire : « Car dans les tragédies et dans les peintures, celui qui *par tromperie* (ἐξαπατῇ) produit les choses les plus semblables aux choses vraies, celui-là est le meilleur »[8].

Troisièmement, le recours à ces termes, notamment au verbe *plassô*, permet de rendre compte de l'activité véritablement *créatrice* de l'artiste. Notons d'ailleurs qu'il existe en grec ancien au moins deux autres familles de termes qui font référence à l'inventivité humaine. Le premier groupe tourne autour de l'idée de la *découverte* (εὕρεσις, εὕρημα, εὑρετής, εὑρίσκω, ἐξευρίσκω, ἐξεύρημα, etc.) ; le second groupe met l'accent sur la *production du neuf* (καινόω, καινοποιέω, καινοτομέω, καινότης, etc.)[9], et on pourrait y ajouter tout ce qui relève de l'activité de *mythologisation* (μυθογραφέω, μυθολογέω, μυθοπλαστέω). Mais évidemment, quelqu'un peut aussi attester de son inventivité par d'autres moyens langagiers encore, comme l'indique par exemple Aristote, lorsqu'il parle du fait pour l'écrivain de *produire soi-même* (τὸ αὐτὸν ποιεῖν[10]) une *fable*, expression qui, dans le contexte, signifie *inventer* soi-même ou *imaginer* soi-même une fiction[11].

---

auditoire qu'elle peut tromper […] ». Voir entre autres Platon, *Rép.*, II, 377 c, où il est question de « façonner les âmes avec des histoires ».

6. Cf. Platon, *Phèdre*, 246 c ; *République*, VI, 510 d-e ; *Lois*, II, 668 e-669 a ; 679 a 6 ; III, 746 a. En contexte poétique, Aristote par opposition à Platon, boude apparemment cette famille de termes (aucune occurrence dans la *Poétique*) ; chez lui, le *plasme* relève essentiellement de la fausseté et de l'illusion, voire de la contradiction ou de l'impossibilité (cf. *Du ciel*, II, 6, 289 a 6 ; b 25 ; *Mét.*, M, 1, 1076 a 39 ; M, 9, 1085 a 15), même s'il connaît évidemment (cf. *Partie des animaux*, I, 645 a 13) l'art dit *plastique* (*plastikê*).

7. Plutarque, *De l'éducation des enfants*, 33 E 6 ; Pseudo-Lucien, *De la danse*, 35, 16.

8. Cf. Robinson, T.M., *Contrasting Arguments. An Edition of the Dissoi logoi*, New York, Arno Press, 1979 (ma traduction).

9. J'ai développé plus longuement ce point dans Narbonne, J.-M., *Antiquité critique et modernité. Essai sur le rôle de la pensée critique en Occident*, Paris, Les Belles Lettres, 2016, p. 27-53.

10. Cf. *Rhétorique,* II, 20, 1393 a 29-30, dans le cadre de l'invention des paraboles ou des fables.

11. Le concept d'« imagination » créatrice, rappelons-le, est quelque chose qui apparaît tardivement (cf. au IIIe siècle ap. J.-C., Philostrate, *Vie d'Apollonius*, VI, 19), même si

Sur l'idée de la liberté artistique, l'un de nos meilleurs témoins avant Sextus Empiricus est peut-être Lucien de Samosate, un rhéteur du IIe siècle. Dans son essai intitulé *Comment on écrit l'histoire*, dans lequel il entreprend de contre-distinguer la poésie du récit historique, Lucien se fait le farouche défenseur de la *liberté créatrice pure* :

> « Ces historiens, observe-t-il, semblent encore ignorer que la poésie et les poèmes ont d'autres engagements et d'autres canons qui leur sont propres et qui diffèrent de ceux de l'histoire. Car là [dans la poésie] règne une *liberté absolue* (ἄκρατος ἡ ἐλευθερία) et il n'y a qu'une seule loi : le point de vue du poète. » (§ 8)

Il s'agit ici d'une déclaration parfaitement axiomatique en ce qu'elle consacre le caractère totalement autonome de la poésie. En d'autres termes, comme on l'a fait observer, Lucien libère le poète « de la tyrannie de la vérité ainsi que de celle du vraisemblable »[12]. Or la règle vaut non seulement pour les écrivains mais également pour les autres artistes, car rappelant, nous dit-il, un ancien proverbe, Lucien proclame effectivement : « les poètes et les peintres n'ont pas de comptes à rendre » (ἀνευθύνους εἶναι ποιητὰς καὶ γραφέας)[13]. Au surplus, dans ses célèbres *Histoires vraies* – où en fait rien n'est vrai puisqu'il s'agit précisément d'histoires fictives – Lucien franchit allègrement le critère non seulement du vrai mais aussi du vraisemblable lui-même pour rejoindre le fictif pur, en lançant par exemple : « J'écris sur des choses que je n'ai ni vues, ni vécues, ni apprises d'autrui, et en outre qui n'existent d'aucune façon et ne peuvent absolument pas exister »[14]. Aux yeux de Brandão, « cette déclaration marque une sorte de découverte de la fiction en Grèce, la définition d'un cadre qui lui est propre, en la distinguant à la fois du mythe et de

l'idée elle-même de *créativité artistique* est évidemment antérieure. Sur quoi, l'ouvrage classique de PANOFSKY, E., *Idea : contribution à l'histoire du concept de l'ancienne théorie de l'art*, Paris, Gallimard, 1983.

12. BRANDÃO, J.L., « Histoire et fiction chez Lucien de Samosate », dans Bouvier, D., Calame, Cl. (dir.), *Philosophes et historiens anciens face aux mythes*, Lausanne, Faculté de Lettres de l'Université de Lausanne, 1998, p. 128.

13. *Pour les portraits (Pro Imaginibus)*, § 18.

14. *Histoires vraies A*, § 4, que je cite dans la traduction de Bompaire, J., *Voyages extraordinaires*, Paris, Les Belles Lettres, 2011, p. 41-42. Lucien est en cela héritier d'Aristophane, on songe aux *Oiseaux* par exemple.

l'histoire »[15]. Mais en réalité, le point de vue développé ici par Lucien est beaucoup plus ancien que cela, puisque la tripartition *histoire/mythe (fabula)/fiction (argumentum)*, rapportée on l'a vu par Sextus Empiricus et fréquente chez les auteurs et grammairiens du premier siècle avant notre ère[16], remonterait possiblement à Isocrate[17] (IVe siècle av. J.-C.) qui, dans son *Panathénaïque*, aurait déjà séparé du mythe lui-même « les discours remplis de prodiges et de propos mensongers »[18].

Maintenant, jusqu'où peut-on faire remonter dans l'Antiquité l'affirmation du droit à la liberté poétique ? Je crois possible d'établir que c'est Aristote qui en est l'instigateur et que la liberté poétique revendiquée ensuite par Lucien et plusieurs autres auteurs anciens, trouve sa première justification théorique dans les analyses conduites par Aristote dans sa *Poétique*.

La *rectitude* poétique

Dans l'avant-dernier chapitre de la *Poétique* d'Aristote, on lit en effet un énoncé relatif à la *rectitude* poétique qui communique à cette *technique* ou à cet *art* une place tout à fait singulière dans l'ensemble des activités humaines. Je citerai d'abord un premier extrait relatif au poète, avant d'en venir au terme lui-même de « rectitude » (ὀρθότης).

15. BRANDÃO, J.L., « Histoire et fiction chez Lucien de Samosate », 1998, p. 127. C'est la raison pour laquelle son récit fantaisiste inspirera si puissamment la littérature fictive ultérieure, de Thomas More à Rabelais, Swift, Jules Vernes, etc., comme le note BOMPAIRE, J., *Voyages extraordinaires*, 2011, p. 35.

16. Cf. Cicéron, *De l'invention*, 1, 27 ; *Rhétorique à Herrenius*, 1, 13 ; Quintilien, *Inst. Or.*, 2, 4, 2, et enfin Asclépiade de Myléa, *apud* Sextus Empiricus (*Contre les grammairiens*, 252), qui distingue trois types d'histoire : « l'histoire vraie, fausse et comme le vrai (ὡς ἀληθῆ) ; l'histoire factuelle est vraie, l'histoire mythique et fictionnelle est fausse, l'histoire telle la comédie et le mime est *comme vrai* (ὡς ἀληθῆ) ». Sur quoi, cf. MEIJERING, R., *Literary and Rhetorical Theories in Greek Scholia*, Groningen, E. Forsten, 1987, p. 76-90 ; FEENEY, D.C., *The Gods in Epic: Poets and Critics of the Classical Tradition*, Oxford, Clarendon Press, 1991, p. 42-44.

17. Cf. PFISTER, F., « Isokrates und die spätere Gliederung der Narratio », *Hermes*, 68, 1933, p. 457-460.

18. « En un temps où j'étais plus jeune, j'ai délibéré de rédiger des discours *qui ne sont pas ceux de type mythique non plus que ceux remplis de prodiges et de mensonges* » (οὐ τοὺς μυθώδεις οὐδὲ τοὺς τερατείας καὶ ψευδολογίας μεστοὺς) (1, 1-3).

« Puisque le poète est auteur de représentations [imitateur], tout comme le peintre ou tout autre producteur d'images, nécessairement il doit toujours représenter l'une quelconque de ces trois choses : ou bien la sorte de choses qui étaient ou qui sont, ou bien la sorte de choses que l'on dit exister ou qui semblent exister, ou bien la sorte de choses qui doivent être. Et il les révèle au moyen de l'expression qui comprend le mot exotique, la métaphore [j'y reviendrai] et les multiples altérations de l'expression ; voilà les choses que nous accordons aux poètes[19]. »

Dans ce passage, le poète qui se trouve classé par Aristote à côté du peintre ou de n'importe quel autre *producteur d'images* (εἰκονοποιός), se voit défini d'emblée comme un μιμητής (imitateur), terme qui ne doit aucunement être interprété en un sens passif ou limitatif[20], puisque le poète représente ou imite non pas simplement *ce qui est ou ce qui a été*, mais plus librement, ce qui *semble être* ou *est rapporté avoir existé*, puis, plus librement encore, ce qui *doit être*, c'est-à-dire cela que le poète lui-même peut *souhaiter voir se réaliser*. On en a immédiatement la confirmation dans le fait qu'un peu plus loin dans le même chapitre, Aristote précise : « <peut-être est-il impossible> qu'il y ait des hommes tels que Zeuxis les peignait, *mais il les a peint en mieux* (βέλτιον) ; car ce qui sert de paradigme doit être supérieur (ὑπερέχειν) » (25, 1461 b 12-14).

C'est dans le même sens aussi qu'Aristote se prononce au chapitre 9 : « Il est clair, après ce que nous avons dit, que le rôle du poète ne consiste

19. Aristote, *Poétique*, 25, 1460 b 7-13, texte établi et traduit par J. Hardy, Paris, Les Belles Lettres, 1999[2] (ma traduction). Dans la suite de cet essai, la plupart des traductions sont de moi, même si certaines d'entre elles se contentent de reprendre, en les modifiant, les traductions de Hardy. J'ai également tiré profit de la traduction de GERNEZ, B., *Poétique*, Traduction, introduction et notes de Gernez, B., Paris, Les Belles Lettres, 2008) et de celle de Dupont-Roc, R., Lallot, J. (*La Poétique*, Le texte grec avec une traduction et des notes de lecture, Paris, Seuil, [1980], 2011[2]), dont les riches notes sont souvent fort éclairantes.
20. Raison pour laquelle je préfère traduire le terme μίμησις par « représentation » plutôt que par « imitation », mot truffé de connotations négatives accumulées au cours des âges et qui ne reflète pas la multiplicité de sens de son correspondant grec. C'était d'ailleurs le choix de traduction fait jadis par Dupont-Roc et Lallot (*Poétique*, p. 20), une autre option, défendue récemment du côté anglais par S. Halliwell (*The Aesthetics of Mimesis. Ancient Texts and Modern Problems*, Princeton – Oxford, Princeton University Press, 2002, p. 152), consistant à maintenir le terme *mimesis* lui-même inchangé, ce qui n'empêche pas l'auteur d'admettre que « représentation » demeure la meilleure traduction (cf. *The Poetics of Aristotle*, Chapel Hill [NC], The University of North Carolina Press, 1987, p. 192).

pas à rapporter les choses qui se sont produites, mais celles qui *pourraient arriver* (οἷα ἂν γένοιτο), celles qui sont possibles selon le vraisemblable ou le nécessaire » (9, 1451 a 36-38).

Cela étant posé, on peut maintenant revenir à la question de la *rectitude poétique* qu'évoque Aristote au chapitre 25 de sa *Poétique*, où il déclare :

> « En plus de ces choses [il s'agit ici de ce qu'Aristote vient de concéder au poète, à savoir l'emploi du mot exotique, de la métaphore, etc.], la *rectitude* n'est pas la même pour le politique et pour la poétique (οὐχ ἡ αὐτὴ ὀρθότης ἐστὶν τῆς πολιτικῆς καὶ τῆς ποιητικῆς), non plus que pour un autre art et pour la poétique (οὐδὲ ἄλλης τέχνης καὶ ποιητικῆς). » (25, 1460 b 13-15)

Cet extrait capital nous met en présence d'une double délimitation catégorielle. Selon Aristote, la *poétique* ne peut être évaluée, du point de vue de sa *rectitude*, à l'aune de l'art politique, mais elle ne peut non plus être jugée à la manière des autres techniques. Elle constitue par conséquent un cas parfaitement isolé dans l'ordre du savoir. En effet, ne relevant déjà pas des sciences théorétiques (théologie, mathématique, physique), qu'Aristote estime supérieures à absolument toutes les autres sciences[21], elle ne logerait à l'enseigne ni des sciences pratiques (éthique et politique notamment), lesquelles visent une *action* ou un *agir* (πρᾶξις), ni non plus des autres sciences poétiques, c'est-à-dire de toutes les autres techniques artisanales, lesquelles entreprennent de produire un *artefact*, une *œuvre* quelconque (ἔργον).

Or de cette figure d'exception qu'incarne la *poésie* dans le traité de la *Poétique,* il n'est jamais question dans aucun des autres écrits d'Aristote : il s'agit donc là d'une distinction parfaitement idiosyncrasique[22].

---

21. Cette supériorité de la science théorétique est due soit à sa plus grande exactitude, soit à la plus grande dignité de son objet, comme Aristote le mentionne en *Topiques*, VIII, 1, 157 a 9-10, ou encore en *De anima*, I, 1, 402 a 1-3 : « C'est au nombre des valeurs suprêmes que se range, selon nous, le savoir, et l'une de ses espèces [il s'agit bien sûr de la science théorétique] l'emporte sur l'autre soit par son acribie, soit par la plus haute et plus admirable dignité de ses objets ». Sur la division aristotélicienne des sciences, voir aussi le passage classique de *Métaphysique*, E, 1.

22. P. Donini (« *Mimèsis* tragique et apprentissage de la *phronèsis* », *Les Études philosophiques*, 4, 2003, p. 436-450) a bien marqué la situation exceptionnelle de cet écrit pour lequel, contrairement aux autres traités d'Aristote, on ne peut trouver « aucune indication explicite et non équivoque concernant son appartenance à une discipline philosophique plus

Maintenant, en quoi réside la singularité de la *rectitude* poétique ? Aristote s'en explique de la manière suivante :

> « Pour l'art poétique lui-même, la faute est de deux espèces : l'une, intrinsèque, l'autre, accidentelle. En effet, si le poète a choisi de représenter <mais n'y est pas arrivé> par incapacité, la faute relève de l'art poétique. Or si c'est le choix <de l'objet à représenter> qui n'est pas correct, mais que le cheval avance <en même temps> les deux pattes droites, il s'agit soit d'une faute qui se rapporte à un art particulier, par exemple la médecine ou un autre art, soit à n'importe quel art si la chose composée est impossible, mais non d'une faute intrinsèque <à l'art poétique>. Par conséquent, c'est à partir de ces observations qu'il faut, dans les problèmes posés, chercher à résoudre les objections. » (25, 1460 b 15-23)

L'arrière-plan de cette discussion a été identifié depuis longtemps, c'est la charge menée jadis par Platon contre la poésie dans la *République* surtout, mais aussi dans les *Lois* (II, 667 b 7-670 b 4 ; III, 700 e). Au Livre X de la *République*, en effet, Platon s'attache à montrer que l'imitateur n'a aucune connaissance des arts dont il parle. Seul le *fabricateur* de la chose réelle ou encore son *utilisateur* détiennent un savoir véritable sur l'objet produit. La conclusion qu'en tire Platon apparaît alors sans appel : « Par conséquent, l'imitateur n'aura ni savoir ni opinion correctes (ὄρθα), relativement aux objets qu'il imite » (X, 602 a 7), si bien que, comme le conclura l'argument, « l'imitation n'est qu'un badinage indigne des gens sérieux » (X, 602 b 6-7).

En réaction à cette mécompréhension de l'art, Aristote opèrera ce que l'on pourrait appeler une *dénivellation poétique* ou *artistique* : la rectitude poétique n'est pas de même nature que la rectitude scientifique ou même technique, elle intervient à un autre niveau ou d'une autre manière. Et Aristote de fournir aussitôt un exemple concret de ce qu'il signifie par-là : « Commençons par ce qui concerne l'art poétique même : si on a composé une chose impossible, on a commis une faute, mais cela est justifié (*orthôs*), si l'on atteint la fin propre de l'art (car ce qu'est la fin de

générale » (p. 436). Mais à ma connaissance, le savant italien ne tient nulle part compte du passage de 25, 1460 b 13-15, que j'estime décisif et qui me paraît faire obstacle à l'assimilation pure et simple de la *poétique* à la « philosophie pratique, éthique et politique » (p. 437), à laquelle lui-même souscrit.

l'art, on l'a dit), si, de cette manière, on rend plus saisissante cette partie [de l'œuvre] ou une autre. La poursuite d'Hector en est un exemple » (25, 1460 b 23-27).

L'exemple dont il s'agit est cette scène bien connue de l'*Iliade* dans laquelle Hector est poursuivi par Achille devant les murs de Troie assaillie, tous les soldats, arrêtés par un simple signe de tête d'Achille, contemplant tout à coup immobiles le spectacle surréaliste de cette course. Aristote avait déjà mentionné un peu plus tôt, au chapitre 24, ce même épisode :

> « Il faut, dans les tragédies, produire le merveilleux (θαυμαστόν), mais l'épopée admet bien plus aisément l'irrationnel (τὸ ἄλογον) par lequel survient au plus haut point le merveilleux, du fait que l'on ne voit pas le personnage agissant ; car ce qui a trait à la poursuite d'Hector paraîtrait risible à la scène, avec d'un côté ceux qui restent sur place sans le poursuivre, de l'autre, celui qui les retient d'un signe de tête ; mais dans l'épopée, cela ne se remarque pas. » (24, 1460 a 10-17)

L'objectif d'Aristote ici est de faire voir que le caractère invraisemblable de la scène décrite par Homère n'est rien en comparaison de l'avantage qu'en tire effectivement le poète. En effet, s'il s'agit de faire ressentir l'incroyable catastrophe de la chute de Troie, c'est-à-dire non seulement sa défaite en tant que telle mais l'effondrement de toute la civilisation qu'elle représentait, alors la course surréaliste d'Hector devant les murailles de Troie ne se révèle-t-elle pas, par son extravagance même, le moyen par excellence d'y parvenir ? À la scène, évidemment, le grotesque de la situation apparaîtrait sans doute trop crûment. Mais dans l'épopée, où l'auditeur peut laisser libre cours à son imagination, quelle force pathétique que celle de cette scène ! Or qu'importe avant tout au poète, l'*exactitude des faits* ou *la fidélité à son projet poétique* ? Du point de vue de l'art militaire, la scène est tout bonnement impossible, c'est entendu. Mais la *rectitude poétique* relève d'un tout autre ordre, celui précisément de la *fiction*, qui s'émancipe de la bivalence du vrai et du faux.

L'incroyable poursuite d'Hector ne remplit donc son office que si l'épopée, de cette manière, arrive à produire un effet réellement supplémentaire, que si le gain est indubitable. Aristote nous en prévient d'ailleurs : « Si, cependant, la fin [de l'art] pouvait être mieux ou tout aussi bien atteinte en respectant l'art relatif à ces choses, la faute n'est pas correcte (ὀρθῶς). Car il faut, si cela est possible, que l'on ne commette absolument aucune faute » (25, 1460 b 27-29). Par conséquent, il y a faute et faute, et donner un ordre en croyant adresser une prière, comme le reprochait Protagoras à Homère, qui avait écrit : « Chante, déesse, la colère... », voilà un objet de considération « qui relève d'une autre science que de la science poétique » (19, 1456 b 18-19).

Bref, en poésie comme en art, tout est ainsi redoublé, tout doit être évalué en vertu d'un double registre ; en d'autres termes, rien n'est plus simplement *ce qu'il est* :

> « Il faut considérer à laquelle des deux catégories appartient la faute, celle des fautes qui se rapportent à l'art ou celle des fautes qui se rapportent à autre chose d'accidentel. Car il y a une faute moindre à n'avoir pas su que la biche n'a pas de cornes, qu'à l'avoir dépeinte *de manière non représentative* (ἀμιμήτως). » (25, 1460 b 29-32)

Ici encore, Aristote prend le contre-pied d'affirmations expresses de Platon qui fustigeait les poètes au motif de leur carence en connaissance technique : « Par conséquent, nous ne demanderons pas de compte à Homère, ni à aucun autre poète, de toutes ces professions dont ils ont fait leurs sujets. Nous ne demanderons pas si tel d'entre eux a été un expert en médecine [...]. Ne les interrogeons pas non plus sur les autres arts [...] »[23]. Or le point de vue d'Aristote est diamétralement opposé à celui-là. Qui n'a pas compris que l'enjeu de l'art ne reposait pas sur l'exactitude objective n'a rien compris à l'art. De fait, si nous n'accordons pas au poète un certain espace de jeu vis-à-vis du réel – ce que l'on peut appeler la *dénivellation poétique* ou *artistique* –, alors le message poétique nous restera à jamais inaccessible. Dans ces conditions, exiger la même exactitude dans l'exercice de l'art que dans les techniques ordinaires relèverait de l'inculture, ce serait ruiner l'idée de l'art en soi, l'idée, avant la lettre, de *l'art pour l'art* (*ars gratia artis*), dont la finalité est endogène.

On peut même aller plus loin en art que la simple exagération, on peut parfois aller jusqu'à *l'impossible* (τὸ ἀδύνατον) pur et simple, si on y gagne de fait en persuasion :

> « Du point de vue de la poésie, en effet, *l'impossible qui persuade vaut mieux que le possible qui ne persuade pas* ; et peut-être est-il impossible

23. *Rép.*, X, 599 b-c.

qu'il y ait des hommes tels que Zeuxis les peignait, mais il les a peints en mieux, car ce qui sert d'exemple doit être supérieur. Les choses irrationnelles (ἄλογα) doivent être justifiées par ce qui est dit couramment ; et même en les justifiant de cette manière, il arrive parfois qu'il n'y ait rien d'irrationnel ; car il est *vraisemblable* (εἰκὸς) que les choses se produisent aussi contre la vraisemblance. » (25, 1461 b 9-15)

Le poète peut donc faire usage de l'irrationnel, car l'irrationnel, sous toutes ses formes, alimente le θαυμαστόν, à savoir l'*étonnant* ou le *merveilleux*. Or il s'avère, comme y insiste Aristote, que le merveilleux est une denrée recherchée par tous : « le merveilleux est agréable ; il y en a un indice, c'est que tous les hommes, quand ils font un récit, en rajoutent de manière à faire plaisir » (24, 1460 a 17-18). Si le poète a le souci de faire plaisir, il est clair qu'il ne saurait renoncer à tout ce qui paraît irrationnel ou absurde, qui comptent parmi les plus grandes sources d'émerveillement, ce dont tous les hommes sont friands. C'est ce que l'on peut à nouveau qualifier de *licence poétique*, cela que *nous accordons au poète*, comme le formulait le Stagirite.

Sur ce plan encore, on mesure jusqu'à quel point l'approche d'Aristote se démarque résolument de celle empruntée par Platon. Ce dernier, en effet, part d'une exigence générale abstraite, celle de l'adéquation nécessaire du discours à la réalité, et il entend contraindre l'écrivain à s'y conformer. Tout écart sera soumis à examen et éventuellement sanctionné. C'est d'ailleurs ce que notait Chr. Gill dans une étude fort instructive sur le sujet[24], en expliquant que Platon combattait la mythologie 1) en raison d'une part de sa théâtralité même (i. e. de ses extravagances émotives, de ses exagérations verbales et débordements passionnels de toutes sortes, etc.) ; 2) mais en raison surtout du fond même de ce qu'elle enseigne, c'est-à-dire des messages mensongers qu'elle véhicule et de son inadéquation au réel[25]. En d'autres termes, Platon se méfie d'une part de la forme de la poésie ou du style poétique en tant que tel, mais il en combat avant

24. GILL, Chr., « Plato on Falsehood – not Fiction », dans Gill, Chr., Wiseman, T.P. (dir.), *Lies and Fictions in the Ancient World*, Liverpool, Liverpool University Press, 1993, p. 38-87.
25. « Plato on Falsehood – not Fiction », 1993, p. 49 : « La préoccupation centrale de Platon est de s'opposer à la prétention des artistes imitatifs, et surtout des poètes, à véhiculer de fait un savoir ».

tout le fond, l'enseignement proprement dit, dans l'ignorance où il serait du caractère non *véridicationnel* des énoncés fictionnels[26]. C'est dans ce sens aussi que G.R.F. Ferrari écrivait : « en réfléchissant à la poésie en terme de théâtralité plutôt qu'en terme de fictionnalité, Platon fait de la poésie une entreprise de part en part éthique plutôt qu'esthétique »[27]. Bref, Platon s'attaque à la poésie et à la mythologie justement parce que pour lui, celles-ci ne constituent pas simplement des fictions mais parlent en définitive du réel et affirment des choses sur le monde.

Sur ce plan, Aristote accomplit donc selon moi deux gestes décisifs dans la *Poétique* : 1) il reconnaît qu'en poésie on quitte la bivalence du vrai et du faux pour accéder à la fictionnalité en tant que telle, les histoires qu'on raconte ne sont ni vraies ni fausses, elle sont tout bonnement inventées, surtout en comédie où elle sont façonnées de bout en bout[28], sans compter que parfois, ce qu'elles racontent est proprement impossible ; 2) Aristote légitime et justifie théoriquement ce dépassement du réel en tant que tel[29], même si, il faut le reconnaître, lui-même demeure relativement conservateur dans son analyse plus spécialement de la tragédie, à laquelle il ne prête pas une licence infinie[30].

---

26. Le discours fictionnel n'est pas comparable au discours factuel, prétendant énoncer des vérités sur le monde. Comme le signale Chr. Gill, « fictional discourse [...] has no truth-status » (« Plato on Falsehood – not Fiction », 1993, p. 39).

27. FERRARI, G.R.F., « Plato on Poetry », dans Kennedy, G.A. (dir.), *The Cambridge History of Literary Criticism*, Cambridge, Cambridge University Press, 1989, p. 98.

28. Comme le mentionne LOWE, N.J., *The Classical Plot and the Invention of Westerns Narrative*, Cambridge, Cambridge University Press, 2000, « la comédie est la première forme non déguisée de fiction littéraire à abandonner l'usage du mythe, antérieurement la source canonique de matériel narratif pour toute fiction reconnue comme telle » (p. 88).

29. Sur quoi, HALLIWELL, S., *The Aesthetics of Mimesis*, 2002, p. 166 : « [Aristote en vient] à traiter de l'imitation artistique comme d'une fiction, si par "fiction", on entend la modélisation d'un monde dont le statut imaginaire est construit en parallèle au monde réel spatio-temporel, qui est celui qu'expérimentent à la fois l'artiste et le public ».

30. Mais ce n'est pas le cas, on le sait, de la comédie qui, comme l'écrit LOWE, N.J., *The Classical Plot and the Invention of Westerns Narrative*, 2000, p. 87, « ne respecte aucune consistance relative à l'espace, au temps, à la logique causale, à l'illusion dramatique ou à la psychologie humaine ». Voir aussi FRAZIER, F., *Poétique et création littéraire en Grèce ancienne. La découverte d'un « nouveau monde »*, Franche-Comté, Presses Universitaires de Franche-Comté, 2009, p. 28, qui remarque : « la comédie ancienne possède une aptitude stupéfiante à transfigurer tous les éléments de la réalité pour se créer son univers propre ». Or Aristote, lecteur aussi d'Aristophane (cf. *Poétique*, 3, 1448 a 27), est de toute évidence conscient du phénomène.

À mes yeux, l'élément crucial n'est pas *le degré plus ou moins grand de fictionnalité* qu'Aristote accorde à la poésie dans la *Poétique* – qui est certes moindre que ce qu'on admettrait communément aujourd'hui –, mais l'existence elle-même de cette légitimation : pour Aristote, *les poètes menteurs ont raison de mentir*, même s'ils ne mentent peut-être pas aussi radicalement que nos poètes modernes, même s'il admet qu'il aurait été préférable dans certains cas qu'ils ne mentent d'aucun point de vue.

Comment Aristote aurait-il réagi devant *Alice au pays des merveilles* de Lewis Carroll par exemple, à savoir un récit de type onirique extrêmement décousu, ou le monologue de Molly à la fin du *Ulysses* de J. Joyce, un exercice phénoménal assez déroutant entreprenant de mimer un « courant de conscience » (*stream of consciousness*) ? Mal peut-être. Mais je maintiendrais qu'Aristote avait tout au moins les *ressources théorétiques* pour bien réagir à de semblables innovations littéraires, à défaut éventuellement de bien les accueillir lui-même.

La représentation poétique comporte ses propres règles, fonde sa propre légitimité, et cela irréductiblement. L'art, par la maîtrise de ses propres frontières, accède ainsi à la fictionnalité. Comme le notait W. Rösler, « le concept de *mimesis*, disqualifié par Platon, apparaît utilisé désormais de manière positive ; il ne désigne plus un écart par rapport à la vérité, mais au contraire un acte spécifique d'établissement de vérité, celui précisément de la fiction poétique »[31].

Le but de l'art

Cela étant posé, qu'est-ce en définitive que l'art pour Aristote ? Quelle est son œuvre propre, quelle est sa finalité intrinsèque ? Il s'agit là de questions extrêmement difficiles à résoudre, d'autant que le Stagirite ne répond jamais directement à la question de l'art comme telle mais à celle de la poésie, et parfois, pour la poésie, à celle plus précisément de la tragédie. Ensuite, force est de constater que le Stagirite ne fournit pas *une* réponse à cette interrogation mais en réalité plusieurs, que l'on doit d'abord harmoniser, puis, par extrapolation, tenter d'appliquer aux autres

31. Rösler, W., « Die Entdeckung der Fiktionalität in der Antike », *Poetica*, 12, 1980, p. 310.

arts (peinture, sculpture, danse, musique, etc.), extension du reste légitime, puisque Aristote lui-même les compare sans cesse (la peinture, tout particulièrement, forme pour lui un référent constant) dans son œuvre. Le plus simple est sans doute ici de commencer par énumérer différentes déclarations d'Aristote sur le sujet pour tenter ensuite d'en distinguer les principaux éléments :

[1] « La tragédie est la représentation d'une action noble et achevée, ayant une certaine étendue, dans un langage relevé d'assaisonnements dont chaque espèce est utilisée séparément selon les parties de l'œuvre, qui est faite par des personnages en action et non à travers un récit, et qui, par le moyen de la pitié et de la crainte, *accomplit* (ou *achève, mène à terme* : περαίνουσα) la *catharsis* des émotions de ce genre. » (6, 1449 b 24-28)

[2] « Le plus important des éléments de la tragédie est *l'assemblage des faits* (ἡ τῶν πραγμάτων σύστασις), car la tragédie est la représentation non pas des hommes mais des actions [...] ; de sorte que les actes et l'intrigue sont la fin de la tragédie ; or la fin est le plus important [...]. En plus de cela, il faut dire que ce qui exerce *la plus grande séduction*[32] *dans la tragédie, ce sont les parties de l'intrigue* : les péripéties et les reconnaissances. » (6, 1450 a 15-35)

[3] « Le type général [en poésie], c'est le type de choses qu'il arriverait à un type d'hommes de dire ou de faire selon la vraisemblance ou la nécessité, et c'est ce que la poésie cherche à atteindre – littéralement, *ce qu'elle conjecture* (στοχάζεται) –, tout en attribuant des noms aux personnages. » (9, 1451 b 8-10)

[4] « Ce n'est pas tout type de plaisir qu'il faut rechercher dans la tragédie, mais celui qui lui est propre. Et puisque le poète doit *préparer* (παρασκευάζειν) *le plaisir qui, à travers la représentation, provient de la crainte et de la pitié, il est clair que c'est au sein des faits* qu'il doit produire cela. » (14, 1453 b 10-14)

[5] « Dans les péripéties, et dans les actions simples, c'est par le moyen de l'*émerveillement* que les poètes cherchent à atteindre leur but. Celui-ci, en effet, est de susciter le tragique et le sentiment d'humanité. » (18, 1456 a 20-21)

[6] « Commençons par ce qui concerne l'art poétique même : si l'on a composé une chose impossible, on a commis une faute, mais cela est juste, si l'on atteint la fin propre de l'art (car ce qu'est la fin de l'art, on l'a dit), si, de cette manière, on rend *plus saisissante* cette partie [de l'œuvre] ou une autre. La poursuite d'Hector en est un exemple. » (25, 1460 b 23-27)

---

32. Comme l'énoncera Ératosthène, « tout poète tend à la séduction (ψυχαγωίας) et non à l'enseignement (διδασκαλίας) » (*apud* Strabon, *Geographica*, I, 1, 10, 32).

[7] « La tragédie a aussi tout ce que possède l'épopée (dont elle peut utiliser le mètre), avec, en plus, ce qui n'est pas peu, la musique et les éléments liés au spectacle, par le concours desquels surviennent *les plaisirs les plus vifs.* » (26, 1462 a 14-17)

[8] « Si donc la tragédie se distingue par tous ces points et aussi par l'effet qui relève de l'art (car ce n'est pas n'importe quel plaisir que ces arts doivent produire, mais celui qui a été dit), il est clair qu'elle est supérieure puisqu'elle atteint mieux la fin que l'épopée. » (26, 1462 b 11-15).

Plusieurs thèmes se dégagent avec force de l'ensemble de ces extraits. Parmi les plus importants sont ceux du plaisir et de la séduction. La représentation poétique doit être agréable, elle doit susciter du plaisir et, pour ce faire, elle doit impérativement émouvoir l'auditeur ou le spectateur. Le plaisir en question n'est d'ailleurs pas le plaisir de premier degré, que l'on peut par exemple tirer des boissons ou des aliments, mais le plaisir qu'il faut bien déclarer *artistique*, à savoir le plaisir qui s'éprouve *à travers la représentation.* Ce point est fondamental. Ce n'est pas n'importe quelle pitié que suscite la tragédie ou n'importe quelle crainte, mais celle qui passe par le *filtre* de la représentation. *Purification*, *purgation* ou plus simplement *épuration*, procédé *allopathique* ou *homéopathique*, la célèbre *catharsis* aristotélicienne, dont le sens précis confond les commentateurs depuis l'origine, est en tout cas indissociable d'une certaine expérience du plaisir, dont la nécessité imprègne de part en part la *Poétique*. La poésie a par conséquent pour tâche de séduire et de plaire. Ce n'est pas son seul dessein, certes, mais c'est un paramètre essentiel de sa tâche.

Un autre trait éminent ressort également des différents extraits répertoriés, celui de l'*assemblage des faits* (ἡ τῶν πραγμάτων σύστασις [6, 1450 a 15]), ou de ce que l'on peut désigner comme la *construction poétique.* Le poète est un *assembleur* ou un *échafaudeur*. Sa mission est d'élaborer, à partir de différents matériaux choisis selon son vœu, une intrigue qu'il va soumettre au public et grâce à laquelle il va faire naître chez celui-ci une certaine émotion.

La finalité de l'art poétique consisterait donc en cela, susciter un plaisir à travers la représentation – un plaisir esthétique – par le moyen de l'assemblage des faits (ou de l'assemblage des couleurs et des formes, des personnages et du décor, dans le cas du peintre), c'est-à-dire par la construction de l'intrigue, en recourant s'il le faut au merveilleux et à tous les expédients possibles, musique et éléments scéniques, qui tous concourent puissamment à produire le plaisir. Fort bien, mais par l'assemblage de quels faits, la construction de quelle intrigue ? Eh bien, l'assemblage des faits dont il a été question en [3], à savoir « le type de choses qu'il arriverait à un type d'hommes de dire ou de faire selon la vraisemblance ou la nécessité ». Qu'est-ce à dire ?

À travers une certaine construction poétique, le poète met sous les yeux du lecteur ou du spectateur un destin d'homme possible ou vraisemblable, voire nécessaire, étant donné la trame des éléments reconstituée. Donc le poète ne parle comme tel d'aucun homme en particulier, mais d'un *homme possible*, auquel il peut nécessairement ou vraisemblablement arriver quelque chose. Or le vraisemblable, nous l'avons vu, comporte lui-même de l'irrationnel et de l'inusité, car « il est *vraisemblable* (εἰκός), observait Aristote, que les choses se produisent aussi contre la vraisemblance » (25, 1461 b 9-15). Donc le poète a toute licence d'offrir à la réflexion du spectateur une panoplie de destins possibles plus ou moins effrayants ou édifiants, avec lesquels le spectateur peut d'autant plus s'identifier qu'ils n'incarnent pour lui qu'une éventualité encore abstraite, même s'il en saisit intellectuellement la teneur et les conséquences possibles. Le but de la poésie serait ainsi tout à la fois de faire plaisir et de proposer à la réflexion des sorts humains possibles, reflets finalement de la contingence intrinsèque du monde sensible, dans lequel aucun concours de circonstances n'est jamais exactement identique à un autre. Si l'universel de la science en est un de nécessité, l'universel de la poésie, lui, en serait un de pure possibilité. À défaut d'*enseigner* ce qu'il faut faire, l'universel poétique, en prêtant vie à des destins singuliers, *renseignerait* sur ce qui peut éventuellement se produire[33].

33. Nous ne croyons cependant pas que l'on puisse aller jusqu'à soutenir, selon la formule séduisante de GOLDSCHMIDT, V., *Temps physique et temps tragique chez Aristote*, Paris, Vrin, 1982, p. 265, que la tragédie « est plus philosophique que la philosophie même : elle parvient à rendre intelligible l'être par accident ». Une telle intelligibilité de l'accident est à notre avis hors de portée. Mais il ne fait pas de doute qu'à défaut de le *rendre intelligible*, la poésie le *rend manifeste*, le soumet à notre regard et à l'appréciation libre de notre entendement.

Du pouvoir créateur du poète ou de l'artiste

Par la *rectitude poétique*, dont on a vu qu'elle demeurait irréductible à toute autre, l'art accède enfin à son autonomie propre et n'a plus besoin, pour se réaliser, de se conformer à une quelconque règle hétérogène. L'art se manifeste déjà en vue de lui-même, il est *ars gratia artis*, formule on le sait historiquement plus tardive, mais contenue en germe dans l'ὀρθότης *poétique aristotélicienne*, comme d'ailleurs aussi, l'idée de création artistique.

Cette puissance créatrice, au-delà de l'agencement des faits dont le poète est le seul maître, se révèle au mieux selon Aristote dans le maniement de la métaphore, arme précieuse, nous dit-il, entre toutes :

> « mais de beaucoup le plus important [pour le poète] est de savoir faire les métaphores ; en effet, *c'est la seule chose qui ne peut être reprise des autres*, et c'est le signe d'une nature bien douée (εὐφυΐας) ; car bien faire les métaphores, c'est *apercevoir* (ou *contempler, voir en son esprit* [θεωρεῖν]) ce qui est semblable[34]. »

Comment la métaphore laisse-t-elle apercevoir le semblable ? C'est qu'elle établit un lien entre deux choses que nul n'avait aperçu ou encore exprimé auparavant. En effet, explique Aristote, « lorsque le poète appelle la vieillesse un brin de chaume, il nous instruit et produit une connaissance par le moyen du genre ; car l'un et l'autre sont défleuris »[35]. Dire que la vieillesse est un brin de chaume, c'est dire que la vieillesse est à l'ensemble de la vie d'un homme, ce que le chaume est au terme de la croissance d'une céréale, à savoir la tige restante. Bref, dans son rapport à la vie entière de l'homme, la vieillesse est égale au chaume. Or bien apercevoir les similitudes, en faire découvrir de nouvelles à travers son récit, voilà ce qui ne peut s'apprendre d'autrui, voilà ce qui, en propre, appartient à chaque auteur et révèle son génie particulier. On peut en

34. *Poétique*, 22, 1459 a 5-8 ; même assertion en *Rhétorique* III, 2, 1405 a 8-9. On y a vu, à juste titre, la marque du génie créatif. Comme le notait par exemple Ricœur, P., *La Métaphore vive*, Paris, Seuil, 1975, p. 33 : « bien métaphoriser ne s'apprend pas ; c'est le don du génie ».

35. *Rhétorique* III, 10, 1410 b 14-15.

effet tout reprendre d'un autre écrivain, l'histoire, le contexte du récit, les personnages, le lieu, etc., mais les liens nouveaux, les images inédites dont s'agrémentera l'intrigue, cela ne peut venir que du poète lui-même, de sa capacité métaphorique propre. Comme on l'a exprimé, « c'est personnellement que le poète est poète »[36], comme c'est à lui qu'il revient de « *découvrir* (εὑρίσκειν) et de faire un judicieux usage des données de la tradition » (14, 1453 b 25-26), ce qui explique qu'Aristote ait pu déclarer Homère « merveilleux entre tous » (θεσπέσιος, 23, 1459 a 30-31), lui surtout qui a appris aux autres poètes l'art « des tromperies nécessaires », littéralement, « à parler faux comme il faut (ψευδῆ λέγειν ὡς δεῖ) » (24, 1460 a 19).

Pourquoi insister sur ce point ? Parce qu'une partie de la littérature savante s'entend maintenant encore pour soutenir que l'idée de la création ne cadre pas avec les caractères généraux de la pensée grecque classique, la problématique de la créativité, selon cette hypothèse, étant intervenue beaucoup plus tard dans l'histoire de la pensée, c'est-à-dire au Moyen Âge[37], là seulement où la figure de l'artiste, précisément, aurait pu se dégager de celle de l'artisan. Mais contrairement à ce que soutiennent Blumenberg et d'autres interprètes, l'art n'est pas pour Aristote une simple imitation de la nature, à savoir « la nature dotée d'autres moyens »[38], mais un produit proprement humain, destiné d'ailleurs à susciter des émotions elles-mêmes humaines. L'intrigue que le poète tisse et qui représente seulement une combinaison possible d'événements, il se peut fort bien que,

36. Cf. DUPONT-ROC, R., LALLOT, J., *Aristote. La poétique*, 1980, p. 366.
37. Selon BLUMENBERG, H., *L'Imitation de la nature et autres essais esthétiques*, Paris, Hermann, 2010, p. 43, l'idée de la créativité appliquée à l'homme n'apparaîtrait pas avant le XIIIe siècle, à partir de Duns Scot puis surtout chez Nicolas de Cues (XVe siècle), tout particulièrement dans *L'Illettré, De l'esprit* (cf. *Philosophisch-Theologische Schriften*, Wien, L. Gabriel, 1967, 3 vol., *Idiota de mente*, chap. 2, III, p. 490 *sq.*) : « L'homme ne porte plus son regard sur la nature, le cosmos, pour y lire le rang qu'il occupe dans l'étant, mais sur le monde des choses, surgi *sola humana arte* ».
38. BLUMENBERG, H., *L'imitation de la nature et autres essais esthétiques*, 2010, p. 64. Cette mécompréhension de la poétique aristotélicienne comme *imitation de la nature* est un héritage de la redécouverte de la *Poétique* à la Renaissance (sur ce point, voir SCHMITT, A., *Aristoteles. Poetik*, Berlin, Akademie Verlag, 2008, p. 48 et 53), laquelle a tendu à confondre la pensée d'Aristote lui-même avec sa réinterprétation tardo-antique chez Cicéron, Horace, Sénèque, Quintilien, etc.

dans les faits, jamais la nature ne la réalise[39] ! Les métaphores qu'il élabore ne sont pas non plus inscrites d'avance dans la nature. Dans la poésie, il n'y a pas de forme préalable dont le poète devrait suivre le modèle[40], puisque c'est lui qui, du début à la fin, construit sa propre intrigue, dont Aristote souligne d'ailleurs qu'elle est « le principe et comme l'âme de la tragédie (6, 1450 a 39) et, au surplus, sa plus grande source de séduction (6, 1450 a 33).

Conclusion

Refaire le monde, imaginer un nouveau monde ou tout au moins une nouvelle cité, comme le fit par exemple Aristophane dans les *Oiseaux*, voire même prendre congé du monde et de sa vraisemblance pour ériger devant soi le portrait de tout autre chose (c'est le fameux *hétérocosme* auquel nous faisions allusion dès le départ), comme on a vu que Lucien s'y essayait dans ses *Histoires vraies*, sont toutes choses auxquelles la fiction et la liberté artistique donnent accès.

39. Nous rejoignons sur ce plan le point de vue de SCHMITT, A., *Aristoteles. Poetik*, 2008, p. 95-96 : « Donc la poésie, au sens aristotélicien, fait aussi apparaître quelque chose, elle est créative (*schöpferisch*) et découvre des personnages et des actions qui jamais, ou du moins jamais sous cette forme, n'ont été et n'existeront ». En ce sens, la poésie ne peut être ramenée à une *imitatio naturae*, puisque l'agir que le poète choisit de mettre en scène n'est justement pas *prédonné*. Dans un sens plus général, comme l'observe Cl. Calame, c'est toute la mytho-poésie antique qui relève de la *fiction* ou du *fictionnel* : « Aux yeux des Anciens déjà, l'activité de création "mythologique" était indissolublement attachée à la pratique poétique, à la pratique du faire (*poieîn*) littéraire entendu comme fabrication artisanale [...] ; l'idée grecque du produit poétique comme artefact partagé, par l'effet d'une mimesis créative [...] correspond à peu près à ce que désormais on désigne et entend par l'emploi du terme et du concept de *fictionnel* » (cf. CALAME, Cl., *Poétique des mythes dans la Grèce antique*, 2000, p. 38 et 43).

40. Sur ce point, voir par exemple WATSON, W., *The Lost Second Book of Aristotle's Poetics*, Chicago – London, University of Chicago Press, 2012, qui observe : « Dans la réalisation pleine et entière des possibilités poétiques d'imitation au sein de la poésie considérée en elle-même, rien dans le poème n'est simplement copié, puisque tout dans le poème doit être justifié du point de vue de cette fin poétique à atteindre. Ce qui s'y trouve simplement copié, sans plus de rapport avec la fin poétique poursuivie, n'est pas partie intégrante de la poésie au sens propre » (p. 76).

Toute critique n'est évidemment pas fictionnelle, mais il est certain qu'il est une part substantielle de l'activité critique qui relève directement de la fiction et que cette dernière a la faculté et les moyens, plus peut-être qu'aucun autre procédé, de l'attiser et d'en accentuer la portée. La *Poétique* d'Aristote, peu loquace sur la comédie en général et plus discrète encore sur ses fonctions rectificatrices et réprobatrices – critiques par conséquent – qu'elle mentionne cependant au passage[41], franchit un pas décisif dans la reconnaissance de l'autonomie littéraire, ouvrant de la sorte l'espace du fictionnel.

Resterait enfin à déterminer si, alors même qu'il accède au fictionnel et en légitime théoriquement l'existence, Aristote demeure pour sa part « au bord du concept de fiction, de l'idée d'une pure création »[42], ou s'il entre véritablement et de plein pied dans l'idée du plaisir pur poursuivi pour lui-même, dans ce qu'on conçoit comme l'esthétique désintéressée des Modernes, bien à distance de quelque enseignement que ce soit.

Selon Gill, Aristote admet volontiers que le poète mente, mais dans sa peinture des actions et des émotions humaines, la fiction élaborée conserverait chez lui des « standards de rationalité et de possibilité »[43] et recèlerait par là des éléments de vérité vis-à-vis du monde. De ce point de vue, il ne s'agirait pas encore de fiction pure et on pourrait situer Aristote, comme le suggérait de son côté Frazier, à mi-chemin entre « d'une part le "moralisme" platonicien, soumettant la création à des impératifs éthiques, et, d'autre part, l' "esthétisme moderne", centré sur la notion de beau et insistant sur la gratuité de l'art, plaisir désintéressé ou finalité sans fin »[44].

41. En *Poétique*, 4, 1448 b 27 *sq.*, Aristote rapporte que la tradition littéraire du « blâme » (*psogos*), forme improvisée d'invective, en association par ailleurs avec le *mètre iambique*, qui était la forme utilisée pour « railler » ou « invectiver » (*iambizein*) autrui, sont à l'origine de la comédie. Comme l'expliquent Dupont-Roc et Lallot, le genre du « blâme » a trouvé son expression rythmique adéquate dans le mètre de l'invective, l'iambe – et du reste on a gardé à ce mètre le nom d'« invective » (*iambeion*) parce que c'était à l'origine le mètre consacré pour s'invectiver (*iambizon*) » (*Aristote. Poétique*, 1980, p. 168). Selon Aristote toujours, c'est Cratès qui, « le premier, abandonnant la forme iambique [c'est-à-dire la comédie constituée d'attaques personnelles], commença à composer des discours à portée générale, à savoir des intrigues » (5, 1449 b 7-9).

42. Cf. FRAZIER, F., *Poétique et création littéraire en Grèce ancienne*, 2009, p. 65.

43. GILL, Chr., « Plato on Falsehood – not Fiction », 1993, p. 77.

44. FRAZIER, F., *Poétique et création littéraire en Grèce ancienne*, 2009, p. 50.

Que penser de cela ? Comme je l'ai suggéré plus haut, l'élément crucial n'est pas tant *le degré plus ou moins grand de fictionnalité* qu'Aristote concède lui-même à la poésie que la caution définitive et de principe qu'il lui assure. À partir de lui, le poète est légitimé d'échafauder librement son récit, et dans le cas de la comédie, il a toute licence de produire les péripéties qu'il souhaite, là où il le veut et de la manière qu'il le désire. La loi de la vraisemblance s'impose-t-elle encore à lui ? Sans aucun doute, dans la mesure où l'histoire doit demeurer jusqu'à un certain point « crédible » et où les invraisemblances auxquelles les comédies autour de lui l'avaient confronté n'atteignaient sans doute pas le niveau des récits d'un Lewis Carroll au XIXe siècle, ou même d'un Lucien au IIe siècle de notre ère. Ce qui peut être considéré « vraisemblable » ou « crédible » est affaire de culture et change donc avec le temps. Le genre littéraire y joue aussi son rôle : pour entrer dans le scénario des *Oiseaux* d'Aristophane et y prendre plaisir, il faut *suspendre son incrédulité* à un niveau très différent de celui qui est requis pour l'*Œdipe Roi* de Sophocle ou encore *Les Bacchantes* d'Euripide.

La polyphonie fictionnelle que l'on peut admettre est donc quelque chose de tout à la fois progressif et expansif. Par ailleurs, même dans ses expressions modernes les plus extrêmes et les plus saugrenues, la fiction conserve ne serait-ce qu'en pointillé un certain lien avec le réel de premier degré et recèle toujours une part, fut-elle vague et lâche, d'« enseignement ». Ainsi par exemple, *Robinson Crusoé* de William Defoe et *Vendredi ou les Limbes du Pacifique* de Michel Tournier : deux récits fictifs et en même temps, deux sortes d'« enseignement », deux « portraits » distincts de la réalité et deux « visions » du monde.

Pour la première fois historiquement – là est le point capital –, le théoricien de « *l'impossible qui persuade* » que fut Aristote a fourni à la fiction l'essentiel des arguments nécessaires à son essor. Je n'aperçois guère d'énoncés chez lui qui, *a priori* ou *par principe*, en limiteraient le développement[45].

45. Une version différente de cette étude a été publiée en langue anglaise, sous le titre « Likely and Necessary: The *Poetics* of Aristotle and the Problem of Literary Leeway », dans les *Proceedings of the Boston Area Colloquium in Ancient Philosophy,* Leiden – Boston, Brill, 23, 2017, p. 000-000.

Critique et licence dans la comédie ancienne

Ghislaine Jay-Robert (Université de Perpignan Via Domitia)

La comédie ancienne : le lieu privilégié de la critique et de la licence

La comédie ancienne constitue manifestement le lieu privilégié où s'expriment chez les Grecs critique et licence. Comme l'affirme D. Lenfant, « lorsqu'on aborde le chapitre de la liberté d'expression dans la démocratie athénienne, le théâtre comique y est cité comme l'un de ses champs d'exercice les plus patents »[1].

Définition des termes

Le terme de critique renvoie à la définition même qu'Aristote donne des origines de la poésie et de la comédie dans la *Poétique :*

> « La poésie se divisa suivant le caractère propre des auteurs : les nobles poètes représentaient les belles actions et celles commises par des gens d'une telle nature, les poètes vulgaires représentaient les actions des hommes vils,

1. Lenfant, D., « Des décrets contre la satire : une invention de scholiaste ? », *Ktêma*, 28, 2003, p. 6.

composant d'abord des blâmes comme d'autres composaient des hymnes et des éloges[2]. »

La catégorie du *psogos* désigne ainsi un type de discours propre à ce qu'on a pris l'habitude d'appeler la poésie du blâme, par opposition à la poésie de l'éloge[3] ; elle est précisée par un jugement de valeur exprimé par l'emploi des adjectifs εὐτελέστεροι et φαύλων : le dernier terme est repris en 1149 a 31-32 ; les deux adjectifs insistent sur le caractère inférieur de cette modalité d'expression. C'est à elle que se rattache la comédie (*Poét.*, 1449 a 2-6).

Selon l'analyse de R. Saetta Cottone, le *psogos* prend, chez Aristophane, deux formes distinctes : il existe un « blâme à caractère performatif – l'injure –, servant essentiellement à l'actualisation d'un conflit (interne à l'intrigue ou externe, dans le cas de l'injure par le nom) et une forme de blâme à vocation lyrique et non dramatique, privilégiée par le chœur et basée sur des constructions poétiques complexes »[4]. Le *psogos* est donc directement lié à la *loidoria* (l'injure), comme le souligne dès l'Antiquité Dion Chrysostome : « Les Athéniens avaient l'habitude de s'entendre critiquer et, par Zeus, c'est justement pour se faire injurier qu'ils se réunissaient au théâtre »[5].

Dans ce contexte, l'injure prend la forme de la moquerie et Aristote la rattache à la sphère du *geloion*, le « risible »[6] : « la comédie est, comme nous l'avons dit, la représentation d'hommes vils, non en toute espèce de vice mais dans le domaine du risible, lequel est une partie du laid. Car le

2. Aristote, *Poétique*, 1448 b 27, trad. J. Hardy modifiée : Διεσπάσθη δὲ κατὰ τὰ οἰκεῖα ἤθη ἡ ποίησις· οἱ μὲν γὰρ σεμνότεροι τὰς καλὰς ἐμιμοῦντο πράξεις καὶ τὰς τῶν τοιούτων, οἱ δὲ εὐτελέστεροι τὰς τῶν φαύλων, πρῶτον ψόγους ποιοῦντες, ὥσπερ ἕτεροι ὕμνους καὶ ἐγκώμια.

3. ROTSTEIN, A., *The Idea of Iambos*, Oxford – New York, Oxford University Press, 2010, p. 95 : « *In sum, the term psogoi refers to verbal expressions of disapproval (…). Neither invective nor praise are literary genres per se, but both are employed by different genres, in poetry as well as in prose, and in contexts as different as festivals, symposia, and the court* ».

4. SAETTA COTTONE, R., *Aristofane e la poetica dell'ingiuria. Per una introduzione alla* λοιδορία *comica*, Roma, Carocci, 2005, p. 185 (trad. pers.).

5. Voir annexes, texte n°15 (trad. D. Lenfant).

6. Sur la distinction entre le *geloion* et le *katagelaston*, voir SAETTA COTTONE, R., *Aristofane e la poetica dell'ingiuria*, 2005, p. 59.

risible est un défaut et une laideur sans douleur ni dommage »[7]. L'ensemble de ces éléments constitue une caractéristique que la comédie partage avec la poésie iambique et avec ce qu'on appellera plus tard la satire[8].

Ces invectives s'expriment la plupart du temps à travers l'*aischrologia*, le « *shamefull speech* », sans qu'il y ait pour autant identification complète entre ces deux notions : R.M. Rosen définit l'*aischrologia* comme un discours « *that scandalized with sex or scatology*[9] » et les attaques personnelles ne s'y rattachent que dans la mesure où elles utilisent des mots obscènes.

Toute la question est de comprendre comment les individus pris à parti pouvaient supporter de telles critiques, comment les hommes politiques notamment pouvaient accepter de se voir raillés de la sorte devant des milliers de spectateurs, au cours d'un festival organisé par la cité. C'est un phénomène qu'aujourd'hui nous avons beaucoup de mal à expliquer et c'est la raison pour laquelle nous faisons appel aux notions de liberté et de licence. Deux écoles de pensée se sont formées : d'un côté, il y a ceux qui estiment que la comédie ancienne jouissait d'une liberté exceptionnelle en lien avec le rituel dionysiaque[10] et d'un autre, ceux qui jugent que

---

7. Aristote, *Poétique*, 1449 a 32-35 (trad. J. Hardy modifiée) : Ἡ δὲ κωμῳδία ἐστὶν ὥσπερ εἴπομεν μίμησις φαυλοτέρων μέν, οὐ μέντοι κατὰ πᾶσαν κακίαν, ἀλλὰ τοῦ αἰσχροῦ ἐστι τὸ γελοῖον μόριον. Τὸ γὰρ γελοῖόν ἐστιν ἁμάρτημά τι καὶ αἶσχος ἀνώδυνον καὶ οὐ φθαρτικόν.

8. Sur ce sujet, voir notamment NAGY, G., « Iambos: Typologies of Invective and Praise », *Arethusa*, 9, 1976, p. 191-205 ; BOWIE, E., « Ionian *Iambos* and Attic *Komoidia*: Father and Daughter, or Just Cousins? », dans Willi, A. (dir.), *The Language of Greek Comedy*, Oxford, Oxford University Press, 2002, p. 33-50 ; SAETTA COTTONE, R., *Aristofane e la poetica dell'ingiuria*, 2005 ; ROSEN, R.M., *Making Mockery: The Poetics of Ancient Satire*, Oxford, Oxford University Press, 2007, p. 3-42.

9. ROSEN, R.M., « Aischrology in Old Comedy and the Question of "Ritual Obscenity" », dans Bastin-Hammou, M., Orfanos, Ch. (dir), *Carnaval et Comédie*. Actes du colloque international organisé par l'équipe PLH-CRATA, 9–10 décembre 2009, Université de Toulouse Le Mirail, Besançon, Presses Universitaires de Franche-Comté, 2015, p. 19, n.1. Voir aussi HALLIWEL, S., *Greek Laughter. A Study of Cultural Psychology from Homer to Early Christianity*, Cambridge, Cambridge University Press, 2008, p. 215-219, et HALLIWELL, S., « Aischrology, Shame and Comedy », dans Sluiter, I., Rosen, R.M. (dir.), *Free Speech in Classical Antiquity*, Leiden – Boston, Brill, 2004, p. 115-144.

10. Essentiellement S. Halliwell et ses nombreuses publications sur le sujet.

les poètes comiques ne bénéficiaient d'aucun droit particulier[11] et qu'ils faisaient simplement usage des ressources offertes par la *parrhêsia*[12].

Les enjeux

La question ne se limite pas à un débat de spécialistes sur l'interprétation qu'il faut donner à certains décrets pris par le peuple athénien, car les enjeux sont beaucoup plus larges.

Le problème posé est d'abord en effet celui des rapports entre la comédie ancienne et la démocratie, et plus particulièrement avec l'un des principes qui la fondent : le droit qu'a chaque citoyen de parler librement et d'exprimer ouvertement des critiques[13]. La question est de savoir ce que recouvre exactement un tel privilège et quelles limites les Athéniens avaient instaurées à la *parrhêsia*[14]. Cette interrogation est indissociable d'une réflexion sur les victimes désignées de ces railleries, puisque, comme le note avec raison J. Henderson[15] en citant un passage de la *Constitution des Athéniens* du Pseudo-Xénophon[16], la remise en cause de l'élite – qui forme l'objet essentiel des invectives comiques – renforce le peuple et sert finalement les intérêts de la démocratie.

Sont en jeu également les liens qu'entretient la comédie ancienne avec le culte de Dionysos et le rituel de fertilité. Affirmés par Aristote qui fait

11. Sommerstein, A.H., « Harassing the Satirist: the Alleged Attempts to Prosecute Aristophanes », dans Sluiter, I., Rosen, R.M., *Free Speech in Classical Antiquity*, Leiden – Boston, Brill, 2004, p. 166 : « *neither in theory nor in practice was comedy above the law ; its freedom of speech was no greater and no less than of every Athenian* ». Voir aussi du même auteur « Comedy and the Unspeakable », dans Cairns, D. (dir.), *Law, Rhetoric and Comedy in Classical Athens*. Essays in Honour of Douglas McDowell, Swansea, Classical Press of Wales, 2004, p. 205-222.

12. C'est l'opinion de Henderson, J., « Attic Old Comedy, Frank Speech and Democracy », dans Boedeker, D., Raaflaub, K.A. (dir.), *Democracy, Empire and the Arts in Fifth-Century Athens*, Cambridge (MA), Harvard University Press, 1998, p. 255-273. Sur la *parrhêsia*, on se reportera au chapitre de S. Aubert-Baillot dans ce volume.

13. Voir la définition que J. Henderson (« Attic Old Comedy, Frank Speech and Democracy », 1998, p. 255) donne de la *parrhêsia* : « *the right of every citizen to voice frank criticism* ».

14. Voir la réflexion de J. Henderson (« Attic Old Comedy, Frank Speech and Democracy », 1998) à ce sujet.

15. Henderson, J., « Attic Old Comedy, Frank Speech and Democracy », 1998, p. 259.

16. Voir dans les textes donnés en annexes le n°8.

remonter l'origine de la comédie aux chants phalliques[17], ils sont à la base du raisonnement de S. Halliwell pour qui la comédie ancienne est essentiellement une manifestation du « rire rituel », défini comme « une situation dans laquelle le rire non seulement survient mais se trouve spécifiquement encouragé dans le contexte des rites religieux »[18]. Le risque d'un tel positionnement est cependant de gommer ce que la comédie peut avoir de foncièrement original et d'en rester à ce que R.M. Rosen appelle une « primitivisation de la comédie ancienne »[19] qui fait oublier que l'on a affaire aussi à une tradition littéraire et à une construction poétique qui a des liens forts avec la poésie iambique[20]. Cette question complexe pose en fait le problème de savoir ce que pouvaient être à cette époque une tradition littéraire et, d'une façon plus générale, la « littérature » elle-même[21].

La comédie ancienne : objet d'une licence exceptionnelle ?

Une fois conscients des enjeux, nous pouvons revenir au débat qui est au cœur de notre réflexion : les poètes comiques ont-ils pu faire représenter leurs pièces et rendre publiques leurs invectives et leurs injures sans bénéficier d'une licence exceptionnelle ? Pour tenter de répondre à cette question, il est indispensable de consulter l'ensemble du corpus dont nous disposons.

17. Aristote, *Poétique*, 1449 a 9-13 et Bowie, E., « Ionian *Iambos* and Attic *Komoidia* », 2002, p. 48.

18. Halliwell, S. « Le Rire rituel et la nature de l'Ancienne Comédie Attique », dans Desclos, M.-L. (dir.), *Le Rire des Grecs. Anthropologie du rire en Grèce ancienne*, Grenoble, Jérôme Millon, 2000, p. 155.

19. Rosen, R.M., « Aischrology in Old Comedy », 2015, p. 23 : « *primitivizing of Old Comedy* ».

20. Sur cette question complexe, voir notamment Rosen, R.M., « Old Comedy and the Iambographic Tradition », *American Classical Studies*, 19, 1988, p. 37-58 dont l'opinion est discutée par Bowie, E., « Ionian *Iambos* and Attic *Komoidia* », 2002, p. 49-50. Voir aussi Saetta Cottone, R., *Aristofane e la poetica dell'ingiuria*, 2005.

21. Voir à ce sujet les réflexions de Dupont, F., *L'Invention de la littérature. De l'ivresse grecque au livre latin*, Paris, La Découverte, 1994 ; Bowie, E., « Ionian *Iambos* and Attic *Komoidia* », 2002, p. 39-40.

Corpus

Tous les textes de ce corpus sont rassemblés dans une annexe à la fin de ce chapitre.

Sources contemporaines concernant les réactions individuelles ou politiques à la satire comique

Examinons d'abord les textes du ve siècle qui nous renseignent sur la façon dont les contemporains des poètes comiques pouvaient réagir à leurs moqueries et à leurs attaques. Le témoignage le plus immédiat se trouve dans les *Acharniens*, où Aristophane fait allusion à quatre reprises aux démêlés qu'il a eus avec Cléon après la représentation des *Babyloniens* en 426 av. J.-C.

Dans les deux premiers passages[22], c'est Dicéopolis qui se fait le porte-parole du poète, tandis que dans le troisième et le quatrième, on est au moment de la parabase et Aristophane parle par la bouche du chœur. Selon l'hypothèse tout à fait plausible de D. Lenfant, le poète fait ici allusion à une plainte émise par Cléon qui dut dénoncer devant le Conseil l'auteur des *Babyloniens*, « l'accusant d'avoir trahi la cité en critiquant devant les alliés sa politique impérialiste. Le Conseil décida de donner suite soit en jugeant lui-même l'affaire soit en la renvoyant devant un tribunal. Nombre de citoyens votèrent contre le poète, qui fut cependant acquitté »[23].

Les *Guêpes* témoignent d'un second affrontement entre les deux hommes[24], cette fois semble-t-il après la représentation des *Cavaliers*[25].

22. Voir les textes 1 à 4 donnés en annexe.

23. Lenfant, D., « Des décrets contre la satire », 2003, p. 11. Pour l'analyse de ces passages, voir aussi Sommerstein, A.H., « Comedy and the Unspeakable », p. 145 *sq.* Dans le cadre de ce travail, nous ne pouvons pas reprendre l'analyse précise de chacun des passages cités, nous renvoyons donc aux analyses déjà existantes qui nous semblent les plus pertinentes.

24. Voir le texte n°5 en annexe.

25. Voir McDowell, D.M., *Aristophanes. Wasps. Edited with Introduction and Commentary*, Oxford, Clarendon Press, 1971 (*ad loc.*).

Même si l'allusion reste assez obscure, Aristophane aurait réussi à obtenir un compromis en faisant des promesses finalement non tenues[26].

Eupolis, rival d'Aristophane, mentionne lui aussi, dans la parabase des *Dêmoi*, les manœuvres d'un homme politique qui « s'infiltre » dans les fonctions de stratège et, semble-t-il – même si le texte est reconstitué – « blâme » les auteurs de « trugédies »[27].

Ces témoignages paraissent indiquer que la satire comique ne laissait pas indifférent et qu'elle pouvait provoquer des réactions hostiles, éventuellement même des actions en justice. Mais il est difficile d'en déduire pour autant que les poètes comiques ne bénéficiaient d'aucune licence exceptionnelle : Aristophane, en effet, n'a pas été condamné et, si on tient compte de l'exagération bouffonne propre à son art, il n'a peut-être jamais été véritablement inquiété. Un fragment de Lysias semble attester de la permissivité dont faisaient preuve au contraire les Athéniens qui, selon le narrateur, laissent les poètes comiques proférer « chaque année » des outrages contre les dieux, alors qu'ils considèrent comme « honteux pour qui que ce soit d'autre même de les mentionner »[28].

Il faut sans doute distinguer ce qui concerne les dieux et ce qui concerne les hommes, et aussi ce qui relève de l'individuel et ce qui est de l'ordre du collectif, la démocratie pouvant trouver son intérêt à favoriser une certaine forme de satire comique, lorsqu'elle est dirigée contre l'élite[29].

Sources contemporaines (v^e^-ive siècles) concernant l'existence de lois contre la diffamation

Un deuxième type de sources doit être interrogé, c'est celui que constituent les lois contre la diffamation, le but étant de savoir lesquelles existaient au vème siècle et si la satire comique tombait sous leur coup.

26. SOMMERSTEIN, A.H., « Harassing the Satirist », 2004, p. 150-151 ; LENFANT, D., « Des décrets contre la satire », 2003, p. 11, n. 34.
27. Voir texte en annexe n°6 : HALLIWELL, S., « Comic Satire and Freedom of Speech in Classical Athens », *Journal of Hellenic Studies*, 111, 1991, p. 55.
28. Texte en annexe n°7 : HALLIWELL, S., « Comic Satire and Freedom of Speech », 1991, p. 67 et HALLIWELL, S., *Greek Laughter*, 2008, p. 246.
29. Voir texte en annexe n°8 : LENFANT, D., « Des décrets contre la satire », 2003, p. 12.

Selon S. Halliwell, la première référence conservée à une loi de ce genre se trouve précisément dans les *Guêpes* d'Aristophane[30], où Philocléon fait un jeu de mots sur les verbes εἶλον διώκων, entendus comme des termes traduisant à la fois une performance physique (poursuivre et rattraper) et une réalité judiciaire (le procès pour injure, δίκη λοιδορίας). Le *Contre Théomnestos* de Lysias atteste lui aussi de l'existence de ce type de procès[31] et plus généralement on trouve chez les orateurs du IVe siècle un ensemble de références[32] qui semblent confirmer l'existence de la *dikê kakêgorias*, procès privé pour diffamation, et celle de la *graphê hubreôs*, procès public pour outrage[33]. D'après ces témoignages, la loi interdisait de tourner en dérision les morts[34] et de « reprocher à un citoyen ou à une citoyenne le métier qu'il exerce sur le marché »[35] ; elle interdisait également d'employer certains termes jugés ἀπόρρητα (ce « dont il ne faut pas parler ») à propos des meurtriers, des individus qui avaient battu leur père ou leur mère ou de ceux qui avaient abandonné leur bouclier[36]. Si on rapproche ces différentes prescriptions des nombreuses railleries qu'on trouve par ailleurs chez les poètes comiques sur la plupart de ces sujets[37], on est évidemment enclin à penser que la comédie n'était pas

30. Voir texte en annexe n°9 : HALLIWELL, S., « Comic Satire and Freedom of Speech, 1991, p. 49-50, et McDOWELL, D.M., *Aristophanes. Wasps*, 1971 (*ad loc.*).
31. Lysias, *Contre Théomnestos* (10e discours) : au cours d'un premier procès, Théomnestos aurait injurié un témoin de son adversaire. Ce témoin poursuit Théomnestos pour « injure » (κακηγορίας) : c'est l'objet de ce discours. Sur le rapprochement des termes κακηγορία et λοιδορία, voir HALLIWELL, S., « Comic Satire and Freedom of Speech », 1991, p. 50, n. 8.
32. Pour le détail de ces références, voir HALLIWELL, S., « Comic Satire and Freedom of Speech », 1991, p. 49 *sq.*
33. Voir LENFANT, D., « Des décrets contre la satire », 2003, p. 6.
34. Démosthène (*Contre Leptine*, 104 = Plutarque, *Vie de Solon*, 21) attribue à Solon une loi interdisant la satire des morts : HALLIWELL, S., « Comic Satire and Freedom of Speech », 1991, p. 49.
35. Démosthène, *Contre Euboulidès*, 30 : voir LENFANT, D., « Des décrets contre la satire », 2003, p. 6, n. 6.
36. Lysias, *Contre Théomnestos*, 6-9 : voir HALLIWELL, S., « Comic Satire and Freedom of Speech », 1991, p. 51-54.
37. Pour les morts, voir par exemple Aristophane, *Paix*, 47-48 et 268-273 ; pour le travail sur l'agora, voir Aristophane, *Thesmophories*, 387 ; pour ceux qui avaient abandonné leur bouclier, voir Aristophane, *Nuées*, 352-353. Pour un récapitulatif des références des différentes railleries sur ces sujets chez les poètes comiques, voir HALLIWELL, S., « Comic Satire and Freedom of Speech », 1991, p. 51-53.

assujettie à la loi commune[38]. Le problème est cependant, à mon avis, plus complexe : il faut tenir compte du statut fictionnel des pièces de théâtre, qui peut suffire à expliquer le phénomène et il ne faut pas oublier non plus le petit écart chronologique existant entre le IVe siècle, où ces lois sont attestées de façon précise, et les comédies du Ve siècle. Ces éléments rendent hasardeuse toute conclusion définitive.

Sources plus anciennes et contemporaines attestant du statut particulier accordé aux rites dionysiaques et de fertilité

En revanche, l'ensemble des sources dont nous disposons témoigne sans ambiguïté du traitement de faveur dont bénéficiaient les rites de fertilité en général et les rites dionysiaques en particulier. Héraclite l'atteste lorsqu'il affirme : « Si ce n'était pas pour Dionysos qu'ils faisaient une procession et qu'ils chantaient un hymne sur les parties honteuses, ils agiraient avec la plus grande impudence »[39]. On sait également que les plaisanteries obscènes entraient dans le rituel consacré à Déméter[40]. Aristote proscrit toute forme d'*aischrologia*, excepté dans certains rituels religieux, où, dit-il, « la loi permet les railleries indécentes (*tôthasmos*) »[41]. Et c'est Aristophane qui, dans la *parodos* des *Grenouilles*, établit un rapport entre le rituel éleusinien, les railleries et la comédie en mettant en scène un chœur formé des Initiés à Éleusis dont le rire et les plaisanteries grivoises font écho aux traditions religieuses propres à ce culte tout en constituant le

38. C'est l'avis de HALLIWELL, S., « Comic Satire and Freedom of Speech », 1991 et de LENFANT, D., « Des décrets contre la satire », 2003.

39. Héraclite, B 15 D.-K. : voir le texte en annexe n°10 et HALLIWELL, S., *Greek Laughter*, 2008, p. 247, ROSEN, R.M., « Aischrology in Old Comedy », 2015, p. 20.

40. *Hymne à Déméter*, 198-205 : c'est l'épisode avec Iambê (texte en annexe n°11). Voir notamment ROSEN, R.M., « Aischrology in Old Comedy », 2015, p. 24, n. 14 pour la bibliographie sur ce passage et p. 25 *sq.*

41. Aristote, *Politique*, 1336 b 16-19 (annexes n°12) : HALLIWELL, S., « Comic Satire and Freedom of Speech », 1991, p. 68 et *Greek Laughter*, 2008, p. 247. « Le *tôthasmos* consiste en plaisanteries indécentes qu'échangeaient entre eux les spectateurs et ceux qui étaient censés représenter ces dieux ou ces héros, pour lesquels, pensait-on, convenait l'*aischrologia*, et non des marques d'honneur décentes » (AUBONNET, J., *Aristote. Politique*, livre VII, t. III, 1ère partie, Paris, Les Belles Lettres, 1986, p. 325, n. 17).

tissu même de la pièce[42]. Il est donc clair que certains rituels bénéficiaient d'une licence exceptionnelle, que l'*aischrologia* y était alors autorisée et que la comédie ancienne intègre cette donnée.

Sources tardives attestant de réactions individuelles ou officielles face à la satire comique

Quittons maintenant les VIe, Ve et IVe s. av. J.-C. pour basculer dans l'Antiquité tardive et essayer d'évaluer, à travers les témoignages qu'elle fait remonter, ce qu'elle peut nous apprendre sur la satire comique et son impact sur les individus ou la cité athénienne.

Plutarque s'attache à Socrate et se focalise sur le moment qui suit immédiatement la représentation des *Nuées* : « Quand Aristophane présentait ses *Nuées*, en répandant tout un torrent d'insultes contre lui, un spectateur demanda : « Ben alors, Socrate ! Avec tout ce qu'il t'a brocardé, tu ne te mets pas en colère ? » Et Socrate de répondre : « Ma foi, pas du tout ! Quand on me moque au théâtre, c'est comme dans un grand banquet »[43].

Dion Chrysostome, lui, s'intéresse au comportement de l'ensemble de la cité :

« Les Athéniens avaient l'habitude de s'entendre critiquer et, par Zeus, c'est justement pour se faire injurier qu'ils se réunissaient au théâtre (...). Tout en entendant Aristophane, Cratinos et Platon, ils ne leur firent aucun mal »[44]. Ces deux textes insistent sur ce qu'il peut y avoir d'étonnant dans l'attitude des Athéniens qui non seulement, comme Socrate, acceptent avec flegme des critiques pourtant acerbes, mais semblent faire de cet échange un objectif qui les pousse à venir au théâtre. Ce phénomène, visiblement difficilement compréhensible, n'est mis en relation avec aucune licence exceptionnelle.

---

42. Aristophane, *Grenouilles*, 372-376 (annexes n°13) : ROSEN, R.M., « Aischrology in Old Comedy », 2015, p. 31. Voir aussi HALLIWELL, S. « Le Rire rituel et la nature de l'Ancienne Comédie Attique », 2000, p. 164 : même si on ne peut pas considérer que cette *parodos* ait un lien direct avec le *gephurismos*, elle « reflète une ambiance généralisée des traditions éleusiniennes » (p. 164) et le rire est ici utilisé par Aristophane « comme une métaphore pour son théâtre comique » (p. 164).

43. Plutarque, *De l'éducation des enfants*, 10 C (trad. Ch. Orfanos, 2009) (annexes n°14).

44. Dion Chrysostome, 33 (*Au peuple de Tarse*), 9 (trad. D. Lenfant, 2003) (annexes n°15).

Dans ce contexte, la série des scholies forme un ensemble particulier. Intéressantes dans la mesure où elles affirment l'existence de décrets pris par les Athéniens contre la satire comique, elles doivent néanmoins être utilisées avec prudence en raison même de leur statut. Il n'est pas question ici de discuter avec précision chacune d'entre elles et pour ce type de travail, je renvoie aux publications de S. Halliwell[45]. Je retiendrai trois scholies, les principales, et je me référerai aux conclusions données à leur sujet par D. Lenfant, qui me semblent tout à fait pertinentes[46].

La scholie au vers 378 des *Acharniens* a trait aux démêlés entre Aristophane et Cléon après la représentation des *Babyloniens* et semble confirmer l'action en justice intentée par l'orateur contre le poète[47]. Sur ce point précis, cependant, elle paraît reprendre les informations déjà données par Aristophane et pour le reste, elle ne semble pas très fiable, puisque certains renseignements fournis sont faux[48] tandis que d'autres restent douteux[49]. Il est donc difficile de l'exploiter.

En revanche, la scholie au vers 67 des *Acharniens* est beaucoup plus instructive, parce qu'elle ne paraphrase pas le texte d'Aristophane et que les informations données semblent cohérentes et bien documentées[50]. Elle parle de l'abrogation d'un « décret concernant l'interdiction de la satire comique ». L'hypothèse de D. Lenfant est que le décret en question, voté sous l'archontat de Morychidès en 440/439 et resté en vigueur jusqu'en 437/436, fut une mesure de censure pour modérer les polémiques sur la politique extérieure de la cité. Cette décision serait liée à l'expédition de Samos, à un moment où la situation politique, militaire et financière était difficile pour Athènes.

La scholie au vers 1297 des *Oiseaux* fait allusion elle aussi à un décret qui aurait interdit la satire nominale, elle en attribue la paternité à un

45. HALLIWELL, S., « Comic Satire and Freedom of Speech », 1991, p. 55 *sq*.

46. LENFANT, D., « Des décrets contre la satire », 2003.

47. Annexes n°16.

48. Le scholiaste situe les Lénéennes à l'automne.

49. C'est le cas pour l'accusation d'usurpation de citoyenneté qui viendrait peut-être d'une confusion : LENFANT, D., « Des décrets contre la satire », 2003, p. 8 et n. 16.

50. Annexes n°17. LENFANT, D., « Des décrets contre la satire », 2003, p. 15-17 : la liste des archontes correspond à celle donnée au livre XII de Diodore ; μὴ κωμῳδεῖν sans complément doit être un raccourci permettant d'identifier le décret, mais pour comprendre le terme, il faut lui ajouter un complément (sans doute la cité).

certain Syracosios[51], mais reste assez évasive sur le sujet (« il semble – δοκεῖ – qu'il ait aussi fait passer un décret »). Je me rangerai à l'avis de D. Lenfant qui démontre de façon convaincante que ce prétendu décret n'a en réalité certainement jamais existé, « tant il est courant que les commentateurs tardifs en inventent ou en fassent expressément l'hypothèse »[52]. Il semble en fait que se soit développée toute une tradition attestant de l'existence de décrets pris par les Athéniens contre la satire nominale : plus ou moins fiable, cette tradition démontrerait surtout que la satire comique, et principalement la satire nominale (*onomasti kômôdein*), est devenue, aux yeux des commentateurs, un phénomène difficilement compréhensible et qui ne peut être expliqué que dans un rapport de force constamment remis en jeu entre les poètes et les autorités.

Interprétation

Quelles conclusions peut-on tirer de l'ensemble de ce corpus ?

Les actions légales contre la satire comique

Il paraît avéré qu'entre 440 et 437, pendant la guerre de Samos, a été prise une mesure d'interdiction contre la satire comique, lorsqu'elle s'exerce contre la cité. Peut-être Cléon essaie-t-il de s'en prévaloir, quinze ans après, pour attaquer Aristophane. Il est manifeste, d'autre part, que dans les débuts de la guerre du Péloponnèse, s'est élevé contre cette même satire comique un certain nombre de protestations individuelles et collectives qui ont pu prendre la forme d'actions en justice, ce qui ne signifie pas pour autant qu'il ait existé à ce moment-là des lois précisément codifiées autorisant ce type d'accusation[53]. Globalement on peut donc dire que, hormis les circonstances particulières de la guerre de Samos, les réactions des Athéniens sont restées modérées. Un tel constat permet toutes les hypothèses. S. Halliwell considère ce phénomène comme une preuve de l'existence d'une licence particulière accordée à la comédie,

51. Annexes n°18, voir les problèmes de texte. LENFANT, D., « Des décrets contre la satire », 2003, p. 17-28.

52. LENFANT, D., « Des décrets contre la satire », 2003, p. 28.

53. LENFANT, D., « Des décrets contre la satire », 2003, p. 29.

tandis qu'Henderson y voit seulement le rôle joué par la *parrhêsia*[54]. Selon Sommerstein, ces quelques attaques démontrent à la fois que les poètes comiques ne bénéficiaient d'aucune licence exceptionnelle et qu'une large part de l'opinion publique athénienne les soutenait et refusait de les voir réduits au silence, au moins tant qu'ils ne violaient pas de façon explicite une loi spécifique[55]. Pour ma part, je pense qu'il est difficile de donner raison à l'un plus qu'à l'autre et que ce choix semble relever en dernière instance d'une conviction personnelle.

L'aischrologia

En revanche, il est clair que, dans le cadre des rites de fertilité, l'*aischrologia* jouissait d'une licence particulière qui trouvait son expression dans le rire rituel et il est clair aussi que la comédie était associée à ce phénomène. Considérer cependant que cette licence suffit à expliquer de façon globale la réception de la comédie au ve s. av. J.-C. ne me semble pas satisfaisant, car cela revient à assimiler la comédie à l'*aischrologia*. Or cette assimilation manque de nuances : nombreuses sont les invectives, dans les parabases par exemple ou dans la mise en scène de Démos au cours des *Cavaliers*, qui n'utilisent pas le langage obscène ni les allusions scatologiques. La comédie garde une spécificité.

Et parmi ces spécificités, il y a sa dimension politique. Je ne pense pas en effet que, comme l'affirme S. Halliwell[56], les liens étroits entre le théâtre et le rituel enlèvent aux poètes comiques toute possibilité d'avoir prise sur la vie réelle et d'exercer une influence sur la cité. Ce n'est pas parce qu'un spectacle a un caractère rituel et festif qu'il ne peut pas avoir également un caractère politique. Il est admis que les Grandes Dionysies en particulier sont à la fois une fête religieuse et civique[57] et il semble logique

---

54. Henderson, J., « Attic Old Comedy, Frank Speech and Democracy », 1998, p. 269.
55. Sommerstein, A.H., « Comedy and the Unspeakable », 2004, p. 166.
56. Halliwell, S., *Greek Laughter*, 2008, p. 248.
57. Voir entre autres Csapo, E., Slater, W.J., *The Context of Ancient Drama*, Ann Arbor, The University of Michigan Press, 1995, p. 103-104 ; Goldhill, S., « The Great Dionysia and Civic Ideology », dans Winkler, J.J., Zeitlin, F.I. (dir.), *Nothing to do with Dionysos? Athenian Drama in its Social Context*, Princeton, Princeton University Press, 1990, p. 97 *sq.* ; Klimis, S., « Les Grandes Dionysies d'Athènes : un imaginaire démocratique en performance », *Klesis*, 28, 2013, p. 17 *sq.*

que les représentations dramatiques, au même titre que les autres cérémonies se déroulant à ce moment-là, participent de l'ensemble de ce processus[58].

Si les comédies appartenaient uniquement au domaine du rituel, on aurait du mal à comprendre pourquoi les invectives et les railleries inhérentes à ce type de spectacle pouvaient blesser ceux qui en étaient l'objet et provoquer chez eux des réactions de protestation, si minimes soient-elles. Comme le montre bien en effet R.M. Rosen, les moqueries purement rituelles ont pour fonction de réactiver un épisode de la vie du dieu qui est honoré, de faire revivre son histoire et de réactualiser un « *imagined originary moment of mockery* »[59] sans établir *a priori* de relation mimétique avec la réalité temporelle de la performance. Au cours d'un tel processus, le rire et les plaisanteries célèbrent le dieu et ne peuvent scandaliser personne. Les représentations dramatiques, elles, fonctionnent visiblement selon d'autres modalités, induites peut-être par les conditions mêmes de la performance. La présence institutionnalisée de milliers de spectateurs, étrangers ou pas, donne une résonnance, un poids particuliers à chaque parole prononcée en la mettant en connexion directe avec la réalité sociale et politique qui l'environne.

Pour toutes ces raisons, je pense qu'on ne peut pas réduire la comédie à un simple rituel ni expliquer le phénomène complexe de sa réception par la seule référence à la licence exceptionnelle dont bénéficiaient les rites de fertilité. La comédie doit à mon sens être étudiée comme un processus spécifique à part entière et c'est pourquoi, pour essayer de comprendre ce jeu subtil entre liberté et raillerie, il est indispensable de revenir au texte et à la façon dont les poètes eux-mêmes présentent leur démarche et la définissent.

Comment le poète comique définit sa démarche

Quatre termes reviennent pour rendre compte du processus qui semble être à l'œuvre dans la création comique et la problématique qui nous intéresse : la *loidoria*, le *psogos*, l'*eleutheron* et le *skôptein*. Le but est

58. Pour un avis concordant, voir HENDERSON, J., « Attic Old Comedy, Frank Speech and Democracy », 1998, p. 266.
59. ROSEN, R.M., « Aischrology in Old Comedy », 2015, p. 28.

ici d'examiner comment les poètes, et Aristophane en particulier, mettent en scène ces notions au sein de leurs propres discours, qui ont souvent la particularité de témoigner à la fois de l'intrigue qui est en train de se jouer et d'une réflexion sur le phénomène théâtral lui-même[60]. Cette étude sur le « métadiscours » devrait nous aider à comprendre comment se met en place en interne le rapport entre critique et licence.

L'injure

Assez souvent employés chez Aristophane (22 occurrences du verbe et 4 du substantif chez cet auteur[61]), les mots de la famille de *loidoria*[62] ont dans la grande majorité des cas une connotation négative. Associé à la boisson[63] et à l'ivresse[64], aux prostituées[65], aux vendeuses de pain[66], le terme est explicitement opposé à l'adverbe κοσμίως (« avec décence ») dans les *Thesmophories*[67] ; il intervient au moment où les adversaires commencent à en venir aux mains[68] et il appartient à la liste de tous les malheurs dont Praxagora voudrait libérer Athènes[69]. Situé de façon privilégiée dans un contexte politique[70], il est exclu des relations que les poètes devraient normalement nouer entre eux[71].

L'emploi qu'en fait Aristophane devient particulièrement intéressant, lorsque, par la bouche du chœur, il l'utilise pour définir sa propre

60. Sur ce sujet, voir JAY-ROBERT, G., *L'Invention comique. Enquête sur la poétique d'Aristophane*, Besançon, Presses universitaires de Franche-Comté, 2009, p. 156.
61. En revanche, on ne trouve qu'une occurrence du verbe dans les fragments des poètes comiques contemporains d'Aristophane ; c'est chez Phérécrate, fr. 152.9 *P.C.G.* Les fragments consultés sont ceux de Alcée, Apollophane, Callias, Cratès, Cratinos, Eupolis, Lysippe, Magnès, Phérécrate, Phrynicos, Platon le Comique, Strattis, Téléclide et Théopompe.
62. Sur cette notion voir SAETTA COTTONE, R., *Aristofane e la poetica dell'ingiuria*, 2005.
63. Phérécrate, fr. 152.9 *P.C.G.*
64. *Cavaliers*, 1400 ; *Assemblée des Femmes*, 142.
65. *Cavaliers*, 1400.
66. *Grenouilles*, 857.
67. *Thesmophories*, 571-573.
68. *Nuées*, 934, 1353 ; *Lysistrata*, 460.
69. *Assemblée des Femmes*, 565-567.
70. *Acharniens*, 38 ; *Assemblée des Femmes*, 142, 248, 254. Voir VILLACÈQUE, N., *Spectateurs de paroles ! Délibération démocratique et théâtre à Athènes à l'époque classique*, Rennes, Presses universitaires de Rennes, 2013.
71. *Grenouilles*, 857-858.

démarche : « Injurier les canailles n'a rien de blâmable ; c'est un hommage rendu aux honnêtes gens, pour qui raisonne bien »[72]. Présentée comme une réponse à une objection, cette affirmation permet de justifier l'utilisation de la *loidoria* – ce qui signifie qu'apparemment son emploi dans la comédie n'est pas si naturel qu'on veut bien le croire. La justification repose sur une distinction opérée entre les *ponêroi* d'un côté et les *chrêstoi* de l'autre, une division parallèle à celle qui oppose par ailleurs les *phortikoi* (« les hommes vulgaires, grossiers »)[73] aux *sophoi* et aux *dexioi* (« les hommes habiles, adroits, judicieux »)[74]. À chacun Aristophane destine le discours qui lui ressemble et qu'il mérite selon lui : des injures grossières aux uns et des *sophismata* aux autres[75]. Les *ponêroi* seront donc raillés selon les principes de la *loidoria* et de l'*aischrologia*, ce type de moquerie permettant de valoriser les *chrêstoi* qui, eux, n'en seront pas l'objet. Cette fracture que le poète instaure entre deux parties de la société révèle l'ambivalence inhérente à son projet comique qui repose à la fois sur une volonté de réunir toute la cité, voire toute la Grèce[76], pour construire un monde meilleur et sur la décision d'exclure ceux qui, pour Aristophane, ne méritent pas de voir leur situation s'améliorer[77]. Insérées dans cette perspective, la *loidoria* et l'*aischrologia* entrent dans un système de représentations spécifique, à la fois politique et identitaire, qui n'appartient plus au domaine du rituel.

72. *Cavaliers*, 1274-1275 (trad. H. Van Daele modifiée) :
Λοιδορῆσαι τοὺς πονηροὺς οὐδέν ἐστ᾽ ἐπίφθονον,
ἀλλὰ τιμὴ τοῖσι χρηστοῖς, ὅστις εὖ λογίζεται.

73. *Nuées*, 524.

74. *Nuées*, 520, 521, 522, 527.

75. Sur l'emploi de *sophos* chez Aristophane, voir JAY-ROBERT, G., « Étude de *sophos* chez Aristophane », à paraître.

76. Comme dans *Lysistrata*.

77. Voir ce que dit NAGY, G., *The Best of the Achaeans*, Baltimore, Johns Hopkins University Press, 1979, p. 241-242 à propos de Pindare : « *The traditional function of the poet is to be not only* **philos** *to the* **philos** *but also* **ekhthtros** *'hateful, hostile' to the* **ekhthros** ».

Le blâme

Pour traduire l'action de critiquer et de blâmer, Aristophane[78] dispose de trois verbes : *psegô* (4 occurrences du verbe, 2 du substantif *psogos*), *memphomai* (10 occurrences) et *katêgoreô* (11 occurrences du verbe, aucune du substantif *katêgoria*). Chez Aristophane, le troisième verbe signifie uniquement « accuser en justice » et intervient seulement dans les dialogues entre personnages. D'une façon générale, très rares sont les passages où, par la bouche du chœur, dans les parabases par exemple, Aristophane emploie le verbe critiquer en son nom. Manifestement, il n'utilise donc pas cette approche pour définir sa démarche et ne revendique pas, en tant que poète, un droit à la critique.

Les deux seules occurrences où Aristophane dit critiquer et où il légitime ses reproches se rapportent au même événement et font mention de l'échec subi par le poète après la première représentation des *Nuées*[79]. Il ne s'agit pas en ce cas d'une critique *ad hominem*, puisqu'elle est adressée à l'ensemble des spectateurs et elle n'est liée ni à l'injure ni à l'*aischrologia*. En revanche, elle est systématiquement rattachée à la notion de *dikê* : Aristophane critique quand il estime avoir subi une injustice[80] et que cette injustice remet en cause son statut de poète. On retrouve ici l'importance de la notion de justice chez Aristophane, mise en valeur notamment par les travaux de M.-A. Gavray[81] et de Cl. Fernandez[82] qui en font un des principes constitutifs de la poétique d'Aristophane, dans la mesure où celui-ci l'utilise pour valoriser et légitimer son œuvre face à celle des auteurs

78. Nous ne pouvons envisager ici qu'Aristophane, car dans ce qui nous reste de l'œuvre de ses contemporains (liste des noms à la note 61), on ne relève aucune occurrence de *psegô*, aucune occurrence de *memphomai* et seulement une occurrence de *katêgoreô* dans un fragment isolé d'Eupolis : fr. 228 *P.C.G.*

79. *Nuées*, 524-527 ; *Guêpes*, 1016-1017.

80. *Nuées*, 525 : οὐκ ἄξιος ὤν ; *Guêpes*, 1017 : ἀδικεῖσθαι γάρ φησιν.

81. Gavray, M.-A., « "Le juste, la comédie connaît ça aussi". Le regard politique d'Aristophane », *Les Études philosophiques*, 107, 4, 2013, p. 493-512.

82. Fernandez, Cl.N., « Al margen de la ley : acerca de la justicia en la comedia de Aristofanes », dans Fernandez, Cl.N., Napoli, J.T., Zecchin de Fasano, G. (dir.), ΑΓΩΝ : *Competencia y cooperacion de la antigua Grecia a la actualidad*, La Plata, EDULP, 2015, p. 171-195.

tragiques[83]. Ainsi comprise, la justice devient une sorte de « savoir » propre à la comédie[84] et « *se revela no tanto como un principio regulador ético del género, sino, por sobre todo, como una necesidad estética* »[85].

De ce point de vue, ces occurrences peuvent être rapprochées de deux autres passages : le premier où le chœur des Nuées reproche aux spectateurs de ne pas les traiter comme des dieux, alors qu'elles leur rendent plus de services que les autres divinités[86] et le deuxième, dans les *Acharniens*, où le chœur de Vieillards se plaint amèrement de la cité qui, sans égard pour leurs exploits passés, les laisse seuls face à de jeunes orateurs sans scrupules qui les traînent dans des procès dont ils sortent ruinés[87]. Dans tous les cas, la critique se présente de la même manière : adressée à l'ensemble des spectateurs-citoyens[88], elle se réfère à une certaine notion de la justice comprise comme une reconnaissance des mérites[89] ; elle vise à rétablir dans leur dignité ceux qui en ont été dépouillés et à garantir la légitimité du rôle et de l'image de chacun dans la cité. Elle se traduit en termes de combat et de lutte, qu'il s'agisse du vocabulaire utilisé[90] ou du contexte évoqué[91] et comme pour la *loidoria*, on retrouve la distinction opérée par Aristophane entre ceux qu'il considère comme ses alliés et ceux qui resteront ses ennemis[92].

---

83. FERNANDEZ, Cl.N., « Al margen de la ley », 2015, p. 190.
84. FERNANDEZ, Cl.N., « Al margen de la ley », 2015, p. 191.
85. FERNANDEZ, Cl.N., « Al margen de la ley », 2015, p. 190.
86. *Nuées*, 575-579.
87. *Acharniens*, 676-678. Ce passage vient peu après le début de la parabase où Aristophane, par la bouche du chœur, se plaint d'avoir été calomnié et où il revendique la légitimité de son rôle : v. 628-664.
88. Aristophane interpelle les spectateurs : τοῖσι θεαταῖς (*Guêpes*, 1016), θεαταί (*Nuées*, 575), ὑμῖν (*Nuées*, 525) et la cité : τὴν πόλιν (*Nuées*, 577), τῇ πόλει (*Acharniens*, 676).
89. On retrouve dans les *Nuées*, 575-579 et dans les *Acharniens*, 676-678 les mêmes termes que ceux utilisés dans les deux passages précédemment évoqués : ἠδικημέναι (*Nuées*, 576) et οὐ γὰρ ἀξίως (*Acharniens*, 677). FERNANDEZ, Cl.N., « Al margen de la ley », 2015, p. 191 : « *la comedia impone a su publico el deber de reflexionar acerca de la necesidad de vincular aquello que los ciudadanos son con lo que se merecen. Su funcion educadora se funda precisamente en la denuncia de los desfases de esta relacion* ».
90. Utilisation du verbe παίω (frapper, battre) : *Acharniens*, 686 ; *Nuées*, 549, de ἡττηθείς (« vaincu ») : *Nuées*, 525.
91. Le contexte est celui des procès et des concours dramatiques.
92. Il y a les *sophoi*, les *dexioi*, les *agathoi* d'un côté (*Nuées*, 526, 527, 575 ; *Acharniens*, 696) et les *phortikoi*, les *ponêroi* de l'autre (*Nuées*, 524 ; *Acharniens*, 699).

Même si par la suite Aristote définit les comédies comme des *psogoi*[93], il paraît donc manifeste qu'Aristophane, dans le discours qu'il tient sur son œuvre, ne met pas en avant cette caractéristique et ne la rattache que très rarement à son statut de poète. Quand il dit critiquer, en revanche, et qu'il revendique ce geste, il se situe alors par rapport à la conception qu'il se fait de la *dikê* et d'une juste rétribution des mérites dans la mesure où elle conditionne l'identité d'un individu par l'image qu'elle renvoie de lui à la cité. C'est par ce biais que sa démarche prend non seulement une dimension sociale et politique, mais acquiert aussi une valeur esthétique[94].

La liberté

Le champ lexical de la liberté est peu utilisé par Aristophane et les poètes comiques qui lui sont contemporains[95] et le terme de « licence » n'est jamais attesté (aucune occurrence d'*akolasia*). Nulle part les poètes ne revendiquent un droit exceptionnel à la *loidoria* ou à l'*aischrologia*.

L'emploi le plus intéressant se situe dans les *Nuées* et s'insère à nouveau dans le discours que tient Aristophane sur l'échec immérité de sa première pièce : « Spectateurs, c'est en toute liberté que je vais vous expliquer la vérité, je le jure par Dionysos qui m'a élevé ! »[96]. Rattachée au souci de se faire reconnaître à sa juste place de bon poète, la notion de liberté n'est pas ici pour autant mise en rapport avec la *dikê* mais avec l'affirmation d'une vérité. La liberté d'Aristophane consiste à oser dire ce qu'il considère comme vrai, quitte à s'opposer à l'avis des spectateurs et à la décision des juges officiellement chargés par la cité de désigner les vainqueurs aux concours dramatiques. La référence à Dionysos apporte une caution au poète, mais ne transforme pas la nature de sa déclaration : la liberté qu'il

93. *Poétique*, 1448 b 27.

94. Gavray, M.-A., « "Le juste, la comédie connaît ça aussi" », 2013, p. 498 : « la véritable activité politique, celle que convoite le poète dans ses comédies, apparaît donc intégralement fondée sur la justice ».

95. Chez Aristophane, 9 occurrences des mots de la famille d'*eleutheros*, 1 de *parrhêsia* ; chez les poètes comiques de la même époque, aucune occurrence de *parrhêsia* et 4 des mots de la famille d'*eleutheros* (Eupolis, fr. 192.82/83 *P.C.G.* ; Phérécrate, fr. 131 *P.C.G.* ; Platon, fr. 182.5 *P.C.G.* ; Théopompe, fr. 66 *P.C.G.*).

96. *Nuées*, 518-519 (trad. P. Thiercy) :
Ὦ θεώμενοι, κατερῶ πρὸς ὑμᾶς ἐλευθέρως
τἀληθῆ, νὴ τὸν Διόνυσον τὸν ἐκθρέψαντά με.

revendique n'est pas celle de l'artiste, mais celle de l'homme libre qui, à la différence d'un esclave[97], peut dire ce qui lui semble bon, sans crainte du châtiment, sans lâcheté, sans soumission, sans compromission.

Et c'est bien ainsi en effet que se dessine le portrait de l'homme *eleutheros* chez Aristophane : empreint d'une sorte de noblesse physique et morale[98], il se caractérise par sa liberté d'action[99] et de parole, un droit fondamental dont la *parrhêsia*[100] n'est que l'expression politique. Poussé au bout de sa logique, ce droit offre à celui qui le détient la possibilité de manier la critique, l'injure et l'insolence dans toutes les circonstances. C'est ce qui ressort d'un échange entre les deux demi-chœurs dans *Lysistrata*, au cours duquel la Coryphée, prise à parti pour son impudence (ἤκουσας αὐτῆς τοῦ θράσους ;), explique et justifie son attitude par son statut de femme libre (ἐλευθέρα γάρ εἰμι)[101] : en tant que telle, elle est habilitée à déterminer et à dire ce qui lui semble bon. Tout se passe comme si les Athéniens se plaçaient moins du côté de la victime que du côté de celui qui prend l'initiative et qui, s'il est libre, a le droit de dire ce qu'il pense, même s'il s'agit de moqueries ou d'injures et même s'il se montre alors « insolent » (« *thrasus* »).

C'est cette liberté-là que revendique à mon sens Aristophane et qui lui permet à lui aussi de critiquer et de blâmer. On comprend alors comment un tel processus peut être fondamentalement ambivalent, au même titre que l'est l'adjectif *thrasus*. Prises à la lettre en effet, les injures démontrent l'impudence dont fait preuve leur auteur et pour laquelle il peut éventuellement être puni au terme d'un procès ; mais si elles sont envisagées dans

---

97. *Assemblée des Femmes*, 722 : Praxagora oppose explicitement les femmes libres aux esclaves. Pour un même type d'opposition, voir Eupolis, fr. 192.82/83 *P.C.G.* Phérécrate (fr. 131 *P.C.G.*) emploie l'adjectif ἀνελεύθερον (σῶμα) dans le sens de δοῦλον. Sur cette façon de concevoir l'*eleutheria*, en opposition avec l'esclavage, voir HANSEN, M.H., *La Démocratie athénienne à l'époque de Démosthène. Structure, principes et idéologie*, Paris, Les Belles Lettres, 1993, p. 102-103.

98. L'adverbe γενναίως est mis en parallèle avec l'adverbe ἐλευθέρως : *Assemblée des Femmes*, 1144-1145 ; on ne doit pas frapper un homme libre : *Nuées*, 1414.

99. Il n'obéit qu'à la loi : *Assemblée des Femmes*, 941.

100. Le terme n'est employé qu'une fois par Aristophane : *Thesmophories*, 541. Il est mis dans la bouche du Parent d'Euripide pendant la pseudo-assemblée des Thesmophores. Sur cette notion, voir les travaux de HENDERSON, J., « Attic Old Comedy, Frank Speech and Democracy », 1998, p. 255-273.

101. *Lysistrata*, 379 : « Entends-tu cette insolence ? / C'est que je suis libre ».

leur principe, elles sont également la manifestation d'une liberté inaliénable qui peut se traduire en termes de courage et de résolution, équivalents à ce qu'on trouve pour décrire le héros épique[102].

La liberté dont se prévalent les poètes comiques dans leurs œuvres n'est donc pas visiblement du côté du rituel, elle s'identifie plutôt à une sorte de droit ontologique qui définit les individus les uns par rapport aux autres et qui s'ancre dans une reconnaissance sociale et politique. Elle prend la forme d'une quête de la justice et de la vérité entendues non seulement comme un but à atteindre, mais comme la revendication d'un poète habilité à déterminer lui-même ce qui lui semble bon de dire[103].

Le *skôptein*

Si on continue à suivre le discours qu'Aristophane tient sur son œuvre[104], on s'aperçoit que sa démarche trouve son expression dans l'emploi qu'il fait du verbe *skôptein*. Assez souvent utilisé (23 occurrences du verbe, 4 de *skômma* et 1 de *skôptolês*), ce mot paraît fondamental, car, à la différence des autres termes mis en rapport avec la moquerie, celui-ci est

102. L'adjectif *thrasus* a cette double connotation, désignant à la fois celui qui est audacieux, impudent et celui qui est brave et courageux, notamment chez Homère où il qualifie Hector et d'autres héros. Aristophane, pour sa part, utilise souvent un vocabulaire épique pour décrire sa lutte contre les *ponêroi* (voir par exemple *Acharniens*, 644 *sq.*).

103. C'est la raison pour laquelle, comme le note avec raison SAETTA COTTONE, R., *Aristofane e la poetica dell'ingiuria*, 2005, p. 283, le *dikaion* peut passer par l'injure. Cette conception de la liberté est traditionnelle et rejoint la définition que HANSEN, M.H., *La démocratie athénienne à l'époque de Démosthène*, 1993, en donne, lorsqu'il la situe à la fois sur le plan « social » (« être libre, par opposition au fait d'être esclave », p. 103) et sur le plan « constitutionnel » (« *eleutheria* s'associait à la fois à la participation politique (dans la sphère publique) et à la liberté personnelle (dans la sphère privée) », p. 103). Voir aussi NARBONNE, J.-M., *Antiquité critique et modernité. Essai sur le rôle de la pensée critique en Occident*, Paris, Les Belles Lettres, 2016, p. 97-100 et tout particulièrement p. 98 : « Par conséquent, il existait bien à Athènes ainsi que dans d'autres cités grecques démocratiques une sorte de liberté personnelle (...), et au premier chef évidemment la liberté de parole, le droit en principe absolu (même s'il se trouvait parfois limité dans la pratique) d'énoncer toute opinion sur quelque question que ce soit » ; pour la bibliographie sur cet aspect de la liberté, voir du même auteur la note 66, p. 98.

104. C'est difficile évidemment de le faire pour les poètes comiques qui lui sont contemporains. Chez eux (voir la liste à la note 61), on note 4 occurrences des mots de la famille de *skôptein* : 1 de *skôptikôs* (Alcée, fr. 38 *P.C.G.*), 1 de *episkôptein* (Cratinos, vol. IV, p. 140 *P.C.G.*) et 2 de *skômma* (Eupolis, fr. 172.15 et 261.2 *P.C.G.*).

le seul à être souvent et directement lié au verbe *kômôdein*, c'est-à-dire à l'élaboration même de la comédie[105].

En ce sens, la réplique de Pénia à Chrémyle dans le *Ploutos* est instructive, surtout si on y lit une possible mise en abyme, avec l'image du dramaturge derrière celle du personnage évoqué : « Tu essaies de railler et de plaisanter sans te préoccuper d'être sérieux » (Σκώπτειν πειρᾷ καὶ κωμῳδεῖν τοῦ σπουδάζειν ἀμελήσας)[106]. L'association des verbes σκώπτειν, κωμῳδεῖν et τοῦ σπουδάζειν ἀμελήσας est intéressante, car elle place la raillerie comique du côté de ce que S. Halliwell appelle le « rire enjoué »[107]. Elle met également en valeur l'étroitesse des liens existant entre σκώπτειν et κωμῳδεῖν qui deviennent presque ici synonymes : railler est le propre des poètes comiques. Dans les *Nuées*, le personnage de Socrate le rappelle indirectement, lorsqu'il interdit à Strepsiade d'agir comme font les auteurs de « trugédies »[108] et de tourner en dérision par ses pétarades le chœur des Nuées qui s'approche[109]. La faculté qui consiste à savoir choisir, doser et mettre en scène les moqueries est au cœur de la définition qu'Aristophane donne de son

105. Voir SOMMERSTEIN, A.H., « Parler du rire chez Aristophane », dans Desclos, M.-L. (dir.), *Le Rire des Grecs. Anthropologie du rire en Grèce ancienne*, Grenoble, Jérôme Millon, 2000, p. 65-75. Les verbes καταγελάω, ἐγχάσκω, καταχάσκω signifient aussi « se moquer » et sont attestés chez Aristophane, mais ils ne sont pas en lien avec *kômôdein* et ont un emploi différent de *skôptein* : ils désignent une moquerie contre un antagoniste, souvent un indésirable que le héros exclut de son nouveau monde : SOMMERSTEIN, A.H., « Parler du rire chez Aristophane », 2000, p. 68-70 et par exemple *Paix*, 1245 ; *Oiseaux*, 1407. Jamais utilisé dans une parabase, καταγελάω n'est pas repris à son compte par Aristophane. Dans les fragments, l'adverbe *skôptikôs* est mis en rapport avec *kômikos* (Alcée, fr. 38 *P.C.G.*).

106. *Ploutos*, 557 (trad. P. Thiercy).

107. HALLIWELL, S., *Greek Laughter*, 2000, p. 163 et « The Uses of Laughter in Greek Culture », *Classical Quarterly*, 41, 1991, p. 281-283. La parodos des *Grenouilles*, 375-376, où on trouve l'association des verbes κἀπισκώπτων / καὶ παίζων (« se moquant et se jouant ») conduit à la même conclusion.

108. C'est ainsi qu'Aristophane nomme les poètes comiques.

109. *Nuées*, 296-297 (trad. H. Van Daele modifiée) :
Οὐ μὴ σκώψεις μηδὲ ποήσεις ἅπερ οἱ τρυγοδαίμονες οὗτοι,
ἀλλ' εὐφήμει·
« Veux-tu bien ne pas railler et ne pas faire comme ces vauriens d'auteurs trugiques ! Mais sois recueilli. »

art[110] et sa perte entraîne une déchéance pour le poète qui est automatiquement exclu de la scène[111].

Dans le *Ploutos*, peut-être parce que c'est une pièce relativement tardive, l'allusion à ces railleries semble prendre un sens plus précis, presque technique, comme en témoigne une réplique de Carion qui clôt une scène d'invectives, correspondant à la *parodos*, en s'adressant au chœur avec ces mots : « Allez, ho ! à présent mettez fin à ces railleries, et tournez-vous donc vers une autre forme »[112]. Ces paroles marquent la fin de l'échange, puisque l'esclave quitte alors la scène pour rentrer chez son maître et laisser la place à Chrémyle. Pascal Thiercy pense que cette « autre forme », selon lui « plus relevée », « implique un nouveau chant du chœur » qui débuterait à la suite et qui n'aurait pas été conservé[113]. Peut-être cette « autre forme » désigne-t-elle simplement une nouvelle étape dans la progression de l'intrigue. Quoi qu'il en soit, sa mention paraît indiquer que les *skômmata* constituent ici une partie de la comédie, distincte des autres, et qu'ils interviennent à des moments précis à l'intérieur d'un réseau d'échanges bien déterminés.

S'il semble clair que le verbe *skôptein* est intrinsèquement lié à la constitution même de la comédie, il est indispensable d'essayer de comprendre quel rôle il y joue.

Aristophane ne met jamais en rapport le *skôptein* avec le *loidorein*[114]. On peut même dire dans une certaine mesure que dans son œuvre, les mots de ces deux familles s'opposent. Comme on l'a vu, la *loidoria* est violente, presque toujours connotée négativement et elle ne se justifie que face aux *ponêroi*[115], tandis que sur 27 occurrences, les mots de la famille de *skôptein* sont connotés positivement à 10 reprises. Le *skômma*

---

110. *Nuées*, 540-542 ; *Paix*, 739-740 ; 748-752.

111. *Cavaliers*, 525 :
ἐξεβλήθη πρεσβύτης ὤν, ὅτι τοῦ σκώπτειν ἀπελείφθη·
« Il a fini par être rejeté quand il était vieux, parce que sa verve moqueuse l'avait abandonné » (trad. pers.).

112. *Ploutos*, 316-317 (trad. Thiercy modifiée) :
Ἀλλ' εἶά νυν τῶν σκωμμάτων ἀπαλλαγέντες ἤδη
ὑμεῖς ἐπ' ἄλλ' εἶδος τρέπεσθ'

113. Thiercy, P., *Aristophane : Théâtre complet*, Gallimard, Paris, 1997, p. 1325, n. 5.

114. Les autres poètes comiques de son époque non plus.

115. Voir *supra*, p. 501-502.

peut être bon ou mauvais, dur ou bénin[116] : tout dépend de celui qui fait les plaisanteries. Ainsi, les rivaux d'Aristophane ne peuvent en faire que des grossières, recevant les qualificatifs de πονηρά[117], κακά, φόρτον, βωμολοχεύματ' ἀγεννῆ[118], tandis qu'Aristophane lui-même se targue de savoir faire des plaisanteries fines, « qui ne courent pas les rues »[119]. Un bon *skômma* utilisé à bon escient peut toucher les juges pendant un procès et faire tomber leur colère[120], mais le mauvais tour imaginé par un certain Lysistratos pour frustrer Philocléon de son salaire d'héliaste est malhonnête et ne peut qu'être source de problèmes[121].

Si on essaie de faire la synthèse des différents types de *skômmata* évoqués par Aristophane et si on tente de trouver leur point commun, on s'aperçoit qu'ils se caractérisent par le jeu qu'ils effectuent sur l'image donnée dans la société par un individu, une institution ou un objet, ils en inversent les signes et la transforment en son contraire, faisant ainsi du grand un petit, du digne un indigne. Quand Aristophane raille (*skôptei*) un dieu, il le fait passer de l'auguste au trivial[122] ; quand il raille un homme, il le fait basculer dans le non-humain et le transforme en animal[123] ou

116. Chez Eupolis, le *skômma* est qualifié par deux fois de ἀσελγές, « grossier, impudent » (Eupolis, fr. 172.15 et 261.2 *P.C.G.*), mais il n'est pas vu comme quelque chose de négatif ni dans Alcée, fr. 38 *P.C.G.*, ni dans Cratinos, vol. IV, p. 140 *P.C.G.*

117. *Nuées*, 542.

118. *Paix*, 748 : τοιαῦτ' ἀφελὼν κακὰ καὶ φόρτον καὶ βωμολοχεύματ' ἀγεννῆ (« écartant ces inepties, cette vulgarité, ces basses bouffonneries », trad. H. Van Daele). Sur l'emploi de ces termes comme qualificatifs du rire, voir HALLIWELL, S., « The Uses of Laughter in Greek Culture », 1991, p. 290 et n. 41.

119. *Paix*, 750 : σκώμμασιν οὐκ ἀγοραίοις (« avec des plaisanteries qui ne courent pas les rues »).

120. *Guêpes*, 567 : οἱ δὲ σκώπτουσ', ἵν' ἐγὼ γελάσω καὶ τὸν θυμὸν καταθῶμαι (« D'autres plaisantent pour me faire rire et déposer ma colère », trad. H. Van Daele).

121. *Guêpes*, 788 : Lysistratos (sur ce personnage, voir le commentaire de MCDOWELL, D.M., *Aristophanes. Wasps*, 1971, p. 238) est appelé *skôptolês*, car au lieu de donner à Philocléon les oboles qui lui revenaient, il lui donne trois écailles de mulet, Philocléon lui intente un procès.

122. Par exemple *Nuées*, 296.

123. Un scorpion : *Ploutos*, 886, une guenon : *Assemblée des Femmes*, 1072-1074.

en objet[124]. Ce « déclassement » explique le recours si fréquent à la scatologie[125] et l'accusation si facile de vulgarité.

Dans une culture où l'individu se construit par et dans le regard de l'autre[126], ce jeu sur l'image équivaut à une réflexion sur l'identité et engage un processus où le fait littéraire est indissociable d'un phénomène social. C'est ainsi que cette poésie de l'invective, qui est issue d'une longue tradition[127] et qui est comme l'autre face d'une poésie consacrée à l'éloge[128], doit être comprise dans son rapport avec ce que les anthropologues appellent une culture de la honte[129]. A. Rotstein le démontre bien, lorsqu'il affirme : « *praise and blame provide public sanction of approval and disapproval for people's actions. (...) Poetry is often an important vehicle for expressing this public sanction* »[130].

Ces deux types de poésie reflètent et façonnent un double regard constitutif de l'identité du citoyen athénien, partagé entre la recherche de la *timê* et la nécessité de se garder de l'*hubris*. L'équilibre se trouve dans la complémentarité existant entre la reconnaissance apportée par l'éloge et la remise en cause générée par les railleries : il y aurait là une façon de réguler les rapports sociaux. Ce double mouvement structure l'organisation des Grandes Dionysies elles-mêmes : comme le dit S. Milanezi, « le rite du blâme correspond point par point à celui des honneurs que les citoyens accordent à ces bienfaiteurs lors des Dionysies avant que les concours théâtraux ne débutent »[131].

---

124. Un crochet pour descendre les seaux au fond du puits : *Assemblée des Femmes*, 1002-1005.
125. Par exemple *Guêpes*, 1289, 1320 ; *Nuées*, 296.
126. Voir FRONTISI-DUCROUX, F., *Du masque au visage. Aspects de l'identité en Grèce ancienne*, Paris, Flammarion, 1995.
127. La tradition de la poésie iambique : voir SAETTA COTTONE, R., *Aristofane e la poetica dell'ingiuria*, 2005 ; ROTSTEIN, A., *The Idea of Iambos*, 2010 ; NAGY, G., « Iambos: Typologies of Invective and Praise », 1976 ; BOWIE, E., « Ionian *Iambos* and Attic *Komoidia* », 2002.
128. Aristote, *Poétique*, 1448 b 27.
129. ROTSTEIN, A., *The Idea of Iambos*, 2010, p. 88.
130. *Ibidem*.
131. MILANEZI, S., « Le Suffrage du rire ou le spectacle politique en Grèce », dans Desclos, M.-L. (dir.), *Le Rire des Grecs. Anthropologie du rire en Grèce ancienne*, Grenoble, Jérôme Millon, 2000, p. 382.

Ce parti-pris de l'invective, des railleries et du blâme dépasse les limites du théâtre et investit la vie quotidienne de l'individu, comme l'atteste Aristophane qui, lorsqu'il fait parler le Raisonnement Juste dans les *Nuées*, met sur le même plan le fait d'aller aux bains publics, de se lever de son siège devant des vieillards ou de ne pas être grossier envers ses parents et le fait de se défendre avec fougue contre des railleries[132]. Sur l'agora, dans les banquets et, de façon institutionnalisée et ritualisée, au théâtre[133], les *skômmata* dessinent le portrait en négatif de l'individu, son image « côté pile » à laquelle, pour son honneur, il doit s'opposer, mais qu'il doit aussi quelque part accepter parce qu'elle contribue à le définir à l'intérieur de sa communauté. Ainsi, les *skômmata* ne fonctionneraient pas à proprement parler comme des reproches[134] – et c'est peut-être la raison pour laquelle ils jouissent d'une certaine forme d'impunité –, ils introduisent un écart, un décalage et constituent une sorte de point de symétrie entre deux représentations inversées d'un même individu. Si on considère que la justice, pour les Grecs, est essentiellement rétributive et instaure un équilibre entre deux états suivant le mouvement d'une balance, on comprend alors comment la comédie avec ses railleries et ses inversions peut participer de cette dynamique.

Conclusion

Les questions de critique et de licence dans la comédie ancienne constituent donc un phénomène complexe qui doit être abordé en utilisant plusieurs perspectives et paramètres différents. Il faut d'abord distinguer, dans l'œuvre poétique, le fond de la forme. La forme, lorsqu'elle trouve son expression dans l'*aischrologia*, c'est-à-dire dans les injures obscènes, bénéficie manifestement d'une licence exceptionnelle en lien avec des pratiques rituelles propres aux divinités de la fertilité. Le fond, en revanche, c'est-à-dire le *skôptein*, qui ne s'assimile ni au *loidorein*, ni à l'*aischrologia*, relève, pour sa part, me semble-t-il, d'une autre logique. D'après les indices donnés par les auteurs comiques eux-mêmes, il paraît

132. *Nuées*, 991-994.

133. Je ne parle pas ici de l'exploitation politique de l'invective : à ce sujet, voir VILLACÈQUE, N., *Spectateurs de paroles*, 2013.

134. Le champ lexical de la raillerie et celui du reproche ne sont pas associés par Aristophane.

plutôt être lié à ce qu'on pourrait appeler une pratique identitaire dans la mesure où il témoigne du droit inaliénable de l'homme libre à dire ce qui lui semble bon et où il enclenche, par le jeu opéré sur l'image, une réflexion sur l'identité qui, dans l'Athènes du ve siècle, prend une résonnance sociale et politique et qui, par la suite, va servir à définir la comédie en tant que genre littéraire spécifique[135]. Ce processus ne doit pas être dissocié du contexte religieux propre aux concours dramatiques et généré par le statut réservé par les Grecs à Dionysos : conçu comme une divinité chargée d'introduire l'altérité « au centre du dispositif social »[136], il peut cautionner et permet de ritualiser ce jeu sur l'écart et cette recherche systématique du décalage et de la différence. Le seul problème réside dans la mise au point d'une limite : jusqu'où la critique et la moquerie peuvent-elles aller ? Le processus relevant d'un principe d'évidence non formulé, la réponse reste nécessairement floue et variable selon le ressenti de chaque individu visé, les circonstances et l'état général – prospère ou difficile – de la cité. C'est ce qui explique à la fois « l'impunité » dont nous semblent jouir les poètes comiques et les réactions épisodiques et conjoncturelles tendant à contrôler ce phénomène.

Annexes

Pour les citations d'Aristophane, l'édition utilisée est, sauf indication contraire, celle de WILSON, N.G., *Aristophanis Fabulae*, t. I et II, Oxford, Oxford University Press, 2007 et les traductions sont de THIERCY, P., *Aristophane. Théâtre complet,* Paris, Gallimard, 1997.

1- Aristophane, Acharniens, 375-382

τῶν τ' αὖ γερόντων οἶδα τὰς ψυχὰς ὅτι
οὐδὲν βλέπουσιν ἄλλο πλὴν ψήφῳ δάκνειν.
αὐτός τ' ἐμαυτὸν ὑπὸ Κλέωνος ἅπαθον

135. On peut dire en effet que la comédie est par excellence le genre qui joue sur l'identité de ses personnages en la transformant, en la masquant, en la révélant. Voir les travaux de Northrop Frye au sujet des comédies de Shakespeare.

136. VERNANT, J.-P., *Figures, idoles, masques*, Paris, Julliard, 1990, p. 239.

ἐπίσταμαι διὰ τὴν πέρυσι κωμῳδίαν.
εἰσελκύσας γάρ μ' ἐς τὸ βουλευτήριον
διέβαλλε καὶ ψευδῆ κατεγλώττιζέ μου
κἀκυκλοβόρει κἄπλυνεν, ὥστ' ὀλίγου πάνυ
ἀπωλόμην μολυνοπραγμονούμενος.

« Nos anciens aussi, j'en connais la mentalité : ils n'ont qu'une idée, c'est de mordre avec leurs votes. Moi-même, avec ce que j'ai subi par la faute de Cléon pour ma comédie de l'an dernier, j'en sais quelque chose. Après m'avoir traîné dans la salle du Conseil, il me calomniait, il roulait des pelles de mensonges contre moi, il grondait comme le Cyclobore, il me lessivait, à tel point que j'ai bien failli périr sous un tas de sales affaires. » (trad. P. Thiercy modifiée)

2- Aristophane, Acharniens, 502-506

Οὐ γάρ με νῦν γε διαβαλεῖ Κλέων ὅτι
ξένων παρόντων τὴν πόλιν κακῶς λέγω.
αὐτοὶ γάρ ἐσμεν οὑπὶ Ληναίῳ τ' ἀγών,
κοὔπω ξένοι πάρεισιν· οὔτε γὰρ φόροι
ἥκουσιν οὔτ' ἐκ τῶν πόλεων οἱ ξύμμαχοι·

« En tout cas Cléon ne pourra pas m'accuser, cette fois, de médire de la Cité devant des étrangers ! En effet, nous sommes entre nous, c'est le concours des Lénéennes, et les étrangers ne sont pas encore là : ni les tributs, ni les contingents ne sont arrivés de leurs cités. »

3- Aristophane, Acharniens, 628-632

ἐξ οὗ γε χοροῖσιν ἐφέστηκεν τρυγικοῖς ὁ διδάσκαλος ἡμῶν,
οὔπω παρέβη πρὸς τὸ θέατρον λέξων ὡς δεξιός ἐστιν·
διαβαλλόμενος δ' ὑπὸ τῶν ἐχθρῶν ἐν Ἀθηναίοις ταχυβούλοις,
ὡς κωμῳδεῖ τὴν πόλιν ἡμῶν καὶ τὸν δῆμον καθυβρίζει,
ἀποκρίνασθαι δεῖται νυνὶ πρὸς Ἀθηναίους μεταβούλους.

« Depuis qu'il dirige des chœurs trygiques, notre dramaturge ne s'est jamais tourné vers l'assistance pour dire combien il était ingénieux. Pourtant, calomnié par ses ennemis auprès des Athéniens expéditifs, comme quoi il ridiculisait notre Cité et bafouait le peuple, il désire aujourd'hui répondre devant les Athéniens versatiles. »

4- Aristophane, Acharniens, 659-664

πρὸς ταῦτα Κλέων καὶ παλαμάσθω
καὶ πᾶν ἐπ' ἐμοὶ τεκταινέσθω.
τὸ γὰρ εὖ μετ' ἐμοῦ καὶ τὸ δίκαιον
ξύμμαχον ἔσται, κοὐ μή ποθ' ἁλῶ
περὶ τὴν πόλιν ὢν ὥσπερ ἐκεῖνος
δειλὸς καὶ λακαταπύγων.

« Dès lors que Cléon ourdisse, qu'il trame tous ses complots contre moi ! Car le bon droit sera avec moi et la justice mon alliée : pas de danger que je sois pris un jour à me conduire envers la Cité comme lui, en couard et en sale inverti ! »

5- Aristophane, Guêpes, 1284-1291 (texte MacDowell, 1971)

εἰσί τινες οἵ μ' ἔλεγον ὡς καταδιηλλάγην,
ἡνίκα Κλέων μ' ὑπετάραττεν ἐπικείμενος
καί με κακίσας ἔκνισε· κᾆθ' ὅτ' ἀπεδειρόμην,
οὑ'κτὸς ἐγέλων μέγα κεκραγότα θεώμενοι,
οὐδὲν ἄρ' ἐμοῦ μέλον, ὅσον δὲ μόνον εἰδέναι
σκωμμάτιον εἴ ποτέ τι θλιβόμενος ἐκβαλῶ.
ταῦτα κατιδὼν ὑπό τι μικρὸν ἐπιθήκισα·
εἶτα νῦν ἐξηπάτησεν ἡ χάραξ τὴν ἄμπελον.

« D'aucuns ont prétendu que je me suis rabiboché avec Cléon à l'époque où il était à mes trousses, me culbutant et me tourmentant avec ses imprécations ; et puis, quand on m'a dépiauté, ceux qui voyaient cela de l'extérieur riaient de me voir pousser de tels cris : ah non ! ils ne se préoccupaient pas de mon sort, mais seulement de savoir si par hasard je n'irais pas, ainsi pressé, laisser couler quelque petite raillerie ! Voyant cela, j'ai fait quelques singeries, et finalement aujourd'hui, c'est l'échalas qui a berné la vigne ! »

6- Eupolis, Dêmoi, fr. 99.29 (P.C.G.)

ταῖς στρατηγίαις δ` ὑφέρπει καὶ τρυγωιδο[– ˘ –
τρυγωιδο[ῖς μέμφεται vLeeuwen, -δο[ὺς ζημιοῖ Jensen, -δο[ὺς λοιδορεῖ Luppe

« Il se glisse dans les fonctions de stratège et blâme les poètes comiques. »

7- Lysias, fr., V. Contre Kinésias, pour Phanias, affaire d'illégalité (Lysias, tome 2, C.U.F., p. 256) = fr. 53 Thalheim = Athénée, XII, 551 F

Οὐχ οὗτός ἐστιν ὁ τοιαῦτα περὶ θεοὺς ἐξαμαρτάνων ἃ τοῖς μὲν ἄλλοις αἰσχρόν ἐστι καὶ λέγειν, τῶν κωμῳδοδιδασκάλων δ' ἀκούετε καθ' ἕκαστον ἐνιαυτόν ;

« N'est-ce pas lui qui s'est rendu coupable de tels outrages à l'égard des dieux que pour tous les autres, c'est une honte d'en parler seulement — sinon pour les auteurs comiques qui vous les font entendre chaque année ? » (trad. C.U.F. modifiée)

8- Pseudo-Xénophon, Constitution des Athéniens, II, 18

Κωμῳδεῖν δ´ αὖ καὶ κακῶς λέγειν τὸν μὲν δῆμον οὐκ ἐῶσιν, ἵνα μὴ αὐτοὶ ἀκούωσι κακῶς, ἰδίᾳ δὲ κελεύουσιν, εἴ τίς τινα βούλεται, εὖ εἰδότες ὅτι οὐχὶ τοῦ δήμου ἐστὶν οὐδὲ τοῦ πλήθους ὁ κωμῳδούμενος ὡς ἐπὶ τὸ πολύ, ἀλλ´ ἢ πλούσιος ἢ γενναῖος ἢ δυνάμενος, ὀλίγοι δέ τινες τῶν πενήτων καὶ τῶν δημοτικῶν κωμῳδοῦνται, καὶ οὐδ´ οὗτοι ἐὰν μὴ διὰ πολυπραγμοσύνην καὶ διὰ τὸ ζητεῖν πλέον τι ἔχειν τοῦ δήμου· ὥστε οὐδὲ τοὺς τοιούτους ἄχθονται κωμῳδουμένους.

« De même, (les Athéniens) ne permettent pas que le peuple fasse l'objet d'une satire comique ni que l'on dise du mal de lui, pour éviter d'entendre dire du mal d'eux-mêmes. Mais, pour ce qui est des particuliers, ils encouragent tous les amateurs, sachant bien que celui qui fait l'objet d'une satire n'appartient généralement pas à la tendance populaire ni aux classes populaires, mais qu'il est riche, bien né ou puissant, que rares sont les pauvres et les démocrates qui font l'objet d'une satire et qu'ils ne le font qu'en raison de leur activisme et du fait qu'ils cherchent à avoir plus que le peuple, si bien qu'ils ne sont pas non plus fâchés de voir raillés de tels hommes. » (trad. D. Lenfant)

9- Aristophane, Guêpes, 1206-1207

ὅτε τὸν δρομέα Φάυλλον ὢν βούπαις ἔτι
εἷλον διώκων λοιδορίας ψήφοιν δυοῖν.

« C'est quand, encore enfant, j'eus affaire au coureur Phayllos ; je le poursuivis pour injures et le gagnai de deux voix. » (trad. H. Van Daele)

10- Héraclite, B 15 D.-K.

εἰ μὴ γὰρ Διονύσῳ πομπὴν ἐποιοῦντο καὶ ὕμνεον ᾆσμα αἰδοίοισιν, ἀναιδέστατα εἴργαστ' ἄν·

« Si ce n'était pas pour Dionysos qu'ils faisaient une procession et qu'ils chantaient un hymne sur les parties honteuses, ils agiraient avec la plus grande impudence. »

11- Hymne homérique à Déméter, 200-204

ἀλλ'ἀγέλαστος, ἄπαστος ἐδητύος ἠδὲ ποτῆτος,
ἧστο, πόθῳ μινύθουσα βαθυζώνοιο θυγατρός,
πρίν γ' ὅτε δὴ χλεύῃς μιν Ἰάμβη κέδν' εἰδυῖα,
πολλὰ παρασκώπτουσα, τρέψατο Πότνιαν ἁγνὴν
μειδῆσαι γελάσαι τε καὶ ἵλαον σχεῖν θυμόν·

« Sans sourire, sans prendre de nourriture ni de boisson, elle restait assise et se consumait en regrets de la perte de sa fille à la large ceinture, jusqu'au moment où, à force de saillies et de railleries, la diligente Iambê amena la sainte souveraine à sourire, puis à rire et à prendre une humeur favorable. » (trad. H. Van Daele)

12- Aristote, Politique, VII, 17, 1336 b 14-17

ἐπιμελὲς μὲν οὖν ἔστω τοῖς ἄρχουσι μηθέν, μήτε ἄγαλμα μήτε γραφήν, εἶναι τοιούτων πράξεων μίμησιν, εἰ μὴ παρά τισι θεοῖς τοιούτοις οἷς καὶ τὸν τωθασμὸν ἀποδίδωσιν ὁ νόμος.

« Que les magistrats prennent soin qu'aucune statue ni aucune peinture ne reproduisent des actions de ce genre, si ce n'est chez des dieux déterminés pour lesquels la loi admet même les railleries indécentes. » (trad. H. Van Daele)

13- Aristophane, Grenouilles, 372-376 (parodos)

χώρει νυν πᾶς ἀνδρείως
ἐς τοὺς εὐανθεῖς κόλπους
λειμώνων ἐγκρούων
κἀπισκώπτων
καὶ παίζων καὶ χλευάζων

« Que chacun s'avance virilement dans le sein fleuri des prairies, au pas cadencé, avec force railleries, plaisanteries et moqueries ! »

14- Plutarque, De l'éducation des enfants, 10 C

Ἀριστοφάνους δέ, ὅτε τὰς Νεφέλας ἐξέφερε, παντοίως πᾶσαν ὕβριν αὐτοῦ κατασκεδαννύντος, καί τινος τῶν παρόντων "κᾆτα τοιαῦτ´ ἀνακωμῳδοῦντος οὐκ ἀγανακτεῖς" εἰπόντος "ὦ Σώκρατες;" "μὰ Δί´ οὐκ ἔγωγ´," ἔφησεν· "ὡς γὰρ ἐν συμποσίῳ μεγάλῳ τῷ θεάτρῳ σκώπτομαι."

« Quand Aristophane présentait ses *Nuées*, en répandant tout un torrent d'insultes contre lui, un spectateur demanda : "Ben alors, Socrate ! Avec tout ce qu'il t'a brocardé, tu ne te mets pas en colère ?" Et Socrate de répondre : "Ma foi, pas du tout ! Quand on me moque au théâtre, c'est comme dans un grand banquet". » (trad. Ch. Orfanos)

15- Dion Chrysostome, XXXIII (Au peuple de Tarse), 9

Ἀθηναῖοι γὰρ εἰωθότες ἀκούειν κακῶς, καὶ νὴ Δία ἐπ᾽ αὐτὸ τοῦτο συνιόντες εἰς τὸ θέατρον ὡς λοιδορηθησόμενοι, (...) Ἀριστοφάνους μὲν ἤκουον καὶ Κρατίνου καὶ Πλάτωνος, καὶ τούτους οὐδὲν κακὸν ἐποίησαν.

« Les Athéniens avaient l'habitude de s'entendre critiquer et, par Zeus, c'est justement pour se faire injurier qu'ils se réunissaient au théâtre (...). Tout en entendant Aristophane, Cratinos et Platon, ils ne leur firent aucun mal. » (trad. D. Lenfant)

16- Scholie aux Acharniens, 378 (éd. Wilson, 1975, p. 59-60)

διὰ τὴν πέρυσι κωμῳδίαν. τοὺς Βαβυλωνίους λέγει. τούτους γὰρ πρὸ τῶν Ἀχαρνέων Ἀριστοφάνης ἐδίδαξεν, ἐν οἷς πολλοὺς κακῶς εἶπεν. ἐκωμῴδησε γὰρ τάς τε κληρωτὰς καὶ χειροτονητὰς ἀρχὰς καὶ Κλέωνα, παρόντων τῶν ξένων. καθῆκε γὰρ δρᾶμα τοὺς Βαβυλωνίους <ἐν> τῇ τῶν Διονυσίων ἑορτῇ, ἥτις ἐν τῷ ἔαρι ἐπιτελεῖται, ἐν ᾧ ἔφερον τοὺς φόρους οἱ σύμμαχοι. καὶ διὰ τοῦτο ὀργισθεὶς ὁ Κλέων ἐγράψατο αὐτὸν ἀδικίας εἰς τοὺς πολίτας, ὡς εἰς ὕβριν τοῦ δήμου καὶ τῆς βουλῆς ταῦτα πεποιηκότα, καὶ ξενίας δὲ αὐτὸν ἐγράψατο καὶ εἰς ἀγῶνα ἐνέβαλεν. τὰ δὲ Λήναια ἐν τῷ μετοπώρῳ ἤγετο, ἐν οἷς οὐ παρῆσαν οἱ ξένοι, ὅτε τὸ δρᾶμα τοῦτο, οἱ Ἀχαρνεῖς, ἐδιδάσκετο.

« "À cause de la comédie de l'an dernier" : il veut dire *Les Babyloniens*, car c'est cette pièce qu'Aristophane produisit avant *Les Acharniens*, il y médit de beaucoup de monde ; en effet, il y fit la satire des magistrats élus ou tirés au sort et de Cléon, en présence des étrangers ; il avait fait jouer sa pièce *Les Babyloniens* à la fête des Dionysies, que l'on célèbre au printemps, époque où les alliés apportaient leur tribut ; c'est à cause de cela que Cléon se mit en colère et l'accusa de faute envers les citoyens, prétendant qu'il avait agi ainsi pour outrager le peuple et le Conseil. Et il porta aussi contre lui une accusation d'usurpation de citoyenneté et lui intenta un procès. C'est à la fin de l'automne qu'on célébrait les

Lénéennes, où les étrangers n'étaient pas présents, et c'est à cette occasion que fut produite cette pièce, *Les Acharniens.* » (trad. D. Lenfant)

17- Scholie aux Acharniens, 67 (éd. Wilson, 1975, p. 17)

ἐπ' Εὐθυμένους ἄρχοντος. οὗτός ἐστιν ὁ ἄρχων, ἐφ' οὗ κατελύθη τὸ ψήφισμα τὸ περὶ τοῦ μὴ κωμῳδεῖν γραφὲν ἐπὶ Μορυχίδου. ἴσχυσε δὲ ἐκεῖνόν τε τὸν ἐνιαυτὸν καὶ τοὺς δύο ἑξῆς ἐπὶ Γλαυκίνου τε καὶ Θεοδώρου, μεθ' οὓς ἐπ' Εὐθυμένους κατελύθη.

« "Sous l'archontat d'Euthyménès" : c'est l'archonte sous lequel fut abrogé le décret concernant l'interdiction de la satire comique qui avait été proposé sous Morychidès. Il fut en vigueur cette année-là et les deux suivantes sous Glaukinos et sous Thédoros, après quoi il fut abrogé sous Euthyménès. » (trad. D. Lenfant)

18- Scholie aux Oiseaux, 1297 (Éd. Holwerda, 1991, p. 191-192 avec les modifications de D. Lenfant, p. 17-18)

Συρακοσίῳ δὲ κίττα. οὗτος γὰρ τῶν περὶ τὸ βῆμα. καὶ Εὔπολις ὡς λάλον ἐν Πόλεσι διασύρει·

Συρακόσιος δ' ἔοικεν, ἡνίκ' ἂν λέγῃ
τοῖς κυνιδίοισι τοῖσιν ἐπὶ τῶν τειχίων.
ἀναβὰς γὰρ ἐπὶ τὸ βῆμ' ὑλακτεῖ περιτρέχων.
δοκεῖ δὲ καὶ ψήφισμα τεθεικέναι μὴ κωμῳδεῖσθαι ὀνομαστί τινα, ὡς Φρύνιχος ἐν Μονοτρόπῳ φησί·
ψῶρ' ἔχει Συρακόσιον[137], ἐπιφανὲς γὰρ αὐτῷ καὶ μέγα τύχοι.
ἀφείλετο γὰρ κωμῳδεῖν οὓς ἐπεθύμουν[138].
διὸ πικρότερον αὐτῷ προσφέρονται.

137. Dans l'édition Holwerda, on a ψῶρ ἔχε Συρακόσιον.

138. Autre problème de texte : on ne sait pas où s'arrête la citation de Phrynicos. Holwerda, manifestement, l'arrête à μέγα τύχοι et comprend que la suite est le commentaire du scholiaste. La traduction serait alors (D. Lenfant, p. 18) : « 'Syracosios a la gale : pourvu qu'elle l'atteigne gravement et de façon visible !' C'est qu'il (= Syracosios) (leur) a enlevé ceux dont ils (= les poètes comiques) voulaient faire la satire. C'est la raison pour laquelle

« “À Syracosios (on a donné le nom de) pie” : c’est que cet homme faisait partie des gens de la tribune. Eupolis, dans ses *Cités*, l’attaque aussi pour ses jacasseries : “Syracosios ressemble, quand il parle, aux chiots qui sont sur les murs des maisons : une fois monté à la tribune, il court en rond en jappant.” Il semble qu’il ait aussi fait passer un décret interdisant de faire la satire nominale de quelqu’un, comme dit Phrynichos dans son *Solitaire :* “Syracosios a la gale : pourvu qu’elle l’atteigne gravement et de façon visible ! car il (m’) a enlevé ceux dont je voulais faire la satire.” C’est la raison pour laquelle ils sont plutôt durs envers lui. » (trad. D. Lenfant)

ils sont plutôt durs envers lui. » Mais, comme le dit D. Lenfant, p. 18 : « Cette seconde solution rend cependant inexplicable le lien d’analogie (ὡς Φρύνιχος ἐν Μονοτρόπῳ φησί) posé entre l’affirmation du scholiaste (Syracosios comme auteur du décret) et la citation (réduite à une malédiction contre le personnage). »

Comédie ancienne, comédie nouvelle : un bilan à revoir

Dmitri Nikulin (The New School for Social Research)

La comédie figure encore parmi les genres littéraires et dramatiques les plus importants et les plus répandus à notre époque[1]. Pourtant, l'origine même du terme « comédie » n'a su être établie de façon univoque. Selon Aristote, il provient soit de la *kômê*, mot employé par les Doriens du Péloponnèse pour désigner un « village », soit du *kômos*, de la « fête » (Aristote, *Poétique*, 1448 a 35-36 ; cf. Platon, *Théétète*, 173 d). Reconnaissons toutefois qu'il ne s'agit encore que d'une explication étymologique, laquelle manque presque toujours le point d'origine, puisqu'elle essaie surtout de déterminer le sens « originel » du mot plutôt que la raison qui, au départ, porta les gens à s'adonner à cette activité. Néanmoins, l'origine rurale de la *kômê* suggère l'existence d'une activité collective, où les paysans entonnaient diverses chansons dans lesquelles ils se moquaient de leurs concitoyens pour leur actes répréhensibles, ramenant ainsi la rivalité de la guerre et de l'action légale à un carnaval où la justice est accomplie

1. Le présent essai reprend pour l'essentiel, mise à part la dernière section, le chapitre 1 de mon livre *Comedy, Seriously: A Philosophical Study*, New York, Palgrave Macmillan, 2014, p. 3-21.

sans effusion de sang et sans trop de ressentiment. En Attique, lors de la fête consacrée à Dionysos, on sait que les paysans descendaient à la ville et blâmaient les riches bourgeois qui avaient provoqué leur mécontentement. La satire critique et l'attaque personnelle, ou même l'injure, sont devenues plus tard un aspect important de la comédie ancienne autant chez Aristophane que chez les autres dramaturgistes[2].

L'origine de la comédie

La plaisanterie et la raillerie occupent une place importante dans les rites populaires qu'on peut, à première vue, qualifier de carnavalesques[3]. Ceux-ci peuvent cependant aussi être compris comme un rituel où se voit parodié un combat héroïque, dans lequel le mythe est moqué, où la tuerie se voit substituée par des joutes verbales et la gloire immortelle de la parole du poète par une gloire collective, certes d'apparence fugace, mais qui se reproduit constamment. La substitution reproductive du combat suppose, quant à elle, une compétition, un *agôn*, où le but est de gagner une lutte verbale, ce qui a évolué plus tard en Attique, à l'occasion des célébrations collectives, en une compétition littéraire qui octroie aux gagnants une large renommée et dont les noms et les œuvres ont parfois même survécu jusqu'à nos jours.

Que la comédie permette aux gens de parler librement sous la forme de railleries acerbes a mené Aristote à en chercher l'origine dans l'*iambe*. Dans les temps anciens, jusqu'à Properce, l'iambe n'est pas une lamentation, mais souvent un hymne guerrier et est, pour cette raison, associé au genre épique. Avec l'élégie, l'iambe est l'une des deux formes majeures de la poésie archaïque, que l'on retrouve chez Archiloque (VIIe siècle av. J.-C.), Simonide (VIIe siècle av. J.-C.), Hipponax (VIe siècle av. J.-C.) et bien d'autres. À l'origine, l'iambe était utilisé pour s'adresser des quolibets. L'hymne homérique à Déméter (VIe siècle av. J.-C.) personnifie ainsi très bien la pratique de la plaisanterie dans la figure d'Iambè, une servante

2. STOREY, I.C., *Eupolis: Poet of Old Comedy*, Oxford, Oxford University Press, 2003, p. 41.

3. Démosthène, *Sur la couronne*, 122 ; Athénée, XIV, 621 E-F. Cf. BAKHTIN, M., *Rabelais and His World*, trad. H. Iswolsky, Cambridge (MA), MIT Press, 1984.

du roi Kéléos. On y raconte que Déméter vint à la maison de Kéléos pour y chercher sa fille :

> « Elle y prit place, et, de sa main, ramena le voile sur son visage ; pendant longtemps elle resta sur ce siège, muette de douleur, sans s'occuper de personne en paroles ni en actes. Sans sourire, sans prendre de nourriture ni de boisson, elle restait assise et se consumait en regrets de la perte de sa fille à la large ceinture, jusqu'au moment où, à force de saillies et de railleries (*khleuêis*), la diligente Iambé amena la sainte souveraine à sourire, puis à rire, et à prendre une humeur favorable : c'est elle qui, plus tard également, lui plut toujours pour son caractère. » (II, 200-205, traduction de Jean Humbert).

L'iambe a ainsi la capacité à ragaillardir les gens (et même les dieux) avec ce qui semble être des sarcasmes indécents, des gestes caustiques et des actes acrimonieux. Allant à l'encontre des conventions sociales, un tel acte (théâtral) a pour but de restaurer la plénitude et la joie de vivre chez une personne qui les a perdues depuis un certain temps en raison de malheureuses et terribles circonstances.

Selon le témoignage d'Aristote, les blâmes ou les chansons satiriques (*psogous*) ont donné naissance à l'iambe (*Poét.*, 1448 b 27 ; 1448 b 31-1449 a 6). Aristote fait d'Homère le père des deux genres dramatiques : du sublime esprit héroïque de l'*Iliade* et de l'*Odyssée* provient la tragédie, et de la prosaïque moquerie iambique du *Margitès* provient la comédie. Le désormais perdu *Margitès*, attribué erronément à Homère par Aristote (*Poét.*, 1448 b 30-1449 a 1), est également mentionné dans le corpus platonicien. Il s'agit d'un poème parodique de l'épopée archaïque où le protagoniste, Margitès, semble incarner une sorte de fou ou de bouffon[4]. Au cœur même de la poésie iambique se combinent la joute verbale agonistique, les attaques personnelles, les moqueries, lesquelles incluent des allusions aux sujets privilégiés que sont la consommation de nourriture, de boisson, et, de façon explicite, la sexualité. Autrement

---

4. Platon, *Second Alcibiade*, 147 c-d : « il connaissait plusieurs choses (*polla*), mais il ne les connaissait pas bien (*kakôs*) ». Connaître plusieurs choses (*polumathia*), c'est-à-dire connaître chaque chose un petit peu sans avoir la capacité de rendre compte de ce savoir et de l'unifier d'une certaine manière est bien pire pour Platon que la simple ignorance (Platon, *Lois*, VII, 819 a). L'ignorance peut être reconnue, mais la connaissance socratique de sa propre ignorance, laquelle est le début d'un sincère examen de soi, n'est pas *polumathia*, qui ne permet pas de penser de façon critique et de se juger soi-même.

dit, il s'agit d'une célébration de la vie dans ses formes physiques les plus explicites[5]. Tous ces aspects seront plus tard incorporés et quelque peu raffinés dans la comédie ancienne. Un autre aspect qui rend l'iambe attrayant et approprié pour le drame est son aspect conversationnel ainsi que sa simplicité familière (*Poét.*, 1449 a 24-25).

D'un point de vue plus historique, en remontant le temps à la lumière des textes, la naissance de la comédie comme genre dramatique et littéraire est liée à la Sicile. Aristote mentionne en effet que Mégare et la Sicile revendiquaient toutes deux l'origine de la comédie (*Poét.*, 1448 a 31-33). À Mégare, Susarion (VIe siècle av. J.-C.) était désigné comme l'inventeur de la comédie attique (*Marbre de Paros*, 39)[6]. Et en Sicile, Épicharme (VIe-Ve siècles av. J.-C.) était l'un des premiers auteurs à inventer le récit comique (*muthos* ; Épicharme, A 5 D.-K. = *Anon. de com.*, II, 4 Kaibel). La tradition fait de lui un auteur prolifique d'environ quarante œuvres (conservées seulement en quelques fragments) et un philosophe pythagoricien (Diogène Laërce, VIII, 78 ; A 4 D.-K. = Jamblique, *Vie de Pythagore*, 266 ; B 23 D.-K.), ce qui permet d'établir un lien originel entre la philosophie et la comédie. Platon mentionne Épicharme comme le fondateur de la comédie (et Homère comme fondateur de la tragédie). De plus, il le fait s'entendre avec Protagoras, Héraclite et Empédocle sur l'idée que rien n'est, mais que tout vient toujours à l'être (Platon, *Théétète*, 152 e ; cf. *Gorgias*, 505 e). La tradition plus tardive dit que Platon aurait lui-même beaucoup emprunté à Épicharme et même retranscrit (*metagrapsas*) de lui (Diogène Laërce, III, 9).

Un autre lien entre la comédie et la Sicile arrive un peu plus tard avec les genres relatifs au *mime*, ces petites scènes de la vie quotidienne jouées sous la forme de monologues ou de dialogues, et au *fluax*, de brèves pièces dramatiques qui parodient le plus souvent des mythes. Du *fluax*, rien n'a été préservé, à l'exception de descriptions de quelques scènes sur des vases. L'auteur de mimes le plus connu est Sophron de Sicile (Ve siècle av. J.-C.) et son fils Xénarque (IVe siècle av. J.-C. ; cf. Aris-

---

5. Cf. Archiloque, fr. 41-44 et 46 WEST. Voir aussi, WEST, M.L., *Studies in Greek Elegy and Iambus*, Berlin – New York, De Gruyter, 1974, p. 22-39 ; *Die griechische Literatur in Text und Darstellung. Bd. 1: Archaische Periode*, édité par J. Latacz, Stuttgart, Philipp Reclam, 1991, p. 240-247.

6. *Der Kleine Pauly. Lexikon der Antike*, Bd. 5, München, Deutscher Taschenbuch Verlag, 1979, col. 437.

tote, *Poét.*, 1447 b 10-11), suivis des populaires mimiambes de Hérondas (IIIe siècle av. J.-C.), duquel nous avons maintenant nombre de petites scènes comiques complètes, la plupart tirées de la vie ordinaire, écrites en choliambe d'Hipponax. Sophron écrit en prose et, pour cette raison, ses mimes devraient compter parmi les débuts de la littérature comique. La tradition tardive dit que Sophron était admiré par Platon qui, bien qu'il ne le mentionne jamais, aurait imité ses mimes (bouffons) (*ton gelôtopoion*). Il aurait ainsi voulu perfectionner son art d'imitation (*tên mimêtikên*) des personnages, une habileté importante pour tout auteur de dialogues[7]. Ici encore nous trouvons une autre trace d'un lien entre la philosophie et la comédie.

Tragédie et comédie

Il est plus facile de dire *quand* la philosophie apparaît que de dire *pourquoi* elle apparaît. Avant que la philosophie ne devienne une entreprise savante avec Aristote, elle s'exerçait sous la forme d'une œuvre dialectique, littéraire et écrite chez Platon, et sous la forme d'un dialogue oral chez Socrate. Depuis le tout début, la philosophie a été tournée au ridicule par la comédie, à la fois par son portrait du philosophe et par le statut qu'elle donne à la philosophie. Comme on le sait, Socrate a été personnellement moqué dans les *Nuées* d'Aristophane (cf. Platon, *Apologie de Socrate*, 19 c). En général, le philosophe apparaît comme une figure comique, objet de la raillerie qui le montre tombant dans des puits et dans toute sorte de désastres par son inexpérience, raillerie qui ne vient pas seulement de servantes thraces mais de la population en général (cf. Platon, *Théétète*, 174 a). En ce qui concerne son statut, la philosophie perçoit sa proximité avec la comédie dans sa problématique ainsi que dans son genre. Un tel rapprochement, comme je vais le soutenir, est une bénédiction pour la philosophie, même si, depuis que la philosophie aspire à être purement rationnelle et à être une réflexion *a priori* au sujet de ce qui ne change pas dans le devenir, elle considère une telle association comme un fardeau et un embarras. Pour cette raison, la philosophie veut se détacher d'une activité aussi dérisoire et indécente pour être prise au

7. Cf. *Prolégomènes à la philosophie de Platon*, 3, 14-16 Westerink.

sérieux (par les autres, mais avant tout par elle-même), et c'est pourquoi elle s'attaque à la comédie depuis Platon déjà.

Pour Platon, la philosophie doit clarifier (le sens de) l'être, alors que la poésie est seulement une imitation (*mimêsis*) du devenir, ce qui fait qu'elle trahit la vérité (*to alêthes*) (*République*, X, 607 c). Comme la comédie appartient à la poésie, elle aussi est imitative et, ayant part au drôle et au ridicule (*peri tou geloiou*), elle se voit incapable de contribuer à l'amélioration de la morale publique (*Rép.*, X, 606 b *sq.* ; *Lois*, XI, 934 e *sq.*). Sans aucun doute, Platon pense à son fameux prédécesseur, Platon le Comique[8], ce qui nous porte à croire qu'il aurait voulu se dissocier de son homonyme par son œuvre et par son genre. Dans une forme extrême, l'opposition de la philosophie à la poésie est déjà présente chez le grincheux Héraclite (B 42 D.-K.), qui suggère qu'Homère et Archiloque devraient être bannis des compétitions et flagellés, et ce pour autant qu'ils sont tous deux représentants d'une poésie mensongère : l'un de la poésie héroïque, l'autre de la poésie iambique.

En tant que poésie imitative, la comédie peut être dangereuse pour une constitution politique sérieuse, d'où le fait qu'elle n'y ait pas sa place. Il est toutefois frappant de voir qu'un sérieux imperturbable, qui s'accompagne d'une perte du sens de l'humour, n'est pas en soi comique mais pathétique. Pourtant, à la défense de Platon et contre le sérieux de l'interprétation philologique de ses œuvres qu'on doit au Romantisme, on pourrait aussi dire que ses dialogues peuvent être lus comme étant subtilement comiques, autant dans leur contenu que dans leur forme.

Par ailleurs, pour Platon, la poésie dramatique et la comédie en particulier, présentent un mélange indésirable de souffrance (*lupê*) et de plaisir (*hêdonê*), ou de peur et d'amour (*Philèbe*, 31 c ; 48 a ; 50 a-d). Les deux sentiments opposés ne mènent cependant pas à réaliser la loi (*nomos*) et la raison (calculante, *logos*), mais l'empêchent plutôt (*Rép.*, X, 607 a). C'est pourquoi, la comédie sied seulement aux adolescents, aux étrangers et aux

---

8. Fragments dans *Fragmenta Comicorum Graecorum*, Meineke, vol. I, p. 160 *sq.*, et *Comicorum Atticorum Fragmenta*, édité par Th. Kock, vol. I, Leipzig, Teubner, 1880, p. 601-667. Voir aussi Rosen, R.M., « Plato Comicus », dans Dobrov, G.W. (dir.), *Beyond Aristophanes: Transition and Diversity in Greek Comedy*, Atlanta, Scholars Press, 1995, p. 119-137.

esclaves (Platon, *Lois*, II, 658 d ; VII, 817 e), et qu'elle est impropre aux adultes sérieux et aux citoyens responsables.

Dans sa *Poétique*, Aristote classe la comédie (*kômôidia*), avec la tragédie, le genre épique et le dithyrambe, parmi les formes d'imitation (*Poét.*, 1447 a 17). Ainsi, la comédie représente seulement l'une des nombreuses et différentes manières d'imiter et est ici associée au dithyrambe (lequel était lié au culte de Dionysos et largement à l'iambe), comme l'épique est associé à la tragédie. À ce moment, Aristote suit la distinction dichotomique des opposés en contraires : appliquant cette division simpliste à la poésie, il la considère comme imitant soit le bon et le sérieux (*spoudaios*) ou le vil et le bas (*phaulos*, *Poét.*, 1448 a 2). À ce compte, la tragédie est une imitation des meilleures personnes, alors que la comédie imite les pires (*Poét.*, 1448 a 16-18). Plus particulièrement, la comédie représente le comique et le ridicule (*to geloion*), qui appartiennent généralement à l'inférieur et au laid (*to aiskhron*, *Poét.*, 1149 a 32-34). Comme tel, le ridicule est en lui-même une erreur (*hamartêma*), mais qui s'avère toutefois excusable, dans la mesure où elle ne cause aucune douleur (*anôdunon*) ou n'inflige aucun mal (*ou phthartikon*, *Poét.*, 1449 a 34-37).

Dès le début de sa réflexion sur le drame, la philosophie considère la comédie dans son opposition avec la tragédie. Car sans la connaissance du ridicule on ne peut en arriver à connaître le sérieux ; et sans la compréhension du mal, on ne peut comprendre le bien, qui lui est opposé (Platon, *Lois*, VII, 816 d-e). Dans la scène finale du *Banquet* de Platon, quand tous les convives sont ivres et endormis, les trois derniers fêtards qui discutent toujours sont Socrate, Agathon (qui fut ridiculisé par Aristophane dans les *Thesmophories* et dans *Les Grenouilles* [83], et dont les tragédies sont probablement proches de la comédie nouvelle[9]) et Aristophane. En d'autres mots, le *Banquet*, en lui-même un événement comique, se conclut avec un dialogue entre un philosophe, un tragédien et un poète comique. Apparemment, Socrate fait reconnaître à ses interlocuteurs que le même auteur devrait être capable d'écrire des tragédies et des comédies et que le poète tragique est aussi un poète comique. Durant cette conversation, Aristophane (incarnant la comédie) est le premier à s'endormir, suivi d'Agathon (tragédie). Seul Socrate (philosophie) est encore éveillé et ne

9. LÉVÊQUE, P., *Agathon*, Paris, Belles lettres, 1955.

montre aucun signe de fatigue ou d'ivresse (*Banquet*, 223 c-d). Ainsi, la subordination de la comédie vis-à-vis de la tragédie est mise en parallèle avec celle de la tragédie à la philosophie, qui est la seule à se maintenir au-dessus des plaisirs et des peines en restant sobre et éveillée dans le domaine de la rationalité.

C'est pourquoi à la comédie se voit réservé le rôle de présenter et de manifester le négatif, le non-réel, l'impropre. En tant que telle, la comédie est « l'autre » subordonné de la tragédie et n'est donc pas considérée sur son propre terrain. Aristote avait l'intention de dédier le second livre de la *Poétique* à la comédie (fr. 1 Kassel = *Poét.*, 1449 b 21)[10]. Cette manière de considérer la comédie avec et en tant qu'« autre » de la tragédie a persisté jusque dans la modernité et se retrouve même dans le traitement romantique de la comédie.

Dans sa compréhension du drame, Platon présente la philosophie comme l'art dramatique le plus élevé, en tant qu'art de la dialectique. Celui-ci, cependant, ne sert pas vraiment de médiation entre la tragédie et la comédie, mais il va plutôt au-delà. En ce sens, paradoxalement, la philosophie devient en elle-même, dans sa forme, imitative de l'art mimétique qu'est le drame. Aristote, au contraire, prend la comédie dans une opposition non médiatisée à la tragédie, et ainsi comme son contraire dramatique, comme une forme de présentation du mal et du négatif. Il est particulièrement remarquable qu'Aristote ne suive pas sa propre remarque au début de la *Poétique* à propos des trois types de peintre : ceux qui peignent les meilleures personnes (Polygnote), ceux qui dépeignent les pires (Plauson) et ceux qui peignent des gens ordinaires (Dionysos), c'est-à-dire des gens comme nous (*homoious*) (*Poét.*, 1448 a 5-6). Le caractère ordinaire et quotidien de l'homme – non divin – comme objet de représentation et de discussion dans le drame échappe donc à l'attention d'Aristote. Tombant dans le motif qu'il reproche lui-même à Platon, Aristote demeure dans la distinction dichotomique du drame, passant ainsi à côté de la division ironique des personnages introduite plus tard par Sergio Leone entre le bon (*good*), la brute (*bad*) et le truand (*ugly*). Le troisième type de la médiation

10. Pour une reconstruction compréhensive de la théorie aristotélicienne de la comédie, voir SCHMITT, A., *Kommentar* zu : Aristoteles. *Poetik. Werke in deutscher Übersetzung*, Bd. 5, traduit et commenté par A. Schmitt, Berlin, Akademie Verlag, 2008, p. 302-321.

dramatique entre les opposés du bon (tragédie) et du mauvais (comédie ancienne) n'existe pas encore ou est encore naissante, et il n'apparaît qu'après Aristote.

Existant depuis longtemps comme une action improvisée faisant partie du culte dionysiaque, la comédie attique advient après la tragédie, peu de temps après les guerres médiques. C'est alors qu'elle se met à être écrite, institutionnalisée et incluse dans les fêtes et les compétitions reconnues par l'État, lesquelles sont associées au culte de Dionysos, comme les Dionysies et les Lénéennes. La liste des auteurs de la comédie ancienne débute habituellement par Chionidès et Magnès (*Poét.*, 1448 a 34 ; Magnès est aussi mentionné par Aristophane, *Cavaliers*, 520-525). Parmi les titres des pièces de Magnès se trouvent les *Grenouilles*, qui seront plus tard reproduites dans la fameuse pièce d'Aristophane. Apparemment, la comédie ancienne en Attique a très tôt utilisé des histoires mythologiques pour produire des parodies d'événements contemporains. Le *muthos* se voyait ainsi utilisé comme un récit élaboré dans lequel tout converge et dont les héros sont des substitutions de créatures mythologiques familières. Un autre auteur comique bien connu est Eupolis, ridiculisé par Aristophane dans les *Nuées* (553). On rapporte que Cratès a été le premier à abandonner l'iambe et à composer des discours et des histoires à caractère général (*logous kai muthous*, *Poét.*, 1449 b 7-8). On peut ainsi affirmer que la structure ordonnée d'une histoire basée sur un *logos* et un *mythos* est présente dans la comédie depuis son commencement, même si, à l'exception des comédies d'Aristophane, nous n'avons seulement que des fragments et des titres de pièces de la comédie ancienne.

La division conventionnelle de la comédie se partage entre la comédie ancienne, dont les dramaturges les plus connus sont Cratinos, Eupolis et Aristophane[11] ; la comédie moyenne, de laquelle nous n'avons que des fragments et des titres de pièces ; et la comédie nouvelle de Philémon, Ménandre et Apollodore, laquelle coïncide avec la fin de l'Antiquité clas-

11. Pour un commentaire éclairant au sujet de Cratinus, voir BAKOLA, E., *Cratinus and the Art of Comedy*, Oxford, Oxford University Press, 2010. Les fragments d'Eupolis dans *Fragmenta Comicorum Graecorum*, Meineke, vol. I, p. 104 *sq.* et *Comicorum Atticorum Fragmenta*, Kock, vol. I, p. 258 *sq.* Au sujet des comédies d'Eupolis, voir STOREY, I.C., *Eupolis*, p. 67 sqq.

sique et la diffusion mondiale de la culture grecque[12]. Dans ce qui va suivre, je vais explorer la tension créative et l'opposition (médiatisée) entre la comédie ancienne et la nouvelle, et ce, en tenant compte des transformations tardives de cette dernière.

Les structures et les définitions de la comédie

Dans sa *Poétique*, Aristote identifie les six éléments (qualitatifs) du drame (de la tragédie, mais apparemment aussi discernables dans la comédie). Ceux-ci sont l'histoire (*muthos*), les caractères (*êthê*), l'élocution (*lexis*), la pensée (*dianoia*), le spectacle (*opsis*) et la mélodie (*melos* ou *melopoiia*) (*Poét.*, 1449 b 31-1450 b 20). Pourquoi six ? Aristote ne fournit aucun principe duquel les déduire de façon systématique, pas plus qu'il n'explique leur dépendance mutuelle. Il n'a cependant pas besoin de le faire, car il suit son propre programme de « distinction des noms », dans lequel chaque notion ou phénomène est considéré selon la manière qu'on le *dit* ou l'emploie dans le langage. Par conséquent, les distinctions utiles pour la compréhension d'un phénomène sont celles qu'on peut faire lorsqu'on examine avec soin ses éléments, même si elles ne nous garantissent pas d'en avoir un portrait complet ou exempt de redondance.

De ces six éléments du drame, l'histoire et les caractères sont les caractéristiques centrales de toute pièce. Le bref et anonyme *Tractatus Coislinianus*, écrit entre les IVe et IIe siècles av. J.-C., explique la division aristotélicienne de la manière suivante :

> « L'histoire comique est structurée autour d'événements comiques. Les caractères (*êthê*) de la comédie sont le bouffon, l'ironique et le vantard. (Il y a) deux espèces de pensée (*dianoia*), l'opinion (*gnômê*) et la preuve (*pistis*). [...] La diction comique est commune et populaire. Le poète comique

---

12. « (Les genres) de comédies (sont) : (l') ancienne, laquelle va de l'excès à l'absurde [risible] ; (la) nouvelle, laquelle abandonne cela et tend vers le sérieux ; (et la) moyenne, laquelle est un mélange des deux. » *Tractatus Coislinianus*, XVIII. Le texte, la traduction et le commentaire du *Tractatus Coislinianus* dans JANKO, R., *Aristotle on Comedy. Towards a Reconstruction of* Poetics *II*, Berkley, University of California Press, 1984, p. 22-41 (le texte du traité) et passim et aussi *Scholia in Aristophanem. Prolegomena de Comoedia*, Pars I, Fasc. IA, édité par W.J.W. Koster, Groningen, 1975.

doit doter ses personnages de leurs idiomes d'origine et (utiliser l'idiome) local lui-même. La chanson (*melos*) appartient au domaine de la musique ; il devra, par conséquent, tirer complètement ses principes de là. Le spectacle constitue un grand apport aux drames lorsqu'il s'accorde avec eux. L'histoire, l'élocution et la mélodie sont présentes dans toutes les comédies, alors que les instances de pensée, de caractère et de spectacle ne le sont que dans quelques-unes[13]. »

Quand les penseurs anciens traitent du drame, ils le considèrent comme le reflet de l'activité humaine, de l'action-*praxis* dans son entièreté (*Poét.*, 1449 b 24-25) et de ses actes-*pragmata* concrets, et ce, dans toutes ses composantes structurelles discernables. Une telle analyse vise à discerner un système complet d'éléments constitutifs dans leurs relations mutuelles et elle relève donc génériquement de la pensée *logique*. On pourrait affirmer que lorsque l'entreprise philosophique a commencé comme entreprise d'écriture dialectique chez Platon, elle a emprunté sa forme au drame et, en particulier, comme je vais le démontrer dans ce qui va suivre, à la comédie. Toutefois, dès que la philosophie est devenue une entreprise systématique chez Aristote, elle s'est mise à imposer au drame ses catégories tirées de l'analyse logico-philosophique, lesquelles se sont vues éventuellement, peu après Aristote, intériorisées et appropriées.

En tant qu'activité vulgaire et spectacle paillard (c'est-à-dire *populaire* : *vulgus*, « peuple »), la comédie s'est longtemps tenue dans l'obscurité, invisible à l'œil philosophique pourtant vigilant. Ainsi, Aristote n'était déjà plus en mesure d'établir les noms de ceux qui avaient apporté des innovations importantes à la comédie – ceux qui ont introduit les masques, le prologue, ceux qui ont augmenté le nombre d'acteurs, etc.

Les caractéristiques structurelles stables de la comédie ancienne, telles que Silk les présente dans son étude approfondie de la comédie d'Aristophane, sont :

« une scène déclamée en guise introduction ("prologue"), le chant d'entrée du chœur (*parodos*), un débat formel (*agôn*), une séquence qui prend la forme d'une adresse directe du chœur au public (la parabase ou "l'approche"), et une scène de conclusion ("exode") qui souvent inclut ou annonce un *kômos* (la "fête" de laquelle le nom de "comédie" est lui-même dérivé). Il peut y avoir

13. *Tractatus Coislinianus*, XI-XVI, traduit R. Janko.

d'autres scènes inclassifiables ("épisodes") et des chants dans la dernière partie de la pièce. [...] L'agôn et la parabase tendent à avoir une structure élaborée qui leur est propre[14]. »

À ces caractéristiques, on pourrait aussi ajouter les costumes riches et exagérés des acteurs, et le caractère du *bômolokhos* (un "bouffon de service", habituellement un homme simple ou un paysan), lequel devint plus tard une figure incontournable de la comédie.

Le chœur est présent depuis les toutes premières formes de drame. Certains spécialistes ont avancé que des chants mis en scène lors de mariages et de funérailles étaient exécutés par deux chœurs qui chantaient l'un après l'autre. Apparemment, le chœur était si important pour le drame que son introduction est mentionnée comme un événement historique dans le Marbre de Paros (§ 46). Le chœur était à l'origine entièrement composé d'hommes, était présent dans la tragédie depuis son origine, jouait un rôle important dans les pièces satyriques et est devenu de plus en plus imposant et élaboré dans la comédie, où il est souvent composé d'hommes déguisés en animaux[15]. Le rôle du chœur diminue déjà chez Euripide, et chez Ménandre il disparaît pratiquement. Le *choregia* fut éliminée après

14. Silk, M.S., *Aristophanes and the Definition of Comedy*, New York, Oxford University Press, 2000, p. 9. Cf. « Dans la parabase, lorsque l'action dramatique est suspendue, les choreutes quittent l'espace du mythe dramatique, ce qui est symbolisé par les quelques pas qu'ils font vers les spectateurs. Les choreutes s'adressent alors à ces derniers, parlant comme des membres d'une confrérie d'acteurs essayant d'influencer le public en leur faveur, ce qu'ils font tout en prétendant, par moments, parler du point de vue du personnage qu'ils incarnent dans la pièce, ce que rappelle leur déguisement. » Sifakis, G.A., *Parabasis and Animal Choruses: A Contribution to the History of Attic Comedy*, London, Athlone Press, 1971, p. 25. Au sujet de la comédie d'Aristophane, voir aussi Cooper, L., *An Aristotelian Theory of Comedy*, New York, Harcourt Brace, 1922 ; Olson, E., *The Theory of Comedy*, Bloomington, Indiana University Press, 1968, p. 45-47 ; Frye, N., *The Anatomy of Criticism: Four Essays*, The Collected Works of Northrop Frye, vol. 22, édité par R.D. Denham, Toronto – Buffalo – London, University of Toronto Press, 2006, p. 49 ; Freydberg, B., *Philosophy and Comedy: Aristophanes, Logos, and Eros*, Bloomington, Indiana University Press, 2008.

15. Voir Horace, *Art poétique*, 193-201 ; Trissino, G.G., *Poetica*, 1529, div. VI : dans la tragédie le chœur comprend quinze personnes ; dans la comédie ancienne vingt-quatre. Chez Épicharme cependant, le chœur n'a probablement joué aucun rôle. Silfakis, G. A., *Parabasis and Animal Choruses*, p. 73 sq.

317, et la première pièce de Ménandre fut montée en 321[16]. Dans la comédie nouvelle le chœur est seulement présent de manière non textuelle (il n'apparaît pas dans le texte de l'auteur) – dans les entractes et comme une parodie du chœur classique. La disparition du chœur signifie que la comédie devient moins dépendante de la communauté.

Dans son incidence psychologique, la comédie fait intervenir la dimension affective du spectateur et provoque, similairement à la tragédie, une purification ou *catharsis* : Platon tout comme les néoplatoniciens tardifs – Jamblique, Proclus (*Commentaire sur la République*, I, 49, 13 *sq.* Kroll) et Olympiodore – jugent la comédie capable de purifier les passions (ou les émotions)[17]. La purification comique résulte d'un mélange de peine et de plaisir (mélange impur et impropre selon Platon, *Philèbe*, 48 a). D'après le théoricien italien du XVIe siècle Giraldi, « tout comme la tragédie purge l'esprit de l'homme, à travers la crainte et la pitié, et induit les hommes à s'abstenir d'agir vicieusement, la comédie, par le moyen du rire et des blagues, les invite à être honnêtes dans leur vie privée[18] ». Selon l'avis de Frye, qui se veut en phase avec le point de vue de la psychologie moderne, « tout comme il y a une *catharsis* de la pitié et de la crainte dans la tragédie, il y a donc une *catharsis* des émotions correspondantes dans la comédie, lesquelles sont la sympathie et le ridicule[19]. » La *catharsis* comique est ridicule parce qu'elle purifie à la fois le corps et l'âme, se trouve à la fois « noble » et « basse », correspondant ainsi au sens initial de la *catharsis* comme purification de l'estomac, de l'intérieur humain. Néanmoins, contrairement à la *catharsis* tragique, la *catharsis* comique mène apparemment à la restauration de la fonction vitale de l'âme et à l'appréciation de la vie dans toute la variété de ses manifestations

---

16. ROTHWELL, K.R. Jr., « The Continuity of the Chorus in Fourth-Century Attic Comedy », dans *Beyond Aristophanes*, 1995, p. 99-118.
17. Voir JANKO, R., *From Catharsis to the Aristotelian Mean. Essays on Aristotle's Poetics*, édité par A. Oksenberg Rorty, Princeton, Princeton University Press, 1992, p. 341-358, surtout p. 347-351, et JANKO, R., *Aristotle on Comedy*, p. 143-149. Contrairement à la catharsis tragique, laquelle advient à travers la purification des passions (« conservatrices ») de la crainte et de la pitié, la catharsis comique advient à travers les passions communales et anarchiques.
18. GIRALDI, L.O., *Ragionamento in difesa di Terenzio* (1566), cité à partir de WEINBERG, B., *A History of Literary Criticism in the Italian Renaissance*, Chicago, The University of Chicago Press, 1961, p. 289.
19. FRYE, N., *The Anatomy of Criticism*, p. 41.

exubérantes[20]. Cette joie comique est célébrée et typiquement représentée dans la fête des noces à la fin des pièces, comme dans la *Paix* et les *Oiseaux* d'Aristophane.

Ancienne et nouvelle comédies

Parmi les traits distinctifs de la comédie ancienne (aristophanesque), nous trouvons une réflexion critique sur des enjeux sociaux et politiques sous la forme d'attaques personnelles envers des personnes concrètes (*Nuées*, *Thesmophories*) ou des dieux (*Nuées*, *Grenouilles*). De telles attaques sont davantage satiriques que comiques, car les personnages humains sont délibérément caricaturés, exagérés et présentés dans une fausse comparaison à ce qu'ils sont dans la vraie vie (Eschyle, Euripide, Agathon). Par cette satire, qui se voit souvent accompagnée d'invectives assez crues et de blagues obscènes, le poète comique exerce une impressionnante liberté de jugement dans la parole et l'action, et il invite le public à faire de même.

La comédie ancienne est souvent associée au sommet du développement des institutions démocratiques athéniennes. Cependant, les préférences politiques d'Aristophane ne vont pas dans le sens de la démocratie, mais elles tendent plutôt à idéaliser les valeurs aristocratiques traditionnelles. Selon lui, la continuelle modernisation de la vie urbaine est une source de corruption morale et politique. Corrigan a très bien saisi ce positionnement politique :

> « Dans chacune de ses pièces, Aristophane s'attaque aux manifestations de la corruption politique, sociale et morale, lesquelles sont le résultat d'un passage effectué par les Athéniens d'une économie agricole à une économie artisanale

20. Comme le fait remarquer avec justesse Corrigan, « cette exubérance et cette vitalité presqu'animales se révèlent dans l'utilisation sans filtre de la sexualité dans les pièces d'Aristophane. Nous ne sentons ni la luxure névrotique ni la culpabilité puritaine dans l'utilisation qu'il en fait, et c'est ce qui explique probablement [...] pourquoi cette sexualité flagrante est toujours aussi inoffensive lorsqu'elle est lue ou produite sur scène aujourd'hui. » CORRIGAN, R.W., « Aristophanic Comedy: The Conscience of a Conservative », dans Corrigan, R.W. (dir.), *Comedy, Meaning and Form*, San Francisco, Chandler Publishing Company, 1965, p. 353-362 ; p. 359.

et mercantile, de leur adoption d'une "politique extérieure" impérialiste et de leur ouverture à de nouvelles formes de pensée et d'art. Toute sa vie, Aristophane partage les attitudes de l'aristocratie établie qui est en train de disparaître rapidement et dont la religion, la morale, les idéaux et les modèles d'organisation sociale sont basés sur l'économie agricole et une vision fermée et héroïque de la société. Il a résisté à tout ce qui était moderne. »

En ce sens, Aristophane est un

> « réactionnaire romantique qui a refusé d'abandonner ce qui était déjà perdu. Au lieu d'accueillir le nouveau, il a fait le deuil du passé. [...] Le code traditionnel n'est jamais la *seule* moralité ; il y a toujours la possibilité de configurer les choses autrement[21]. »

Cette perspective est d'ailleurs confirmée par la représentation du peuple athénien sous les traits du grincheux et décrépit Démos dans les *Cavaliers* d'Aristophane.

Toutefois, on se doit de noter, premièrement, que la comédie n'est pas conservatrice par essence. Au contraire, elle est l'occasion de produire une critique sociale et politique des institutions oppressives et des pratiques de corruption. Deuxièmement, la démocratie à l'âge classique est radicalement différente de la démocratie libérale moderne dans la mesure où la démocratie athénienne, qui faisait la promotion de l'idée de liberté, demeurait fondée sur l'hégémonie d'Athènes sur ses alliés : les femmes, les métèques et les esclaves ne participaient pas au processus politique[22].

Il est communément admis que le déclin de la comédie ancienne et de la comédie nouvelle dans sa forme tardive est lié au déclin des institutions démocratiques athéniennes et de la perte de liberté politique. De là, la haute mimétique de la comédie ancienne perd son pouvoir de critique politique et religieuse, tout comme sa capacité réflexive, et elle dégénère en la basse mimétique de la comédie nouvelle, qui se concentre sur des considérations du quotidien et sur des sujets banaux, comme l'amour et le mariage[23].

21. Corrigan, R.W., « Aristophanic Comedy: The Conscience of a Conservative », p. 354-355, 358.
22. [Xénophon], *Constitution des Athéniens* ; Aristote, *Politique*, 1317 b 2-17 et *Constitution d'Athènes*, passim.
23. Voir Frye, N., *The Anatomy of Criticism*, p. 41.

Contrairement à ce point de vue désobligeant envers la comédie nouvelle, perçue comme secondaire à l'excellence de la comédie ancienne, c'est-à-dire comme une expression maniérée, terre-à-terre et banale de la sensibilité urbaine (bourgeoise), on pourrait avancer que la comédie nouvelle hérite beaucoup à la fois de la tragédie tardive et de la comédie ancienne mais en raffinant les personnages et en perfectionnant le récit. Je voudrais montrer que le supposé déclin de la comédie après Aristophane est une distorsion romantique à la fois de la signification historique et du sens philosophique de la comédie nouvelle, qui représente un genre de drame beaucoup plus sophistiqué et très moderne.

La *querelle des anciens et des modernes*, qui a débuté comme une polémique littéraire dans l'académie française à la fin du XVIIe siècle entre Boileau, qui s'appuie sur la *Poétique* d'Aristote, et Charles Perrault, est une sorte de réflexion populaire dans la modernité sur la modernité, quand on se comprend soi-même en opposition avec la reconstruction d'un « autre », à savoir les anciens. Cette opposition était aussi connue dans l'Antiquité. On la retrouve notamment chez la jeunesse sophistiquée de la génération qui suit Aristote, laquelle est devenue particulièrement consciente d'elle-même dans le rejet et la critique des « anciens ». Avec l'avènement de la « nouvelle » comédie, plusieurs choses changent dans l'art scénique et dramatique. Philémon, Apollodore de Carystos et particulièrement Ménandre (vers 342/341-292/291), tous connus par la comédie romaine tardive, ont changé pour toujours la forme de la conscience dramatique[24]. Les nouveaux auteurs comiques sont véritablement « modernes ». En ce sens, la « querelle entre les anciens et les modernes » est en fait celle entre Aristophane et Ménandre.

Toutefois, en tant que modernes, nous en sommes venus à préférer Aristophane et la comédie ancienne en raison de leur « ancienneté », constituant ainsi un « autre » de nous-mêmes. La comédie nouvelle est beaucoup trop similaire et trop moderne, et c'est pourquoi son originalité nous échappe généralement. Lorsqu'ils cherchent à saisir l'identité des « modernes », les modernes de la modernité ne veulent pas reconnaître leur affinité avec les modernes de l'Antiquité, une reconnaissance de laquelle pourrait naître une

24. Voir HUNTER, R.L., *New Comedy of Greece and Rome*, Cambridge, Cambridge University Press, 1985 et NIKULIN, D., *Comedy, Seriously*, New York, Palgrave Macmillan, 2014, p. 12-18.

profonde crise d'identité. Parmi les quelques rares critiques modernes qui apprécient Ménandre se trouve George Meredith, quoique son appréciation est surtout due au fait qu'il reconnaisse l'importance exceptionnelle de la comédie nouvelle pour le développement de la comédie moderne en Europe[25]. Néanmoins, plusieurs auteurs anciens, dont Virgile et Quintilien, ont beaucoup loué Ménandre et certains ont même proclamé, sans équivoque, la supériorité de Ménandre vis-à-vis d'Aristophane. C'est d'ailleurs le cas de Plutarque, pour qui le style d'Aristophane « montre beaucoup d'incongruité et de dissemblance : il a un côté tragique et un côté comique ; il est prétentieux et prosaïque ; il est obscur et commun ; sérieux et noble ; vulgairement bavard et d'une nauséeuse absurdité. [...] il met n'importe quel mot dans la bouche de ses personnages, et ce, peu importe qui ils sont. » Ménandre, au contraire, « a tellement façonné son style qu'il sait comment s'ajuster à chaque nature, disposition et âge. » Plutarque va même jusqu'à poser cette question rhétorique : si ce n'est pour Ménandre, « pour quelle autre raison un homme cultivé irait-il au théâtre[26] ? » Pausanias témoigne aussi que les Athéniens du IIe siècle av. J.-C. vénéraient beaucoup Ménandre sans même faire allusion à Aristophane : « Au théâtre d'Athènes il y a des portraits d'auteurs tragiques et comiques, la plupart, des gens peu connus. En effet, à l'exeption de Ménandre, il n'y avait aucun de ces auteurs comiques qui fût au nombre de ceux qui sont parvenus à la notoriété[27]. » Ménandre est si admiré dans l'Antiquité tardive qu'il devient proverbial : « Oh Ménandre et la vie ! Lequel de vous deux imite qui[28] ? »

25. MEREDITH, G., *An Essay on the Idea of Comedy, and of the Uses of the Comic Spirit*, Introduzione e commento a cura di Stefano Bronzini, Bari, Adriatica Editrice, 2001, p. 102 : « Sans sous-estimer la valeur des autres auteurs comiques, je pense qu'on peut dire que Ménandre et Molière sont dans une classe à part en tant que poètes comiques des émotions et des idées. »

26. Plutarque, *Comparaison d'Aristophane et de Ménandre*, 853 A-854 D ; particulièrement 853 C-F, 854 B. Voir aussi DOBROV, G.W., « The Poet Voice in the Evolution of Dramatic Dialogism », dans *Beyond Aristophanes*, 1995, p. 47-97, et SEGAL, E., *The Death of Comedy*, Cambridge (Mass.)-London, Harvard University Press, 2001, p. 153-182.

27. Pausanias, I, 21, 1, *Description de la Grèce*, Tome 1, texte établi par Michel Casevitz, traduit par Jean Pouilloux, commenté par François Chamoux, Paris, Les Belles Lettres, 1992, p. 67.

28. Aristophanes de Byzance, *ap.* Syrian. *Hermog.*, II, 3 = Ménandre, *Test.* 32 KT (*Menandri quae supersunt*, II, édité par A. Koerte, avec addenda par A. Thierfelder, Leipzig, Teubner, 1959 (2e édition)).

Sur plus de cent comédies de Ménandre, une seule est (presque) entièrement conservée (le *Duskolos*), une douzaine d'autres sont encore lisibles et compréhensibles (notamment l'*Aspis*, *Epitrepontes*, *Perikeromene*, *Samia*), et il subsiste plusieurs *fabulae* et fragments de pièces non identifiées. Il faut d'ailleurs noter que les traductions et les éditions fiables du corpus de Ménandre sont très récentes[29]. Il n'est donc pas surprenant que les plus anciens critiques n'aient pu réellement l'apprécier à sa juste valeur. La première pièce de Ménandre fut jouée vers 321 av. J.-C., alors que la *Poétique* d'Aristote fut publiée environ dix ans plus tôt, autour de 330 av. J.-C. Autrement dit, Aristote ne connaissait pas l'œuvre de Ménandre, mais Ménandre, qui a reçu une excellente éducation à Athènes, connaissait la fameuse analyse aristotélicienne du drame, la première « théorie » littéraire qui fut basée sur un remarquable connaissance puisée aux sources de la poésie. La *Poétique* d'Aristote est à la fois descriptive du drame tel qu'il existait alors, mais elle est aussi prescriptive dans ses évaluations et suggestions de ce que les éléments du drame devraient être. Cependant, Aristote est conscient d'être un philosophe et non un dramaturge. Chez Ménandre, on trouve un renversement de la relation entre la « théorie » et la « pratique » littéraire : il porte clairement attention aux instructions d'Aristote lorsqu'il construit l'histoire, représente les personnages et met en œuvre les éléments du drame propres aux tâches de la comédie nouvelle. On doit ainsi admettre avec Silk que « les normes dramatiques instaurées par Aristote constituent virtuellement une prescription pour la comédie nouvelle de Ménandre[30]. »

L'une des grandes innovations de la comédie nouvelle est le rejet délibéré du chœur. Il s'agit d'un choix révolutionnaire car la disparation du chœur signifie que ce qui était initialement une action communale monodique, qui était contrebalancée dans la tragédie par la présence d'un acteur, ensuite deux (chez Eschyle), puis trois (chez Sophocle), devient une action dialogique et polyphonique où chaque personnage laisse tomber son masque et devient une personne à part entière capable de définir, et non

29. Ménandre, vols. I-III, édité et traduit par W.G. Arnott, Cambridge (MA), Harvard University Press, 1997-2001 ; Ménandre, *The Plays and Fragments*, traduit avec notes explicatives par Maurice Balme, introduction par Peter Brown, Oxford, Oxford University Press, 2001.

30. SILK, M.S., *Aristophanes and the Definition of Comedy*, p. 13.

juste de suivre, l'action de l'histoire. D'une certaine manière, on pourrait aussi dire que les acteurs disparaissent et que le chœur se disperse dans une pluralité d'individus uniques.

Pour cette raison, les personnages stéréotypés deviennent plus nuancés et plus humains. La caricature, d'abord utilisée par les poètes iambiques, est remplacée par une représentation plus favorable et crédible des personnages (cf. Aristote, *Poét.*, 1451 b 14-15). Les archétypes laissent place aux individus et les dieux aux hommes.

Les personnages et les acteurs représentent des gens reconnaissables et humains, capables d'honnêteté, de gentillesse et de générosité, avec lesquels les spectateurs peuvent s'identifier ou desquels ils peuvent se dissocier. Au lieu d'user de la vulgarité (*aiskhrologia*) comme la comédie ancienne, la comédie nouvelle fait des allusions et des conjectures (*huponoia*, Aristote, *Éthique à Nicomaque*, 1128 a 22-24). De façon correspondante, dans l'expression comique la vulgarité cède sa place au *decorum*. L'expression s'adapte souvent aux individus de manière à représenter le « caractère distinctif de leurs habitudes de langage[31]. »

En même temps que le chœur disparaît la parabase, l'événement choral principal de la comédie ancienne (par exemple, Aristophane, *Thesmophories*, 785-845). Le rôle du chœur est généralement réduit à une scène comique où intervient une petite troupe de jeunes hommes ivres, ce que parodie Platon dans le *Banquet*, lorsque Alcibiade entre en scène accompagné d'un groupe d'amis (*Banquet*, 212 d-e). Le dialogue se termine avec une scène similaire où un autre « chœur » de jeunes gens ivres fait irruption (*Banquet*, 223 b). Chez Ménandre, le chœur est ramené de façon résiduelle à des scènes chorales entre les actes, séparant ainsi la pièce en cinq actes (cf. Horace, *Art poétique*, 189-190). Il s'agit « d'un chœur conventionnel de fêtards présentés comme des adorateurs de Pan, pour jouer lors des *entractes*[32]. »

Une fois la parabase abandonnée, la comédie a changé drastiquement et pour toujours. Le mythologique et le fantastique sont remplacés par des récits du quotidien. L'histoire, relativement simple et directe chez

---

31. ARNOTT, W.G., « Introduction », Ménandre, vol. I, Cambridge (MA) – London, Harvard University Press, 1997, p. XXXV ; cf. p. XXXV-XXXVIII, avec des exemples appropriés tirés de Ménandre.
32. Ménandre, *Dyskolos*, dramatis personae, Ménandre, vol. I, p. 183.

Aristophane (par exemple, dans les *Nuées*), devient beaucoup plus sophistiquée et raffinée, plus subtile et mieux construite.

Euripide et Ménandre

Lorsque le « nouveau » se rebelle contre l'« ancien », cela se fait habituellement en reproduisant dans une forme nouvelle certains éléments « propres » à ce qui est « ancien ». La comédie ancienne était déjà considérablement influencée par le travail des tragédiens, au point de s'approprier et d'utiliser leurs techniques pour représenter le caractère des personnages et pour construire l'intrigue[33]. Dans le cas de la comédie nouvelle, la source « originelle » de sa poétique apparaît dans la tragédie tardive d'Euripide, un « philosophe de la scène » (*skênikos philosophos*)[34]. L'hostilité d'Aristophane à l'endroit d'Euripide est bien connue. La critique d'Euripide est sans reste lorsqu'il s'agit de se moquer de lui et de critiquer ses méthodes littéraires, principalement dans les *Archaniens*, les *Thesmophories* et les *Grenouilles*. Dans cette dernière, Aristophane présente une parodie d'un concours comique entre Eschyle et Euripide, lequel est remporté par Eschyle, même si Sophocle aurait dû être le vainqueur (*Grenouilles*, 830 *sq.*). En outre, l'affinité entre Euripide et Ménandre a déjà été établie dans l'Antiquité, particulièrement par Quintilien qui affirme que Ménandre admirait et s'inspirait d'Euripide dans ses œuvres[35]. Ainsi, dans l'*Epitrepontes* de Ménandre (1123-1225), nous trouvons une référence directe à la tragédie perdue d'Euripide, l'*Éole*, ainsi que dans la scène clé de l'arbitrage (225 *sq.*), qui fut probablement empruntée à la tragédie d'*Alopé* d'Euripide (non conservée).

L'influence d'Euripide sur la comédie nouvelle se laisse voir à travers plusieurs de ses traits. C'est pour cette raison que les histoires sublimes et mythologiques de la tragédie et les histoires fantastiques de la comédie ancienne sont atténuées dans la comédie nouvelle, qui préfère se baser sur des événements de la vie quotidienne (cf. *Grenouilles*, 959). Chez Euripide,

---

33. BAKOLA, E., *Cratinus and the Art of Comedy*, p. 177-179.

34. Athénée, IV, 158 E ; XIII, 561 A.

35. Quintilien, *De l'institution oratoire*, 10, 1, 69 = Ménandre, Test. 38 KT : « *(Euripidem) admiratus maxime est, ut saepe testatur, et secundus, quamquam in opere diverso* [...] ».

l'histoire est délibérément « réduite » : une dispute entre Médée et Jason ressemble à une querelle entre un mari et sa femme (*Médée*, 539-757). Comme chez Euripide, l'histoire chez Ménandre est bien réfléchie et bien construite, et présuppose une intrigue complexe. Ménandre adopte et, de façon répétée, utilise des scènes dramatiques d'anciennes tragédies, mais en les « allégeant » (Arnott nomme ce procédé la « sécularisation de scènes tragiques familières[36] »). De telles scènes familières « sécularisées » (1) présentent un répertoire utile qui peut être recyclé (de façon analogue aux « *formules structurelles* » dans la poésie épique) ; (2) elles sont déjà connues par le public et on peut y faire subtilement allusion de manière comique ; et (3) elles peuvent facilement être remaniées.

Ménandre suit également Euripide dans son utilisation de la *sententia* et dans sa tendance à aller à l'encontre de la vulgarité dans le drame, que ce soit dans l'histoire ou dans le langage, qui devient par ailleurs plus simple chez Euripide et plus près de son usage courant (Aristote, *Rhétorique*, 1404 b 24-26).

Chez Euripide on trouve un certain nombre de figures comiques qui peuvent facilement être transposées dans la comédie nouvelle et qui peuvent être considérées comme des précurseurs du personnage comique de l'esclave ou du serviteur, comme l'Héraclès ivre dans *Alceste* ou le fêtard dans le drame satirique le *Cyclope*. Certaines scènes chez Euripide peuvent aisément être incluses dans une comédie, comme l'échange d'Oreste et du Phrygien (Euripide, *Oreste*, 1506-1526). Sans oublier bien sûr le culte de Dionysos qui donne naissance à la comédie dans le *Cyclope* et les *Bacchantes* (bien qu'avec une mort tragique comme fin). Euripide porte une attention particulière à la subtilité psychologique des personnages, particulièrement lorsqu'ils sont affligés par la passion et l'amour. Puisque le rôle du personnage s'accroît dans ses pièces, le chœur devient une partie intégrante de l'action et en vient à être pratiquement un personnage dans le pièce (Aristote, *Poét.*, 1456 a 26-27). En principe, les tragédies d'Euripide peuvent être jouées *sans* un chœur, tout comme les comédies de Ménandre, où, comme nous l'avons dit, le chœur apparaît comme un vestige du passé et joue seulement un rôle superficiel.

---

36. ARNOTT, W.G., « Introduction », Ménandre, vol. I, p. XXXVIII-XLIII. De la même façon, l'ouverture du *Pseudolus* de Plaute vient de l'*Iphigénie en Tauride* d'Euripide, voir HUNTER, R.L., *New Comedy of Greece and Rome*, p. 116 ; cf. aussi p. 25 et *passim*.

Pour terminer, la fin est importante : comme dans la comédie nouvelle, les pièces d'Euripide ont parfois une bonne fin, comme dans l'*Alceste*, l'*Ion*, *Iphigénie en Tauride* et l'*Hélène*. Cependant, contrairement à la comédie nouvelle, après avoir représenté les altercations majeures de la pièce, Euripide conclut souvent sa pièce par un *deus ex machina*, lequel vient résoudre la tension et le conflit. Une soudaine résolution peut être comique mais pas dans la majorité des cas (dans *Hyppolyte*, *Andromaque*, *Les Suppliantes*, *Électre*, *Ion*, *Iphigénie en Tauride*, *Hélène*, *Oreste*) et celle-ci ne suit jamais strictement l'histoire, les actions et les discours des héros. Une telle résolution « injustifiée » est préservée occasionnellement dans certaines œuvres à caractère comique.

La comédie romaine : Plaute et Térence

La comédie nouvelle grecque est suivie de près et se prolonge dans les pièces latines à l'époque où Rome commence sa domination mondiale dans un contexte où la culture est devenue cosmopolite et, dans une large mesure, multiculturelle. Comme la langue de la culture est celle des Grecs, il était nécessaire qu'elle soit assimilée, en même temps que leur littérature et leur théâtre. Ces derniers font leur entrée dans la comédie romaine à travers les œuvres de Plaute (Titus Maccius Plautus, 254-184 av. J.-C.), qui est né une génération après la mort de Ménandre, et ensuite à travers celles de Térence (Publius Terentius Afer, 195/189-159 av. J.-C.), qui lui est né aux alentours de la mort de Plaute.

Alors que la comédie romaine trouve son achèvement chez Térence, il faudra un certain temps pour que vienne l'explication de ce qu'elle fait, de son sens et de ses éléments. Cicéron, qui cite Térence environ 70 fois dans ses œuvres et qui parle occasionnellement de la comédie, ne consacre aucun traité spécifique à ce sujet. Horace ne le fait pas non plus, lui qui introduit pourtant la *res comica* dans son *Art poétique* (89), proposant seulement des prescriptions générales du genre : « il faut faire attention aux traits (*mores*) de chaque âge et peindre (*decor*) avec des couleurs convenables les caractères qui changent avec les années » (*Art poétique*, 156-157). Ce type de prescriptions fut pris très au sérieux par les dramaturges plus tardifs, entre autres par Molière.

Au milieu du IVe siècle ap. J.-C., Ælius Donatus compose l'un des plus importants commentaires latins sur Térence (probablement avec certains ajouts, dont le commentaire d'Evanthius), le point de repère de l'art comique. Le commentaire contient des références à Livius Andronicus, Cicéron et Horace, et il se penche sur cinq des six comédies de Térence[37].

Suivant le modèle des distinctions aristotéliciennes, Evanthius (dans un extrait conservé de *De comoedia*) définit différents aspects de la comédie, surtout en référence à Térence et à Plaute, mais aussi à quelques autres auteurs latins, comme Turpilius et Lucius Afranius, ainsi que différents types de comédie, comme la *comoedia palliata* (dans sa forme grecque), la *togata* (traitant de sujets romains), l'*Attellana* (la farce), le mime, la *Rhintonica* (la tragédie travestie), etc.[38] Evanthius introduit la fameuse et plus tard très utilisée distinction entre les quatre parties de la comédie : le *prologue*, la *protasis*, l'*epitasis* et la *catastrophe*, lesquels décrivent la structure et le développement du récit comique. Selon Evanthius,

> « la comédie est une fable (*fabula*, qui traduit le terme grec *muthos*) impliquant diverses considérations civiques et privées, dans lesquelles on apprend ce qui est utile dans la vie et ce qui, au contraire, doit être évité. Les Grecs la définissent ainsi : "la comédie est une composition inoffensive d'actes privés et civiques." Cicéron dit que la comédie est une imitation de la vie, un miroir de la coutume, une image de la vérité[39]. »

Plusieurs aspects de la comédie nouvelle grecque ont survécu dans la comédie romaine : les personnages qu'on peut identifier comme « authentiques », et qui sont à la fois des types et des individus singuliers, parfois grotesques, mais le plus souvent humains ; l'importance de l'amour et des amants, tout comme le personnage de l'esclave ; la simple délibération, en elle-même raffinée, qui évite l'impiété de même que la vulgarité, et qui

37. *Aelii Donati quod fertur commentum Terenti. Accedunt Evgraphi commentum et scholia Bembina*, Vol. I-III, rec. Paulus Wessner, Leipzig, 1902-1908 (réimpression 1962-1963).

38. Evanthius, « De comoedia », dans *Aelii Donati quod fertur commentum Terenti*, vol. I, p. 22-31 ; p. 26-28 (traduit dans : DONATUS, « A Fragment on Comedy and Tragedy », dans Lauter, P. (dir.), *Theories of Comedy*, Garden City, Anchor Books, p. 27-32 ; p. 28-29).

39. « *Comoedia est fabula diversa instituta continens affectuum civilium ac privatorum, quibus discitur, quid sit in vita utile, quid contra evitandum. [...] Comoediam esse Cicero ait imitationem vitae, speculum consuetudinis, imaginem veritatis.* » Evanthius, *De comoedia*, p. 22 (DONATUS, « A Fragment on Comedy and Tragedy », p. 27).

fait donc preuve de contenance, ce qu'admirait particulièrement Cicéron ; les apparentes bouffonneries, quoique subtiles, et les étonnants *quid pro quo* qui accentuent le déploiement de l'action ; la diminution du rôle du chœur, qui est compensée par une augmentation du chant des personnages ; un discours organisé dans et à travers le dialogue, qui à la fois révèle un caractère et développe l'histoire ; la représentation de situations tirées du quotidien ; enfin, l'histoire bien construite et bien réfléchie. Débutant avec un problème initial, le récit comique évolue à travers un certain nombre d'étapes bien conçues et judicieusement calculées, pour se rendre ensuite jusqu'à une résolution finale et positive.

Les nouveaux personnages comiques, particulièrement chez Térence, sont très éloignés de la vulgarité grotesque et essaient toujours de conserver minutieusement le *decorum*, de s'exprimer et de se comporter de façon appropriée et digne, en faisant en sorte que les acteurs ne soient pas simplement des masques, mais bien des personnages subtilement modelés et authentiques. Dans la comédie nouvelle, les personnages ne sont pas des figures publiques de l'État mais principalement des membres d'une famille. Fragiles et mondains, ils sont humains, souvent prêts à aider autrui, comme ils sont aidés par autrui d'une manière désintéressée et auto-sacrificielle. Ainsi sont, par exemple, Sostratos dans le *Duskolos* de Ménandre, un gentil courtisan, *bona meretrix*, Bacchus dans *La Belle-mère* (*Hecyra*) et *Le Bourreau de soi-même*, Thais dans *L'Eunuque*, le jeune Pamphilus dans *La Belle-mère* (louangé pour sa décence et son caractère responsable, *piu mac pudicum ingenium*, *Hec.* 152), l'esclave Parmeno dans *La Belle-mère* et Micio dans *Les Frères* (ou *Les Adelphes*, du grec *Adelphoi*). Micio, en particulier, est un personnage touchant qui sait pardonner aux autres en disant « *haec magis sunt hominis* (en cela ils sont plus humains) » (*Ad.*, 736), et parvient à changer radicalement l'attitude de son frère opiniâtre et conservateur, Demea, et à lui faire reconnaître que « *re ipsa repperi facilitate nil esse homini melius neque clementia* (en fait il n'y a rien de meilleur pour l'homme que la complaisance et l'indulgence[40]) » (*Ad.*, 860-861 ; cf. 967).

40. Térence, *Hécyre. Adelphes*, tome III, texte établi et traduit pas J. Marouzeau, Paris, Les Belles Lettres, 1949, p. 171.

Même si la comédie romaine emboîte le pas de la comédie nouvelle grecque, le « sel attique » s'y trouve assaisonné de « vinaigre italien »[41]. Les personnages et les histoires comiques grecs sont largement repris, librement fusionnés et continuellement recyclés, mais encore le sont-ils dans le contexte moral de la vie politique romaine. Plus souvent que ce qu'on observe dans la comédie nouvelle grecque, Térence et particulièrement Plaute changent le mètre, ce qui leur permet de rendre leurs pièces plus engageantes et d'introduire des nuances subtiles au niveau de l'ambiance et de l'action[42]. La comédie romaine s'est aussi développée sous l'influence d'une variété de traditions comiques locales, souvent folkloriques, comme l'improvisation de l'atellane osque, la satura étrusque (laquelle a survécu sous maintes formes jusque dans la *commedia dell'arte*) et les chants Fescennins. En fait, le *nomen* de Plaute lui-même, « Maccius », vient probablement du nom de Maccus, un bouffon farceur de l'atellane, auprès de qui il aurait peut-être joué le rôle d'acteur. Toutefois, certains philhellénistes, les romantiques romains, considéraient la comédie nouvelle grecque toujours supérieure à ses imitations tardives. C'est pourquoi César s'adressait à Térence en ces termes : « ô demi-Ménandre[43] ».

L'appropriation et le « recyclage » de la scène tragique et comique dans la comédie sont devenus choses courantes, par effet de *contamination*. Les dramaturges comiques ont emprunté librement aux originaux grecs et à d'autres pièces romaines. La *contaminatio* était largement utilisée par Plaute et Térence. Ainsi, Apollodore de Carystos était la source de *La Belle-mère* et du *Phormion* de Térence ; les drames de Diphile ont été adoptés à la fois par Plaute et Térence ; et Ménandre demeurait la source la plus fréquente des histoires de Plaute, Térence[44] et d'autres dramaturges romains[45].

41. Cf. Plutarque, *Comp. Aristophan. et Men.*

42. CORRIGAN, R.W., *Classical Comedy: Greek and Roman*, New York (NY), Applause Theatre Book Publishers, 1987, p. 241-242.

43. Cité à partir de JONSON, B., *The Man and his Work*, vol. XI, édité par C.H. Herford, P. Simpson & E. Simpson, E., Oxford, Clarendon, 1952, p. 289.

44. Dans *L'Andrienne*, *L'Eunuque*, *L'Heautontimoroumenos* et *Les Adelphes* de Térence.

45. LEFÈVRE, E., *Der Phormio des Terenz und der Epidikazomenos des Apollodor von Karystos*, München, Beck, 1978, p. 5-7, 92-96, et *passim*. Sur les différents sens de *contaminatio* voir GAISER, K., « Zur Eigenart der römischen Komödie: Plautus und Terenz gegenüber ihren griechischen Vorbildern », dans *Aufstieg und Niedergang der Römischen*

Térence a rapidement confessé avoir emprunté et combiné des éléments de pièces anciennes, admettant non seulement qu'il ne le regrettait pas, mais qu'il le ferait encore en guise de remède à la morne pédanterie (*obscura diligentia*)[46]. Le but du drame comique n'était pas, pour Térence, de produire des bonnes traductions des originaux (*bene vertere*), mais de bien écrire (*bene scribere*). Dans le prologue des *Frères*, il reconnaît aussi qu'il a emprunté à deux habiles auteurs de récits, Diphile et Ménandre ; cependant, il s'oppose à l'idée qu'il s'agirait d'un vol (*furtum*), indiquant qu'il s'agit plutôt d'un emprunt[47], ce qui n'exclut pas d'apporter quelques modifications aux histoires ni d'introduire de nouveaux personnages. Térence devait se défendre contre les critiques qui lui reprochaient d'avoir repris l'*Eunuque* et le *Flatteur* de Ménandre, sans parler des pièces de Naevius et de Plaute : l'on n'avait pas à s'efforcer d'être original, étant donné qu'il était difficile de déterminer ce qui n'avait pas encore été dit[48]. Térence lui-même préconisait qu'on adoptât une attitude libérale vis-à-vis des originaux grecs, n'ayant aucun attachement à la littéralité qui requerrait une traduction sans distorsion. Pour cette raison, il défendait l'insouciance affichée par Naevius, Plaute et Ennius dans leurs rapports avec les originaux, préférant une liberté « négligente » à une intransigeante pédanterie.

La dimension critique de la nouvelle comédie

À ce stade de l'exposé, on pourrait se demander quelle est la *signification critique* de la nouvelle comédie pour nous aujourd'hui, et chercher à savoir aussi ce qu'elle introduit de nouveau et qui pouvait faire défaut dans l'ancienne comédie.

En premier lieu, comme je l'ai fait remarquer, l'intrique dans la nouvelle comédie apparaît beaucoup plus raffinée, complexe et sophistiquée. Or l'impact réel de la comédie dans la manifestation des normes et des actions morales et politiques, se trouve déterminé avant tout par sa

---

Welt: Geschichte und Kultur Roms im Spiegel der neueren Forschung, Berlin, De Gruyter, 1972, p. 1058-1066.

46. Térence, *L'Andrienne*, 21 ; *L'Heautontimoroumenos*, 16-19.

47. Térence, *Les Adelphes*, 13-14.

48. Térence, *L'Eunuque*, 23-34 et 41-42 ; *Les Adelphes*, 6-14.

structure narrative. Dans la *nouvelle comédie*, l'intrigue s'ouvre par une difficulté initiale impliquant un méfait, la transgression ou la suspension d'une norme courante, puis elle évolue en complexité vers une conclusion apparemment menaçante et insoluble, ou à défaut imprévisible, pour aboutir finalement, suite à une série de péripéties concrètes savamment calculées, à un dénouement heureux (*happy ending*). De manière semblable, on peut dire qu'une argumentation solide et bien construite commence par poser certaines prémisses, puis se développe en passant par un certain nombre de déductions interconnectées, pour parvenir enfin à une certaine conclusion. En ce sens, l'intrigue comique ressemble à un argument tout à la fois ample et sophistiqué, mais traduit en actions dramatiques. La nouvelle comédie peut dès lors être comprise comme la dramatisation d'un raisonnement philosophique pratique, et ce que la nouvelle comédie accomplie à travers sa dramatisation sophistiquée, la philosophie le réalise par des raisonnements argumentatifs. Dans cette mesure aussi, la comédie apparaît de nature philosophique, et la philosophie de nature *potentiellement* comique.

En second lieu, malgré l'admiration qu'on peut éprouver pour l'Antiquité et la reconnaissance du fait que plusieurs de ses idées et de ses institutions, encore que transformées, ont enrichi notre modernité, force est de reconnaître qu'il existe des choses et des thèmes au sujets desquels elle est restée étonnamment muette. Le *fait* et le *pourquoi* de ces lacunes chez elle nous amène du reste à nous interroger de manière critique sur des pratiques qui sont évidentes pour nous et que nous considérons comme *allant de soi*. En Grèce classique, par exemple, il n'y a pas de terme spécifique pour l'« ennui », et plus important encore pour notre enquête sur la comédie, il n'existe aucun traité antique et quasiment aucun énoncé argumentatif[49] en faveur de l'abolition de l'esclavage. Or dans ce contexte, la nouvelle comédie se révèle précieuse, car même si elle ne prône pas l'abolition de l'esclavage en raison de son inhumanité présumée ou de son caractère oppressif, elle met résolument l'accent sur les moyens concrets qui sont ceux des hommes ordinaires pour s'émanciper pratiquement de leur condition sociale et politique, et elle les exhibe aux yeux de tous à la scène.

---

49. Mis à part peut-être le fr. 19 d'Alcidamas : « Dieu a laissé tous les hommes libres ; la nature n'en a fait aucun esclave », cf. *Commentaires à la Rhétorique d'Aristote*, I, 13, 1373 b 18, CAG XXI, 2, p. 74, 29-32 Rabe.

Déjà à l'époque de la nouvelle comédie, et plus particulièrement dans la plèbe cosmopolite de Rome, le caractère fondamentalement contingent des distinctions de classes vint à l'esprit de plusieurs, de même que l'idée d'une égalité de naissance pour tous[50]. Dans la *nouvelle*, contrairement à l'*ancienne*, les miséreux ne sont pas seulement reconnus comme des égaux par rapport aux autres mais ils sont l'incarnation même de la *raison pratique* ; usant d'expédients, ils parviennent à vaincre des difficultés apparemment insurmontables, et cela en traduisant leurs raisonnements en actions concrètes. Dans la *nouvelle comédie*, ce sont les démunis, les pauvres, les esclaves et les opprimés qui deviennent en quelque sorte les penseurs, les philosophes politiques et les protagonistes à la scène des actions publiques et civiles. Même s'ils ne jouissent pas toujours de l'éducation requise, ils possèdent la sagesse pratique leur permettant de trouver une solution dans l'embrouillamini de l'intrigue et de conduire ainsi l'action vers une issue satisfaisante. Paradoxalement, ces *démunis*, qui ont besoin plus que quiconque de se libérer, sont déjà libres à leur manière, non seulement parce qu'ils aident les autres à se libérer avant de se libérer eux-mêmes, mais parce qu'ils sont *les* penseurs de la *comédie même du politique*. Ils s'avèrent capables d'une *pensée libre* et d'une *parole libre*, fût-ce parfois de manière voilée. Or *liberté de pensée* et *dire-vrai* constituent un danger et impliquent des risques, puisqu'ils sont de nature provocante et peuvent aller à l'encontre des conventions morales, sociales et politiques du temps, le péril s'accentuant quand c'est au nez des puissants qu'on s'exprime. Or justement, seul le démuni est en position de transgresser les barrières sociales et de démontrer pratiquement, à travers et par son action, que ces barrières relèvent uniquement de conventions et n'expriment en rien la condition humaine dans son sens fondamental.

L'esclave astucieux, tout particulièrement, représente l'un des personnages centraux de la comédie. Déjà présent chez Ménandre, il prend encore davantage d'ampleur chez Plaute et chez Térence, où il apparaît comme celui qui concrètement *tire les ficelles*, tel un agent secret, un héros masqué ou un habile dialecticien, ou encore comme le metteur en scène ou l'architecte lui-même du récit comique. Il est celui qui à travers le labyrinthe du récit propulse l'action, celui qui dénoue le nœud initial de l'intrigue et accouche de la *belle fin*. Hors scène, cette figure comique aux accents

50. Ménandre, *Samia*, 140-143.

philosophiques trouve d'ailleurs son meilleur représentant chez Diogène le cynique, qui se présente délibérément et ironiquement comme un sot : il fait l'idiot, provoque ses concitoyens et remet en question les habitudes de vie des gens ordinaires, les pratiques politiques consacrées de même que les idées reçues[51].

En définitive, la thèse que je soutiens est que la *nouvelle comédie* scénarise et met en œuvre de manière dramatique les moyens propres à la défense de la démocratie ou de certaines de ses valeurs, d'une manière pertinente non seulement pour la période antique mais pour nous aujourd'hui. Contrairement au conservatisme de l'*ancienne comédie* essentiellement voué à la défense des valeurs traditionnelles – incarnées chez Aristophane par la vie paisible menée dans les communautés rurales – et donc opposé à la vie corrompue et trépidante des cités, où on cultive le luxe et apprécie les nouveautés dans la pensée et dans les arts – toutes choses raillées à la scène par l'*ancienne comédie* –, la *comédie nouvelle*, tout à l'inverse, se veut en quelque sorte le porte-parole de cet esprit démocratique dont les caractères essentiels, reconnus on le sait par Aristote, sont justement la *basse naissance, la pauvreté et la grossièreté*[52].

Les principes démocratiques cardinaux personnifiés par le pauvre et le démuni sont la *liberté* et l'*égalité*. Comme Aristote l'explique dans ses *Politiques*, la *liberté* implique la possibilité de *se soustraire* à la domination d'autrui, c'est-à-dire de ne pas être gouverné par un autre (1317 b 13). Toutefois, une démocratie formée de citoyens libres requiert d'eux aide mutuelle et réciprocité dans les rapports, ce qui revient à dire que la liberté démocratique réclame qu'on soit volontiers prêt à gouverner et à être gouverné à tour de rôle, idéalement sous l'égide de la loi et en prenant part aux différentes magistratures publiques.

Par ailleurs, la liberté démocratique implique que chaque individu ait la possibilité *de vivre comme il veut*[53]. Telle est à la base la vie du citoyen libre, quel que soit son statut social ou ses moyens financiers. Une telle liberté incarne tout à la fois le but et le résultat effectif du pouvoir-partagé

---

51. Voir GIANNANTONI, G., *Socratis et Socraticorum Reliquiae*, Vol. III, Napoli, Bibliopolis, 1990, p. 227-509 ; Diogène le Cynique, *Sayings and Anecdotes, with other Popular Moralists*, traduction, introduction and notes by R. Hard, Oxford, Oxford University Press, 2012 ; DESMONDE, W., *Cynics*, Berkeley, University of California Press, 2008.
52. Aristote, *Politique*, VI, 3, 1317 b 40-a 1.
53. Aristote, *Polit.*, VI, 3, 1317 b 2-17.

qui prévaut en démocratie, et c'est elle qui rend possible, par délibération, la détermination des moyens grâce auxquels un citoyen se soustraira à la domination et vivra comme il le souhaite. Une telle vie est une vie bonne en accord avec le bien commun, pour autant que ce bien commun est considéré comme accessible à tous – dans l'intrigue comique, accessible d'abord aux démunis, puisque ce sont eux qui orchestrent l'action. Comme il en est pour la *bonne fin* dans les comédies, à savoir toujours incertaine, la liberté au sein de la cité n'est jamais garantie une fois pour toutes mais doit être gagnée et préservée au fil des interactions communes.

Bref, on constate que dans ses *procédés* comme dans ses *visées*, la *nouvelle comédie* s'avère non seulement proche mais au fond *parente* du courant démocratique antique, dont elle a sans nul doute contribué à stimuler l'essor.

Traduction de l'anglais par Jérôme Peer-Brie et Jean-Marc Narbonne

Bibliographie

Abrams, M. H., *The Mirror and the Lamp*, New York, Oxford, 1958.

Adam, J., « *Republic* II. 368 A and *Symposium* 174 B », *Classical Review*, 10, 5, 1896, p. 237-239.

Adamson, P., *Philosophy in the Islamic World: a Very Short Introduction*, Oxford, Oxford University Press, 2015.

Aelii Donati quod fertur commentum Terenti. Accedunt Evgraphi commentum et scholia Bembina, Vol. I-III, rec. Paulus Wessner, Leipzig, 1902-1908.

Aellen, Chr., *À la recherche de l'ordre cosmique. Forme et fonction des personnifications dans la céramique italiote*, 2 vol., Zürich, Akanthus Verlag, 1994.

Aleshire, S.B., « Towards a Definition of "State Cult" for Ancient Athens », dans Hägg, R. (dir.), *Ancient Greek Cult Practice from Epigraphical Evidence*, Stockholm, Åströms Förlag, 1994, p. 9-16.

Aleshire, S.B., Lambert, S.D. « The Attic "Gene" and the Athenian Religious Reform of 21 BC », dans Richardson, J.H., Santangelo, F. (dir.), *Priests and State in the Roman World*, Stuttgart, Franz Steiner Verlag, 2011, p. 553-575.

Alesse, F., « La *Repubblica* di Zenone di Cizio e la letteratura socratica », *Studi italiani di filologia classica*, 16, 1, 1998, p. 17-38.

— *La Stoa e la tradizione socratica*, Napoli, Bibliopolis, 2000.

Alexandre, M., « La Culture grecque servante de la foi. De Philon d'Alexandrie aux Pères grecs », dans Perrot, A. (dir.), *Les Chrétiens et l'hellénisme.*

Identités religieuses et culture grecque dans l'Antiquité tardive, Paris, Éditions Rue d'Ulm, 2012, p. 31-59.

ALGRA, K., « Observations on Plato's Thrasymachus : The Case for *Pleonexia* » dans Algra, K., van der Horst, P.W., Runia, D. (dir.), *Polyhistor. Studies in the History and Historiography of Ancient Philosophy*, Presented to Jaap Mansfeld on his Sixtieth Birthday, Leiden, Brill, 1996, p. 41-60.

— « Stoic Philosophical Theology and Graeco-Roman Religion », dans Salles, R. (dir.), *God and Cosmos in Stoicism*, Oxford, Oxford University Press, 2009, p. 224-251.

ALGRA, K., BARNES, J., MANSFELD, J., SCHOFIELD, M. (dir.), *The Cambridge History of Hellenistic Philosophy*, Cambridge, Cambridge University Press, 1999.

ALLAN, A.L., « From *agōnistēs* to *agōnios*: Hermes, Chaos and Conflict in Competitive Games and Festivals », dans Bell, S., Davies, G. (dir.), *Games and Festivals in Classical Antiquity*, Oxford, Archaeopress, 2004, p. 45-54.

ALLINE, H., *Histoire du texte de Platon*, Paris, Honoré Champion, 1915.

ANDERSON, M.E., « Thrasymachus' Sophistic Account of Justice in *Republic* I », *Ancient Philosophy*, 36, 2016, p. 151-172.

ANDERSON, R., « New Gods », dans Eidinow, E., Kindt, J. (dir.), *The Oxford Handbook of Ancient Greek Religion*, Oxford, Oxford University Press, 2015, p. 309-323.

ANNAS, J., *The Morality of Happiness*, Oxford – New York, Oxford University Press, 1993.

ARNAOUTOGLOU, I., *Thusias heneka kai sounousias. Private Religious Associations in Hellenistic Athens*, Athens, Academy of Athens, 2003.

ARNOULD, D., « Les Noms des dieux dans la *Théogonie* d'Hésiode : étymologies et jeux de mots », *Revue des études grecques*, 122, 2009, p. 1-14.

ASSMANN, J., *Le Prix du monothéisme*, Paris, Flammarion, [original allemand, 2003], 2007.

AUBERT-BAILLOT, S., « Un cas particulier de παρρησία : la parole sans détour (εὐθυρρημοσύνη) des Stoïciens », *Rhetorica*, 33, 1, 2015, p. 71-96.

AZOULAY, V., *Xénophon et les grâces du pouvoir. De la* charis *au charisme*, Paris, Publications de la Sorbonne, 2004.

BABUT, D., *La Religion des philosophes grecs : de Thalès aux stoïciens*, Paris, Presses universitaires de France, 1974.

BAILEY, A., *Sextus Empiricus and Pyrrhonean Scepticism*, Oxford, Clarendon Press, 2002.

BAKHTIN, M., *Rabelais and His World*, trad. H. Iswolsky, Cambridge (MA), MIT Press, 1984.

BAKOLA, E., *Cratinus and the Art of Comedy*, Oxford, Oxford University Press, 2010.

BALDRY, H.C., « Zeno's Ideal State », *Journal of Hellenic Studies*, 89, 1959, p. 3-15.

— *The Unity of Mankind in Greek Thought*, Cambridge, Cambridge University Press, 1965.

BALOT, R.K., « Free Speech, Courage and Democratic Deliberation », dans Sluiter, I., Rosen, R.M. (dir.), *Free Speech in Classical Antiquity*, Leiden, Brill, 2004, p. 233-259.

BARKER, E.T.E., *Entering the Agon: Dissent and Authority in Homer, Historiography and Tragedy*, Oxford, Oxford University Press, 2009.

BARNES, J., *The Presocratic Philosophers,* London, Routledge & Keagan Paul, 1982.

BARNEY, R., « *Socrates Agonistes*: the Case of the *Cratylus* Etymologies », *Oxford Studies in Ancient Philosophy*, 16, 1998, p. 63-98.

— « Callicles and Thrasymachus », dans Zalta, E. N. (dir.), *The Stanford Encyclopedia of Philosophy* (Winter 2011 ed.), URL = <https://plato.stanford.edu/archives/win2011/entries/callicles-thrasymachus/>.

BAUMGARTEN, A. G., *Reflections on Poetry: Meditationes Philosophicae de Nonnullis ad Poema Pertinentibus*, trad. K. Aschenbrenner et W.B. Hilther, Berkeley, University of California Press, 1954.

BAYLE, P., *Réponse aux questions d'un provincial*, Rotterdam, 1704-7.

BEES, R., *Die Oikeiosislehre der Stoa. I. Rekonstruktion ihres Inhalts*, Würzburg, Königshausen & Neumann, 2004.

— *Zenons Politeia*, Brill, Leiden – Boston, 2011.

BELAYCHE, N., « Hypsistos : une voie de l'exaltation des dieux dans le polythéisme gréco-romain », *Archiv für Religionsgeschichte*, 7, 2005, p. 34-55.

— « Les dieux "nomothètes" : oracles et prescriptions religieuses à l'époque romaine impériale », *Revue de l'histoire des religions*, 224, 2007, p. 171-191.

BELAYCHE, N., MASSA, F. (dir.), « Les "mystères" : questionner une catégorie », *Mètis*, 14, 2016, p. 5-132.

BETT, R., « Carneades' *Pithanon* : a Reappraisal of its Role and Status », *Oxford Studies in Ancient Philosophy*, 7, 1989, p. 59-75.

— « Carneades' Distinction between Assent and Approval », *The Monist*, 73, 1990, p. 3-20.

— « A Sceptic Looks at Art (but not Very Closely): Sextus Empiricus on Music », *International Journal for the Study of Skepticism*, 3, 3, 2013, p. 155-181.

BETTINI, M., *Éloge du polythéisme. Ce que peuvent nous apprendre les religions antiques,* Paris, Les Belles Lettres, 2016.

BLEICKEN, J., *Die athenische Demokratie*, Paderborn, Schöningh, 1986, 1995[4].

BLOK, J., LAMBERT, S., « The Appointment of Priests in Attic "Gene" », *Zeitschrift für Papyrologie und Epigraphik*, 169, 2009, p. 95-121.

BLONDÉ, F., MULLER, A., MULLIEZ, D., POPLIN, F., « Un rituel d'engagement à Thassos : archéologie et textes », *Kernos*, 18, 2005, p. 476-479.

BLUMENBERG, H., *La Légitimité des temps modernes*, Paris, Gallimard, 1988.

— *L'Imitation de la nature et autres essais esthétiques*, Paris, Hermann, 2010.

BOBZIEN, S., « Stoic Conceptions of Freedom and their Relation to Ethics », dans Sorabji, R. (dir.), *Aristotle and After*, London, Institute of Classical Studies, 1997, p. 71-89.

— *Determinism and Freedom in Stoic Philosophy*, Oxford, Oxford University Press, 1998.

BODÉÜS, R., *Aristote et la théologie des vivants immortels*, St-Laurent – Paris, Bellarmin – Les Belles Lettres, 1992.

BOMPAIRE, J., *Voyages extraordinaires*, Paris, Les Belles Lettres, 2011.

BONAZZI, M., *Academici e Platonici. Il dibattito antico sullo scetticismo di Platone*, Milano, Led, 2003.

— « L'Uomo, gli dei, le besti. A proposito dell'antropologia di Antifonte », *Elenchos*, 27, 1, 2006, p. 101-115.

— « Thrasymaque, la *polis* et les dieux », *Philosophie antique*, 8, 2008, p. 63-84.

— *I Sofisti*, Roma, Carocci, 2010.

— *Il Platonismo*, Torino, Einaudi, 2015.

BONNECHERE, P., « Oracles and Greek Mentalities: The Mantic Confirmations of Mantic Revelations », dans Dijkstra, J., Kroesen, J., Kuiper, Y. (dir.), *Myths, Martyrs, and Modernity*. Studies in the History of Religions in Honour of Jan N. Bremmer, Leiden, Brill, 2010, p. 115-133.

— « Comment aborder le système religieux des Grecs ? », *Kernos*, 25, 2012, p. 304-317.

— « Oracles et grande politique en Grèce ancienne. Le cas de l'*orgas* sacrée et de la consultation de Delphes en 352/351 avant J.-C. », *Mètis*, 10, 2012, p. 263-288 et 11, 2013, p. 289-302.

— « The Religious Management of the *Polis*: Oracles and Political Decision-Making », dans Beck, H. (dir.), *A Companion to Ancient Greek Government*, Malden, Wiley-Blackwell, 2013, p. 366-381.

— « "Gouverner en toute sécurité". L'oracle de Dodone et l'*Athenaiôn Politeia*, 43, 4 », *Zeitschrift für Papyrologie und Epigraphik*, 89, 2014, p. 83-86.

— « Pureté, justice, piété et leurs contraires : l'apport des sources oraculaires », dans Carbon, J.-M., Peels, S. (dir,), *Purity and Purification in the Ancient Greek World. Texts, Rituals, and Norms*, Liège, Presses Universitaires de Liège, 2018, p. 49-91.

— « Oracles and Politics in Ancient Greece, in regard to the New Lamellae of Dodona: A Needed Palinode », dans Soueref, K. (dir.), *Dodona, the Oracle of Sounds*. Acts of the Conference Held in the Acropolis Museum, September 18th, 2016 (sous presse).

Borg, B., *Der Logos des Mythos. Allegorien und Personifikationen in der frühen griechischen Kunst*, München, Fink, 2002.

Borgeaud, Ph., *Exercices d'histoire des religions. Comparaison, rites, mythes et émotions*, textes réunis par D. Barbu et Ph. Matthey, Leiden, Brill, 2016.

Bouchard, E., « Aphrodite *philommêdês* in the *Theogony* », *The Journal of Hellenic Studies*, 135, 2015, p. 8-18.

— « La critique comparative et le corpus tragique grec », *Phoenix*, 70, 2016, p. 1-22.

Boureau-Deslandes, A.-Fr., *Histoire critique de la philosophie*, dans le *Corpus d'œuvres de philosophie en langue française*, t. 1, Dijon, Association Corpus – EUD, 2009.

Bourriot, F., *Recherches sur la nature du génos : étude d'histoire sociale athénienne, période archaïque et classique*, vol. I-II, Paris, Librairie Honoré Champion, 1976.

Bowie, E., « Ionian *Iambos* and Attic *Komoidia*: Father and Daughter, or Just Cousins? », dans Willi, A. (dir.), *The Language of Greek Comedy*, Oxford, Oxford University Press, 2002, p. 33-50.

Boys-Stones, G., « Eros in Government: Zeno and the Virtuous City », *The Classical Quarterly*, 48, 1998, p. 168-174.

Brancacci, A., « Protagoras, l'*orthoepeia* et la justice des noms », dans Dixsaut, M., Brancacci, A. (dir.), *Platon, source des présocratiques : exploration*, Paris, Vrin, 2002, p. 169-190.

Brandão, J.L., « Histoire et fiction chez Lucien de Samosate », dans Bouvier, D., Calame, Cl. (dir.), *Philosophes et historiens anciens face aux mythes*, Lausanne, Faculté de Lettres de l'Université de Lausanne, 1998.

BREMMER, J.N., « Atheism in Antiquity », dans Martin, M. (dir.), *The Cambridge Companion to Atheism*, Cambridge, Cambridge University Press, 2007, p. 11-26.

— « Manteis, Magic, Mystery Cults, and Mythography: Messy Margins of Polis Religion? », *Kernos*, 23, 2010, p. 13-35.

BRISSON, L., *Platon, les mots et les mythes*, Paris, Maspero, 1982.

— « Les Sophistes », dans Canto-Sperber, M. (dir.), *Philosophie grecque*, Paris, Presses Universitaires de France, 1998², p. 89-120.

— *Introduction à la philosophie du mythe. 1. Sauver les mythes*, Paris, Vrin, [1996], 2005².

BRITTAIN, C., *Philo of Larissa. The Last of the Academic Sceptics*, Oxford, Oxford University Press, 2001.

BROADIE, S., « Rational Theology », dans Long, A.A. (dir.), *The Cambridge Companion to Early Greek Philosophy*, Cambridge, Cambridge University Press, 1999, p. 205-224.

— « Aristotelian Piety », *Phronesis*, 48, 2003, p. 54-70.

BROCHARD, V., *Les Sceptiques grecs*, Paris, Le livre de poche, [1887], 2002⁴.

BROCK, R., « Athenian Oligarchs: The Number Games », *Journal of Hellenic Studies*, 109, 1989, p. 160-164.

BROWN, B., « Homer, Funeral Contests and the Origins of the Greek City », dans Phillips, D., Pritchard, D. (dir.), *Sport and Festival in the Ancient Greek World*, Swansea, Classical Press of Wales, 2003, p. 123-162.

BRULÉ, P., « Religion », dans Brulé, P., Descat, R. (dir.), *Le Monde grec aux temps classiques. 2. Le IVe siècle*, Paris, Presses Universitaires de France, 2004, p. 420-435.

— « Hiéra et Hosia. Affaires divines et affaires humaines dans le travail législatif des assemblées », dans Jaillard, D., Nihan, Chr. (dir.), *Writing Laws in Antiquity / L'Écriture du droit dans l'Antiquité*, Wiesbaden, Harrassowitz Verlag, 2017, p. 100-116.

BUDELMANN, F., « Introducing Greek Lyric », dans Budelmann, F. (dir.), *The Cambridge Companion to Greek Lyric*, Cambridge, Cambridge University Press, 2009, p. 1-18.

BURCKHARDT, J., *Histoire de la civilisation grecque* (5 vols.), trad. de l'allemand par Fr. Mugler, Vevey, Éditions de l'Aire, [1898-1902], 2001-2002.

BURKERT, W., « Das *Lied* von *Ares* und Aphrodite. Zum Verhältnis von *Odyssee* und *Ilias* », *Rheinisches Museum für Philologie*, 103, 1960, p. 130-144.

— *La Religion grecque à l'époque archaïque et classique*, trad. et mise à jour bibliographique par P. Bonnechere, Paris, Picard, [original allemand, 1977, 2011²], 2011.

— *Les Cultes à mystères dans l'Antiquité*, Paris, Les Belles Lettres, [original anglais, 1987], 2003.

— « Greek Poleis and Civic Cults. Some Further Thoughts », dans Hansen, M.H., Raaflaub, K. (dir.), *Studies in the Ancient Greek* Polis, Stuttgart, Franz Steiner Verlag, 1995, p. 201-210.

— « The Logic of Cosmogony », dans Buxton, R. (dir.), *From Myth to Reason? Studies in the Development of Greek Thought*, Oxford, Oxford University Press, 1999, p. 87-107.

BURNET, J., *Plato's Euthyphro, Apology of Socrates, Crito* [1924], Oxford, Clarendon Press, 1990.

BURNYEAT, M., « Fathers and Sons in Plato's *Republic* and *Philebus* », *Classical Quarterly*, 54, 1, 2004, p. 80-87.

BUXTON, R., *La Grèce de l'imaginaire. Les contextes de la mythologie*, Paris, La Découverte, [original anglais, 1994], 1996.

— (dir.), *From Myth to Reason? Studies in the Development of Greek Thought*, Oxford, Oxford University Press, 1999.

CALAME, Cl., *Thésée et l'imaginaire athénien*, Paris, La Découverte, 2018³.

— *Poétique des mythes dans la Grèce antique*, Paris, Hachette, 2000.

— *Qu'est-ce que la mythologie grecque ?*, Paris, Gallimard, 2015.

CANEVA, S., *From Alexander to the Theoi Adelphoi: Foundation and Legitimation of a Dynasty*, Leuven, Peeters, 2016.

CARBON, J.-M., Peels, S., Pirenne-Delforge, A., *A Collection of Greek Ritual Norms (CGRN)*, Liège, 2016- (http://cgrn.ulg.ac.be)

CARMIGNATO, A., « Demostene e la "parrhesia" : diritto di critica e rifondazione dei valori democratici », *Invigilata Lucernis*, 20, 1998, p. 33-57.

CARTER, D.M., « Citizen Attribute, Negative Right: a Conceptual Difference between Ancient and Modern Ideas of Freedom of Speech », dans Sluiter, I., Rosen, R.M. (dir.), *Free Speech in Classical Antiquity*, Leiden, Brill, 2004, p. 197-220.

CARTER, L.B., *The Quiet Athenian*, Oxford, Clarendon Press, 1986.

CARTLEDGE, P., *Sparta and Lakonia. A Regional History 1300 to 362 BC*, London – New York, Routledge, [1979], 2002².

— « Comparatively Equal », dans Ober, J., Hedrick, Ch. (dir.), Dēmokratia: *A Conversation on Democracies Ancient and Modern*, Princeton, Princeton University Press, 1996, p. 175-185.

— « Democracy, Origins of: Contribution to a Debate », dans Raaflaub, K.A., Ober, J., Wallace, R.W. (dir.), *Origins of Democracy in Ancient Greece*, Berkeley – Los Angeles – London, University of California Press, 2007, p. 155-169.

CASSIN, B., *L'Effet sophistique*, Paris, Gallimard, 1995.

CASTORIADIS, C., *Ce qui fait la Grèce. 1. D'Homère à Héraclite*, Paris, Seuil, 2004.

CHANIOTIS, A., « The Divinity of Hellenistic Rulers », dans Erskine, A. (dir.), *A Companion to the Hellenistic World*, Malden, Blackwell, 2003, p. 431-445.

— « Dynamics of Emotions and Dynamics of Rituals. Do Emotions Change Ritual Norms? », dans Brosius, Chr., Hüsken, U. (dir.), *Ritual Matters: Dynamic Dimension in Practice*, London, Routledge, 2010, p. 208-233.

— « Megatheism. The Search for the Almighty God and the Competition between Cults », dans Mitchell, S., van Nuffelen, P. (dir.), *One God. Pagan Monotheism in the Roman Empire*, Cambridge, Cambridge University Press, 2010, p. 208-233.

— « Emotional Community through Ritual: Initiates, Citizens, and Pilgrims as Emotional Communities in the Greek World », dans Chaniotis, A. (dir.), *Ritual Dynamics in the Ancient Mediterranean: Agency, Emotion, Gender, Representation*, Stuttgart, Franz Steiner Verlag, 2011, p. 263-290.

— « Greek Ritual Purity: From Automatisms to Moral Distinctions », dans Rösch, P., Simon, U. (dir.), *How Purity is Made*, Wiesbaden, Harrassowitz Verlag, 2012, p. 123-139.

— (dir.), *Unveiling Emotions. Sources and Methods for the Study of Emotions in the Greek World*, Stuttgart, Franz Steiner Verlag, 2012.

CHANTRAINE, P., *Dictionnaire étymologique de la langue grecque. Histoire des mots, I*, Paris, Klincksieck, 1968.

CHERNISS, H., *Plutarch. On Stoic Self-Contradiction*, Cambridge (MA) – London, Harvard University Press, 1976.

CHIESARA, M.L., *Storia dello scetticismo greco*, Torino, Einaudi, 2003.

CHISHOLM, R.M., « Sextus Empiricus and Modern Empiricism », *Philosophy of Science*, 8, 1941, p. 371-384.

Clay, J.S., « Pindar's Sympotic "Epinicia" », *Quaderni Urbinati di Cultura Classica*, New Series, 62, 2, 1999, p. 25-34.

— *The Politics of Olympus: Form and Meaning in the Major Homeric Hymns*, Princeton, Princeton University Press, 1989.

Coleridge, S.T., *Biographia Literaria (1817)*, New York, Dutton, 1906.

Collette-Dučić, B., « Making Friends. The Stoic Conception of Love and Its Platonic Background », dans Stern-Gillet, S., Gurtler, G.M. (dir.), *Ancient and Medieval Concepts of Friendship*, New York, SUNY Press, 2014, p. 87-115.

— « Honte et retenue dans la Stoa », *Revue de philosophie ancienne*, 35, 1, 2017, p. 51-79.

Comicorum Atticorum Fragmenta, édité par Th. Kock, vol. I-III, Leipzig, Teubner, 1880-1887.

Connelly, J.B., *Portrait of a Priestess: Women and Ritual in Ancient Greece*, Princeton, Princeton University Press, 2007.

Constant, B., *De la liberté des anciens comparée à celle des modernes*, discours prononcé à l'Athénée royal de Paris en 1819, dans *Écrits politiques*. Textes choisis, présentés et annotés par Marcel Gauchet, Paris, Gallimard, 1997.

Cooper, L., *An Aristotelian Theory of Comedy*, New York, Harcourt Brace, 1922.

Corradi, M., « L'Aporie de Protagoras sur les dieux : le *Peri theôn* et sa tradition », *Philosophie Antique*, 18, 2018, p. 71-104.

Corrigan, R.W., « Aristophanic Comedy: The Conscience of a Conservative », dans Corrigan, R.W. (dir.), *Comedy, Meaning and Form*, San Francisco, Chandler Publishing Company, 1965, p. 353-362.

— *Classical Comedy: Greek and Roman*, New York (NY), Applause Theatre Book Publishers, 1987.

Couissin, P., « L'Origine et l'Évolution de l'*épochè* », *Revue des études grecques*, 42, 1929, p. 373-397.

— « Le Stoïcisme de la Nouvelle Académie », *Revue d'histoire de la philosophie*, 3, 1929, p. 241-276.

Couloubaritsis, L., *Aux origines de la philosophie européenne*, Bruxelles, De Boeck, 1994.

Csapo, E., Slater, W.J., *The Context of Ancient Drama*, Ann Arbor, The University of Michigan Press, 1995.

Cumont, F., *Les Religions orientales dans le paganisme romain*, édité par C. Bonnet & F. Van Haeperen, Torino, Nino Aragno Editore, [1929], 2006.

DAKARIS, S., VOKOTOPOULOU, I., CHRISTIDIS, A.-F., *Τὰ χρηστήρια ἐλάσματα τῆς Δωδώνης τῶν ἀνασκαφῶν Δ. Ευαγγελίδη*, Athènes, 2013.

DALFEN, J., « *Gorgias*: Übersetzung und Kommentar », dans Heitsch, E., Müller, C.W., (dir.), *Platon Werke: Übersetzung und Kommentar*, vol. VI.3, Göttingen, Vandenhoeck & Ruprecht, 2004.

DASEN, V., PIÉRART, M. (dir.), *Ἰδίᾳ καὶ δημοσίᾳ. Les cadres « privés » et « publics » de la religion grecque antique*, Liège, Presses Universitaires de Liège, 2005.

DE LIBERA, A., *La Philosophie au Moyen Âge*, Paris, Presses Universitaires de France, 2004

DE LIBERO, L., *Die archaische Tyrannis*, Stuttgart, Steiner, 1996.

DE POLIGNAC, F., SCHMITT PANTEL, P., « Public et privé en Grèce ancienne : lieux, conduites, pratiques : introduction », *Ktèma*, 23, 1999, p. 5-13.

DE STRYCKER, E., SLINGS, S.R., *Plato's Apology of Socrates*, Leiden, Brill, 1994.

DECLEVA CAIZZI, F., « Pirroniani e Accademici nel III sec. a.C. », dans Flashar, H., Gigon, O. (dir.), *Aspects de la philosophie hellénistique*, Vandœuvres, Entretiens de la Fondation Hardt, 1986, p. 147-183.

DELATTRE, D., « La Pratique maîtrisée du franc-parler. Philodème de Gadara, *Le Franc-parler* (col. 151-162 D.) », dans Loubet, M., Pralon, D. (dir.), *Poïkiloï karpoï* = Ποικίλοι καρποί = *Récoltes diverses. Exégèses païennes, juives et chrétiennes : études réunies en hommage à Gilles Dorival*, Aix-en-Provence, Presses Universitaires de Provence, 2015, p. 437-455.

DELIGNON-DELAUNAY, B., Satura tota nostra… *Les* Satires *d'Horace et la comédie grecque. Étude de stylistique comparée*, thèse de doctorat sous la direction des professeurs J. Dangel et P. Demont, Université Paris IV-Sorbonne, juin 2003, tome I.

Der Kleine Pauly. Lexikon der Antike, München, Deutscher Taschenbuch Verlag, 1979, Bd. 5.

DESHOURS, N., *L'Été indien de la religion grecque. Études sur les cultes civiques dans le monde égéen à l'époque hellénistique tardive*, Bordeaux, Ausonius, 2011.

DESMONDE, W., *Cynics*, Berkeley, University of California Press, 2008.

DETIENNE, M., « Expérimenter dans le champ des polythéismes », *Kernos*, 10, 1997, p. 57-72 (repris dans *Comparer l'incomparable*, Paris, Seuil, 2001, p. 81-104).

DETIENNE, M., VERNANT, J.-P., *Les Ruses de l'intelligence. La* mètis *des Grecs*, Paris, Flammarion, 1974.

DICKIE, M., « Fair and Foul Play in the Funeral Games in the *Iliad* », *Journal of Sport History*, 11, 1984, p. 8-17.

Die griechische Literatur in Text und Darstellung. Bd. 1: Archaische Periode, édité par J. Latacz, Stuttgart, Philipp Reclam, 1991.

DIÈS, A., « La Transposition platonicienne », dans *Autour de Platon. Essais de critique et d'histoire. II : Les dialogues – Esquisses doctrinales*, Paris, Beauchesne, 1927, p. 400-449.

DIOGENES the Cynics, *Sayings and Anecdotes, with other Popular Moralists*, translation, introduction and notes by Robin Hard, Oxford, Oxford University Press, 2012.

DOBROV, G.W., « The Poet Voice in the Evolution of Dramatic Dialogism », dans Dobrov, G.W. (dir.), *Beyond Aristophanes: Transition and Diversity in Greek Comedy*, Atlanta, Scholars Press, 1995, p. 47-97.

DONATUS, « A Fragment on Comedy and Tragedy », dans Lauter, P. (dir.), *Theories of Comedy*, Garden City, Anchor Books, 1964, p. 27-32.

DONINI, P., « *Mimèsis* tragique et apprentissage de la *phronèsis* », *Les Études philosophiques*, 4, 2003, p. 436-450.

DONLAN, W., *The Aristocratic Ideal in Ancient Greece. Attitudes of Superiority from Homer to the End of the Fifth Century B.C.*, Lawrence, Coronado Press, 1980.

DORANDI, T., « Filodemo : *Gli Stoici* (*Pap. Herc.* 155 e 339) », *Cronache ercolanesi*, 12, 1982, p. 91-133.

— *Filodemo. Storia dei filosofi. Platone e l'Accademia (PHerc. 1021 e 164)*, Napoli, Bibliopolis, 1991.

DORION, L.-A., « La Subversion de l'*elenchos* juridique dans l'*Apologie de Socrate* », *Revue philosophique de Louvain*, 88, 1990, p. 311-344.

— *Platon. Charmide. Lysis*, traduction inédite, introduction et notes, Paris, GF Flammarion, 2004.

— « La Nature et le Statut de la *sophia* dans les *Mémorables* », dans *L'Autre Socrate. Études sur les écrits socratiques de Xénophon*, Paris, Les Belles Lettres, 2013, p. 123-146.

DORIVAL, G., PRALON, D. (dir.), *Nier les dieux, nier Dieu*, Aix-en-Provence, Presses de l'Université de Provence, 2000.

DOVER, K., « The Freedom of the Intellectual in Greek Society », *Talanta*, 7, 1976, p. 24-54 (= *The Greeks and Their Legacy. Collected Papers*, 2,

Prose Literature, History, Society, Transmission, Influence, Oxford – New York, Oxford University Press, 1988, p. 135-158).

DRAGONA-MONACHOU, M., *The Stoic Arguments for the Existence and Providence of the Gods*, Athens, National and Capodistrian University of Athens, 1976.

DUPLOUY, A., *Le Prestige des élites : recherches sur les modes de reconnaissance sociale en Grèce entre les Xe et Ve siècles avant J.-C*, Paris, Les Belles Lettres, 2006.

DUPONT, F., *L'Invention de la littérature. De l'ivresse grecque au livre latin*, Paris, La Découverte, 1994.

DUPONT-ROC, R., LALLOT, J., *La Poétique*, Le texte grec avec une traduction et des notes de lecture, Paris, Seuil, [1980], 2011[2].

DUVAL, N., *La divination par les sorts dans le monde oriental méditerranéen du IIe au VIe siècle après J.-C. : étude comparative des sortes Homericae, sortes Astrampsychi et tables d'astragalomancie en Asie mineure*, PhD Université de Montréal, 2016, p. 145-172 (https://papyrus.bib.umontreal.ca/xmlui/handle/1866/16019, site consulté le 16 octobre 2017).

EDER, W., « Aristocrats and the Coming of Democracy », dans Morris, I., Raaflaub, K.A. (dir.), *Democracy 2500? Questions and Challenges*, Dubuque (IA), Kendall/Hunt, 1998, p. 105-140.

EDMONDS III, R., *Redefining Ancient Orphism: a Study in Greek Religion*, Cambridge, Cambridge University Press, 2013.

EDWARDS, M.J., « Xenophanes Christianus? », *Greek, Roman, and Byzantine Studies*, 32, 1991, p. 219-228.

EHRENBERG, V., « *Polypragmosyne*: A Study in Greek Politics », *Journal of Hellenic Studies*, 67, 1947, p. 46-67.

EKROTH, G., *The Sacrificial Rituals of Greek Hero-Cults*, Liège, Presses Universitaires de Liège, 2002.

— « Heroes – Living or Dead ? », dans Eidinow, E., Kindt, J. (dir.), *The Oxford Handbook of Greek Ancient religion*, Oxford, Oxford University Press, 2015, p. 383-396.

EL MURR, D., « Les Formes sans l'âme : *Parménide*, 131 a-133 a est-il une critique de la participation ? », *Antiquorum Philosophia*, 4, 2010, p. 137-160.

— « L'Amitié (*philia*) dans le système social de la *République* », *Revue philosophique de Louvain*, 110, 4, 2012, p. 587-604.

— « Adieu au pasteur ? Remarques sur le pastorat politique dans le *Politique* de Platon », dans Castel-Bouchouchi, A., Dixsaut, M., Kevorkian, G. (dir.), *Lectures de Platon*, Paris, Ellipses, 2013, p. 171-184.

— *Savoir et Gouverner. Essai sur la science politique platonicienne*, Paris, Vrin, 2014.

— « Hiérarchie et communauté : amitié et unité de la cité idéale dans la *République* », *Philosophie antique*, 17, 2017, p. 73-100.

ELLSWORTH, J. D., « The Meaning of ἀγών in Epic Diction », *Emerita*, 49, 1981, p. 97-104.

ENGBERG-PEDERSEN, T., *The Stoic Theory of Oikeiosis. Moral Development and Social Interaction in Early Stoic Philosophy*, Aarhus, Aahrus University Press, 1990.

ERLER, M., « Epicurus as *deus mortalis* : *Homoiosis theoi* and Epicurean Self-Cultivation », dans Frede, D., Laks, A. (dir.), *Traditions of Theology. Studies in Hellenistic Theology, its Background and Aftermath*, Leiden, Brill, 2002, p. 159-181.

ERSKINE, A., *The Hellenistic Stoa. Political Thought and Action*, London, Bristol Classical Press, 2011².

EVERSON, S., « The Incoherence of Thrasymachus », *Oxford Studies in Ancient Philosophy*, 16, 1998, p. 99-131.

FARRAR, C., *The Origins of Democratic Thinking. The Invention of Politics in Classical Athens*, Cambridge, Cambridge University Press, 1988.

FEBVRE, L., *Le Problème de l'incroyance au* XVIᵉ *siècle : la religion de Rabelais*, Paris, Albin Michel, 1942.

FEENEY, D.C., *The Gods in Epic: Poets and Critics of the Classical Tradition*, Oxford, Clarendon Press, 1991.

FERNANDEZ, Cl.N., « Al margen de la ley : acerca de la justicia en la comedia de Aristofanes », dans Fernandez, Cl.N., Napoli, J.T., Zecchin de Fasano, G. (dir.), ΑΓΩΝ : *Competencia y cooperacion de la antigua Grecia a la actualidad*, La Plata, EDULP, 2015, p. 171-195.

FERRARI, G.A., « L'Immagine dell'equilibrio », dans Giannantoni, G. (dir.), *Lo Scetticismo Antico*, Napoli, Bibliopolis, 1981, p. 337-370.

FERRARI, G.R.F., « Plato on Poetry », dans Kennedy, G.A. (dir.), *The Cambridge History of Literary Criticism*, Cambridge, Cambridge University Press, 1989, p. 92-148.

FESTA, N., *I Frammenti degli Stoici antichi*, ordinati, tradotti e annotati, 2 vol., Bari, Laterza, 1932-1935.

FESTUGIÈRE, A.-J., « Le Fait religieux à l'époque hellénistique », dans *Études de religion grecque et hellénistique*, Paris, Vrin, [1945], 1972, p. 114-128.

FINLEY, M.I., *On a perdu la guerre de Troie*, Paris, Les Belles Lettres, 1990.

FLEMMING, D.E., *Democracy's Ancient Ancestors. Mari and Early Collective Governance*, Cambridge, Cambridge University Press, 2004.

FLORES JÚNIOR, O., *Le Cynisme ancien : vie kata phusin ou vie kat'euteleian*, Thèse de doctorat soutenue le 2 Mars 2013 à l'Université Paris-Sorbonne.

FOCKE, F., « Synkrisis », *Hermes*, 58, 1923, p. 327-368.

FONTENROSE, J., *The Delphic Oracle*, Berkeley, University of California Press, 1978.

FORD, A., *The Origins of Criticism: Literary Culture and Poetic Theory in Classical Greece*, Princeton, Princeton University Press, 2004.

FOUCAULT, M., *Le Gouvernement de soi et des autres. Cours au Collège de France, 1982-1983*, texte édité par Fr. Gros, Paris, Gallimard, 2008.

— *Le Courage de la vérité : le gouvernement de soi et des autres II. Cours au Collège de France, 1983-1984*, édité par Fr. Gros, Paris, Gallimard, 2009.

— *Qu'est-ce que la critique ?* suivi de *La Culture de soi*, Paris, Vrin, 2015.

— « Discourse and Truth: The Problematization of *Parrhesia* » (six lectures given by M. Foucault at Berkeley, Oct.-Nov. 1983), document téléchargé sur le site *foucault.info/documents/parrhesia*.

Fragmenta Comicorum Graecorum, Meineke, vol. I.

FRAZIER, F., *Poétique et création littéraire en Grèce ancienne. La découverte d'un « nouveau monde »*, Franche-Comté, Presses Universitaires de Franche-Comté, 2009.

FREDE, M., « The Skeptic's Two Kinds of Assent and the Question of the Possibility of Knowledge », dans Rorty, R., Schneewind, J., Skinner, Q. (dir.), *Philosophy in History*, Cambridge, Cambridge University Press, 1984, p. 255-278.

— « *Stoic Epistemology*, dans Algra, K., Barnes, J., Mansfeld, J., Schofield, M. (dir.), *The Cambridge History of Hellenistic Philosophy*, 1999, p. 295-322.

— *A Free Will. Origins of the Notion in Ancient Thought*, Berkeley – Los Angeles – London, University of California Press, 2011.

FREYDBERG, B., *Philosophy and Comedy: Aristophanes, Logos, and Eros*, Bloomington, Indiana University Press, 2008.

FRISK, H., *Griechisches etymologisches Wörterbuch, III : Nachträge, Wortregister, Corrigenda, Nachwort*, Heidelberg, Winter, 1972.

FRONTISI-DUCROUX, F., *Du masque au visage. Aspects de l'identité en Grèce ancienne*, Paris, Flammarion, 1995.

FRYE, N., *The Anatomy of Criticism: Four Essays*, The Collected Works of Northrop Frye, vol. 22, édité par R.D. Denham, Toronto – Buffalo – London, University of Toronto Press, 2006.

FUOCHI, M., « Etimologie nei tragici greci », *Studi Italiani di Filologia Classica*, 6, 1898, p. 273-318.

GAGARIN, M., *Antiphon the Athenian. Oratory, Law, and Justice in the Age of the Sophists*, Austin, The University of Texas Press, 2002.

GAGNÉ, R., « La Catabase aérienne de Thespésios : le statut du récit », dans Bonnechere, P., Cursaru, G. (dir.), « Katábasis dans la tradition littéraire et religieuse de la Grèce ancienne », *Les Études classiques*, 83, 2015, p. 313-323.

GAISER, K., « Zur Eigenart der römischen Komödie: Plautus und Terenz gegenüber ihren griechischen Vorbildern », dans *Aufstieg und Niedergang der Römischen Welt: Geschichte und Kultur Roms im Spiegel der neueren Forschung*, Berlin, De Gruyter, 1972, p. 1058-1066.

GARLAND, R., « Religious Authority in Archaic and Classical Athens », *The Annual of the British School in Athens*, 79, 1984, p. 75-123.

— *Introducing New Gods: The Politics of Athenian Religion*, Ithaca, Cornell University Press, 1992.

— *Religion and the Greeks*, London, Bristol Classical Press, 1994.

GAUTHIER, Ph., « Les Cités hellénistiques : épigraphie et histoire des institutions et des régimes politiques », dans *Actes du 8e congrès international d'épigraphie grecque et latine*, Athènes, 1982, vol. I, Athènes, 1984, p. 82-107.

— « La Date de l'élection des magistrats athéniens et l'oracle de Delphes », *Comptes rendus de l'Académie des Inscriptions et Belles-Lettres*, 1998, p. 63-75.

GAUTHIER, R.A., JOLIF, J.Y., *Aristote : L'Éthique à Nicomaque*, tome II-2, Paris – Louvain, Béatrice-Nauwelaerts, 1970.

GAVRAY, M.-A., « "Le juste, la comédie connaît ça aussi". Le regard politique d'Aristophane », *Les Études philosophiques*, 107, 4, 2013, p. 493-512.

— « De l'Anonyme à Jamblique : ou de l'usage politique de la richesse », dans Helmer, É. (dir.), *Richesse et Pauvreté chez les philosophes grecs*, Paris, Vrin, 2016, p. 277-303.

— *Platon héritier de Protagoras. Dialogue sur les fondements de la démocratie*, Paris, Vrin, 2017.

GEHRKE, H.J., « Der Nomosbegriff der Polis », dans Behrends, O., Sellert, W. (dir.), *Nomos und Gesetz: Ursprünge und Wirkungen des griechischen Gesetzesdenkens*, Göttingen, Vandenhoeck & Ruprecht, 1995, p. 13-35.

GEORGOUDI, S., « Commémoration et célébration des morts dans les cités grecques : les rites annuels », dans Gignoux, Ph. (dir.), *La commémoration*, Leuven – Paris, Peeters, 1998, p. 73-89.

GEORGOUDI, S., PIRENNE, V., « Personnel de culte : monde grec », dans *Thesaurus cultus et rituum antiquorum (ThesCRA)*, V, 2005, p. 1-65.

GERNET, L., *Les Grecs sans miracle*, textes [1903-1960] réunis et présentés par R. Di Donato, Paris, La Découverte – Maspero, 1983.

GERNET, L., BOULANGER, A., *Le Génie grec dans la religion*, Paris, Albin Michel, [1932], 1970.

GIANNANTONI, G., *Socratis et Socraticorum Reliquiae*, 4 vol., éd., n., bibliogr. et index de G.G., 2e éd. rev. et augm., Napoli, Bibliopolis, 1990.

GIBBON, E., *The Decline and Fall of the Roman Empire*, t. 1, New York, Alfred J. Knopf, 1993.

GILL, Chr., « Plato on Falsehood – not Fiction », dans Gill, Chr., Wiseman, T.P. (dir.), *Lies and Fictions in the Ancient World*, Liverpool, Liverpool University Press, 1993, p. 38-87.

GIORDANO, M., « As Socrates Shows, the Athenians Did Not Believe in Gods », *Numen*, 52, 2005, p. 325-355.

GIOVACCHINI, J., « La Nouvelle Reconstruction du rouleau du *Franc-parler* de Philodème permet-elle encore de postuler l'existence d'une παρρησία spécifiquement épicurienne ? », dans Antoni, A., Arrighetti, G., Bertagna, M.I., Delattre, D. (dir.), *Miscellanea papyrologica Herculanensia. 1*, Pisa, Serra, 2010, p. 293-314.

GLUCKER, J., « *Probabile*, *Veri simile* and Related Terms », dans Powell, J.G.F. (dir.), *Cicero the Philosopher*, Oxford, Clarendon Press, 1995, p. 115-143.

GOLDHILL, S., « The Great Dionysia and Civic Ideology », dans Winkler, J.J., Zeitlin, F.I. (dir.), *Nothing to do with Dionysos? Athenian Drama in its Social Context*, Princeton, Princeton University Press, 1990, p. 97-129.

GOLDHILL, S., OSBORNE, R. (dir.), *Rethinking Revolutions through Ancient Greece*, Cambridge, Cambridge University Press, 2006.

GOLDSCHMIDT, V., *Temps physique et temps tragique chez Aristote*, Paris, Vrin, 1982.

GÖRLER, W., « Ältere Pyrrhonismus, Jüngere Akademie, Antiochos aus Askalon », dans Flashar, H. (dir.), *Die Philosophie der Antike 4: die hellenistiche Philosophie*, vol. II, Basel, Schwabe, 1994, p. 719-989.

GOULDNER, A.W., *Enter Plato: Classical Greece and the Origins of Social Theory*, London, Routledge and Kegan Paul, 1965.

GOULET, R., « La Méthode allégorique chez les Stoïciens », dans Romeyer Dherbey, G., Gourinat, J.-B. (dir.), *Les Stoïciens*, Paris, Vrin, 2005, p. 93-119.

GOULET-CAZÉ, M.-O., *L'Ascèse cynique. Un commentaire de Diogène Laërce VI 70-71*, Paris, Vrin, 1986.

— « Le Cynisme à l'époque impériale », dans *Aufstieg und Niedergang der römischen Welt*, II, 36.4, Berlin – New York, De Gruyter, 1990, p. 2720-2833, repris dans GOULET CAZÉ, M.-O., *Le Cynisme, une philosophie antique*, Paris, Vrin, 2017, p. 265-383.

— *Les* Kynika *du stoïcisme*, Franz Steiner Verlag, Stuttgart, 2003.

— « Michel Foucault et sa vision du cynisme dans *Le courage de la vérité* », dans Lorenzini, D., Revel, A., Sforzini, A. (dir.), *Michel Foucault : éthique et vérité (1980-1984)*, Paris, Vrin, 2013, p. 105-124.

GOURINAT, J.-B., *Premières leçons sur le* Manuel *d'Épictète*, Paris, Presses Universitaires de France, 1998.

— *La Dialectique des stoïciens*, Paris, Vrin, 2000.

— « *Explicatio fabularum* : La place de l'allégorèse dans l'interprétation stoïcienne de la mythologie », dans Dahan, G., Goulet, R. (dir.), *Allégorie des poètes, allégorie des philosophes*, Paris, Vrin, 2005, p. 9-34.

— « *In nostra potestate* », *Lexis*, 25, 2007, p. 143-149.

— « *Adsensio in nostra potestate* : "From us" and "up to us" in Ancient Stoicism – a Plea for Reassessment », dans Destrée, P., Salles, R., Zingano, M. (dir.), *What is Up to Us ? Studies on Agency and Responsibility in Ancient Philosophy*, Sankt Augustin, Academia Verlag, 2014, p. 141-150.

GRAF, F., *Nordionische Kulte, Religionsgeschichtliche und epigraphische Untersuchungen zu den Kulten von Chios, Erythrai, Klazomenai und Phokaia*, Roma, Schweizerisches Institut in Rom, 1985.

— *Greek Mythology. An Introduction*, Baltimore, The Johns Hopkins University Press, [original allemand, 1985], 1993.

— « Eid », dans *Thesaurus cultus et rituum antiquorum (ThesCRA)*, III, 2005, p. 237-246.

GRANGER, H., « The Theologian Pherecydes of Syros and the Early Days of Natural Philosophy », *Harvard Studies in Classical Philology*, 103, 2007, p. 135-163.

GREGORY, A., *The Presocratics and the Supernatural*, London, Bloomsbury, 2013.

GRGIĆ, F., « Sextus Empiricus on the Goal of Skepticism », *Ancient Philosophy*, 26, 1, 2006, p. 141-160.

GRIFFITH, M., « Contest and Contradiction in Early Greek Poetry », dans Griffith, M., Mastronarde, D.J. (dir.), *Cabinet of the Muses*, Atlanta, Scholars Press, 1990, p. 185-207.

GROTE, G., *Plato and the Other Companions of Sokrates*, London, Murray, [1865], 1888².

GUIEU-COPPOLANI, A., « Παρρησία et κακηγορία : l'exercice et les limites de la liberté de parole dans la cité démocratique », dans Queyrel-Borrineau, A. (dir.), *La représentation négative de l'autre dans l'Antiquité : hostilité, réprobation, dépréciation*, Dijon, Éditions Universitaires de Dijon, 2014, p. 127-142.

GUTHRIE, W.K.C., *Les Sophistes*, tr. Cottereau, J.-P., Paris, Payot, [original anglais, 1971], 1988.

HABICHT, CHR., *Athènes hellénistique*, trad. M. Knoepfler-Buchet et D. Knoepfler, Paris, Les Belles Lettres, [original allemand, 1994], 2000.

HÄGG, R., ALROTH, B. (dir.), *Greek Sacrificial Ritual, Olympian and Chthonian*, Stockholm, Åströms Förlag, 2005.

HALFWASSEN, J., « Der Gott des Xenophanes: Überlegungen über Ursprung und Struktur eines philosophischen Monotheismus », *Archiv für Religionsgeschichte*, 10, 2008, p. 275-294.

HALLIWELL, S., *The Poetics of Aristotle*, Chapel Hill, The University of North Carolina Press, 1987.

— « Comic Satire and Freedom of Speech in Classical Athens », *Journal of Hellenic Studies*, 111, 1991, p. 48-70.

— « The Uses of Laughter in Greek Culture », *Classical Quarterly*, 41, 1991, p. 279-296.

— « Le Rire rituel et la nature de l'Ancienne Comédie Attique », dans Desclos, M.-L. (dir.), *Le Rire des Grecs. Anthropologie du rire en Grèce ancienne*, Grenoble, Jérôme Millon, 2000, p. 155-168.

— *The Aesthetics of Mimesis. Ancient Texts and Modern Problems*, Princeton – Oxford, Princeton University Press, 2002.

— « From Functionalism to Formalism. Or Did the Greeks Invent Literary Criticism? », *Arion*, 10, 3, 2003, p. 111-125.

— « Aischrology, Shame and Comedy », dans Sluiter, I., Rosen, R.M. (dir.), *Free Speech in Classical Antiquity*, Leiden – Boston, Brill, 2004, p. 115-144.

— *Greek Laughter. A Study of Cultural Psychology from Homer to Early Christianity*, Cambridge, Cambridge University Press, 2008.

HANKINSON, R.J., *The Sceptics*, London – New York, 1995.

HANSEN, M.H., *Was Athens a Democracy. Popular Rule, Liberty and Equality in Ancient and Modern Political Thought*, Copenhagen, The Royal Danish Academy of Science and Letters, 1989.

— *La Démocratie athénienne à l'époque de Démosthène. Structure, principes et idéologie*, Paris, Les Belles Lettres, [original anglais, 1991], 1993.

— *The Trial of Sokrates – from the Athenian Point of View*, Copenhagen, Det Kongelige Danske Videnskabernes Selskab, 1995.

— *Polis and City-State: An Ancient Concept and its Modern Equivalent.* Symposium, January 9, 1998. Acts of the Copenhagen Centre vol. 5, Copenhagen, Munksgaard, 1998.

— *Polis et Cité-État*, Paris, Les Belles Lettres, 2001.

— *The Tradition of Ancient Greek Democracy and Its Importance for Modern Democracy*, Copenhagen, The Royal Danish Academy of Sciences and Letters, 2005.

— « Ancient Democratic Eleutheria and Modern Liberal Democrats' Conception of Freedom », dans Hernandez, A.-Ch. (dir.), *Démocratie athénienne, démocratie moderne : tradition et influences. Neuf exposés suivis de discussions*, Vandœuvres – Genève, 2009, p. 307-339.

— « Was Sparta a Normal or an Exceptional Polis? », dans Hodkinson, St. (dir.), *Sparta: Comparative Approaches*, Swansea, The Classical Press of Wales, 2009, p. 385-416.

HANSEN, M.H., HODKINSON, St., « Spartan Exceptionalism? Continuing the Debate », dans Hodkinson, St. (dir.), *Sparta: Comparative Approaches*, Swansea, The Classical Press of Wales, 2009, p. 473-498.

HARL, M., *Philon d'Alexandrie. Quis rerum divinarum heres sit*, Paris, Cerf, 1966.

HARRISON, Th., « Belief vs. Practice », dans Eidinow, E., Kindt, J. (dir.), *The Oxford Handbook of Ancient Greek Religion*, Oxford, Oxford University Press, 2015, p. 21-28.

HARVEY, D.F., « Two Kinds of Equality », *Classica & Mediaevalia*, 26, 1965, p. 101-146.

HAWHEE, D., « Agonism and Aretê », *Philosophy and Rhetoric*, 35, 2002, p. 185-207.

HEINIMANN, F., *Nomos und Physis. Herkunft und Bedeutung einer Antithese im Griechischen Denken des 5. Jahrhunderts*, Basel, Friedrich Reinhardt, 1942.

— « Mass – Gewicht – Zahl », *Museum Helveticum*, 32, 1975, p. 183-196.

HELMER, E., *Le Dernier des hommes. Figures du mendiant en Grèce ancienne*, Paris, Le Félin, 2015.

HENDERSON, J., « The *Dêmos* and the Comic Competition », dans Winkler, J.J., Zeitlin, F.I. (dir.), *Nothing to Do with Dionysos ? Athenian Drama in its Social Context*, Princeton, Princeton University Press, 1990, p. 271-313.

— « Attic Old Comedy, Frank Speech and Democracy », dans Boedeker, D., Raaflaub, K.A. (dir.), *Democracy, Empire and the Arts in Fifth-Century Athens*, Cambridge (MA), Harvard University Press, 1998, p. 255-273 (notes aux p. 405-410).

HERNANDEZ, A.-Ch. (dir.), *Démocratie athénienne, démocratie moderne : tradition et influences. Neuf exposés suivis de discussions*, Vandœuvres – Genève, 2009.

HIRMER, J., « Entstehung und Komposition der Platonischen *Politeia* », *Jahrbücher für Classische Philologie*, Supplementband 23, 1897, p. 579-678.

HODKINSON, St., « Was Sparta an Exceptional Polis? », dans Hodkinson, S. (dir.), *Sparta: Comparative Approaches*, Swansea, The Classical Press of Wales, 2009, p. 417-472.

HÖLKESKAMP, K.J., « Parteiungen und politische Willensbildung. Perikles und Thukydides, Sohn des Melesias », *Historische Zeitschrift*, 267, 1998, p. 1-27.

— *Schiedsrichter, Gesetzgeber und Gesetzgebung im archaischen Griechenland*, Stuttgart, Steiner, 1999.

HÖLSCHER, T., « Images and Political Identity: the Case of Athens », dans Boedeker, D., Raaflaub, K. (dir.), *Democracy, Empire and the Arts in Fifth-Century Athens*, Cambridge (MA), Harvard University Press, 1998, p. 153-183.

Homeric Hymns. Homeric Apocrypha. Lives of Homer, édité et traduit par Martin L. West, Cambridge (MA), Harvard University Press, 2003.

HORNBLOWER, S., *A Commentary on Thucydides*, Vol. I: Books I-III, Oxford, Oxford University Press, 1991.

HOURANI, G.F., « Thrasymachus' Definition of Justice in Plato's *Republic* », *Phronesis*, 7, 1962, p. 110-120.

HOURCADE, A., *Antiphon d'Athènes. Une pensée de l'individu*, Bruxelles, Ousia, 2001.

HUMPHREYS, S.C., « Public and Private Interests in Classical Athens », *Classical Journal*, 73, 1977/78, p. 97-104.

— *Anthropology and the Ancient Greeks*, London – Boston, Routledge & Kegan Paul, 1978.

— « Dynamics of the Greek "Breakthrough": the Dialogue between Philosophy and Religion », dans Humphreys, S.C. (dir.), *The Strangeness of the Gods: Historical Perspectives on the Interpretation of Athenian Religion*, Oxford, Oxford University Press, 2004, p. 50-76.

HUNTER, R.L., *New Comedy of Greece and Rome*, Cambridge, Cambridge University Press, 1985.

HUSSERL, E., *La Crise de l'humanité européenne et la philosophie,* trad. P. Ricœur, Paris, Aubier, 1977.

HUSSON, S., *La* République *de Diogène. Une cité en quête de la nature*, Paris, Vrin, 2011.

— « Peut-on être riche et cynique ? », dans HELMER, E. (dir.), *Richesse et pauvreté chez les philosophes antiques*, Paris, Vrin, 2016, p. 125-146.

— « Les Athéismes de Bion de Borysthène », *Philosophie Antique*, 18, 2018, p. 193-213.

IOPPOLO, A.M., *Aristone di Chio e lo Stoicismo antico*, Napoli, Bibliopolis, 1980.

— *Opinione e Scienza. Il dibattito tra Stoici e Accademici nel III e nel II secolo a.C.*, Napoli, Bibliopolis, 1986.

— « L'Assenso nella filosofia di Clitomaco : un problema di linguaggio ? », dans Ioppolo, A.M., Sedley, D. (dir.), *Pyrrhonists, Patricians, Platonizers. Hellenistic Philosophy in the Period 155-86 BC*, Napoli, Bibliopolis, 2007, p. 225-267.

IRWIN, T.H., « Plato's Objections to the Sophists », dans Powell, A. (dir.), *The Greek World*, London – New York, Routledge, 1995, p. 568-590.

ISMARD, P., *L'Événement Socrate*, Paris, Flammarion, 2013.

ISNARDI PARENTE, M., « La Politica della Stoa antiqua », *Sandalion*, 3, 1980, p. 67-98.

— (dir.), *Stoici antichi*, 2 vol., Torino, UTET, 1989.

ISRAEL, J., *Enlightenment Contested*, Oxford, Oxford University Press, 2006.

JAMESON, M., « Religion in the Athenian Democracy », dans Morris, I., Raaflaub, K. (dir.), *Democracy 2500?*, Dubuque (Iowa), Kendall/Hunt Pub. Co., 1997, p. 171-195 (repris dans JAMESON, M., *Cults and Rites in Ancient Greece: Essays on Religion and Society*, Cambridge, Cambridge University Press, 2014, p. 232-269).

JANÁČEK, K., « Die Hauptschrift des Sextus Empiricus als Torso erhalten », *Philologus*, 107, 1963, p. 271-277.

JANKO, R., *Aristotle on Comedy. Towards a Reconstruction of* Poetics *II*, Berkley, University of California Press, 1984.

— *From Catharsis to the Aristotelian Mean. Essays on Aristotle's Poetics*, édité par A. Oksenberg Rorty, Princeton, Princeton University Press, 1992.

JAY-ROBERT, G., *L'Invention comique. Enquête sur la poétique d'Aristophane*, Besançon, Presses universitaires de Franche-Comté, 2009,

— « Étude de *sophos* chez Aristophane », à paraître.

JONES, C.P., *New Heroes in Antiquity: From Achilles to Antinoos*, Cambridge (MA) – London, Harvard University Press, 2010.

JONES, N.F., *The Associations of Classical Athens: the Response to Democracy*, New York – Oxford, Oxford University Press, 1999.

JONSON, B., *The Man and his Work*, vol. XI, édité par C.H. Herford, P. Simpson & E. Simpson, Oxford, Clarendon, 1952.

JORDOVIĆ, I., « Did the Ancient Greeks Have Knowledge of Collective Tyranny?», *Balcanica*, 36, 2006, p. 17–33.

— « Aristotle on Extreme Tyranny and Extreme Democracy », *Historia*, 60, 2011, p. 36-64.

JUNQUA, Fr., *Lettres de cyniques : étude des correspondances apocryphes de Diogène de Sinope et Cratès de Thèbes*, Thèse de doctorat soutenue en 2000 à l'Université Paris-Sorbonne.

KAHN, Ch.H., « Proleptic Composition in the *Republic*, or Why Book 1 Was Never a Separate Dialogue », *Classical Quarterly*, 43, 1, 1993, p. 131-142.

— « Greek Religion and Philosophy in the *Sisyphus* Fragment », *Phronesis*, 42, 3, 1997, p. 247-262.

KAKRIDIS, J.T., *Der thukydideische* Epitaphios. *Ein stilistischer Kommentar*, München, C.H. Beck, 1961

KERFERD, G.B., « The Doctrine of Thrasymachus in Plato's *Republic* », *Durham University Journal*, 9, 1947, p. 19-27.

— « Thrasymachus and Justice: A Reply », *Phronesis*, 9, 1964, p. 12-16.

— *Le Mouvement sophistique*, tr. Tordesillas, A. et Bigou, D., Paris, Vrin, [original anglais, 1981], 1999.

KINDT, J., « Polis Religion. A Critical Appreciation », *Kernos*, 22, 2009, p. 9-34.

KISTLER, E., « "Kampf der Mentalitäten": Ian Morris' "Elitist-" versus "Middling Ideology"? », dans Rolinger, R., Ulf, Chr. (dir.), *Griechische*

Archaik. Interne Entwicklungen – Externe Impulse, Berlin, Akademie, 2004, p. 145-171.

KLIMIS, S., « Les Grandes Dionysies d'Athènes : un imaginaire démocratique en performance », *Klesis*, 28, 2013, p. 8-22. http://www.revue-klesis.org/numeros.html#d28

KNELL, H., *Athen im 4. Jahrhundert v. Chr. Eine Stadt verändert ihr Gesicht. Archäologisch-kulturgeschichtliche Betrachtungen*, Darmstadt, Wissenschaftliche Buchgesellschaft, 2000.

KOBUSCH, T., « Metaphysik. II: Aristoteles », dans Gründer, K. (dir.), *Historisches Wörterbuch der Philosophie*, vol. 5, Basel, Schwabe, 1984, col. 1188-1196.

KONSTAN, D., « Friendship, Frankness and Flattery », dans Fitzgerald, J.T. (dir.), *Friendship, Flattery and Frankness of Speech : Studies on Friendship in the New Testament World*, Leiden, Brill, 1996, p. 7-19.

— « Cosmopolitan Traditions », dans Balot, R.K. (dir.), *A Companion to Greek and Roman Political Thought*, Wiley – Blackwell, Malden – Oxford – Chichester, 2009, p. 473-484.

— « Epicurus and the Gods », dans Fish, J., Sanders, K. (dir.), *Epicurus and the Epicurean Tradition*, 2011, p. 53-71.

KOSELLECK, R., *Le Règne de la critique*, Paris, Éditions de Minuit, 1979.

KOULOUMENTAS, S., « Prodicus on the Rize of Civilization. Religion, Agriculture and Cultural Heroes », *Philosophie Antique*, 18, 2018, p. 127-152.

KRÄMER, H.J., *Platonismus und Hellenistische Philosophie*, Berlin, De Gruyter, 1971.

LAKS, A., MOST, G. (éd. et trad.), *Les débuts de la philosophie. Des premiers penseurs grecs à Socrate*, Paris, Fayard, 2016.

LAMBERT, S., *The Phratries of Attica*, Ann Arbor, The University of Michigan Press, 1993.

— « IG II^2 2345, Thiasoi of Herakles and the Salaminioi Again », *Zeitschrift für Papyrologie und Epigraphik*, 125, 1999, p. 93-130.

— « Two Documents of Attic "Gene" », *Horos*, 14-16, 2000-2003, p. 77-82.

LANE, M., « Founding as Legislating: the figure of the Lawgiver in Plato's *Republic* », dans Brisson, L., Notomi, N. (dir.), *Dialogues on Plato's* Politeia. *Selected Papers from the Ninth Symposium Platonicum*, Sankt Augustin, Academia Verlag, 2013, p. 104-114.

LARDINOIS, A.P.M.H., OUDEMANS, Th.C.W., *Tragic Ambiguity. Anthropology, Philosophy and Sophocles' Antigone*, Leiden, Brill, 1987.

LAURAND, V., *La Politique stoïcienne*, Paris, Presses universitaires de France, 2005.

— *Parrhêsia et Honte. Problématisation platonicienne et traitements de l'idéal*, mémoire inédit d'HDR, Université Bordeaux-Montaigne, 2014.

— *Stoïcisme et Lien social. Enquête autour de Musonius Rufus*, Paris, Classiques Garnier, 2014.

LEE, Ch.-Uh, *Oikeiosis. Stoische Ethik in naturphilosophischer Perspektive*, Freiburg – München, Karl Alber, 2002.

LEFÈVRE, E., *Der Phormio des Terenz und der Epidikazomenos des Apollodor von Karystos*, München, Beck, 1978.

LEFKA, A., *« Tout est plein de dieux ». Les Divinités traditionnelles dans l'œuvre de Platon*, Paris, L'Harmattan, 2013.

LENFANT, D., « Protagoras et son procès d'impiété : peut-on soutenir une thèse et son contraire ? », *Ktèma*, 27, 2002, p. 135-154.

— « Des décrets contre la satire : une invention de scholiaste ? », *Ktêma*, 28, 2003, p. 5-31.

LESHER, J.H., « Parmenides' Critique of Thinking. The *poluderis elenchos* of Fragment 7 », *Oxford Studies in Ancient Philosophy*, 2, 1984, p. 1-30.

— *Xenophanes: Fragments*, Toronto, University of Toronto Press, 1992.

— « Xenophanes », dans Zalta, E.N. (dir.), *The Stanford Encyclopedia of Philosophy* (éd. Automne 2014), URL = https://plato.stanford.edu/archives/fall2014/entries/xenophanes/.

LÉVÊQUE, P., *Agathon*, Paris, Les Belles lettres, 1955.

— « Approche ethno-historique des concours grecs », *Klio*, 64, 1982, p. 5-20.

— « Religion et culture », dans Briant, P., Levêque, P., *et al.* (dir.), *Le monde grec aux temps classiques*, vol. I : *Le Ve siècle*, Paris, Presses Universitaires de France, 1995, p. 377-383.

LÉVY, C., *Cicero Academicus. Recherches sur les Académiques et sur la philosophie cicéronienne*, Roma, École Française de Rome, 1992.

— « La Nouvelle Académie a-t-elle été antiplatonicienne ? », dans M. Dixsaut (dir.), *Contre Platon 1. Le platonisme dévoilé*, Paris, Vrin, 1993, p. 139-156.

— *Les Philosophies hellénistiques*, Paris, Le Livre de Poche, 1997.

— « Les Petits Académiciens : Lacyde, Charmadas, Métrodore de Stratonice », dans Bonazzi, M., Celluprica, V. (dir.), *L'Eredità platonica.*

Studi sul platonismo da Arcesilao a Proclo, Napoli, Bibliopolis, 2005, p. 51-77.

— « From Politics to Philosophy and Theology : Some Remarks about Foucault's Interpretation of Parrêsia in Two Recently Published Seminars », *Philosophy & Rhetoric*, 42, 4, 2009, p. 313-325.

LHÔTE, É., *Les lamelles oraculaires de Dodone*, Genève, Librairie Droz, 2006.

LINK, S., *Das frühe Sparta. Untersuchungen zur spartanischen Staatsbildung im 7. und 6. Jahrhundert v. Chr.*, St. Katharinen, Scripta Mercutarae, 2000.

LLOYD, G.E.R., *Polarity and Analogy: Two Types of Argumentation in Early Greek Thought*, Cambridge, Cambridge University Press, 1966.

— *Magie, raison et expérience*, Paris, Flammarion, 1990.

— « Democracy, Philosophy, and Science in Ancient Greece », dans Dunn, J. (dir.), *Democracy. The Unfinished Journey. 508 BC to AD 1993*, Oxford, Oxford University Press, 1992, p. 41-56.

— « Le Pluralisme de la vie intellectuelle avant Platon », trad. de l'anglais par André Laks, dans Laks, A., Louguet, C. (dir.), *Qu'est-ce que la philosophie présocratique ?*, Paris, Presses Universitaires du Septentrion, 2002, p. 39-53.

LOMBARDI, M., « Etica, politica ed economia nell'Anonimo di Giamblico (VS 89, 7, 1-9) : Un esempio di ideologia democratica del V o IV sec. ? », *Rheinisches Museum für Philologie*, 154, 2, 2011, p. 129-151.

LONG, A.A., « Stoic Communitarianism and Normative Citizenship », dans Keyt, D., Miller, F.D. (dir.), *Freedom, Reason, and the Polis. Essays in Ancient Greek Utopianism*, Cambridge – New York, Cambridge University Press, 2007, p. 241-261.

LONG, A.A., SEDLEY, D., *The Hellenistic Philosophers*, 2 vol., Cambridge, Cambridge University Press, 1987 ; trad. fr. Brunschwig, J., Pellegrin, P., *Les Philosophes hellénistiques*, 3 vol., Paris, GF-Flammarion, 2001.

LÓPEZ-RUIZ, C., *When the Gods Were Born: Greek Cosmogonies and the Near East*, Cambridge (MA) – London, Harvard University Press, 2010.

LORAUX, N., *L'Invention d'Athènes. Histoire de l'oraison funèbre dans la Cité classique*, Paris, Mouton, 1981.

LORENZINI, D., REVEL, A., SFORZINI, A. (dir.), *Michel Foucault : éthique et vérité (1980-1984)*, Paris, Vrin, 2013.

LOVEJOY, A.O., CHINARD, G., BOAS, G., CRANE, R.S., *A Documentary History of Primitivism and Related Ideas*, vol. I, Baltimore, The Johns Hopkins Press, 1935.

LOWE, N.J., *The Classical Plot and the Invention of Westerns Narrative*, Cambridge, Cambridge University Press, 2000.

MACÉ, A., « Thrasymaque de Chalcédoine », dans Pradeau, J.-F. (dir.), *Les Sophistes. Fragments et témoignages*, vol. II, Paris, GF Flammarion, 2009, p. 9-32.

— (dir.), *Choses privées et chose publique en Grèce ancienne. Genèse et structure d'un système de classification*, Grenoble, Éditions Jérôme Millon, 2012.

MACHUCA, D.E., « Argumentative Persuasiveness in Ancient Pyrrhonism », *Méthexis*, 22, 2009, p. 101-126.

— « Again on Sextus on Persuasiveness and Equipollence », *Archiv für Geschichte der Philosophie*, 99, 2, 2017, p. 212-228.

MAGUIRE, J.P., « Thrasymachus or Plato ? », *Phronesis*, 16, 1971, p. 142-63.

MALHERBE, A.J., *The Cynic Epistles. A Study Edition*, Missoula (MT), Scholars Press, 1977.

MANN, Chr., « Politische Gleichheit und gesellschaftliche Stratifikation. Die athenische Demokratie aus der Perspekive der Systemtheorie », *Historische Zeitschrift*, 286, 2008, p. 1-35.

MANSFELD, J., « The Chronology of Anaxagoras' Athenian Period and the Date of His Trial. Part II. The Plot against Pericles and His Associates », *Mnemosyne*, 33, 1980, p. 17-95.

— « Aspects of Epicurean Theology », *Mnemosyne*, 46, 2, 1993, p. 172-210.

MARCHAND, St., « Le sceptique cherche-t-il vraiment la vérité ? », *Revue de Métaphysique et de Morale*, 65, 1, 2010, p. 125-141.

— « Sextus Empiricus, scepticisme et philosophie de la vie quotidienne », *Philosophie Antique*, 15, 2015, p. 91-119.

MARENBON, J., *Medieval Philosophy: An Historical and Philosophical Introduction*, Digital edition, Routledge, London, 2014.

MARTIN, G., « The Gods in the Athenian Assembly », dans Eidinow, E., Kindt, J., Osborne, R. (dir.), *Theologies of Ancient Greek Religion*, Cambridge, Cambridge University Press, 2016, p. 281-300.

MARTIN, R., « The Seven Sages as Performers of Wisdom », dans Dougherty, C., Kurke, L. (dir.), *Cultural Poetics in Archaic Greece: Cult, Performance, Politics*, Oxford, Oxford University Press, 1993, p. 108-128.

MATES, B., *The Skeptic Way: Sextus Empiricus's Outlines of Pyrrhonism*, New York, Oxford University Press, 1996.

MATTEI, J.-F., *Pythagore et les Pythagoriciens*, Paris, Presses Universitaires de France, [1983], 2013[4].

MEIER, Chr., *Introduction à l'anthropologie politique de l'Antiquité classique*, Paris, Presses Universitaires de France, 1984.

— *The Greek Discovery of Politics*, translated by D. McLintock, Cambridge (MA) – London, Harvard University Press, 1990.

— *La naissance du politique*, Paris, Gallimard, [original allemand, 1980], 1995.

— *A Culture of Freedom. Ancient Greece and the Origins of Europe*, Oxford, Oxford University Press, 2011².

MEIER, M., *Aristokraten und Damoden: Untersuchungen zur inneren Entwicklung Spartas im 7. Jahrhundert v. Chr. und zur politischen Funktion der Dichtung des Tyrtaios*, Stuttgart, Steiner, 1998.

—« Wann entstand das *Homoios*-Ideal in Sparta ? », dans Luther, A., Meier, M., Thommen, L. (dir.), *Das Frühe Sparta*, Stuttgart, Steiner, 2006, p. 113-124.

MEIJER, P.A., *Stoic Theology. Proofs for the Existence of the Cosmic God and of the Traditional Gods*, Delft, Eburon, 2007.

MEIJERING, R., *Literary and Rhetorical Theories in Greek Scholia*, Groningen, E. Forsten, 1987.

Menandri quae supersunt, II, édité par A. Koerte, avec addenda par A. Thierfelder, Leipzig, Teubner, 1959 (2e édition).

MÉNANDRE, *The Plays and Fragments*, traduit avec notes explicatives par Maurice Balme, introduction par Peter Brown, Oxford, Oxford University Press, 2001.

MÉNANDRE, vols. I-III, édité et traduit par W.G. Arnott, Cambridge (MA), Harvard University Press, 1997-2001.

MENN, S., « On Plato's Πολιτεία », dans Clearly, J.J., Gurtler, G.M. (dir.), *Proceedings of the Boston Area Colloquium in Ancient Philosophy*, Volume XXI, 2005, Leiden – Boston, Brill, 2006, p. 1-55.

— « Aristotle's Theology », dans Shields, C. (dir.), *The Oxford Handbook of Aristotle*, Oxford, Oxford University Press, 2012, p. 422-464.

MEREDITH, G., *An Essay on the Idea of Comedy, and of the Uses of the Comic Spirit*, Introduzione e commento a cura di Stefano Bronzini, Bari, Adriatica Editrice, 2001.

MERKELBACH, R., STAUBER, J., *Steinepigramme aus dem griechischen Osten (SGOst)*, 5 vol., Stuttgart – München, 1998-2004.

METTE, H.J., « Zwei Akademiker heute: Krantor von Soli und Arkesilaos von Pitane », *Lustrum*, 21, 1984, p. 7-94.

— « Weitere Akademiker heute: von Lacydes bis zu Kleitomachos », *Lustrum*, 27, 1985, p. 39-148.

— « Philo von Larisa und Antiochus von Ascalon », *Lustrum*, 28-29, 1986/1987, p. 9-63.

MIGEOTTE, L., « L'Endettement des cités grecques dans l'antiquité », dans Andreau, J., Béaur, G., Grenier, J.-Y. (dir.), *La Dette publique dans l'histoire*, Paris, Comité pour l'histoire économique et financière de la France, 2006, p. 115-128.

— « Les Ressources financières des cités et des sanctuaires grecs : questions de terminologie et de classement », *Revue de philologie, de littérature et d'histoire anciennes*, 82, 2008, p. 321-331.

— « L'Apport des inscriptions à l'étude des finances publiques et sacrées des cités grecques », dans Martínez Fernández, Á. (dir.), *Estudios de epigrafía griega,* La Laguna, Servicio de Publicaciones de la Universidad de La Laguna, 2009, p. 251-260.

MIKALSON, J., *Religion in Hellenistic Athens*, Berkeley, University of California Press, 1998.

— « Greek Religion: Continuity and Change in the Hellenistic Period », dans Bugh, G.R. (dir.), *The Cambridge Companion to the Hellenistic World*, Cambridge, Cambridge University Press, 2006, p. 208-222.

— *New Aspects of Religion in Ancient Athens: Honors, Authorities, Esthetics, and Society*, Leiden – Boston, Brill, 2016.

MILANEZI, S., « Le Suffrage du rire ou le spectacle politique en Grèce », dans Desclos, M.-L. (dir.), *Le Rire des Grecs. Anthropologie du rire en Grèce ancienne*, Grenoble, Jérôme Millon, 2000, p. 369-396.

MILLENDER, E.G., « Nomos Despotês: Spartan Obedience and Athenian Lawfulness in Fifth-Century Thought », dans Gormann, V.B., Robinson, E.W. (dir.), *OIKISTES: Studies in Constitutions, Colonies, and Military Power in the Ancient World.* Offered in the Honor of A.J. Graham, Leiden, Brill, 2002, p. 33-59.

MOLES, J., « Le Cosmopolitisme cynique », dans Goulet-Cazé, M.-O., Goulet, R. (dir.). *Le Cynisme ancien et ses prolongements*. Actes du colloque international du C.N.R.S. (Paris 22-25 juillet 1991), Paris, P.U.F., 1993, p. 259-280 repris dans Branham, R.B., Goulet-Cazé, M.-O. (dir.) *The Cynics. The Cynic Movement in Antiquity and its Legacy*, Berkeley – Los Angeles – London, University of California Press, 1996, p. 259-280.

— « The Cynics », dans Rowe, Ch., Schofield, M., Harrison, S., Lane, M. (dir.), *The Cambridge History of Greek and Roman Political Thought*, Cambridge, Cambridge University Press, 2000, p. 423-432.

MONTRASIO, F., « Le Etimologie del nome di Apollo nel *Cratilo* », *Rivista di storia della filosofia*, 43, 1988, p. 227-259.

MONTUORI, M., *De Socrate iuste damnato. The Rise of the Socratic Problem in the Eighteenth Century*, Amsterdam, J.C. Gieben, 1981.

MOORE, J.M., *Aristotle and Xenophon on Democracy and Oligarchy*, London, Chatto & Windus, 1975.

MORRIS, I., « The Strong Principle of Equality and the Archaic Origins of Greek Democracy », dans Ober, J., Hedrick, C. (dir.), Dêmokratia*: A Conversation on Democracies, Ancient and Modern*, Princeton, Princeton University Press, 1996, p. 19-48.

MORRISON, D.R., « Xenophon's Socrates on *Sophia* and the Virtues », dans Rossetti, L., Stavru, A. (dir.), *Socratica 2008. Studies in Ancient Socratic Literature*, Bari, Levante editori, 2010, p. 227-239.

MORTLEY, S., *Les Chrétiens et la culture*, Paris, Les Belles lettres, 2016.

MOST, Gl.W., « Hesiod and the Textualization of Personal Temporality », dans Arrighetti, G., Montanari, F. (dir.), *La componente autobiografica nella poesia greca e latina fra realtà e artificio letterario*, Pisa, Giardini, 1993, p. 73-92.

MOTTE, A., « La Catégorie platonicienne du héros », dans Pirenne-Delforge, V., Suárez de la Torre, E. (dir.), *Héros et héroïnes dans les mythes et les cultes grecs*, Liège, Presses Universitaires de Liège, 2001, p. 79-90.

MOTTE, A., PIRENNE, V., « Du bon usage de la notion de syncrétisme », *Kernos*, 7, 1994, p. 11-27.

MULLER, R., *Les Mégariques : fragments et témoignages*, Paris, Vrin, 1985.

— « La Logique de la liberté dans la *Politique* », dans Aubenque P., Tordesillas, A. (dir.), *Aristote politique. Études sur la* Politique *d'Aristote*, Paris, Presses Universitaires de France, 1993, p. 185-208.

— *La Doctrine platonicienne de la liberté*, Paris, Vrin, 1997.

— *Épictète. Entretiens, fragments et sentences*, introduction et traduction, Paris, Vrin, 2015.

MURRAY, O., « Cities of Reason », dans Murray, O., Price, S. (dir.), *The Greek City: From Homer to Alexander*, Oxford, Clarendon Press, 1990, p. 1-25.

MÜSELER, E., *Die Kynikerbriefe*, Parderborn – München – Wien – Zürich, Ferdinand Schöningh, 1994.

NAGY, G., « Iambos: Typologies of Invective and Praise », *Arethusa*, 9, 1976, p. 191-205.

— *The Best of the Achaeans*, Baltimore, Johns Hopkins University Press, 1979.

NARBONNE, J.-M., *Antiquité critique et modernité. Essai sur le rôle de la pensée critique en Occident*, Paris, Les Belles Lettres, 2016.

— « La Naissance de l'antiplatonisme politique moderne : De Pauw et Condorcet », dans Narbonne, J.-M., Boulad-Ayoub, J. (dir.), *Reflets modernes de la démocratie athénienne*, Québec, Presses de l'Université Laval, 2017, p. 1-24.

NAYA, E., « Traduire les *Hypotyposes pyrrhoniennes* : Henri Estienne entre la fièvre quarte et la folie chrétienne », dans Moreau, P.-F. (dir.), *Le scepticisme au XVIe et au XVIIe*, Paris, Albin Michel, 2001, p. 49-101.

NESCHKE-HENTSCHKE, A., *Platonisme politique et théorie du droit naturel. Contribution à une archéologie de la culture politique européenne. Volume 1 : le platonisme politique dans l'Antiquité*, Louvain – Paris, Peeters, 1995.

NICHOLSON, P.P., « Unravelling Thrasymachus' Arguments in the *Republic* », *Phronesis*, 19, 1974, p. 210-232.

NIETZSCHE, F., « La joute chez Homère », dans *La philosophie à l'époque tragique des Grecs*, trad. de l'allemand par J.-L. Backès, M. Haar, M. B. de Launay, Paris, Gallimard, [1872], 1990, p. 196-204.

NIKULIN, D., *Comedy, Seriously: A Philosophical Study*, New York, Palgrave Macmillan, 2014.

NILSSON, M.P., *Cults, Myths, Oracles, and Politics in Ancient Greece*, Lund, Gleerup, 1951.

— *A History of Ancient Greek Religion*, Oxford, Oxford University Press, [1925], 1952².

— *Geschichte der griechischen Religion*, vol. II², München, C.H. Beck, 1961.

NUSSBAUM, M.C., « Skeptic Purgatives: Therapeutic Arguments in Ancient Skepticism », *Journal of the History of Philosophy*, 29, 4, 1991, p. 521-557.

OBBINK, D., *Philodemus, On Piety. Part 1, Critical Text with Commentary*, Oxford, Oxford University Press, 1996.

— « The Stoic Sage in the Cosmic City », dans Ierodiakonou, K. (dir.), *Topics in Stoic Philosophy*, Oxford, Clarendon Press, 1999, p. 179-195.

OBER, J., *Mass and Elite in Democratic Athens: Rhetoric, Ideology, and the Power of the People*, Princeton, Princeton University Press, 1989.

— « “I Besieged that Man”: Democracy's Revolutionary Start », dans Raaflaub, K.A., Ober, J., Wallace, R.W. (dir.), *Origins of Democracy in Ancient Greece*, Berkeley – Los Angeles – London, University of California Press, 2007, p. 83-104.

— *Democracy and Knowledge. Innovation and Learning in Classical Athens*, Princeton, Princeton University Press, 2008.

— *L'Énigme grecque. Histoire d'un miracle économique et démocratique (VIe-IIIe siècle avant J.-C.)*, Paris, La Découverte, 2017.

OLSON, E., *The Theory of Comedy*, Bloomington, Indiana University Press, 1968.

ORFANOS, Ch., « Socrate et les punaises de Tourneboule », *Études Platoniciennes*, 6, 2009, p. 13-23.

OSBORNE, R., *DEMOS: The Discovery of Classical Attika*, Cambridge, Cambridge University Press, 1985.

— *The Old Oligarch: Pseudo-Xénophon's Constitution of the Athenians*, London, LACTOR, 2004[2].

— « The Religious Contexts of Ancient Political Thought », dans Balot, R.K. (dir.), *A Companion to Greek and Roman Political Thought*, Malden, Wiley-Blackwell, 2009, p. 118-130.

OSTWALD, M., *From Popular Sovereignty to the Sovereignty of Law: Law, Society, and Politics in Fifth-Century Athens*, Berkeley – Los Angeles, University of California Press, 1986.

PADEL, R., *In and Out of the Mind: Greek Images of the Tragic Self*, Princeton, Princeton University Press, 1992.

PALMER, J.A., « Skeptical Investigation », *Ancient Philosophy*, 20, 2, 2000, p. 351-375.

PANOFSKY, E., *Idea : contribution à l'histoire du concept de l'ancienne théorie de l'art*, Paris, Gallimard, 1983.

PARKE, H.W., WORMELL, D.E.W., *The Delphic Oracle*, vol. I-II, Oxford, Blackwell, 1956.

PARKER, R., *Miasma: Purity and Pollution in Ancient Greece*, Oxford, Oxford University Press, 1983.

— « Myths of Early Athens », dans Bremmer, J. (dir.), *Interpretations of Greek Mythology*, London, Croom Helm, 1987, p. 187-214.

— *Athenian Religion. A History*, Oxford, Oxford University Press, 1996.

— *Cleomenes on the Acropolis*. An Inaugural Lecture Delivered before the University of Oxford on 12 May 1997, Oxford, Oxford University Press, 1998.

— « Pleasing Thighs: Reciprocity in Greek Religion », dans Gill, Chr., Postlethwaite, N., Seaford, R. (dir.), *Reciprocity in Ancient Greece*, Oxford, Oxford University Press, 1998, p. 105-125.

— *Polytheism and Society at Athens*, Oxford, Oxford University Press, 2005.

— *On Greek Religion*, Ithaca – London, Cornell University Press, 2011.

PAUL, S., *Cultes et sanctuaires de l'île de Cos*, Liège, Presses Universitaires de Liège, 2013.

Pausanias's Description of Greece, traduit et commenté par J. G. Frazer, New York, Biblo and Tannen, 1965.

PEELS, S., *Hosios. A Semantic Study of Greek Piety*, Leiden – Boston, Brill, 2016.

PEMBROKE, S.G., « *Oikeiosis* », dans Long, A.A. (dir.), *Problems in Stoicism*, London, University of London Press, 1971, p. 114.

PENDER, E.E., « Plato's Moving *Logos* », *Proceedings of the Cambridge Philological Society*, 45, 1999, p. 75-107.

PENDRICK, G.J., *Antiphon the Sophist. The Fragments*, Cambridge, Cambridge University Press, 2002.

PERIN, C., « Pyrrhonian Scepticism and the search for truth », *Oxford Studies in Ancient Philosophy*, 30, 2006, p. 337-360.

— *The Demands of Reason: an Essay on Pyrrhonian Scepticism*, Oxford, Oxford University Press, 2010.

PERRY, B.E., « The Early Greek Capacity for Viewing Things Separately », *Transactions and Proceedings of the American Philological Association*, 68, 1937, p. 403-427

PETROVIC, A., PETROVIC, I., *Inner Purity & Pollution in Greek Religion*, vol. I: *Early Greek Religion*, Oxford, Oxford University Press, 2016 ; vol. II, Oxford (en préparation).

PFISTER, F., « Isokrates und die spätere Gliederung der Narratio », *Hermes*, 68, 1933, p. 457-460.

PIETROBELLI, A., « Galien agnostique : un texte caviardé par la tradition », *Revue des Études Grecques*, 126, 2013, p. 103-135.

PIRENNE-DELFORGE, V., « La Notion de "populaire" est-elle applicable au polythéisme grec ? », dans Bobas, C., Evangelidis, C., Milioni, T., Muller, A. (dir.), *Croyances populaires. Rites et représentations en Méditerranée orientale*. Actes du Colloque de Lille (2-4 décembre 2004), Athènes, Université Nationale et Capodistriene, 2008, p. 17-27.

— « Under which Conditions Did the Greeks "Believe" in Their Myths? The Religious Criteria of Adherence », dans Walde, Chr., Dill, U. (dir.), *Antike Mythen. Medien, Transformationen, Konstruktionen.* Festschriften für Fritz Graf, Berlin, Walter de Gruyter, 2009, p. 38-54.

Pirenne-Delforge, V., Pironti, G., « What is Ancient Greek Religion? Many vs. One », dans Eidinow, E., Kindt, J. (dir.), *The Oxford Handbook of Greek Ancient Religion*, Oxford, Oxford University Press, 2015, p. 39-47.

— *L'Héra de Zeus. Ennemie intime, épouse définitive*, Paris, Les Belles Lettres, 2016.

Pirenne-Delforge, V., Scheid, J., « Vernant, les dieux et les rites : héritages et controverses », dans Albert-Llorca, M., Belayche, N., Bonnet, C. (dir.), *Puissances divines à l'épreuve du comparatisme. Constructions, variations et réseaux relationnels*, Turnhout, Brepols, 2017, p. 33-52.

Pirenne-Delforge, V., Suárez de la Torre, E., « Introduction thématique », dans Pirenne-Delforge, V., Suárez de la Torre, E. (dir.), *Héros et héroïnes dans les mythes et les cultes grecs*, Liège, Presses Universitaires de Liège, 2001, p. IX-XXIII.

Pironti, G., *Entre ciel et guerre. Figures d'Aphrodite en Grèce ancienne*, Liège, Presses Universitaires de Liège, Presses Universitaires de Liège, 2007.

— « Des dieux et des déesses : le genre en question dans la représentation du divin en Grèce ancienne », dans Boehringer, S., Sebillottte Cuchet, V. (dir.), *Des femmes en action. L'individu et la fonction en Grèce antique*, Paris, EHESS, 2013, p. 155-167.

Pironti, G., Bonnet, C. (dir.), *Les dieux d'Homère. Polythéisme et poésie en Grèce ancienne*, Liège, Presses Universitaires de Liège, 2017.

Pohlenz, M., *Grundfragen der stoischen Philosophie*, Göttingen, Vandenhoeck & Ruprecht, 1940.

Popper, K., *À la recherche d'un monde meilleur*, Paris, Les Belles Lettres, [1984], 2011.

— *The World of Parmenides: Essays on the Presocratic Enlightement*, London – New York, Routledge, 1998.

Pradeau, J.-F. (dir.), *Les Sophistes*, vol. I-II, Paris, GF-Flammarion, 2009.

Prescendi, F., « Des étiologies pluridimensionnelles : observations sur les Fastes d'Ovide », *Revue de l'histoire des religions*, 219, 2002, p. 142-159.

RAAFLAUB, K.A., « Polis Tyrannos: Zur Entstehung einer politischen Metapher », dans Bowersock, G.W., Bruckert, W., Putnam, M.C.J. (dir.), *Arktouros.* Hellenic Studies presented to Bernard M.W. Knox on the Occasion of his 65th Birthday, Berlin – New York, de Gruyter, 1979, p. 237-252.

— « Oligarchy and the Concept of the "Free Citizen" in Late Fifth-Century Athens », *Political Theory*, 11, 1983, p. 517-544.

— « Equalities and Inequalities in Athenian Democracy », dans Ober, J., Hedrick, C. (dir.), Dêmokratia*: A Conversation on Democracies, Ancient and Modern*, Princeton, Princeton University Press, 1996, p. 139-174.

— *The Discovery of Freedom in Ancient Greece*, Chicago, University of Chicago Press, 2004.

— « The Breakthrough of Dêmokratia in Mid-Fifth Century Athens », dans Raaflaub, K.A., Ober, J., Wallace, R.W. (dir.), *Origins of Democracy in Ancient Greece*, Berkeley – Los Angeles – London, University of California Press, 2007, p. 105-154.

RAAFLAUB, K.A., WALLACE, R.W., « "People's Power" and Egalitarian Trends in Archaic Greece », dans Raaflaub, K.A., Ober, J., Wallace, R.W. (dir.), *Origins of Democracy in Ancient Greece*, Berkeley – Los Angeles – London, University of California Press, 2007, p. 22-48.

RADICE, R., *Oikeiosis. Ricerche sul fondamento del pensiero stoico e sulla sua genesi*, Milano, Vita e Pensiero, 2000.

RASMUSSEN, A.H., « A Note on the Appointment of Priests in Attic "Gene" », *Zeitschrift für Papyrologie und Epigraphik*, 176, 2011, p. 120-125.

REBENICH, S., *Xenophon: Die Verfassung der Spartaner, Herausgegeben, übersetzt und erläutert von Stefan Rebenich*, Darmstadt, WBG, 1998.

REGALI, M., « Esiodo nel Timeo di Platone : il nome del demiurgo », dans Tulli, M. (dir.), *L'autore pensoso : un seminario per Graziano Arrighetti sulla coscienza letteraria dei Greci*, Pisa, Istituti Editoriali e Poligrafici Internazionali, 2011, p. 135-155.

RENAN, E., *L'avenir de la science*, dans *Œuvres complètes,* édité par H. Psichari, Paris, Calmann-Lévy, 1947-1961.

REYDAMS-SCHILS, G., « Human Bonding and *oikeiōsis* in Roman Stoicism », *Oxford Studies in Ancient Philosophy*, 22, 2002, p. 221-251.

— « Teaching Pericles. Cicero on the Study of Nature », dans Williams, G.D., Volk, K. (dir.), *Roman Reflections : Studies in Latin Philosophy*, Oxford – New York, Oxford University Press, 2015, p. 91-107.

RHODES, P.J., *A Commentary on the Aristotelian Athenaion Politeia*, Oxford, Clarendon Press, 1981.

RHODES, P.J., OSBORNE, R., *Greek Historical Inscriptions. 404-323 BC*, Oxford, Oxford University Press, 2003.

RICŒUR, P., *La Métaphore vive*, Paris, Seuil, 1975.

RISCH, E., « Namensdeutungen und Worterklärungen bei den ältesten griechischen Dichtern », dans *Eumusia. Festgabe für E. Howald*, Erlenbach-Zürich, E. Rentsch, 1947, p. 72-91.

ROBERTS, J.T., *Athens on Trial: The Antidemocratic Tradition in Western Thought*, Princeton, Princeton University Press, 1994.

ROBINSON, E.W., *The First Democracies. Early Popular Government Outside Athens*, Stuttgart, Steiner, 1997.

— *Democracy Beyond Athens: Popular Government in the Greek Classical Age*, Cambridge, Cambridge University Press, 2011.

ROBINSON, T.M., *Contrasting arguments. An Edition of the Dissoi logoi*, New York, Arno Press, 1979.

ROSEN, R.M., « Old Comedy and the Iambographic Tradition », *American Classical Studies*, 19, 1988, p. 37-58.

— « Plato Comicus », dans Dobrov, G.W. (dir.), *Beyond Aristophanes: Transition and Diversity in Greek Comedy*, Atlanta, Scholars Press, 1995, p. 119-137.

— *Making Mockery: The Poetics of Ancient Satire*, Oxford, Oxford University Press, 2007.

— « Aischrology in Old Comedy and the Question of "Ritual Obscenity" », dans Bastin-Hammou, M., Orfanos, Ch. (dir), *Carnaval et Comédie*. Actes du colloque international organisé par l'équipe PLH-CRATA, 9–10 décembre 2009, Université de Toulouse Le Mirail, Besançon, Presses Universitaires de Franche-Comté, 2015, p. 19-33.

ROSENBERGER, V., *Griechische Orakel. Eine Kulturgeschichte*, Darmstadt, Wissenschaftliche Buchgesellschaft, 2001.

ROSIVACH, V., *The System of Public Sacrifice in Fourth-Century Athens*, Atlanta (GA), Scholars Press, 1994.

RÖSLER, W., « Die Entdeckung der Fiktionalität in der Antike », *Poetica*, 12, 1980, p. 283-319.

ROTHWELL, K.R. Jr., « The Continuity of the Chorus in Fourth-Century Attic Comedy », dans Dobrov, G.W. (dir.), *Beyond Aristophanes: Transition and Diversity in Greek Comedy*, Atlanta, Scholars Press, 1995, p. 99-118.

ROTSTEIN, A., *The Idea of Iambos*, Oxford – New York, Oxford University Press, 2010.

— « Μουσικοὶ ἀγῶνες and the Conceptualization of Genre in Ancient Greece », *Classical Antiquity*, 31, 2012, p. 92-127.

ROUGEMONT, G., *Corpus des inscriptions de Delphes* I. *Lois sacrées et règlement religieux (CID)*, Paris, De Boccard, 1977.

ROUSSEL, D., *Tribu et Cité*, Paris, Les Belles Lettres, 1976.

ROWE, Chr., *Plato: The Republic*, translated with introduction and notes by Chr. Rowe, London, Penguin, 2012.

— « Socrates and his Gods », dans Harte, V., Lane, M. (dir.), Politeia *in Greek and Roman Philosophy*, Cambridge, Cambridge University Press, 2013, p. 313-328.

RUDHARDT, J., « La Définition du délit d'impiété d'après la législation attique », *Museum Helveticum*, 17, 1960, p. 87-105.

— *Thémis et les Hôrai. Recherche sur les divinités grecques de la justice et de la paix*, Genève, Librairie Droz, 1999.

— « Essai sur la religion grecque », dans *Opera Inedita. Essai sur la religion grecque & Recherches sur les Hymnes orphiques*, édités par Ph. Borgeaud & V. Pirenne-Delforge, Liège, Presses Universitaires de Liège, 2008, p. 33-156.

RUZÉ, Fr., « Le Conseil et l'Assemblée dans la grande *rhêtra* de Sparte », *Revue des études grecques*, 104, 1991, p. 15-30 [repris dans RUZÉ, Fr., Eunomia. *À la recherche de l'équité*, édité par D. Gondicas, Paris, De Boccard, 2003].

RUZÉ, FR., CHRISTIEN, J., *Sparte. Histoire, mythes, géographie*, Paris, Armand Colin, [2007], 2017².

SAETTA COTTONE, R., *Aristofane e la poetica dell'ingiuria. Per una introduzione alla λοιδορία comica*, Roma, Carocci, 2005.

SALKEVER, S. (dir.), *The Cambridge Companion to Ancient Greek Political Thought*, Cambridge, Cambridge University Press, 2009, p. 301-330.

SANDYWELL, B., « The Agonistic Ethic and the Spirit of Inquiry: on the Greek Origins of Theorizing », dans Kusch, M. (dir.), *The Sociology of Philosophical Knowledge*, Dordrecht, Kluwer Academic Publishers, 2000, p. 93-123.

SANTAS, G., « Methods of Reasoning about Justice », dans Santas, G. (dir.), *The Blackwell's Guide to Plato's Republic*, Malden, Blackwell, 2006, p. 125-145.

SASSI, M.M., « L'Art subtil d'Euripide de critiquer les dieux sur la scène », *Philosophie Antique*, 18, 2018, p. 169-192.

SAXONHOUSE, A.W., *Free Speech and Democracy in Ancient Athens*, Cambridge, Cambridge University Press, 2006.

SCANLON, T.F., « The Vocabulary of Competition: *agon* and *aethlos* », *Arete: the Journal of Sport Literature*, 1, 1983, p. 147-162.

— « *Gymnikê Paideia*: Greek Athletics and the Construction of Culture », *The Classical Bulletin*, 74, 1998, p. 143-157.

SCARPAT, G., *Parrhesia. Storia del termine e delle sue traduzioni in latino*, Brescia, Paideia, 1964.

— *Parrhesia greca, parrhesia cristiana*, Brescia, Paideia, 2001.

SCHEID, J., « I. Rituels et exégèses : Les *Questions romaines* de Plutarque », *Annuaire de l'École pratique des hautes études*. Section des sciences religieuses, 99, 1990-1991, p. 273-278.

SCHIBLI, H.S., *Pherekydes of Syros*, Oxford, Clarendon Press, 1990.

SCHMITT-PANTEL, P., « Sacrificial Meal and Symposion: Two Models of Civic Institutions in the Archaic City? », dans Murray, O. (dir.), *Sympotica: A Symposium on the Symposion*, Oxford, Oxford University Press, 1990, p. 14-33.

— *La Cité au banquet. Histoire des repas publics dans les cités grecques*, Roma, École Française de Rome, 1992.

SCHMITT, A., *Aristoteles. Poetik*, Berlin, Akademie Verlag, 2008.

— *Kommentar* zu: Aristoteles. *Poetik. Werke in deutscher Übersetzung*, Bd. 5, traduit et commenté par A. Schmitt, Berlin, Akademie Verlag, 2008.

SCHMITZ, W., *Haus und Familie im antiken Griechenland*, München, R. Oldenburg, 2007.

SCHOFIELD, M., « Preconception, Argument, and God », dans Schofield, M., Burnyeat, M., Barnes, J. (dir.), *Doubt and Dogmatism. Studies in Hellenistic Epistemology*, Oxford, Clarendon Press, 1980, p. 282-308.

— *The Stoic Idea of the City*, Cambridge, Cambridge University Press, 1991.

— « Zeno of Citium's Anti-utopianism », dans Vegetti, M., Abbate, M. (dir.), *La Repubblica di Platone nella tradizione antiqua*, Napoli, Bibliopolis, 1999, p. 49-78.

— « Epicurean and Stoic Political Thought », dans Rowe, Ch., Schofield, M., Harrison, S., Lane, M. (dir.), *The Cambridge History of Greek and Roman Political Thought*, Cambridge, Cambridge University Press, 2000, p. 443-446.

Scholia in Aristophanem. Prolegomena de Comoedia, Pars I, Fasc. IA, édité par W.J.W. Koster, Groningen, 1975.

SCHULLER, W., *Die Stadt als Tyrann – Athens Herrschaft über seine Bundesgenossen*, Konstanz, de Gruyter, 1978.

SCHÜTRUMPF, E., « Aristoteles: *Politik* II-III, Übersetzt und erläutert von E. Schütrumpf », dans Flashar, H. (dir.), *Aristoteles Werke in deutscher Übersetzung*, Bd. IX, Teil II, Berlin, Akademie, 1991.

SEDLEY, D., « Diodorus Cronus and Hellenistic Philosophy », *Proceedings of the Cambridge Philosophical Society*, 23, 1977, p. 74-120.

— « The Ideal of Godlikeness », dans Fine, G. (dir.), *Plato 2: Ethics, Politics, Religion, and the Soul*, Oxford, a Oxford University Press, 1999, p. 309-328.

— « Epicurus' Theological Innatism », dans Fish, J., Sanders, K. (dir.), *Epicurus and the Epicurean Tradition*, Cambridge, Cambridge University Press, 2011, p. 29-52.

— « The Atheist Underground », dans Harte, V., Lane, M. (dir.), *Politeia in Greek and Roman Philosophy*, Cambridge, Cambridge University Press, 2013, p. 329-348.

— « Socratic Intellectualism in the *Republic*'s Central Digression », dans Boys-Stones, G., El Murr, D., Gill, Ch. (dir.), *The Platonic Art of Philosophy*, Cambridge, Cambridge University Press, 2013, p. 70-89.

SEGAL, E., *The Death of Comedy*, Cambridge (MA) – London, Harvard University Press, 2001.

SELLARS, J., « Stoic Cosmopolitanism and Zeno's *Republic* », *History of Political Thought*, 28, 2007, p. 1-29.

SELTMANN, C.T., « Diogenes of Sinope, Son of Banker Hikesias », dans Allan, J., Mattingly, H., Robinson, E.S.G. (dir.), *Transactions of the International Numismatic Congress 1936*, London, B. Quaritch, 1938, p. 121.

SEXTO EMPÍRICO, *Hipotiposis pirrónicas*, trad. R. Sartorio Maulini, R., Madrid, Akal, 1996.

SEXTUS EMPIRICUS, *Esquisses pyrrhoniennes*, Introduction, traduction et commentaires par P. Pellegrin, Paris, Éd. du Seuil, 1997.

SEXTUS EMPIRICUS, *Against the grammarians : adversus mathematicos I*, edited by D.L. Blank, Oxford, Clarendon Press, 1998.

SFAMENI GASPARRO, G., « Daimonic Power », dans Eidinow, E., Kindt, J. (dir.), *The Oxford Handbook of Greek Ancient Religion*, Oxford, Oxford University Press, 2015, p. 413-427.

SFORZINI, A., « Dramatiques de la vérité : la *parrêsia* à travers la tragédie attique », dans Lorenzini, D., Revel, A., Sforzini, A. (dir.), *Michel Foucault : éthique et vérité (1980-1984)*, Paris, Vrin, 2013, *p.* 139-160.

SIFAKIS, G.A., *Parabasis and Animal Choruses: A Contribution to the History of Attic Comedy*, London, Athlone Press, 1971.

SIHVOLA, J. (dir.), *Ancient Scepticism and the Sceptical Tradition*, Helsinki, The Philosophical Society of Finland, 2000.

SILK, M.S., *Aristophanes and the Definition of Comedy*, New York, Oxford University Press, 2000.

SLUITER, I., ROSEN, R.M. (dir.), *Free Speech in Classical Antiquity*, Leiden, Brill, 2004.

SNELL, B., *Die Entdeckung des Geistes. Studien zur Entstehung des europaischen Denkensbei den Griechen*, Gottingen, Vandenhoeck & Ruprecht, 1975[4].

— « Savoir divin et savoir humain », dans *La découverte de l'esprit. La genèse de la pensée européenne chez les Grecs* [1946], Combas, Éd. de l'Éclat, 1994, p. 187-202.

SOKOLOWSKI, F., *Lois sacrées des cités grecques (LSCG)*, Paris, De Boccard, 1969.

— *Lois sacrées des cités grecques, Supplément (LSS)*, Paris, De Boccard, 1962.

SOMMERSTEIN, A.H., « Parler du rire chez Aristophane », dans Desclos, M.-L. (dir.), *Le Rire des Grecs. Anthropologie du rire en Grèce ancienne*, Grenoble, Jérôme Millon, 2000, p. 65-75.

— « Comedy and the Unspeakable », dans Cairns, D. (dir.), *Law, Rhetoric and Comedy in Classical Athens.* Essays in Honour of Douglas McDowell, Swansea, Classical Press of Wales, 2004, p. 205-222.

— « Harassing the Satirist: the Alleged Attempts to Prosecute Aristophanes », dans Sluiter, I., Rosen, R.M., *Free Speech in Classical Antiquity*, Leiden – Boston, Brill, 2004, p. 145-174.

SOMMERSTEIN, A.H., FLETCHER, J. (dir.), Horkos. *The Oath in Greek Society*, Liverpool, Liverpool University Press, 2007.

SOMMERSTEIN, A.H., TORRANCE, I.C. (dir.), *Oaths and Swearing in Ancient Greece*, Berlin – Boston, Walter de Gruyter, 2014.

SOURVINOU-INWOOD, Chr., « Further Aspects of Polis Religion », dans Buxton, R. (dir.), *Oxford Readings in Greek Religion*, Oxford, Oxford University Press, [1988], 2000, p. 38-55.

— « What Is Polis Religion? », dans Buxton, R. (dir.), *Oxford Readings in Greek Religion*, Oxford, Oxford University Press, [1988], 2000, p. 13-37.

SPAHN, P., « *Oikos* und *Polis*. Beobachtungen zum Prozess der Polisbildung bei Hesiod, Solon und Aischylos », *Historische Zeitschrift*, 231, 1980, p. 529-564.

SPINELLI, E., « Sextus Empiricus », dans Goulet, R. (dir.), *Dictionnaire des philosophes antiques*, vol. VI, Paris, CNRS Éditions, 2016, p. 265-300.

STAFFORD, E., *Worshipping Virtues. Personification and the Divine in Ancient Greece*, London, Duckworth and The Classical Press of Wales, 2000.

STAVRIANOPOULOU, E., « Norms of Public Behaviour Towards Greek Priests », dans Brulé, P. (dir.), *La Norme en matière religieuse en Grèce ancienne*, Liège, Presses Universitaires de Liège, 2008, p. 213-229.

STEIN-HÖLKESKAMP, E., *Adelskultur und Polisgesellschaft: Studien zum griechischen Adel in archaischer und klassischer Zeit*, Stuttgart, Steiner, 1989.

STOREY, I.C., *Eupolis: Poet of Old Comedy*, Oxford, Oxford University Press, 2003.

STRASBURGER, H., « Der Einzelne und die Gemeinschaft im Denken der Griechen », *Historische Zeitschrift*, 177, 1954, p. 227-248.

STRIKER, G., « Sceptical Strategies », dans Schofield, M., Burnyeat, M.F., Barnes, J. (dir.), *Doubt and Dogmatism. Studies in Hellenistic Epistemology*, Oxford, Clarendon Press, 1980, p. 54-83.

— « Academics versus Pyrrhonists, reconsidered », dans Bett, R. (dir.), *The Cambridge Companion to Ancient Scepticism*, Cambridge, Cambridge University Press, 2010, p. 195-207 (traduction de « Über den Unterschied zwischen den Pyrrhoneern und den Akademikern », *Phronesis*, 26, 1981, p. 153-171).

— « Scepticism as a Kind of Philosophy », *Archiv für Geschichte der Philosophie*, 83, 2, 2001, p. 113-129.

SUÁREZ DE LA TORRE, E., « Oracle et norme religieuse en Grèce ancienne », dans Brulé, P. (dir.), *La Norme en matière religieuse en Grèce ancienne*, Liège, Presses Universitaires de Liège, 2009, p. 107-124.

SUNDAHL, M.J., « The Rule of Law and the Nature of the Fourth-Century Athenian Democracy », *Classica et Mediaevalia*, 54, 2003, p. 126-156.

Supplementum Epigraphicum Graecum (SEG), Leiden, Brill, 1923-.

SUTTON, D., « Critias and Atheism », *The Classical Quarterly*, 31, 1, 1981, p. 33-38.

SVAVARSSON, S.H., « Sextus Empiricus on Persuasiveness and Equipollence », dans Lee M.-K. (dir.), *Strategies of Argument: Essays in Ancient Ethics, Epistemology, and Logic*, Oxford, Oxford University Press, 2014, p. 356-373.

SZLEZÁK, Th.A., *Was Europa den Griechen verdankt?*, Tübingen, UTB, 2010.

TEISSERENC, F., « Le Dieu de la loi. Athéisme et politique de la religion d'Euripide à Platon », *Philosophie Antique*, 18, 2018, p. 37-70.

THÉRIAULT, G., *Le Culte d'Homonoia dans les cités grecques*, Lyon – Sainte-Foy (Québec), Maison de l'Orient méditerranéen – Éditions du Sphinx, 1996.

THOMMEN, L., *LAKEDAIMÔN POLITEIA: Die Entstehung der spartanischen Verfassung*, Stuttgart, Steiner, 1996.

— *Sparta. Verfassungs- und Sozialgeschichte einer griechischen Polis*, Stuttgart – Weimar, Metzler, 2003.

TODD, S.C., *The Shape of Athenian Law*, Oxford, Oxford University Press, 1993.

TRABATTONI, F., « Arcesilao platonico ? », dans Bonazzi, M., Celluprica, V. (dir.), *L'Eredità platonica. Studi sul platonismo da Arcesilao a Proclo*, Napoli, Bibliopolis, 2005, p. 13-50.

TRAILL, J.S., *The Political Organization of Attica. A Study of the Demes, Trittyes, and Phylai, and their Representation in the Athenian Council*, *Hesperia* sup. XIV, Princeton, 1975.

TRISSINO, G.G., *Poetica*, 1529.

TUPLIN, C., « The Leuctra Campaign: Some Outstanding Problems », *Klio*, 69, 1987, p. 72-107.

ULF, Chr., *Die homerische Gesellschaft: Materialien zur analytischen Beschreibung und Lokalisierung*, München, C.H. Beck, 1990.

UNTERSTEINER, M., *Les Sophistes*, trad. française par A. TORDESILLAS, seconde édition revue et notablement augmentée avec un Appendice sur *Les origines sociales de la sophistique*, Paris, Vrin, 1993.

VAN RIEL, G., *Plato's Gods*, Farnham, Ashgate, 2013.

VASSALLO, Chr., « Persaeus on Prodicus on the Gods' Existence and Nature », *Philosophie Antique*, 18, 2018, p. 153-168.

VERNANT, J.-P., *Mythe et pensée chez les Grecs. Études de psychologie historique*, Paris, Maspero, 1965.

— « Aspects de la personne dans la religion grecque », dans *Mythe et pensée chez les Grecs*, 1965, p. 355-370 (repris dans *Œuvres*, Paris, Seuil, 2007, p. 561-574).

— « Aspects mythiques de la mémoire », dans *Mythe et pensée chez les Grecs*, 1965, p. 109-136.

— « La Société des dieux », dans Vernant, J.-P., *Mythe et société en Grèce ancienne*, Paris, Maspero, 1974 (repris dans *Œuvres*, Paris, Seuil, 2007, p. 693-706).

— *Figures, idoles, masques*, Paris, Julliard, 1990.

— *Mythe et Religion en Grèce ancienne*, Paris, Maspero, 1990 (repris dans *Œuvres*, Paris, Seuil, 2007, p. 827-870).

— « The Individual within the City-State », dans Zeitlin, F.I. (dir.), *Mortal and Immortals. Collected Essays*, Princeton, Princeton University Press, 1991, p. 318-333.

— *Les Origines de la pensée grecque*, Paris, Presses Universitaires de France, 1992[5].

— « Corps obscur, corps éclatant », dans Malamoud, Ch., Vernant, J.-P. (dir.), *Corps des dieux*, Paris, Gallimard, [1986], 2003, p. 19-58 (repris dans *Œuvres*, Paris, Seuil, 2007, p. 1307-1331).

VERSNEL, H.S., « What is Sauce for the Goose is Sauce for the Gander: Myth and Ritual, Old and New », dans *Inconsistencies in Greek & Roman Religion 2. Transition & Reversal in Myth & Ritual*, Leiden, Brill, 1993, p. 15-88.

— *Coping with the Gods. Wayward Readings in Greek Theology*, Leiden – Boston, Brill, 2011.

VESPERINI, P., « De Thalès à Anaxagore : les Ioniens à l'école des dieux », *Kernos*, 30, 2017, p. 37-66.

VETTA, M., « Convivialità pubblica e poesia per simposio in Grecia », *Quaderni Urbinati di Cultura Classica*, New Series, 54, 3, 1996, p. 197-209.

VEYNE, P., « Inviter les dieux, sacrifier, banqueter. Quelques nuances de la religiosité gréco-romaine », *Annales. Histoire, Sciences Sociales*, 1, 2000, p. 3-42.

VEZZOLI, S., *Arcesilao di Pitane. L'origine del platonismo neoaccademico*, Turnhout, Brepols, 2016.

VIDAL-NAQUET, P., *La Démocratie grecque vue d'ailleurs. Essai d'historiographie ancienne et moderne*, Paris, Flammarion, 1990.

VILLACÈQUE, N., *Spectateurs de paroles ! Délibération démocratique et théâtre à Athènes à l'époque classique*, Rennes, Presses universitaires de Rennes, 2013.

VLASTOS, G., « *Isonomia politikē* », dans Mau, J., Schmidt, E.G. (dir.), *ISONOMIA. Studien zur Gleichheitsvorstellung im griechischen Denken*, Berlin – Amsterdam, Akademie – A.M. Hackertt, 1971², p. 1-35.

— « Socratic Piety », trad. fr. Dalimier, C., dans *Socrate, Ironie et philosophie morale*, Paris, Aubier, 1991, p. 219-247.

VOELKE, A.-J., « Soigner par le *logos* : la thérapeutique de Sextus Empiricus », dans *Le Scepticisme antique : perspectives historiques et systématiques.* Actes du Colloque international sur le scepticisme antique, Université de Lausanne, 1-3 juin 1988, Genève – Lausanne – Neuchâtel, 1990, p. 181-194.

VOGT, K., *Law, Reason, and the Cosmic City. Political Philosophy and the Early Stoa*, Oxford – New York, Oxford University Press, 2008.

VOLTAIRE, *Œuvres complètes de Voltaire*, Oxford, Oxford University Press, 1967-2016.

VON ARNIM, H., « Arkesilaos von Pitane », dans *Real Encyclopädie*, vol. 2, 1895, col. 1164-1168.

WALLACE, R.W., « The Power to Speak – and not to Listen – in Ancient Athens », dans Sleiter, I., Rosen, R.M. (dir.), *Free Speech in Classical Antiquity*, Leiden – Boston, Brill, 2004, p. 221-232.

WALTER, U., *An der Polis teilhaben: Bürgerstaat und Zugehörigkeit im archaischen Griechenland*, Stuttgart, Steiner, 1993.

WATSON, W., *The Lost Second Book of Aristotle's Poetics*, Chicago – London, University of Chicago Press, 2012.

WEINBERG, B., *A History of Literary Criticism in the Italian Renaissance*, Chicago, The University of Chicago Press, 1961.

WEISCHE, A., *Cicero und die Neue Akademie*, Münster, Aschendorff, 1961.

WELTON, W., « Thrasymachus vs. Socrates: What Counts as a Good Answer to the Question : 'What Is Justice ?' », *Apeiron*, 39, 2006, p. 293-317.

WELWEI, K.W., « "Demos" und "Plethos" in athenischen Volksbeschlüssen um 450. v. Chr. », *Historia*, 35, 1986, p. 177-191.

— « Ursprünge genossenschaftlicher Organisationsformen in der archaischen Polis », *Saeculum*, 39, 1988, p. 12-23.

— *Die griechische Polis, Stuttgart*, Steiner, 1998².

— *Das klassische Athen: Demokratie und Machtpolitik im 5. und 4. Jahrhundert*, Darmstadt, WBG, 1999.

WEST, M.L., *Early Greek Philosophy and the Orient*, Oxford, Clarendon Press, 1971.

— *Studies in Greek Elegy and Iambus*, Berlin – New York, De Gruyter, 1974.

— *Iambi et elegi Graeci ante Alexandrum cantati*, vol. 1, Oxford, Oxford University Press, 1989 (2e edition).

WHITE, S., « Thrasymachus the Diplomat », *Classical Philology*, 90, 1995, p. 307-327.

WHITEHEAD, D., *The Demes of Attica 508/7 – ca. 250. B.C. A Political and Social Study*, Princeton, Princeton University Press, 1986.

WHITMARSH, T., « Atheist Aesthetics: The Sisyphus Fragment, Poetics, and the Creativity of Drama », *Cambridge Classical Journal*, 60, 2014, p. 109-124.

— *Battling the Gods: Atheism in the Ancient World*, London, Faber & Faber, 2016.

WIEMER, H.-U., « Hellenistic Cities. The End of Democracy? », dans Beck, H. (dir.), *A Companion to the Ancient Greek Government*, Malden, Wiley-Blackwell, 2013, p. 54-69.

WILGAUX, J., « Inclusion/exclusion dans le monde grec », *Thesaurus cultus et rituum antiquorum (ThesCRA)*, VIII, 2012, p. 282-291.

WILLAIME, J.-P., « La Religion, un lien social articulé au don », *La revue du MAUSS*, 22, 2003/2, p. 247-268.

WINIARCZYK, M., « Der erste Atheistenkatalog des Kleitomachos », *Philologus*, 120, 1976, p. 32-46.

— « Wer Galt im Altertum als Atheist? », *Philologus*, 128, 1984, p. 157-183.

— « L'Etimologia del nome Hades nel *Cratilo* », *Rivista di storia della filosofia*, 45, 1990, p. 5-35.

— « Methodisches zum antiken Atheismus », *Rheinisches Museum*, 133, 1990, p. 1-15.

— « Wer Galt im Altertum als Atheist? 2. Teil », *Philologus*, 136, 1992, p. 306-310.

WOLFF, H.J., « The Origin of Judicial Litigation among the Greeks », *Traditio*, 4, 1946, p. 31-87.

WOODHEAD, W.D., *Etymologizing in Greek Literature from Homer to Philo Judaeus*, Toronto, 1928.

Index locorum

Index nominum

Noms anciens

Noms modernes

Index rerum

Table des matières

Deuxième partie : Savoir, paradoxes et scepticisme

Troisième partie : Critique sociale et politique

Quatrième partie : Licence politique et licence artistique

Composition et mise en pages :
Flexedo (info@flexedo.com)

Ce volume,
publié aux Éditions Les Belles Lettres
a été achevé d'imprimer
en février 2023
sur les presses
de l'imprimerie Présence Graphique
37260 Monts, France

N° d'éditeur : 10502
N° d'imprimeur : 022374563-00
Dépôt légal : février 2023